Excel 2016 Aufbauwissen

Inge Baumeister

Verlag:
BILDNER Verlag GmbH
Bahnhofstraße 8
94032 Passau

http://www.bildner-verlag.de
info@bildner-verlag.de

Tel.: +49 851-6700
Fax: +49 851-6624

ISBN: 978-3-8328-0175-5

Bestellnummer: RP-198

Covergestaltung:
Christian Dadlhuber

Autorin:
Inge Baumeister

Bildquelle Cover: © Yuriy Shevtsov - Fotolia.com
Kapitelbild: Sergey Nivens – fotolia.com

Herausgeber:
Christian Bildner

Herzlich willkommen!

Dieses Buch wendet sich an Anwender, die bereits über Grundlagenkenntnisse im Umgang mit Microsoft Excel verfügen. Der Schwerpunkt wurde auf Problemstellungen gelegt, die sich in der Praxis aus der täglichen Arbeit mit Excel ergeben. Schritt für Schritt, in verständlicher Sprache und mit zahlreichen Bildern erfahren Sie anhand leicht nachvollziehbarer Beispiele, wie Sie Funktionen und Tools zur Datenanalsye für Ihre Zwecke einsetzen.

So werden wichtige und nützliche Funktionen und ihre Verwendung detailliert erklärt und Sie erhalten Tipps und Hinweise, wie sich diese Funktionen in der alltäglichen Praxis verwenden lassen. Weitere Kapitel befassen sich mit Excel-Datenbanken und dem Datenimport aus anderen Anwendungen. Auch Diagramme kommen nicht zu kurz: Sie lernen die neuen Spezialtypen und ihre Einsatzmöglichkeiten kennen, darunter die 3D-Darstellung von Geodaten mit Power Map und entdecken neue Möglichkeiten für fortgeschrittene Nutzer.

Selbstverständlich dürfen auch Pivot-Tabellen (PivotTable) und Pivot-Diagramme (PivotChart) in einem solchen Buch nicht fehlen und Sie werden sehen, wie schnell und einfach sich auch umfangreiche Datenmengen mit ihnen auswerten und ansprechend darstellen lassen. Erfahren Sie außerdem, wie Sie mit Power Pivot und Power Query umfangreiche Datenmengen aus externen Quellen auswerten.

Der zweite Teil dieses Buches dreht sich rund um die Automatisierung. Sie lernen nicht nur die Aufzeichnung und Ausführung von Makros, sondern erhalten auch eine Einführung in die VBA-Programmierung. Mit diesem Wissen können Sie aufgezeichnete Makros oder vorhandene Prozeduren besser verstehen und an Ihre Erfordernisse anpassen, sowie kleine Prozeduren selbst schreiben. Allerdings stellt die Lektion „Einführung in die VBA-Programmierung" keine vollständige Beschreibung der Programmiersprache Visual Basic for Applications dar, dies wäre ein gesondertes Buch, sondern soll Ihnen einen ersten Einstieg in die Programmierung vermitteln. Abschließend lernen Sie die Formularsteuerelemente von Excel und ihre Einsatzmöglichkeiten kennen und können ihre neuerworbenen VBA-Kenntnisse zusammen mit ActiveX-Steuerelementen einsetzen.

Natürlich gibt es immer wieder kleine Fallstricke und typische vermeidbare Fehler. Die Autorin Inge Baumeister ist seit Jahren in der Erwachsenenbildung und im Bereich firmeninterner Fortbildungen tätig und stellt Ihnen ihre gesammelte Erfahrung zur Verfügung.

Erläuterungen werden erst durch Beispiele lebendig. Die verwendeten Beispiele erhalten Sie auf unserer Homepage kostenlos zum Download. Rufen Sie dazu die folgende Seite auf:

www.bildner-verlag.de/00198

- Schritt für Schritt
- Bilder und Beispiele
- Übersichtliche Darstellung
- Praktische Problemlösungen
- Typische Fehler vermeiden
- Übungen zum Download

Welche Kenntnisse sollten Sie mitbringen?

Sie sollten über Excel-Grundlagenkenntnisse verfügen. Dazu zählen der allgemeine Umgang mit Excel-Arbeitsmappen und Tabellenblättern, Einsatz von Zahlen- und Zellformaten, sowie das Erstellen und Bearbeiten einfacher Standarddiagramme. Darüber hinaus sollten Sie Berechnungen mit Formeln und einfachen Funktionen, z. B. Summe durchführen können.

Schreibweise

Befehle, Bezeichnungen von Schaltflächen und Beschriftungen von Dialogfenstern sind zur besseren Unterscheidung farbig und kursiv hervorgehoben, zum Beispiel Register *Start*, Schaltfläche *Kopieren*. Außerdem finden Sie am Anfang jedes Kapitels eine Übersicht der behandelten Inhalte und welches Vorwissen für die Bearbeitung notwendig ist. Am Ende der einzelnen Einheiten erhalten Sie eine Zusammenfassung des Gelernten. Unbekannte Begriffe schlagen Sie im Glossar am Ende des Buchs nach und eine Liste nützlicher Tastenkombinationen hilft Ihnen, Arbeitsschritte schnell zu erledigen.

Viel Spaß und Erfolg mit dem Buch wünschen Ihnen
BILDNER Verlag und die Autorin Inge Baumeister

Inhalt

2 Funktionen für Fortgeschrittene

1 Was Sie über Formeln und Funktionen wissen sollten

In diesem Kapitel lernen Sie...

- Zellbezüge verwenden
- Funktionen eingeben
- Namen anstelle von Zellbezügen
- Formeln und Funktionen als Argumente
- Formelkontrolle und Fehlerkorrektur
- Matrixformeln eingeben

Das sollten Sie bereits wissen

- Umgang mit Excel-Arbeitsmappen und Tabellenblättern
- Daten in Tabellen eingeben und korrigieren

1.1 Berechnungen mit Excel - ein Überblick

Grundlagen

Berechnungen werden in Excel-Arbeitsmappen entweder mit Formeln oder mit Hilfe von Funktionen durchgeführt. Im Tabellenblatt erscheint automatisch das Formelergebnis, während in der Bearbeitungsleiste oberhalb des Tabellenblattes immer die Formel sichtbar ist. In der Bearbeitungsleiste finden Sie auch die beiden Symbole *Abbrechen* und *Eingeben*, um die Formeleingabe abzuschließen.

Bild 1.1 Einfache Formel eingeben

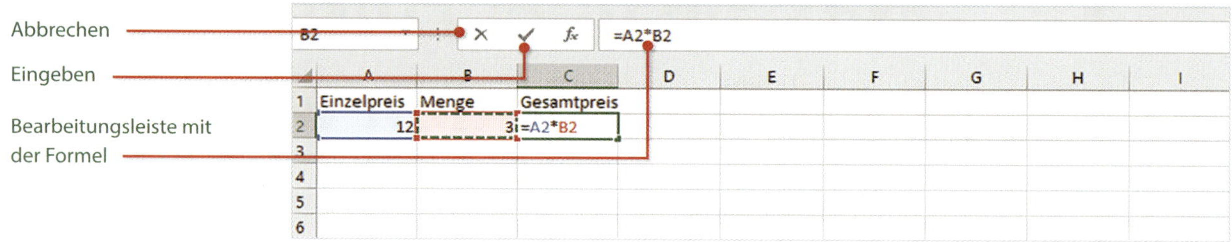

Für einfache Berechnungen, z. B. Multiplikation von zwei Zahlen, geben Sie eine Formel ein; Funktionen dagegen sind bereits vollständige Formeln, in die Sie nur noch die Zellbezüge einfügen brauchen. Für alle Formeln und Funktionen gelten die folgenden Grundregeln:

- Formeln und Funktionen werden wie Text und Zahlen in eine Zelle eingegeben und müssen mit dem Gleichheitszeichen (=) beginnen.
- Eine Formel oder Funktion kann Zellbezüge, Zahlen, Text oder eine weitere Formel bzw. Funktion enthalten. Text in Formeln muss in Anführungszeichen " " gesetzt sein.
- Anstelle von Zahlen wird normalerweise die Adresse derjenigen Zelle verwendet, in der sich die Zahl befindet (Zellbezug). Dies hat den Vorteil, dass bei nachträglichen Änderungen der Zahlen sofort eine automatische Neuberechnung erfolgt. Ausnahmen davon sind sogenannte Konstanten, z. B. die 12 Monate eines Jahres, diese können natürlich auch als Zahl in eine Formel eingegeben werden.
- Zellbezüge lassen sich in eine Formel am einfachsten einfügen, indem Sie die betreffende Zelle mit der Maus anklicken. Als Alternative verwenden Sie die Pfeiltasten der Tastatur.
- Mehrere Zellen umfassende Zellbereiche werden in Formeln und Funktionen in der Schreibweise ErsteZelle:LetzteZelle angegeben, zum Beispiel: A5:A25. Zellbereiche werden ebenfalls durch Markieren mit der Maus eingefügt.
- Die Eingabe einer Formel wird über die Tastatur mit der Eingabe-Taste oder der Tab-Taste abgeschlossen. Verwenden Sie dazu nicht die Pfeiltasten, da diese in

Formeln zum Einfügen von Zellbezügen verwendet werden (siehe oben). Als zweite Möglichkeit klicken Sie mit der Maus in der Bearbeitungsleiste auf das Symbol *Eingeben*.

- Die Regelung „Punkt vor Strich" gilt auch für alle Excel-Formeln. Zur Steuerung der Berechnungsreihenfolge benötigen Sie daher in manchen Formeln runde Klammern ( ).
- Neben Gleichzeitszeichen und runden Klammern können in Formeln die folgenden Operatoren verwendet werden, ihre Eingabe erfolgt über die Tastatur:

Zeichen	Bedeutung
+	Addition
-	Subtraktion
*	Multiplikation
/	Division
^	Potenz
&	Zeichenfolgen aneinanderfügen

Zeichen	Bedeutung
=	Gleich
<	Kleiner als
<=	Kleiner oder gleich
>	Größer als
>=	Größer oder gleich
<>	Ungleich, Nicht

Eine einfache Formel eingeben

1. Markieren Sie die Zelle, in die Sie die Formel eingeben möchten und geben Sie das Gleichheitszeichen über die Tastatur ein.
2. Klicken Sie mit der Maus auf die erste Zelle, deren Zellbezug Sie in die Formel einfügen möchten. Sofort erscheint deren Adresse in der Formel und im Tabellenblatt wird diese Zelle mit einem farbigen gestrichelten Laufrahmen hervorgehoben. Dieser Laufrahmen kennzeichnet die aktuell aktive Zelle und ihr Zellbezug in der Formel kann jederzeit durch Anklicken einer anderen Zelle geändert werden.

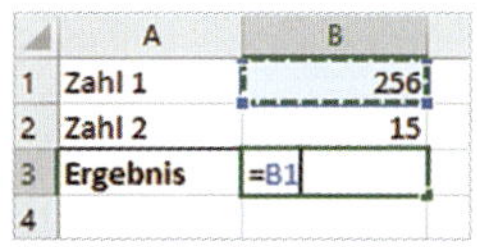

3. Geben Sie über die Tastatur einen Operator, z. B. * für Multiplikation, ein und klicken Sie anschließend auf die nächste, in der Formel benötigte Zelle, um deren Zellbezug einzufügen.

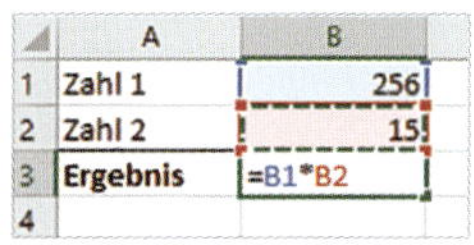

4. Schließen Sie die Formeleingabe mit der Eingabe-Taste ab oder klicken Sie in der Bearbeitungsleiste auf *Eingeben*.
5. Im Tabellenblatt erscheint anstelle der Formel das Ergebnis, allerdings zeigt ein Blick in die Bearbeitungsleiste, dass die markierte Zelle immer noch die Formel und keine Zahl enthält.

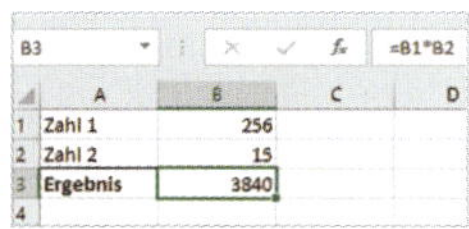

Summe und einfache Funktionen berechnen

Summen über mehrere Zellen bzw. einen Zellbereich berechnen Sie mit der Funktion Summe. Das Symbol zum Einfügen dieser Funktion finden Sie gleich an mehreren Stellen:

- Im Register *Start*, Gruppe *Bearbeiten*
- Im Register *Formeln*, *Funktionsbibliothek*, unter der Bezeichnung *AutoSumme*.

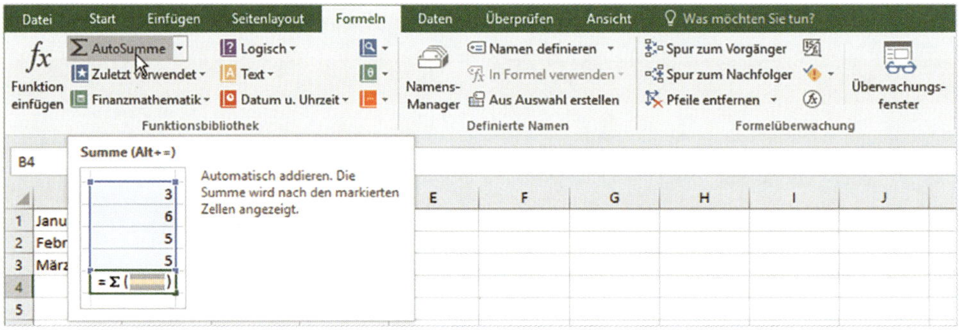

Bild 1.2 Register Formeln

Zur Berechnung der Summe sind folgende Vorgehensweisen möglich:

Alternative 1: Markieren Sie den Zellbereich, den Sie addieren möchten und klicken Sie auf die Schaltfläche *AutoSumme*. Das Ergebnis wird sofort in die Zelle unmittelbar unterhalb des markierten Zellbereichs eingefügt. Dies funktioniert auch, wenn mehrere nebeneinander liegende Zellen in einer Zeile markiert werden. Dann wird das Ergebnis in die nächste Zelle rechts eingefügt.

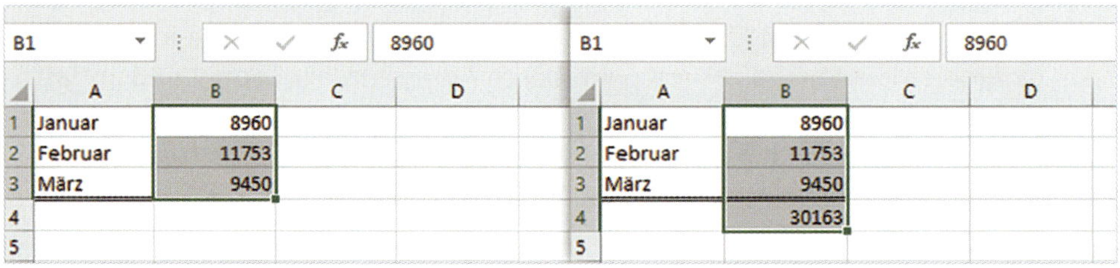

Bild 1.3 Summe für Spalte berechnen: 1

Alternative 2: Markieren Sie zuerst die Zelle, in der Sie die Summe berechnen möchten und klicken Sie dann auf die Schaltfläche *AutoSumme*. Die Funktion Summe erscheint in der markierten Zelle, gleichzeitig schlägt Excel meist auch gleich einen Zellbereich zur Summenberechnung vor. Dieser Bereich ist im Tabellenblatt mit einem gestrichelten Laufrahmen versehen. Sie können nun entweder den Vorschlag übernehmen oder durch Markieren mit gedrückter Maustaste einen anderen Bereich festlegen, bevor Sie die Eingabe-Taste drücken oder auf *Eingeben* klicken.

> Diese Methode hat den Vorteil, dass sich das Ergebnis auch in Zellen berechnen lässt, die nicht unmittelbar an den zu addierenden Bereich angrenzen.

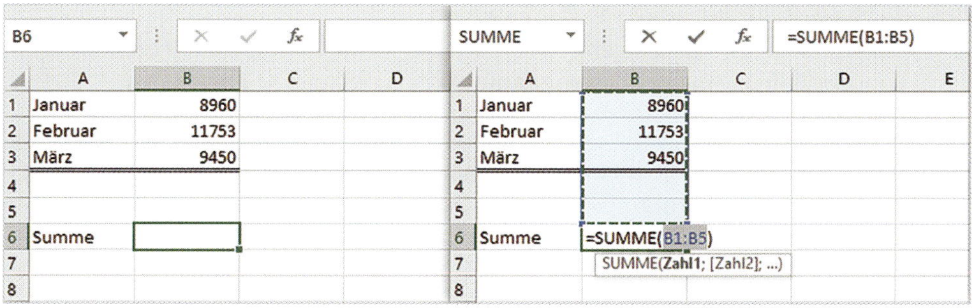

Bild 1.4 Summe berechnen: 2

Tipp: Die Summe kann auch parallel für mehrere Spalten berechnet werden. Markieren Sie dazu entweder bei Alternative 1 als Zellbereich gleich mehrere Spalten oder bei Alternative 2 mehrere Ergebniszellen.

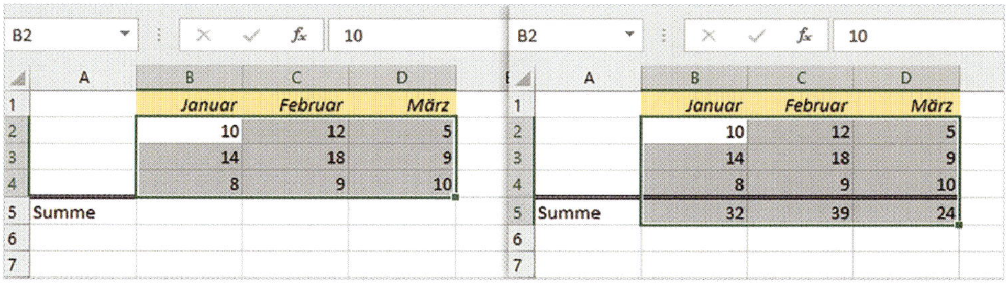

Bild 1.5 Summen für mehrere Spalten berechnen

Weitere Funktionen

Ein Klick auf den Dropdown-Pfeil der Schaltfläche *AutoSumme* zeigt zusätzlich die Funktionen Mittelwert (Durchschnitt), Anzahl (ermittelt, wie viele Zahlen ein Zellbereich enthält), Max und Min an. Deren Eingabe unterscheidet sich nicht von der Funktion Summe.

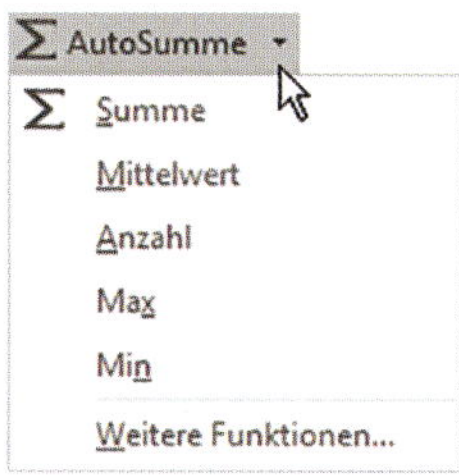

Die Schnellanalyse nutzen

Weitere Berechnungsmöglichkeiten erhalten Sie mit dem Tool *Schnellanalyse*. Sobald Sie einen Zellbereich markiert haben, erscheint im Tabellenblatt an der unteren rechten Ecke dieses Bereichs das Symbol *Schnellanalyse*. Auf der nächsten Seite finden Sie einige Beispiele, wie Sie dieses Tool nutzen.

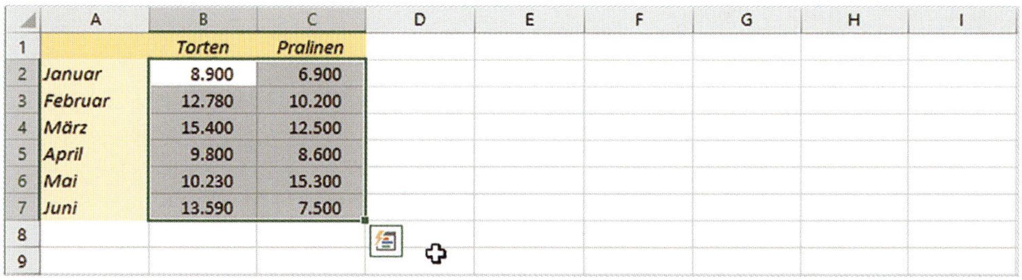

Bild 1.6 Symbol Schnellanalyse

Beispiel 1: Durchschnitt über mehrere Spalten berechnen

1 Markieren Sie den auszuwertenden Zellbereich, dies können auch mehrere Spalten und Zeilen sein und klicken Sie auf die Schaltfläche *Schnellanalyse*.

2 Klicken Sie im Schnellanalysetool auf das Register *Ergebnisse*, hier erhalten Sie die häufig benötigten Berechnungsvorschläge Summe, Durchschnitt (Mittelwert), Anzahl, Prozentanteil und laufende Summe. Klicken Sie auf die kleinen Pfeile nach rechts bzw. links, um weitere anzuzeigen.

Jede Funktion ist sowohl über Zeilen als auch über Spalten verfügbar und anhand des Symbols leicht zu unterscheiden.

3 Zeigen Sie auf Durchschnitt (in Zeile berechnen), um im Tabellenblatt eine Vorschau zu erhalten, per Mausklick übernehmen Sie die Formel.

Bild 1.7 Durchschnitt in Zeile berechnen

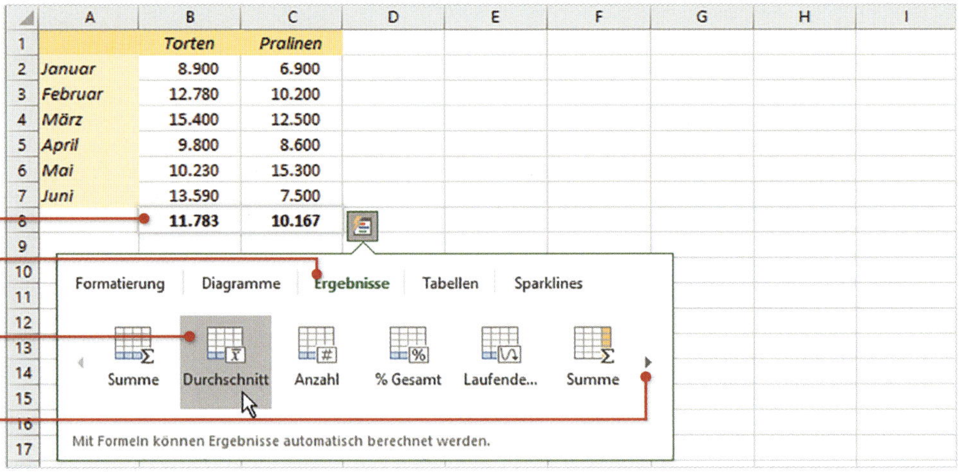

Beispiel 2: Laufende Summe berechnen

Bild 1.8 Laufende Summe in Spalte berechnen

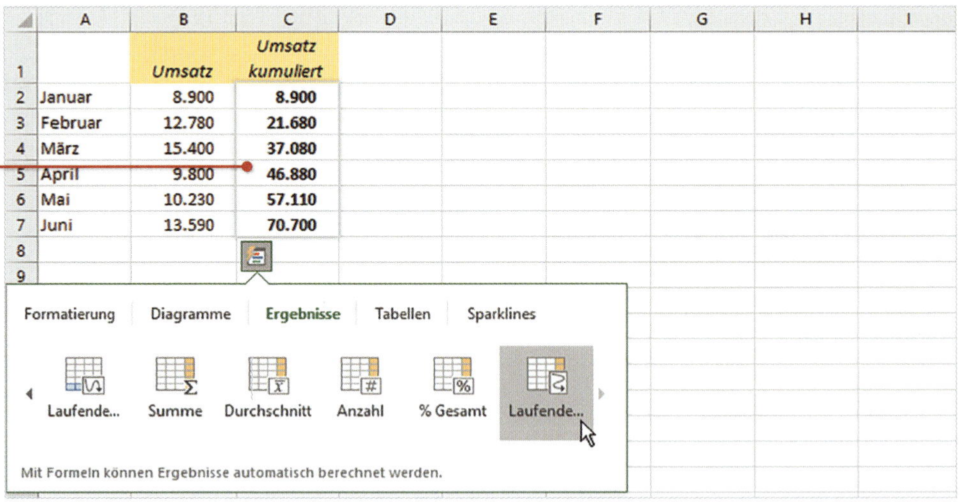

Als zweites Beispiel soll in einer weiteren Spalte die laufende Summe berechnet werden. Markieren Sie dazu den Zellbereich, für den die laufende (kumulierte) Summe berechnet werden soll und wählen Sie diesmal Summe (in Spalte berechnen).

1.2 Zellbezüge in Formeln und Funktionen

Formeln und Funktionen kopieren

Häufig wird dieselbe Formel oder Funktion gleich über mehrere Zeilen oder Spalten benötigt, zu diesem Zweck kann die Formel mit der Maus schnell kopiert werden.

1. Markieren Sie die Zelle mit der Formel und zeigen Sie mit der Maus auf das kleine Kästchen in der rechten unteren Ecke des Markierungsrahmens.
2. Der Mauszeiger erscheint als + und Sie können nun durch Ziehen mit gedrückter Maustaste die Formel nach rechts oder nach unten (bzw. nach links oder nach oben) in die angrenzenden Zellen kopieren.

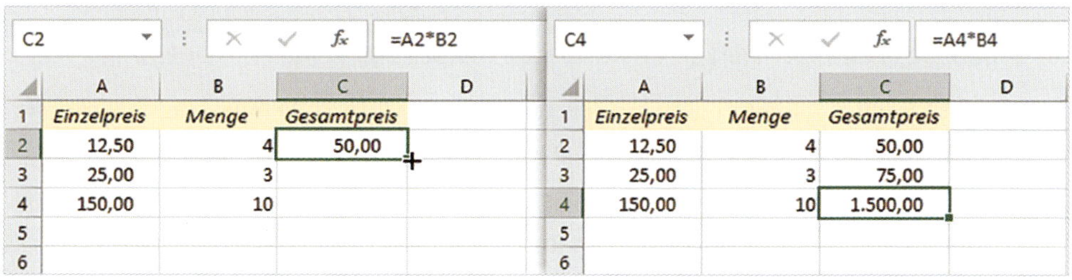

Bild 1.9 Formel mit der Maus kopieren

Automatisches Anpassen von Zellbezügen (relative Zellbezüge)

Normale Zellbezüge in der Schreibweise Spalte Zeile, z. B. A2, werden beim Kopieren automatisch entsprechend der Kopierrichtung angepasst. So wird im Bild oben aus der Formel =A2*B2 in Zeile 2 nach dem Kopieren in Zeile 3 die Formel =A3*B3 und in Zeile 4 =A4*B4, die Formel wird also in jeder Zeile korrekt berechnet.

Dies gilt auch für Spalten: Beim Kopieren um eine Spalte nach rechts würde in der Formel aus der ursprünglichen Adresse A2 die neue Adresse B2.

Anpassen der Zellbezüge durch absolute Zellbezüge verhindern

Nicht in jedem Fall ist beim Kopieren von Formeln ein Anpassen aller Zellbezüge erwünscht. Im nächsten Beispiel wird für die Provisionsberechnung der Inhalt der Zelle B1 verwendet und dieser Zellbezug muss für alle Formeln beibehalten werden, da Sie sonst ein falsches Ergebnis erhalten.

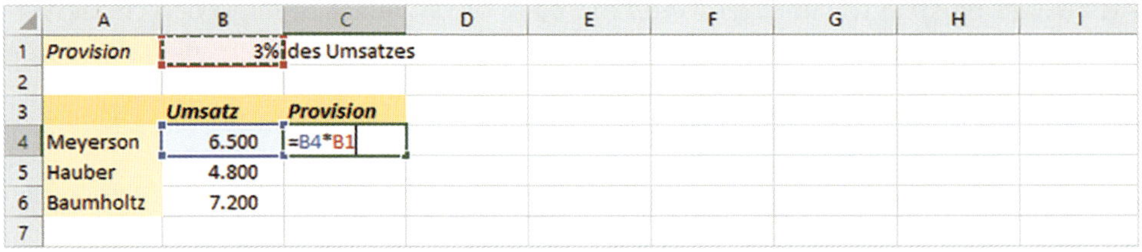

	A	B	C
1	Provision	3%	des Umsatzes
2			
3		Umsatz	Provision
4	Meyerson	6.500	=B4*B1
5	Hauber	4.800	
6	Baumholtz	7.200	
7			

Bild 1.10 Formel eingeben

Würden Sie die Formel =B4*B1 in dieser Schreibweise nach Zeile 5 kopieren, so würde diese hier lauten: =B5*B2. Der Bezug auf B5 wäre zwar korrekt, nicht aber auf B2. Damit die Formel trotzdem kopiert werden kann, muss in der Formel für die Provision in B1 ein sogenannter absoluter (fester) Zellbezug angegeben werden, der beim Kopieren nicht angepasst wird. Bei absoluten Zellbezügen werden der Spalte und der Zeile das Dollarzeichen $ vorangestellt, die Formel muss daher lauten: =B4*$B$1.

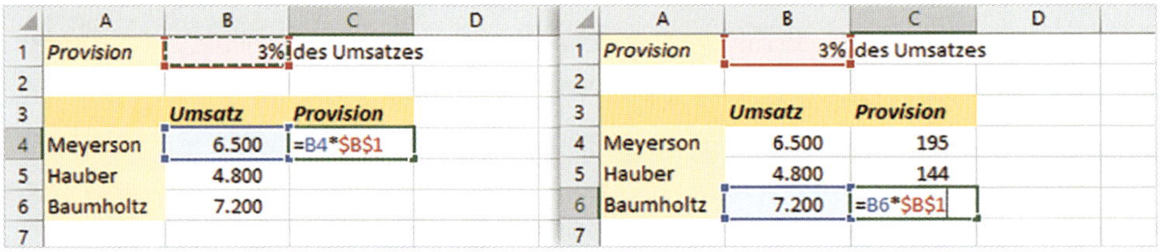

	A	B	C
1	Provision	3%	des Umsatzes
2			
3		Umsatz	Provision
4	Meyerson	6.500	=B4*$B$1
5	Hauber	4.800	
6	Baumholtz	7.200	
7			

	A	B	C
1	Provision	3%	des Umsatzes
2			
3		Umsatz	Provision
4	Meyerson	6.500	195
5	Hauber	4.800	144
6	Baumholtz	7.200	=B6*$B$1
7			

Bild 1.11 Absoluter Zellbezug

So geben Sie am einfachsten einen absoluten Zellbezug in eine Formel ein:

1 Fügen Sie zunächst mit einem Klick auf die benötigte Zelle einen normalen (relativen) Zellbezug in die Formel ein.

2 Drücken Sie dann unmittelbar danach auf der Tastatur die Funktionstaste F4. Dadurch werden Spalte und Zeile des zuletzt eingefügten Zellbezugs mit dem Dollarzeichen versehen und Sie erhalten einen absoluten Zellbezug. Eine manuelle Eingabe des Dollarzeichens über die Tastatur ist also nicht erforderlich.

> Mit der Taste F4 wandeln Sie einen normalen (relativen) Zellbezug in einen festen Zellbezug um. Durch mehrmaliges Drücken der Taste F4 erzeugen Sie nacheinander auch noch gemischte Bezüge, bei denen jeweils nur die Spalte oder Zeile mit dem Dollarzeichen versehen ist, bis zuletzt wieder der normale Zellbezug erscheint. Um einen absoluten Zellbezug wieder in einen relativen Bezug umzuwandeln, brauchen Sie also nur mehrmals die Taste F4 drücken.

Ein relativer Zellbezug kann auch nachträglich umgewandelt werden: Editieren Sie die Formel mit Doppelklick und klicken Sie in der Formel auf den zu ändernden Zellbezug. Ein Markieren des Zellbezugs ist nicht erforderlich, es genügt, wenn sich der Cursor unmittelbar links oder rechts bzw. innerhalb der Adresse befindet. Drücken Sie dann die Taste F4 und übernehmen Sie die Änderung mit der Eingabe-Taste.

Gemischte Bezüge

Gemischte Zellbezüge verhindern die automatische Anpassung nur hinsichtlich der Zeile oder der Spalte. Nehmen wir als Beispiel an, Sie möchte in einer Tabelle das kleine Einmaleins mit einer einzigen Formel berechnen, die Sie anschließend kopieren.

1 Dazu legen Sie eine Tabelle an, wie unten abgebildet. Die Zahlen von 1 bis 10 geben Sie in die Zeile 1 und in Spalte A ein.

2 In B2 geben Sie dann die Formel ein, diese würde mit einfachen Zellbezügen lauten =B1*A2. Da sich beim ersten Teil der Formel die Werte immer in Zeile 1, aber in unterschiedliche Spalten befinden, muss der Zellbezug lauten =B$1. Umgekehrt gilt für den zweiten Zellbezug =$A2, hier bleibt die Spalte gleich, nicht aber die Zeile. Die korrekte Formel muss also aussehen wie folgt: =B$1*$A2.

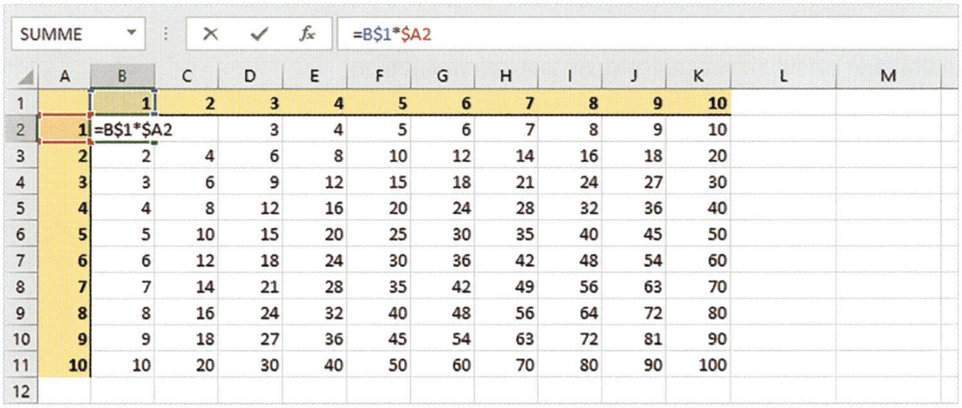

	A	B	C	D	E	F	G	H	I	J	K	L	M
1		1	2	3	4	5	6	7	8	9	10		
2	1	=B$1*$A2		3	4	5	6	7	8	9	10		
3	2	2	4	6	8	10	12	14	16	18	20		
4	3	3	6	9	12	15	18	21	24	27	30		
5	4	4	8	12	16	20	24	28	32	36	40		
6	5	5	10	15	20	25	30	35	40	45	50		
7	6	6	12	18	24	30	36	42	48	54	60		
8	7	7	14	21	28	35	42	49	56	63	70		
9	8	8	16	24	32	40	48	56	64	72	80		
10	9	9	18	27	36	45	54	63	72	81	90		
11	10	10	20	30	40	50	60	70	80	90	100		
12													

Bild 1.12 Beispiel gemischte Bezüge

Hinweis: Leider kann eine Formel nicht diagonal kopiert werden, Sie müssen sie daher zuerst nach rechts und dann nach unten oder umgekehrt kopieren.

Zellbezüge auf andere Tabellenblätter

Verwenden Sie in einer Formel Bezüge auf Zellen in einem anderen Tabellenblatt derselben Arbeitsmappe, so wird der Zelladresse der Blattname gefolgt von einem Ausrufezeichen ! vorangestellt, die Schreibweise lautet:

Blattname!Zelladresse

Zum Einfügen solcher Zellbezüge klicken Sie während der Formeleingabe zuerst im Blattregister auf das benötigte Tabellenblatt und anschließend in diesem Blatt auf die Zelle oder markieren einen Zellbereich. Anschließend fahren Sie mit der Formeleingabe fort bzw. beenden die Eingabe.

Achtung: Während der Formeleingabe stellt Excel mit jedem Klick auf ein Tabellenblatt im Blattregister der aktuellen Zelladresse (Laufrahmen) den Blattnamen voran. Klicken Sie daher nur dann wieder auf das ursprüngliche Tabellenblatt mit der Formel, wenn Sie aus diesem Blatt eine weitere Zelladresse in die Formel einfügen möchten.

Andernfalls wird der Blattname in der Formel geändert! Spätestens nach Beenden der Formeleingabe kehrt Excel ohnehin automatisch zum ursprünglichen Blatt zurück.

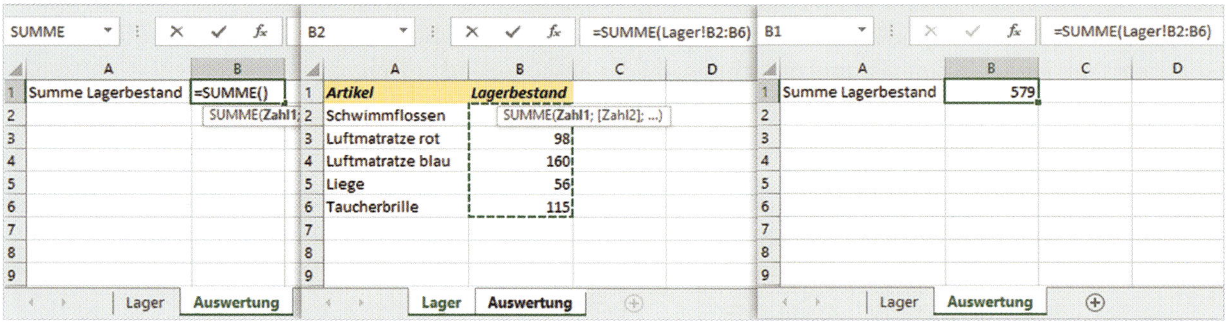

Bild 1.13 Zellbezug Tabellenblatt

Zellbezüge auf Arbeitsmappen (Arbeitsmappen verknüpfen)

Bei der Verwendung von Bezügen auf Zellen einer anderen Arbeitsmappe muss diese geöffnet sein. Wechseln Sie dann während der Formeleingabe zum Einfügen des Zellbezugs über die Taskleiste in die zweite Arbeitsmappe und klicken Sie dort auf die gewünschte Zelle oder markieren Sie einen Zellbereich. Der Dateiname wird dem Tabellenblatt und der Zelladresse in eckigen Klammern vorangestellt und die allgemeine Schreibweise lautet:

[Dateiname.xlsx]Tabellenblatt!Zelladresse

Bild 1.14 Beispiel Zellbezüge auf Arbeitsmappe

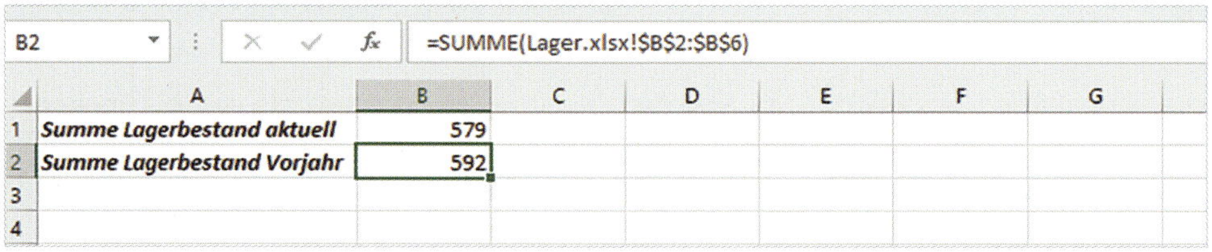

Für die eigentliche Zelladresse verwendet Excel in diesem Fall automatisch absolute Adressen, also z. B. $A$3.

Auch hier gilt: Nach Beenden der Formeleingabe kehrt Excel automatisch zur ursprünglichen Arbeitsmappe bzw. dem Tabellenblatt mit der Formel zurück.

Formel als Verknüpfung einfügen

Eine zweite Möglichkeit besteht darin, dass Sie zunächst in der ersten Arbeitsmappe die Formel berechnen, diese in die Zwischenablage kopieren und anschließend in der zweiten Arbeitsmappe als Verknüpfung einfügen.

Zum Einfügen klicken Sie auf den Dropdown-Pfeil der Schaltfläche *Einfügen* (Register *Start*, Gruppe *Zwischenablage*) und wählen unter *Weitere Einfügeoptionen* die Option *Verknüpfung einfügen*. Alternativ fügen Sie die Formel mit Strg+V ein, klicken anschließend im Tabellenblatt auf das Symbol *Einfügeoptionen* und wählen hier *Verknüpfung einfügen* aus. Die Formel wird ebenfalls in der oben beschriebenen Form eingefügt.

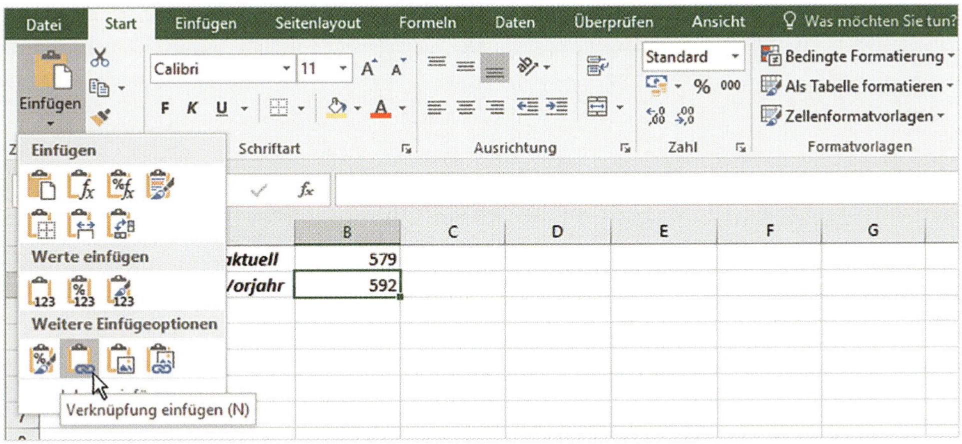

Bild 1.15 Formel als Verknüpfung einfügen

1.3 Namen anstelle von Zellbezügen verwenden

Insbesondere in umfangreichen Arbeitsmappen oder Tabellen werden Formeln durch absolute Zellbezüge oder Bezüge auf andere Tabellenblätter schnell unübersichtlich. Abhilfe können hier Namen für Zellen und Zellbereiche schaffen.

> Namen besitzen, wenn nichts anderes vereinbart, innerhalb der gesamten Arbeitsmappe Gültigkeit und werden in Formeln anstelle von absoluten Zellbezügen verwendet.
>
> Ein Name muss mit einem Buchstaben beginnen und darf weder Leerzeichen noch Bindestrich, Punkt, Semikolon oder Doppelpunkt enthalten. Unterstrich (_) ist dagegen erlaubt. Namen unterscheiden nicht zwischen Groß- und Kleinschreibung, die maximale Länge beträgt 255 Zeichen.

Namen erstellen

Am einfachsten verwenden Sie zur Vergabe eines Namens das Namenfeld in der Bearbeitungsleiste, normalerweise steht hier die Zelladresse, z. B. B1.

1 Markieren Sie die Zelle, der Sie einen Namen zuweisen möchten.

2 Klicken Sie in das Namenfeld und geben Sie den Namen über die Tastatur ein.

3 Wichtig: Schließen Sie mit der Eingabe-Taste ab.

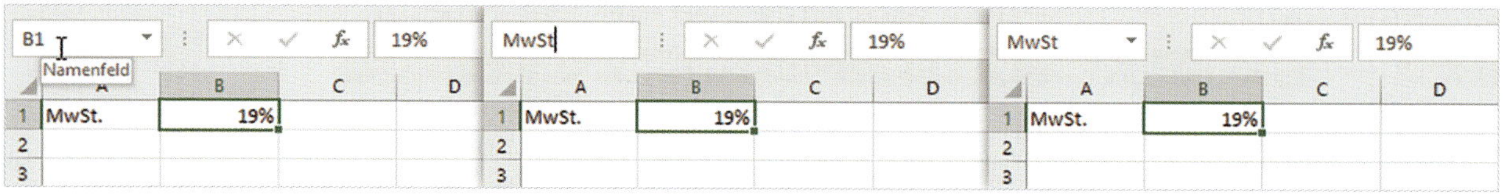

Bild 1.16 Namen im Namenfeld festlegen

Namen können auch für Zellbereiche vergeben werden: In diesem Fall markieren Sie den entsprechenden Bereich, bevor Sie den Namen eingeben.

Tipp: Wenn Sie zur Kontrolle alle Namen der Arbeitsmappe anzeigen lassen möchten, dann klicken Sie in der Bearbeitungsleiste auf den Dropdown-Pfeil des Namenfeldes. Klicken Sie hier auf einen Namen, so markiert Excel im Tabellenblatt automatisch die dazugehörige Zelle oder den Zellbereich.

Bild 1.17 Namen anzeigen

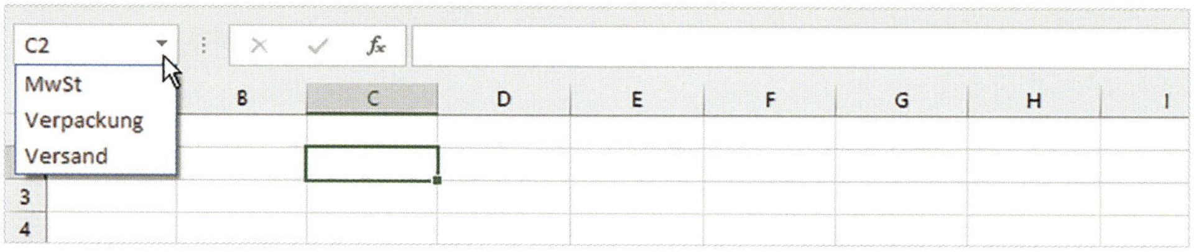

Namen aus dem Tabellenblatt übernehmen

Häufig befindet sich im Tabellenblatt bereits eine entsprechende Beschriftung über oder neben den Zellen. In diesen Fällen können Namen auch aus der Beschriftung erstellt werden.

1 Markieren Sie dazu die Zellen zusammen mit der dazugehörigen Beschriftung und klicken Sie im Register *Formeln*, Gruppe *Definierte Namen*, auf die Schaltfläche *Aus Auswahl erstellen*.

2 Ein Dialogfenster erscheint: Geben Sie an, wo sich die dazugehörige Beschriftung befindet, im Bild unten in der linken Spalte und bestätigen Sie mit *OK*.

Bild 1.18 Namen aus den markierten Zellen erstellen

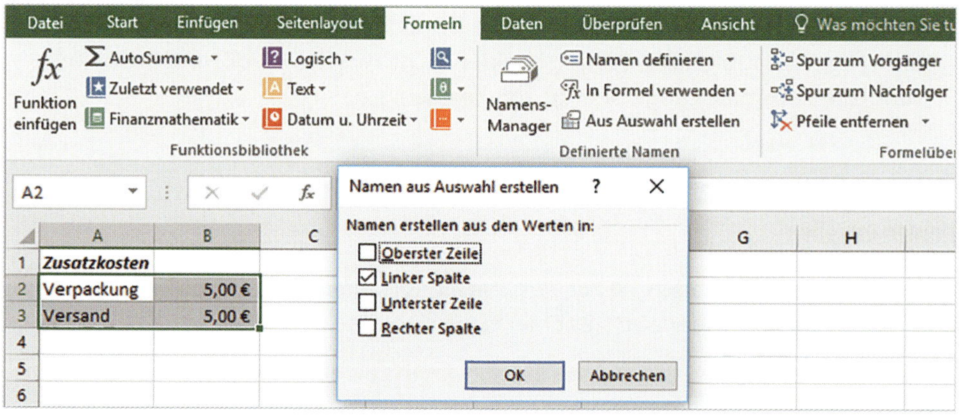

Gültigkeitsbereich

Namen, die Sie mit einer der beiden oben genannten Methoden erstellt haben, gelten automatisch in der gesamten Arbeitsmappe.

Im Register *Formeln*, Gruppe *Definierte Namen*, finden Sie die Schaltfläche *Namen definieren*. Über diese legen Sie im Fenster *Neuer Name* für die markierte Zelle oder den markierten Zellbereich ebenfalls einen Namen fest. Im Gegensatz zum Namenfeld lässt sich hier zusätzlich der Gültigkeitsbereich, Arbeitsmappe oder ein bestimmtes Tabellenblatt, auswählen.

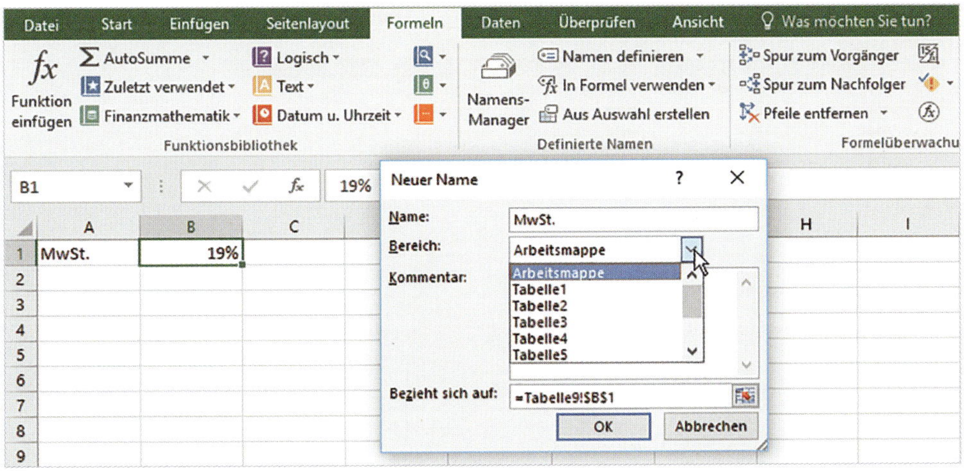

Bild 1.19 Neuer Name: Gültigkeitsbereich

Tipp: Anstelle eines Zellbezugs können Sie hier einem Namen auch einen festen Wert, z. B. 12 (Monate eines Jahres), zuordnen, geben Sie diesen im Feld *Bezieht sich auf* anstelle eines Zellbezugs ein.

Namen verwalten

Leider lässt sich über das Namenfeld ein vergebener Name weder ändern noch löschen. Dazu benötigen Sie den Namens-Manager, den Sie über die gleichnamige Schaltfläche im Register *Formeln*, Gruppe *Definierte Namen*, öffnen.

Bild 1.20 Namens-Manager öffnen

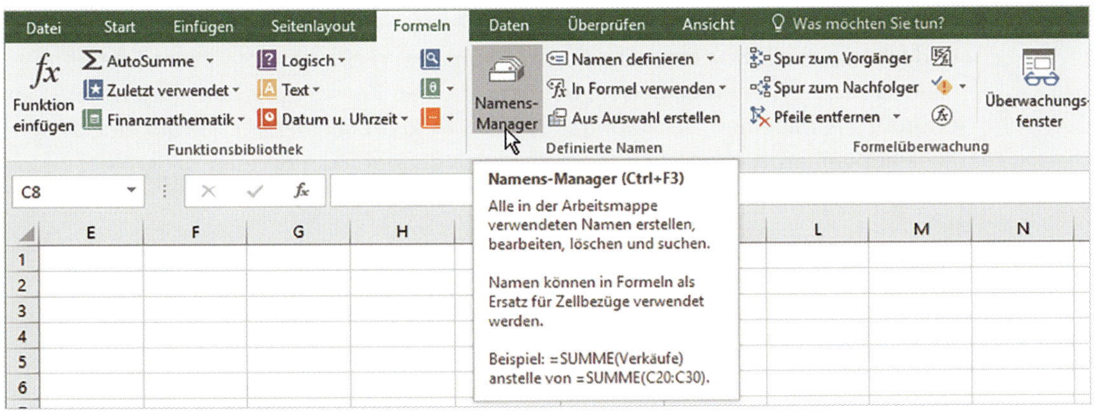

Siehe Kapitel 3.1

Hier erhalten Sie eine Übersicht über alle Namen der aktuellen Arbeitsmappe und die dazugehörigen Werte und verwalten die Namen. Die Liste enthält nicht nur die Namen von Zellen und Zellbereichen, sondern auch von Zellbereichen, die als Tabelle formatiert wurden. Diese tragen die internen und automatisch vergebenen Namen Tabelle1, Tabelle2 usw. und unterscheiden sich durch ihr Symbol von den übrigen Namen. Sie dürfen auch nicht mit Excel-Tabellenblättern verwechselt werden!

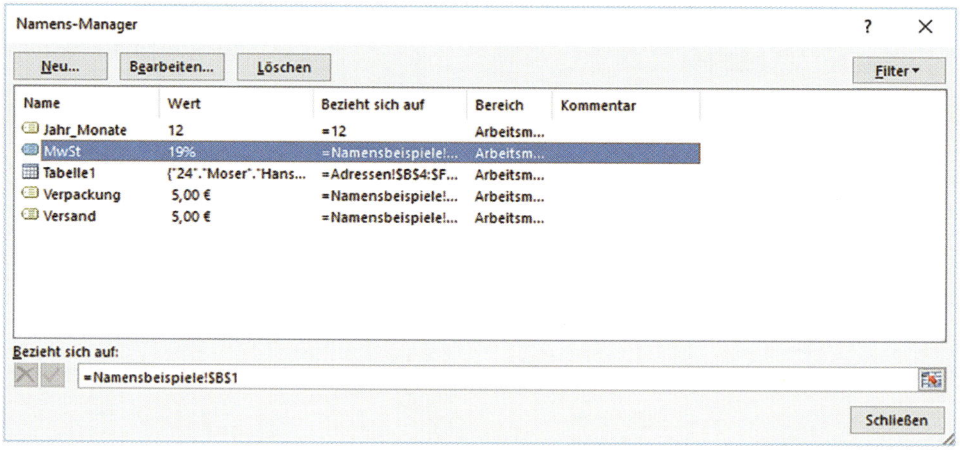

Bild 1.21 Namens-Manager

Namen löschen

Markieren Sie im Namens-Manager den Namen in der Übersicht und klicken Sie auf die Schaltfläche *Löschen*.

> Achtung: Namen, die in Formeln verwendet werden, sollten nicht gelöscht werden, da Excel in Formeln die ursprünglichen Zelladressen nicht wiederherstellt. Wurde ein Name trotzdem gelöscht, so erhalten Sie im Tabellenblatt anstelle des Formelergebnisses den Fehlerwert #NAME.

Namen ändern

Falls Sie im Namens-Manager einen Namen ändern möchten, so markieren Sie diesen und klicken auf *Bearbeiten...*. Das Fenster *Name bearbeiten* öffnet sich und Sie können einen anderen Namen eingeben, bei Bedarf einen Kommentar hinzufügen und, falls erforderlich, mit einem Klick auf das Symbol der Zeile *Bezieht sich auf* eine andere Zelle auswählen. Nicht mehr ändern lässt sich dagegen der Bereich, in dem der Name Gültigkeit besitzt.

> Änderungen des Namens und/oder Zellbezugs werden automatisch in alle Formeln übernommen, die diesen Namen verwenden.

Falls Sie im Namens-Manager einen neuen Namen erstellen möchten, so klicken Sie auf die Schaltfläche *Neu...*. Geben Sie dann wie oben beschrieben im Fenster *Neuer Name* einen Namen, ggfs. zusammen mit einem Kommentar, ein und klicken Sie zum Festlegen des Zellbezugs im Feld *Bezieht sich auf* auf das Symbol .

Namen in Formeln verwenden

Bei der Formeleingabe haben Sie verschiedene Möglichkeiten, Namen in die Formel einzufügen. Die Formel kann anschließend problemlos kopiert werden, da Namen immer mit absoluten Zellbezügen gleichzusetzen sind.

- Klicken Sie während der Formeleingabe einfach auf die Zelle. Besitzt die Zelle einen Namen, erscheint dieser automatisch anstelle des Zellbezugs in der Formel.
- Als Alternative tippen Sie den Namen über die Tastatur ein. Bereits nach Eingabe der ersten Zeichen erscheint eine Liste von Namen und Funktionen. Anhand ihres Symbols sind die Namen leicht von den Funktionen zu unterscheiden. Zum Übernehmen genügt ein Doppelklick auf den gewünschten Namen. Falls Sie den Namen per Tastatur in die Formel einfügen möchten, so verwenden Sie zur Auswahl die Pfeiltaste nach unten und zum Übernehmen die Tab-Taste.

Pfeiltasten + Tab-Taste

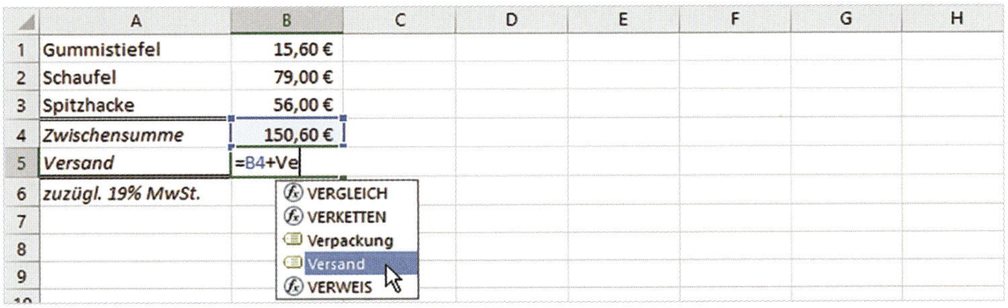

Bild 1.22 Namen in Formel einfügen

- Als dritte Möglichkeit klicken Sie während der Formeleingabe auf das Register *Formeln* und hier in der Gruppe *Definierte Namen* auf die Schaltfläche *In Formel verwenden*. Eine Liste mit Namen öffnet sich, klicken Sie zum Einfügen auf den gewünschten Namen.

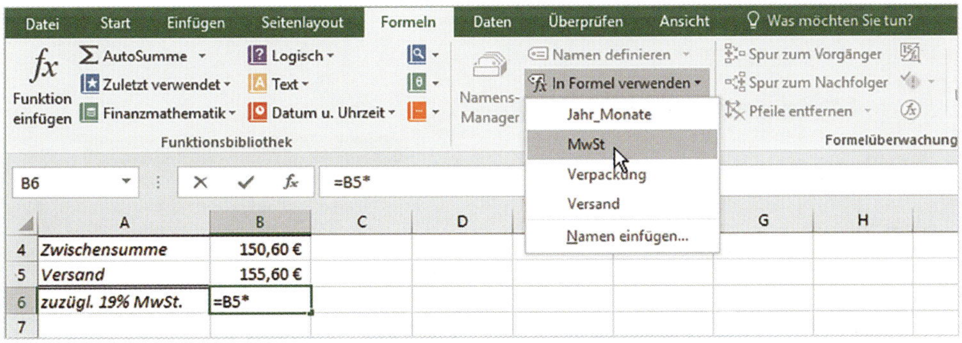

Bild 1.23 Namen in Formel einfügen

1.4 Eingabe und Syntax von Funktionen

Neben den bereits beschriebenen Funktionen Summe, Mittelwert, Anzahl, Min und Max verfügt Excel über eine Vielzahl von Funktionen für verschiedene Zwecke. Die wichtigsten davon werden in der nächsten Lektion eingehender beschrieben. Allerdings sollten Sie mit ihrer Eingabe bereits vertraut sein, dazu stehen die folgenden Möglichkeiten zur Auswahl:

Den Funktionsassistenten zur Eingabe nutzen

Funktion auswählen/suchen

Die vorherige Eingabe des Gleichheitszeichens ist beim Funktionsassistenten nicht erforderlich!

Wenn Sie eine bestimmte Funktion suchen, deren genauen Namen jedoch nicht kennen, dann verwenden Sie am besten zur Eingabe den Funktionsassistenten. Markieren Sie dazu die Zelle, in die Sie die Funktion eingeben möchten und klicken Sie entweder im Register *Formeln*, *Funktionsbibliothek*, auf die Schaltfläche *Funktion einfügen* oder auf dasselbe Symbol in der Bearbeitungsleiste. Das Fenster *Funktion einfügen* öffnet sich und Sie können im ersten Schritt die gewünschte Funktion entweder anhand eines Suchbegriffs suchen oder eine Kategorie wählen.

1 Tippen Sie im Feld *Funktion suchen* einen Suchbegriff ein und klicken Sie daneben auf *OK*, um die Suche zu starten.

Als Alternative wählen Sie im Feld darunter eine Kategorie aus, z. B. *Datum und Uhrzeit*. Mit der Auswahl *Alle* werden alle Funktionen alphabetisch aufgelistet. Standardmäßig ist die Kategorie *Zuletzt verwendet* mit allen zuletzt verwendeten Funktionen ausgewählt.

2 Die Suchergebnisse bzw. die Funktionen der ausgewählten Kategorie erscheinen unterhalb. Markieren Sie die gewünschte Funktion und klicken Sie auf *OK*.

Bild 1.24 Funktionsassistent

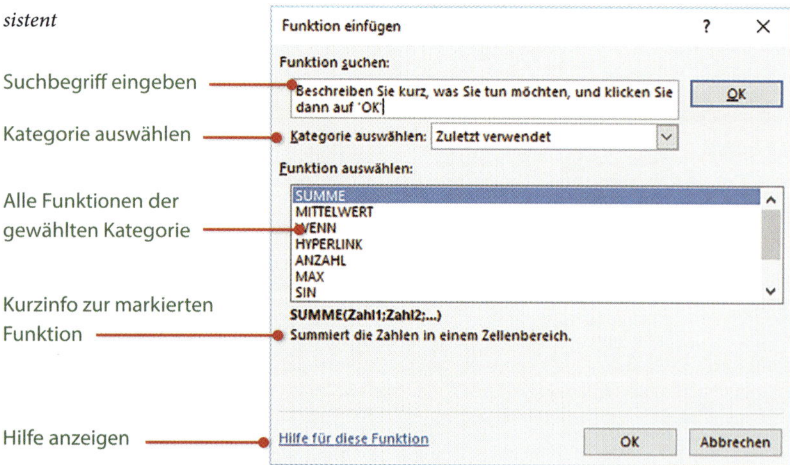

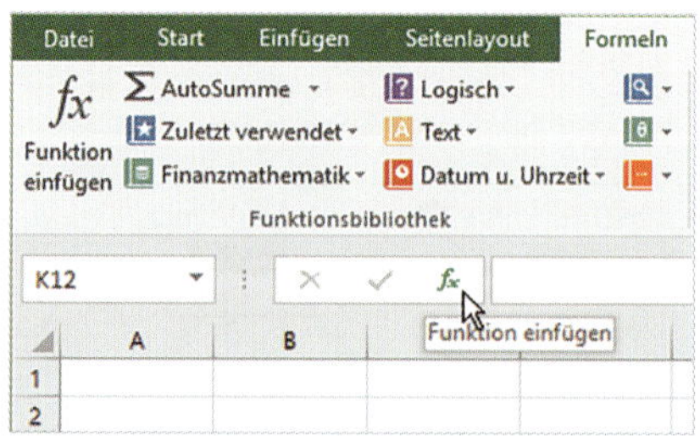

Tipp: Falls Sie nicht genau wissen, welche Funktion Sie verwenden sollen: Unterhalb der Liste erhalten Sie eine Kurzbeschreibung der markierten Funktion. Oder klicken Sie auf den Link *Hilfe für diese Funktion*. Damit öffnen Sie die Excel-Hilfe mit einer genaueren Beschreibung zusammen mit Beispielen.

Funktionsargumente einfügen

Nach Auswahl einer Funktion und anschließender Übernahme mit Klick auf die Schaltfläche *OK* öffnet sich das nächste Fenster *Funktionsargumente*. Hier fügen Sie die erforderlichen Zellbezüge oder Werte in die Funktion ein, diese werden als Funktionsargumente bezeichnet.

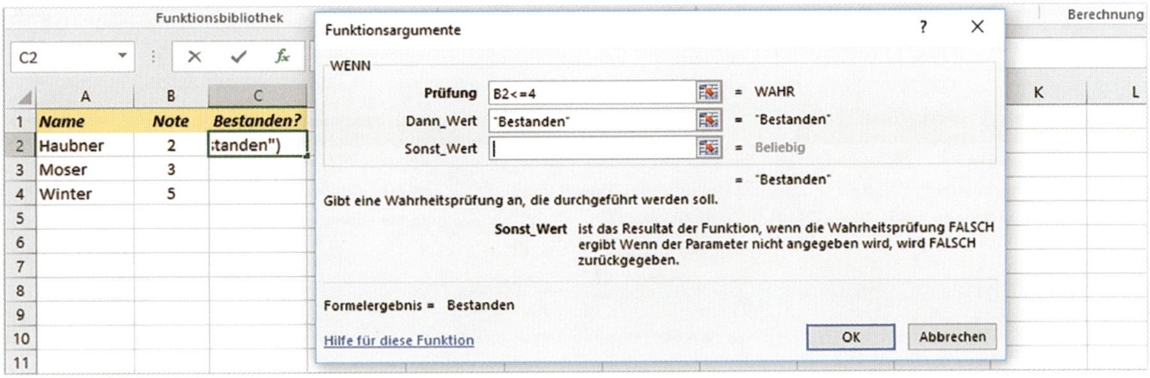

Bild 1.25 Funktionsargumente eingeben

Zum Einfügen von Zellbezügen klicken Sie zuerst in die betreffende Eingabezeile und anschließend im Tabellenblatt auf die erforderliche Zelle. Sollte der Zellbereich durch das Fenster *Funktionsargumente* verdeckt sein, so klicken Sie in einen freien Bereich des Fensters und schieben es mit gedrückter Maustaste einfach beiseite. Als Alternative verwenden Sie das kleine Symbol der jeweiligen Argumentzeile: Ein Klick darauf blendet das Fenster bis auf diese Zeile aus, ein weiterer Klick auf das Symbol stellt das Fenster wieder her.

Was Sie noch über Funktionsargumente wissen sollten:

- Fett hervorgehobene Argumente sind zwingend für die Berechnung erforderlich, alle anderen sind optional.
- Nähere Informationen zum Argument erhalten Sie unterhalb, sobald sich der Cursor in der betreffenden Eingabezeile befindet.
- Als Argumente können neben Zellbezügen auch Zahlen, Formeln, Funktionen oder Text verwendet werden. Achtung: Text muss in Anführungszeichen " " stehen; falls Sie Formeln oder Funktionen verwenden, so ist kein Gleichheitszeichen erforderlich!
- Rechts von jedem Argument erscheint der Wert der angegebenen Zelle bzw. das Ergebnis, falls als Argument eine Formel verwendet wird. Eine Vorschau auf das Ergebnis der gesamten Funktion erhalten Sie ganz unten (*Formelergebnis =*).

Eine Funktion im Funktionsassistenten nachträglich bearbeiten
Falls Sie eine Funktion nachträglich wieder im Fenster *Funktionsargumente* zur Überprüfung oder Korrektur anzeigen möchten, so markieren Sie die Zelle mit der Funktion und klicken in der Bearbeitungsleiste oder im Register *Formeln* auf die Schaltfläche *Funktion einfügen*.

Eine Funktion über die Funktionsbibliothek auswählen

Die *Funktionsbibliothek* im Register *Formeln* enthält, nach Kategorien geordnet, ebenfalls alle verfügbaren Excel-Funktionen und stellt eine weitere Eingabemöglichkeit von Funktionen dar. Ein Mausklick auf eine Kategorie öffnet die Liste aller dazugehörigen Funktionen. Sollten Sie die gewünschte Kategorie, z. B. statistische Funktionen, nicht finden, dann klicken Sie auf *Mehr Funktionen*.

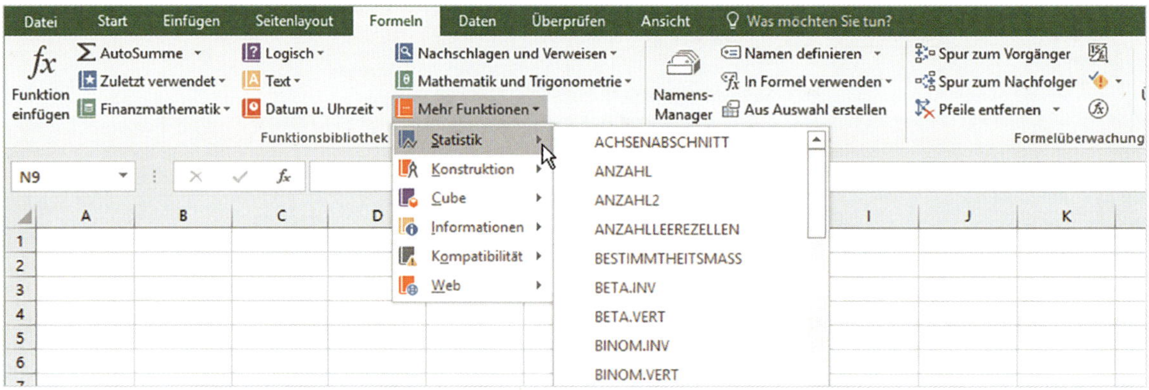

Bild 1.26 Funktionsbibliothek

Nach Auswahl einer Funktion öffnet sich ebenfalls das Fenster *Funktionsargumente*, über das Sie, wie oben beschrieben, alle erforderlichen Argumente eingeben.

Funktion über die Tastatur eingeben

Auch Funktionen beginnen mit = Zeichen

Als dritte Möglichkeit geben Sie eine Funktion über die Tastatur ein, auch hier unterstützt Sie Excel.

1. Markieren Sie die Zelle und geben Sie das Gleichheitszeichen (=) ein, anschließend beginnen Sie mit der Eingabe des Funktionsnamens. Bereits während der Eingabe der ersten Zeichen schlägt Excel entsprechende Funktionen vor und mit einem Doppelklick übernehmen Sie die gewünschte Funktion zusammen mit der öffnenden Klammer in die Zelle.
2. Nun können Sie die Argumente eingeben, unterhalb der Funktion sehen Sie fett hervorgehoben, welches Argument gerade benötigt wird.
3. Schließen Sie die Eingabe mit der Eingabe-Taste ab, die schließende Klammer wird von Excel in den meisten Fällen automatisch ergänzt und muss deshalb nicht zwingend eingegeben werden.

Bild 1.27 Funktion eingeben

> Wichtig: Werden mehrere Argumente benötigt, müssen Sie diese durch Eingabe eines Semikolons (;) trennen.

Als Alternative können Sie eine Funktion aus der Liste der Vorschläge auch mit der Tastatur auswählen und einfügen: Markieren Sie die Funktion mit der Pfeiltaste nach unten bzw. oben und übernehmen Sie dann die markierte Funktion mit der Tab-Taste.

Aufbau einer Funktion/Funktionssyntax

Für den sicheren Umgang mit Funktionen sollten Sie den Aufbau bzw. die Schreibweise (Syntax) einer Funktion kennen:

```
=FUNKTIONSNAME(Argument1;Argument2;Argument3;...)
```

- Eine Funktion beginnt wie jede Formel mit dem Gleichheitszeichen. Dieses wird automatisch eingefügt, wenn Sie eine Funktion über die Funktionsbibliothek oder den Assistenten eingeben, bei der Eingabe über die Tastatur muss dagegen das Gleichheitszeichen mit eingegeben werden.
- Funktionen benötigen, von wenigen Ausnahmen abgesehen, zur korrekten Berechnung weitere Angaben, die so genannten Funktionsargumente. Dies können Zellbezüge, Zahlen, Text oder Formeln bzw. Funktionen sein, Text muss in Anführungszeichen stehen.
- Die Argumente sind immer in runde Klammern eingeschlossen, mehrere Argumente werden durch Semikolon (;) getrennt. Die Klammern sind immer erforderlich, also auch dann, wenn die Funktion keine Argumente benötigt.

Text in Anführungszeichen " " erledigt der Funktionsassistent meist automatisch.

1.5 Formeln und Funktionen als Argumente

Als Funktionsargumente können auch Formeln oder Funktionen (verschachtelte Funktionen) verwendet werden. Dabei sind folgende Besonderheiten zu beachten:

- Innerhalb einer Funktion ist für Formeln und Funktionen kein weiteres Gleichheitszeichen erforderlich.
- Bei der Eingabe über den Funktionsassistenten bzw. das Fenster *Funktionsargumente* werden auch in verschachtelten Funktionen alle Klammern korrekt eingefügt. Wenn Sie dagegen eine Funktion manuell über die Tastatur als Funktionsargument eingeben, dann müssen Sie auch die schließenden Klammern über die Tastatur eingeben.

Maximal 64 Ebenen können verschachtelt werden

In Funktionen können mit Excel 2016 bis zu 64 Ebenen ineinander verschachtelt werden. Häufig werden beispielsweise in einer Funktion die Funktionen UND, ODER bzw. WENN benötigt, wenn gleich mehrere Bedingungen geprüft werden müssen. Funktionen als Argument werden entweder manuell über die Tastatur oder im Funktionsassistent eingefügt; wenn Sie dabei einige Punkte beachten, dann verlieren Sie auch in verschachtelten Funktionen nicht so schnell den Überblick.

Funktion mit dem Funktionsassistent einfügen

Wenn Sie eine Funktion mit dem Funktionsassistent bzw. im Fenster *Funktionsargumente* eingeben, dann fügen Sie jede weitere Funktion als Argument über die Bearbeitungsleiste ein. Hier erscheint während der Eingabe einer Formel oder Funktion anstelle des Namenfeldes das Feld *Funktionen*, das standardmäßig die zuletzt verwendete Funktion anzeigt. Mit einem Klick auf den Dropdown-Pfeil erhalten Sie weitere Funktionen zur Auswahl.

Bild 1.28 Funktion in Formel einfügen

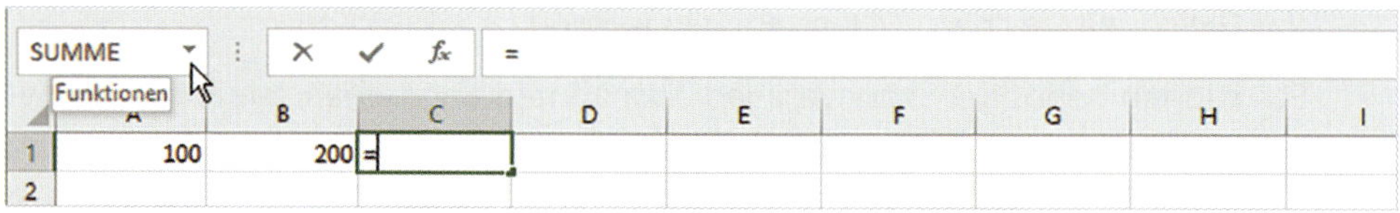

Beispiel: Sie möchten mit Excel ermitteln, für welche Artikel eine Nachbestellung erforderlich ist und welche Menge jeweils bestellt werden muss. Dabei sind gleich mehrere Bedingungen zu beachten:

- Eine Nachbestellung ist nur dann erforderlich, wenn der Lagerbestand kleiner ist als der Sollbestand.
- Außerdem muss die Mindestbestellmenge berücksichtigt werden: Ist die fehlende Menge kleiner als die Mindestbestellmenge, so gilt die Mindestbestellmenge, andernfalls wird die fehlende Menge nachbestellt.

So gehen Sie vor:

1 Fügen Sie in F3 die Funktion WENN ein und prüfen Sie zunächst mit einer einfachen Formel, ob der Lagerbestand (Lager1 + Lager2) kleiner ist als der Sollbestand.

2 Wenn ja, benötigen Sie als *Dann_Wert* eine zweite WENN-Funktion für den Vergleich mit der Mindestbestellmenge. Klicken Sie daher in das Feld *Dann_Wert* und klicken Sie links in der Bearbeitungsleiste auf die Funktion WENN bzw. auf den Pfeil, um die gewünschte Funktion auszuwählen.

Bild 1.29 Zweite WENN-Funktion einfügen

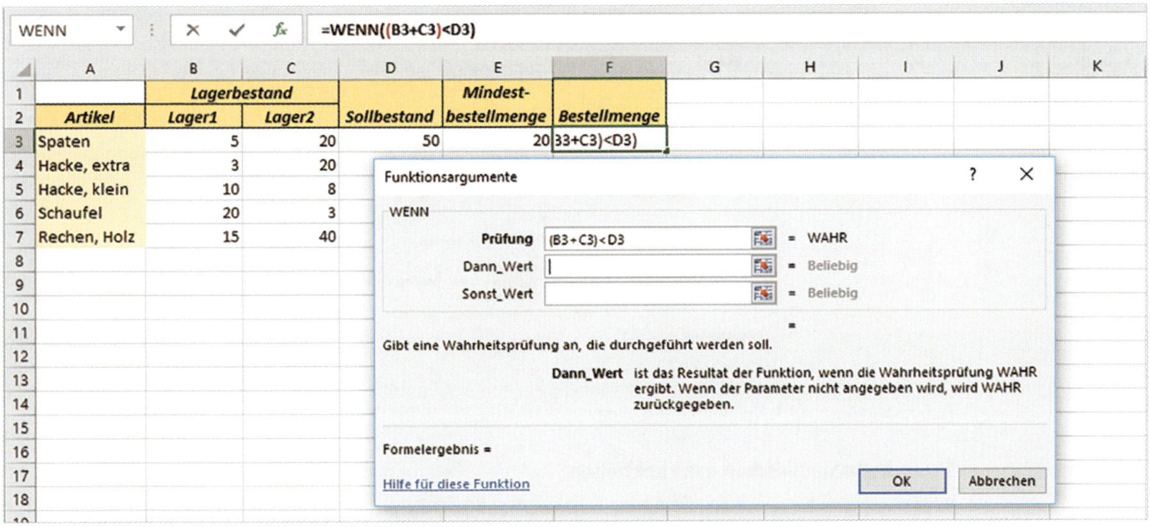

3 Das Fenster *Funktionsargumente* zeigt nun die Argumente der zweiten WENN-Funktion an und in der Bearbeitungsleiste ist diese fett hervorgehoben. Geben Sie nun die nächste zu prüfende Bedingung ein sowie den *Dann_Wert* (Mindestbestellmenge) und den *Sonst_Wert* (Differenz zwischen Soll- und Lagerbestand).

Bild 1.30 Argumente der zweiten WENN-Funktion bearbeiten

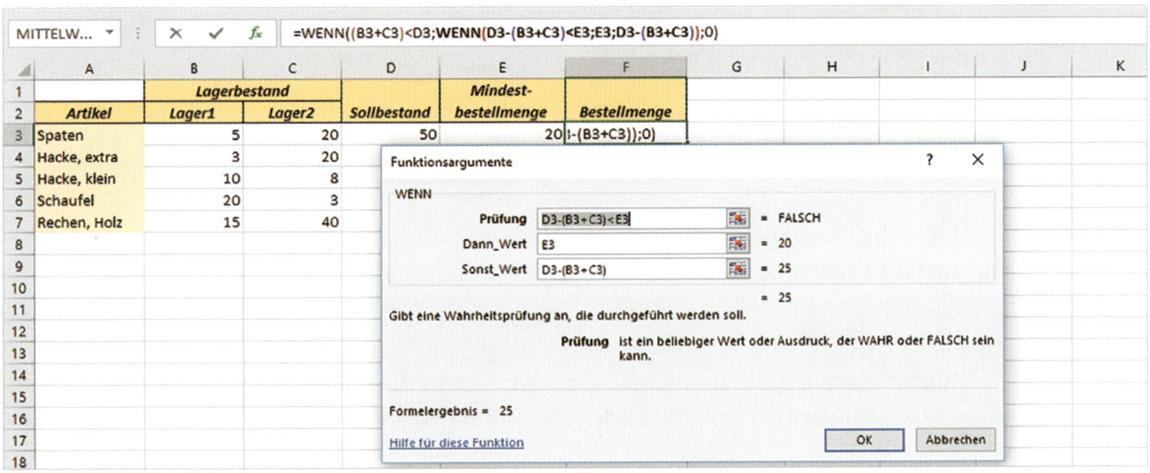

4 Nun fehlt eigentlich nur noch der *Sonst_Wert* der ersten Funktion (keine Bestellung erforderlich bzw. 0), daher müssen Sie zur ersten Funktion zurückkehren. Dazu klicken Sie in der Bearbeitungsleiste auf die erste WENN-Funktion.

5 Nun erscheinen wieder die Argumente der ersten Funktion. Geben Sie das letzte Argument *Sonst_Wert* ein, in unserem Beispiel 0 und beenden Sie die Eingabe mit *OK*.

Bild 1.31 Die erste WENN-Funktion bearbeiten

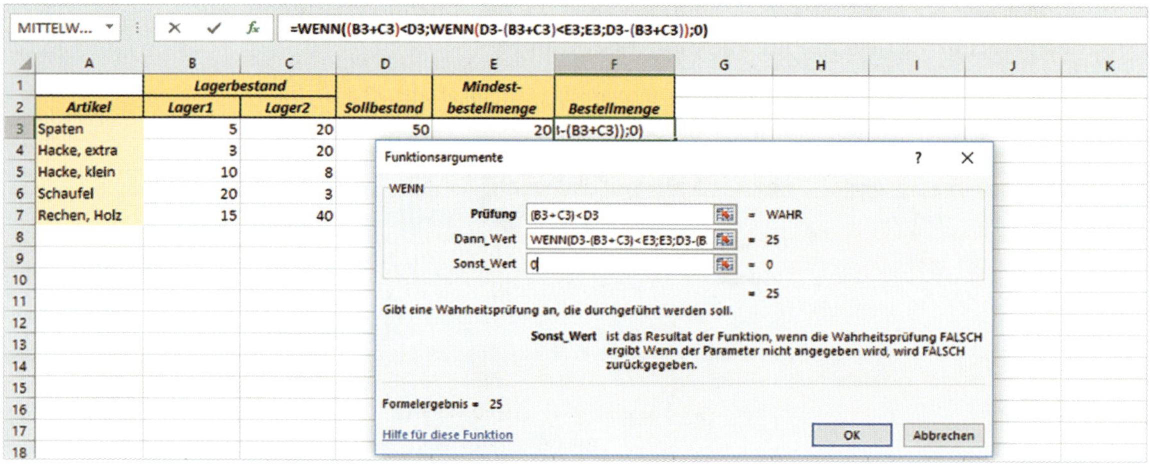

So wechseln Sie zwischen den Funktionen

Welche Funktion Sie im Fenster *Funktionsargumente* gerade bearbeiten, zeigt ein Blick auf die Formel in der Bearbeitungsleiste. Diese Leiste benutzen Sie, um zwischen den beiden Funktionen zu wechseln, die jeweils aktuelle Funktion ist fett hervorgehoben.

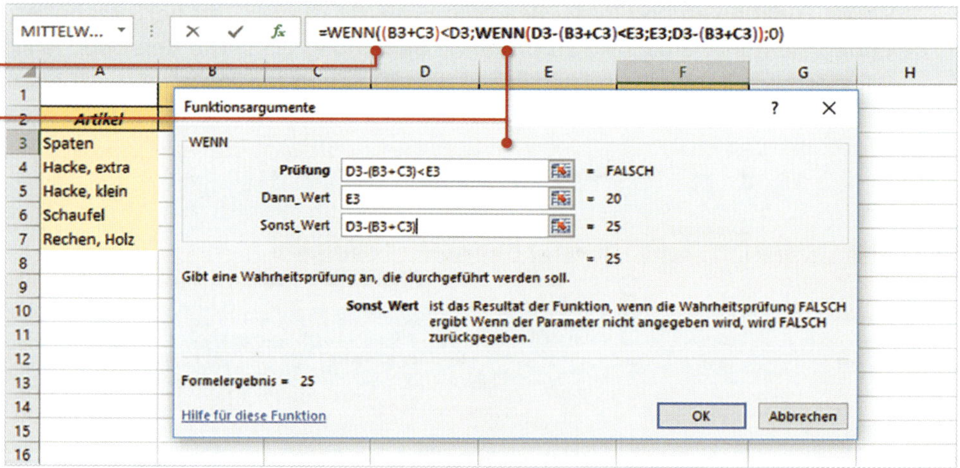

Bild 1.32 Die Funktionen in der Bearbeitungsleiste

Klicken Sie auf das erste WENN, wenn das Fenster *Funktionsargumente* wieder die erste Funktion anzeigen soll und klicken Sie auf das zweite WENN, um die zweite Funktion zu kontrollieren. Mit der Schaltfäche *OK* schließen Sie das Fenster und übernehmen die gesamte Funktion.

> Achtung: Ein Klick auf *OK* beendet die Eingabe, klicken Sie daher im Fenster *Funktionsargumente* erst dann auf diese Schaltfläche, wenn Sie die Funktionseingabe abschließen möchten.

Funktion nachträglich kontrollieren

Zur späteren Kontrolle der Funktion markieren Sie die Zelle und klicken in der Bearbeitungsleiste auf *Funktion einfügen*. Die Funktion erscheint im Fenster *Funktionsargumente* und Sie können nun mit der oben beschriebenen Methode wieder jede der Funktionen im Fenster anzeigen und bearbeiten.

Verschachtelte Funktionen per Tastatur eingeben

Die Eingabe verschachtelter Funktionen über die Tastatur ist ähnlich problemlos. Tippen Sie die erste WENN-Funktion ein und geben Sie als erstes Argument die zu prüfende Bedingung an (siehe vorhergehendes Beipiel). Nach Eingabe des Semikolons (;) tippen Sie den Namen der einzufügenden Funktion ein bzw. übernehmen diese mit Doppelklick.

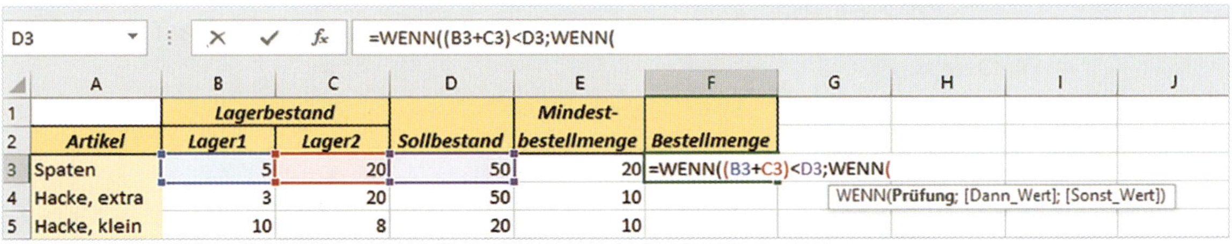

	A	B	C	D	E	F
1		Lagerbestand			Mindest-	
2	Artikel	Lager1	Lager2	Sollbestand	bestellmenge	Bestellmenge
3	Spaten	5	20	50	20	=WENN((B3+C3)<D3;WENN(
4	Hacke, extra	3	20	50	10	
5	Hacke, klein	10	8	20	10	

Bild 1.33 Tastatureingabe

Nun geben Sie in der zweiten Funktion alle erforderlichen Argumente an und beenden die Funktion mit einer schließenden Klammer. Damit befinden Sie sich automatisch wieder in der ersten Funktion; hier geben Sie noch als letztes Argument den Sonst_Wert 0 ein und schließen die Klammer der ersten Funktion.

Tipps zum Umgang mit Klammern

- Insbesondere, wenn innerhalb einer Funktion in Formeln zusätzliche Klammern erforderlich sind, kann die Funktion schnell unübersichtlich werden bzw. werden häufig die abschließenden Klammern vergessen. Aus diesem Grund kennzeichnet Excel während der Eingabe zusammengehörige Klammernpaare farbig.
- In der Praxis hat sich auch bewährt, wenn nach Eingabe der öffnenden Klammer sofort die zweite schließende Klammer eingegeben wird und Sie erst danach innerhalb des Klammernpaares die eigentliche Formel einfügen.

1.6 Formeln überprüfen und korrigieren

Formeln editieren

Die markierte Zelle kann auch mit der Funktionstaste F2 editiert werden.

Wie alle Zellinhalte lassen sich auch Formeln in der Bearbeitungsleiste kontrollieren und nach einem Klick in die Leiste auch bearbeiten. Einfacher und übersichtlicher ist es, wenn Sie im Tabellenblatt auf die Zelle mit der Formel doppelklicken. Dann wird die Formel auch in der Zelle wieder sichtbar und kann direkt im Tabellenblatt bearbeitet werden. Zudem sind alle verwendeten Zellbezüge im Blatt farbig hervorgehoben, sodass sich die Formel leicht überprüfen lässt.

Zum Übernehmen der Änderung verwenden Sie die Eingabe-Taste oder klicken in der Bearbeitungsleiste auf das Symbol *Eingeben*. Sollen dagegen bei versehentlichen Änderungen diese nicht übernommen werden, so drücken Sie einfach die Esc-Taste oder klicken auf das Symbol *Abbrechen*.

Zellbezüge korrigieren

Fehlerhafte Zellbezüge ändern Sie am einfachsten mit der Maus. Editieren Sie die Formel mit Doppelklick oder der Taste F2 und zeigen Sie dann im Tabellenblatt auf den farbigen Rahmen des fehlerhaften Zellbezugs: Am Mauszeiger erscheinen vier Richtungspfeile, ziehen Sie nun den Rahmen auf die korrekte Zelle. Übernehmen Sie anschließend die Änderung mit der Eingabe-Taste oder durch Klick auf das Symbol *Eingeben*.

Bild 1.34 Zellbezüge mit der Maus ändern

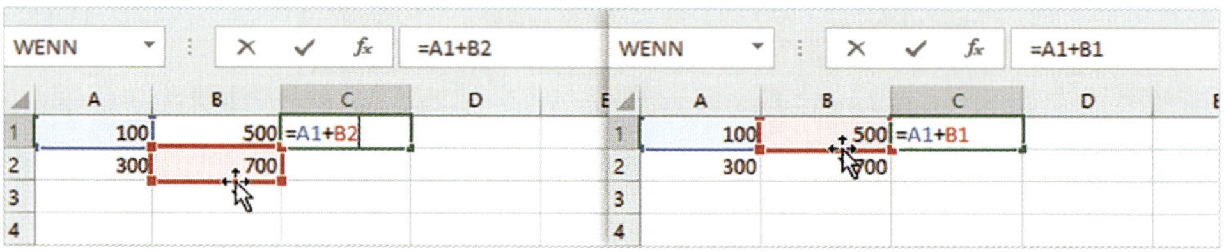

Auch Zellbereiche in Formeln lassen sich auf diese Weise mit der Maus verschieben, außerdem vergrößern und verkleinern. Dazu zeigen Sie mit der Maus auf eine der Ecken der farbigen Umrandung: Der Mauszeiger verwandelt sich in einen Doppelpfeil und durch Ziehen vergrößern oder verkleinern Sie den Zellbereich.

Bild 1.35 Bereichsangaben mit der Maus ändern

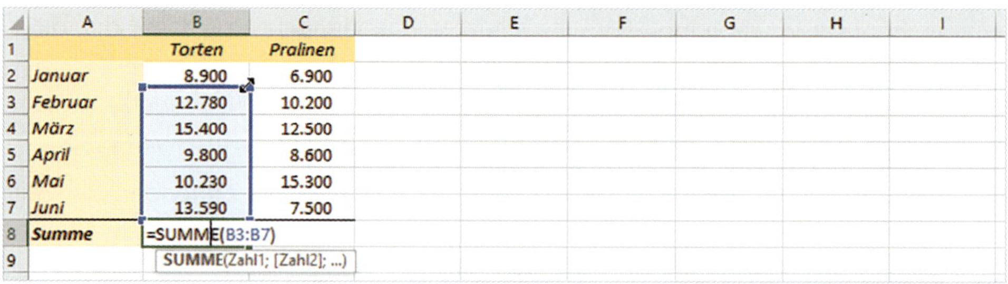

Formeln im gesamten Tabellenblatt anzeigen

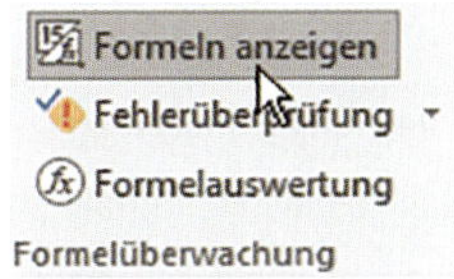

Bild 1.36 Formeln anzeigen

Um im gesamten Arbeitsblatt anstelle der Ergebnisse alle Formeln sichtbar zu machen, klicken Sie im Register *Formeln*, Gruppe *Formelüberwachung*, auf *Formeln anzeigen*. Mit Anzeige der Formeln werden alle Spalten automatisch verbreitert und Zahlenformate ignoriert. Mit derselben Schaltfläche blenden Sie die Formelanzeige auch wieder aus und damit erhalten die Spalten ihre ursprüngliche Breite zurück, vorausgesetzt sie wurden zwischenzeitlich nicht geändert. Auch in dieser Anzeige lassen sich fehlerhafte Zellbezüge schnell mit der Maus korrigieren.

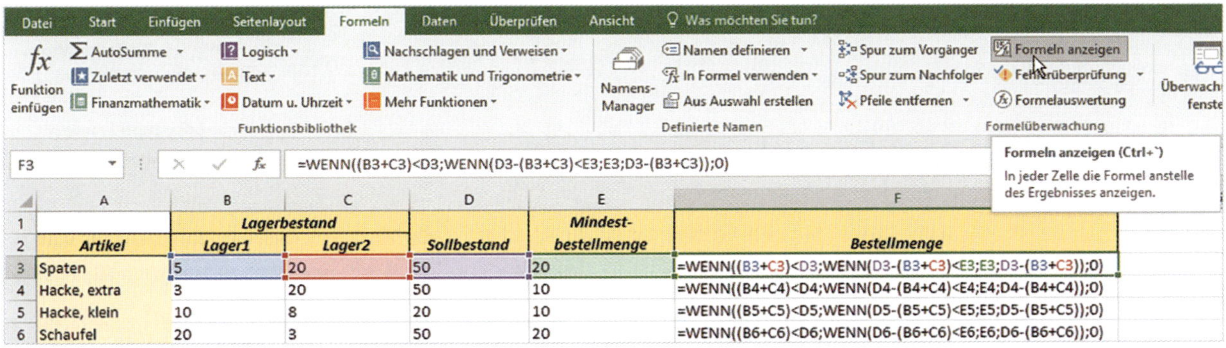

Tipp: Wenn Sie das Blatt mit den eingeblendeten Formeln drucken möchten, dann sollten Sie zur besseren Kontrolle auch die Zeilen- und Spaltennummerierung sowie die Gitternetzlinien drucken. Aktivieren Sie dazu im Register *Seitenlayout*, Gruppe *Blattoptionen*, unter *Gitternetzlinien* und *Überschriften* jeweils die Kontrollkästchen *Drucken*.

Die Excel-Fehlerkontrolle

Bei Syntaxfehlern in Funktionen und von Excel erkannten Fehlern in Formeln, beispielsweise Division durch Null, zeigt die Zelle anstelle eines Formelergebnisses einen Fehlerwert an und wird mit einem grünen Dreieck in der linken oberen Ecke gekennzeichnet. Häufige Fehlerwerte sind:

Fehlerwert	Ursache
#DIV/0!	Sie dividieren in der Formel eine Zahl durch 0 oder eine leere Zelle. Beides ist mathematisch nicht zulässig.
#NAME?	Die Formel enthält einen nicht existierenden Namen, möglicherweise wurde auch der Funktionsname nicht korrekt geschrieben.
#WERT!	Sie führen eine arithmetische Operation mit einer Zelle durch, die anstelle einer Zahl Text enthält, z. B. ist 12,-- keine gültige Zahl.
#NV	Diesen Fehlerwert erhalten Sie, wenn eine Verweisfunktion, z. B. SVERWEIS(), keinen passenden Wert findet (Nicht Verfügbar).

Beim Markieren einer solchen Zelle erscheint im Tabellenblatt eine kleine Schaltfläche und ein Mausklick auf diese Schaltfläche blendet die mögliche Ursache zusammen mit verschiedenen Optionen ein.

Bild 1.37 Beispiel Fehlerwert

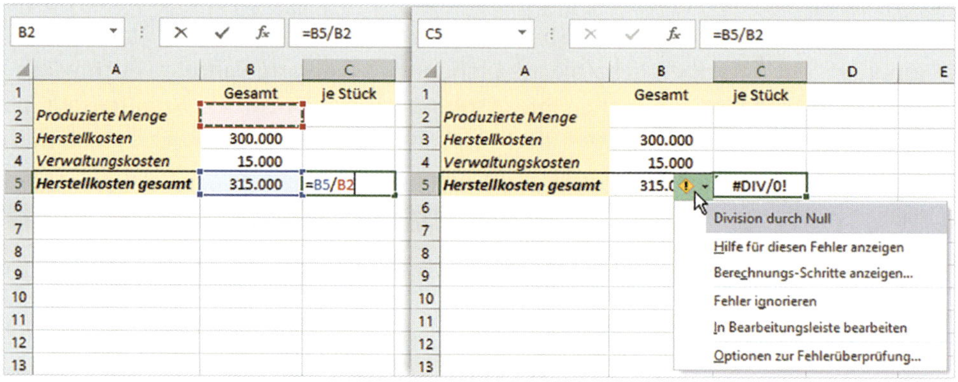

- Wenn Sie die Formel anschließend im Tabellenblatt oder in der Bearbeitungsleiste korrigieren möchten, dann klicken Sie auf *In Bearbeitungsleiste bearbeiten*.
- Die Option *Berechnungsschritte anzeigen* öffnet das Fenster *Formel auswerten*, in dem Sie in komplexen Formeln die Berechnungsschritte kontrollieren können (siehe weiter unten, Formeln schrittweise auswerten).

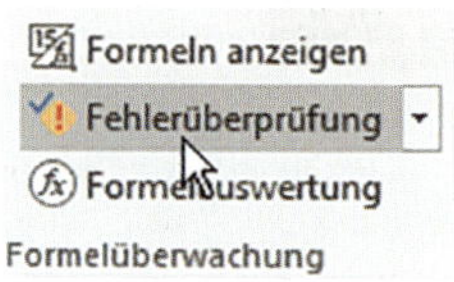

Tabellenblatt auf Fehler prüfen

Um das gesamte Tabellenblatt auf die oben genannten Fehlerwerte zu überprüfen, klicken Sie im Register *Formeln*, Gruppe *Formelüberwachung*, auf die Schaltfläche *Fehler überprüfen*. Anschließend erscheint in einem Dialogfenster der erste gefundene Fehler mit denselben Korrekturmöglichkeiten. Mit einem Klick auf die Schaltfläche *Weiter* gelangen Sie zum nächsten Fehlerwert.

Bild 1.38 Tabellenblatt auf Fehler prüfen

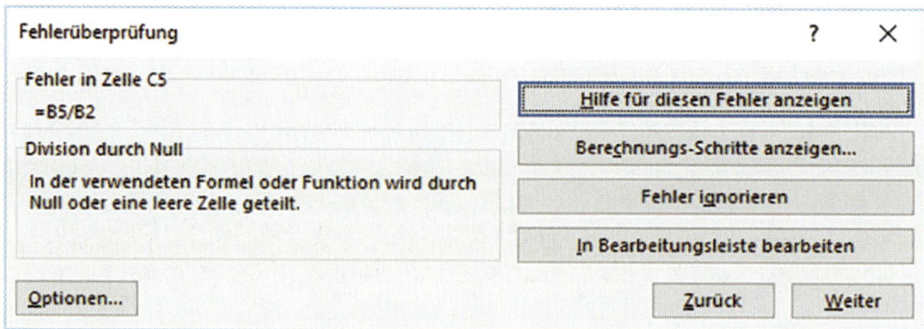

Weitere Möglichkeiten der Formelkontrolle

Auf logische Fehler prüfen

Wesentlich problematischer als die oben genannten Fehlerwerte sind logische Fehler in Formeln. Diese liefern ebenfalls kein oder ein falsches Ergebnis, werden von Excel aber nicht erkannt. Für solche Fälle finden Sie Hilfsmittel zur Kontrolle im Register *Formeln*, Gruppe *Formelüberwachung*.

Spuren einblenden

Die einfachste Möglichkeit der Formelkontrolle besteht darin, dass Sie die Zelle mit der Formel markieren und über die Schaltfläche *Spur zum Vorgänger* (Register *Formeln*) Pfeile einblenden, die auf die verwendeten Zellen verweisen, dies wurde in früheren Excel-Versionen auch als *Detektiv* bezeichnet. Umgekehrt können Sie mit der Schaltfläche *Spur zum Nachfolger* Pfeile zu allen Zellen bzw. Formeln legen, die sich auf die markierte Zelle beziehen.

Die Schaltfläche *Pfeile entfernen* blendet wieder alle Pfeile aus dem Arbeitsblatt aus.

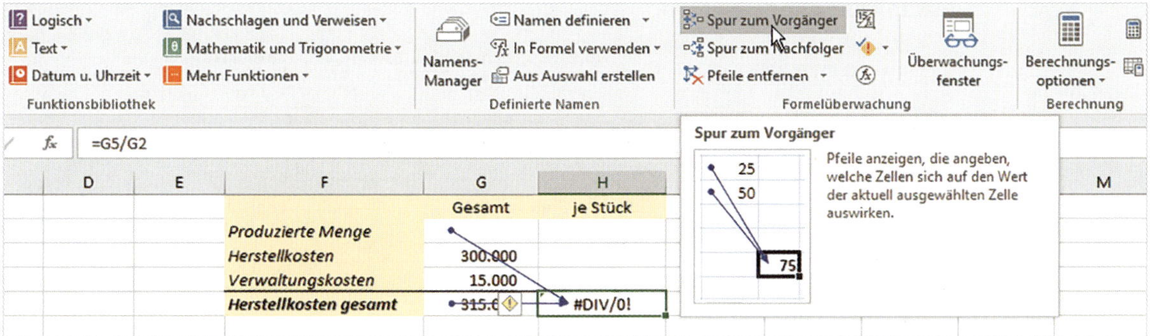

Bild 1.39 Spuren anzeigen

Ausgewählte Formeln im Überwachungsfenster kontrollieren

Das Überwachungsfenster ermöglicht die Anzeige einzelner Formeln einschließlich der Ergebnisse in einem gesonderten Fenster. Nützlich ist diese Methode insbesondere in umfangreichen Tabellen und bei Verwendung tabellenübergreifender Zellbezüge, da das Überwachungsfenster ausgewählte Formeln der gesamten Arbeitsmappe anzeigen kann. Zum Einblenden klicken Sie im Register *Formeln*, Gruppe *Formeln überwachen*, auf die Schaltfläche *Überwachungsfenster*.

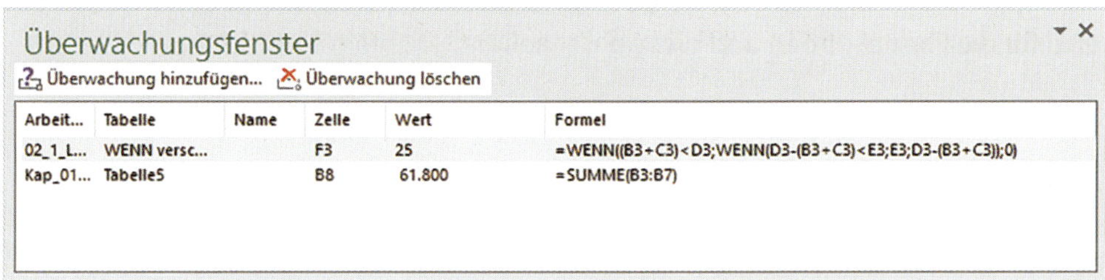

Bild 1.40 Das Überwachungsfenster

Um eine Formel in das Überwachungsfenster einzufügen, klicken Sie auf *Überwachung hinzufügen* und klicken anschließend auf die Zelle mit der Formel, diese kann sich auch in einem anderen Tabellenblatt befinden. Mit der Schaltfläche *Überwachung löschen* entfernen Sie eine Formel wieder aus dem Überwachungsfenster.

Tipp: Sie können das Überwachungsfenster am oberen Rand des Arbeitsbereichs verankern: Ziehen Sie dazu einfach das Fenster mit gedrückter Maustaste in den Bereich der Bearbeitungsleiste oder doppelklicken Sie in den Titel des Fensters.

Formeln schrittweise ausführen

Einzelne komplexe Formeln lassen sich im Dialogfenster *Formel auswerten* schrittweise überprüfen, auch wenn sie von Excel nicht als Fehler erkannt wurden. Auf diese Weise können Sie beispielsweise die Einzelergebnisse verschachtelter WENN-Funktionen kontrollieren.

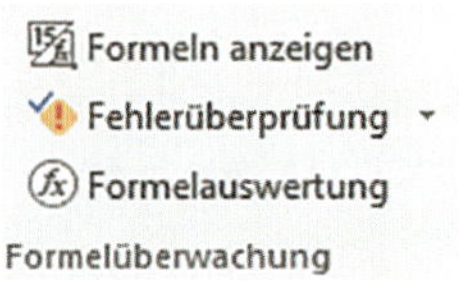

Markieren Sie im Tabellenblatt die Zelle mit der zu überwachenden Formel und klicken Sie auf die Schaltfläche *Formelauswertung*. Klicken Sie im Dialogfenster *Formel auswerten* auf die Schaltfläche *Auswerten*, um das Ergebnis des ersten unterstrichenen Ausdrucks zu kontrollieren.

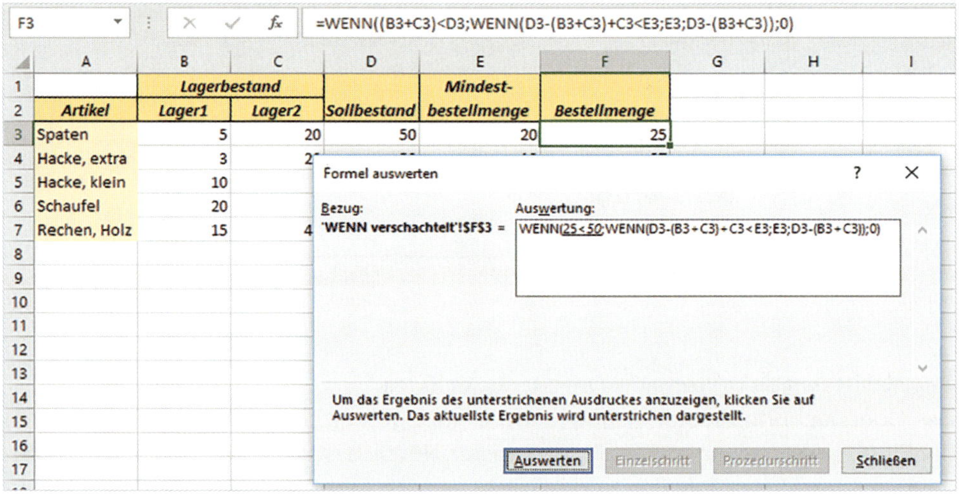

Bild 1.41 Einzelschritte ausführen

Mit jedem weiteren Mausklick auf die Schaltfläche *Auswerten* werten Sie den nächsten Schritt der Formel aus. Enthält die Formel oder Funktion einen Bezug auf das Ergebnis einer weiteren Formel, können Sie über die Schaltfläche *Einzelschritt* einen neuen Bereich für die Formel öffnen und diese anschließend ebenfalls überprüfen.

1.7 Matrixformeln

Nicht zu verwechseln mit Matrixfunktionen!

Als Matrix bezeichnet man (nicht nur in Excel) eine Tabelle oder einen rechteckigen zusammenhängenden Zellbereich über mehrere Zeilen und/oder Spalten. Matrixformeln in Excel unterscheiden sich von normalen Formeln dadurch, dass sie in einem einzigen Schritt in einen zusammenhängenden Zellbereich eingegeben werden. Anschließendes Kopieren und Berücksichtigung eventuell erforderlicher absoluter Zellbezüge erübrigen sich. Nachteil: Eine Matrixformel über mehrere Zellen stellt eine Einheit dar und innerhalb dieses Bereichs können einzelne Formeln weder bearbeitet noch gelöscht werden.

Da auch einige Funktionen von Excel das Formelergebnis in einen Zellbereich ausgeben und daher unbedingt als Matrixformel eingegeben werden müssen, sollten Sie sich auch mit Matrixformeln etwas genauer befassen:

Matrixformel eingeben

Beispiel 1: Werte zweier Spalten miteinander multiplizieren

Ein einfaches Beispiel für die Eingabe einer Matrixformel: Sie möchten die Werte der Spalten A und B in C miteinander multiplizieren, so gehen Sie vor:

1. Markieren Sie den gesamten Ergebnisbereich für die Formel, im Bild unten sind dies die Zellen C4:C7.
2. Geben Sie anschließend die folgende Formel ein, die Zellbereiche legen Sie am einfachsten durch Markieren mit der Maus fest:

```
=A4:A7*B4:B7
```

3. Achtung: Beenden Sie die Formeleingabe durch Drücken der Tastenkombination Strg+Umschalt+Eingabe (Strg+Shift+Enter).
4. In der Bearbeitungsleiste sehen Sie nun die Matrixformel. Sie ist in geschweifte Klammern {} eingeschlossen.

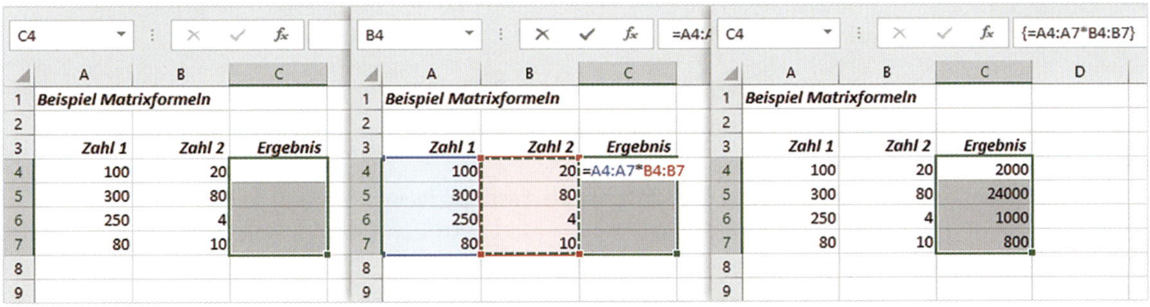

Bild 1.42 Zwei Spalten miteinander multiplizieren

Die folgenden Punkte sind bei der Verwendung von Matrixformeln zu beachten:

- Markieren Sie vor Eingabe der Formel den gesamten Ergebnisbereich.
- Schließen Sie die Eingabe einer Matrixformel immer mit der Tastenkombination Strg+Umschalt+Eingabe ab.
- Matrixformeln sind in der Bearbeitungsleiste an den geschweiften Klammern zu erkennen. Dies bedeutet, einzelne Formeln innerhalb des Ergebnisbereichs können nicht bearbeitet werden.

Beispiel 2: Werte aus zwei Tabellen miteinander multiplizieren
Mit einer einzigen Matrixformel lassen sich auch Ergebnisse mit zwei verschiedenen Tabellen berechnen. Als Beispiel sollen die Werte der linken Tabelle (Matrix 1) mit dem jeweiligen Wert aus Matrix 2 multipliziert und die Ergebnisse in der dritten Tabelle im Bereich A8 bis C9 eingefügt werden. Die Vorgehensweise ist dieselbe:

1 Markieren Sie den Zellbereich A8:C9 und geben Sie folgende Formel ein:

```
=A4:C5*E4:G5
```

2 Schließen Sie die Formeleingabe mit Strg+Umschalt+Eingabe ab.

Bild 1.43 Zwei Zellbereiche miteinander multiplizieren

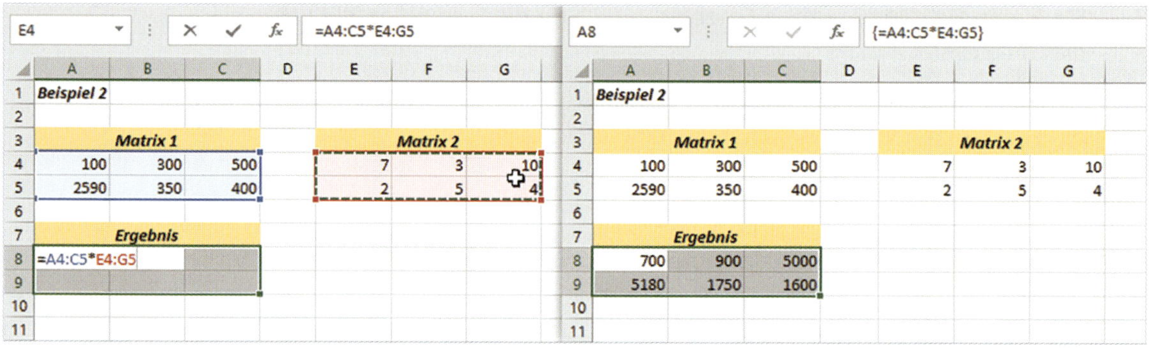

Zellbezüge in Matrixformeln

Die Verwendung relativer und absoluter Zellbezüge in Formeln kennen Sie bereits, etwas anders verhalten sich Matrixformeln:

Beispiel 3: Mehrere Werte mit demselben Wert multiplizieren
In diesem Beispiel multiplizieren Sie eine Matrix mit dem Inhalt einer einzigen Zelle, nämlich B3. Im Gegensatz zu einer normalen Formel, die anschließend kopiert werden soll, benötigen Sie hierzu in einer Matrixformel keinen absoluten Zellbezug.

Bild 1.44 Mehrere Werte mit derselben Zelle multiplizieren

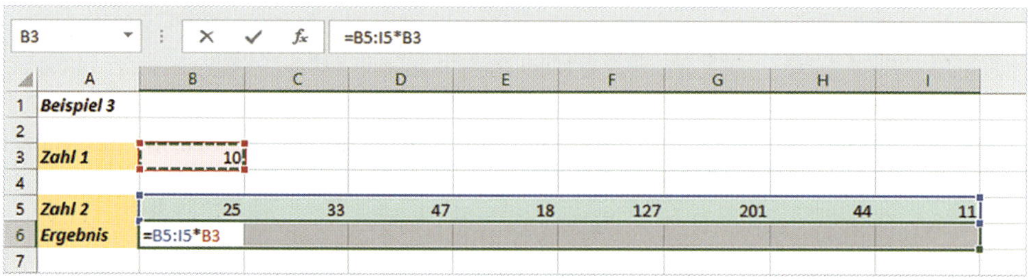

Formel nachträglich in eine Matrixformel umwandeln

Falls Sie eine bereits vorhandene Formel nachträglich in eine Matrixformel umwandeln möchten, gehen Sie so vor:

1 Markieren Sie den Zellbereich, in den Sie die Matrixformel einfügen möchten und drücken Sie dann die Taste F2, um die Formel zu editieren.

2 Anschließend korrigieren Sie die Zellbezüge und übernehmen dann die Formel als Matrixformel mit den Tasten Strg+Umschalt+Eingabe. Eventuell vorhandene absolute Zellbezüge werden ignoriert und müssen daher nicht zwingend korrigiert werden.

1.8 Zusammenfassung

- Alle Formeln und Funktionen beginnen in Excel mit dem Gleichheitszeichen (=), anschließend können die Zellbezüge entweder durch Anklicken mit der Maus oder Ansteuern mit den Pfeiltasten der Tastatur eingefügt werden. Einfache Funktionen, wie z. B. Summe oder Mittelwert, fügen Sie über die Schaltfläche *AutoSumme* ein, in diesem Fall ist die vorherige Eingabe des Gleichheitszeichens nicht erforderlich.
- Eine andere Möglichkeit der schnellen Auswertung bietet das Schnellanalysetool an. Es erscheint im Tabellenblatt, sobald Sie einen Zellbereich markiert haben und stellt im Register *Ergebnisse* verschiedene Berechnungsmöglichkeiten, darunter die laufende Summe sowie Prozentanteile, zur Auswahl.
- Bei den Zellbezügen in Formeln und Funktionen unterscheidet Excel zwischen relativen, absoluten (festen) und gemischten Bezügen. In absoluten Bezügen werden Zeile und Spalte mit dem $-Zeichen versehen, diese werden dann beim Kopieren der Formel nicht angepasst. Das Dollarzeichen $ braucht nicht über die Tastatur eingegeben werden, sondern mit Hilfe der Taste F4 können Sie normale Zellbezüge der Reihe nach in feste und gemischte Bezüge umwandeln. Bei tabellenübergreifenden Zellbezügen oder Bezügen auf Zellen in anderen Arbeitsmappen werden der eigentlichen Zelladresse noch Blattname und Dateiname vorangestellt.
- Anstelle von absoluten Zellbezügen können für Zellen und Zellbereiche auch Namen vergeben werden. Namen besitzen in der gesamten Arbeitsmappe Gültigkeit und sorgen vor allem bei Zellbezügen auf andere Tabellenblätter für übersichtlichere Formeln. Die Schaltflächen zum Erstellen und Verwalten von Namen finden Sie im Register *Formeln*, Gruppe *Definierte Namen*.

- Bei der Auswahl und Eingabe von Funktionen unterstützt Sie der Funktionsassistent. Als Alternative können Sie eine Funktion direkt über die Tastatur eingeben, auch dann erhalten Sie während der Eingabe kleine Hilfen und Hinweise. Achten Sie in diesem Fall darauf, dass die Funktionsargumente in Klammern gesetzt und unbedingt mit Semikolon (;) getrennt werden müssen. Als Argumente können nicht nur Zellbezüge, sondern auch Formeln oder weitere Funktionen verwendet werden, man bezeichnet dies als verschachtelte Funktionen.
- Syntaxfehler und einige andere Fehler in Formeln werden von Excel erkannt und entsprechend gekennzeichnet. Nicht erkannte logische Fehler und komplexe Formeln lassen sich überprüfen, indem Sie entweder Pfeile zu den verwendeten Zellen einblenden oder eine Formel schrittweise ausführen lassen. Alle Möglichkeiten der Formelüberprüfung finden Sie im Register *Formeln* in der Gruppe *Formelüberwachung*.
- Formeln und Funktionen können auch als Matrixformeln in einen größeren Zellbereich eingegeben werden, anschließendes Kopieren der Funktion entfällt. Vor der Eingabe einer Matrixformel muss der gesamte Ergebnisbereich markiert werden, die Eingabe wird mit der Tastenkombination Strg+Umschalt+Eingabe abgeschlossen. Matrixformeln sind in der Bearbeitungsleiste an den geschweiften Klammern {} zu erkennen, diese werden bei der Eingabe automatisch erzeugt. Matrixformeln sind nicht zu verwechseln mit Matrixfunktionen!

Notizen:

2 Funktionen für Fortgeschrittene

In diesem Kapitel lernen Sie...

- Logikfunktionen einsetzen
- Rundungsfehler vermeiden
- Wichtige statistische Funktionen
- Finanzmathematische Funktionen
- Berechnungen mit Datum und Uhrzeit
- Textfunktionen
- Funktionen zur Fehlervermeidung einsetzen

Das sollten Sie bereits wissen

- Verwendung von Zahlenformaten
- Eingabe und Syntax von Funktionen
- Matrixformeln

Die wichtigsten Excel-Funktionen, nämlich SUMME und MITTELWERT, dürften den meisten Anwendern geläufig sein. Excel stellt jedoch mit seiner umfangreichen Funktionsbibliothek zahlreiche weitere Funktionen auch für komplexe Berechnungen und spezielle Einsatzzwecke bereit. Eine ausführliche Beschreibung aller Funktionen würde den Rahmen dieses Buches sprengen. Stattdessen werden in dieser Lektion aus jeder Kategorie einige wichtige und in der Praxis bewährte Funktionen vorgestellt, die sich für fast jeden Einsatz eignen. Nebenbei sollen Ihnen ausführliche Erklärungen und Beispiele bei der Auswahl der passenden Funktion helfen.

2.1 Logikfunktionen

Alle Logikfunktionen finden Sie entweder im Register *Formeln*, Schaltfläche *Logisch*, oder wenn Sie im Funktionsassistent die Kategorie *Logik* auswählen.

Die Funktion WENN

Macht die Berechnung von einer Prüfung abhängig

Eine der wichtigsten Funktionen, die Funktion WENN, dürfte den meisten Anwendern zumindest in Grundzügen bereits bekannt sein. Diese Funktion erlaubt Berechnungen, die abhängig sind vom Ergebnis der Prüfung einer Bedingung. Aufgrund ihrer vielfältigen Einsatzmöglichkeiten wird sie hier trotzdem genauer erläutert. Der allgemeine Aufbau der Funktion:

```
WENN(Zu überprüfende Bedingung;Dann_Wert;Sonst_Wert)
```

> Beachten Sie, dass die Bedingung als Ergebnis einen der beiden Wahrheitswerte, WAHR oder FALSCH, liefert. Die Anzeige FALSCH im Fenster *Funktionsargumente* weist also nicht auf einen Syntaxfehler in der Bedingung hin.

Beispiel 1: Versandkosten abhängig vom Bestellwert berechnen

Ausgangssituation: Ab einem Bestellwert von 200 Euro werden keine Versandkosten berechnet. Liegt der Bestellwert darunter, so betragen die Versandkosten 7,50 Euro.

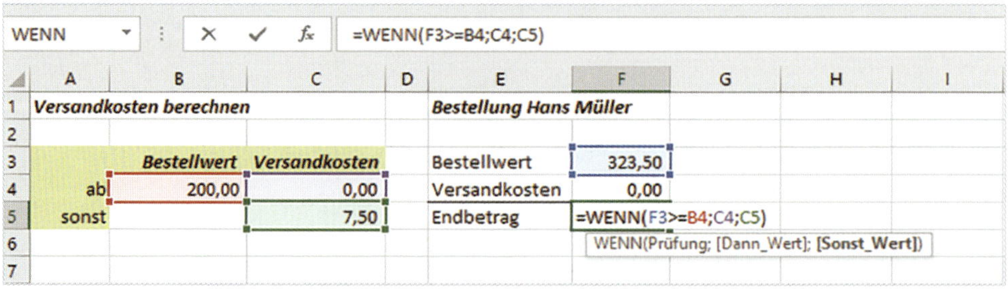

Bild 2.1 Beispiel Versandkosten

Als WENN-Funktion ausgedrückt, lautet der Sachverhalt:

```
=WENN(Bestellwert >= 200;Versand=0;Versand=7,50)
```

Beispiel 2: Die Ergebniszelle soll unter einer bestimmten Bedingung leer bleiben

In manchen Fällen wird eines der beiden Argumente *Sonst_Wert* und *Dann_Wert* nicht benötigt, z. B. wenn wie im Bild unten nur für Artikel einer bestimmten Warengruppe Sonderpreise berechnet werden sollen. Wenn Sie allerdings das Argument einfach weglassen, dann liefert Excel stattdessen als Funktionsergebnis das Resultat der Prüfung, also WAHR oder FALSCH. Da dies nur selten erwünscht ist, lassen Sie das Argument nicht einfach leer, sondern geben entweder die Zahl 0 ein, wenn diese als Ergebnis erscheinen soll, oder zwei Anführungszeichen ohne ein Leerzeichen dazwischen (""), wenn die Zelle leer bleiben soll.

Semikolon zum Trennen der Argumente muss natürlich auch eingegeben werden, wenn Sie ein Argument weglassen!

D5 | =WENN(B5=100;C5*(1-$B$1);"")

	A	B	C	D	E	F	G
1	Preisnachlass:	50%					
2	für alle Artikel der Warengruppe 100						
3							
4	Artikel	Warengruppe	Preis Netto	Sonderpreis			
5	Gartenliege	200	129,00				
6	Gasgrill "Professional"	100	299,00	149,50			
7	Gasgrill "Extra"	100	385,00	192,50			
8	Luftmatratze	200	19,90				
9							

Bild 2.2 Beispiel: Zelle bleibt leer

Mehrere Bedingungen mit WENN prüfen (Verschachteln)

Die WENN-Funktion bzw. das Ergebnis der Bedingung lässt nur zwei Alternativen zu: WAHR oder FALSCH. In der Praxis müssen aber häufig gleich mehrere Bedingungen berücksichtigt werden, hierbei sind zwei Möglichkeiten zu unterscheiden:

- Wenn die Bedingungen nacheinander geprüft werden können, dann fügen Sie als *Dann_Wert* und/oder *Sonst_Wert* eine weitere WENN-Funktion ein.
- Sollen dagegen zwei oder mehr Bedingungen gleichzeitig erfüllt sein, so verknüpfen Sie diese mit den Funktionen UND bzw. ODER.

Beispiel Rabattstaffel: WENN-Funktionen verschachteln

Ausgangssituation: Bei diesem Beispiel werden Rabatte nach Umsätzen gestaffelt vergeben. Beim Beispiel im Bild unten wird mit der ersten WENN-Funktion geprüft, ob der Umsatz größer oder gleich dem Vergleichswert 1.000 in A2 ist. Trifft dies nicht zu, dann muss als *Sonst_Wert* mit einer weiteren WENN-Funktion der Umsatz mit der nächsten Alternative 700 Euro verglichen werden. Da noch eine dritte Möglichkeit, nämlich Umsatz über 250 Euro, zu berücksichtigen ist, muss auch hier als *Sonst_Wert* wieder

Wie Sie mehrere Funktionen verschachteln bzw. Funktionen als Argument verwenden, wurde in Kapitel 1.5 ausführlich beschrieben.

eine WENN-Funktion eingefügt werden. Erst in dieser letzen WENN-Funktion bleibt als letzte Rabatt-Alternative nur noch 0 als *Sonst_Wert*.

Bild 2.3 WENN verschachtelt

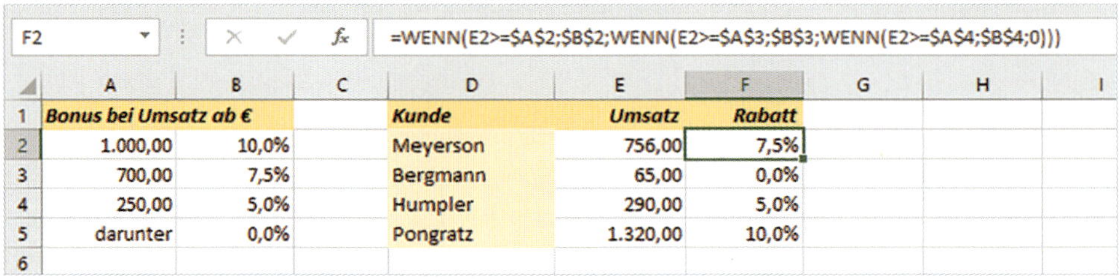

F2 =WENN(E2>=$A$2;$B$2;WENN(E2>=$A$3;$B$3;WENN(E2>=$A$4;$B$4;0)))

	A	B	C	D	E	F	G	H	I
1	*Bonus bei Umsatz ab €*			*Kunde*	*Umsatz*	*Rabatt*			
2	1.000,00	10,0%		Meyerson	756,00	7,5%			
3	700,00	7,5%		Bergmann	65,00	0,0%			
4	250,00	5,0%		Humpler	290,00	5,0%			
5	darunter	0,0%		Pongratz	1.320,00	10,0%			
6									

Bedingungen mit Logikfunktionen verknüpfen

Einige Logikfunktionen, darunter UND und ODER, sind keine eigenständigen Funktionen, sondern werden in Funktionen eingesetzt, um mehrere Bedingungen zu verknüpfen. Sie liefern als Ergebnis die Werte WAHR oder FALSCH. Folgende Funktionen sind zu unterscheiden:

- Verknüpfen Sie zwei oder mehr Bedingungen mit UND, so erhalten Sie nur dann das Ergebnis WAHR, wenn alle Bedingungen erfüllt sind.
- Bei einer ODER-Verknüpfung unterscheidet Excel zwischen zwei Möglichkeiten: Die Funktion ODER liefert das Ergebnis WAHR, wenn mindestens eine der Bedingungen erfüllt ist. Mit XODER dagegen erhalten Sie nur dann WAHR, wenn maximal eine der Bedingungen erfüllt ist (ausschließendes ODER), siehe Übersicht in der Tabelle unten.
- Eine dritte Funktion NICHT kehrt das Ergebnis um, liefert also das Ergebnis WAHR, wenn die Bedingung als Ergebnis FALSCH ergibt.

Alle drei Funktionen besitzen denselben Aufbau, als Beispiel die Funktion UND:

```
UND(Bedingung1;Bedingung2;Bedingung3;...)
```

Übersicht und Beispiele

Funktion	Beispiel	Ergebnis
UND	=UND("Katze"="Tier;"Hund"="Tier")	WAHR
	=UND("Katze"="Tier;"Rose"="Tier")	FALSCH
ODER	=ODER("Katze"="Tier";"Rose"="Tier")	WAHR
	=ODER("Katze"="Tier";"Hund"="Tier")	WAHR
	=ODER("Rose"="Tier";"Tulpe"="Tier")	FALSCH

Funktion	Beispiel	Ergebnis
XODER	=XODER("Katze"="Tier";"Rose"="Tier")	WAHR
	=XODER("Katze"="Tier";"Hund"="Tier")	FALSCH
NICHT	=NICHT("Rose"="Tier";"Tulpe"="Tier")	WAHR

Beispiel: Versandkosten, abhängig von zwei Bedingungen
Ausgangssituation: Ab einem Bestellwert von mindestens 300 Euro oder einer Entfernung unter 75 km erfolgt die Lieferung kostenlos. Für alle anderen Lieferungen werden Versandkosten in Höhe von 10 Euro berechnet.

Dann muss die Funktion wie folgt lauten:

```
=WENN(ODER(Bestellwert>=300;Entfernung<75);0;10)
```

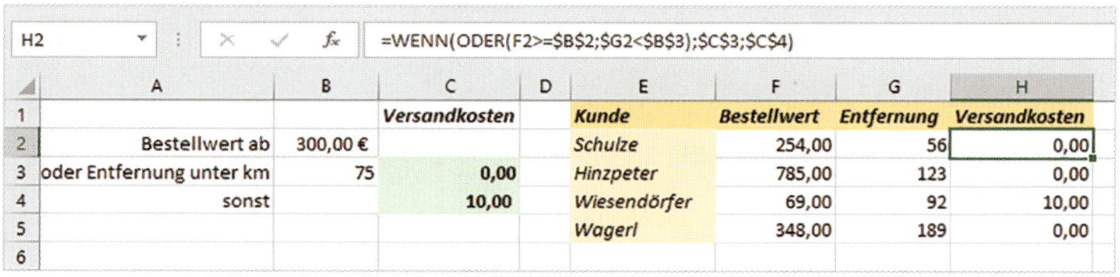
H2 =WENN(ODER(F2>=$B$2;$G2<$B$3);$C$3;$C$4)

	A	B	C	D	E	F	G	H
1			Versandkosten		Kunde	Bestellwert	Entfernung	Versandkosten
2	Bestellwert ab	300,00 €			Schulze	254,00	56	0,00
3	oder Entfernung unter km	75	0,00		Hinzpeter	785,00	123	0,00
4	sonst		10,00		Wiesendörfer	69,00	92	10,00
5					Wagerl	348,00	189	0,00
6								

Bild 2.4 Beispiel ODER

Fehlerwerte mit Logikfunktionen vermeiden

Häufig werden Excel-Tabellen als Vorlagen erstellt. In diese werden alle zur Berechnung erforderlichen Formeln eingegeben, sodass später nur noch die Daten eingegeben werden müssen. Dies kann auch von ungeübten Nutzern vorgenommen werden. Allerdings erscheinen in der leeren Vorlage meist auch durch leere Zellen verursachte Fehlerwerte und überflüssige Formelergebnisse. Diese lassen sich mit Hilfe entsprechender Funktionen vermeiden.

Nicht benötigte Formelergebnisse unterdrücken
Überflüssige Formelergebnisse können mit der Funktion WENN vermieden werden, z. B. bei der Vorlage für ein Kassenbuch. Das Kassenbuch soll so gestaltet werden, dass später nur noch Datum, Text und Betrag eingegeben werden müssen, der neue Saldo wird automatisch berechnet und erscheint in Spalte F.

Wenn Sie den Saldo mit einer einfachen Formel berechnen und über die gesamte Spalte kopieren, so erscheint auch dann ein Ergebnis, wenn noch kein Betrag eingegeben wurde bzw. die Zeile leer ist.

Bild 2.5 Kassenbuch - einfache Formel

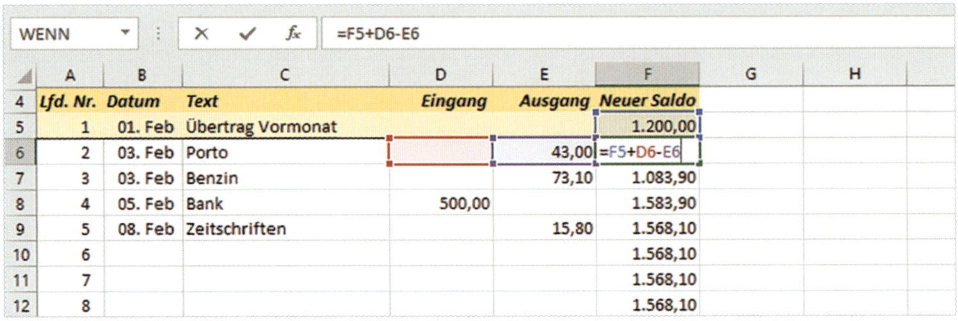

WENN | =F5+D6-E6

	A	B	C	D	E	F	G	H
4	*Lfd. Nr.*	*Datum*	*Text*	*Eingang*	*Ausgang*	*Neuer Saldo*		
5	1	01. Feb	Übertrag Vormonat			1.200,00		
6	2	03. Feb	Porto		43,00	=F5+D6-E6		
7	3	03. Feb	Benzin		73,10	1.083,90		
8	4	05. Feb	Bank	500,00		1.583,90		
9	5	08. Feb	Zeitschriften		15,80	1.568,10		
10	6					1.568,10		
11	7					1.568,10		
12	8					1.568,10		

Mit einer zusätzlichen Bedingung lässt sich dies vermeiden: Wenn kein Eingangs- und kein Ausgangsbetrag vorhanden ist, dann erfolgt keine Berechnung, sonst soll der Saldo berechnet werden. Zur Prüfung der beiden Werte, nämlich Eingang und Ausgang, verwenden Sie die Funktion UND. Mit einer weiteren einfachen Funktion, nämlich ISTLEER aus der Kategorie *Informationen* (Register *Formeln*, Auswahl *Mehr Funktionen*), lässt sich prüfen, ob in diesen Zellen auch tatsächlich Zahlen vorhanden sind. Ist die angegebene Zelle leer, so erhalten Sie das Ergebnis WAHR. Die gesamte Funktion in F6 lautet:

```
=WENN(UND(ISTLEER(D6);ISTLEER(D7));"";F5+D6-E6)
```

Die Formel lässt sich jetzt problemlos in die gesamte Spalte kopieren und berechnet nur dann ein Ergebnis, wenn ein Eingangs- oder Ausgangsbetrag vorhanden ist.

Bild 2.6 Kassenbuch - Berechnung unterdrücken

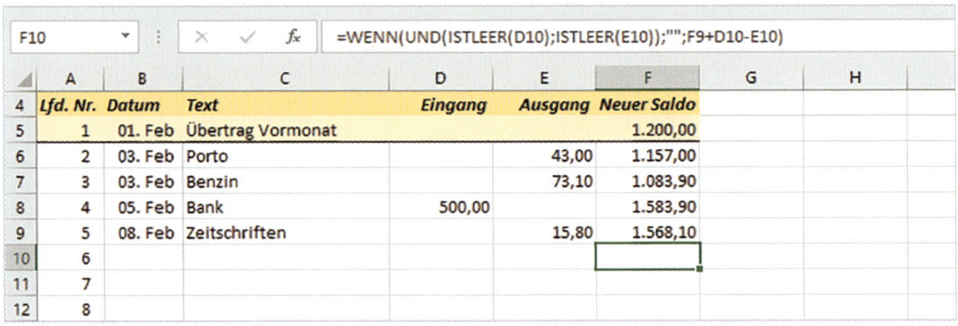

F10 | =WENN(UND(ISTLEER(D10);ISTLEER(E10));"";F9+D10-E10)

	A	B	C	D	E	F	G	H
4	*Lfd. Nr.*	*Datum*	*Text*	*Eingang*	*Ausgang*	*Neuer Saldo*		
5	1	01. Feb	Übertrag Vormonat			1.200,00		
6	2	03. Feb	Porto		43,00	1.157,00		
7	3	03. Feb	Benzin		73,10	1.083,90		
8	4	05. Feb	Bank	500,00		1.583,90		
9	5	08. Feb	Zeitschriften		15,80	1.568,10		
10	6							
11	7							
12	8							

Fehlerwerte unterdrücken

Die Anzeige von Excel-Fehlerwerten, wie z. B. #NV oder #DIV/0, lässt sich ebenfalls mit Hilfe von Funktionen unterdrücken. Dies ist z. B. sinnvoll, wenn der Fehlerwert auf leere Zellen zurückzuführen ist, in die erst später Werte eingegeben werden.

Dazu können Sie die Funktion WENNFEHLER einsetzen. Diese prüft, ob die angegebene Formel einen Fehlerwert liefert und gibt anstelle des Fehlerwertes einen beliebigen Wert oder Text als Ergebnis aus. Berücksichtigt werden alle Fehlerwerte wie #DIV/0, #NV, #WERT, #BEZUG. Die Syntax dieser Funktion:

```
WENNFEHLER(Wert bzw. Formel;Wert_falls_Fehler)
```

Im unten abgebildeten Beispiel erhalten Sie in der mittleren Tabelle für das zweite Quartal anstelle des Mittelwerts den Fehlerwert #DIV/0, da hier noch keine Zahlen vorliegen. Als Abhilfe wurde in der rechten Tabelle die Berechnung des Mittelwerts in die Funktion WENNFEHLER eingeschlossen. Wenn die Funktion MITTELWERT einen Fehlerwert liefert, dann wird als Ergebnis der als *Wert_falls_Fehler* angegebene Wert (in diesem Beispiel 0) angezeigt, dies könnte auch beliebiger Text, z. B. "Keine Berechnung möglich", sein.

Bild 2.7 Beispiel

ISTFEHLER

Eine zweite Möglichkeit stellt die Verwendung der Funktion ISTFEHLER (Kategorie *Information*) dar. Diese Funktion prüft ebenfalls, ob das Ergebnis einer Formel ein Fehlerwert ist, liefert aber nur die Werte WAHR oder FALSCH. Daher müssen Sie diese Funktion noch mit einer WENN-Funktion verbinden, für das vorherige Beispiel wäre die Formel also wesentlich komplexer und müsste lauten:

```
=WENN(ISTFEHLER(MITTELWERT(K1:K3))=WAHR;0;MITTELWERT(K1:K3))
```

Informationen und Zellinhalte abfragen

Einige Hilfsfunktionen zum Formulieren von Bedingungen finden Sie auch in der Kategorie *Informationen*. Diese erscheint, wenn Sie in der Funktionsbibliothek auf *Mehr Funktionen* klicken. Zwei davon, ISTLEER und ISTFEHLER haben Sie in den Beispielen oben bereits kennengelernt. Hier eine kleine Übersicht über weitere nützliche Funktionen dieser Kategorie.

Funktion	Beschreibung	Beispiel
BLATT	Liefert in Form einer Zahl die relative Position des angegebenen Tabellenblattes innerhalb der Arbeitsmappe. Sie erhalten z. B. das Ergebnis 2, wenn sich das Blatt an zweiter Stelle befindet.	BLATT("Kassenbuch") =2
ISTTEXT	Liefert WAHR, wenn es sich um Text handelt.	ISTTEXT("Otto")=WAHR

Funktion	Beschreibung	Beispiel
ISTKTEXT	Liefert WAHR, wenn es sich um keinen Text handelt.	ISTKTEXT(25)=WAHR
ISTZAHL	Liefert das Ergebnis WAHR, wenn es sich um eine Zahl handelt	ISTZAHL(25)=WAHR
ISTGERADE ISTUNGERADE	Liefert WAHR, wenn es sich um eine gerade bzw. ungerade Zahl handelt	ISTGERADE(25)=FALSCH ISTUNGERADE(25)=WAHR
ISTLEER	Ergibt WAHR, wenn die Zelle leer ist	ISTLEER(A1)
ISTBEZUG	Liefert WAHR, wenn es sich um einen Zellbezug handelt	ISTBEZUG(A1)=WAHR ISTBEZUG(5)=FALSCH
ISTFORMEL	Ergibt WAHR, wenn die angegebene Zelle eine Formel enthält	ISTFORMEL(A1)=WAHR
N	Wandelt WAHR in die Zahl 1 und FALSCH in 0 um. Außerdem wird damit ein Datum in eine fortlaufende Zahl umgewandelt.	N(WAHR)=1 N(01.01.2016)=42370
ZELLE	Liefert, abhängig vom Argument Infotyp, Informationen zur angegebenen Zelle, z. B. die Zeile oder Spalte als Zahl oder den Dateinamen und Pfad der aktuellen Mappe.	ZELLE("Spalte";B5)=2

Tipp: Die Funktion N leistet gute Dienste, z. B. wenn Sie anstelle der Werte WAHR oder FALSCH als Ergebnis den Text Ja oder Nein bzw. weitere Informationen erhalten möchten. Hier ein kleines Beispiel:

Natürlich lassen sich diese beiden Funktionen durch Verschachteln auch in einer einzigen zusammenfassen.

In C2 wird überprüft, ob der Inhalt von B2 eine Zahl ist, dies passiert mit der Funktion ISTZAHL(B2). In D2 soll nun entsprechend entweder der Hinweis „Zahl" oder „Text" ausgegeben werden, dazu benutzen Sie die untenstehende Funktion.

```
=WENN(N(C2)=1;"Zahl";"Text")
```

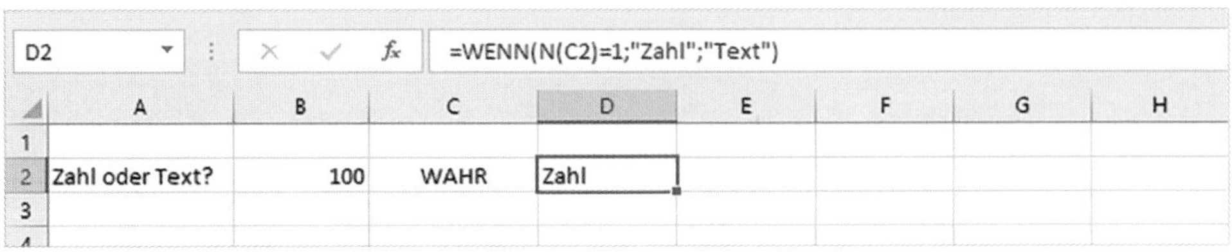

Bild 2.8 WAHR/FALSCH in Zahl umwandeln

2.2 Werte runden

Standardmäßig bezieht Excel bei der Berechnung von Formeln alle Nachkommastellen einer Zahl ein, unabhängig davon, mit wie vielen Stellen Sie die Anzeige formatiert haben. Dies kann daher bei Nachberechnungen mit der angezeigten Anzahl von Dezimalstellen zu abweichenden Ergebnissen, den Rundungsfehlern, führen. Runden Sie dagegen Zahlen mit einer Funktion, so erfolgen alle weiteren Berechnungen mit der angegebenen Anzahl Dezimalstellen. Zu diesem Zweck finden Sie in der Kategorie *Mathematik und Trigonometrie* gleich mehrere Rundungsfunktionen.

Beispiel Preisberechnung

Als Beispiel wurden im Bild unten in der linken Tabelle in B4 der Skontobetrag und in B8 der MwSt. Betrag berechnet und ausnahmsweise mit mehreren Nachkommastellen formatiert. Zur Kontrolle wurden beide Formelergebnisse mit je zwei Stellen in die mittlere Tabelle (Nachberechnung Taschenrechner) eingegeben und der Endbetrag berechnet. Dieser weicht um 0,01 ab.

Bild 2.9 Beispiel RUNDEN

H4 | =RUNDEN(H2*H3;2)

	A	B	C	D	E	F	G	H	I	J
1	*Nicht gerundet*			*Nachberechnung Taschenrechner*			*Gerundet*			
2	Preis netto	9,19		Preis netto	9,19		Preis netto	9,19		
3	Skonto	2,75%		Skonto	2,75%		Skonto	2,75%		
4	Skontobetrag	0,252725		Skontobetrag	0,25		Skontobetrag	0,250000		
5	Ergebnis	8,94		Ergebnis	8,94		Ergebnis	8,94		
6										
7	MwSt.	7%		MwSt.	7%		MwSt.	7%		
8	MwSt. Betrag	0,625609		MwSt. Betrag	0,63		MwSt. Betrag	0,630000		
9	**Endbetrag**	**9,56**		**Endbetrag**	**9,57**		**Endbetrag**	**9,57**		
10										

Die Differenz lässt sich aus den Nachkommastellen erklären, die Excel in der ersten Tabelle zur Berechnung aller weiteren Ergebnisse verwendet. Abhilfe schafft in diesem Fall die Funktion RUNDEN. Diese rundet Zahlen bzw. Formelergebnisse kaufmännisch auf die angegebene Zahl Stellen auf bzw. ab. Am einfachsten schließen Sie die beiden Formeln zur Berechnung des Skontobetrags und des MwSt. Betrags in die Funktion RUNDEN ein wie in der rechten Tabelle. Deren Endbetrag stimmt mit der Tabelle Nachberechnung Taschenrechner überein.

Mit zwei Nachkommastellen formatieren nützt in solchen Fällen überhaupt nichts!

Weitere Rundungsfunktionen

Zum Runden von Werten können noch folgende Funktionen eingesetzt werden, alle sind in der Kategorie Mathematik und Trigonometrie zu finden.

- Die Funktion RUNDEN rundet eine Zahl kaufmännisch auf eine genau festgelegte Anzahl Dezimalstellen.
- Die Funktion KÜRZEN schneidet Dezimalstellen bis auf die angegebene Anzahl einfach ab. Die Zahl wird dabei nicht gerundet!
- Mit der Funktion GANZZAHL wird eine Zahl auf die nächstkleinere ganze Zahl abgerundet.
- Die Funktion AUFRUNDEN rundet eine Zahl auf die angegebene Anzahl Dezimalstellen auf. Im Gegensatz zur Funktion RUNDEN wird immer aufgerundet.
- Die Funktion ABRUNDEN rundet eine Zahl auf die angegebene Anzahl Stellen ab.

Hier eine Übersicht über die Ergebnisse, wenn Sie die Zahl 12,14709315 mit den verschiedenen Funktionen runden (zum besseren Vergleich sind alle Ergebnisse mit 5 Nachkommastellen angegeben).

Syntax	Beispiel	Ergebnis
RUNDEN(Zahl;Anzahl_Stellen)	=RUNDEN(12,14709315;2)	12,15000
KÜRZEN(Zahl;Anzahl_Stellen)	=KÜRZEN(12,14709315;1)	12,10000
GANZZAHL(Zahl)	=GANZZAHL(12,14709315)	12,00000
AUFRUNDEN(Zahl;Anzahl_Stellen)	=AUFRUNDEN(12,14709315;1)	12,20000
ABRUNDEN(Zahl;Anzahl_Stellen)	=ABRUNDEN(12,14709315;2)	12,14000

2.3 Auswertungs- und Statistikfunktionen

Die meisten der hier vorgestellten Funktionen finden Sie im Register *Formeln*, Gruppe Funktionsbibliothek, über die Schaltfläche *Mehr Funktionen*, Auswahl *Statistik* bzw. im Funktionsassistenten über die Kategorie *Statistik*. Einige davon allerdings auch in der Kategorie *Mathematik und Trigonometrie*.

Als Alternative kommen in umfangreichen Tabellen auch Pivot-Tabellen als Auswertungsmöglichkeit infrage. Näheres hierzu lesen Sie in Kapitel 5.

Anzahl der Werte ermitteln

Sie möchten ermitteln, wie viele Werte ein Zellbereich umfasst, z. B. die Anzahl der in einer Excel Tabelle gespeicherten Kunden. Auch dazu gibt es mehrere Möglichkeiten bzw. Funktionen.

ANZAHL und ANZAHL2

Im einfachsten Fall zählen Sie beispielsweise Kunden anhand der Kundennummer und verwenden dazu die Funktion ANZAHL. Diese Funktion lässt sich schnell über den Dropdown-Pfeil der Schaltfläche *Summe* einfügen. Allerdings berücksichtigt sie ausschließlich Zahlen, wozu in Excel auch Datumswerte zählen. Was aber, wenn Kunden- oder Artikelnummern Buchstaben enthalten?

Würden Sie im Beispiel unten die Funktion ANZAHL zur Ermittlung der Anzahl der Artikelnummern einsetzen, so würden Sie, trotz korrekter Syntax, das Ergebnis 0 erhalten. In diesem Fall müssen Sie die Funktion ANZAHL2 einsetzen. Diese ermittelt die Anzahl aller nichtleeren Zellen eines Zellbereichs und berücksichtigt im Gegensatz zur Funktion ANZAHL alle Inhalte, also sowohl Text als auch Zahlen.

Zur Ermittlung der Anzahl aller produzierten und lagernden Artikel lässt sich dagegen die Funktion ANZAHL problemlos einsetzen, da Text im angegebenen Zellbereich nicht berücksichtigt wird und Sie somit automatisch das korrekte Ergebnis erhalten.

Bild 2.10 Anzahl berechnen

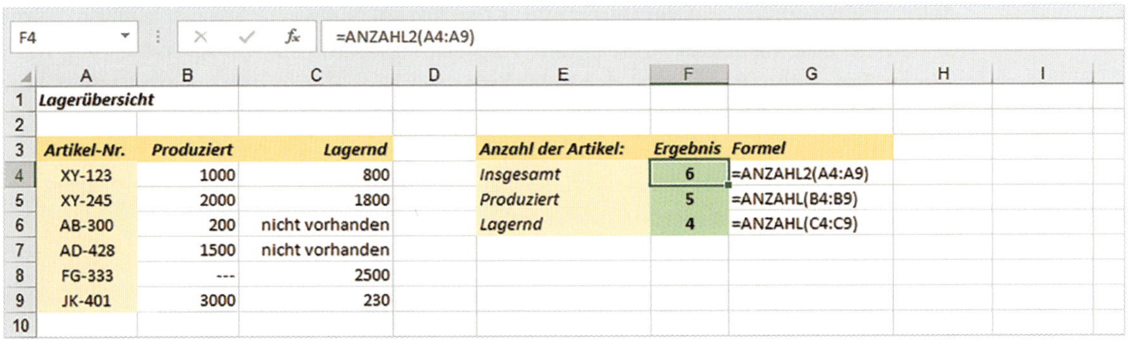
F4 =ANZAHL2(A4:A9)

	A	B	C	D	E	F	G
1	*Lagerübersicht*						
2							
3	*Artikel-Nr.*	*Produziert*	*Lagernd*		*Anzahl der Artikel:*	*Ergebnis*	*Formel*
4	XY-123	1000	800		*Insgesamt*	6	=ANZAHL2(A4:A9)
5	XY-245	2000	1800		*Produziert*	5	=ANZAHL(B4:B9)
6	AB-300	200	nicht vorhanden		*Lagernd*	4	=ANZAHL(C4:C9)
7	AD-428	1500	nicht vorhanden				
8	FG-333	---	2500				
9	JK-401	3000	230				
10							

> Achtung: Die Funktion ANZAHL berücksichtigt ausschließlich Zahlen, während ANZAHL2 grundsätzlich alle nichtleeren Zellen, also alle Inhalte, mitzählt.

Nur bestimmte Werte/Inhalte zählen, ZÄHLENWENN

Möchten Sie nur bestimmte Werte zählen bzw. die Berechnung der Anzahl mit einer Bedingung verknüpfen, dann verwenden Sie dazu ZÄHLENWENN.

Diese Funktion ermittelt aus einem Zellbereich die Anzahl aller nichtleeren Zellen, deren Inhalt mit einem vorgegebenen Suchkriterium übereinstimmt. Das Suchkriterium kann eine Zahl, eine Zeichenfolge oder ein Ausdruck mit einem Vergleichsoperator sein, die Syntax der Funktion lautet:

ZÄHLENWENN(Bereich;Suchkriterien)

Mit ZÄHLENWENN und Angabe eines Suchkriteriums können Sie beispielsweise ermitteln, wie oft eine bestimmte Warengruppe innerhalb eines Zellbereichs vorkommt, um so die Anzahl der Artikel je Warengruppe zu erhalten.

Bild 2.11 Anzahl Artikel je Warengruppe

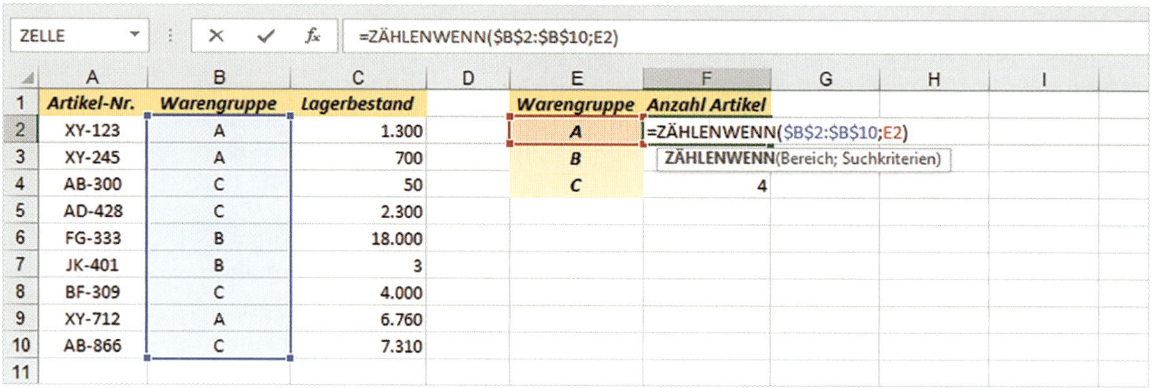

ZELLE | =ZÄHLENWENN($B$2:$B$10;E2)

	A	B	C	D	E	F	G	H	I
1	Artikel-Nr.	Warengruppe	Lagerbestand		Warengruppe	Anzahl Artikel			
2	XY-123	A	1.300		A	=ZÄHLENWENN($B$2:$B$10;E2)			
3	XY-245	A	700		B	ZÄHLENWENN(Bereich; Suchkriterien)			
4	AB-300	C	50		C	4			
5	AD-428	C	2.300						
6	FG-333	B	18.000						
7	JK-401	B	3						
8	BF-309	C	4.000						
9	XY-712	A	6.760						
10	AB-866	C	7.310						
11									

Eine Bedingung als Suchkriterium verwenden

Als Suchkriterium kann in der Funktion ZÄHLENWENN auch eine Bedingung verwendet werden, um z. B. bei der Berechnung der Anzahl Nullwerte auszuschließen. Dann geben Sie einen Ausdruck mit einem Vergleichsoperator ein. Beispiel: Sie möchten, wie im Bild unten, die Anzahl der Teilnehmer mit Note 2 oder besser ermitteln. Dann geben Sie als Suchkriterium den folgenden Ausdruck ein: "<=2".

> Beachten Sie, dass Ausdrücke mit Vergleichsoperatoren, z. B. ">0", in Anführungszeichen angegeben werden müssen.

Bild 2.12 Note 2 oder besser

E3 | =ZÄHLENWENN(B4:B10;"<=2")

	A	B	C	D	E	F	G
3	Teilnehmer	Note		Anzahl der Teilnehmer mit Note 2 oder besser	4		
4	Meier	5					
5	Moser	2					
6	Haubner	3					
7	Winter	1					
8	Grünwitz	2					
9	Herrnberg	4					
10	Baumholtz	2					
11							

Ist der Vergleichswert in einer Zelle angegeben, wie im Beispiel unten, dann müssen Sie die beiden Werte mit dem &-Operator verknüpfen und der Ausdruck lautet dann beispielsweise ">="&E3.

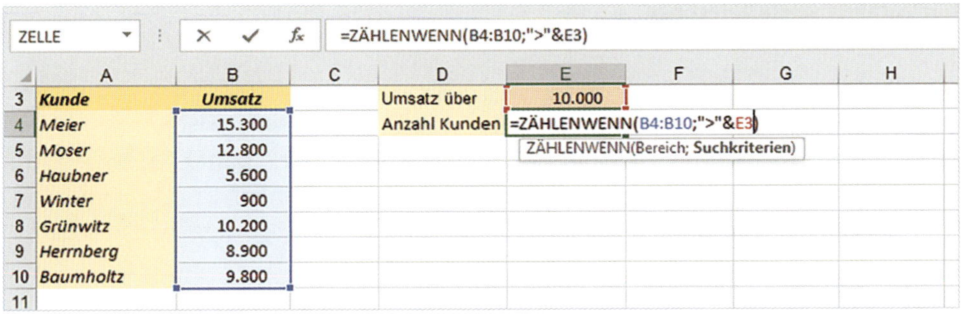

Bild 2.13 Ausdruck verknüpfen

Mehrere Auswahlkriterien verwenden

Eine weitere Funktion, ZÄHLENWENNS, erlaubt die Verwendung mehrerer Auswahlkriterien, in diesem Fall geben Sie nacheinander jeweils Kriterienbereich und das dazugehörige Suchkriterium an. Die Syntax lautet:

```
ZÄHLENWENNS(Kriterienbereich1;Kriterien1;Kriterienbereich2;
Kriterien2;Kriterienbereich3;Kriterien3;...)
```

> Alle Kriterienbereiche müssen dieselbe Anzahl Zeilen und Spalten umfassen!

Als Beispiel wollen wir ermitteln, wieviele Teilnehmer eines Lehrgangs mit zwei Prüfungen beide Prüfungen bestanden haben. ZÄHLENWENNS beginnt jeweils in der ersten Zeile der angegebenen Bereiche (im Beispiel unten Zeile 3), vergleicht diese miteinander und liefert als Ergebnis 1, wenn in dieser Zeile alle Zellen den Kriterien entsprechen. Anschließend wird die Prüfung in der nächsten Zeile fortgesetzt; wenn auch hier alle Zellen den Kriterien entsprechen, erhöht sich das Zwischenergebnis um 1 usw., bis alle Zellen ausgewertet sind.

Bild 2.14 ZÄHLENWENNS mit mehreren Kriterien

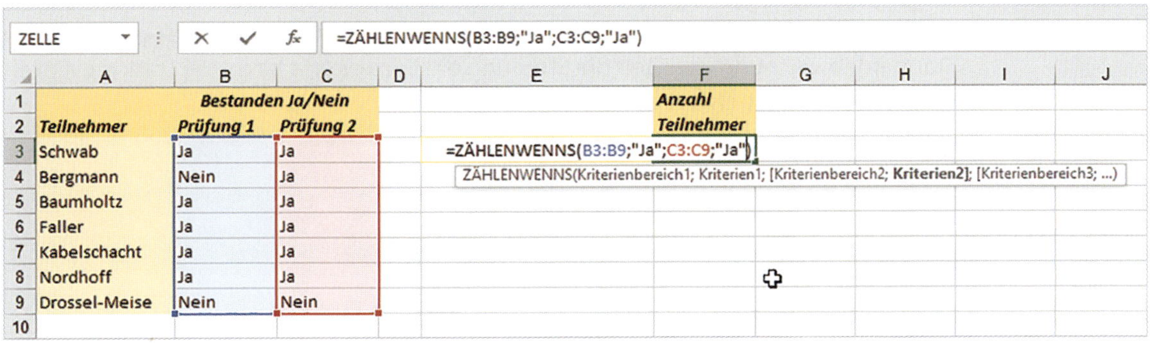

Analog funktioniert dies natürlich auch, wenn Sie als Kriterienbereiche nicht wie im Beispiel oben mehrere Zeilen einer Spalte angegeben haben, sondern mehrere Spalten einer Zeile.

Durchschnittswerte berechnen

MITTELWERT

Die Funktion MITTELWERT dürfte den meisten Excel-Anwendern geläufig sein. Sie berechnet den Durchschnitt, genauer gesagt, das arithmetische Mittel aus einer Reihe von Werten und ist schnell über den Dropdown-Pfeil der Schaltfläche *Summe* eingefügt. Ein einfaches Beispiel ist die Berechnung der Durchschnittsnote im Bild unten.

Median

Neben dem arithmetischen Mittel kennt die Statistik noch weitere Möglichkeiten, Mittelwerte zu berechnen, zum Beispiel den Median. Dieser halbiert die Verteilung aller Werte, unterhalb und oberhalb des Median befinden sich also exakt gleich viele Werte. Die dazugehörige Excel-Funktion MEDIAN besitzt die gleiche Syntax wie die Funktion MITTELWERT, liefert aber ein anderes Ergebnis, wie das Beispiel im Bild unten zeigt.

Bild 2.15 Beispiel Mittelwert und Median

B10 | =MITTELWERT(B2:B9)

	A	B	C	D	E	F	G
1	***Name***	***Note***					
2	Schwab	1,3					
3	Bergmann	6,0					
4	Baumholtz	1,2					
5	Moser	1,5					
6	Kabelschacht	3,5					
7	Nordhoff	2,4					
8	Faller	5,0					
9	Drossel-Meise	2,8					
10	***Mittelwert***	**3,0**	=MITTELWERT(B2:B9)				
11	***Median***	**2,6**	=MEDIAN(B2:B9)				
12							

Standardabweichung, STABW.N

Die Standardabweichung berechnet zwar keinen Durchschnitt, wird aber in der Statistik häufig zur Beurteilung der Aussagefähigkeit des Mittelwerts herangezogen. Die Standardabweichung ermittelt die Streuung der Einzelwerte bzw., wie stark die einzelnen Werte vom Mittelwert abweichen.

Bild 2.16 Standardabweichung

C11 | =STABW.N(C2:C9)

	A	B	C	D	E	F	G
1	***Name***	***Note***	***Note***				
2	Schwab	1,3	3,0				
3	Bergmann	6,0	2,8				
4	Baumholtz	1,2	3,0				
5	Moser	1,5	3,0				
6	Kabelschacht	3,5	2,9				
7	Nordhoff	2,4	2,8				
8	Faller	5,0	3,0				
9	Drossel-Meise	2,8	2,9				
10	***Mittelwert***	**3,0**	**2,9**				
11	***Standardabweichung***	***1,77***	***0,08***	=STABW.N(C2:C9)			
12							

Beim Beispiel Schulnoten kann ein Mittelwert von 3,0 im Extremfall bedeuten, dass alle Prüfungsteilnehmer dieselbe Note, nämlich 3, erreicht haben, dann beträgt die Standardabweichung 0. Denselben Mittelwert 3,0 erhalten Sie aber auch, wenn sich die Einzelnoten aus einerseits sehr guten und andererseits sehr schlechten Noten zusammensetzen, nur die Standardabweichung ist dann wesentlich höher, wie im Bild oben ein Vergleich der Noten in den Spalten B und C zeigt.

Im Gegensatz zu früheren Versionen verfügt Excel 2016 über zwei Methoden zur Berechnung. STABW.S wird zur Berechnung anhand einer Stichprobe eingesetzt, STABW.N sollte dagegen verwendet werden, wenn die Werte gleichzeitig die Grundgesamtheit bilden. Umfasst der Bereich sehr viele Werte, dann liefern beide Funktionen etwa gleiche Ergebnisse. Daneben existieren mit STABW und STABWN noch zwei weitere Funktion zur Berechnung der Standardabweichung. Diese wurden aus Kompatibilitätsgründen mit früheren Versionen beibehalten, sollten aber nicht mehr verwendet werden. Alle Funktionen verwenden dieselbe einfache Syntax wie die Funktion MITTELWERT.

Mittelwert mit einer Bedingung verknüpfen, MITTELWERTWENN

Auch die Berechnung des Mittelwertes lässt sich mit einem Suchkriterium bzw. einer Bedingung verknüpfen, dazu verwenden Sie die Funktion MITTELWERTWENN. Diese berechnet den Mittelwert von Zellen, die einem vorgegebenen Kriterium entsprechen. Das Kriterium kann eine Zahl, Zeichenfolge oder ein Ausdruck mit einem Vergleichsoperator sein. Die Syntax:

Wird ein Ausdruck, z.B. ">0", in der Funktion verwendet, so muss dieser in Anführungszeichen " " stehen!

```
MITTELWERTWENN(Bereich;Kriterien;Mittelwert_Bereich)
```

Beispiel: Sie möchten die durchschnittliche Punktezahl für Männer (m) und Frauen (w) getrennt berechnen. Das Argument *Bereich* legt fest, welcher Zellbereich auf die Kriterien überprüft werden muss, in diesem Beispiel die Spalte Geschlecht und das Argument *Mittelwert_Bereich* gibt an, für welchen Bereich der Mittelwert berechnet werden soll, nämlich die erzielte Punktezahl.

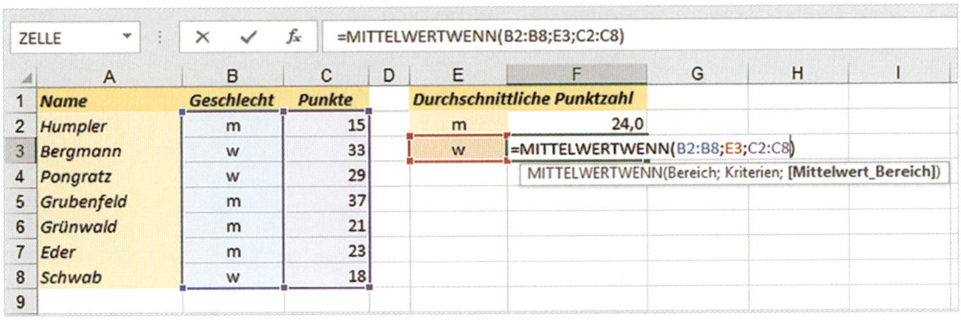

Bild 2.17 Beispiel MITTELWERTWENN()

> Tipp: Mit dieser Funktion lassen sich zum Beispiel 0-Werte bei der Berechnung des Mittelwertes ausschließen.

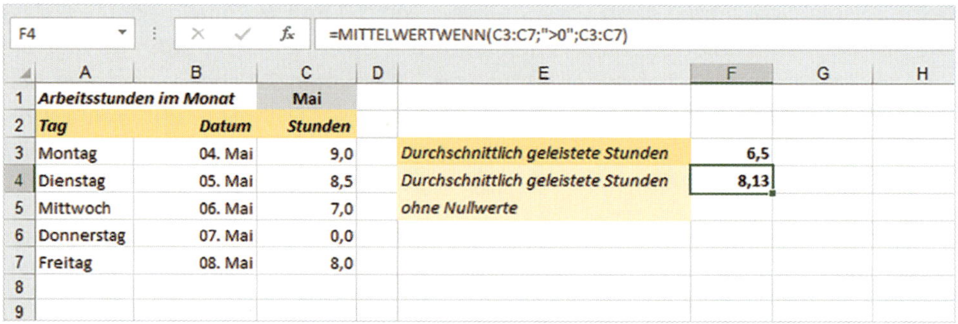

F4 =MITTELWERTWENN(C3:C7;">0";C3:C7)

	A	B	C	D	E	F	G	H
1	*Arbeitsstunden im Monat*		Mai					
2	*Tag*	*Datum*	*Stunden*					
3	Montag	04. Mai	9,0		*Durchschnittlich geleistete Stunden*	6,5		
4	Dienstag	05. Mai	8,5		*Durchschnittlich geleistete Stunden*	8,13		
5	Mittwoch	06. Mai	7,0		*ohne Nullwerte*			
6	Donnerstag	07. Mai	0,0					
7	Freitag	08. Mai	8,0					
8								
9								

Bild 2.18 Mittelwert ohne 0-Werte

Hinweis: Mehrere Kriterien lassen sich mit der Funktion MITTELWERTWENNS verwenden. Da sich diese Funktion kaum von SUMMEWENNS unterscheidet, lesen Sie bitte Näheres zu Syntax und Verwendung im nachfolgenden Punkt.

Summe mit Bedingungen verknüpfen

Neben der Funktion SUMME gibt es noch die Möglichkeit der bedingten Summenberechnung mit SUMMEWENN, diese Funktion finden Sie allerdings im Gegensatz zu den oben beschriebenen in der Kategorie Mathematik und Trigonometrie. Sie addiert nur dann die Werte eines Zellbereichs, wenn die Inhalte eines festgelegten Bereichs mit dem angegebenen Suchkriterium übereinstimmen. Die Syntax lautet:

```
SUMMEWENN(Bereich;Suchkriterien;Summe_Bereich)
```

- *Bereich* gibt an, welcher Zellbereich auf das angegebene Suchkriterium überprüft werden soll.
- Als *Suchkriterien* können Zahlen, Text oder Ausdrücke angegeben werden. Text und Ausdrücke mit Vergleichsoperatoren müssen wieder in Anführungszeichen (" ") eingeschlossen sein.
- Als *Summe_Bereich* geben Sie den Zellbereich an, dessen Werte addiert werden sollen.

Beispiel 1: Umsatzsumme je Warengruppe berechnen

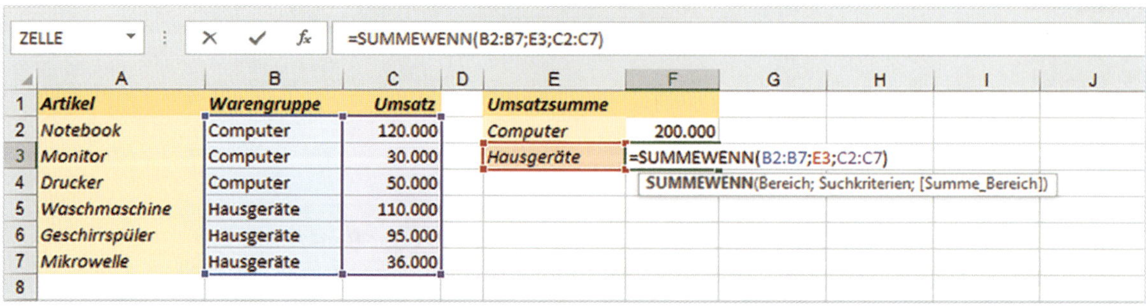

ZELLE =SUMMEWENN(B2:B7;E3;C2:C7)

	A	B	C	D	E	F	G	H	I	J
1	*Artikel*	*Warengruppe*	*Umsatz*		*Umsatzsumme*					
2	*Notebook*	Computer	120.000		*Computer*	200.000				
3	*Monitor*	Computer	30.000		*Hausgeräte*	=SUMMEWENN(B2:B7;E3;C2:C7)				
4	*Drucker*	Computer	50.000			SUMMEWENN(Bereich; Suchkriterien; [Summe_Bereich])				
5	*Waschmaschine*	Hausgeräte	110.000							
6	*Geschirrspüler*	Hausgeräte	95.000							
7	*Mikrowelle*	Hausgeräte	36.000							
8										

Bild 2.19 Beispiel 1

Beispiel 2: Vergleichsoperatoren verwenden

Ausdrücke mit Vergleichsoperatoren als Suchkriterium müssen wieder in Anführungszeichen (" ") angegeben werden. Benötigen Sie Vergleichsoperatoren zusammen mit einem Zellbezug, dann müssen Sie die beiden Ausdrücke mit dem &-Zeichen verketten und das Kriterium lautet: ">"&E3.

Bild 2.20 Beispiel 2

G2 =SUMMEWENN(C2:C7;">" &F2;C2:C7)

	A	B	C	D	E	F	G	H	I	J
1	*Artikel*	*Warengruppe*	*Umsatz*		*Summe der Umsätze über*					
2	*Notebook*	Computer	120.000			**50.000**	325.000	=SUMMEWENN(C2:C7;">" &E3;C2:C7)		
3	*Monitor*	Computer	30.000							
4	*Drucker*	Computer	50.000							
5	*Waschmaschine*	Hausgeräte	110.000							
6	*Geschirrspüler*	Hausgeräte	95.000							
7	*Mikrowelle*	Hausgeräte	36.000							
8										

Mehrere Kriterien mit SUMMEWENNS verwenden

Die Funktion SUMMEWENNS erlaubt die Verwendung mehrerer Kriterien. Wie bei ZÄHLENWENNS müssen Summenbereich und die Kriterienbereiche dieselbe Anzahl Zellen umfassen und es werden nur Werte addiert, für die in allen angegebenen Kriterienbereichen die jeweilige Bedingung erfüllt ist.

Maximal 127 Bereiche lassen sich auf diese Weise vergleichen.

```
SUMMEWENNS(SummeBereich; Kriterien_Bereich1;Kriterien1;
Kriterien_Bereich2;Kriterien2;...)
```

Im Beispiel unten soll aus einer Verkaufsstatistik für einen bestimmten Artikel (Artikelnummer 4812) die Summe der verkauften Menge des angegebenen Monats (1 = Januar) berechnet werden.

Bild 2.21 Summe unter Verwendung mehrerer Kriterien berechnen

G3 =SUMMEWENNS(C4:C15;A4:A15;E3;B4:B15;F3)

	A	B	C	D	E	F	G	H	I
1	**Verkaufsstatistik**				*Anzahl verkaufte Artikel pro Monat*				
2					*Artikelnummer*	*Monat*	*Menge*		
3	*Artikel Nr.*	*Monat*	*Menge*		4812	1	37		
4	4812	1	15						
5	5012	1	3						
6	4811	1	26						
7	4812	1	18						
8	4812	1	4						
9	5110	2	3						
10	4812	2	1						
11	4811	2	15						
12	3001	2	20						
13	3005	2	17						
14	4812	3	9						
15	5110	3	4						

Häufigkeit ermitteln

Daten in Klassen einteilen, z. B. Altersklassen

Die Funktion HÄUFIGKEIT wertet Daten nach der Häufigkeit ihres Vorkommens aus und ordnet sie vorgegebenen Klassen zu. Sie kann beispielsweise zur Einteilung in Altersklassen verwendet werden. Die Syntax:

```
HÄUFIGKEIT(Daten;Klassen)
```

Beachten Sie außerdem:

- Die Funktion HÄUFIGKEIT erfordert eine Ergebnistabelle, die gleichzeitig auch die Klasseneinteilung festlegt. Die Ergebnistabelle sollte außerdem eine zusätzliche Zelle für Werte umfassen, die oberhalb der höchsten angegebenen Klassengrenze liegen.

Siehe Kapitel 1.7, Matrixformeln

- Die Funktion muss als Matrixformel eingegeben werden, Sie müssen daher vor Eingabe der Funktion den gesamten Ergebnisbereich markieren und die Eingabe mit den Tasten Strg+Umschalt+Eingabe abschließen.
- Als Argument *Daten* geben Sie den auszuwertenden Zellbereich an, hierbei werden ausschließlich Zahlen berücksichtigt, Text und leere Zellen werden ignoriert.
- Das Argument *Klassen* umfasst die Klasseneinteilung in der Auswertungstabelle. Den Klassen werden alle Werte zugeordnet, die kleiner oder gleich der angegebenen Klassengrenze sind.

Beispiel Altersklassen

Sie möchten die Anzahl der Teilnehmer an einer Befragung je Altersklasse ermitteln. Dazu benötigen Sie zunächst eine Ergebnistabelle, die die Altersklassen festlegt. In unserem Beispiel gehören zu Altersklasse 1 alle Personen bis einschließlich 20 Jahre, Altersklasse 2 umfasst alle zwischen 20 und einschließlich 30 usw. und zu Altersklasse 6 gehören alle, die älter sind als 60.

Bild 2.22 Beispiel HÄUFIGKEIT

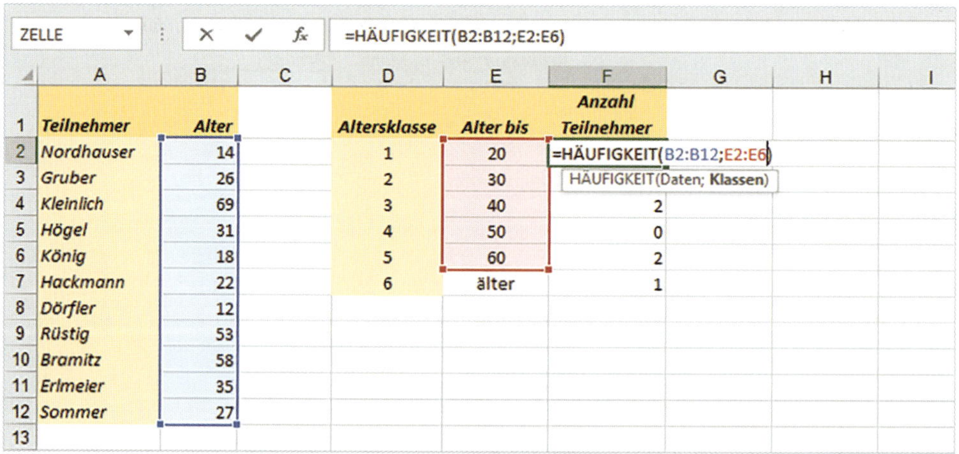

	A	B	C	D	E	F	G	H	I
1	Teilnehmer	Alter		Altersklasse	Alter bis	Anzahl Teilnehmer			
2	Nordhauser	14		1	20	=HÄUFIGKEIT(B2:B12;E2:E6)			
3	Gruber	26		2	30				
4	Kleinlich	69		3	40	2			
5	Högel	31		4	50	0			
6	König	18		5	60	2			
7	Hackmann	22		6	älter	1			
8	Dörfler	12							
9	Rüstig	53							
10	Bramitz	58							
11	Erlmeier	35							
12	Sommer	27							
13									

- Markieren Sie den gesamten Ergebnisbereich, im Beispiel F2:F7.
- Als Argument *Daten* geben Sie den Zellbereich mit dem jeweiligen Alter an.
- Die Einteilung in Altersklassen wird durch den Zellbereich E2:E6 der Ergebnistabelle festgelegt, E7 (darüber) braucht nicht mit eingeschlossen werden, sondern die dazugehörige Zelle F7 nimmt die Anzahl derjenigen Personen auf, deren Alter über der höchsten angegebenen Klassengrenze liegt, in unserem Beispiel 60.
- Schließen Sie die Eingabe mit Strg+Umschalt+Eingabe ab.

Korrelationskoeffizient berechnen

Korrelationen werden in der Statistik eingesetzt, um den Zusammenhang zwischen zwei Variablen zu messen. Korrelationen liefern einen Hinweis auf mögliche Zusammenhänge, aus einem starken Zusammenhang folgt jedoch nicht unbedingt, dass auch eine eindeutige Ursache-Wirkungs-Beziehung vorliegt. Manchmal liegen auch so genannte Scheinkorrelationen vor. Zur Berechnung des Korrelationskoeffizienten stellt Excel die beiden folgenden Funktionen zur Verfügung, die sich hinsichtlich ihrer Ergebnisse nicht unterscheiden.

```
KORREL(Matrix1;Matrix2)

PEARSON(Matrix1;Matrix2)
```

Bei beiden Funktionen geben Sie als Matrix1 den ersten Zellbereich mit Werten und als Matrix2 den zweiten Zellbereich mit Werten an, deren Zusammenhang Sie untersuchen möchten. Beide Zellbereiche müssen gleich groß sein.

Beide liefern ein Ergebnis zwischen -1 und +1. Hinsichtlich der Stärke des vermuteten Zusammenhangs zwischen den Zellbereichen gilt als Orientierungshilfe:

- 0 = kein Zusammenhang
- -1 = perfekter negativer Zusammenhang
- +1 = perfekter positiver Zusammenhang
- Für Werte dazwischen gilt entsprechend: 0,1 - 0,4 = sehr schwach bis schwach; 0,4 - 0,6 = mittel und 0,6 - unter 1 = stark bis sehr stark.

Beispiel: Testvergleich von Kaffeesorten
Zwei Personen testen 10 Kaffeesorten und bewerten diese mit einer Note von 1 (sehr gut) bis 6 (sehr schlecht). Die Bewertungen der Tester weichen voneinander ab und Sie möchten feststellen, ob trotzdem eine weitgehende Übereinstimmung im Urteil der beiden Personen besteht. Dazu berechnen Sie in F1 den Korrelationskoeffizient mit folgender Formel. Alternativ können Sie auch die Funktion PEARSON verwenden, diese liefert dasselbe Ergebnis.

```
=KORREL(B3:B12;C3:C12)
```

Das Ergebnis von 0,63 ist so zu interpretieren, dass zwischen den Bewertungen der beiden Kaffeetestern ein stärkerer Zusammenhang besteht, als es die abweichenden Einzelergebnisse auf den ersten Blick vermuten lassen. Zur Verdeutlichung wurde im Bild unten außerdem ein Liniendiagramm hinzugefügt.

Bild 2.23 Korrelationskoeffizient berechnen

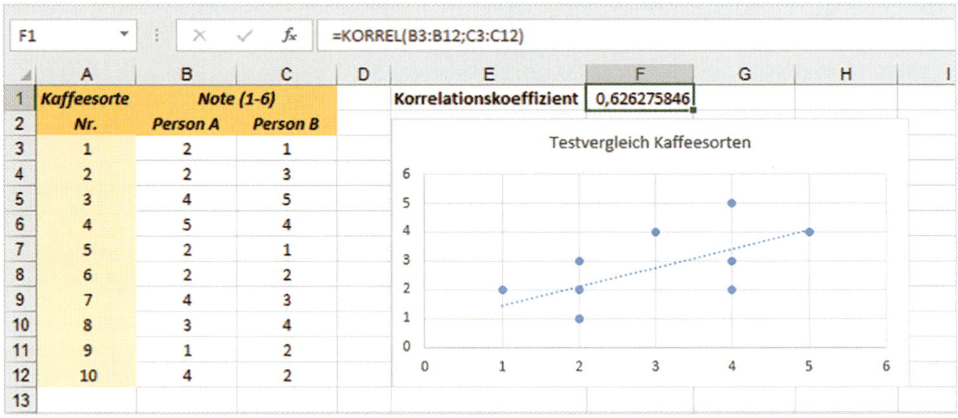

Wie Sie die Excel-Add-Ins installieren, lesen Sie unter Punkt 2.9.

Eine umfassende Korrelationsanalyse in Form einer Korrekationsmatrix erhalten Sie außerdem mit der Analyse-Funktion *Korrelation*. Diese gehört zum Excel-Add-In *Analyse-Funktionen*, das standardmäßig nicht installiert ist, aber nachträglich hinzugefügt werden kann. Näheres hierzu am Ende dieses Kapitels.

Regressionsanalysen

Mit einer Regressionsanalyse lassen sich in der Statistik Beziehungen zwischen zwei oder mehr Variablen beschreiben. Voraussetzung ist ein linearer gerichteter Zusammenhang zwischen den Variablen, d.h. es muss eine unabhängige und mindestens eine abhängige Variable existieren. Regressionsanalysen werden häufig für Variablen eingesetzt, für die zuvor ein statistischer Zusammenhang ermittelt wurde, die also miteinander korrelieren.

Folgende Funktionen lassen sich zur Regressionsanalyse einsetzen.

Funktion	Kurzbeschreibung
RGP	Diese Funktion liefert die Parameter eines linearen Trends, der sich mit der bekannten Gleichung y=mx+b beschreiben lässt.
RKP	Ähnlich der Funktion RGP, beschreibt aber eine exponentielle Regressionsfunktion der Form y=b*e(a*x).

Trend	TREND(Y_Werte;[X_Werte];[neue X-Werte];Konstante) Diese Funktion berechnet aus den Wertepaaren (Y,X) nach der Methode der kleinsten Quadrate eine Gerade, die auf der Punktwolke liegt. Zudem berechnet die Funktion aus den X-Werten die zugehörigen Schätzwerte $\hat{y}$=ys.
Schätzer	SCHÄTZER(x;Y_Werte;X_Werte) Diese Funktion berechnet aus den Wertepaaren Y und X eine lineare Regression und gibt aus dem Ergebnis den Schätzwert $\hat{y}$ an der Stelle x aus. Die Funktion liefert dieselben Werte wie die Funktion TREND(), wenn auch mit einer etwas anderen Syntax und nicht als Matrixformel

Eine Zusammenstellung erhalten Sie außerdem über die Analyse-Funktion *Regression*, auch diese steht erst nach Installation des Excel-Add-Ins Analyse-Funktionen zur Verfügung. Näheres hierzu am Ende dieses Kapitels.

Beispiel Trendberechnung

Häufig wird auf der Basis vorhandener Zahlen eine Hochrechnung auf künftige Werte benötigt, diese Aufgabe lässt sich in Excel mit der Funktion TREND erledigen. Beachten Sie aber, dass aufgrund weiterer Einflussgrößen und unvorhersehbarer Ereignisse das tatsächliche Ergebnis von der Prognose abweichen kann, da TREND lediglich auf der Basis der linearen Regression eine Schätzung vornimmt. Die Syntax lautet:

Eine weitere Möglichkeit der Trendberechnung erhalten Sie mit dem Prognoseblatt, Kapitel 4.5

```
Trend(Y_Werte;X_Werte;Neue_X_Werte;Konstante)
```

Eine Übersicht über die Argumente:

Argument	Beschreibung
Y-Werte	Der Bereich mit den bereits vorhandenen Zahlen, aus denen der Trend berechnet werden soll.
X-Werte	Optionale, zu den Y-Werten dazugehörige Werte, in Bild 2.21 sind dies die Kalenderwochen. Ohne Angabe der X-Werte werden diese einfach durchnummeriert.
Neue-X-Werte	Damit werden für die Trendberechnung weitere X-Werte vorgegeben.
Konstante	Optional, lassen Sie dieses Argument leer, so wird die Ursprungsverschiebung beibehalten.

Achtung: Soll TREND die Ergebnisse in mehreren Zellen ausgeben, so muss die Funktion als Matrixformel eingegeben werden.

Achtung - Matrixformel!

Als Beispiel soll ein Trend für Verkaufszahlen geschätzt werden. Vor Ihnen liegen die Verkaufszahlen der letzten 8 Kalenderwochen und Sie möchten daraus den Trend für den Verkauf der nächsten 4 Kalenderwochen ableiten.

- Da die Funktion als Matrixformel eingegeben werden muss, markieren Sie den Ergebnisbereich C11 bis C14.
- Dann geben Sie folgende Funktion ein und schließen mit den Tasten Strg+Umschalt+Eingabe ab.

```
=TREND(C3:C10;B3:B10;B11:B14)
```

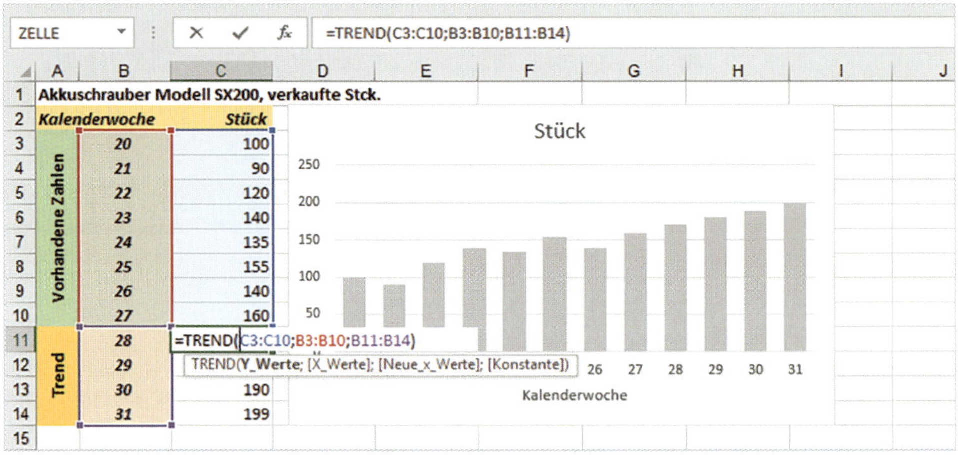

Bild 2.24 Beispiel Trendberechnung

Sollte allerdings in Kalenderwoche 29 ein vergleichbares günstigeres Konkurrenzprodukt auf den Markt kommen und rückläufige Zahlen zur Folge haben, so kann dies von Excel nicht vorausgesehen werden.

2.4 Nachschlage- und Verweisfunktionen

Die Nachschlage- und Verweisfunktionen von Excel dienen dazu, einen Zellbereich (Matrix) zu durchsuchen und bestimmte Inhalte oder die Position eines Inhalts zu ermitteln. Sie finden diese Funktionen in der Kategorie *Matrix* des Funktionsassistenten oder in der Funktionsbibliothek über die Schaltfläche *Nachschlagen und Verweisen.* Achtung: Matrixfunktionen dürfen nicht verwechselt werden mit Matrixformeln!

SVERWEIS

SVERWEIS = Senkrecht Verweis

Die Funktion SVERWEIS gehört zu den am häufigsten eingesetzten Matrixfunktionen von Excel. Sie durchsucht von oben nach unten die erste Spalte einer Tabelle (Matrix) nach einem vorgegebenen Suchkriterium und liefert bei der ersten Übereinstimmung einen Wert aus dieser Zeile und der angegebenen Spalte. Wird kein Wert gefunden, der dem Suchkriterium entspricht, zeigt Excel den Fehlerwert #NV (nicht verfügbar) an. Die Syntax:

```
SVERWEIS(Suchkriterium;Matrix;Spaltenindex;Bereich_Verweis)
```

- *Suchkriterium*: Der Wert, nach dem die Tabelle (Matrix) durchsucht wird. Dieser muss sich unbedingt in der ersten Spalte der Tabelle befinden.
- *Matrix*: Geben Sie hier den gesamten zu durchsuchenden Tabellenbereich an, hierfür kann auch ein Bereichsname verwendet werden. Die Werte der ersten Spalte müssen die gesuchten Werte enthalten, dies können Zahlen, Datumswerte oder Zeichenfolgen sein. Bei Text wird nicht zwischen Groß- und Kleinbuchstaben unterschieden.
- Der *Spaltenindex* gibt an, in der wievielten Spalte der Matrix sich der gesuchte Wert befindet. Der Spaltenindex ist immer eine fortlaufende Zahl, beginnend mit der ersten Spalte der Matrix und darf nicht verwechselt werden mit der Spaltennummerierung des Tabellenblattes! Der Spaltenindex 3 bedeutet z. B. den Wert aus der dritten Spalte der Matrix.
- *Bereich_Verweis*: Legt fest, ob nur bei genauer Übereinstimmung mit dem Suchkriterium ein Ergebnis angezeigt werden soll oder ob auch der nächstliegende Wert als Ergebnis verwendet werden darf.
  - Wird als *Bereich_Verweis* der Wert WAHR angegeben oder ist das Argument leer, so ist keine exakte Übereinstimmung mit dem Suchkriterium erforderlich und SVERWEIS() liefert als Ergebnis den nächsthöheren Wert aus der darüber liegenden Zeile. Daher muss in diesem Fall die Matrix unbedingt nach der ersten Spalte aufsteigend sortiert sein!
  - Verwenden Sie dagegen als *Bereich_Verweis* den Wert FALSCH, so erhalten Sie nur bei exakter Übereinstimmung mit dem Suchkriterium ein Ergebnis, andernfalls den Wert #NV (nicht verfügbar). Enthält die erste Spalte der Matrix zwei oder mehr übereinstimmende Werte, so wird nur der erste gefundene Wert ausgegeben.
  - Tipp: Hilfe zu *Bereich_Verweis* erhalten Sie sowohl im Funktionsassistent als auch bei der Eingabe über die Tastatur. Hier bietet Excel sogar die Werte WAHR bzw. FALSCH zur Übernahme in die Funktion an.

Eine wichtige Bedingung für den Einsatz von SVERWEIS: Sie können nur nach einem Kriterium suchen, das sich in der ersten Spalte der Matrix befindet!

Beispiel 1: Einen Näherungswert finden

Bei der Auswertung von Testergebnissen soll anhand der Punktzahl (Suchkriterium) die dazugehörige Note (Spaltenindex 2) aus einer Notentabelle (Matrix) ermittelt werden. Da nicht jede Punktzahl exakt in der Notentabelle vorhanden ist, soll SVERWEIS in diesen Fällen als Ergebnis die nächstgelegene Note aus der Zeile darüber liefern. Die Notentabelle muss daher unbedingt nach Punktzahlen sortiert sein, als *Bereich_Verweis* geben Sie den Wert WAHR an oder lassen das Argument leer.

Bild 2.25 Beispiel 1

ZELLE | =SVERWEIS(B7;$F$2:$G$7;2;WAHR)

	A	B	C	D	E	F	G
1	*Name*	*Punkte*	*Note*			*ab Punkte*	*Note*
2	*Baumholtz*	14	5			0	6
3	*Bockel*	36	3			10	5
4	*Hofer*	55	1			20	4
5	*Kniffel*	43	2			30	3
6	*Wiesenfeld*	32	3			40	2
7	*Winkler*	59	=SVERWEIS(B7;$F$2:$G$7;2;WAHR)				1
8			SVERWEIS(Suchkriterium; Matrix; Spaltenindex; **[Bereich_Verweis]**)				
9							
10							

Da SVERWEIS den nächstgelegenen Wert immer aus der darüberliegenden Zeile der Matrix liefert, muss diese unbedingt auf- oder absteigend sortiert sein!

Beispiel 2: Exakte Übereinstimmung erforderlich

Für die monatliche Auswertung der Arbeitszeiten benötigen Sie im Tabellenblatt „Auswertung" als weitere Informationen Name und Abteilung der Mitarbeiter. Diese sind zusammen mit weiteren Mitarbeiterdaten in einer zweiten Tabelle im Tabellenblatt „Personalliste" gespeichert. Da Sie Name und Abteilung nur bei genauer Übereinstimmung mit dem Suchkriterium benötigen, ist in diesem Fall eine Sortierung nach Personalnummer nicht erforderlich.

Bild 2.26 Die Ausgangstabellen

	A	B	C	D
1	*Personal-Nr*	*Name*	*Abteilung*	*Durchwahl*
2	10050	Zasterwitz Sabine	EDV	302
3	10051	Hacker Johnny	Zentrale	109
4	10052	Bechler Thomas	Lager	723
5	10053	Kabelschacht Petra	Lager	724
6	10054	Schmidtz Theo	Montage	320
7	10055	Zimmer Marion	EDV	433
8	10056	Hirschwald Ulf	EDV	451
9	10057	Meyerson Ulrike	Kundendienst	256
10	10058	Kunze Albert	Kundendienst	231
11	10059	Steinhäger Melanie	EDV	407
12	10060	Schneider Oliver	Kundendienst	209

Personalliste | Auswertung | WVERWEIS | INDEX VERGLI ...

	A	B	C	D
1	*Personal-Nr*	*Ist-Zeit*	*Name*	*Abteilung*
2	10055	150		
3	10077	140		
4	10056	150		
5	10063	65		
6	10103	80		
7	10078	120		
8	10079	152		
9	10095	140		
10	10094	165		
11				

Personalliste | Auswertung | WVERWEIS

Als Suchkriterium für SVERWEIS dient die Personalnummer, als Matrix geben Sie den Tabellenbereich im Blatt „Personalliste" an. Zur Ermittlung des Mitarbeiternamens benötigen Sie den Spaltenindex 2, da sich dieser in der zweiten Spalte befindet. Für die Abteilung muss Spaltenindex 3 angegeben werden. Da Name und Abteilung nur bei exakter Übereinstimmung mit dem Suchkriterium angezeigt werden sollen, müssen Sie außerdem in diesem Beispiel als *Bereich_Verweis* FALSCH angeben. Sollte die Personalnummer in der Personalliste nicht gefunden werden, erhalten Sie nicht den nächstgelegenen Wert als Ergebnis, sondern #NV.

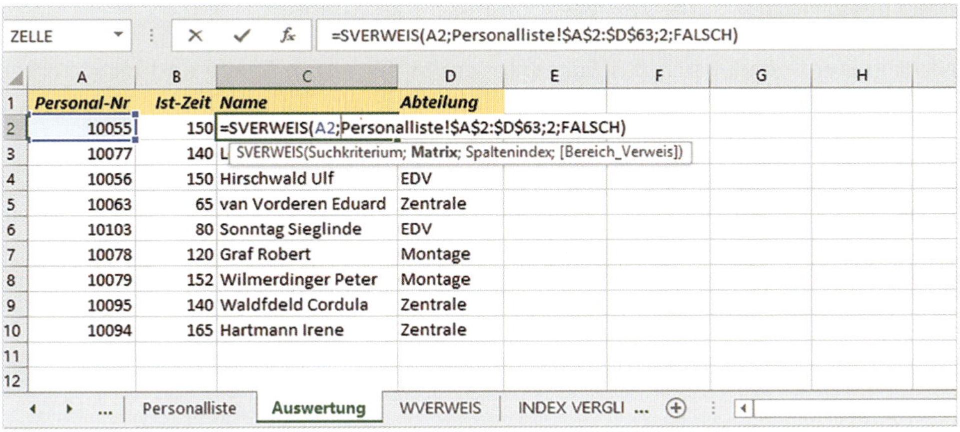

Bild 2.27 Die Formel im Blatt Auswertung

Damit die Formel kopiert werden kann, müssen Sie für die Matrix feste (absolute) Zellzüge verwenden!

WVERWEIS

Die Funktion WVERWEIS besitzt den gleichen Aufbau wie SVERWEIS mit einem einzigen Unterschied: WVERWEIS durchsucht die erste Zeile einer Matrix nach dem Suchkriterium und liefert den dazugehörigen Wert aus der angegebenen Zeile (=Zeilenindex). Hier muss also die erste Zeile der Matrix das Suchkriterium enthalten.

WVERWEIS = Waagrecht Verweis

Das Beispiel unten kennen die meisten von Ihnen aus Reisekatalogen, in denen Hotels je nach Saison zu verschiedenen Preisen angeboten werden. Wenn Sie den Preis mit einer Excel-Funktion ermitteln möchten, dann benutzen Sie dazu WVERWEIS. Dieses Beispiel beinhaltet außerdem einige Besonderheiten:

Die Zeitraumangaben in B3 bis F3 stellen kein Datum sondern Text dar und eignen sich in dieser Form nicht für einen Bereichsverweis (*Bereich_Verweis* = WAHR), wie er hier eigentlich benötigt wird. Daher verwenden wir als Suchkriterium die eindeutigeren Saisonbezeichnungen A, B, C usw. und damit sich diese in der ersten Zeile befinden, muss als Matrix der Bereich B4 bis F6 angegeben werden.

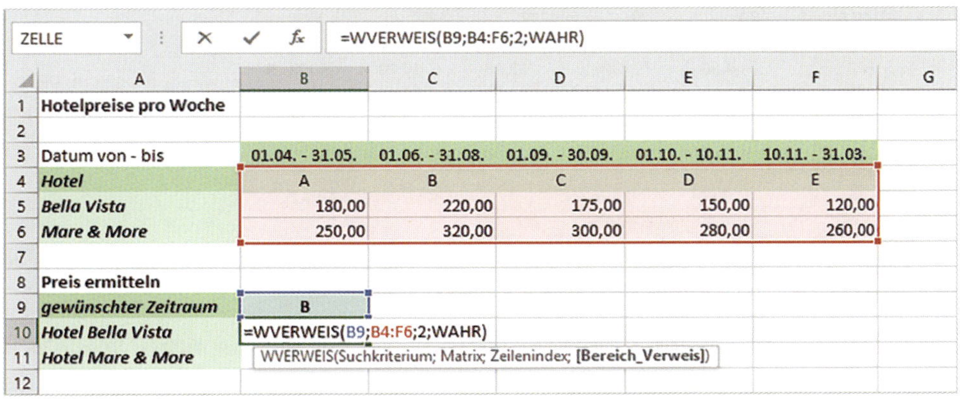

Bild 2.28 Beispiel WVERWEIS

INDEX und VERGLEICH

Nicht immer befindet sich das Suchkriterium in der ersten Spalte und nicht immer steht eindeutig fest, in welcher Spalte sich der gesuchte Wert befindet. Dann bieten sich die Funktionen VERGLEICH und INDEX an.

VERGLEICH

Position des gesuchten Wertes ermitteln

VERGLEICH liefert im Gegensatz zu SVERWEIS als Ergebnis keinen Wert, sondern die relative Position des gesuchten Wertes innerhalb eines Bereiches. Dies kann die Spalte oder Zeile einer Matrix sein. Die Syntax:

```
VERGLEICH(Suchkriterium;Suchmatrix;Vergleichstyp)
```

Das Argument *Vergleichstyp* ist optional und steuert die Art der Suche:

- Vergleichstyp 1 (oder keine Angabe) liefert den größten Wert, der kleiner oder gleich dem Suchkriterium ist. Dazu müssen die Werte in der Suchmatrix aufsteigend sortiert sein.
- Vergleichstyp 0 liefert den ersten Wert, der dem Suchkriterium exakt entspricht, die Werte können in beliebiger Reihenfolge angeordnet sein.
- Vergleichstyp -1 gibt den kleinsten Wert zurück, der größer als das Suchkriterium ist und die Werte der Suchmatrix müssen absteigend sortiert sein.

Als Beispiel soll aus einer nach Mengen gestaffelten Preistabelle anhand von Artikelnummer und Menge der dazugehörige Preis ermittelt werden. Dieser befindet sich in der Preistabelle am Schnittpunkt der gesuchten Zeile mit der gesuchten Spalte, daher wird VERGLEICH zweimal benötigt.

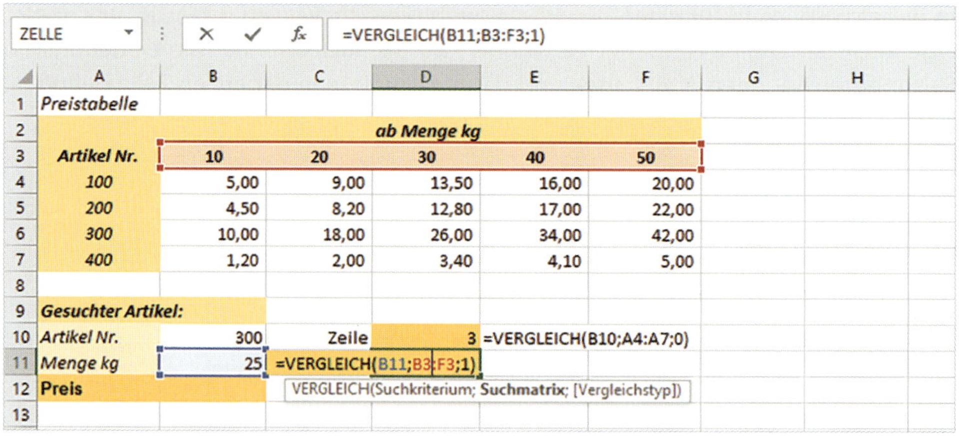

ZELLE | =VERGLEICH(B11;B3:F3;1)

	A	B	C	D	E	F	G	H
1	Preistabelle							
2				ab Menge kg				
3	Artikel Nr.	10	20	30	40	50		
4	100	5,00	9,00	13,50	16,00	20,00		
5	200	4,50	8,20	12,80	17,00	22,00		
6	300	10,00	18,00	26,00	34,00	42,00		
7	400	1,20	2,00	3,40	4,10	5,00		
8								
9	Gesuchter Artikel:							
10	Artikel Nr.	300	Zeile	3	=VERGLEICH(B10;A4:A7;0)			
11	Menge kg	25	=VERGLEICH(B11;B3:F3;1)					
12	Preis		VERGLEICH(Suchkriterium; **Suchmatrix**; [Vergleichstyp])					
13								

Bild 2.29 Beispiel VERGLEICH

Mit der folgenden Formel ermitteln Sie in D10, in welcher Zeile der ersten Spalte sich die gesuchte Artikelnummer befindet. Die Suchkriterien müssen exakt übereinstimmen, daher Vergleichstyp 0.

```
=VERGLEICH(B10;A4:A7;0)
```

Die zweite Formel in D11 liefert die benötigte Spalte. Für die Menge, z. B. 25 kg, wird der nächstkleinere Wert benötigt, daher Vergleichstyp 1.

```
=VERGLEICH(B11;B3:F3;1)
```

Leider erhalten Sie mit diesen Ergebnissen noch nicht die gewünschte Angabe (den Preis), sondern nur dessen relative Position in der Matrix. Anhand dieser Positionsangaben ermitteln Sie nun mit der Funktion INDEX den gesuchten Wert.

INDEX

Die Funktion INDEX benötigt zur Ermittlung eines Wertes seine genaue Position innerhalb der Matrix, d.h. in welcher Zeile (Zeilenindex) und Spalte (Spaltenindex) er sich befindet. Diese Angaben haben wir zuvor mit VERGLEICH ermittelt.

Hinweis: INDEX existiert in zwei Versionen, als Matrix- und als Bezugsfunktion, für dieses Beispiel benötigen Sie die Matrixfunktion, die Syntax:

```
INDEX(Matrix;Zeilenindex;Spaltenindex)
```

Sie brauchen also für unser Beispiel nur noch mit INDEX den Preis ermitteln, die Formel dazu lautet in B12:

```
=INDEX(B4:F7;D10;D11)
```

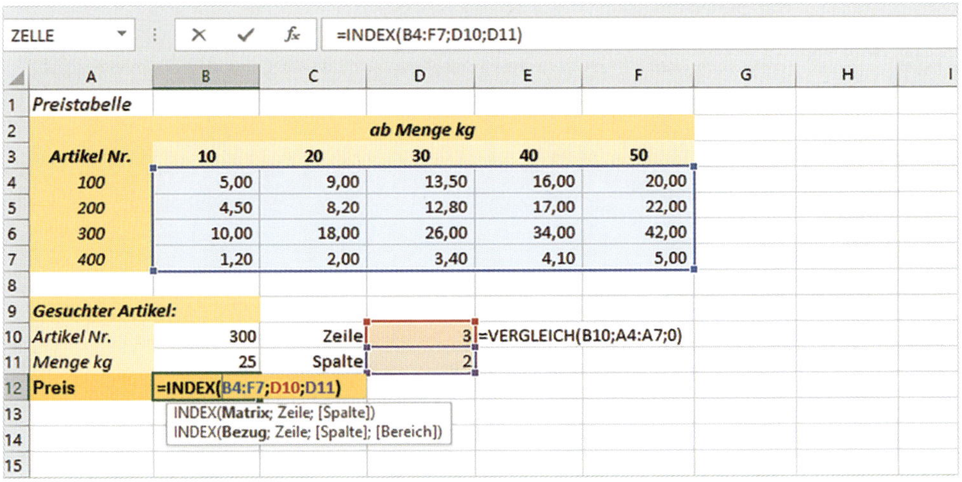
ZELLE =INDEX(B4:F7;D10;D11)

	A	B	C	D	E	F
1	*Preistabelle*					
2				*ab Menge kg*		
3	*Artikel Nr.*	10	20	30	40	50
4	*100*	5,00	9,00	13,50	16,00	20,00
5	*200*	4,50	8,20	12,80	17,00	22,00
6	*300*	10,00	18,00	26,00	34,00	42,00
7	*400*	1,20	2,00	3,40	4,10	5,00
8						
9	*Gesuchter Artikel:*					
10	*Artikel Nr.*	300	Zeile	3	=VERGLEICH(B10;A4:A7;0)	
11	*Menge kg*	25	Spalte	2		
12	Preis	=INDEX(B4:F7;D10;D11)				

INDEX(Matrix; Zeile; [Spalte])
INDEX(Bezug; Zeile; [Spalte]; [Bereich])

Bild 2.30 Beispiel INDEX

Natürlich ist dies auch mit verschachtelten Funktionen in einer einzigen Formel möglich, dann sieht die Formel so aus:

```
=INDEX(B4:F7;VERGLEICH(B10;A4:A7;0); VERGLEICH(B11;B3:F3;1))
```

Zellbereiche mit BEREICH.VERSCHIEBEN anpassen

Siehe auch dynamische Listen, Lektion 3.5

Sie kennen sicher das folgende Problem: Sie möchten mit einer Funktion eine Liste auswerten, allerdings soll der Zellbereich dynamisch sein, also automatisch um nachträglich am Ende der Liste angefügte Zeilen erweitert werden. Eine einfache Möglichkeit zur Lösung dieses Problems stellen dynamische Tabellen dar, wie sie in der nächsten Lektion beschrieben werden. Wo dies nicht möglich ist, stellt die Funktion BEREICH.VERSCHIEBEN eine Alternative dar, damit Sie den Datenbereich nicht nach jeder Änderung manuell anpassen müssen.

BEREICH.VERSCHIEBEN ist keine eigenständige Funktion, sie verschiebt oder vergrößert einen Zellbereich um die angegebene Anzahl Spalten und/oder Zeilen und wird ausschließlich als Argument überall dort eingesetzt, wo Sie Bezüge auf Zellbereiche benötigen, deren Größe variabel ist. Die Syntax:

```
BEREICH.VERSCHIEBEN(Bezug;Zeilen;Spalten;Höhe;Breite)
```

Argument	Beschreibung
Bezug	Bezug gibt den Ausgangspunkt des zu verschiebenden Bereichs an, hier genügt die linke obere Ecke des Zellbereichs.
Zeilen	Anzahl der Zeilen, um die der Bezug nach unten verschoben werden soll, negative Werte verschieben den Bereich nach oben.
Spalten	Anzahl der Spalten, um die der Bezug nach rechts verschoben werden soll, negative Angaben verschieben nach links.
Höhe	Optional, die Anzahl der Zeilen des neuen Bereichs; wenn nichts angegeben ist, wird die ursprüngliche Höhe verwendet.
Breite	Optional, die Anzahl der Spalten des neuen Bereichs; wenn nichts angegeben ist, wird die ursprüngliche Breite verwendet.

Beispiel Börsenkurse auswerten

In einer Tabelle werden die Börsenkurse täglich aktualisiert, es kommen also jeden Tag neue Werte hinzu. Der Mittelwert soll aber immer nur für die letzten fünf Tage berechnet werden. Dazu verwenden Sie in der Funktion MITTELWERT anstelle eines festen Zellbereichs die Funktion BEREICH.VERSCHIEBEN.

- Als *Bezug* geben Sie die linke obere Ecke des zu verschiebenden Bereichs an, B3.
- Nun benötigen Sie die Anzahl der Zeilen, um die der Bezug nach unten verschoben werden soll. Dazu ermitteln Sie mit der Funktion ANZAHL zunächst die Anzahl der nicht leeren Zellen im angegebenen Bereich. Da ANZAHL ausschließlich Zahlen berücksichtigt, kann als Bereich die gesamte Spalte B (B:B) angegeben

werden. Allerdings werden immer nur die letzten fünf Werte des Zellbereichs benötigt, Sie müssen daher vom Ergebnis noch 5 Zeilen subtrahieren.

- Da der Bereich ausschließlich um Zeilen verschoben wird, geben Sie beim Argument Spalten 0 an.
- Als *Höhe* des neuen Bereichs geben Sie 5 (Zeilen) an, dies kann entfallen, wenn Sie unter Bezug bereits einen Zellbereich aus 5 Zeilen angegeben haben. Das Argument *Breite* wird nicht benötigt.

Verwenden Sie also eine der beiden Formeln und testen Sie anschließend, was passiert, wenn Sie am Ende der Tabelle weitere Zeilen mit beliebigen Kursen eingeben.

```
=MITTELWERT(BEREICH.VERSCHIEBEN(B3;ANZAHL(B:B)-5;0;5))
```

```
=MITTELWERT(BEREICH.VERSCHIEBEN(B3:B7;ANZAHL(B:B)-5;0))
```

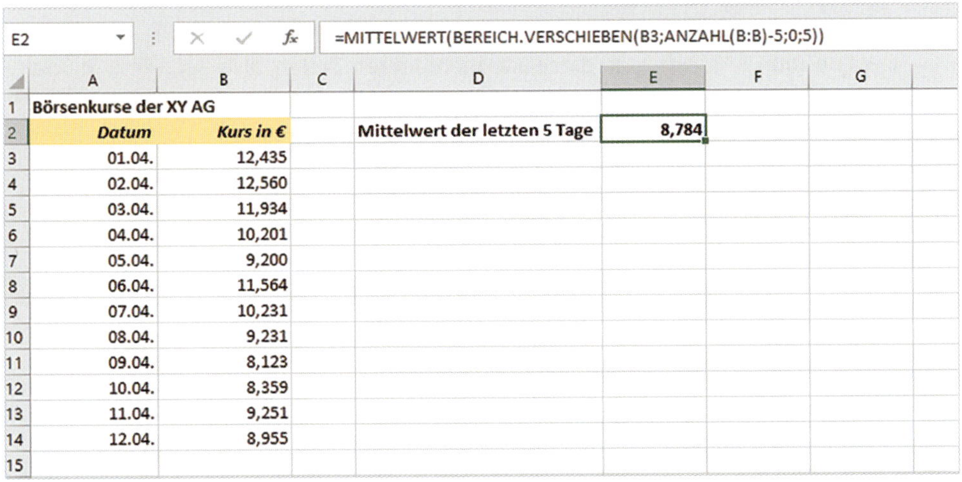
E2 =MITTELWERT(BEREICH.VERSCHIEBEN(B3;ANZAHL(B:B)-5;0;5))

	A	B	C	D	E	F	G
1	Börsenkurse der XY AG						
2	Datum	Kurs in €		Mittelwert der letzten 5 Tage	8,784		
3	01.04.	12,435					
4	02.04.	12,560					
5	03.04.	11,934					
6	04.04.	10,201					
7	05.04.	9,200					
8	06.04.	11,564					
9	07.04.	10,231					
10	08.04.	9,231					
11	09.04.	8,123					
12	10.04.	8,359					
13	11.04.	9,251					
14	12.04.	8,955					
15							

Bild 2.31 Beispiel Mittelwert der letzten 5 Tage

Tipp: Mit Hilfe des Dialogfensters *Formelauswertung* können Sie die einzelnen Berechnungsschritte dieses Beispiels kontrollieren und leichter nachvollziehen.

Siehe Lektion 1.6, Formeln überprüfen und korrigieren

Namen mit der Funktion BEREICH.VERSCHIEBEN definieren

Die Funktion BEREICH.VERSCHIEBEN kann auch in Zusammenhang mit Bereichsnamen verwendet werden. Dabei wird bei der Definition des Namens anstelle eines festen Zellbereichs die Funktion BEREICH.VERSCHIEBEN angegeben. Mit dieser Methode lassen sich dann die Börsenkurse der jeweils letzten 5 Tage auch als Diagramm darstellen. So gehen Sie vor:

1 Klicken Sie im Register *Formeln*, Gruppe *Definierte Namen*, auf die Schaltfläche *Namen definieren....*

- Geben Sie einen Bereichsnamen, eventuell mit einem Kommentar ein und tragen Sie im Feld *Bezieht sich auf* anstelle fester Zellbezüge die Funktion ein.

Tipp: Damit Ihnen die Syntax-Hilfe zur Verfügung steht, geben Sie die Funktion am besten zunächst in eine beliebige, leere Zelle des Tabellenblattes ein, eventuell mit Hilfe des Funktionsassistenten und kopieren die Funktion anschließend über die Zwischenablage (Strg+C und Strg+V) in das Dialogfenster *Neuer Name*. Achtung: Da diese Funktion ausschließlich Zellbereiche festlegt, zeigt Excel im Tabellenblatt als Ergebnis #WERT an, dies bedeutet aber nicht, dass die Funktion einen Fehler enthält. Wenn Sie sicher gehen möchten, dann kontrollieren Sie die Funktion wieder im Dialogfenster *Formel auswerten*.

Für das unten abgebildete Beispiel benötigen Sie folgende Funktion, die Tabelle befindet sich im Blatt „Rohdaten“.

- Als Bezug oder Ausgangspunkt kann die linke obere Ecke des Bereichs verwendet werden, in diesem Beispiel A1 bzw. $A$1, da der Zellbereich ja nicht verschoben, sondern vergrößert oder verkleinert wird. Aus diesem Grund werden hier auch die beiden Argumente *Zeilen* und *Spalten* nicht benötigt und bleiben leer.
- Dafür müssen Sie die Höhe des neuen Bereichs ermitteln, dies geschieht mit der Funktion ANZAHL2, da diese alle nicht leeren Zellen, also auch Text in Spalte A, berücksichtigt. Die Breite des neuen Bereichs ermitteln Sie ebenfalls mit der Funktion ANZAHL2 für die Zeile 1.

Beachten Sie bei der Festlegung von Namen mittels Formeln, dass den Zellbezügen der Blattname vorangestellt werden muss, wenn der Name in der gesamten Mappe Gültigkeit besitzen soll.

```
=BEREICH.VERSCHIEBEN(Rohdaten!$A$1;;;ANZAHL2(Rohdaten!$A:$A);
ANZAHL2(Rohdaten!$1:$1))
```

Bild 2.32 Beispiel

	A	B	C	D	E	F	G	H	I
1	Jahr	Kunden-Nr	Firma	Land	Modell-Nr	VK-Preis Netto	Auftragsmenge	Umsatz	
2	2014	233	ELCOG	Deutschland	450	510,00	25	12.750,00	
3	2014	971	BRAIN	Österreich	100	290,00	24	6.960,00	
4	2014	233	ELCOG	Deutschland	209	1.019,00	3	3.057,00	
5	2014	1019	WGT GmbH	Deutschland	100	290,00	14	4.060,00	
6	2014	971	BRAIN	Österreich	304	620,00	6	3.720,00	
7	2014	1019	WGT GmbH	Deutschland	100	290,00	12	3.480,00	
8	2014	45	Hügli & Brettschneider	Schweiz	450	510,00	2	1.020,00	
9	2014	1019	WGT GmbH	Deutschland	200	63,50	100	6.350,00	
10	2015	233	ELCOG	Deutschland	100	290,00	17	4.930,00	
11	2015	45	Hügli & Brettschneider	Schweiz	200	63,50	12	762,00	
12	2015	233	ELCOG	Deutschland	304	620,00	7	4.340,00	
13	2015	971	BRAIN	Österreich	209	1.019,00	3	3.057,00	
14	2015	971	BRAIN	Österreich	209	1.019,00	9	9.171,00	
15	2015	45	Hügli & Brettschneider	Schweiz	304	620,00	56	34.720,00	
16	2016	45	Hügli & Brettschneider	Schweiz	300	500,00	9	4.500,00	
17	2016	971	BRAIN	Österreich	100	290,00	22	6.380,00	
18	2016	1019	WGT GmbH	Deutschland	450	510,00	34	17.340,00	
19	2016	45	Hügli & Brettschneider	Schweiz	300	500,00	3	1.500,00	
20	2016	233	ELCOG	Deutschland	304	620,00	33	20.460,00	
21	2016	971	BRAIN	Österreich	200	63,50	17	1.079,50	

Rohdaten | Tabelle2 | Tabelle3 | Tabelle1

2.5 Finanzmathematische Funktionen

Für finanzmathematische Berechnungen finden Sie in der Kategorie *Finanzmathematik* eine Reihe von Funktionen. Da die meisten dieser Funktionen einschlägige Kenntnisse voraussetzen, soll hier nur die Zinsberechnung näher betrachtet werden. Beachten Sie, dass diese Funktionen ausschließlich die Verzinsung berechnen, Gebühren, Provisionen usw. werden von Excel nicht berücksichtigt.

Zinsberechnungen

Zum Rechnen mit Krediten und Zinsen verwendet Excel die folgenden Ausdrücke. Diese sind als Funktionen verfügbar, bezeichnen aber gleichzeitig auch die jeweils erforderlichen Argumente.

Beispiel Zinsberechnungen

Argument	Beschreibung
ZINS	Zins = fester Zinssatz. Da dieser normalerweise jährlich angegeben ist, müssen Sie den Zins bei monatlichen Zahlungen ebenfalls in Monaten angeben, also Zins / 12.
ZZR	Zzr = Zahlungszeitraum. Über welchen Zeitraum sollen die Zahlungen erfolgen? Beachten Sie, dass auch hier einheitliche Angaben erforderlich sind. Bei monatlichen Zahlungen und einer Laufzeit von beispielsweise 5 Jahren müssen Sie auch die Laufzeit in Monate umrechnen, also Jahre * 12.
RMZ	Rmz = regelmäßige Zahlung. Dies ist ein konstanter, meist monatlicher Betrag, den Sie entweder zur Rückzahlung oder als Sparbetrag aufwenden. Achtung: Von Ihnen aufgewendete Beträge müssen mit negativem Vorzeichen eingegeben werden, da sonst das Ergebnis mit einem Minus als Vorzeichen angezeigt wird!
BW	Bw = Barwert, der aktuelle Gesamtwert zu Beginn der Zahlungen.
ZW	Zw = Zinswert, dies ist der Endwert (verzinste Wert) einer Investition.
F	Die Fälligkeit gibt an, ob die regelmäßige Zahlung am Beginn (1) der Periode, z. B. eines Monats, erfolgt oder am Ende der Periode (0).

Beispiel Kreditrückzahlung

RMZ: Regelmäßige Zahlung

Sie möchten wissen, wie hoch die monatliche Belastung bei der Rückzahlung eines Kredits in Höhe von 10.000 Euro, einer Laufzeit von 3 Jahren und einem jährlichen Zins von 5,3% ist? Zur Berechnung der konstanten regelmäßigen Zahlung setzen Sie die Funktion RMZ ein, sie besitzt folgende Syntax:

```
RMZ(Zins;Zzr;Bw;Zw;F)
```

Von Ihnen aufzuwendende Beträge erscheinen im Ergebnis mit negativem Vorzeichen.

Als Barwert (*Bw*) geben Sie den Kreditauszahlungsbetrag, also 10.000, an. *Zw* dagegen ist der Zinswert, also der Wert, der am Ende der Rückzahlung erreicht werden soll. Tragen Sie hier 0 ein, wenn am Ende der Kredit abbezahlt sein soll. Als Fälligkeit (*F*) wurde 1 angegeben, d.h. die Zahlung erfolgt am Monatsbeginn. Da die monatlichen Rückzahlungsbeträge von Ihnen aufzuwenden sind, erscheint das Ergebnis der Formel mit negativem Vorzeichen.

> Alle Argumente müssen sich auf denselben Zeitraum beziehen: Um die monatliche Zahlung zu berechnen, müssen daher auch Zins und Zahlungszeitraum in Monaten angegeben werden!

Bild 2.33 Beispiel Kreditrückzahlung

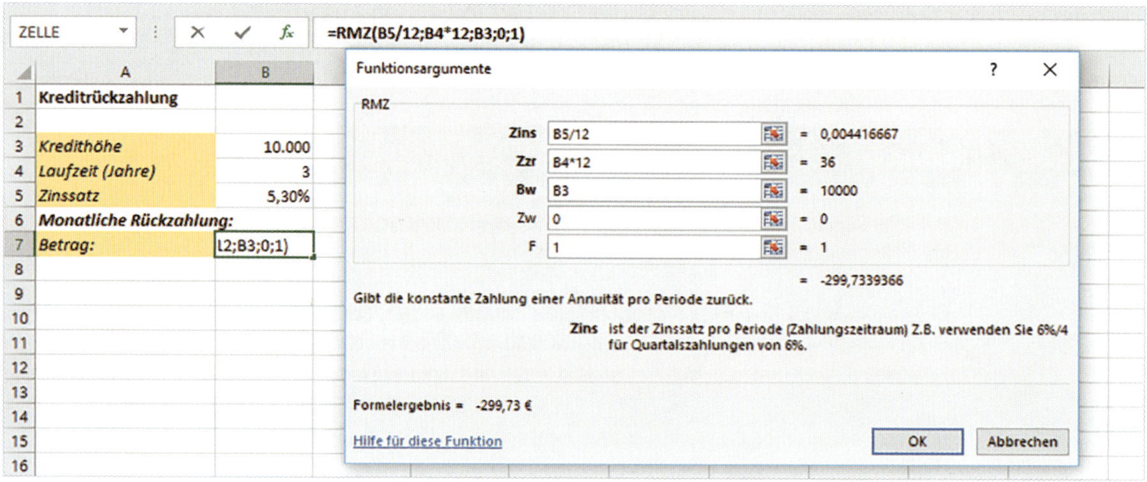

Beispiel Tilgung und Zinszahlung berechnen

Im Beispiel oben wird nur die gesamte Höhe der monatlichen Rückzahlung berechnet. Diese besteht jeweils aus einem Zinsanteil und einem Tilgungsanteil. Diese Werte lassen sich mit den Funktionen ZINSZ (Zins) und KAPZ (Tilgung) berechnen.

Beide erfordern, neben den bereits erläuterten, noch ein weiteres Argument, nämlich mit *Zr* die einzelne Zahlungsperiode im Gesamtzeitraum. Die Syntax der beiden Funktionen ist fast identisch:

```
ZINSZ(Zins;Zr;Zzr;BW;ZW;F)

KAPZ(Zins;Zr;Zzr;BW;ZW;F)
```

Im folgenden Beispiel sind die einzelnen Zahlungsperioden, nämlich das jeweilige Jahr in Zeile 3, angegeben. Beachten Sie außerdem, dass dieses Beispiel jährliche Beträge berechnet. Von Ihnen zu leistende Beträge als Funktionsergebnis sind automatisch negative Beträge und werden, je nach Zahlenformat entsprechend dargestellt.

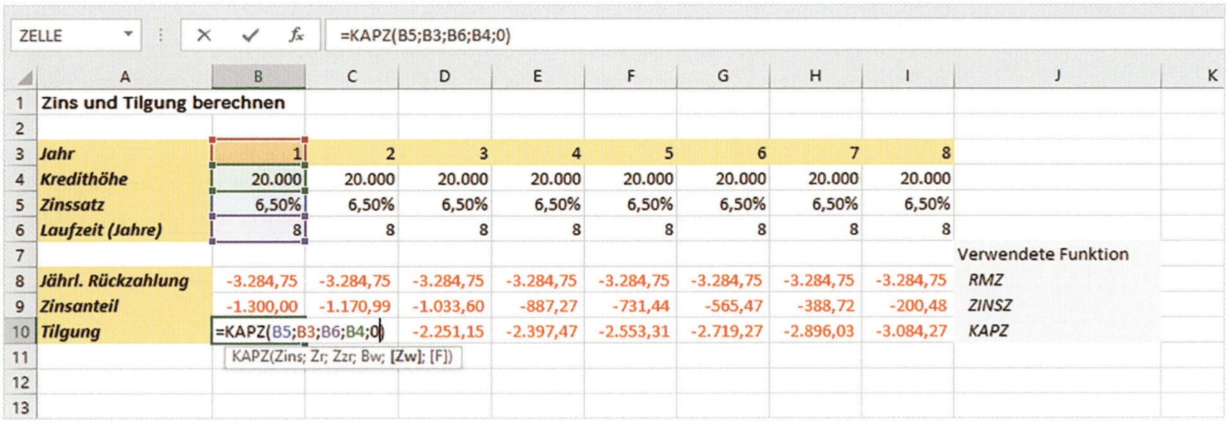

ZELLE | =KAPZ(B5;B3;B6;B4;0)

	A	B	C	D	E	F	G	H	I	J
1	Zins und Tilgung berechnen									
2										
3	Jahr	1	2	3	4	5	6	7	8	
4	Kredithöhe	20.000	20.000	20.000	20.000	20.000	20.000	20.000	20.000	
5	Zinssatz	6,50%	6,50%	6,50%	6,50%	6,50%	6,50%	6,50%	6,50%	
6	Laufzeit (Jahre)	8	8	8	8	8	8	8	8	
7										Verwendete Funktion
8	Jährl. Rückzahlung	-3.284,75	-3.284,75	-3.284,75	-3.284,75	-3.284,75	-3.284,75	-3.284,75	-3.284,75	RMZ
9	Zinsanteil	-1.300,00	-1.170,99	-1.033,60	-887,27	-731,44	-565,47	-388,72	-200,48	ZINSZ
10	Tilgung	=KAPZ(B5;B3;B6;B4;0)	-2.251,15	-2.397,47	-2.553,31	-2.719,27	-2.896,03	-3.084,27		KAPZ
11		KAPZ(Zins; Zr; Zzr; Bw; [Zw]; [F])								
12										
13										

Bild 2.34 Beispiel Zinsanteil und Tilgung

Hinweis: Ein weiteres Beispiel zur Zinsberechnung finden Sie in Kapitel 4 in Zusammenhang mit einer Mehrfachoperation.

2.6 Datums- und Uhrzeitfunktionen

Alle Datumswerte sind für Excel serielle (fortlaufende) Zahlen, die als Datum formatiert sind. Ausnahme: Datumsangaben vor dem 01.01.1900 werden als Text behandelt, da dieser Tag den Beginn der „Excel-Zeitrechnung" darstellt. Daher entspricht der 01.01.1900 der Zahl 1, der 02.01.1900 der Zahl 2 usw. und aus diesem Grund werden Datumswerte von Excel auch korrekt sortiert. Uhrzeiten sind Dezimalzahlen auf der Basis eines Tages, wobei die Zahl 1 für 24 Uhr steht, 0,5 bedeutet also 12 Uhr mittags.

Wenn Sie also wissen möchten, wieviele Tage seit dem 01.01.1900 vergangen sind, dann brauchen Sie nur das aktuelle Datum in eine beliebige Zelle eingeben und als Zahl formatieren.

Berechnungen mit Datums- und Zeitwerten sind daher problemlos möglich. Über die Schaltfläche *Datum und Uhrzeit* stehen Ihnen in der Funktionsbibliothek des Registers *Formeln* verschiedene Funktionen zur Verfügung.

Aktuelles Datum bzw. aktuelle Uhrzeit

Die beiden Funktionen HEUTE und JETZT benötigen keine weiteren Argumente und liefern das aktuelle Datum (Systemdatum), allerdings mit einem kleinen Unterschied:

Funktion	Beschreibung	Beispiel Ergebnis
=HEUTE	liefert das aktuelle Datum (Systemdatum)	11.04.2016
=JETZT	liefert Datum und Uhrzeit	11.04.2016 15:46

F9 aktualisiert eine Funktion

Beide Datumswerte werden beim Öffnen der Excel-Arbeitsmappe automatisch aktualisiert. Um die Uhrzeit in einer geöffneten Mappe zu aktualisieren, klicken Sie im Register *Formeln*, Gruppe Berechnung, auf die Schaltfläche *Neu berechnen* oder verwenden die Funktionstaste F9.

Achtung: Wenn Sie das aktuelle Datum für Datumsberechnungen oder Vergleiche benötigen, dann sollten Sie ausschließlich die Funktion HEUTE verwenden, da Sie sonst unter Umständen falsche Ergebnisse erhalten.

Teilwerte eines Datums ermitteln

Tag, Monat und Jahr als Zahl

Die folgenden Datumsfunktionen geben einen Teil eines Datums als Zahl zurück und werden immer dann benötigt, wenn es etwa darum geht, eine Tabelle, unabhängig vom Jahr, nach Monaten zu sortieren oder zu filtern. Beispielsweise lässt sich mit Hilfe der Funktion MONAT und dem Geburtsdatum ein nach Monaten sortierter Geburtstagskalender zusammenstellen, der das Jahr ignoriert.

Funktion	Beschreibung	Beispiel	Ergebnis
TAG(Datum)	Liefert aus einem Datum den Tag als Zahl	=TAG(23.01.2016)	23
MONAT(Datum)	Liefert aus einem Datum den Monat als Zahl	=MONAT(23.01.2016)	1
JAHR(Datum)	Liefert aus einem Datum das Jahr als Zahl	=JAHR(23.01.2016)	2016

Datumswerte zusammensetzen

Die Funktion DATUM erlaubt es umgekehrt, ein Datum aus Zahlen zusammenzusetzen. Die Syntax:

```
DATUM(Jahr;Monat;Tag)
```

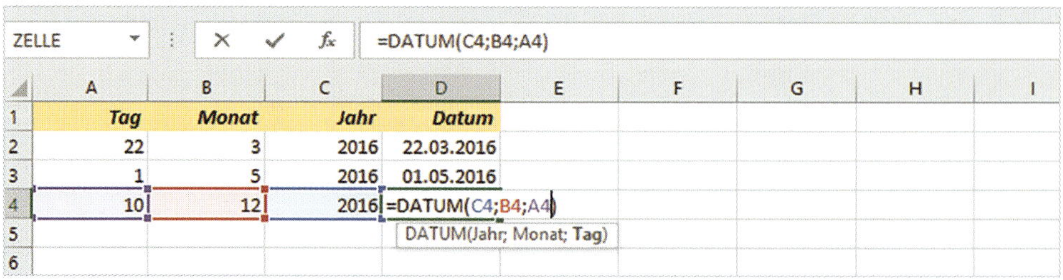

Bild 2.35 Beispiel: Die Zahlen der Spalten A, B und C zu einem Datum zusammenfügen

Wochentag ermitteln

Die Funktion WOCHENTAG liefert aus einem Datum den Wochentag als Zahl von 1 bis 7. Achtung: Das Argument *Typ* legt fest, mit welchem Wochentag die Woche beginnt. Sie müssen hier 2 angeben, da Excel die Zählung sonst mit dem Sonntag (=1) beginnt.

Mit welchem Tag beginnt die Zählung?

WOCHENTAG(Datum;Typ)

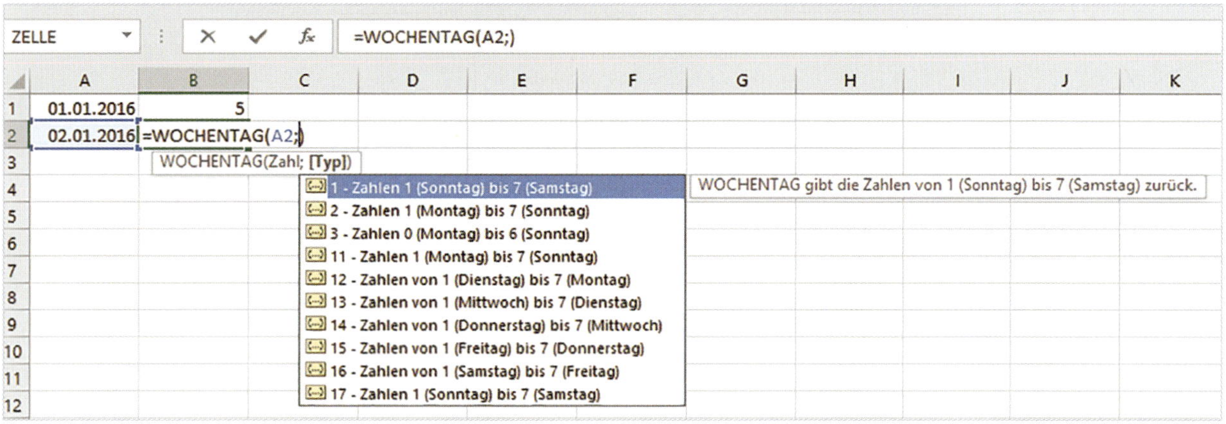

Bild 2.36 Wochentag als Zahl ermitteln

Kalenderwoche

In vielen Fällen benötigen Sie auch die Information, zu welcher Kalenderwoche ein bestimmtes Datum gehört. Dazu sind in Excel zwei Funktionen mit unterschiedlichen Berechnungsmethoden verfügbar.

- ISOKALENDERWOCHE ermittelt die Kalenderwoche nach dem europäischen Wochennummerierungssystem. Demnach beginnt eine Woche mit dem Montag und die Woche mit dem ersten Donnerstag des Jahres ist die Kalenderwoche 1.
- KALENDERWOCHE erlaubt die Auswahl zwischen mehreren Systemen.
  - Bei der Berechnung nach System 1 ist die Woche mit dem 1. Januar die erste Kalenderwoche. Dies ist auch die Standardeinstellung, wenn das Argument *Zahl_Typ* nicht angegeben wird.
  - System 2 bzw. Typ 21 entspricht ebenfalls der europäischen Norm.

ISOKALENDERWOCHE(Datum)

KALENDERWOCHE(Datum;Zahl_Typ)

Im nächsten Bild sehen Sie die unterschiedlichen Ergebnisse beider Funktionen bei der Berechnung der Kalenderwoche. Bei der Funktion KALENDERWOCHE wurde das Argument *Zahl_Typ* nicht angegeben bzw. die Standardeinstellung Typ 1 verwendet.

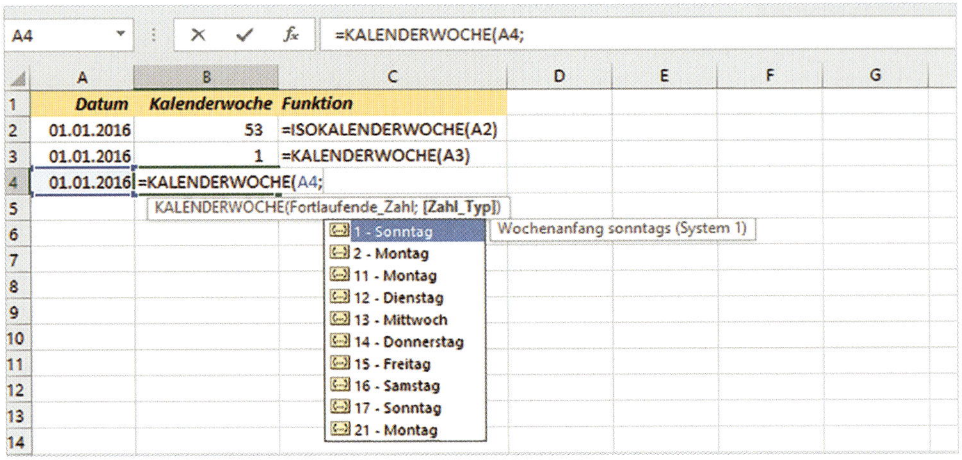

Bild 2.37 Berechnung der Kalenderwoche

Monat oder Wochentag als Text

Um anstelle eines Datums den Wochentag oder Monat als Text anzuzeigen, gibt es zwei Möglichkeiten: Entweder über das Datumsformat oder mit Hilfe einer Funktion.

Datumsformat

Als einfachste Möglichkeit formatieren Sie ein Datum einfach mit dem benutzerdefinierten Zahlenformat TTTT (Wochentag) oder MMMM (Monat).

1 Klicken Sie dazu im Register *START*, Gruppe *Zahl*, auf den Dropdown-Pfeil des Feldes *Zahlenformat* und auf Mehr….

2 Markieren Sie im Dialogfenster *Zellen formatieren* im Register Zahlen die Kategorie Benutzerdefiniert und geben Sie hier das Format ein.

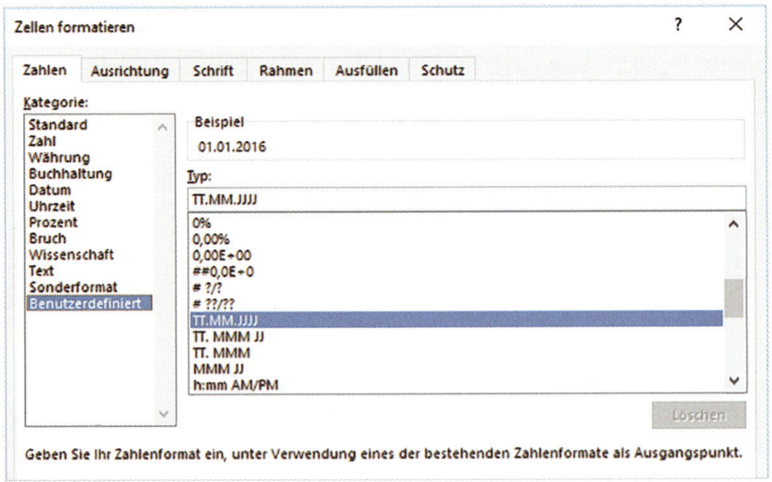

Bild 2.38 Benutzerdefinierte Zahlenformate

Die Funktion TEXT

Funktion TEXT wandelt eine Zahl in Text um

Die zweite und bessere Möglichkeit, um aus einem Datum den Monat oder Wochentag als Text zu erhalten, ist die Funktion TEXT. Diese wandelt eine Zahl nach dem angegebenen Textformat in Text um, die Syntax lautet:

```
TEXT(Wert;Textformat)
```

Das Textformat steuert die Anzeige, es muss in Anführungszeichen " " angegeben werden und entspricht den Regeln für benutzerdefinierte Zahlenformate. Eine Übersicht über die Datumsformate finden Sie in der Tabelle unten. Beachten Sie, dass Monatsformate stets mit Großbuchstaben (M) angegeben werden müssen, um Verwechslungen mit dem Uhrzeitformat Minuten zu vermeiden, diese werden in Kleinbuchstaben (m) angegeben.

Textformat	Ergebnis	Beispiel
"M"	Monat als ein- oder zweistellige Zahl	1; 12
"MM"	Monat als zweistellige Zahl	01; 02
"MMM"	Monat als abgekürzten Text	Jan; Feb
"MMMM"	Vollständiger Monatsname	Januar; Februar
"MMMMM"	Monat als einzelner Buchstabe (J - D)	J
"T"	Wochentag als Zahl von 1 bis 7	1; 2
"TT"	Wochentag als zweistellige Zahl mit führender 0	01; 02
"TTT"	Wochentag als abgekürzten Text	Mo; Di; Mi
"TTTT"	Vollständiger Wochentag als Text	Montag; Dienstag

Unten zwei Beispiele: In Spalte B wurde der Monat mit dem Textformat "MMMM" in Text umgewandelt, in Spalte C der Wochentag mit dem Textformat "TTT".

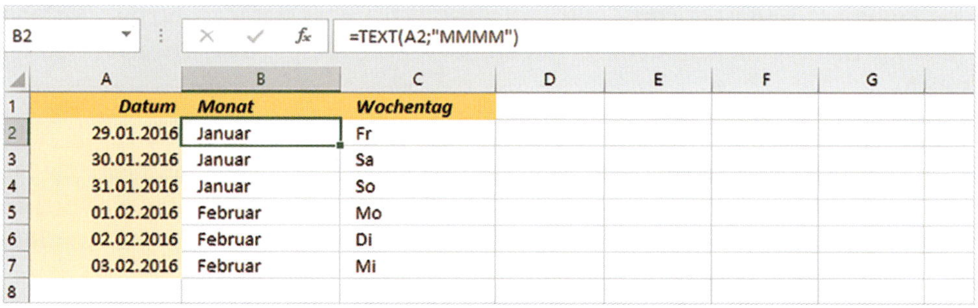

Bild 2.39 Wochentag und Monat als Text.

Sie öffnen dieses Fenster mit Klick auf den Pfeil der Gruppe Zahl oder indem Sie im Listenfeld Zahlenformat auf Mehr... klicken. Siehe Datumsformat oben.

Mit TEXT und einem Zahlenformat lassen sich auch alle Zahlen in Text umwandeln und formatieren, für Zahlenformate gelten dieselben Regeln wie für benutzerdefinierte Zahlenformate, die Sie im Fenster *Zellen formatieren*, Register *Zahlen*, finden.

Differenz zwischen Datumswerten berechnen

Differenz in Tagen berechnen

Um die Differenz zwischen zwei Datumswerten in Tagen zu ermitteln, genügt eine einfache Formel. Als Beispiel wollen wir berechnen, wieviele Tage noch bis Weihnachten sind: Mit der folgenden Formel erhalten Sie allerdings ein Ergebnis, das ausschließlich für das Jahr 2016 gilt, da Sie das Datum entweder in die Formel oder in eine Zelle eingeben.

```
=24.12.2016 – HEUTE()
```

Tipp: Wenn die Formel nicht nur für ein bestimmtes Jahr, sondern das jeweils aktuelle Jahr Gültigkeit besitzen soll, dann müssen Sie den 24.12. des aktuellen Jahres angeben. Dazu setzen Sie mit der Funktion DATUM das Weihnachtsdatum aus den Zahlen 12 und 24 und dem aktuellen Jahr zusammen. Die Formel lautet dann:

```
=DATUM(JAHR(HEUTE());12;24) – HEUTE()
```

> Vorsicht bei negativen Datumswerten: Excel kann zwar bei Datumsberechnungen negative Zahlen, z. B. Tage, berechnen und anzeigen, nicht aber, wenn diese als Datum formatiert sind. Dann erscheint stattdessen das #-Zeichen.

Differenz in Jahren berechnen

Alter aus dem Geburtsdatum berechnen

Die Funktion BRTEILJAHRE berechnet die Differenz zwischen zwei Datumswerten in Bruchteilen von Jahren. Die Syntax:

```
BRTEILJAHRE(Anfangsdatum; Enddatum; Basis)
```

Das Argument *Basis* ist optional und wird eigentlich nur zur Berechnung der Zinstage benötigt: Dann können Sie damit angeben, auf welcher Basis die Tage gezählt werden sollen.

Mit BRTEILJAHRE können Sie beispielsweise anhand des Geburtsdatums das Alter in Jahren berechnen. Allerdings erhalten Sie ein Ergebnis mit Dezimalstellen, die Sie nicht einfach kaufmännisch runden dürfen, da Sie sonst unter Umständen ein falsches Alter erhalten. Sie dürfen die Zahl also nicht ohne Dezimalstellen formatieren, sondern müssen nicht benötigte Dezimalstellen mit der Funktion KÜRZEN abschneiden.

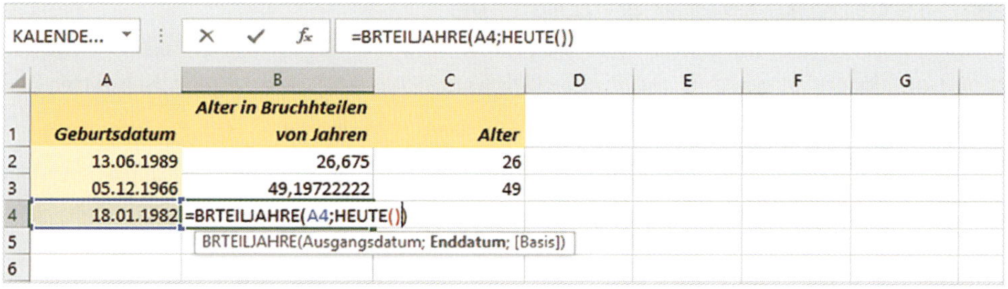

Bild 2.40 Alter mit BRTEILJAHRE berechnen

Die Möglichkeiten der Funktion DATEDIF

Excel kennt mit DATEDIF noch eine weitere Funktion zur Berechnung der Differenz zwischen zwei Datumswerten. Diese berechnet die Differenz wahlweise in Jahren, Tagen oder Monaten. Leider ist diese Funktion nicht im Assistenten verfügbar und muss vollständig über die Tastatur eingegeben werden, die Syntax:

```
DATEDIF(Ausgangsdatum;Enddatum;Einheit)
```

Folgende Argumente werden benötigt:

Argument	Beschreibung
Ausgangsdatum	Startdatum, z. B. das Geburtsdatum
Enddatum	Das Enddatum, z. B. das aktuelle Datum
Einheit	Wie soll die Differenz berechnet werden: "y" in vollständigen Jahren "m" in Monaten "d" in Tagen "ym" in Monaten, ohne Berücksichtigung des Jahres "md" in Tagen, ohne Berücksichtigung des Monats

In der Excel-Hilfe ist diese Funktion zu finden!

Das Beispiel unten berechnet in Jahren, Monaten und Tagen, wie lange ein Mitarbeiter bereits im Unternehmen ist, die Formel in D3 zur Ermittlung der Monate lautet:

```
=DATEDIF(B3;$B$2;“ym“)
```

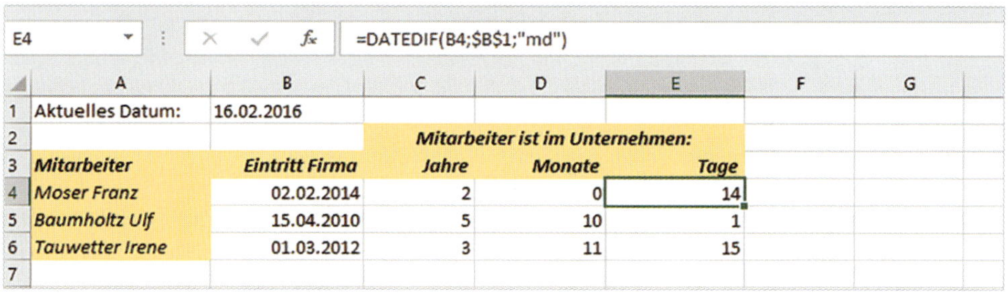

Bild 2.41 Beispiel DATEDIF()

Ersetzen Sie den Bezug B1 durch HEUTE(), so erhalten Sie jeweils aktuelle Ergebnisse!

Differenz in Arbeitstagen berechnen, NETTOARBEITSTAGE

Häufig sollen bei der Berechnung der Datumsdifferenz in Tagen ausschließlich Arbeitstage berücksichtigt werden, nicht aber Wochenenden und Feiertage, z. B. bei der Berechnung von Urlaubstagen oder Soll-Arbeitszeiten. Dazu verwenden Sie die Funktion NETTOARBEITSTAGE.INTL.

Im Gegensatz zu älteren Versionen verfügt Excel 2016 über zwei Funktionen zur Berechnung der Nettoarbeitstage. Die neuere Funktion NETTOARBEITSTAGE.INTL berechnet die Anzahl der vollen Arbeitstage zwischen zwei Datumsangaben, wobei im Gegensatz zur älteren Funktion NETTOARBEITSTAGE angegeben werden kann, welche und wie viele Tage auf Wochenenden fallen. Die Syntax:

```
NETTOARBEITSTAGE.INTL(Ausgangsdatum;Enddatum;Wochenende; Freie_Tage)
```

Beachten Sie außerdem:

- Ausgangs- und Enddatum werden in die Berechnung mit einbezogen.
- Bei der Eingabe des Arguments *Wochenende* erscheint eine Liste von zulässigen Parametern, *1* bedeutet *Samstag und Sonntag*.
- Mit *Freie_Tage* geben Sie an, welche Tage z. B. als Feiertage berücksichtigt werden sollen. Diese müssen in eine gesonderte Tabelle, evtl. auch in einem anderen Tabellenblatt, eingetragen werden. Im abgebildeten Beispiel erhielt die Liste den Namen *Feiertage*. Aufgrund unterschiedlicher Feiertagsregelungen in den einzelnen Bundesländern können Ihre Angaben von der Abbildung abweichen.

Bild 2.42 Beispiel Urlaubstage berechnen

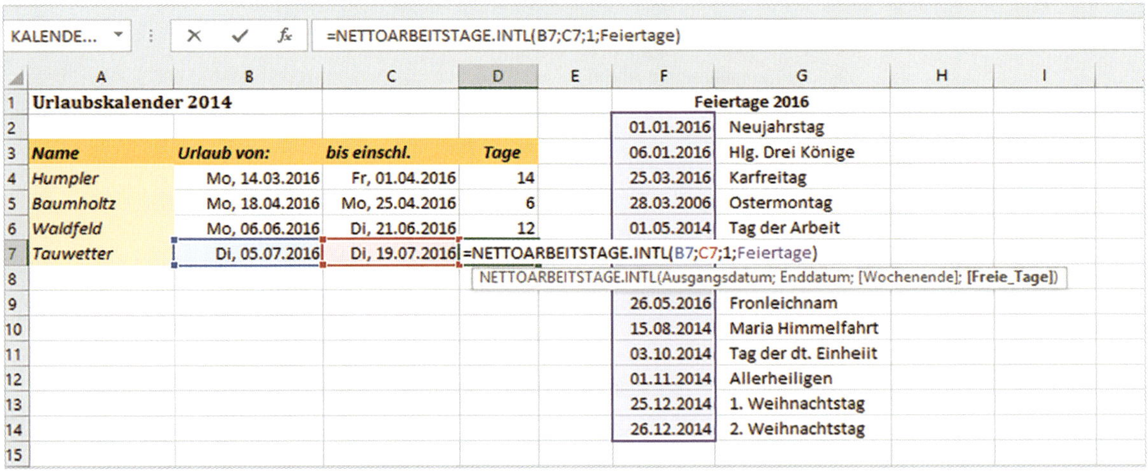

KALENDE... | =NETTOARBEITSTAGE.INTL(B7;C7;1;Feiertage)

	A	B	C	D	E	F	G	H	I
1	**Urlaubskalender 2014**					**Feiertage 2016**			
2						01.01.2016	Neujahrstag		
3	*Name*	*Urlaub von:*	*bis einschl.*	*Tage*		06.01.2016	Hlg. Drei Könige		
4	*Humpler*	Mo, 14.03.2016	Fr, 01.04.2016	14		25.03.2016	Karfreitag		
5	*Baumholtz*	Mo, 18.04.2016	Mo, 25.04.2016	6		28.03.2006	Ostermontag		
6	*Waldfeld*	Mo, 06.06.2016	Di, 21.06.2016	12		01.05.2014	Tag der Arbeit		
7	*Tauwetter*	Di, 05.07.2016	Di, 19.07.2016	=NETTOARBEITSTAGE.INTL(B7;C7;1;Feiertage)					
8				NETTOARBEITSTAGE.INTL(Ausgangsdatum; Enddatum; [Wochenende]; **[Freie_Tage]**)					
9						26.05.2016	Fronleichnam		
10						15.08.2014	Maria Himmelfahrt		
11						03.10.2014	Tag der dt. Einheit		
12						01.11.2014	Allerheiligen		
13						25.12.2014	1. Weihnachtstag		
14						26.12.2014	2. Weihnachtstag		
15									

Berechnungen mit Zeitwerten

Genauso können auch Zeitangaben für Berechnungen verwendet werden. Beachten Sie aber, dass das Standard-Uhrzeitformat von Excel nicht mehr als 24 Stunden anzeigt. Daher können einige Ergebnisse, wie die Summe der Arbeitszeiten in G9, auf den ersten Blick nicht stimmen. Liefert ein Formelergebnis, wie im nachfolgenden Beispiel die Summe der Arbeitszeiten, mehr als 24 Stunden, so müssen Sie das Uhrzeitformat [h] verwenden.

G9 =SUMME(G4:G8)

	A	B	C	D	E	F	G	H
1	Arbeitszeiten							
2					Pause			
3	Datum	Wochentag	Arbeitsbeginn	Arbeitsende	von:	bis:	Stunden	
4	15.02.2016	Montag	08:00	17:30	12:15	13:00	08:45	
5	16.02.2016	Dienstag	08:00	18:00	12:00	12:30	09:30	
6	17.02.2016	Mittwoch	09:00	18:00	12:30	13:00	08:30	
7	18.02.2016	Donnerstag	08:30	17:00	12:00	13:00	07:30	
8	19.02.2016	Freitag	08:00	15:00			07:00	
9						Summe	17:15	
10								

Bild 2.43 Das Ergebnis in G9 kann auf den ersten Blick nicht stimmen!

Sie finden dieses Format im Dialogfenster *Zellen formatieren*, das Sie entweder über den Befehl aus dem Kontextmenü der rechten Maustaste öffnen oder über einen Klick auf den kleinen Pfeil in der rechten unteren Ecke der Gruppe *Zahl* (Register *Start*). Klicken Sie hier auf das Register *Zahlen* und wählen Sie die Kategorie *Benutzerdefiniert*. Weisen Sie dann den Zellen das Format [h]:mm zu.

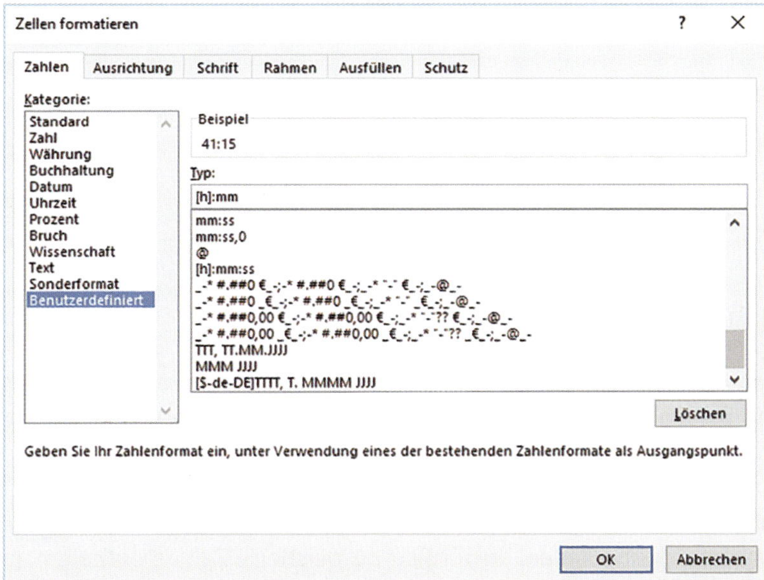

Bild 2.44 Uhrzeitformat mit mehr als 24 Stunden

Die Sekunden ss dieses Formats können Sie einfach löschen

Das Standard-Uhrzeitformat von Excel zeigt maximal 24 Stunden an. Wenn mehr angezeigt werden sollen, müssen Sie den Stunden ein benutzerdefiniertes Format zuweisen, bei dem die Stunden in eckigen Klammern stehen [h].

Uhrzeit in Dezimalzahl umwandeln

Standardmäßig wird bei Berechnungen mit der Uhrzeit auch das Formelergebnis im Uhrzeitformat ausgegeben. Häufig benötigen Sie aber für weitere Berechnungen als Ergebnis eine Dezimalzahl, z. B. wenn Sie das Ergebnis der Arbeitszeitberechnung oben mit dem Stundenlohn multiplizieren möchten.

- In solchen Fällen formatieren Sie die Ergebnisse in G4 bis G8 als Zahl mit zwei Nachkommastellen.
- Zunächst erhalten Sie allerdings anstelle von Stunden Bruchteile von Tagen. Da der Tag 24 Stunden hat, müssen Sie auch die Formeln ändern und das urspüngliche Ergebnis mit 24 multiplizieren.

Bild 2.45 Beispiel Arbeitszeiten

KALENDE... | =((D4-C4)-(F4-E4))*24

	A	B	C	D	E	F	G	H	I	J
1	Arbeitszeiten									
2					Pause					
3	Datum	Wochentag	Arbeitsbeginn	Arbeitsende	von:	bis:	Stunden			
4	15.02.2016	Montag	08:00	17:30	12:15	13:00	=((D4-C4)-(F4-E4))*24			
5	16.02.2016	Dienstag	08:00	18:00	12:00	12:30	9,50			
6	17.02.2016	Mittwoch	09:00	18:00	12:30	13:00	8,50			
7	18.02.2016	Donnerstag	08:30	17:00	12:00	13:00	7,50			
8	19.02.2016	Freitag	08:00	15:00			7,00			
9						*Summe*	41,25			
10										

2.7 Textfunktionen

Text in Zahl umwandeln

Beim Import aus anderen Anwendungen kommt es häufig vor, dass Zahlen, die Sie in Excel für Berechnungen benötigen, als Text gespeichert sind. Dann müssen Sie die Inhalte in Zahlen umwandeln. Dazu gibt es folgende Möglichkeiten:

Automatische Fehlererkennung von Excel

D	E
Kunde	Menge
[illegible]	216
[illegible]	305
14977	89
378	407
4780	112
11231	94

Im einfachsten Fall sind Zellen, die als Text gespeicherte Zahlen enthalten, mit einem grünen Dreieck gekennzeichnet. Sobald Sie eine dieser Zellen markieren, erscheint außerdem eine mit einem Ausrufezeichen versehene Schaltfläche, die Sie auf einen Fehler hinweist und per Klick verschiedene Lösungen und Hilfen anbietet.

1 Markieren Sie alle Zellen der betreffenden Spalte und klicken Sie auf dieses Fehlersymbol. Sie erhalten den Hinweis, dass Zahlen als Text gespeichert wurden.

2 Klicken Sie dann auf *In eine Zahl umwandeln*.

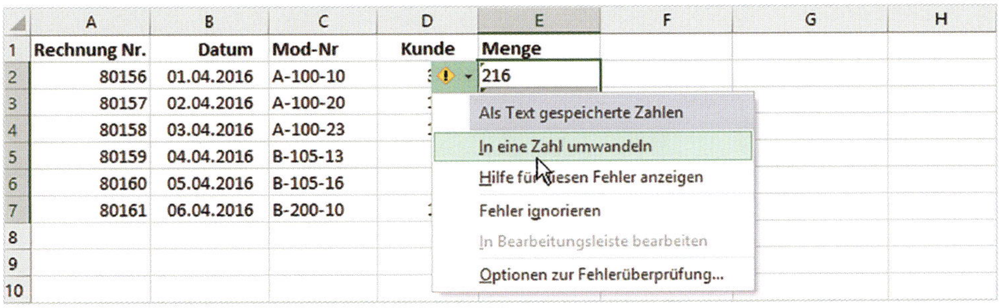

	A	B	C	D	E	F	G	H
1	Rechnung Nr.	Datum	Mod-Nr	Kunde	Menge			
2	80156	01.04.2016	A-100-10		216			
3	80157	02.04.2016	A-100-20					
4	80158	03.04.2016	A-100-23					
5	80159	04.04.2016	B-105-13					
6	80160	05.04.2016	B-105-16					
7	80161	06.04.2016	B-200-10					
8								
9								
10								

Bild 2.46 In Zahl umwandeln

Mit der Funktion WERT in eine Zahl umwandeln

Sollte diese Möglichkeit nicht verfügbar sein, dann können Sie als Alternative die Funktion WERT verwenden. Diese wandelt ein als Text angegebenes Argument oder den Inhalt einer Zelle in eine Zahl um. Am einfachsten geschieht dies in einer zusätzlichen Hilfsspalte mit der einfachen Syntax:

```
WERT(Text)
```

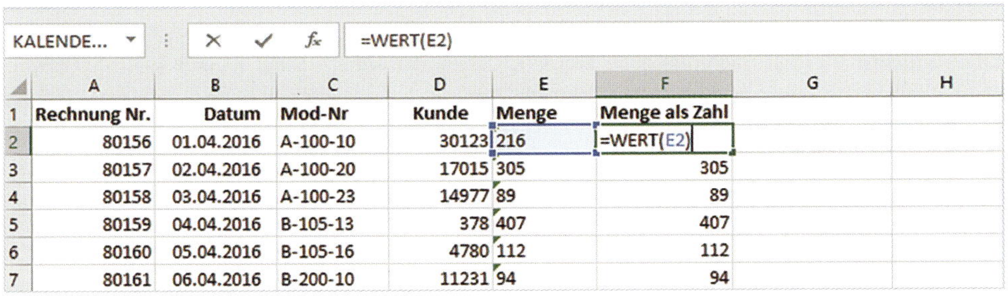

	A	B	C	D	E	F	G	H
1	Rechnung Nr.	Datum	Mod-Nr	Kunde	Menge	Menge als Zahl		
2	80156	01.04.2016	A-100-10	30123	216	=WERT(E2)		
3	80157	02.04.2016	A-100-20	17015	305	305		
4	80158	03.04.2016	A-100-23	14977	89	89		
5	80159	04.04.2016	B-105-13	378	407	407		
6	80160	05.04.2016	B-105-16	4780	112	112		
7	80161	06.04.2016	B-200-10	11231	94	94		

Bild 2.47 Die Funktion WERT verwenden

> Tipp: Als einfache Abhilfe können Sie auch die als Text gespeicherte Zahl in einer weiteren Spalte mit 1 multiplizieren.

Formel in Zahl umwandeln

Möglicherweise benötigen Sie aber für weitere Berechnungen im Tabellenblatt anstelle der Formel oder der Funktion WERT wieder eine Zahl oder möchten einfach die importierte Spalte mit Text löschen. Dann benutzen Sie die Zwischenablage, um die Formel in einen Wert umzuwandeln:

1. Markieren Sie alle Zellen der Hilfsspalte mit der Formel und kopieren Sie den Inhalt in die Zwischenablage, z. B. mit den Tasten Strg+C oder dem Kontextmenü der rechten Maustaste.
2. Behalten Sie die Markierung bei und klicken Sie zum Einfügen auf den Dropdown-Pfeil der *Einfügen*-Schaltfläche (Register *Start*, Gruppe *Zwischenablage*) und wählen die Einfügeoption *Werte* bzw. *Werte und Zahlenformat*.

3 Die Formeln wurden durch die Formelergebnisse bzw. Werte ersetzt, wie ein Blick in die Bearbeitungsleiste zeigt. Die ursprüngliche Spalte mit Text kann jetzt gelöscht werden.

Bild 2.48 Formel in Wert umwandeln

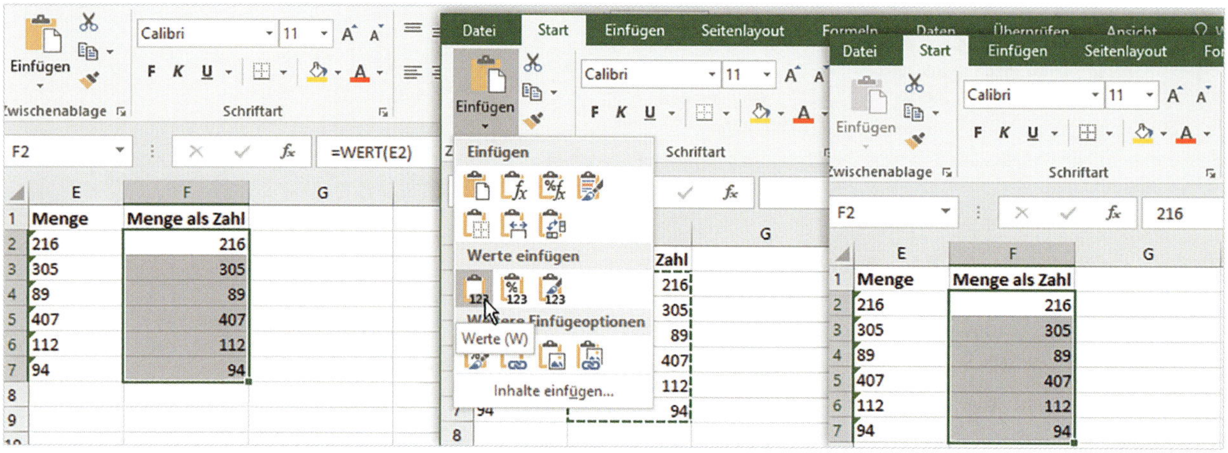

Länderabhängige Zahlen aus Text konvertieren

Eine weitere häufige Fehlerquelle bei importierten Daten liegt in der unterschiedlichen länderabhängigen Schreibweise von Zahlen. Im angelsächsischen Raum wird als Dezimalzeichen der Punkt und als Tausendertrennzeichen das Komma verwendet und die Zahl beim Import infolgedessen nicht als Zahl erkannt, sondern als Text behandelt. Leider versagt in solchen Fällen auch die automatische Fehlererkennung von Excel, sodass Sie den Text auf andere Weise konvertieren müssen.

Als Abhilfe verwenden Sie die Funktion ZAHLENWERT (Kategorie Text) mit folgender Syntax, wobei als Dezimal- und Gruppentrennzeichen das im ursprünglichen Zahlenformat (Text) verwendete Zeichen angegeben wird. Im Bild unten ein Beispiel:

```
ZAHLENWERT(Text;Dezimaltrennzeichen;Gruppentrennzeichen)
```

Bild 2.49 Beispiel Text in Zahl konvertieren

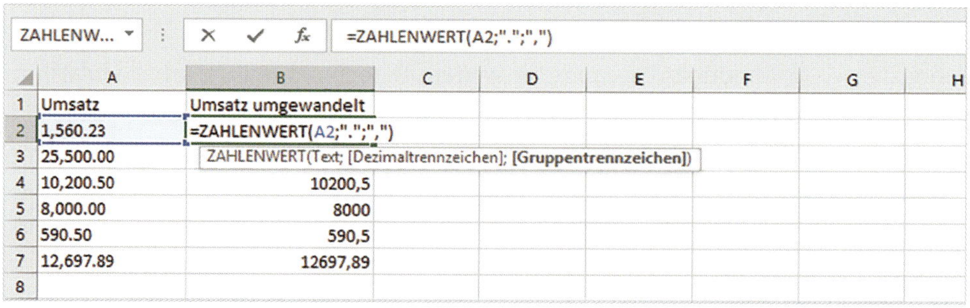

Auch hier lässt sich das Formelergebnis anschließend wieder mit der oben beschriebenen Methode mit Hilfe der Zwischenablage in eine Zahl umwandeln.

Zeichenfolgen aneinanderfügen (Verketten)

Mit der Funktion VERKETTEN lassen sich mehrere Zeichenfolgen zu einer einzigen aneinanderfügen. Die Syntax ist einfach:

```
VERKETTEN(Text1;Text2;Text3;...)
```

Beispiel: Name und Vorname in einer einzigen Spalte

Beachten Sie bei diesem Beispiel, dass Sie zwischen Vor- und Nachname auch noch ein Leerzeichen benötigen. Dieses muss ebenfalls als Funktionsargument und als Zeichenfolge in Anführungszeichen angegeben werden. Auch Zahlen lassen sich auf diese Weise miteinander verketten, allerdings behandelt Excel das Ergebnis als Text.

Bild 2.50 Beispiel Text verketten

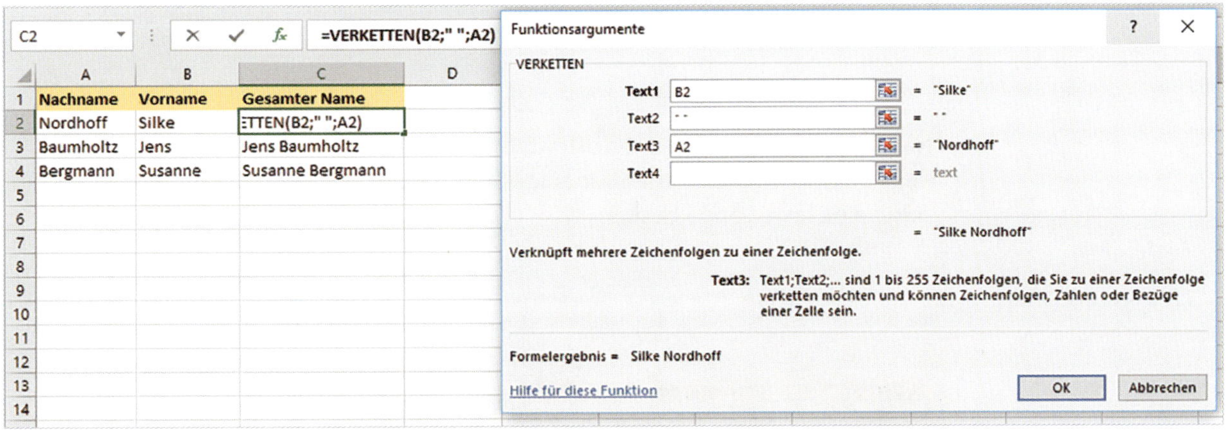

> Tipp: Als Alternative können Zeichenfolgen auch in einer Formel mit dem &-Operator verkettet werden. Dann würde die Formel zu obigem Beispiel lauten:
> =B2&" "&A2

Zeichenfolgen aus Text

Hinweis: Manchmal geht es nur darum, in einer größeren Tabelle den Inhalt einer Spalte in zwei oder mehr Spalten aufzuteilen. Wenn Aufteilung anhand eines bestimmten Zeichens, z. B. Komma oder Leerzeichen, vorgenommen werden kann, dann stellt Excel dazu das kleine Tool *Text in Spalten* bereit. Näheres hierzu erfahren Sie in Zusammenhang mit umfangreichen Tabellen bzw. Datenbanken im Kapitel 3.

Zeichenfolgen anhand ihrer Position ermitteln

Manchmal enthalten Zellinhalte gleich mehrere Informationen. So können beispielsweise Artikelnummern aus Modell, Warengruppe und Farbe zusammengesetzt sein. Damit nach einem dieser Merkmale sortiert oder gefiltert werden kann, müssen Sie die benötigten Informationen zunächst herausziehen.

Im einfachsten Fall beginnt die gesuchte Zeichenfolge an einer bestimmten Position und besitzt eine feste Länge. Für solche Fälle lassen sich die Textfunktionen LINKS, RECHTS und TEIL einsetzen.

Funktion	Beschreibung und Syntax
LINKS	=LINKS(Text;Anzahl_Zeichen) Liefert die angegebene Anzahl Zeichen, beginnend mit dem ersten **linken** Zeichen
RECHTS	=RECHTS(Text;Anzahl_Zeichen) Liefert die angegebene Anzahl Zeichen, beginnend mit dem ersten **rechten** Zeichen
TEIL	=TEIL(Text;Erstes_Zeichen;Anzahl_Zeichen) Liefert die angegebene Anzahl Zeichen, beginnend ab der unter Erstes_Zeichen festgelegten Position. Damit erhalten Sie Zeichenfolgen, die sich innerhalb einer anderen Zeichenfolge befinden.

> Nachteil: Alle drei Funktionen erfordern als Argument die Anzahl der benötigten Zeichen und können daher nur eingesetzt werden, wenn die gesuchte Zeichenfolge eine feste Länge besitzt.

Bild 2.51 Beispiel Zeichenfolgen ermitteln

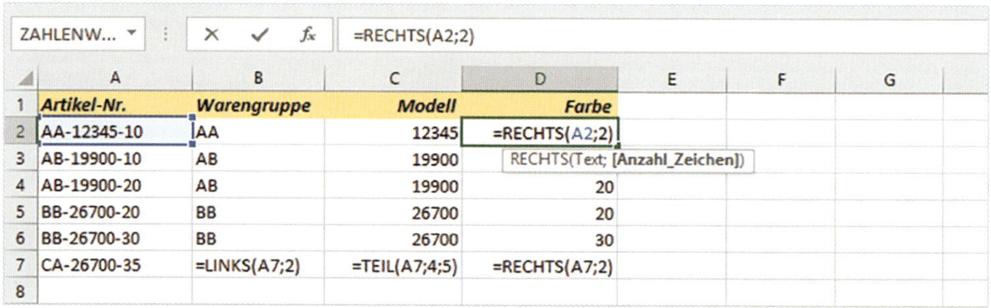

Position einer Zeichenfolge ermitteln

Ist die Position der gesuchten Zeichenfolge nicht bekannt, dann setzen Sie die Funktion FINDEN ein, die Syntax:

```
FINDEN(Suchtext;Text;Erstes_Zeichen)
```

- Als *Suchtext* geben Sie das gesuchte Zeichen in Anführungszeichen " " ein.
- *Text* gibt die zu durchsuchende Zeichenfolge an.
- Unter *Erstes_Zeichen* geben Sie die Position an, ab der die Suche im Text beginnen soll.

Hierzu ein kleines Beispiel: Sie möchten Telefonnummern in Ortsvorwahl und Rufnummer trennen, als Trennzeichen wird der Schrägstrich verwendet. Da FINDEN nur die

Position des gesuchten Zeichens liefert, benötigen Sie noch die Funktion LINKS. Um das Beispiel besser nachvollziehbar zu machen, wurde im Bild unten zuerst in Spalte C die Position des Trennzeichens ermittelt und in Spalte D dann die eigentliche Vorwahlnummer.

Bild 2.52 Vorwahl ermitteln

Natürlich lassen sich beide in einer einzigen Funktion zusammenfassen, dann lautet der Ausdruck in D2:

```
=LINKS(B2;FINDEN("/";B2)-1)
```

Nun muss noch die Rufnummer ermittelt werden, dies geschieht am besten mit Hilfe der Funktion RECHTS. Da allerdings nicht bekannt ist, ab welcher Position von Rechts sich der Schrägstrich befindet, benötigen Sie außerdem von der gesamten Telefonnummer die Anzahl der Zeichen, dazu verwenden Sie die Funktion LÄNGE.

Anstatt RECHTS lässt sich auch die Funktion TEIL einsetzen.

```
LÄNGE(Text)
```

Bild 2.53 Rufnummer ermitteln

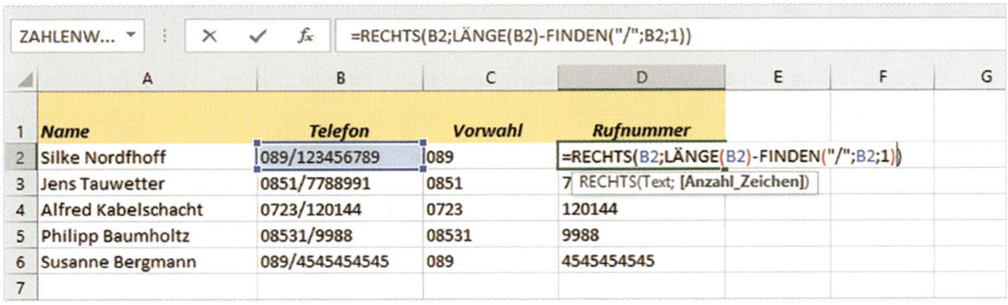

Zeichenfolgen ersetzen

Falls Sie innerhalb einer Zeichenfolge bestimmte Zeichen durch ein oder mehrere andere Zeichen ersetzen möchten, dann verwenden Sie die Funktion ERSETZEN.

```
=ERSETZEN(Alter_Text;Erstes_Zeichen;Anzahl_Zeichen;Neuer_Text)
```

- *Alter_Text* legt den Text fest, in dem Sie Zeichen ersetzen möchten.
- Mit *Erstes_Zeichen* geben Sie die Position an, ab der Sie Zeichen ersetzen möchten.
- *Anzahl_Zeichen* gibt an, wieviele Zeichen innerhalb von *Alter_Text* ersetzt werden sollen.

- Den neuen Text geben Sie unter *Neuer_Text* ein. Die Anzahl der neuen Zeichen muss nicht mit der unter *Anzahl_Zeichen* angegebenen Zahl übereinstimmen.

Beispiel: Sie möchten Telefonnummern so ändern, dass anstelle der beiden führenden Nullen das + Zeichen angezeigt wird, also z. B. +49 statt 0049.

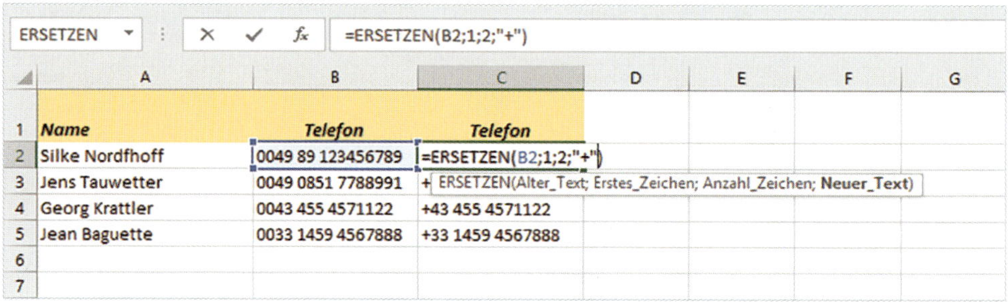

Bild 2.54 Beispiel ERSETZEN

Weitere nützliche Textfunktionen

Nützliche Dienste leisten in diesem Zusammenhang auch noch folgende Funktionen, sie verwenden alle dieselbe einfache Syntax.

Funktion	Beschreibung und Syntax
GROSS	=GROSS(Text) Wandelt den angegebenen Text in GROSSBUCHSTABEN um. Eine zweite Funktion GROSS2 wandelt den ersten Buchstaben jedes Wortes innerhalb der Zeichenfolge in einen Großbuchstaben um.
KLEIN	=KLEIN(Text) Wandelt den angegebenen Text in kleinbuchstaben um.
GLÄTTEN	=GLÄTTEN(Text) Entfernt alle Leerzeichen vor und hinter einem Text. Wortzwischenräume werden nicht gelöscht. Beim Import aus anderen Programmen enthält Text manchmal unerwünschte Leerzeichen, die sich mit Hilfe dieser Funktion entfernen lassen.
SÄUBERN	=SÄUBERN(Text) Entfernt alle nicht druckbaren Zeichen, z. B. Absatzende, aus dem Text, auch diese Funktion leistet bei importierten Daten manchmal gute Dienste.

2.8 Zufallszahlen generieren

Zufallszahlen mit Funktionen erstellen

Um Situationen durchzuspielen, kann es sinnvoll sein, eine Zelle oder einen größeren Zellbereich mit zufälligen Zahlen zu füllen. Dazu lassen sich in Excel die folgenden Funktionen einsetzen.

Einfache Zufallszahl generieren
Die Funktion ZUFALLSZAHL benötigt keine weiteren Argumente und liefert als Ergebnis eine Zahl zwischen 0 und 1, also in den meisten Fällen eine Zahl mit mehreren Nachkommastellen.

```
ZUFALLSZAHL()
```

Möchten Sie eine größere Zahl erhalten, z. B. zwischen 0 und 100, so müssen Sie das Ergebnis mit 100 multiplizieren und die Formel lautet:

```
=ZUFALLSZAHL()*100
```

Allerdings wird meist eine ganze Zahl benötigt, dann verwenden Sie diese Formel in Verbindung mit der Funktion GANZZAHL(), je nach Einsatzzweck können Sie alternativ auch die Funktionen KÜRZEN() oder RUNDEN() verwenden. Die Formel lautet dann beispielsweise:

```
=GANZZAHL(ZUFALLSZAHL()*100)
```

> Meist wird jedoch eine Zufallszahl als ganze Zahl aus einem bestimmten Wertebereich benötigt, dann verwenden Sie besser die Funktion ZUFALLSBEREICH.

Zufallszahl aus einem Wertebereich generieren
Möchten Sie eine Zufallszahl innerhalb eines vorgegebenen Wertebereichs bilden, dann verwenden Sie die Funktion ZUFALLSBEREICH, diese Funktion liefert automatisch eine ganze Zahl:

```
ZUFALLSBEREICH(Untere_Zahl;Obere_Zahl)
```

Mit folgender Funktion erzeugen Sie eine Zufallszahl zwischen 0 und 100:

```
=ZUFALLSBEREICH(1;100)
```

Neuberechnung von Zufallszahlen

- Zufallszahlen werden nach jeder Eingabe von Daten oder Formeln im Arbeitsblatt automatisch neu berechnet.
- Zur manuellen Neuberechnung verwenden Sie die Funktionstaste F9. Ein markieren der Zelle ist nicht nötig, da dadurch automatisch die gesamte Arbeitsmappe neu berechnet wird.
- Alternativ finden Sie die Schaltflächen zur *Neuberechnung* im Register *Formeln*, Gruppe *Berechnung*.

Bild 2.55 Zufallszahlen

Neuberechnung unterbinden

In vielen Fällen soll nach dem Erzeugen einer Zufallszahl keine Änderung bzw. Neuberechnung mehr erfolgen. Dann gehen Sie so vor:

1. Markieren Sie die Zelle mit der Zufallszahl.
2. Klicken Sie in die Bearbeitungsleiste und drücken Sie die Funktionstaste F9.

Bild 2.56 Zufallszahl umwandeln

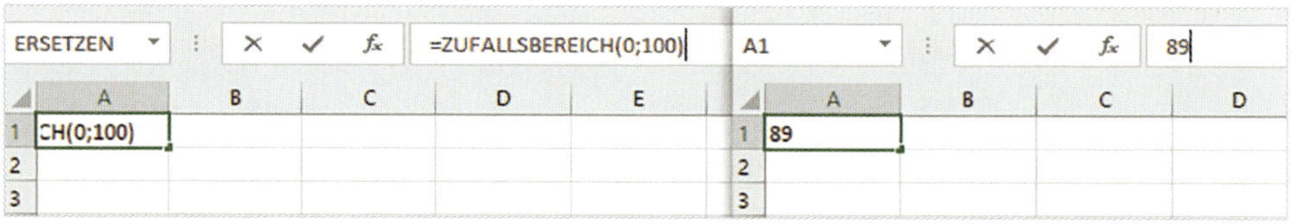

Achtung: Diese Methode lässt sich immer nur auf eine einzelne Zelle anwenden. Handelt es sich um einen größeren Zellbereich, so benutzen Sie die Zwischenablage:

1. Markieren Sie den betreffenden Zellbereich und kopieren Sie die Formel bzw. Funktion mit der Tastenkombination Strg+C (Kopieren) in die Zwischenablage.
2. Anschließend fügen Sie die Inhalte als Werte wieder ein. Zum Einfügen an derselben Stelle lassen Sie den Zellbereich markiert und klicken im Register *Start*, Gruppe *Zwischenablage*, auf den Dropdown-Pfeil der *Einfügen*-Schaltfläche und auf *Inhalte einfügen...*. Wählen Sie dann die Option *Werte*.

2.9 Hilfe zu Funktionen erhalten

Funktionsübersicht

Eine gute Übersicht über alle verfügbaren Excel-Funktionen erhalten Sie in der Excel-Hilfe. Klicken Sie dazu in das Feld *Was möchten Sie tun?* und geben Sie den Suchbegriff „Funktionen" ein und klicken Sie auf *Hilfe zu „Funktionen" erhalten*.

Bild 2.57 Hilfe zu Funktionen

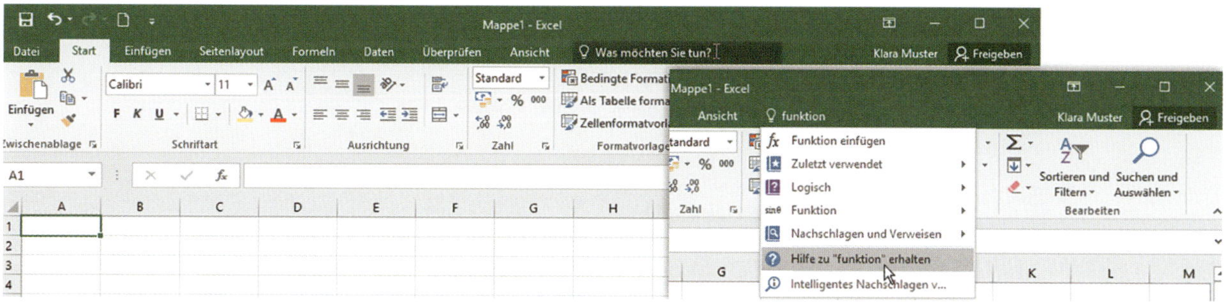

Klicken Sie dann in der Liste der Suchergebnisse auf den Eintrag *Excel-Funktionen (nach Kategorie)*, dieser dürfte sich am Anfang der Trefferliste befinden. Mit einem Klick auf eine Kategorie erhalten Sie anschließend eine Liste der dazugehörigen Funktionen zusammen mit einer Kurzbeschreibung.

Zum Anzeigen weiterer Informationen klicken Sie auf den Namen der Funktion. Hier finden Sie auch kleine Beispiele, die Ihnen die Auswahl der richtigen Funktion bzw. die Verwendung der Argumente erleichtern.

Bild 2.58 Excel-Funktionen nach Kategorien

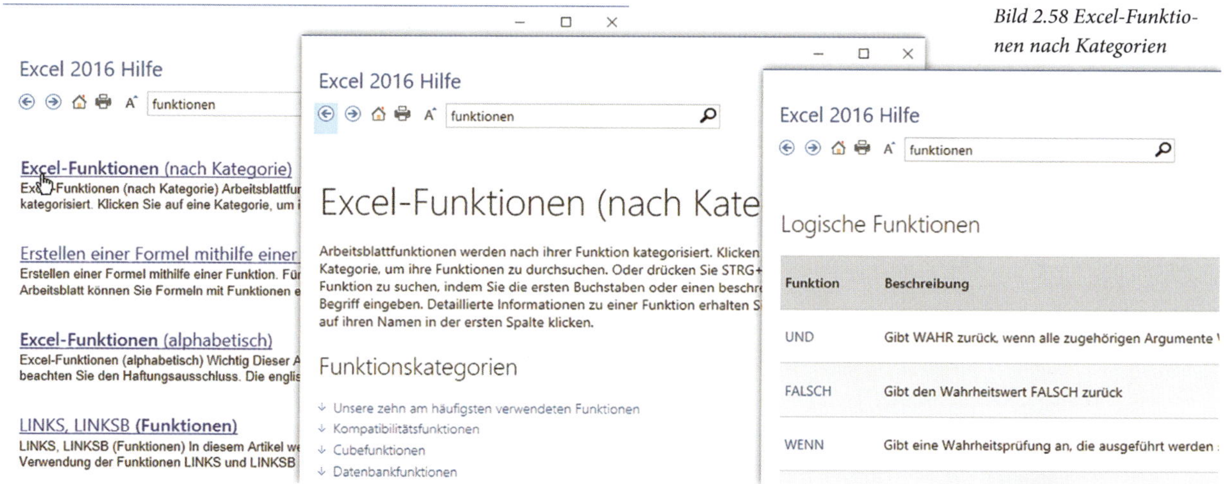

Tipp: Wenn Sie den Namen der Funktion kennen, zu der Sie Hilfe benötigen, dann tippen Sie diesen in das Feld *Was möchten Sie tun?* ein und klicken anschließend auf die gewünschte Funktion. Alternativ können Sie den Funktionsnamen auch im geöffneten

Hilfefenster in das Suchfeld eintippen und anschließend die Suche mit Klick auf die Lupe starten.

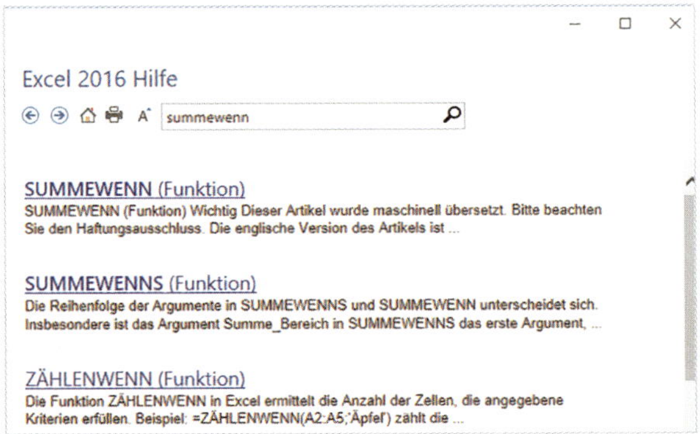

Bild 2.59 Funktion in der Hilfe suchen

Hilfe bei der Funktionseingabe

Hilfe während der Eingabe einer Funktion über die Tastatur erhalten Sie auch, wenn Sie mit der Maus auf den Namen der Funktion klicken oder im Funktionsassistent eine Funktion markieren und anschließend auf den Link *Hilfe für diese Funktion* klicken.

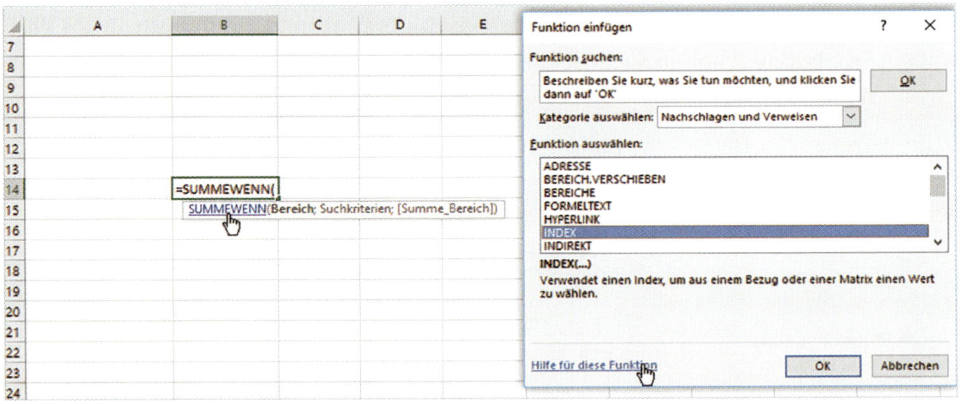

Bild 2.60 Hilfe zu einer bestimmten Funktion

2.10 Weitere Add-In Funktionen laden

Add-Ins = Programmergänzungen

Weitere Befehle und Funktionen, wie beispielsweise Solver oder eine Regressionsanalyse, sind als so genannte Add-Ins verfügbar. Add-Ins sind Programmergänzungen, die standardmäßig nicht zusammen mit Excel installiert sind, sondern vor der Verwendung erst geladen werden müssen.

1 Dazu klicken Sie auf das Register *Datei* und auf *Optionen*.

2 Markieren Sie links die Kategorie *Add-Ins*. Achten Sie darauf, dass im Feld *Verwalten* ganz unten *Excel-Add-Ins* ausgewählt ist bzw. wählen Sie diesen Eintrag per Mausklick auf den Dropdown-Pfeil. Klicken Sie dann auf *Los….*

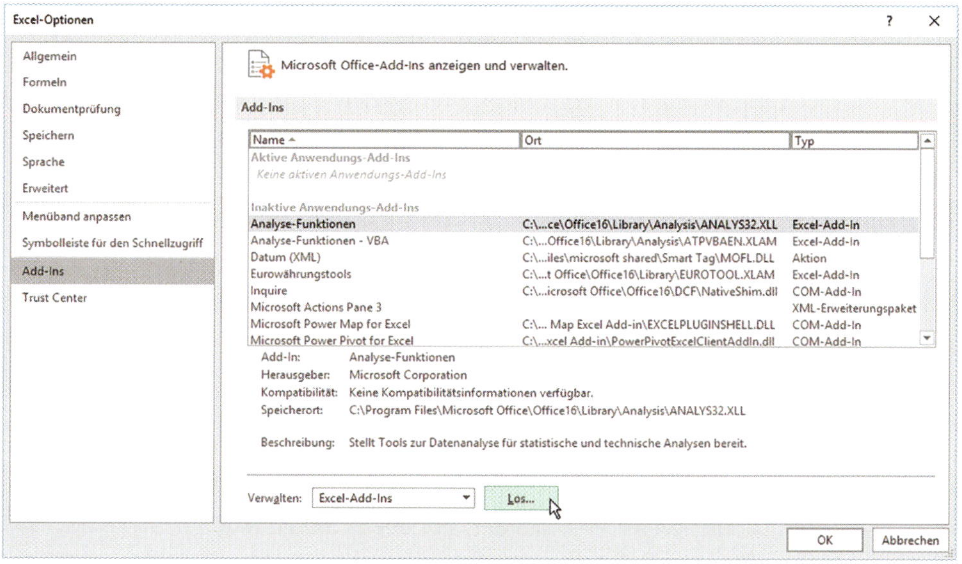

Bild 2.61 Excel-Optionen: Add-Ins

3 Excel öffnet ein Fenster mit den verfügbaren Add-Ins. Aktivieren Sie das Kontrollkästchen des gewünschten Add-In, beispielsweise *Analyse-Funktionen* und/oder *Solver* und bestätigen Sie mit *OK*.

Das Laden der Add-Ins dauert beim ersten Mal etwas länger, der Originaldatenträger ist jedoch nicht erforderlich.

Auf demselben Weg können Sie die Add-Ins auch wieder deinstallieren, falls sie nicht mehr benötigt werden: Deaktivieren Sie einfach die Kontrollkästchen.

4 Achtung: Sie finden die Add-Ins anschließend im Register *Daten* in der Gruppe *Analyse* und nicht im Register *Formeln*!

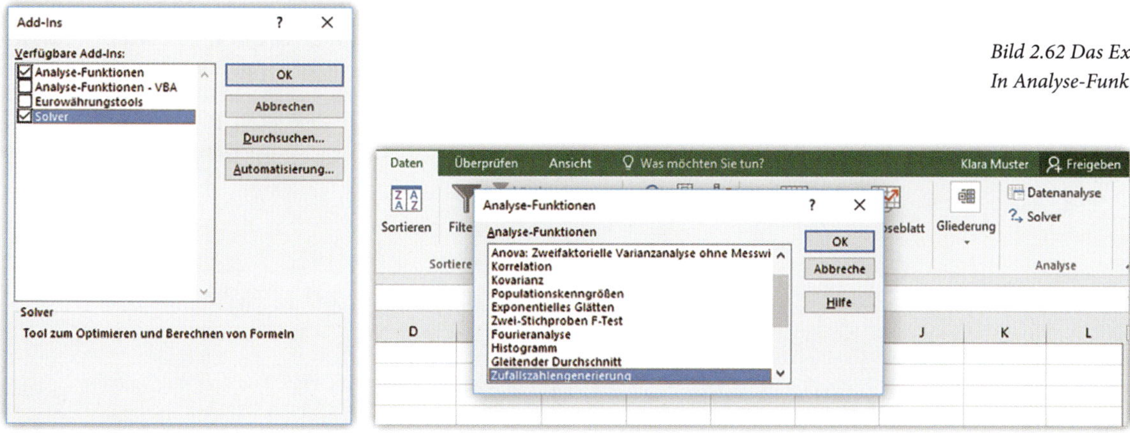

Bild 2.62 Das Excel-Add-In Analyse-Funktionen

2.11 Zusammenfassung

- Zu den Logikfunktionen gehören neben der bekannten Funktion WENN auch die Funktionen UND, ODER. Diese sind keine eigenständigen Funktionen, sondern werden benötigt, wenn mehrere Bedingungen gleichzeitig zu prüfen sind. Sollen dagegen mehrere Bedingungen nacheinander geprüft werden, so erledigen Sie dies meist mit ineinander verschachtelten WENN-Funktionen. Mit Logikfunktionen lassen sich auch nicht benötigte Formelergebnisse oder die Anzeige von Fehlerwerten in leeren Vorlagen vermeiden.
- Eine Rundungsfunktion, zumeist RUNDEN benötigen Sie, wenn weitere Berechnungen mit einer genau festgelegten Anzahl Dezimalstellen erfolgen sollen. Auf diese Weise vermeiden Sie Rundungsfehler.
- Verweis- und Matrixfunktionen werden eingesetzt, wenn unter Angabe eines Suchkriteriums ein bestimmter Wert aus einer Matrix (Tabelle) benötigt wird. Zu den wichtigsten Matrixfunktionen gehören SVERWEIS, WVERWEIS, INDEX, VERGLEICH sowie die Möglichkeit, mit BEREICH.VERSCHIEBEN unterschiedliche Zellbezüge für häufig benötigte Auswertungen dynamisch anzupassen.
- Unter den Datumsfunktionen werden vor allem die Funktionen JAHR, MONAT und TAG häufig benötigt, z. B. wenn Sie Tabellen nach Monaten oder Jahren zusammenfassen und auswerten wollen. Weitere Funktionen unterstützen Sie bei der Berechnung der Differenz zwischen zwei Datumswerten. Beachten Sie, dass nicht alle Datumsfunktionen standardmäßig europäische Normen bei der Ermittlung des Wochentags oder der Kalenderwoche berücksichtigen, achten Sie daher auf die Auswahl der richtigen Funktion bzw. der entsprechenden Parameter.
- Die Anzahl ermitteln Sie entweder mit der Funktion ANZAHL, diese berücksichtigt ausschließlich Zahlen, oder mit ANZAHL2, dann werden alle nicht leeren Zellen des angegebenen Bereichs gezählt, also auch Text. Neben den häufig verwendeten Funktionen SUMME und MITTELWERT, ermöglichen deren Erweiterungen SUMMEWENN, ZÄHLENWENN und MITTELWERTWENN die Berechnung abhängig von einer Bedingung bzw. mehreren Bedingungen mit SUMMEWENNS.
- Textfunktionen werden benötigt, wenn Text zur weiteren Berechnung in eine Zahl umgewandelt werden muss oder wenn Sie nur einen Teil aus einer Zeichenfolge benötigen.

3 Umfangreiche Tabellen und Datenbanken

In diesem Kapitel lernen Sie...

- Datenbank anlegen
- Daten auf Gültigkeit prüfen
- Dynamische Tabellen mit automatischer Erweiterung des Bereichs
- Tabellen sortieren
- Autofilter und Spezialfilter
- Teilergebnisse
- Tabellen zusammenfassen (konsolidieren)

Das sollten Sie bereits wissen

- Formeln und Funktionen einsetzen
- Zellbezüge verwenden

Häufig werden mit Excel auch größere Datenmengen verwaltet. Excel verfügt über grundlegende Datenbankfunktionen wie Filtern und Sortieren sowie verschiedene Auswertungsmöglichkeiten. Allerdings wird im Gegensatz zu reinen Datenbankprogrammen, wie beispielsweise Microsoft Access, keinerlei Schutz gegen unbeabsichtigtes Ändern oder Löschen von Daten unterstützt. Eine Excel-Datenbank kann auch nicht von mehreren Benutzern gleichzeitig bearbeitet werden.

3.1 Eine Datenbank anlegen

Zusammenhängende Zellbereiche werden auch als Listen bezeichnet.

Zusammenhängende, auch größere Zellbereiche werden von Excel im Normalfall automatisch erkannt. Für die meisten Auswertungen ist es daher nicht erforderlich, den gesamten Zellbereich zu markieren, es genügt, wenn eine beliebige Zelle innerhalb der Liste markiert ist. Sie können für Zellbereiche natürlich auch Namen vergeben, sollten aber berücksichtigen, dass beim nachträglichen Hinzufügen neuer Zeilen und/oder Spalten der Namensbereich nicht automatisch erweitert wird.

Was sollten Sie beim Anlegen einer Datenbank beachten?

- Die erste Zeile muss eindeutige Spaltenüberschriften enthalten (Feldnamen).
- Eine Datenbank darf zwar einzelne leere Zellen, aber keine leeren Spalten oder Zeilen enthalten, da sonst der Bereich nicht automatisch erkannt und unter Umständen nicht korrekt sortiert wird. Achten Sie daher auch beim Löschen darauf, dass keine leeren Zeilen zurückbleiben. Vermeiden Sie auch Leerzeilen zwischen Überschriften und den übrigen Zeilen.

Zeile = Datensatz

- Die Zeilen einer Liste werden auch als Datensätze bezeichnet. Ein Datensatz darf sich nicht über mehrere Zeilen erstrecken.
- Der Inhalt einer Spalte sollte nicht weiter zerlegbar sein. Auf diese Weise können Sie die Tabelle einfacher sortieren und filtern. Sind beispielsweise Vorname und Nachname zusammen in einer einzigen Spalte gespeichert, dann ist eine Sortierung nach Nachnamen nicht möglich.

Siehe Lektion 1.4 Namen

- Wenn Sie die Datenbank für den Seriendruck mit Microsoft Word benötigen, dann sollten Sie außerdem darauf achten, dass die Datenbank in der ersten Zeile und ersten Spalte eines Tabellenblattes beginnt. Sollte dies nicht möglich sein, so vergeben Sie entweder einen Bereichsnamen oder formatieren den Zellbereich als Tabelle.
- Sehr gute Unterstützung, z. B. beim Filtern und Sortieren, erhalten Sie, wenn Sie den Zellbereich bzw. die Datenbank als Tabelle formatieren. Zudem werden dann beim nachträglichen Anfügen weiterer Zeilen eventuell vorhandene For-

meln übernommen und der Tabellenbereich automatisch entsprechend erweitert. Näheres hierzu weiter unten.

Einen Zellbereich als dynamische Tabelle formatieren

Der Tabellenbereich wird automatisch erweitert

Ein häufiges Problem bei der Auswertung von Tabellen ist die Anpassung des Tabellenbereichs beim Hinzufügen neuer Daten. Dies lässt sich am einfachsten erledigen, indem Sie einen Zellbereich als Tabelle formatieren. Darunter versteht man in Excel nicht nur die Formatierung des Zellbereichs, sondern Sie erzeugen eine dynamische Tabelle, deren Zellbereich beim Anfügen neuer Zeilen und/oder Spalten automatisch erweitert wird. Auch Formate und Formeln werden beim Anfügen neuer Daten übernommen. Dies ist sehr nützlich, insbesondere wenn die Tabelle als Datengrundlage für Diagramme, Auswertungen oder Pivot-Tabellen verwendet werden soll.

Tabelle erstellen

Wenn Sie mit einer neuen Tabelle beginnen möchten, dann geben Sie am besten zunächst im Tabellenblatt die benötigten Spaltenüberschriften ein. Sie können auch gleich die erste Zeile des Datenbereichs eingeben und hier die erforderlichen Formatierungen vornehmen. Falls Spalten mit Formeln berechnet werden sollen, geben Sie diese ebenfalls gleich ein.

Selbstverständlich können Sie auch einen leeren Zellbereich oder einen größeren, bereits vorhandenen, Tabellenbereich nachträglich als Tabelle formatieren. Die Vorgehensweise ist immer gleich:

1 Markieren Sie eine beliebige Zelle innerhalb der Tabelle und klicken Sie im Register *Einfügen*, Gruppe *Tabellen*, auf *Tabelle*.

Bild 3.1 Tabelle erstellen

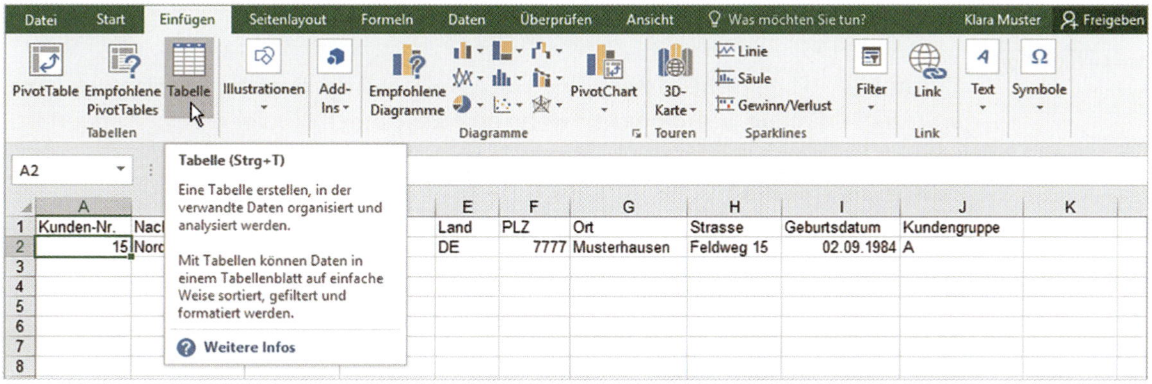

2 Das Fenster *Tabelle erstellen* öffnet sich; kontrollieren Sie anhand des gestrichelten Markierungsrahmens im Tabellenblatt, ob der Zellbereich korrekt erkannt wurde. Falls nicht, so klicken Sie in das Feld *Wo sind die Daten für die Tabelle?* und markieren im Tabellenblatt den Zellbereich mit der Maus.

Achtung: Besitzt Ihre Tabelle Überschriften in der ersten Zeile, dann muss das Kontrollkästchen *Tabelle hat Überschriften* aktiviert sein. Klicken Sie dann auf *OK*.

Bild 3.2 Tabellenbereich

3 Die Tabelle wird erstellt und erhält gleichzeitig automatisch eine Formatierung. Die Farben richten sich nach dem verwendeten Design (Register *Seitenlayout*, Gruppe *Designs*), das Tabellenformat selbst können Sie jederzeit ändern.

Bild 3.3 Als Tabelle formatieren und Formatvorlage wählen

Als Alternative formatieren Sie einen Zellbereich als Tabelle, indem Sie im Register *Start*, Gruppe *Formatvorlagen*, auf *Als Tabelle formatieren* klicken. Hier können Sie zusätzlich die Formatvorlage wählen.

Siehe „Einfache Filter/AutoFilter“ auf Seite 117.

Zusammen mit der Tabelle steht Ihnen im Menüband das Register *Tabellentools - Entwurf* zur Verfügung, allerdings nur, wenn eine Zelle innerhalb der Tabelle markiert ist.

Tabellenformat wählen

Wenn Sie ein anderes Tabellenformat wählen möchten, dann markieren Sie eine beliebige Zelle der Tabelle und klicken im Register *Tabellentools - Entwurf*, Gruppe *Tabellenformatvorlagen*, auf den Katalog bzw. auf *Schnellformatvorlagen*.

Bild 3.4 Tabellenformat

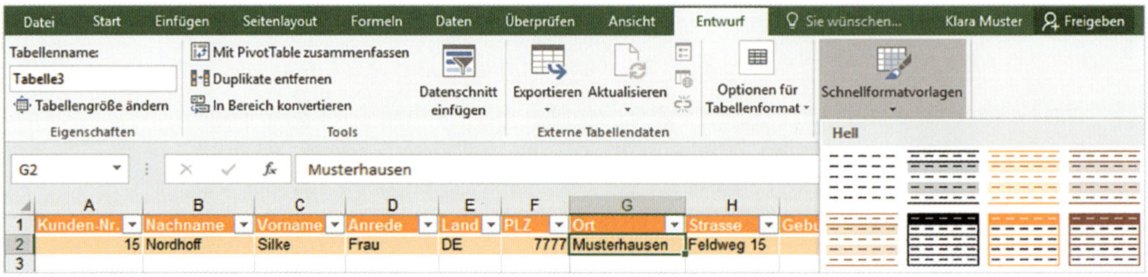

Tipp: Falls Sie eine Tabelle ohne Linien und sonstigen Farbeffekten wünschen, dann klicken Sie im Register *Tabellentools - Entwurf* auf *Schnellformatvorlagen* und wählen die erste Vorlage oben links.

Über die Kontrollkästchen der Gruppe *Optionen für Tabellenformat* können Sie steuern, ob Sie besondere Formate, beispielsweise für die erste oder letzte Spalte, übernehmen möchten. Empfinden Sie die Filterschaltflächen als störend, deaktivieren Sie diese über das Kontrollkästchen *Schaltfläche „Filter“* (oder über die Schaltfläche *Filter* im Register *Daten*).

Bild 3.5 Sonderformate übernehmen

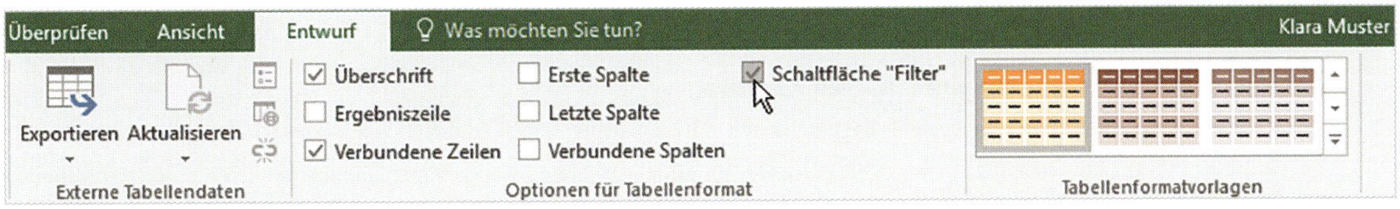

Tabellenbereich ändern

Sie erkennen den Tabellenbereich an seiner rechten unteren Ecke. Beim Hinzufügen neuer Daten am Ende der Tabelle wird der Bereich automatisch erweitert und alle Formate und Formeln werden in die neue Zeile übernommen. Dies gilt auch, wenn Sie nachträglich neue Spalten anfügen. Sollte der Tabellenbereich trotzdem einmal nicht automatisch erweitert werden, so zeigen Sie mit der Maus in die rechte untere Ecke und erweitern den Bereich durch Ziehen mit gedrückter Maustaste in die gewünschte Richtung.

Bild 3.6 Tabellenbereich erweitern

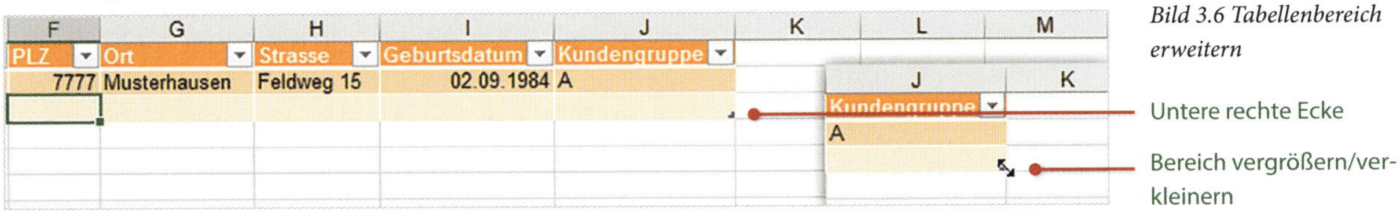

Ergebnisse anzeigen

Bild 3.7 Ergebniszeile

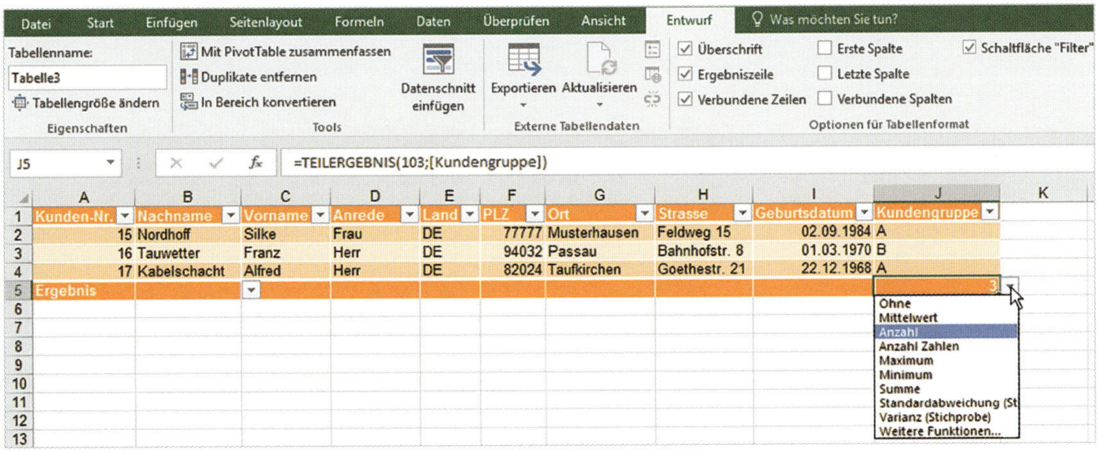

Mit dem Kontrollkästchen *Ergebniszeile* (Gruppe *Optionen für Tabellenformat*) blenden Sie unterhalb der Tabelle eine zusätzliche Zeile für zusammenfassende Ergebnisse ein und auch wieder aus. Je nach Spalteninhalt verwendet Excel die Funktion Summe oder Anzahl, Sie können jedoch über den Dropdown-Pfeil eine andere Funktion auswählen. Leider erhalten Sie keinerlei Information über die verwendete Funktion, da Excel als Beschriftung anstelle der verwendeten Funktion immer nur *Ergebnis* anzeigt.

Im Gegensatz zu früheren Excel-Versionen braucht die Ergebniszeile vor der Eingabe weiterer Datensätze nicht ausgeblendet werden, neue Zeilen werden automatisch oberhalb der Ergebniszeile eingefügt.

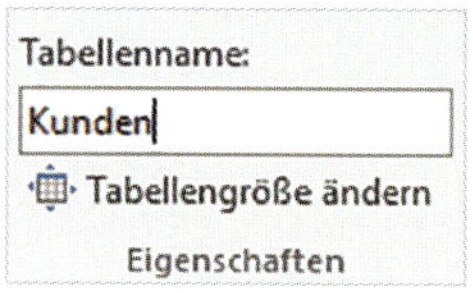

Tipp: Tabelle mit einem Namen versehen
Für spätere Auswertungen, z. B. mit einer Pivot-Tabelle, kann es nützlich sein, wenn Sie die Tabelle mit einem Namen versehen. Diesen geben Sie im Register *Tabellentools - Entwurf*, Gruppe *Eigenschaften*, in das Feld *Tabellenname* ein. Schließen Sie mit der Eingabe-Taste ab und beachten Sie die Regeln für Namen (siehe Kapitel 1.3)!

Tabelle wieder in einen normalen Bereich umwandeln
Wenn Sie eine Tabelle oder Liste wieder in einen normalen Zellbereich umwandeln möchten, dann klicken Sie auf eine beliebige Stelle innerhalb des Tabellenbereichs und im Register *Tabellentools - Entwurf*, Gruppe *Tools*, auf *In Bereich konvertieren*, oder verwenden aus dem Kontextmenü der rechten Maustaste den Befehl *Tabelle - In Bereich konvertieren*.

> Achtung: Alle Daten, Formate und Formeln bleiben erhalten. Wenn Sie auch die Formatierung entfernen möchten, dann wählen Sie zuvor die Formatvorlage *Keine* (s. oben) und konvertieren erst dann die Tabelle wieder in einen normalen Zellbereich.

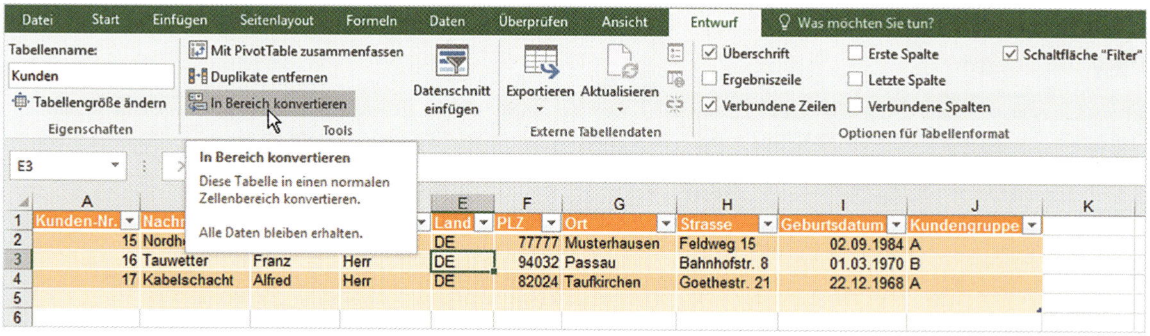

Bild 3.8 In normalen Bereich konvertieren

3.2 Daten bei der Eingabe überprüfen

Bei der Speicherung großer Datenmengen ist es wichtig, dass die Daten bei der Eingabe korrekt erfasst werden, da sich fehlerhafte Datensätze nachträglich nur schwer finden bzw. korrigieren lassen. Excel stellt zur Kontrolle und Steuerung der Eingabe die Datenüberprüfung zur Verfügung. Mit ihrer Hilfe können Sie für Zellen Regeln zur Eingabe festlegen. Es spielt dabei keine Rolle, ob es sich um einen normalen Zellbereich handelt oder ob der Bereich als Tabelle formatiert wurde.

Die Werkzeuge dazu finden Sie im Register *Daten*, Gruppe *Datentools*. Klicken Sie hier auf das Symbol *Datenüberprüfung* oder auf den Dropdown-Pfeil des Symbols und auf *Datenüberprüfung...*.

Bild 3.9 Datenüberprüfung

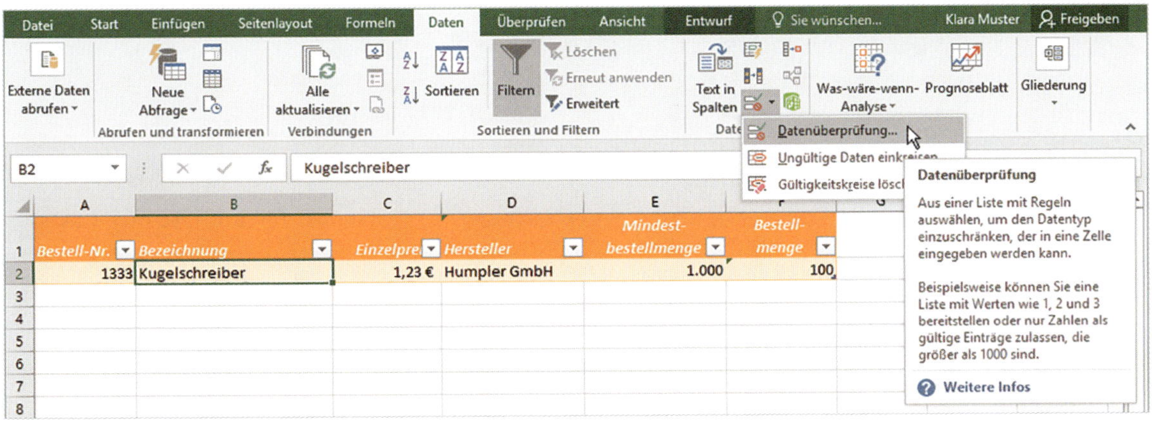

> **Wichtig zu wissen!**
> Die Regeln zur Datenüberprüfung werden wie Formeln behandelt. Das bedeutet, sie werden automatisch für neu hinzugefügte Zeilen übernommen, wenn der Bereich als Tabelle formatiert wurde. Ist dies nicht der Fall, können Sie wie beim Kopieren von Formeln *AutoAusfüllen* bzw. Ziehen mit gedrückter Maustaste nutzen.

Wertebereich und Datentyp vorgeben

Die Datenüberprüfung erlaubt es beispielsweise, die Eingabe auf einen bestimmten Datentyp, z. B. nur ganze Zahlen oder ein Datum oder einen Wertebereich, zu beschränken. In unserem Beispiel darf als Bestellnummer nur eine vierstellige ganze Zahl eingegeben werden.

1 Markieren Sie die Zelle oder Spalte und klicken Sie im Register *Daten*, Gruppe *Datentools*, auf *Datenüberprüfung*.

2 Klicken Sie im Dialogfenster *Datenüberprüfung* auf das Register *Einstellungen* und wählen Sie im Feld *Zulassen* den zulässigen Datentyp, hier *Ganze Zahl*.

3 Um den Wertebereich einzuschränken, benötigen Sie im Feld *Daten* den Operator *zwischen* und geben dann darunter in die Felder den kleinsten (*Minimum*) und größten (*Maximum*) zulässigen Wert ein.

Das Kontrollkästchen *Leere Zellen ignorieren* steuert, ob eine Zelle auch leer bleiben darf. Ist im ausgewählten Bereich eine Eingabe zwingend erforderlich, wie z. B. die Bestellnummer, dann sollten Sie es deaktivieren.

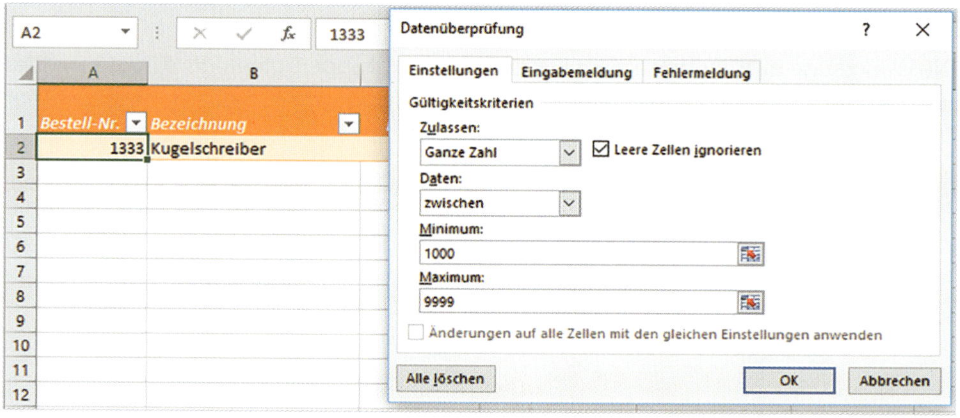

Bild 3.10 Datentyp und Wertebereich festlegen

Als Vergleichswerte können auch Zellbezüge verwendet werden.

Eine Meldung ausgeben

- Im Register *Eingabemeldung* können Sie optional einen kurzen Info-Text formulieren. Diese Meldung erscheint im Tabellenblatt, sobald auf die Zelle geklickt wird bzw. wenn die Zelle markiert ist.
- Bei Eingaben, die nicht den festgelegten Einschränkungen entsprechen, erscheint eine Standardfehlermeldung. Da diese wenig aussagefähig ist, insbesondere für ungeübte Nutzer, sollten Sie auch eine Meldung für Falscheingaben formulieren. Diese geben Sie im Register *Fehlermeldung* ein.

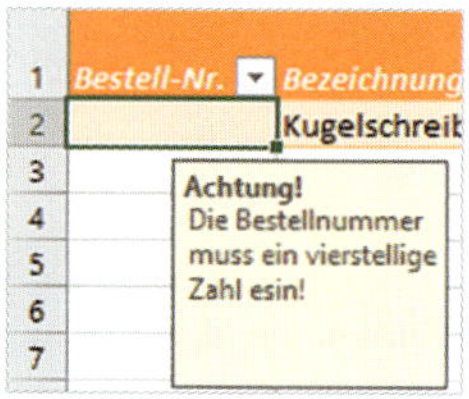

Bild 3.11 Meldungen

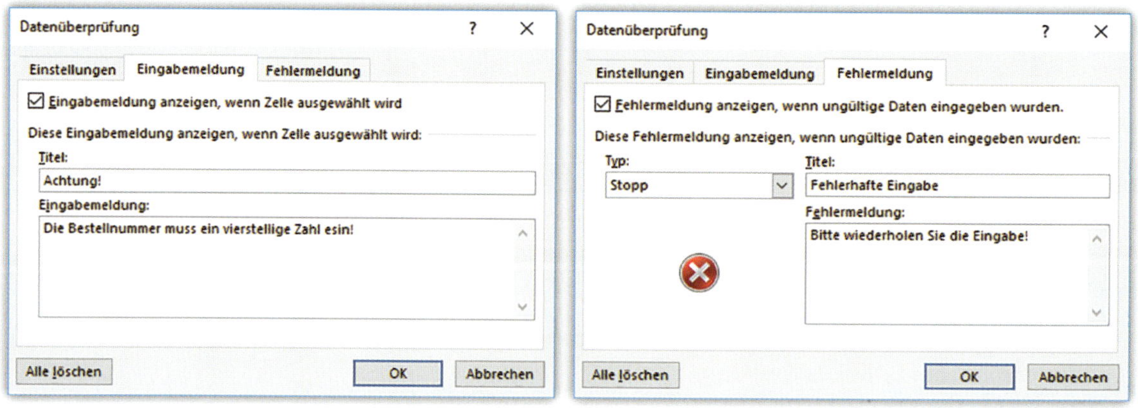

Regeln und Meldungen entfernen

Falls Sie bestehende Regeln und Meldungen zur Datenüberprüfung löschen möchten, so markieren Sie die betreffenden Zellen, öffnen mit Klick auf das Symbol *Datenüberprüfung* das gleichnamige Fenster und klicken auf die Schaltfläche *Alle löschen*.

Die Eingabe auf die Auswahl aus einer Liste beschränken

Sie können die Eingabe auch auf bestimmte Werte einschränken, indem Sie eine Dropdown-Liste vorgeben. Die Werte einer solchen Liste können sich theoretisch im selben Blatt befinden, besser ist es jedoch, wenn Sie die Liste in einem gesonderten Arbeitsblatt erstellen und eventuell den Zellbereich mit einem Namen versehen. Sie können dann später dieses Tabellenblatt ausblenden und so unbeabsichtigte Änderungen anderer Benutzer verhindern.

Dropdown – Auswahl aus einer Liste von Werten

1 Markieren Sie dazu wieder die betreffende Zelle bzw. Spalte und klicken Sie auf *Datenüberprüfung*. Wählen Sie im Register *Einstellungen*, Feld *Zulassen*, den Eintrag *Liste* aus.

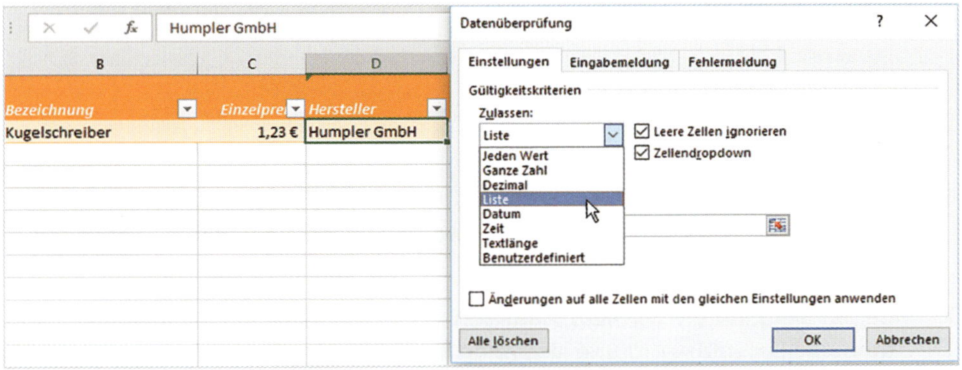

Bild 3.12 Auswahlliste festlegen

Achtung: Das Kontrollkästchen Zellendropdown muss aktiviert sein, da sonst im Tabellenblatt der Dropdown-Pfeil nicht neben der Zelle erscheint!

2 Nun können Sie unterhalb im Feld *Quelle* angeben, wo sich die Werte der Liste befinden. Achtung: Ein Zellbezug oder ein Bereichsname muss mit einem Gleichheitszeichen (=) beginnen.

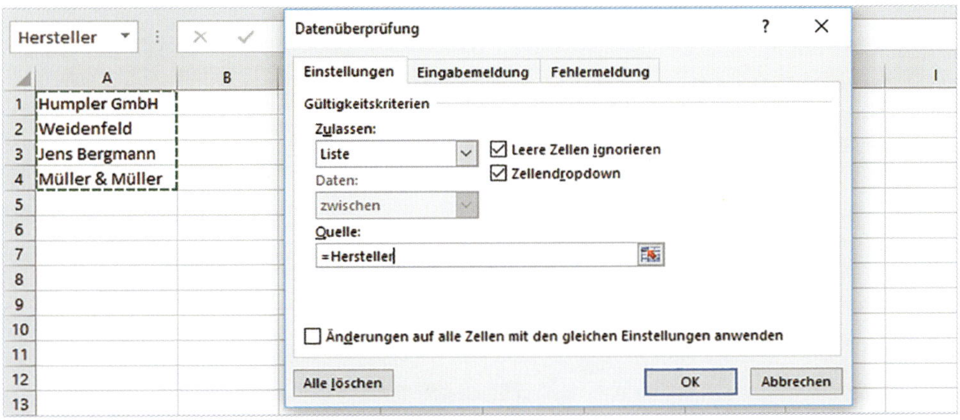

Bild 3.13 Wo befinden sich die Werte der Liste?

Falls Sie die zulässigen Einträge zusammen mit der Gültigkeitsregel per Eingabe festlegen möchten, so geben Sie diese im Feld *Quelle* mit Semikolon (;) getrennt, nacheinander ein.

3 Legen Sie abschließend wieder, wie oben beschrieben, eine Eingabe- und eine Fehlermeldung fest.

4 Im Tabellenblatt erscheint neben der Zelle ein Dropdown-Pfeil, sobald die Zelle markiert wird.

Bild 3.14 Auswahl aus Liste

> Tipp: Um unnötiges Klicken während der Eingabe zu vermeiden, können Sie die Liste auch mit den Tasten Alt+Pfeil nach unten öffnen. Die Auswahl erfolgt dann per Pfeiltaste und mit der Eingabe-Taste übernehmen Sie den markierten Wert.

Zulässige Eingaben mit einer Formel berechnen

1 Wenn die zulässigen Eingaben mit Hilfe einer Formel ermittelt werden sollen, dann wählen Sie im Fenster *Datenüberprüfung* unter *Zulassen* den Eintrag *Benutzerdefiniert*.

Ergebnis muss ein Wahrheitswert sein

2 Geben Sie dann die Formel zusammen mit einem Gleichheitszeichen ein. Achtung: Die Datenüberprüfung akzeptiert ausschließlich Formeln, die als Ergebnis die Wahrheitswerte WAHR oder FALSCH liefern.

Im Bild unten ein Beispiel: Bei der manuellen Eingabe von Bestellungen soll die jeweilige Mindestbestellmenge berücksichtigt werden: Die Bestellmenge darf nicht kleiner sein als die Mindestbestellmenge.

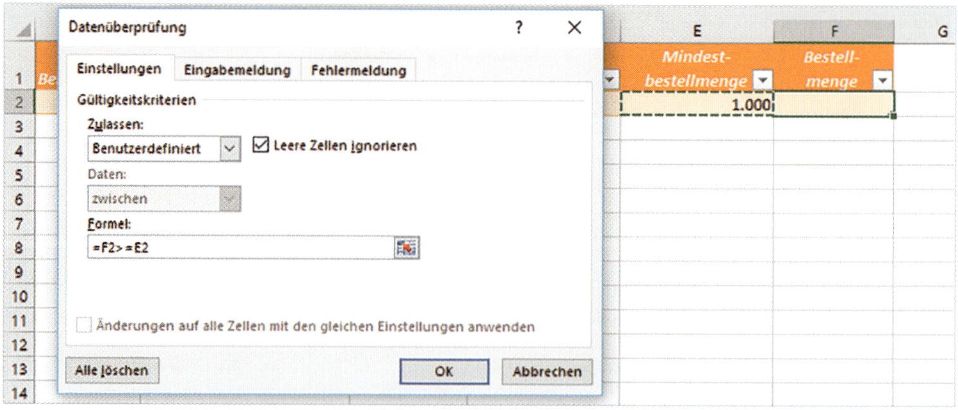

Bild 3.15 Zulässige Eingaben berechnen

Tipps zur Datenüberprüfung

Änderungen der Datenüberprüfung

Wenn Sie nachträglich die Überprüfungseinstellungen ändern möchten, dann genügt es, wenn Sie diese für eine einzelne Zelle vornehmen. Aktivieren Sie dann das Kontrollkästchen *Änderungen auf alle Zellen mit den gleichen Einstellungen anwenden*.

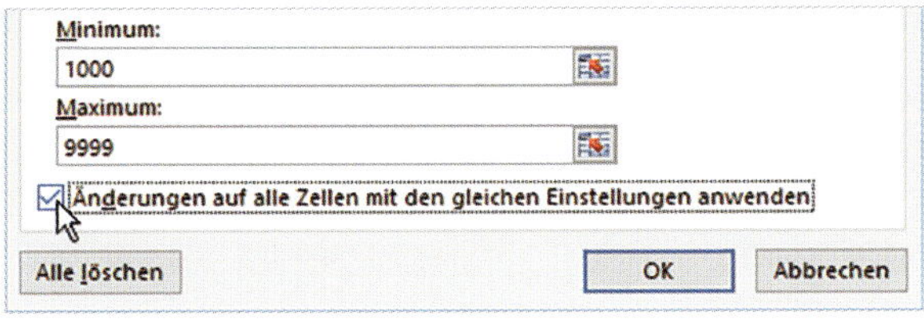

Bild 3.16 Änderungen anwenden

Zellen mit Regeln zur Datenüberprüfung markieren

Klicken Sie im Register *Start*, Gruppe *Bearbeiten*, auf *Suchen und Auswählen* und hier auf *Datenüberprüfung*. Excel markiert daraufhin alle Zellen, für die eine Datenüberprüfung festgelegt wurde und Sie können nun beispielsweise für diese Zellen den Schreibschutz aufheben, wenn Sie anschließend das Tabellenblatt schützen möchten.

Bild 3.17 Zellen mit Datenüberprüfung markieren

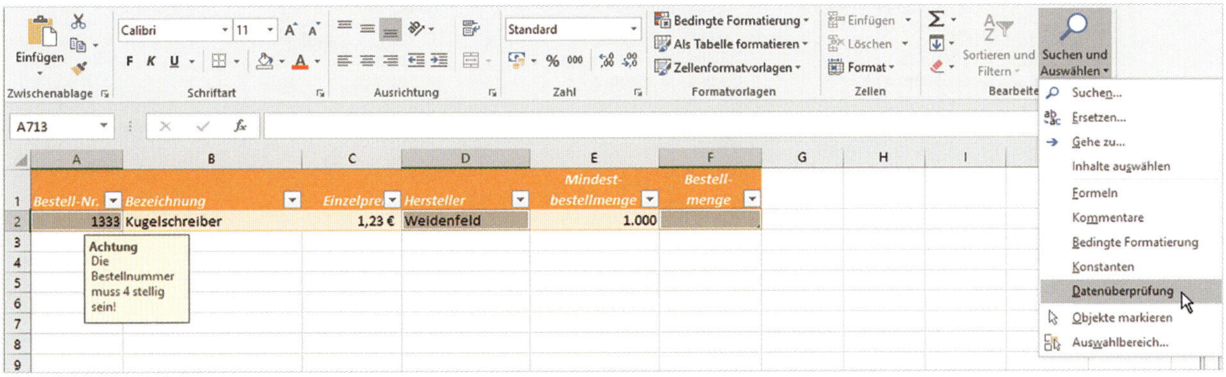

Datenüberprüfung auf weitere Zellen übernehmen

1 Markieren Sie den Zellbereich, den Sie in die Datenüberprüfung einschließen möchten, mindestens eine Zelle muss bereits eine Datenüberprüfung enthalten.

2 Klicken Sie auf *Datenüberprüfung* und bestätigen Sie die Rückfrage, ob die Datenüberprüfung auf die markierten Zellen erweitert werden soll, mit *Ja*.

Bild 3.18 Datenüberprüfung übernehmen

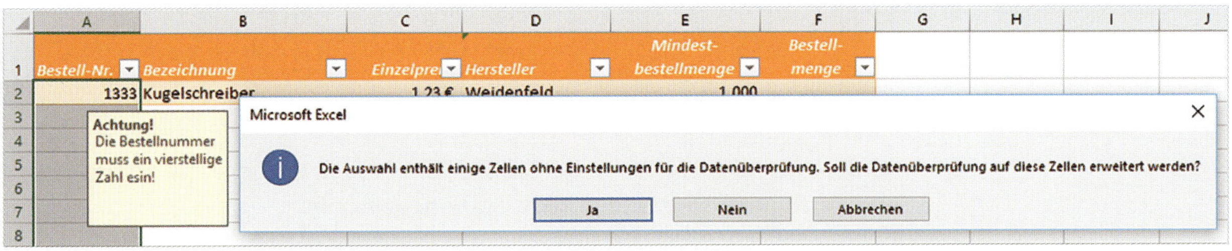

Nachträglich ungültige Daten kennzeichnen

Eigentlich sollten Regeln zur Datenüberprüfung bereits vor der Eingabe in die Tabelle festgelegt werden, da die Datenüberprüfung während der Eingabe erfolgt und bereits gespeicherte Werte ignoriert.

Falls Sie erst nachträglich eine Datenüberprüfung festlegen, so werden alle vorhandenen Werte, die gegen diese Regeln verstoßen, mit einem grünen Dreieck als Fehler gekennzeichnet. In umfangreichen Tabellen lassen sich diese Zellen optisch noch besser kennzeichen, wenn Sie auf den Dropdown-Pfeil des Symbols *Datenüberprüfung* und hier auf *Ungültige Daten einkreisen* klicken. Mit *Gültigkeitskreise löschen* entfernen Sie die Kennzeichnung wieder.

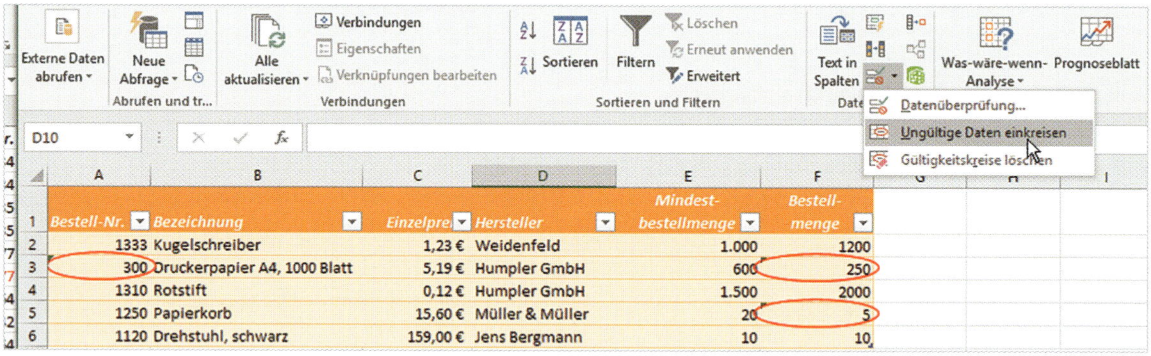

Bild 3.19 Ungültige Daten

3.3 Tabellen sortieren

Was Sie beim Sortieren berücksichtigen sollten

- Excel unterstützt die Sortierung nach Text, Zahlen und Datumswerten.
- Ein späteres Wiederherstellen der ursprünglichen Reihenfolge ist nur möglich, wenn eine Spalte mit entsprechenden Merkmalen vorhanden ist, beispielsweise Eingabedatum oder Kundennummer. Ist dies nicht der Fall, sollten Sie zuvor eine zusätzliche Spalte mit einer fortlaufenden Nummerierung einfügen.
- Spalten, die Sie als Sortierschlüssel verwenden, müssen Werte des gleichen Typs enthalten. So muss beispielsweise die Postleitzahl als Sortierschlüssel ausschließlich entweder als Text oder als Zahl gespeichert sein. Gleiches gilt auch für Datumswerte.
- Vorsicht bei Formeln! Wenn die Tabelle Formeln mit Bezügen auf andere Zeilen enthält, ist unter Umständen keine Sortierung möglich.

- Excel erkennt eine Überschriftzeile normalerweise automatisch. Enthält allerdings die Tabelle mehrere Überschriftzeilen oder bestehen die Spaltenüberschriften aus Zahlen bzw. werden Spaltenüberschriften aus anderen Gründen nicht korrekt erkannt, dann sollten Sie besser vor dem Sortieren den Tabellenbereich markieren und dabei nur eine einzige Überschriftzeile einbeziehen. In solchen Fällen verwenden Sie besser die benutzerdefinierte Sortierung, siehe weiter unten.
- Dasselbe gilt auch für Ergebniszeilen, die sich unmittelbar unterhalb der letzten Zeile befinden und nicht in die Sortierung einbezogen werden sollen.

Einfaches Sortieren

Tabelle (Liste) sortieren

Wurde ein Zellbereich zuvor als Tabelle formatiert, dann gestaltet sich die Sortierung einfach: Klicken Sie in der Spaltenüberschrift der Spalte, nach der Sie sortieren möchten, auf den Dropdown-Pfeil, im Bild unten Bestellnummer und wählen Sie zwischen aufsteigender (*von A bis Z sortieren*) und absteigender Sortierung.

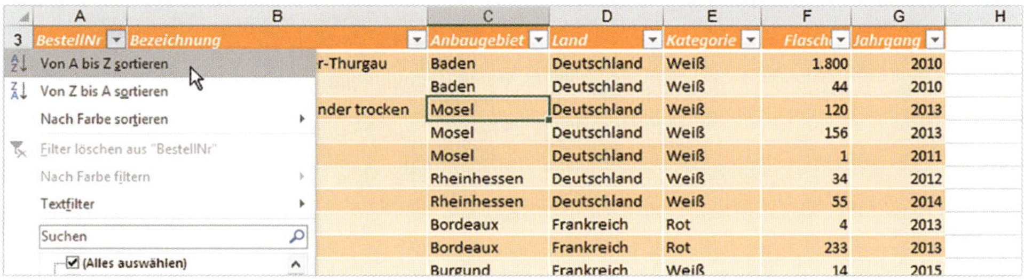

Bild 3.20 Sortieren

- Alternativ klicken Sie in der Tabelle auf eine beliebige Zelle der betreffenden Spalte.
- Klicken Sie dann im Register *Start*, Gruppe *Bearbeiten*, auf *Sortieren und Filtern*.
- Oder klicken Sie im Register *Daten*, *Sortieren und Filtern*, auf Aufsteigend oder Absteigend sortieren.

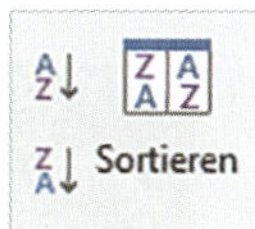

Vorhandene Sortierungen sind am zusätzlichen Pfeil auf der Filterschaltfläche schnell zu erkennen.

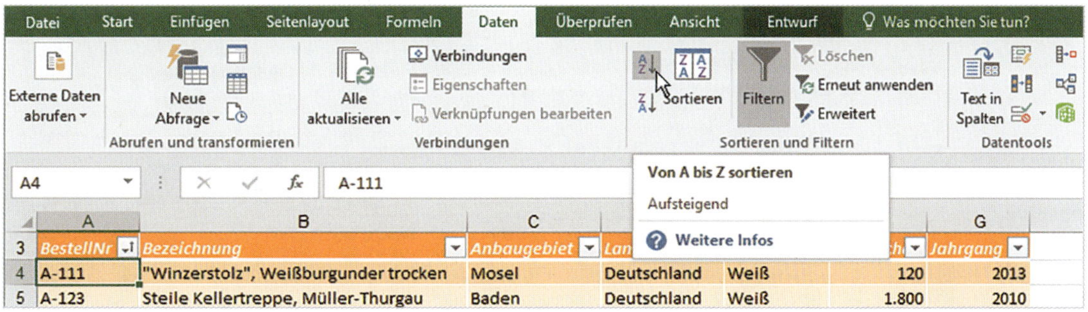

Bild 3.21 Sortierungen

Einfachen Zellbereich sortieren

Zellbereiche, die als Tabelle formatiert wurden, werden automatisch vollständig und nach Datensätzen sortiert. Wenn Sie dagegen einen normalen Zellbereich sortieren möchten, dann verwenden Sie zum Sortieren ebenfalls dieselben Befehle im Register *Start* oder Register *Daten*, sollten aber außerdem folgendes berücksichtigen.

> Für einfaches Sortieren nach einer einzigen Spalte genügt es, wenn eine Zelle in der betreffenden Spalte markiert ist. Markieren Sie dagegen niemals alle Zellen der Spalte, da sonst die Datensätze nicht vollständig sortiert werden. In diesem Fall erscheint die unten abgebildete Sortierwarnung. Wenn Sie hier die Option *Markierung erweitern* wählen, dann können Sie anschließend mit Klick auf die Schaltfläche *Sortieren* mit der Sortierung fortfahren. Mit der Option *Mit bestehender Markierung fortfahren* erfolgt dagegen die Sortierung ausschließlich innerhalb der markierten Spalte!

Bild 3.22 So dürfen Sie auf keinen Fall sortieren!

Falls eine Tabelle trotzdem falsch sortiert wurde, so machen Sie die Sortierung unmittelbar danach wieder rückgängig. Ein späteres Wiederherstellen der ursprünglichen Tabelle ist dagegen nicht mehr möglich, wenn die Arbeitsmappe geschlossen und Änderungen gespeichert wurden.

Tipp: Wenn Sie sichergehen möchten, dass Ihre Tabelle korrekt sortiert wird, dann klicken Sie auf eine beliebige Zelle innerhalb der zu sortierenden Tabelle und klicken im Register *Daten* auf *Filtern*. Die Tabelle wird nicht gefiltert, sondern neben jeder Spaltenüberschrift erscheint ein Dropdown-Pfeil. Über diese Filterschaltflächen lässt sich auch die Sortierfolge auswählen (siehe Tabelle (Liste) sortieren).

Bild 3.23 Filterschaltflächen einblenden

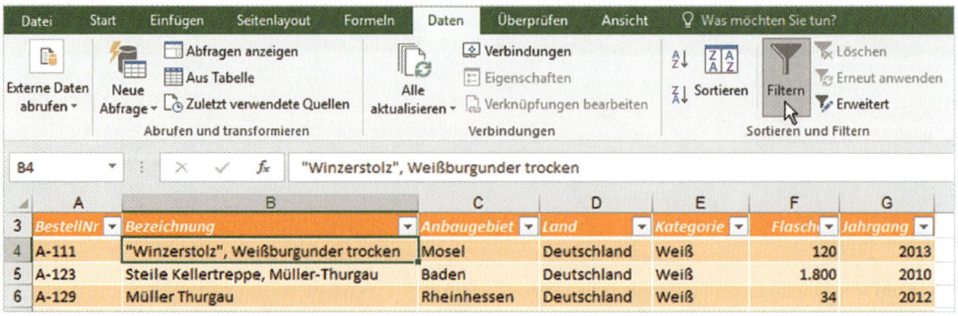

Falls die Dropdown-Pfeile stören: Ein weiterer Klick auf Filtern blendet diese wieder aus.

Benutzerdefiniertes, erweitertes Sortieren

Mehrere Sortierkriterien verwenden

Benutzerdefiniertes Sortieren erlaubt die Verwendung mehrerer Sortierkriterien (max. 64) sowie eine Sortierung nach Farben. Klicken Sie dazu auf eine beliebige Zelle innerhalb der zu sortierenden Tabelle und anschließend im Register *Daten*, *Sortieren und Filtern*, auf die Schaltfläche *Sortieren*. Excel markiert im Hintergrund automatisch die gesamte Tabelle und öffnet das Fenster *Sortieren*.

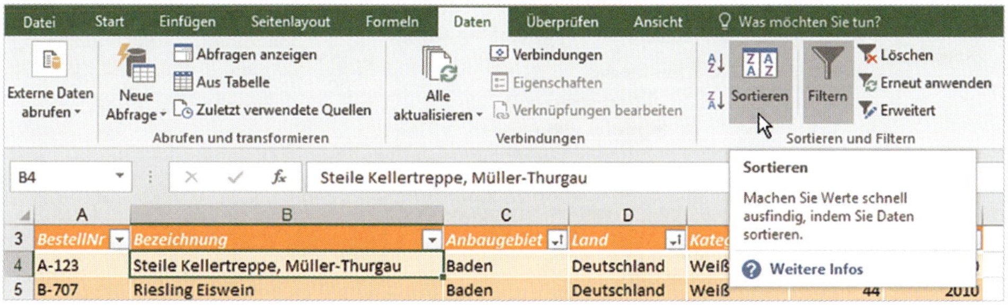

Bild 3.24 Erweiterte Sortierung

1 Überprüfen Sie, ob eine vorhandene Überschriftzeile erkannt wurde, dann muss das Kontrollkästchen *Daten haben Überschriften* aktiviert sein.

2 Wählen Sie im Feld *Sortieren nach* das erste Sortierkriterium, im unten abgebildeten Beispiel die Spalte Land. Die Einstellung *Werte* unter *Sortieren nach* kann beibehalten werden, unter *Reihenfolge* sehen Sie die standardmäßige Sortierung von A bis Z, diese kann mit Klick auf den Pfeil geändert werden.

3 Klicken Sie dann auf *Ebene hinzufügen* und wählen Sie als zweites Sortierkriterium das Anbaugebiet.

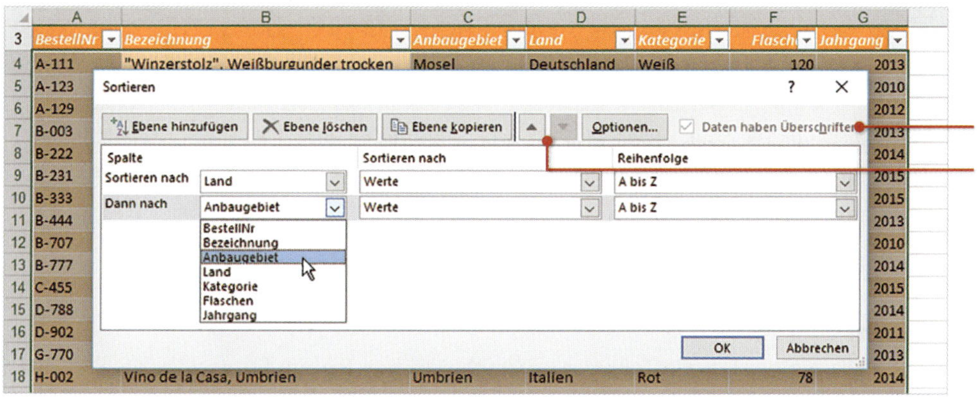

Bild 3.25 Sortierung nach mehreren Ebenen

- Wenn Sie eine Sortierung entfernen möchten, dann markieren Sie die betreffende Ebene und klicken auf die Schaltfläche *Ebene löschen.*
- Mit den Schaltflächen *Nach oben/Nach unten* können Sie die markierte Sortierung jeweils eine Ebene höher oder tiefer verschieben.

Spalten sortieren

Standardmäßig sortiert Excel die Zeilen einer Tabelle. Falls Sie abweichend die Spalten sortieren möchten, so nehmen Sie dies ebenfalls im Fenster *Sortieren* vor:

1 Klicken Sie hier auf die Schaltfläche *Optionen…* und aktivieren Sie die Option *Spalten sortieren*.

Bild 3.26 Spalten sortieren

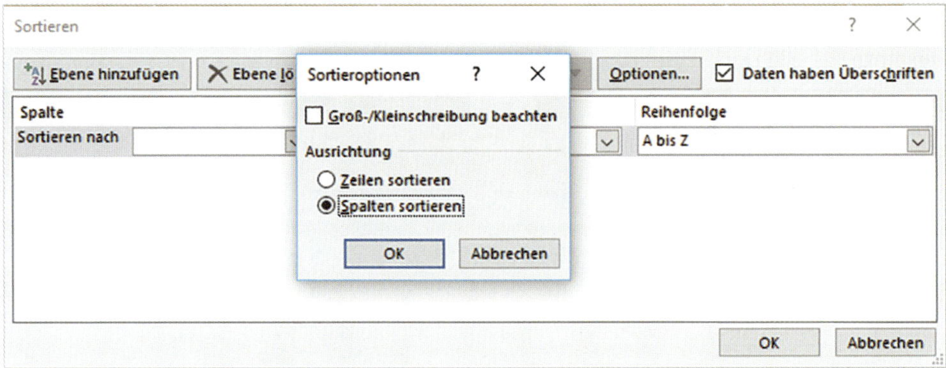

2 Anschließend wählen Sie, nach welcher Zeile bzw. welchen Zeilen die Sortierung erfolgen soll. Auf diese Weise können Sie beispielsweise die Spalten alphabetisch nach den Überschriften der ersten Zeile sortieren. Falls erforderlich, ist hier auch eine Unterscheidung zwischen Groß- und Kleinschreibung möglich.

Tabellen mit mehreren Überschriftzeilen sortieren

Enthält Ihre Tabelle zwei oder mehr Überschriftzeilen oder unmittelbar unterhalb Summen oder andere Ergebnisse, dann markieren Sie den zu sortierenden Tabellenbereich entweder zusammen mit nur einer einzigen Überschriftzeile oder ohne Überschriften und öffnen ebenfalls das Fenster *Sortieren*. Achten Sie besonders auf das Kontrollkästchen *Daten haben Überschriften* und aktivieren bzw. deaktivieren Sie es entsprechend!

> Bestehen die Überschriften Ihrer Tabelle ausschließlich aus Zahlen, dann werden diese von Excel meist nicht erkannt. Auch in diesem Fall müssen Sie die Sortierung im Fenster *Sortieren* vornehmen.

Nach Farbe sortieren

Haben Sie in einer Tabelle Zellen in unterschiedlichen Farben formatiert, dann können Sie mit Excel 2016 auch nach Zellenfarbe oder Schriftfarbe sortieren. Öffnen Sie dazu das Dialogfenster *Sortieren* und wählen Sie zuerst die entsprechende Spalte aus. Klicken Sie dann unter *Sortieren nach* auf den Dropdown-Pfeil und wählen Sie *Zellenfarbe* oder *Schriftfarbe*, unter *Reihenfolge* können Sie anschließend die entsprechende Farbe auswählen. Diese Sortiermöglichkeit eignet sich auch in Verbindung mit der bedingten Formatierung, siehe nächste Lektion.

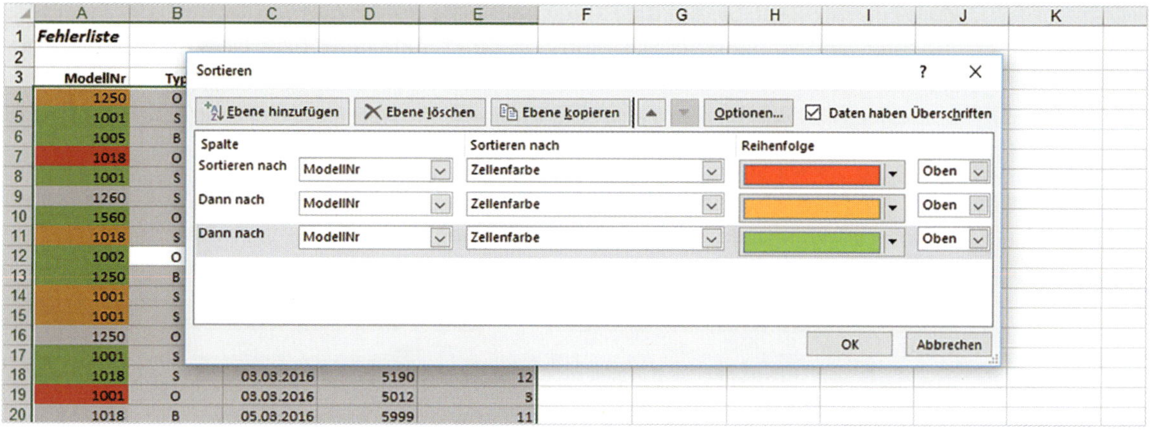

Bild 3.27 Nach Farbe sortieren

3.4 Filter einsetzen

Excel kennt verschiedene Möglichkeiten, um bestimmte Werte aus einer Tabelle herauszufiltern. Dabei ist es nützlich zu wissen, dass sich die gefilterten Werte anschließend beliebig kopieren lassen, z. B. in ein neues Tabellenblatt oder eine neue Arbeitsmappe.

Einfache Filter/AutoFilter

Der einfache oder AutoFilter besteht zunächst eigentlich nur aus Filterschaltflächen neben den Spaltenüberschriften, über die Sie schnell Filterkriterien auswählen können. Haben Sie einen Zellbereich als Tabelle formatiert, dann sind die Filterschaltflächen automatisch vorhanden. Sie können den AutoFilter aber auch aktivieren, indem Sie im Register *Daten* auf die Schaltfläche *Filter* klicken oder im Register *Start*, Gruppe *Bearbeiten*, auf die Schaltfläche *Filtern und Sortieren* klicken und *Filtern* wählen. Auf demselben Weg deaktivieren Sie die Schaltflächen auch wieder.

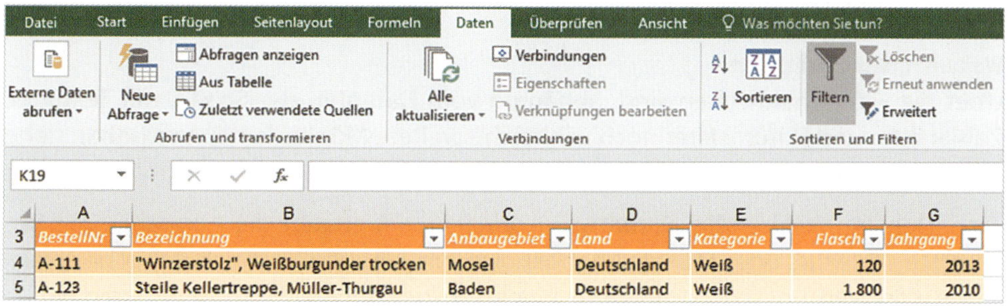

Bild 3.28 AutoFilter

Zum Filtern klicken Sie auf die Filterschaltfläche derjenigen Spalte, nach der Sie filtern möchten und wählen Ihre Filterkriterien durch Aktivieren bzw. Deaktivieren der Kontrollkästchen. Am einfachsten deaktivieren Sie zunächst das Kontrollkästchen *(Alles auswählen)*, bevor Sie dann einzelne Kriterien aktivieren. Auch Mehrfachauswahl und gleichzeitiges Filtern nach mehreren Spalten sind möglich.

Tipp: Die Filterschaltflächen aktiver Filter sind mit dem Filtersymbol gekennzeichnet und die verwendeten Kriterien werden eingeblendet, wenn Sie mit der Maus auf die Schaltfläche zeigen.

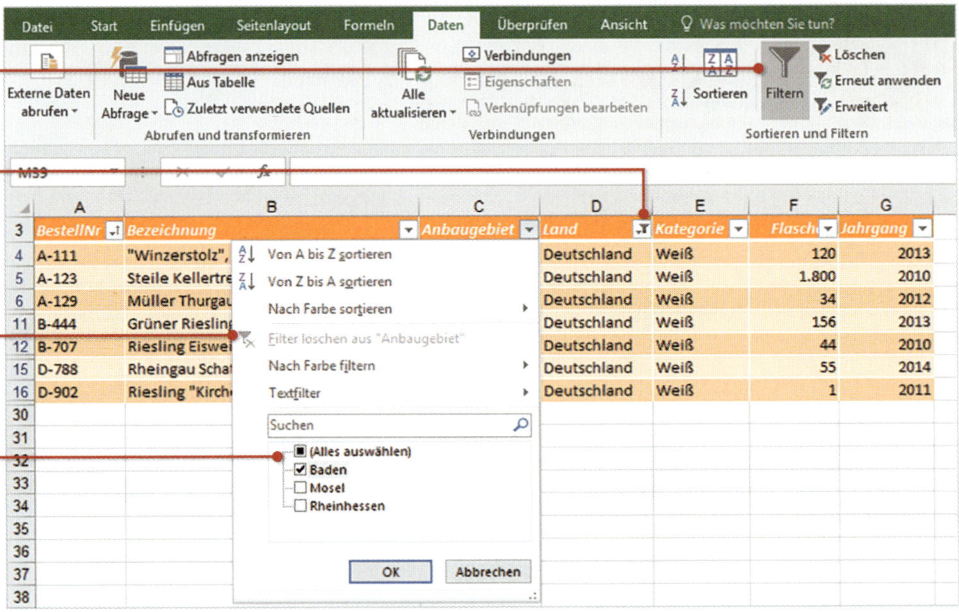

Bild 3.29 Autofilter verwenden

Filter entfernen

- Zum Entfernen des Filters aus einer Spalte klicken Sie auf den Dropdown-Pfeil der betreffenden Spaltenüberschrift und aktivieren entweder das Kontrollkästchen *(Alles auswählen)* oder klicken hier auf den Befehl *Filter löschen aus....*
- Sollen alle Filter aus der Tabelle entfernt werden, so klicken Sie im Register *Daten*, Gruppe *Sortieren und Filtern*, auf *Löschen*.

Weitere Filtermöglichkeiten

Über die Filterschaltflächen sind, abhängig vom Datentyp der Spalte, mit Textfilter, Zahlenfilter und Datumsfilter noch zahlreiche weitere Möglichkeiten verfügbar, siehe Bild auf der nächsten Seite.

Tipp: Der Datumsfilter *Alle Datumswerte im Zeitraum* erlaubt die Auswahl eines bestimmten Quartals oder Monats unabhängig vom Jahr und lässt sich daher beispielsweise einsetzen, um schnell zu filtern, wer im ausgewählten Monat Geburtstag hat.

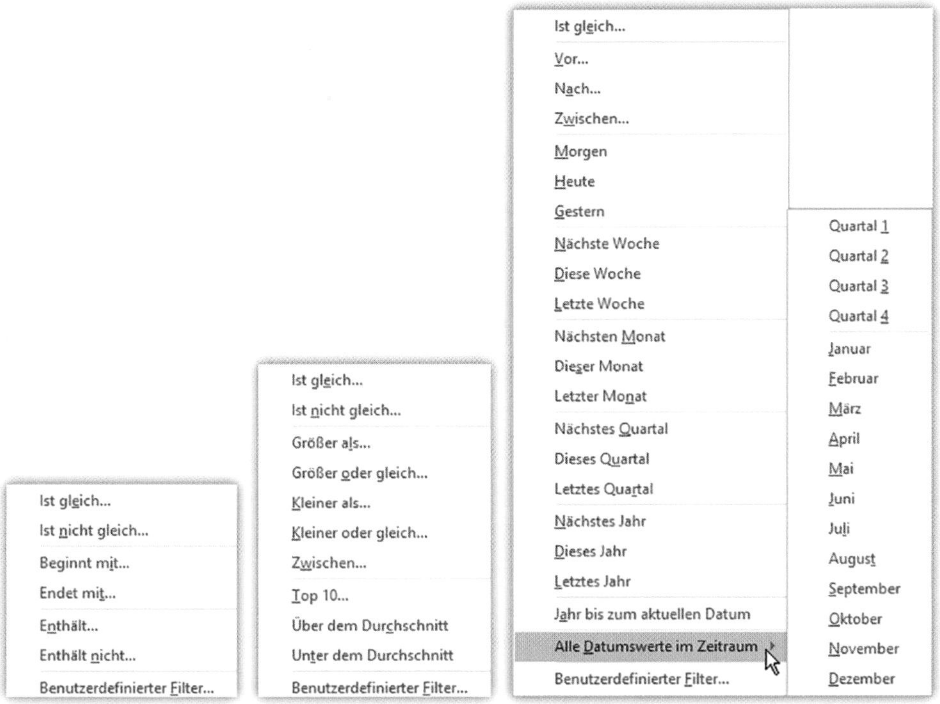

Bild 3.30 Textfilter, Zahlenfilter und Datumsfilter

Spezialfilter

Die Filterkriterien werden in einem gesonderten Bereich gespeichert

Für komplexe Filterkriterien verwenden Sie besser den erweiterten bzw. Spezialfilter. Im Gegensatz zum AutoFilter werden hier die Filterkriterien in einem gesonderten Kriterienbereich eingegeben und zusammen mit der Mappe gespeichert, sie können somit jederzeit wieder aufgerufen werden. Die folgenden Punkte sollten Sie beim Anlegen des Kriterienbereichs berücksichtigen:

- Er sollte sich oberhalb oder unterhalb, aber nicht neben der Liste befinden, da er sonst beim Filtern unter Umständen ausgeblendet wird. Bei umfangreichen Tabellen erstellen Sie den Kriterienbereich am besten in einem gesonderten Tabellenblatt.
- Der Kriterienbereich besteht aus mindestens zwei Zeilen, wobei die erste Zeile die Spaltenüberschriften enthält. Da die Spaltenüberschriften exakt mit den Überschriften der Tabelle übereinstimmen müssen, kopieren Sie diese am einfachsten. Ab der zweiten Zeile geben Sie für jede Spalte die Filterkriterien ein, wobei Sie auch mehrere Kriterien verwenden können.

Folgende Operatoren und Platzhalter können verwendet werden:

>	größer als	<	kleiner als
>=	größer oder gleich	<=	kleiner oder gleich

=	gleich	<>	ungleich, nicht
*	Platzhalter für beliebige Zeichen	?	Platzhalter für genau 1 Zeichen

Als Beispiel sollen aus der Weintabelle alle Weißweine aus Österreich gefiltert werden, deren Bestellnummer mit dem Buchstaben B beginnt und von denen noch 100 Flaschen oder weniger vorhanden sind.

1 Legen Sie den Kriterienbereich an wie im Bild unten, wobei Spalten, für die keine Kriterien benötigt werden, auch ganz weggelassen werden können.

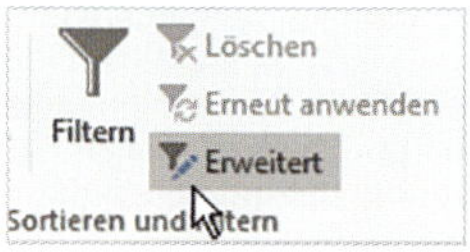

2 Klicken Sie auf eine beliebige Zelle innerhalb der Tabelle und dann im Register *Daten*, Gruppe *Sortieren und Filtern*, auf die Schaltfläche *Erweitert*, um das Fenster *Spezialfilter* anzuzeigen.

3 Kontrollieren Sie, ob unter *Listenbereich* der zu filternde Tabellenbereich von Excel korrekt erkannt wurde, andernfalls müssen Sie den Bereich (einschließlich der Spaltenüberschriften) nochmals festlegen.

4 Klicken Sie in das Feld *Kriterienbereich* und markieren Sie mit der Maus Ihren gesamten Kriterienbereich einschließlich der Überschriften.

5 Achten Sie darauf, dass die Option *Liste an gleicher Stelle filtern* ausgewählt ist und klicken Sie auf *OK*, um den Filter anzuwenden.

Bild 3.31 Spezialfilter

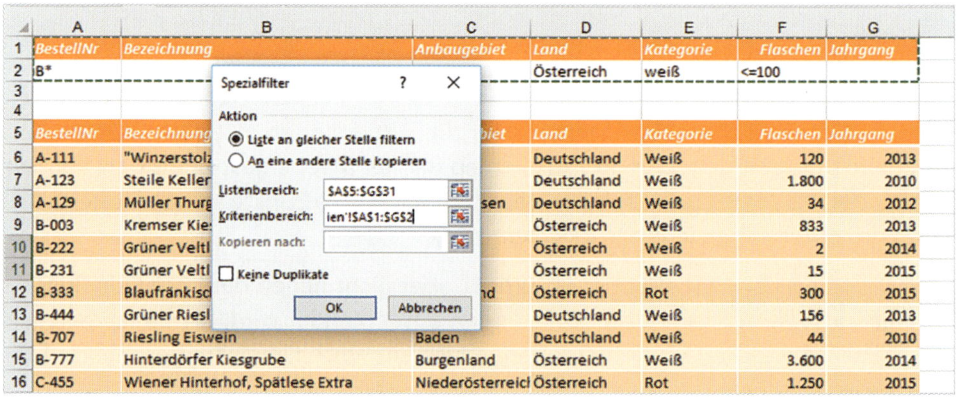

Auch diesen Filter heben Sie mit einem Klick auf die Schaltfläche *Löschen*, Register *Daten*, Gruppe *Sortieren und Filtern*, wieder auf.

Filterkriterien verknüpfen

Bei der Verwendung mehrerer Kriterien ist zwischen folgenden Möglichkeiten zu unterscheiden:

- Wenn ein Datensatz alle angegebenen Kriterien erfüllen muss, damit er angezeigt wird, dann müssen im Kriterienbereich alle Kriterien in einer einzigen Zeile angegeben werden, siehe Beispiel oben.

- Soll eine Spalte zwei oder mehr gleichzeitige Bedingungen erfüllen, dann müssen Sie diese Spaltenüberschrift entsprechend oft einfügen. Beispiel: Der Kriterienbereich im Beispiel unten filtert alle Weine der Jahrgänge 2010 bis einschließlich 2015 aus Deutschland.

	A	B	C	D	E	F	G
1	*BestellNr*	*Bezeichnung*	*Anbaugebiet*	*Land*	*Jahrgang*	*Jahrgang*	
2				Deutschland	>=2010	<=2015	
3							
4							
5	*BestellNr*	*Bezeichnung*	*Anbaugebiet*	*Land*	*Kategorie*	*Flaschen*	*Jahrgang*
6	A-111	"Winzerstolz", Weißburgunder trocken	Mosel	Deutschland	Weiß	120	2013
7	A-123	Steile Kellertreppe, Müller-Thurgau	Baden	Deutschland	Weiß	1.800	2010

Bild 3.32 Kriterienbereich

- Genügt es dagegen, wenn mindestens eines von mehreren Kriterien erfüllt ist, dann geben Sie diese im Kriterienbereich in Zeilen untereinander an. Beispiel: Der Kriterienbereich im Bild unten filtert alle Weine aus Frankreich oder Italien der Jahrgänge 2010 und 2011.

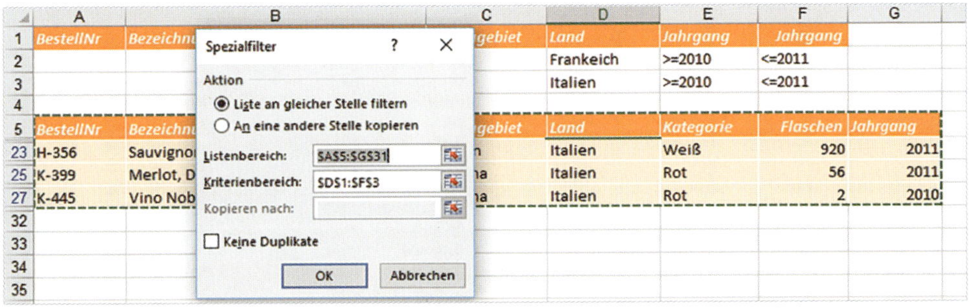

Bild 3.33 Mehrere Kriterien

Gefilterte Liste kopieren
Normalerweise wird eine Liste an gleicher Stelle gefiltert, im Dialogfenster *Spezialfilter* findet sich aber auch mit der Option *An eine andere Stelle kopieren* eine Möglichkeit, die gefilterten Daten an eine andere Stelle zu kopieren. Allerdings ist das Einfügen der Kopie nur im selben Arbeitsblatt möglich, daher ist es in den meisten Fällen einfacher, wenn Sie die Liste zunächst an gleicher Stelle filtern und die gefilterte Liste anschließend in die Zwischenablage kopieren und dann an beliebiger Stelle einfügen.

Filtern mit Datenschnitten

Mit den Datenschnitten steht Ihnen in Excel 2016 eine weitere Filtermöglichkeit zur Verfügung, allerdings nur, wenn der Zellbereich als dynamische Tabelle formatiert wurde. Der Vorteil: Datenschnitte lassen sich im Gegensatz zu den Filterschaltflächen der Spaltenüberschriften auf einem Touchscreen leicht mit dem Finger bedienen und auch ungeübte Nutzer sehen schnell, welche Filter gerade verwendet werden.

Nur, wenn der Bereich als Tabelle formatiert wurde, siehe Seite 103!

1 Zum Erstellen von Datenschnitten klicken Sie in die Tabelle und im Register *Tabellentools - Entwurf*, Gruppe *Tools*, auf *Datenschnitt einfügen*.

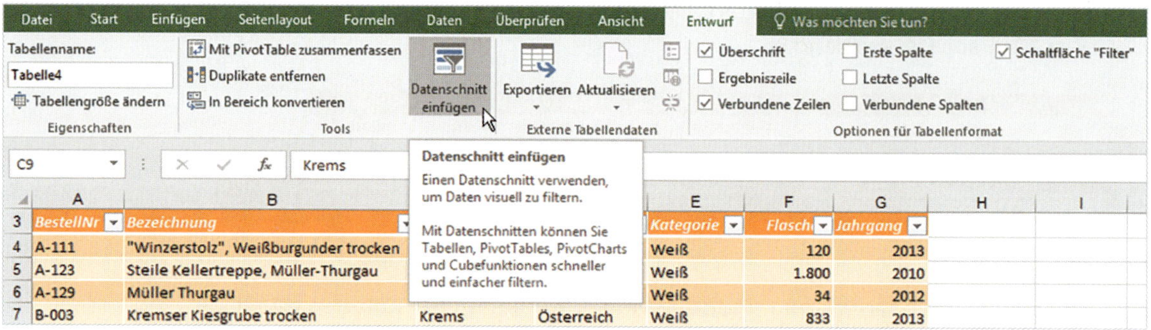

Bild 3.34 Datenschnitt einfügen

2 Wählen Sie anschließend die benötigten Datenschnitte bzw. Spalten aus, die Sie als Filter verwenden möchten.

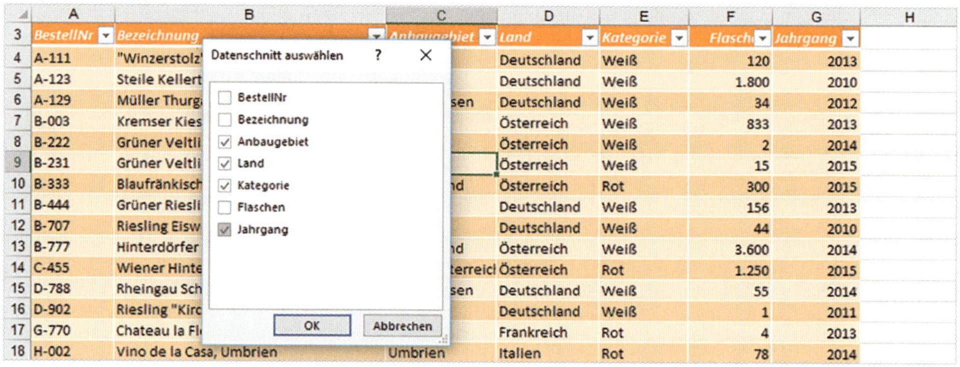

Bild 3.35 Datenschnitt auswählen

Für jede ausgewählte Spalte wird ein Datenschnitt eingefügt und Sie können diese nun durch Ziehen mit der Maus beliebig anordnen sowie vergrößern und verkleinern. Zum Filtern klicken Sie einfach im Datenschnitt auf den gewünschten Inhalt.

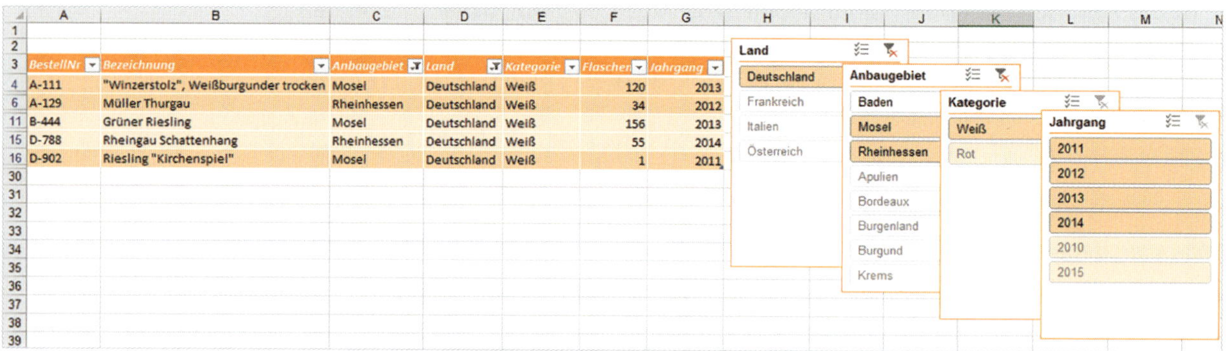

Bild 3.36 Die Tabelle mit den ausgewählten Datenschnitten

Mehrere Kriterien auswählen

Wenn Sie aus einem Datenschnitt mehrere Filterkriterien gleichzeitig anwenden möchten, dann klicken Sie im Datenschnitt auf die Schaltfläche *Mehrfachauswahl* und klicken oder tippen anschließend die gewünschten Kriterien der Reihe nach an. Oder klicken Sie diese nacheinander mit gedrückter Strg-Taste an (Mehrfachmarkierung).

Filter löschen/Datenschnitt entfernen

- Um einen Filter aufzuheben, klicken Sie in der rechten oberen Ecke des Datenschnitts auf die Schaltfläche *Filter löschen*.
- Wenn Sie einen Datenschnitt aus dem Tabellenblatt entfernen möchten, dann sollten Sie zunächst eventuell noch aktive Filter dieses Datenschnitts löschen, da diese nicht automatisch mit entfernt werden. Klicken Sie dann in den Titelbereich des Datenschnitts und betätigen Sie die Entf-Taste der Tastatur. Als Alternative klicken Sie mit der rechten Maustaste in den Datenschnitt und auf den Befehl ... *entfernen*.

Falls Sie das Löschen eines Filters vergessen haben, können Sie ihn auch ohne Datenschnitt im Register Daten löschen.

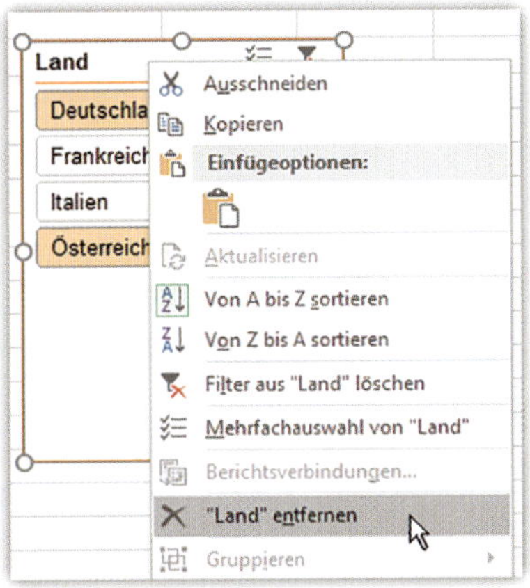

Bild 3.37 Filter löschen

Bild 3.38 Datenschnitt entfernen

Weitere Tipps zum Umgang mit Datenschnitten

- Falls Sie einen Datenschnitt mit Formatierungen versehen möchten, finden Sie dazu mehrere Möglichkeiten im Register *Datenschitttools - Optionen*. Dieses Register erscheint, sobald Sie in einen Datenschnitt klicken.
- Wenn Sie mehrere Datenschnitte überlappend anordnen möchten, dann können Sie zum Ändern der Reihenfolge in diesem Register die Befehle *Ebene nach vorne* bzw. *Ebene nach hinten* benutzen.
- Beinhaltet ein Datenschnitt sehr viele Auswahlkriterien, so kann es sinnvoll sein, diese in Spalten anzuordnen. Die Anzahl der Spalten geben Sie im Register *Datenschitttools - Optionen* im Feld *Spalten* ein. Höhe und Breite eines Datenschnitts können Sie dagegen auch schnell mit gedrückter Maustaste ändern.
- Beim Drucken werden Datenschnitte zusammen mit der Tabelle gedruckt.

3.5 Tabellen zusammenfassen und auswerten

Zur Auswertung umfangreicher Tabellen stellt Excel 2016 verschiedene Werkzeuge zur Verfügung. Die komfortabelste und gleichzeitig flexibelste Möglichkeit davon sind die sogenannten Pivot-Tabellen, mit ihnen befasst sich in diesem Buch Kapitel 5 eingehend.

Hinweis: Der Funktionsassistent listet in der Kategorie *Datenbank* eine ganze Reihe von Datenbankfunktionen auf, unter anderem DBSUMME, DBANZAHL usw. Da diese allerdings gegenüber gleichwertigen Funktionen, wie z. B. ZÄHLENWENN, keinerlei Vorteile bringen, wird hier auf eine Beschreibung verzichtet.

Teilergebnisse berechnen

Häufig werden in umfangreichen Tabellen schnelle Zwischenergebnisse, beispielsweise Summen, für Gruppen von Datensätzen benötigt. Eine einfache Möglichkeit zur Auswertung von Gruppen stellt die Berechnung von Teilergebnissen dar. Zur Berechnung können Sie neben der Summe auch noch die wichtigsten statistischen Funktionen wie Anzahl, Mittelwert, Min, Max und die Standardabweichung heranziehen.

Nachteile

- Teilergebnisse können nicht auf dynamische Tabellen angewendet werden.
- Wenn Sie die Daten der Tabelle noch für andere Auswertungen heranziehen möchten, z. B. mit einer Pivot-Tabelle, dann müssen alle Teilergebnisse zuvor wieder entfernt werden!

Beachten Sie eine wichtige Voraussetzung
Bevor Sie Teilergebnisse berechnen können, muss die Tabelle sortiert werden und zwar nach allen Spalten, aus denen Gruppen gebildet werden sollen.

Einfache Teilergebnisse
Nehmen wir als Beispiel das Lager einer Weinhandlung mit Weinen aus verschiedenen Ländern und Anbaugebieten. Sie möchten die Summe der Flaschen je Herkunftsland ermitteln.

1 Sortieren Sie die Tabelle nach Ländern.

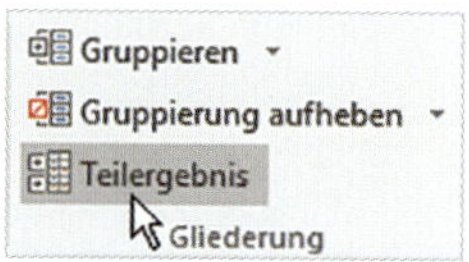

2 Markieren Sie eine beliebige Zelle innerhalb des Tabellenbereichs und klicken Sie im Register *Daten*, Gruppe *Gliederung*, auf die Schaltfläche *Teilergebnis.*

3 Im Fenster *Teilergebnisse* legen Sie nun alle Einstellungen fest:

- Wählen Sie die Spalte, nach der gruppiert werden soll, in diesem Beispiel *Land*.
- Im Feld *Unter Verwendung von* wählen Sie die gewünschte Funktion aus. Standardmäßig verwendet Excel die Summe.
- Nun müssen Sie noch in der Liste *Teilergebnis addieren zu* das Kontrollkästchen der Spalte *Flaschen* aktivieren und alle anderen deaktivieren.
- Die Kästchen *Vorhandene Teilergebnisse ersetzen* und *Ergebnisse unterhalb der Daten anzeigen* sollten aktiviert sein, *Seitenumbrüche zwischen Gruppen* dagegen nur bei Bedarf, wenn Sie die Liste drucken möchten.

Bild 3.39 Teilergebnisse berechnen

Die Teilergebnisse werden unterhalb jeder Gruppe eingefügt und am Ende der Liste wird die Gesamtsumme berechnet. Gleichzeitig erscheint am linken Rand des Arbeitsblattes der Gliederungsbereich.

Bild 3.40 Teilergebnisse mit Gliederungsbereich

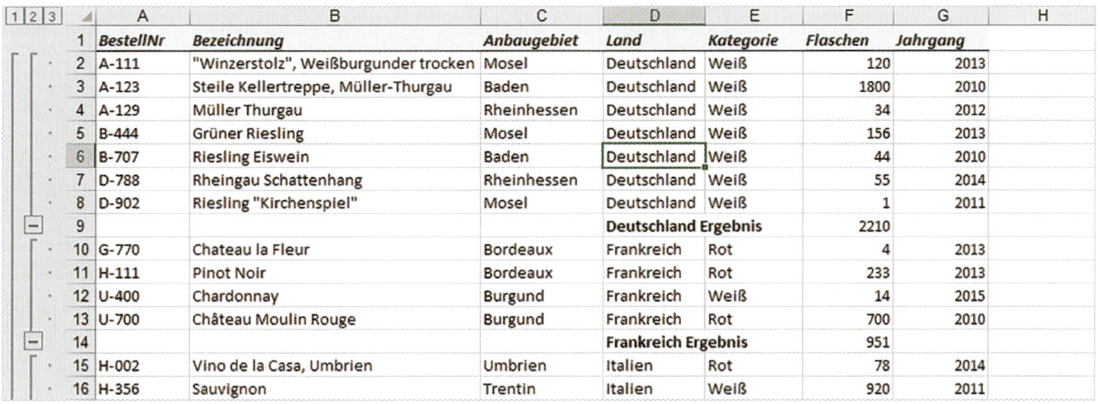

	BestellNr	Bezeichnung	Anbaugebiet	Land	Kategorie	Flaschen	Jahrgang
2	A-111	"Winzerstolz", Weißburgunder trocken	Mosel	Deutschland	Weiß	120	2013
3	A-123	Steile Kellertreppe, Müller-Thurgau	Baden	Deutschland	Weiß	1800	2010
4	A-129	Müller Thurgau	Rheinhessen	Deutschland	Weiß	34	2012
5	B-444	Grüner Riesling	Mosel	Deutschland	Weiß	156	2013
6	B-707	Riesling Eiswein	Baden	Deutschland	Weiß	44	2010
7	D-788	Rheingau Schattenhang	Rheinhessen	Deutschland	Weiß	55	2014
8	D-902	Riesling "Kirchenspiel"	Mosel	Deutschland	Weiß	1	2011
9				**Deutschland Ergebnis**		2210	
10	G-770	Chateau la Fleur	Bordeaux	Frankreich	Rot	4	2013
11	H-111	Pinot Noir	Bordeaux	Frankreich	Rot	233	2013
12	U-400	Chardonnay	Burgund	Frankreich	Weiß	14	2015
13	U-700	Château Moulin Rouge	Burgund	Frankreich	Rot	700	2010
14				**Frankreich Ergebnis**		951	
15	H-002	Vino de la Casa, Umbrien	Umbrien	Italien	Rot	78	2014
16	H-356	Sauvignon	Trentin	Italien	Weiß	920	2011

Werte ein- und ausblenden

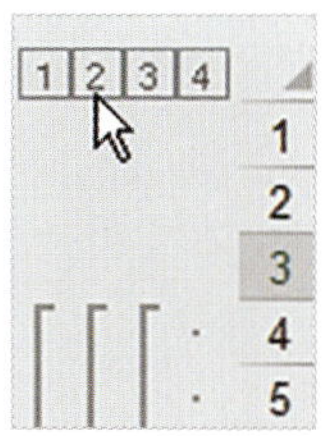

Im Gliederungsbereich blenden Sie die Werte einer Ebene per Mausklick auf die Schaltflächen + oder - ein und aus. Sie können aber auch alle Elemente einer Gliederungsebene, beispielsweise Ebene zwei, aus- oder einblenden, indem Sie auf die entsprechende Schaltfläche im Kopfbereich der Gliederungsspalte klicken. Als Alternative

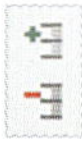

können Sie auch in eine Ergebniszeile klicken und die Schaltflächen *Detail anzeigen* und *Detail ausblenden* der Gruppe *Gliederung* im Register *Daten* verwenden.

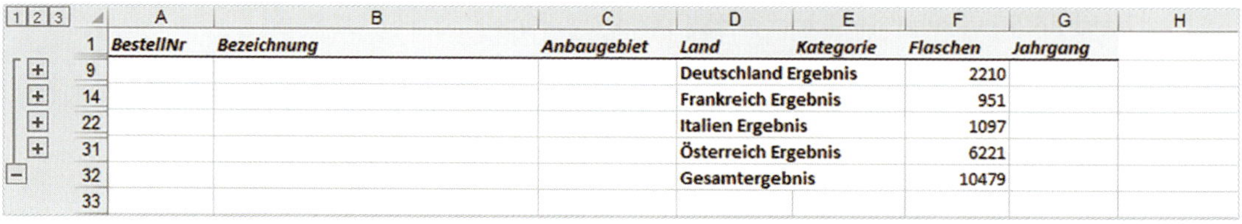

Bild 3.41 Ebenen ein- und ausblenden

Teilergebnisse und Gliederung entfernen

Um alle Teilergebnisse zusammen mit der Gliederung wieder aus der Tabelle zu entfernen, rufen Sie den Befehl *Teilergebnisse* erneut auf. Klicken Sie hier auf die Schaltfläche *Alle entfernen*.

Mehrere Teilergebnisse berechnen

Möchten Sie mehrere Teilergebnisse mit unterschiedlichen Funktionen berechnen, beispielsweise zur Summe der Flaschen auch noch die Anzahl der verschiedenen Weine aus jedem Land, dann müssen Sie für jede Funktion den Befehl *Teilergebnisse* gesondert aufrufen.

1. Wählen Sie zuerst die Funktion *Summe* und unter *Addieren zu* die Spalte *Flaschen* wie im Bild unten. Klicken Sie auf *OK*.
2. Rufen Sie erneut das Fenster *Teilergebnisse* auf, wählen Sie nun die Funktion *Anzahl* und aktivieren Sie hierzu das Kontrollkästchen der Spalte *BestellNr*.
   - Achtung: Die Spalte *Flaschen* muss deaktiviert werden!
   - Deaktivieren Sie außerdem unbedingt das Kontrollkästchen *Vorhandene Teilergebnisse ersetzen* und klicken Sie auf *OK*.

Bild 3.42 Teilergebnisse mit unterschiedlichen Funktionen berechnen

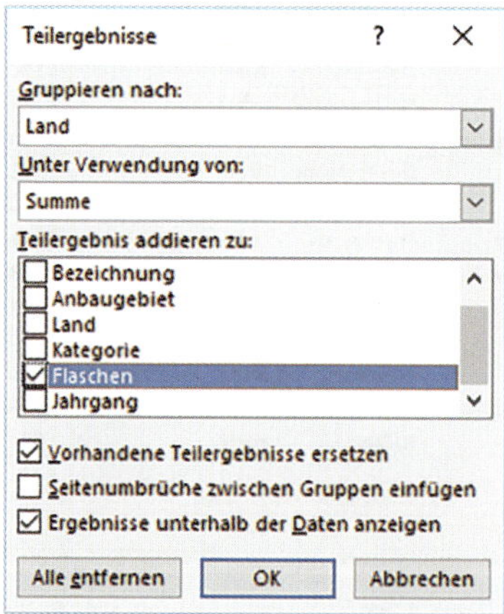

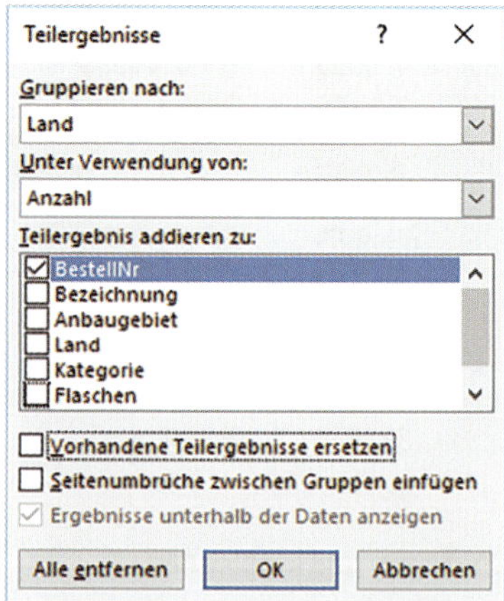

Teilergebnisse für Untergruppen berechnen
Benötigen Sie zu den Summen der Flaschen je Land auch noch die Summe der Flaschen je Anbaugebiet, dann muss die Tabelle ebenfalls nach diesen Spalten sortiert sein.

1 Klicken Sie auf *Sortieren* (Benutzerdefiniert) und sortieren Sie die Tabelle nach *Land* und anschließend nach *Anbaugebieten*.

2 Klicken Sie auf die Schaltfläche *Teilergebnis* und wählen Sie, wie im vorherigen Beispiel unter *Gruppieren nach*, zuerst die Spalte *Land*. Legen Sie wieder die Berechnung der Summe für die Spalte *Flaschen* fest und klicken Sie auf *OK*.

3 Klicken Sie nun erneut auf *Teilergebnisse* und legen Sie die Spalte *Anbaugebiet* als Gruppierung fest. Dann wählen Sie wieder die Funktion *Summe* für die Spalte *Flaschen* und deaktivieren das Kontrollkästchen *Vorhandene Teilergebnisse ersetzen*, da sonst die bestehenden Teilergebnisse je Herkunftsland gelöscht würden.

Mehrere Tabellen zusammenfassen (konsolidieren)

Mehrere Einzeltabellen in einer Ergebnistabelle zusammenfassen

Unter Konsolidieren versteht Excel das Zusammenführen mehrerer Einzeltabellen aus verschiedenen Arbeitsblättern oder verschiedenen Arbeitsmappen in einer einzigen Ergebnistabelle. Excel unterstützt beim Konsolidieren zwei Varianten, die beim Anlegen der jeweiligen Tabellen zu berücksichtigen sind.

- **Konsolidieren nach Position**
  Falls die Tabellen über unterschiedliche Beschriftungen verfügen, können Sie nach ihrer Position konsolidiert werden. Dann müssen sich in jedem der Arbeitsblätter alle Spalten- und Zeilenbeschriftungen, die zur Zusammenfassung benötigt werden, exakt an derselben Position bzw. Zelladresse befinden.
- **Konsolidieren nach Spalten- und Zeilenbeschriftungen (Kategorie)**
  In diesem Fall müssen alle Tabellen identische Spalten und Zeilenbeschriftungen besitzen. Dafür spielen die Positionen der jeweiligen Tabellen, genauer gesagt die Zelladressen, keine Rolle.

Beispiel: Konsolidieren nach Kategorie
Da die zweite Variante, Konsolidieren nach Kategorie, wesentlich häufiger benutzt wird, soll nur diese hier genauer beschrieben werden. Beispiel: Jede Filiale speichert die monatlichen Umsatzberichte in einem gesonderten Tabellenblatt bzw. einer anderen Arbeitsmappe. Der Betrieb benötigt nun am Ende des Monats eine Zusammenfassung der Umsätze der Filialen und Warengruppen in einer einzigen Tabelle.

Damit eine Konsolidierung nach Beschriftung/Kategorie möglich ist, sind die Spaltenüberschriften und Bezeichnungen der Warengruppen in allen Blättern identisch. Dass das Warensortiment nicht in allen Filialen gleich ist, spielt dagegen bei der Konsolidierung keine Rolle, so fehlen beispielsweise in der Filiale Nürnberg die Warengruppen

Rollcontainer und Schreibtische. Die Tabellen müssen sich auch nicht zwingend an der selben Position im Tabellenblatt befinden.

Filiale Nürnberg		Monat: Januar
Warengruppe	**Verkaufte Stückzahl**	**Umsatz**
Bürostühle	200	20.000
Lagerregale	600	45.000
Garderoben	2.300	18.000
Aktenschränke	3.000	56.000

Filiale Straubing		Monat: Januar
Warengruppe	**Verkaufte Stückzahl**	**Umsatz**
Bürostühle	500	15.000
Lagerregale	200	23.000
Garderoben	400	12.000
Aktenschränke	1.200	26.000
Rollcontainer	2.000	18.000

Bild 3.43 Beispiel Tabellenblätter

So gehen Sie vor:

1 Markieren Sie in einem weiteren Arbeitsblatt die Zelle, ab der Sie die Zusammenfassung einfügen möchten. Klicken Sie im Register *Daten*, Gruppe *Datentools*, auf *Konsolidieren*.

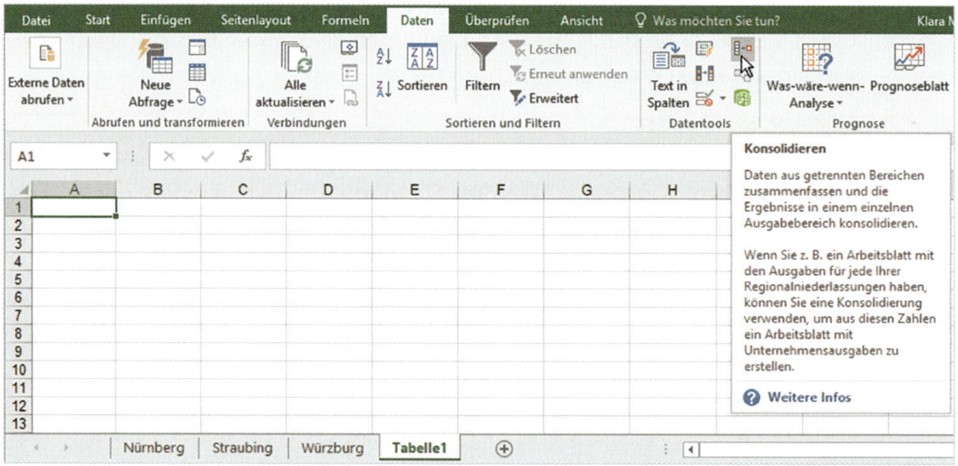

Bild 3.44 Konsolidierung starten

2 Das Dialogfenster *Konsolidieren* wird geöffnet. Wählen Sie im nächsten Schritt die Funktion, mit der die Werte aus den Einzeltabellen zusammengefasst werden sollen, standardmäßig ist dies die Summe.

3 Klicken Sie anschließend in das darunterliegende Feld *Verweis* und markieren Sie den ersten Tabellenbereich einschließlich der Spalten- und Zeilenbeschriftungen. Klicken Sie dann auf die Schaltfläche *Hinzufügen*. Der Zellbereich erscheint nun in der Liste *Vorhandene Verweise*.

Befindet sich die Tabelle in einer anderen Arbeitsmappe, so verwenden Sie die Schaltfläche *Durchsuchen…*, um die Mappe zu öffnen und den Verweis festzulegen.

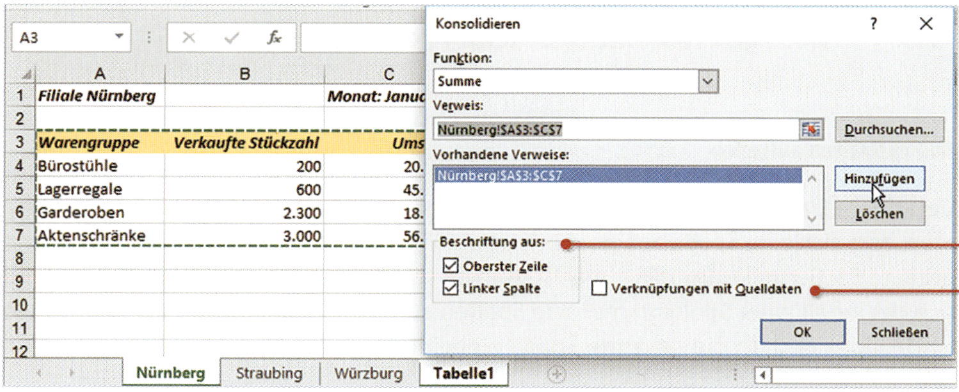

Bild 3.45 Tabellen konsolidieren

4 Wiederholen Sie diesen Schritt für jede der Tabellen und fügen Sie für jede benötigte Tabelle einen Verweis hinzu.

5 Zuletzt aktivieren Sie die beiden Kontrollkästchen *Beschriftung aus Oberster Zeile* und *Linker Spalte*, um die Zeilen- und Spaltenbeschriftungen aus den Tabellen zu übernehmen.

Beschriftung übernehmen

6 Wünschen Sie eine automatische Aktualisierung bei Änderung der Quelldaten, dann müssen Sie auch noch das Kontrollkästchen *Verknüpfungen mit Quelldaten* aktivieren. Achtung: Eine Konsolidierung ist in diesem Fall nur möglich, wenn die Ergebnistabelle in einem gesonderten neuen Tabellenblatt eingefügt wird.

Verknüpfung mit Quelldaten nur in einem neuen Blatt möglich

Klicken Sie abschließend auf *OK*. Excel berechnet die Ergebnistabelle und fügt sie ab der angegebenen Position ein. Haben Sie *Verknüpfungen mit Quelldaten* ausgewählt, erscheint links die Gliederungsspalte, in der Sie per Mausklick auf die Kästchen + und - die Einzeldaten ein- und ausblenden können. Diese sind in einer weiteren Spalte mit den jeweiligen Dateinamen versehen. Stammen dagegen alle Werte aus unterschiedlichen Tabellenblättern einer einzigen Arbeitsmappe, so sehen Sie hier leider ebenfalls nur den Dateinamen. Beachten Sie, dass neu angefügte Datenzeilen oder -spalten der Ausgangstabellen trotzdem nicht berücksichtigt werden. In diesem Fall müssen Sie die betreffenden Tabellen erneut konsolidieren.

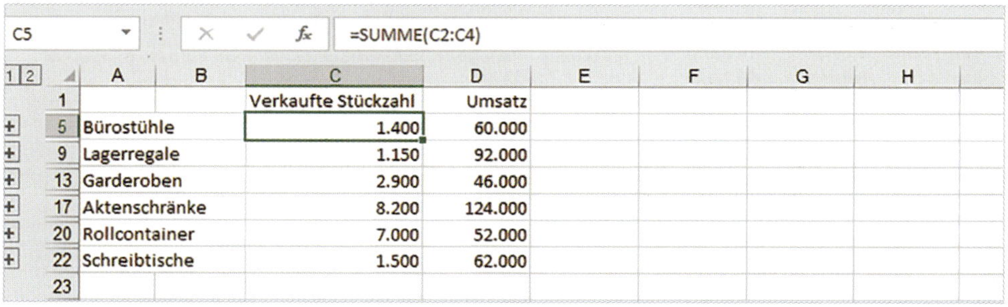

Bild 3.46 Verknüpfte Ergebnistabelle

Haben Sie die Ergebnistabelle ohne Verknüpfung zu den Quelldaten eingefügt, erhalten Sie anstelle der Formeln nur Werte.

3.6 Häufige Probleme in Datenbanken beheben

Text in Spalten aufteilen

Gerade bei Daten, die aus anderen Programmen importiert werden, kann es vorkommen, dass sich eine Spalte aus zwei oder mehr Werten zusammensetzt und somit eine gezielte Sortierung unmöglich macht. Abhilfe schafft das Tool *Text in Spalten*, mit der sich der Inhalt einer Spalte in mehrere Spalten aufteilen lässt. Erforderlich ist dazu ein eindeutiges und für die gesamte Spalte einheitliches Trennzeichen, z. B. Leerzeichen oder Bindestrich.

> Achtung: Wo sollen die neu gebildeten Spalten eingefügt werden? Entweder nach der letzten Spalte oder Sie müssen zuvor die entsprechende Anzahl leerer Spalten an der gewünschten Stelle in die Tabelle einfügen (Register *Start*, *Einfügen*, *Blattspalten einfügen*), da sonst vorhandene Inhalte überschrieben werden.

1 Markieren Sie die aufzuteilende Spalte und klicken Sie im Register *Daten*, Gruppe *Datentools*, auf *Text in Spalten*.

2 Excel startet einen kleinen Textkonvertierungs-Assistenten, der Sie durch die weiteren Schritte führt. Im ersten Schritt wählen Sie für das unten abgebildete Beispiel die Option *Getrennt* und klicken auf *Weiter*.

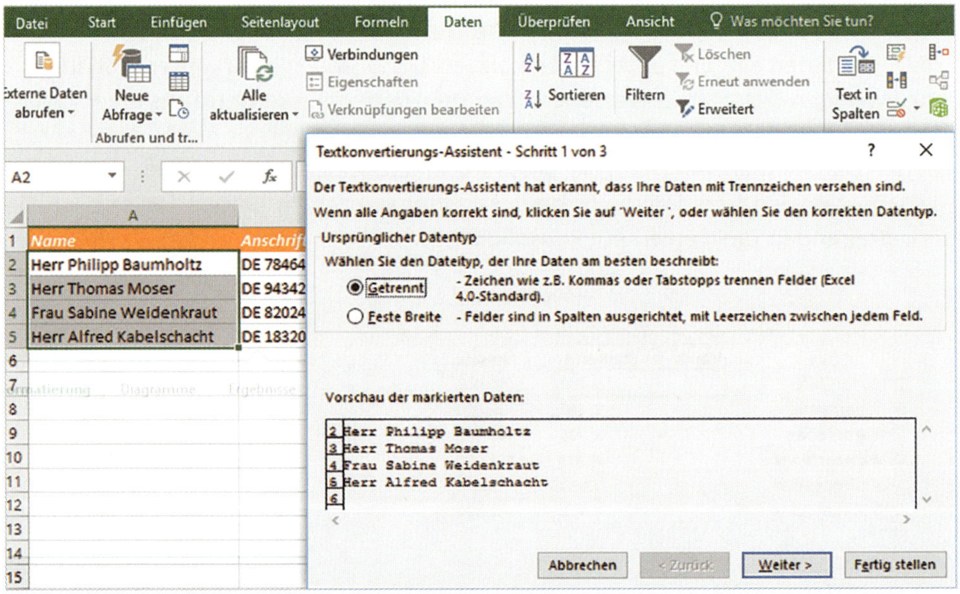

Bild 3.47 Trennzeichen angeben

3 Im nächsten Schritt geben Sie das verwendete Trennzeichen an. Im abgebildeten Beispiel sind Anrede, Vorname und Nachname durch Leerzeichen getrennt. Ak-

tivieren Sie daher das entsprechende *Leerzeichen*, unterhalb können Sie anhand der Datenvorschau das Ergebnis vorab kontrollieren. Klicken Sie auf *Weiter*.

Sollte das Trennzeichen nicht aufgeführt sein, so aktivieren Sie *Andere* und geben das Zeichen im Feld rechts daneben ein.

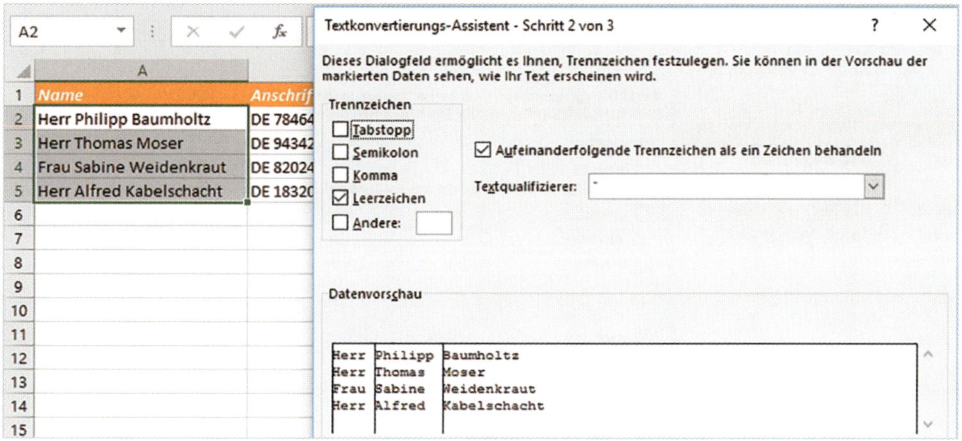

Bild 3.48 Text in Spalten

4 Geben Sie im letzten Schritt als Zielbereich diejenige Zelle an, ab der die neuen Spalten eingefügt werden sollen (in diesem Beispiel ab D2). Optional können Sie auch noch jeder neuen Spalte ein Format zuweisen. Klicken Sie dann auf *Fertigstellen*.

Achtung: Wird kein Zielbereich angegeben, so fügt Excel die neuen Spalten an der bisherigen Stelle ein und vorhandene Inhalte werden überschrieben.

Bild 3.49 Zielbereich wählen

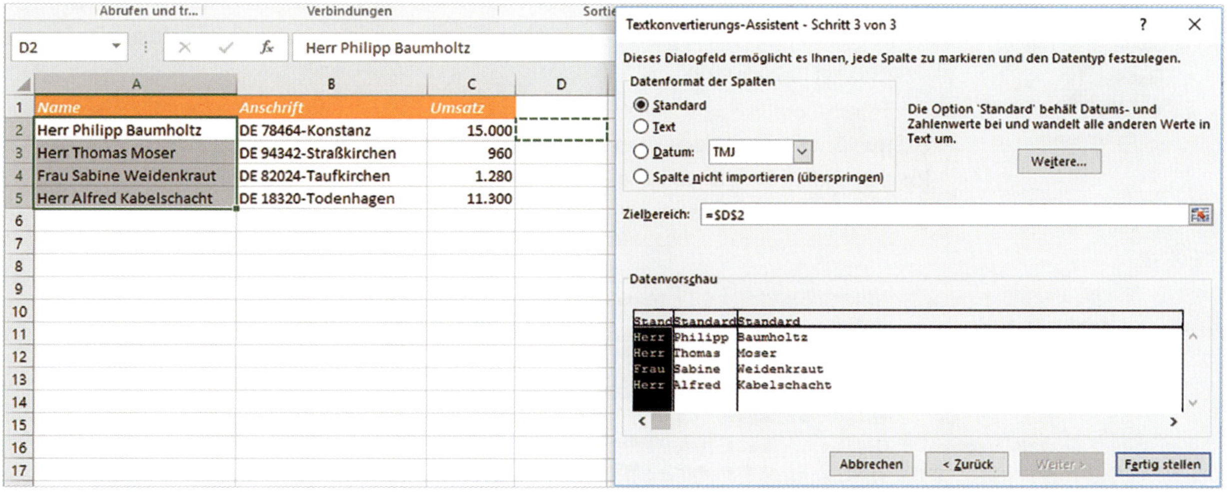

Ist kein einheitliches Trennzeichen vorhanden wie im Bild unten im Fall Anschrift, dann geben Sie beide Zeichen an.

Fügen Sie lieber eine Spalte zuviel als zuwenig ein! Überzählige leere Spalten sind schnell wieder gelöscht.

1 Außerdem sollen dieses Mal die Anschriftspalten links vom Umsatz eingefügt werden, daher müssen Sie zunächst mindestens drei Spalten einfügen.

2 Starten Sie dann, wie oben beschrieben, den Textkonvertierungs-Assistent und aktivieren Sie als Trennzeichen die Kontrollkästchen *Leerzeichen* und *Andere*, daneben geben Sie den Bindestrich ein.

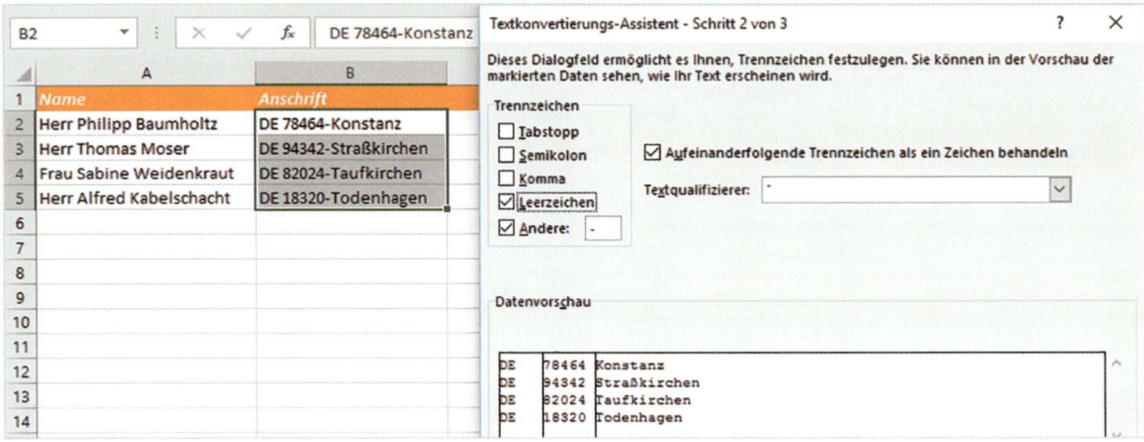

Bild 3.50 Beispiel Anschrift

Duplikate in Tabellen

Ein weiteres häufiges Problem in umfangreichen Tabellen sind Duplikate, also Datensätze, die irrtümlich doppelt erfasst wurden.

Bild 3.51 Duplikate entfernen

Eine Möglichkeit stellt die Schaltfläche *Duplikate entfernen* (Register *Daten*, Gruppe *Datentools*) dar. Im Dialogfenster wählen Sie aus, welche Spalten auf doppelte Werte überprüft werden sollen.

Achtung: Die Duplikate werden nach einem kurzen Hinweis automatisch gelöscht! Dieser Befehl sollte nur mit Vorsicht angewendet werden, da Sie keinerlei Einfluss darauf haben, welches der Duplikate entfernt wird.

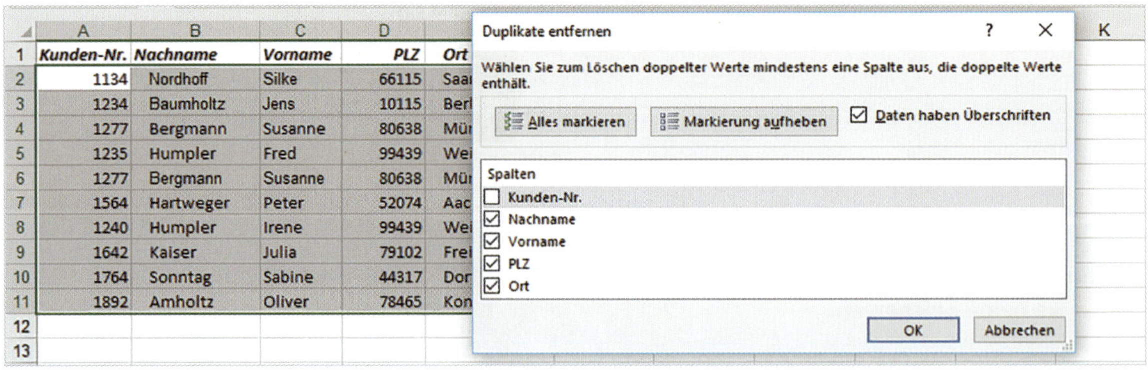

Duplikate mit dem Spezialfilter ausblenden

Wenn Sie die Duplikate einstweilen nur kennzeichnen möchten, dann bietet sich der Spezialfilter an. Dazu gehen Sie wie folgt vor:

1. Vor der Verwendung des Spezialfilters sollten Sie zuerst den gesamten Datenbereich der Tabelle markieren und farbig, z. B. mit roter Schriftfarbe, formatieren. Ein Kriterienbereich wird nicht benötigt.

2. Rufen Sie dann den Spezialfilter auf (Register *Daten*, *Sortieren und Filtern*, *Erweitert*) und geben keinen Kriterienbereich an, sondern aktivieren das Kontrollkästchen *Keine Duplikate*.

Spezialfilter, siehe Seite 119.

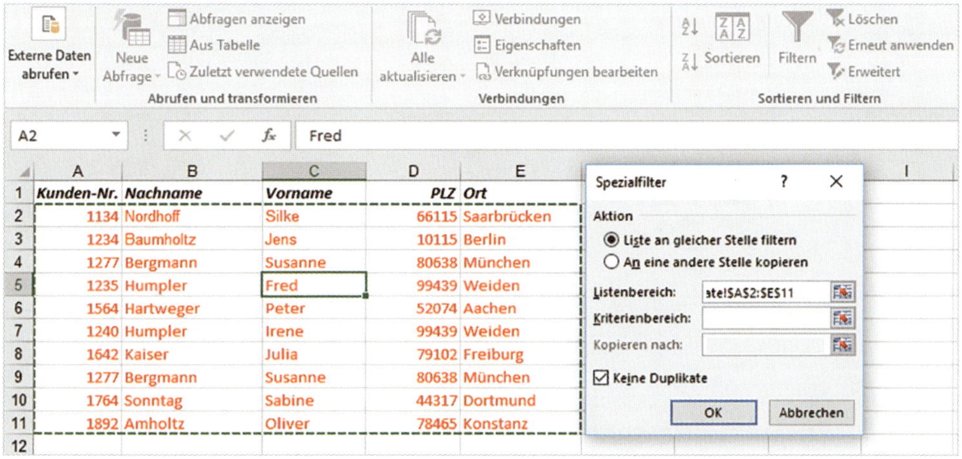

Bild 3.52 Duplikate mit Spezialfilter finden

3. Die Tabelle wird an gleicher Stelle gefiltert, wobei die Duplikate lediglich ausgeblendet sind. Formatieren Sie jetzt die gefilterte Tabelle wieder mit der ursprünglichen Schriftfarbe und entfernen Sie dann den Filter wieder.

4. Alle mit roter Schrift formatierten Zellen sind nun als Duplikate leicht zu erkennen. Wenn Sie nun im nächsten Schritt die Tabelle nach den wichtigsten Merkmalen sortieren, z. B. nach Kundennummer, Nachname und Vorname, können Sie leicht feststellen, ob es sich um echte Duplikate handelt und diese anschließend manuell löschen.

   Nachteil: Diese Methode bezieht immer alle Spalten mit ein, ein doppelt vorhandener Kunde mit zwei unterschiedlichen Kundennummern wird nicht gefunden.

	A	B	C	D	E	F	G	H
1	*Kunden-Nr.*	*Nachname*	*Vorname*	*PLZ*	*Ort*			
2	1892	Amholtz	Oliver	78465	Konstanz			
3	1234	Baumholtz	Jens	10115	Berlin			
4	1277	Bergmann	Susanne	80638	München			
5	1277	Bergmann	Susanne	80638	München			
6	1564	Hartweger	Peter	52074	Aachen			
7	1235	Humpler	Fred	99439	Weiden			
8	1240	Humpler	Irene	99439	Weiden			
9	1642	Kaiser	Julia	79102	Freiburg			
10	1134	Nordhoff	Silke	66115	Saarbrücken			
11	1764	Sonntag	Sabine	44317	Dortmund			

Bild 3.53 Farbig kennzeichnen

Duplikate mit der bedingten Formatierung hervorheben

Siehe nächste Lektion

Eine weitere Möglichkeit stellt die bedingte Formatierung dar, allerdings nur für jeweils eine Spalte. Dazu markieren Sie die betreffende Spalte, klicken im Register *Start* auf *Bedingte Formatierung* und zeigen auf *Regeln zum Hervorheben von Zellen*. Klicken Sie hier auf *Doppelte Werte...* und wählen Sie anschließend eine Formatierung.

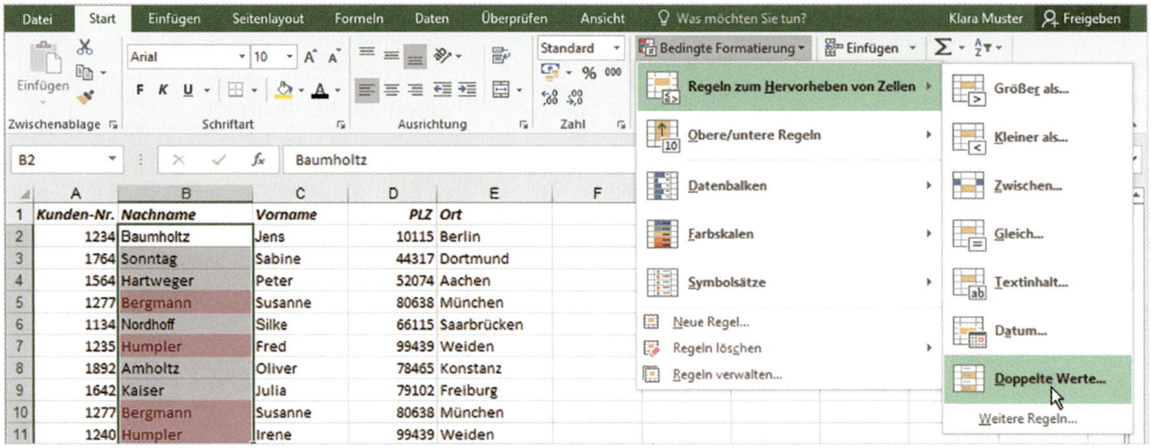

Bild 3.54 Bedingte Formatierung

3.7 Zusammenfassung

- Zusammenhängende Listen oder Datenbanken werden von Excel meist automatisch erkannt. Eine Excel-Datenbank sollte keine leeren Zeilen oder Spalten enthalten, achten Sie daher beim Löschen von Datensätzen darauf, dass die Zeilen vollständig entfernt werden. Um fehlerhafte Eingaben zu vermeiden, können Gültigkeitskriterien oder Auswahlfelder (Dropdown) definiert werden.
- Die wichtigsten Datenbankfunktionen sind Sortieren und Filtern. Die benutzerdefinierte Sortierung erlaubt eine erweiterte Sortierung nach mehreren Spalten sowie nach Farben. Zum schnellen Filtern steht Ihnen der einfache oder AutoFilter zu Verfügung, komplexe Filterkriterien definieren Sie besser als Spezialfilter in einem eigenen Kriterienbereich.
- Teilergebnisse erlauben eine schnelle Auswertung über Gruppen von Datensätzen, beachten Sie aber, dass die Tabelle unbedingt nach der entsprechenden Spalte sortiert sein muss.
- Wenn Sie einen Zellbereich als Tabelle formatieren, dann erhalten Sie gleichzeitig einen Tabellenbereich, der beim nachträglichen Hinzufügen neuer Datensätze automatisch erweitert wird. Formate und Formeln werden ebenfalls automatisch übernommen. Zusätzlich zu den normalen Filter- und Sortierfunktionen können in Tabellen auch Datenschnitte zum Filtern eingesetzt werden.

4 Werkzeuge zur Datenanalyse

In diesem Kapitel lernen Sie...

- Optische Analyse mit der bedingten Formatierung
- Datentabellen mit einer oder zwei Variablen berechnen (Mehrfachoperation)
- Szenarien erstellen und verwalten (Was-wäre-wenn)
- Zielwertsuche und Prognoseblatt

Das sollten Sie bereits wissen

- Formeln und Funktionen
- Arbeiten mit Namen

4.1 Bedingte Formatierung

Mit der bedingten Formatierung lassen sich Zellen oder Zellbereiche, abhängig vom Inhalt, optisch hervorheben. Gegenüber älteren Versionen verfügt Excel 2016 über einen erheblich erweiterten Funktionsumfang. Sie finden die Schaltfläche *Bedingte Formatierung* im Register *Start*, Gruppe *Formatvorlagen*.

Auch die *Schnellanalyse* enthält im Register *Formatierung* eine Auswahl der am häufigsten verwendeten bedingten Formatierungsmöglichkeiten. Die Schaltfläche *Schnellanalyse* erscheint im Tabellenblatt, sobald Sie einen Zellbereich markieren.

Bild 4.1 Schnellanalyse - Bedingte Formatierung

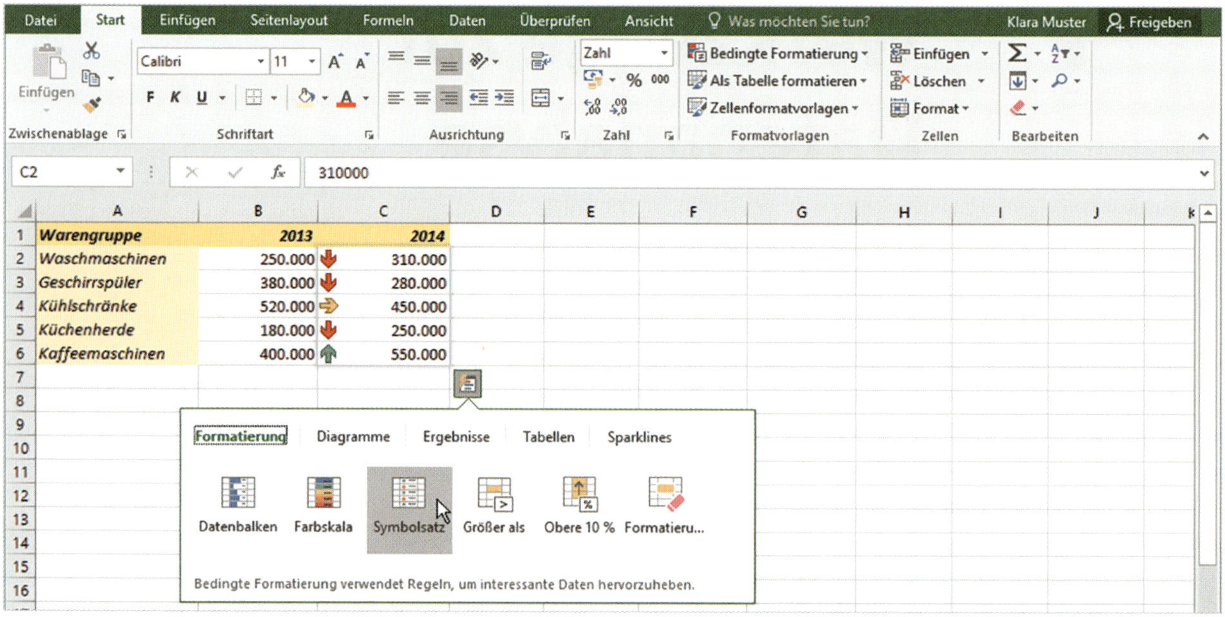

Für alle bedingten Formatierungen gilt:

- Ändert sich der Wert einer Zelle, so ändert sich auch die Formatierung entsprechend der zugrundeliegenden Regel.
- Auf einen Zellbereich können auch mehrere bedingte Formatierungen gleichzeitig angewendet werden.
- Da Excel Farbabstufungen und Balkenlänge automatisch anhand des markierten Wertebereichs festlegt, müssen Sie darauf achten, nur diejenigen Werte zu markieren, die Sie unmittelbar miteinander vergleichen möchten. Markieren Sie also z. B. immer nur ein bestimmtes Jahr, anstatt Jahre über mehrere Spalten hinweg.

Vorlagen und einfache Regeln

Am einfachsten gestaltet sich die Verwendung von grafischen Vorlagen. Markieren Sie den Zellbereich, klicken Sie auf *Bedingte Formatierung* und zeigen Sie auf *Datenbalken*, *Farbskalen* oder *Symbolsätze*. Es erscheinen verschiedene Vorlagen und bereits beim Zeigen erhalten Sie an den markierten Zellen im Tabellenblatt eine Vorschau. Mit einem Klick übernehmen Sie die Vorlage.

- Mit der Auswahl *Datenbalken* werden die Zellen, entsprechend Ihres Wertes, mit farbigen Balken hinterlegt, vergleichbar einem Balkendiagramm.
- Die Auswahl *Farbskalen* hebt die höchsten und niedrigsten Werte hervor.
- Über *Symbolsätze* versehen Sie die Zellen mit Symbolen, z. B. Ampelsymbolen oder Pfeilen.

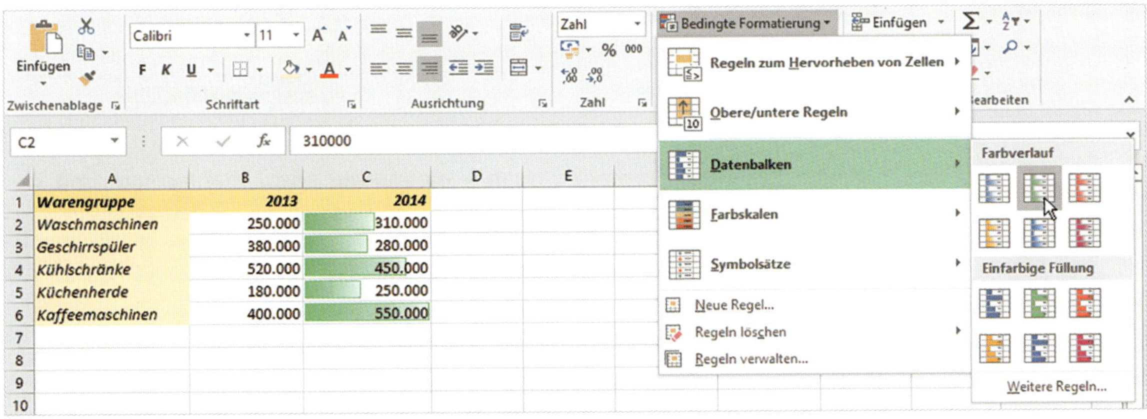

Bild 4.2 Beispiel Datenbalken

Einfache Vergleichsregeln

Eine andere Möglichkeit besteht darin, die Zellen anhand von Vergleichswerten hervorzuheben. Damit können beispielsweise alle Zellen farbig gekennzeichnet werden, deren Werte über oder unter einem bestimmten Wert (*Regeln zum Hervorheben von Zellen*) oder dem Durchschnitt (*Obere/untere Regeln*) liegen.

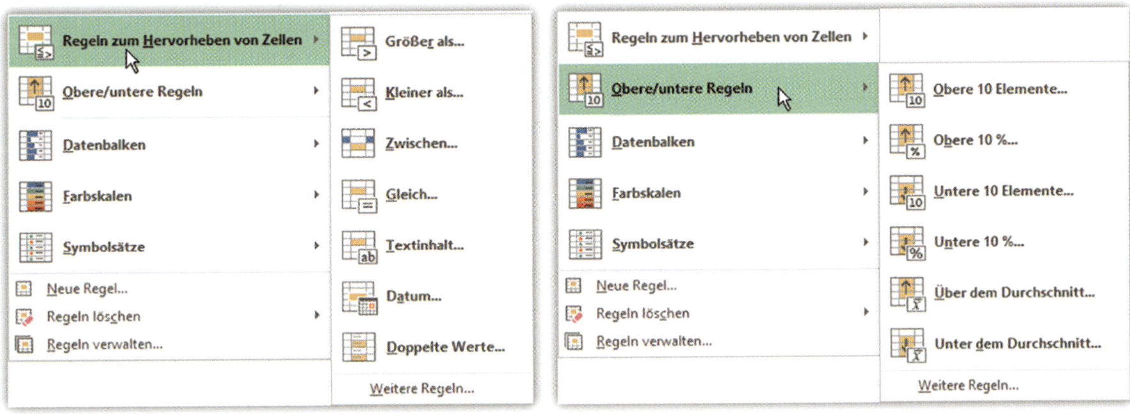

Bild 4.3 Regelkategorie auswählen

1 Dazu markieren Sie wieder zuerst den Zellbereich, dem Sie die bedingte Formatierung zuweisen möchten. Klicken Sie dann auf *Bedingte Formatierung*, zeigen Sie auf eine Regelkategorie und klicken Sie auf die gewünschte Regel, z. B. *Größer als*.

2 Geben Sie den Vergleichswert ein, dies kann auch ein Zellbezug sein und wählen Sie eine Formatierung. Die Auswahl *benutzerdefiniertem Format...* öffnet das Dialogfenster *Zellen formatieren* und Sie können Ihr eigenes Format zusammenstellen.

Bild 4.4 Format auswählen

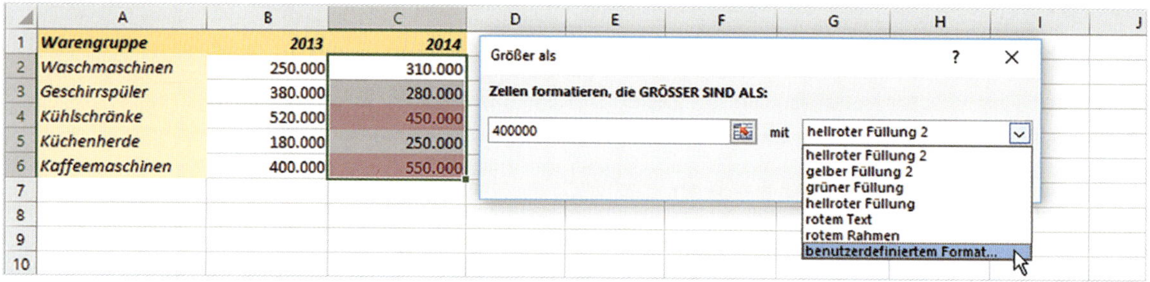

Tipp: Einfache bedingte Formatierungen können, wie alle Zellenformate, mit der Schaltfläche *Format übertragen* (Pinsel) schnell auf andere Zellbereiche kopiert werden.

Bedingte Formate wieder entfernen

Bedingte Formatierungen ließen sich auch mit der Schaltfläche Löschen - Formate löschen entfernen, allerdings werden dann auch z. B. vorhandene Zahlenformate gelöscht.

Vorsicht beim Ausprobieren von Formaten! Bereits vorhandene bedingte Formatierungen werden nicht ersetzt, Sie sollten also Formatierungen, die Ihnen nicht mehr zusagen, auch wieder löschen.

Klicken Sie auf *Bedingte Formatierung* und auf *Regeln löschen*. Wählen Sie dann, ob Sie alle Regeln im markierten Zellbereich oder im gesamten Tabellenblatt löschen möchten. Den Befehl (bedingte) *Formatierungen löschen* erhalten Sie auch, wenn Sie auf die Schaltfläche *Schnellanalyse* klicken.

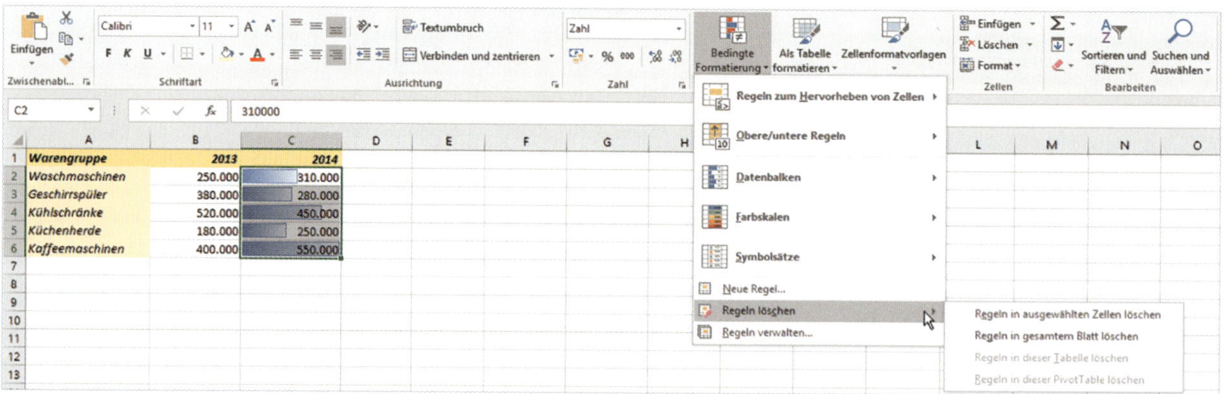

Bild 4.5 Regeln löschen

Datumswerte hervorheben

Die bedingte Formatierung eignet sich auch hervorragend für Datumswerte. Ein Beispiel: Sie möchten in einer Tabelle mit Datumswerten alle Tage der aktuellen Woche hervorheben. Markieren Sie die Spalte mit den Datumswerten, klicken Sie auf *Bedingte Formatierung* und zeigen Sie auf *Regeln zum Hervorheben von Zellen*. Klicken Sie auf *Datum…* und wählen Sie aus der Dropdown-Liste den Eintrag *Diese Woche*. Daneben legen Sie die gewünschte Formatierung fest.

Stattdessen oder zusätzlich lassen sich auch das aktuelle Datum und/oder der gesamte Monat hervorheben.

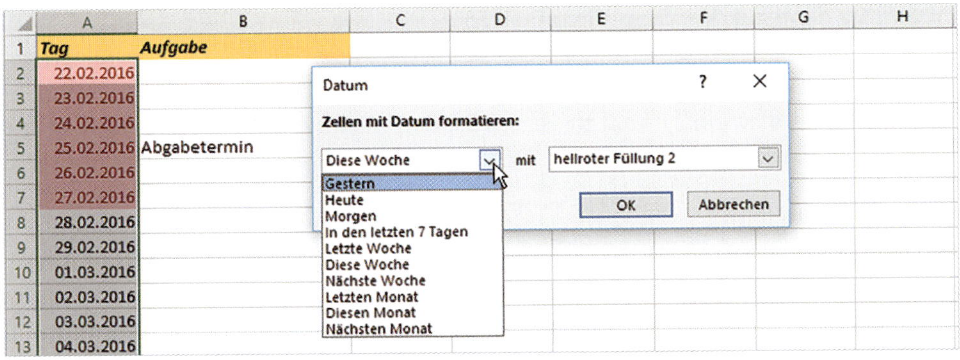

Bild 4.6 Datumswerte mit Vergleichsregeln hervorheben

Eigene Regeln definieren

Zur Definition eigener Regeln klicken Sie auf *Bedingte Formatierung* und auf *Neue Regel...* und erstellen die Regeln im Dialogfenster *Neue Formatierungsregel*. Hier können Sie zur Regelbeschreibung auch Formeln verwenden, eigene Farbskalen definieren und nicht nur einzelne Zellen, sondern auch ganze Tabellenzeilen hervorheben.

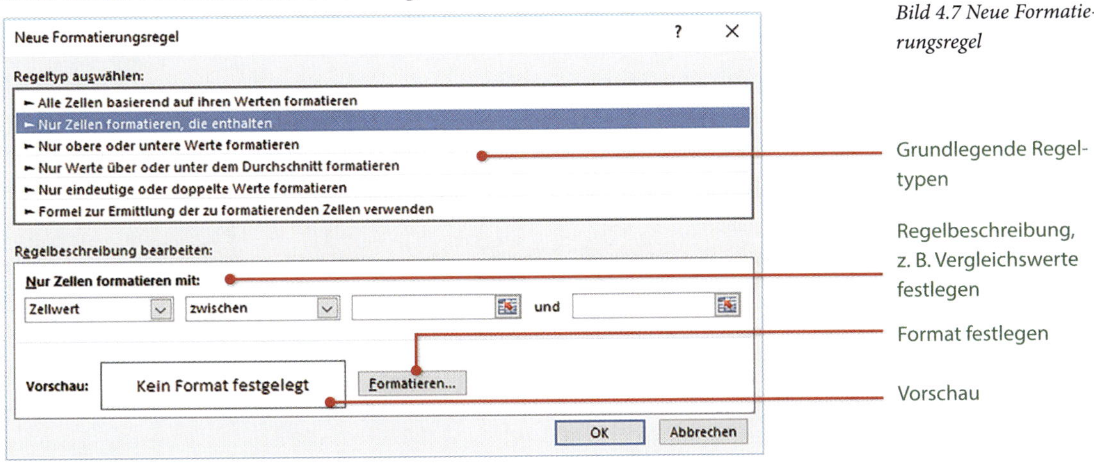

Bild 4.7 Neue Formatierungsregel

1 Zuerst wählen Sie den grundlegenden Regeltyp aus. Der Typ *Nur Zellen formatieren, die enthalten* entspricht der Kategorie *Regeln zum Hervorheben von Zellen*.

Wenn Sie eine Formel verwenden möchten, dann benötigen Sie den Typ *Formel zur Ermittlung der formatierenden Zellen verwenden*.

2 Abhängig vom markierten Regeltyp bearbeiten Sie darunter die Regelbeschreibung. Geben Sie einen Vergleichswert, eine Formel oder eine Funktion ein.

3 Zuletzt wählen Sie über die Schaltfläche *Formatieren...* eine Formatierung.

Beispiel Farbskalen definieren

Öffnen Sie das Fenster *Neue Formatierungsregel* und klicken Sie auf den Regeltyp *Alle Zellen basierend auf ihren Werten formatieren*.

Klicken Sie dann auf den Dropdown-Pfeil *Formatstil* und wählen Sie zwischen *2-* bzw. *3-Farbenskala*, *Datenbalken* und *Symbolsätzen*. Anschließend legen Sie unter *Minimum*, *Mittelpunkt* und *Maximum* fest, wie diese Werte gewählt werden sollen und weisen ihnen eine Farbe, bzw. ein Symbol zu. Haben Sie den Wertetyp *Zahl*, *Prozent* oder *Formel* ausgewählt, so müssen Sie unterhalb auch noch die entsprechenden Werte eintragen.

Bild 4.8 Farbskala bearbeiten

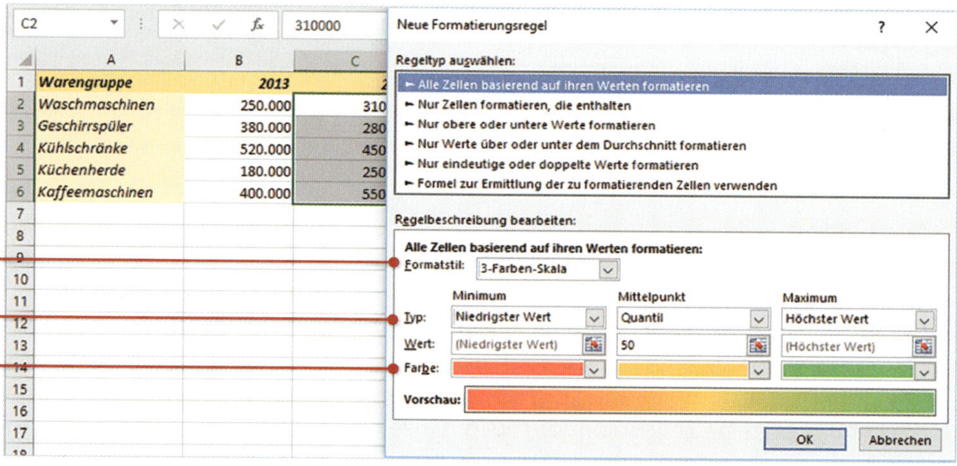

Ganze Zeile anstatt von Zellen hervorheben

Sie möchten die unten abgebildete Tabelle mit Quartalsumsätzen so formatieren, dass nicht nur die Zelle mit dem höchsten Jahresumsatz (Spalte *Summe*), sondern die gesamte Zeile bzw. Warenguppe hervorgehoben wird.

Bild 4.9 Zeilen hervorheben

	A	B	C	D	E	F	G	H	I
1	*Warengruppe*	*1. Quartal*	*2. Quartal*	*3. Quartal*	*4. Quartal*	*Summe*			
2	*Waschmaschinen*	15.000	66.300	39.500	41.000	161.800			
3	*Trockner*	12.600	7.500	12.000	12.400	44.500			
4	*Küchenherde*	28.000	15.000	26.000	31.000	100.000			
5	**Kühlschränke**	**20.000**	**63.000**	**48.900**	**59.000**	**190.900**			
6	*Geschirrspüler*	18.000	16.900	23.000	28.500	86.400			
7									

Formelergebnis muss ein Wahrheitswert sein

Für diese Regel benötigen Sie eine Formel. Beachten Sie, dass zur bedingten Formatierung nur Formeln und Funktionen verwendet werden können, die als Ergebnis die Werte WAHR oder FALSCH liefern.

1 Markieren Sie den zu formatierenden Zellbereich A2:F6, klicken Sie auf *Bedingte Formatierung* und auf *Neue Regel...*.

2 Klicken Sie auf den Regeltyp *Formel zur Ermittlung der zu formatierenden Zellen verwenden*.

3 Geben Sie unter *Regelbeschreibung bearbeiten* die Formel oder Funktion zusammen mit einem Gleichheitszeichen (=) ein.

Um den höchsten Jahresumsatz zu ermitteln, müssen Sie für jede Zeile die Werte in Spalte F mit dem höchsten Wert (Funktion MAX) dieser Spalte vergleichen. Der Bezug auf Spalte F muss also konstant bleiben und Sie benötigen gemischte Zellbezüge. Die Formel muss in diesem Beispiel lauten:

```
=$F2:$F6=MAX($F$3:$F$6)
```

4 Zuletzt legen Sie über die Schaltfläche *Formatieren...* das gewünschte Format, beispielsweise eine Füllfarbe fest und bestätigen mit *OK*.

Bild 4.10 Formatierungsregel mit einer Formel erstellen

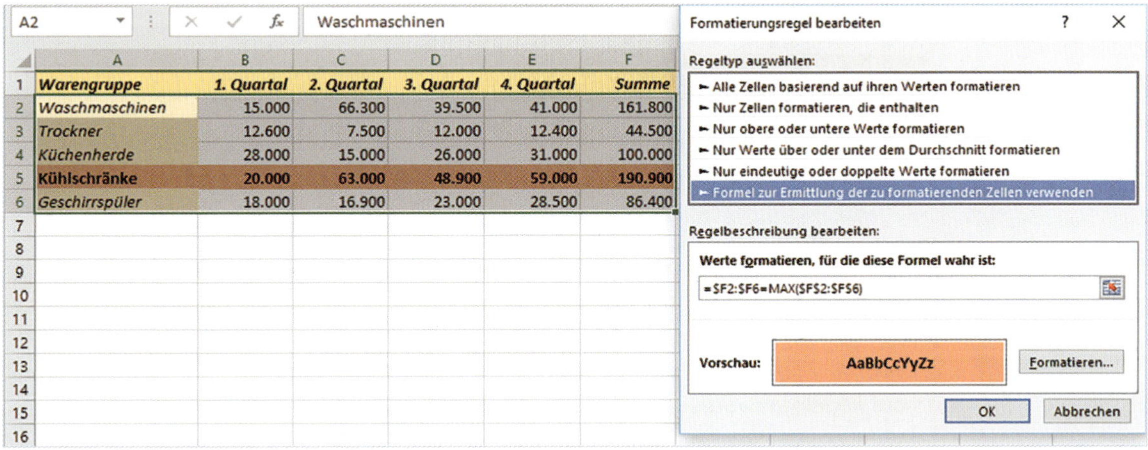

Wochentage im Kalender hervorheben

In einem Kalender, z. B. zur monatlichen Einsatzübersicht, sollen die Wochenenden (Samstage und Sonntage) automatisch farbig hervorgehoben und zusätzlich das aktuelle Datum mit einer weiteren Farbe gekennzeichnet werden. Auf diese Weise kann das Blatt beliebig kopiert werden und Sie brauchen später nur noch die Datumswerte des entsprechenden Monats eintragen.

Dazu markieren Sie wieder den zu formatierenden Zellbereich, klicken auf *Neue Regel...* und wählen den Regeltyp *Formel zur Ermittlung der zu formatierenden Zellen verwenden*. Geben Sie folgende Formel ein:

Zur Syntax der Funktion WOCHENTAG lesen Sie Kapitel 2.6, Datumsfunktionen.

```
=WOCHENTAG($B2:$B31;2)>=6
```

Legen Sie dann noch die gewünschte Formatierung fest und klicken Sie auf *OK*. Zum Erstellen der zweiten Regel, die das aktuelle Datum hervorhebt, markieren Sie wieder die gesamte Tabelle, öffnen das Fenster *Neue Formatierungsregel* und geben die folgende Formel ein:

```
=$B2:$B31 = HEUTE()
```

Zuletzt weisen Sie auch dieser Regel eine Formatierung zu und klicken auf *OK*.

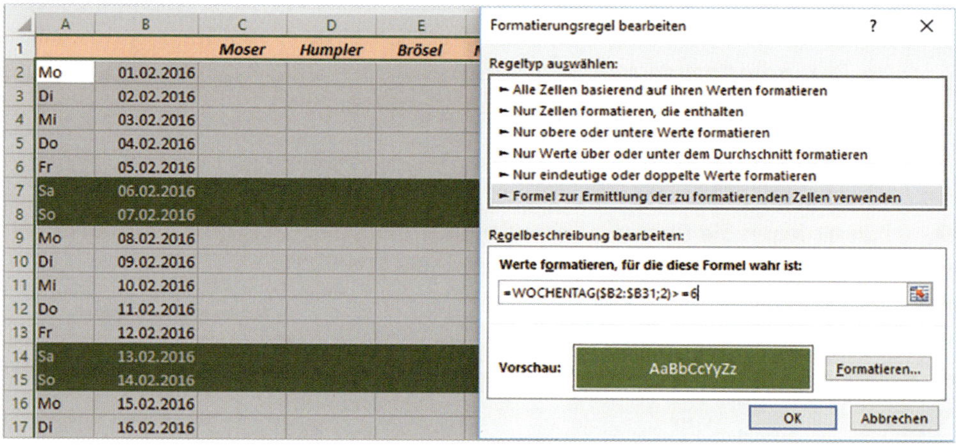

Bild 4.11 Wochentage hervorheben

Regeln verwalten

Wenn Sie nachträglich die Regeln für die bedingte Formatierung kontrollieren, bearbeiten oder ggfs. löschen möchten, dann erledigen Sie dies im *Manager für Regeln für die bedingte Formatierung*. Dazu klicken Sie im Menüband auf *Bedingte Formatierung* und auf *Regeln verwalten...*.

> Damit alle Regeln des aktuellen Arbeitsblattes angezeigt werden, sollten Sie zunächst im Feld *Formatierungsregeln anzeigen für* auf den Pfeil klicken und *Dieses Arbeitsblatt* auswählen.

Arbeitsblatt auswählen

Reihenfolge ändern

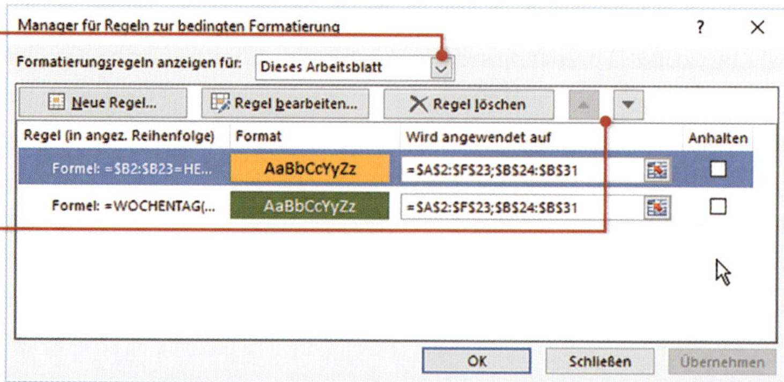

Bild 4.12 Regeln bearbeiten und löschen

- Zum Bearbeiten bzw. Ändern markieren Sie die Regel und klicken auf *Regel bearbeiten....* Über weitere Schaltflächen löschen Sie die markierte Regel oder erstellen eine neue Regel. Falls Sie eine neue Regel erstellen möchten, können Sie unter *Wird angewendet auf* auch gleich den dazugehörigen Zellbereich festlegen.
- Über Pfeile können Sie bei Bedarf die Rangfolge der Regeln ändern. Dies ist wichtig beim Vorhandensein mehrerer Regeln, die sich gegenseitig überschneiden. So kann es beispielsweise vorkommen, dass eine Zelle nach der einen Regel eine grüne Füllfarbe erhält, nach der anderen Regel aber eine rote. In diesem Fall kommt die Regel mit der höheren Rangfolge zur Anwendung.
- Die Kontrollkästchen *Anhalten* sind dagegen nur dann von Bedeutung, wenn Sie die Mappe mit einer alten Version von Excel öffnen und bearbeiten möchten. Da hier nur maximal drei Regeln unterstützt werden, können Sie auf diese Weise Regeln deaktivieren.

4.2 Datentabellen berechnen (Mehrfachoperation)

In vielen Fällen leisten Vergleichsberechnungen oder Was-wäre-wenn-Analysen gute Dienste. Dazu gehören auch Tabellen, die eine Formel oder Funktion mit jeweils unterschiedlichen Werten berechnen. Excel unterstützt unter der Bezeichnung Datentabellen die Berechnung von Tabellen mit einer oder zwei Variablen, in älteren Excel-Versionen wurden diese auch als Mehrfachoperation bezeichnet.

Datentabelle mit einer Variablen

Formel mit verschiedenen Werten berechnen

Nehmen wir als Beispiel eine einfache Zinsberechnung: Ein Sparer legt jeden Monat einen festen Betrag an und möchte nun wissen, mit welchem Betrag er in 5 Jahren rechnen kann und wie unterschiedliche Zinsen das Ergebnis beeinflussen.

1 Im ersten Schritt wird im Bild unten in C6 mit der Funktion ZW der Endwert/Zinswert berechnet, diese benötigt die Argumente: Zinssatz (*Zins*), Zahlungszeitraum (*Zzr*) und mit *Rmz* die regelmäßige, in diesem Fall monatliche Zahlung.

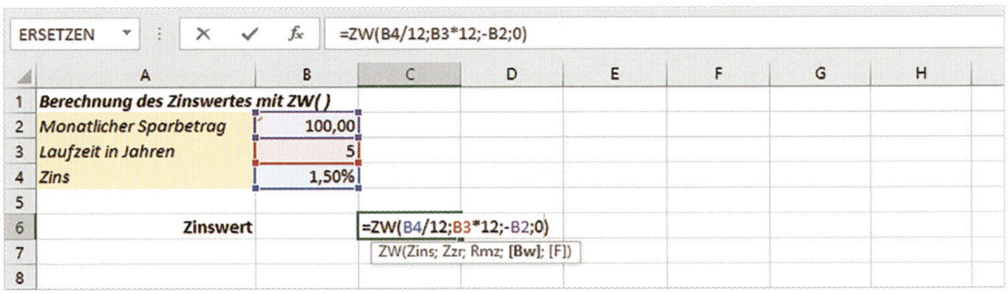

Bild 4.13 Mit ZW den Zinswert berechnen

Beachten Sie, dass von Ihnen zu leistende Beträge mit einem negativen Vorzeichen eingegeben werden sollten, da Sie sonst ein negatives Ergebnis erhalten.

2 Anschließend geben wir die verschiedenen Zinssätze der zukünftigen Datentabelle untereinander ein. Da die Ergebnisse immer unterhalb der ursprünglichen Formel berechnet werden, müssen in unserem Beispiel die Zinssätze im Bereich B7:B14 eingegeben werden.

3 Im nächsten Schritt markieren Sie den gesamten Bereich der zu berechnenden Datentabelle einschließlich der Formel, also den Zellbereich B6 bis C14, siehe Bild unten. Klicken Sie dann im Register *Daten*, Gruppe *Prognose*, auf Schaltfläche *Was-wäre-wenn-Analyse* und wählen *Datentabelle*....

4 Nun müssen Sie im Fenster *Datentabelle* angeben, welches Argument der Formel, bzw. welcher Wert durch die variablen Werte ersetzt werden soll.

Im Beispiel unten ist dies der Zins in B4. Da sich Zinssätze sich in einer Spalte untereinander befinden, müssen Sie in das Feld *Spalte* klicken und hier die Zelle B4 mit dem Zins angeben. Klicken Sie dann auf *OK*.

Bild 4.14 Datentabelle berechnen

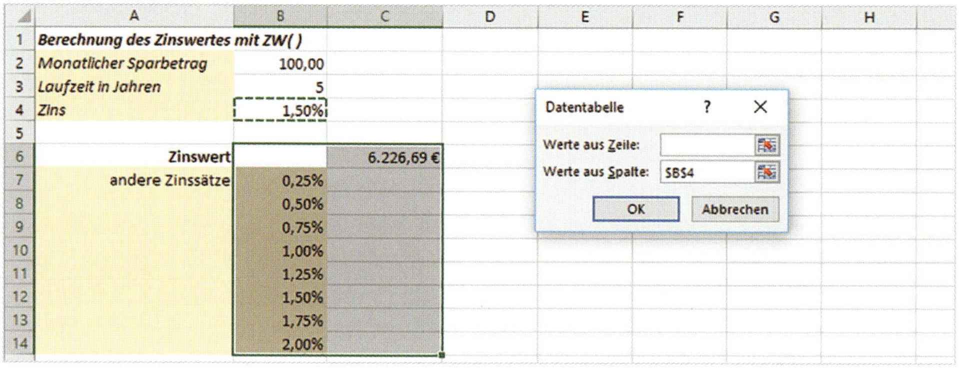

	A	B	C
1	*Berechnung des Zinswertes mit ZW( )*		
2	*Monatlicher Sparbetrag*	100,00	
3	*Laufzeit in Jahren*	5	
4	*Zins*	1,50%	
5			
6	Zinswert		6.226,69 €
7	andere Zinssätze	0,25%	
8		0,50%	
9		0,75%	
10		1,00%	
11		1,25%	
12		1,50%	
13		1,75%	
14		2,00%	

Beim Anklicken dieser Zelle verwendet Excel automatisch einen festen (absoluten) Zellbezug.

Siehe Lektion 1.7.

Die Ergebnistabelle wurde mit einer Matrixformel mit der Funktion MEHRFACHOPERATION als Matrixformel berechnet. Sie können nun die Tabelle beliebig formatieren, beachten Sie aber, dass einzelne Formeln einer Matrixformel nicht geändert oder gelöscht werden können.

Bild 4.15 Ergebnistabelle

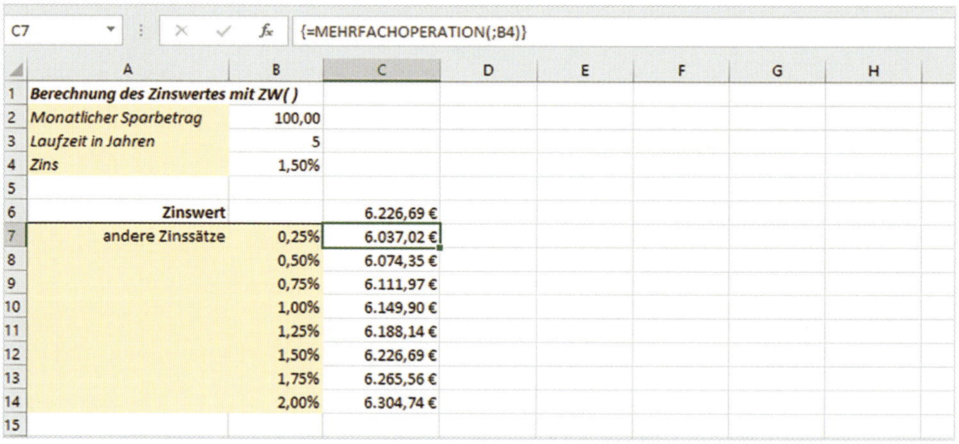

	A	B	C
1	*Berechnung des Zinswertes mit ZW( )*		
2	*Monatlicher Sparbetrag*	100,00	
3	*Laufzeit in Jahren*	5	
4	*Zins*	1,50%	
5			
6	Zinswert		6.226,69 €
7	andere Zinssätze	0,25%	6.037,02 €
8		0,50%	6.074,35 €
9		0,75%	6.111,97 €
10		1,00%	6.149,90 €
11		1,25%	6.188,14 €
12		1,50%	6.226,69 €
13		1,75%	6.265,56 €
14		2,00%	6.304,74 €
15			

Mehrfachoperation mit zwei Variablen

Datentabellen können auch mit zwei veränderbaren Werten berechnet werden. So lässt sich das vorherige Beispiel erweitern, indem Sie neben den Zinsen noch verschiedene Laufzeiten einbeziehen. Ergänzen Sie dazu die zuvor verwendete Tabelle um eine Zeile mit den verschiedenen Laufzeiten, diese müssen sich in der selben Zeile wie die Formel befinden. Die Zinsen werden unterhalb in die gleiche Spalte wie die Formel eingetragen.

> Beachten Sie die Position der Formel! Diese muss sich in der linken oberen Ecke der zu berechnenden Datentabelle befinden, siehe Bild unten.

1 Markieren Sie wieder den Zellbereich, in dem die Datentabelle berechnet werden soll, einschließlich der Werte in den Spalten- und Zeilenüberschriften. Klicken Sie auf *Was-wäre-wenn-Analyse* und wählen Sie *Datentabelle....*

2 Da in der Datentabelle die ursprüngliche Laufzeit in B3 nacheinander durch die Werte der Zeile neben der Formel ersetzt werden soll, tragen Sie in das Feld *Werte aus Zeile* die Adresse $B$3 ein, im Feld *Werte aus Spalte* geben Sie wieder den Zins, also $B$4, an und bestätigen mit *OK*.

Bild 4.16 Datentabelle mit zwei variablen Werten berechnen

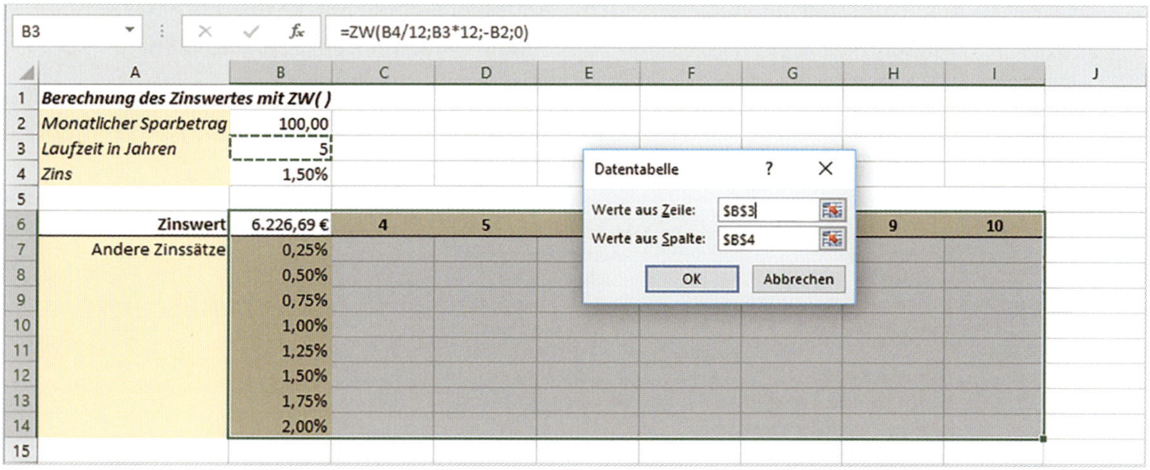

Bild 4.17 Das Ergebnis

	A	B	C	D	E	F	G	H	I
5						Laufzeit in Jahren			
6	Zinswert	6.226,69 €	4	5	6	7	8	9	10
7	Andere Zinssätze	0,25%	4.823,58 €	6.037,02 €	7.253,51 €	8.473,04 €	9.695,62 €	10.921,27 €	12.149,98 €
8		0,50%	4.847,30 €	6.074,35 €	7.307,54 €	8.546,92 €	9.792,50 €	11.044,33 €	12.302,44 €
9		0,75%	4.871,18 €	6.111,97 €	7.362,11 €	8.621,64 €	9.890,66 €	11.169,23 €	12.457,42 €
10		1,00%	4.895,21 €	6.149,90 €	7.417,20 €	8.697,23 €	9.990,12 €	11.295,99 €	12.614,99 €
11		1,25%	4.919,40 €	6.188,14 €	7.472,84 €	8.773,69 €	10.090,89 €	11.424,65 €	12.775,17 €
12		1,50%	4.943,74 €	6.226,69 €	7.529,02 €	8.851,02 €	10.192,99 €	11.555,22 €	12.938,03 €
13		1,75%	4.968,24 €	6.265,56 €	7.585,76 €	8.929,25 €	10.296,45 €	11.687,76 €	13.103,61 €
14		2,00%	4.992,90 €	6.304,74 €	7.643,05 €	9.008,39 €	10.401,28 €	11.822,28 €	13.271,97 €
15									

Falls Sie die Formel in der linken oberen Ecke der Tabelle als störend empfinden, formatieren Sie diese Zelle am einfachsten mit weißer Schriftfarbe.

4.3 Szenarien erstellen und verwalten

Mehrere Szenarien speichern und vergleichen

Im Gegensatz zu Mehrfachoperationen mit maximal zwei Variablen, berücksichtigen Szenarien auch mehr als zwei veränderbare Werte. Die Ergebnisse können gespeichert, miteinander verglichen und in einer Ergebnistabelle zusammengefasst werden. Ein Szenario stellt in Excel ein Berechnungsmodell dar, das eine Fragestellung mit mehreren veränderlichen Werten durchspielt. Mehrere Szenarien bilden somit eine komplette „Was-Wäre-Wenn-Analyse".

Tabelle mit Ausgangswerten erstellen

Nehmen wir das Beispiel eines Autokaufs. Sie haben die Wahl zwischen verschiedenen Modellen, hinzu kommen unterschiedliche Rabatte und Angebote für die Inzahlungnahme Ihres alten Fahrzeugs. Zusätzlich sind noch die laufenden Kosten zu berücksichtigen, also Verbrauch, Steuern und Versicherungen. Wie hoch wären die Kosten beim Kauf von Modell A mit einem relativ niedrigen Anschaffungspreis und einem hohen Kraftstoffverbrauch, verglichen mit Modell B. Wie wirken sich eine höhere Fahrleistung pro Jahr oder ein geringerer Verbrauch aus? Zusätzlich ließe sich daraus auch noch ermitteln, mit welchen durchschnittlichen jährlichen Kosten bei einer geplanten Nutzungsdauer von 10 Jahren zu rechnen wäre. Mit dem Szenario-Manager können Sie alle diese Planspiele in einer einzigen Tabelle durchführen.

Im ersten Schritt legen Sie eine Tabelle mit allen Werten für das erste Fahrzeugmodell an und berechnen die erforderlichen Formeln.

Bild 4.18 Tabelle anlegen

	A	B	C	D	E	F	G	H
1		**Modell A**						
2	Listenpreis	28.000						
3	Rabatt	10%	2.800					
4	Inzahlungsnahme altes Fahrzeug	2.500						
5	**Anschaffungspreis**	**22.700**						
6								
7	Verbrauch/100 km	3,8						
8	Jährliche Fahrleistung km	20.000						
9	Benzin- Dieselpreis/Liter	1,20	912					
10	Steuern/Jahr	250						
11	Versicherung/Jahr	760						
12	**Laufende Kosten pro Jahr**	**1.922**						
13								

Szenarien unterscheiden zwischen veränderbaren Zellen und Ergebniszellen

- Veränderbare Zellen enthalten diejenigen Werte, die Sie in den verschiedenen Szenarien verändern wollen, also z. B. Rabatt, Listenpreis, Steuern, Versicherung usw..
- Ergebniszellen enthalten Formeln, deren Ergebnisse Sie vergleichen möchten. Im Beispiel sind dies der Anschaffungspreis in B5 und die Summe der laufenden jährlichen Kosten in B12.

Namen vergeben

Im nächsten Schritt sollten Sie unbedingt Namen für alle Zellen vergeben, die Sie in das Szenario einbeziehen möchten, also sowohl für veränderbare Zellen als auch für Ergebniszellen.

Aus den Namen für die veränderbaren Zellen erstellt Excel eine Dateneingabemaske für die Werte und auch im zusammenfassenden Bericht zum Vergleich der verschiedenen Szenarien erscheinen dann die Namen anstelle der Zelladressen.

Siehe Kap. 1.3.

Am schnellsten geht dies, wenn Sie einfach den dazugehörigen Text als Name übernehmen. Markieren Sie dazu die Werte zusammen mit der Beschriftung in der linken Spalte und klicken Sie im Register *Formeln*, Gruppe *Definierte Namen*, auf *Aus Auswahl erstellen*. Wählen Sie aus *Linker Spalte* und klicken Sie auf *OK*.

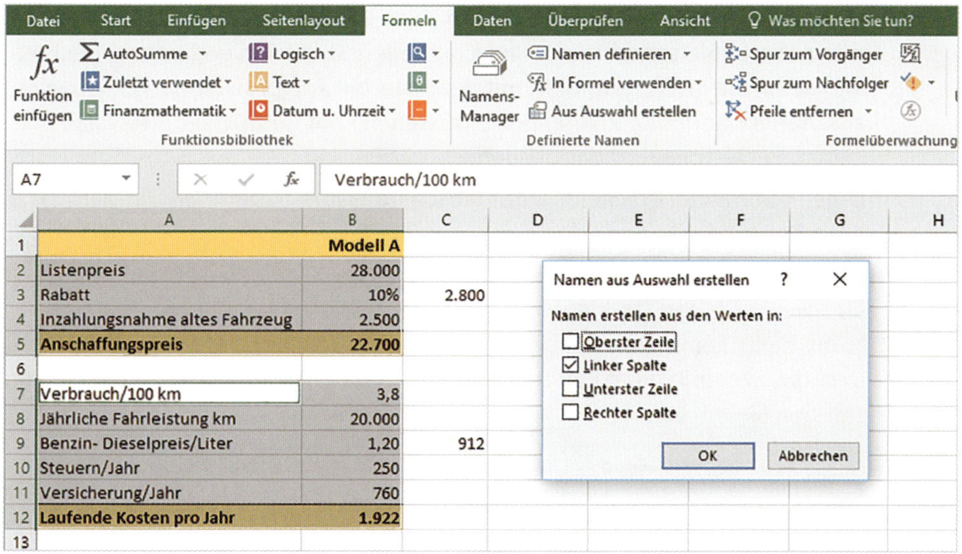

Bild 4.19 Namen erstellen

Szenario erstellen

Im nächsten Schritt erstellen Sie die Szenarien. Klicken Sie im Register *Daten*, Gruppe *Prognose*, auf *Was-Wäre-Wenn-Analyse* und wählen Sie *Szenario-Manager*.

Bild 4.20 Szenario Manager öffnen

Um das erste Szenario zu erstellen, klicken Sie auf die Schaltfläche *Hinzufügen...*.

Bild 4.21 Szenario erstellen

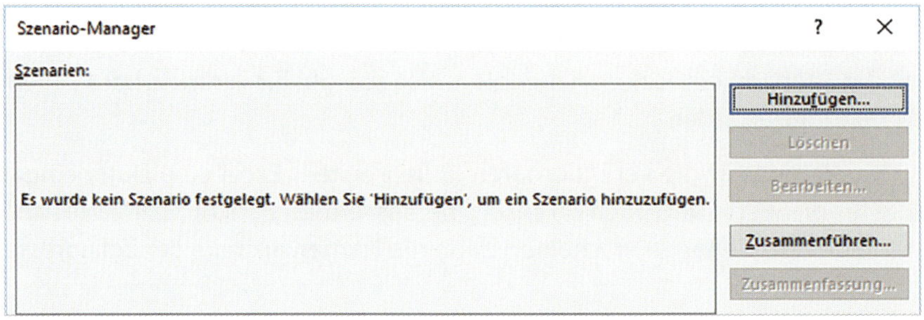

1 Im Fenster *Szenarien bearbeiten* legen Sie anschließend einen eindeutigen Namen für das Szenario fest, in diesem Beispiel verwenden wir dazu die Bezeichnung des ersten Modells.

- Im Feld *Veränderbare Zellen* benötigt Excel die Adressen derjenigen Zellen, deren Werte Sie später in den verschiedenen Szenarien verändern möchten. Markieren Sie im Tabellenblatt mit der Maus die entsprechenden Zellen, nicht zusammenhängende Zellbereiche müssen Sie mit gedrückter Strg-Taste markieren. Im Beispiel sind das die Bereiche B2:B4 und B7:B11.
- Unter *Kommentar* erscheint automatisch Ihr Name zusammen mit dem aktuellen Datum. Sie können den Kommentar jederzeit ergänzen oder ändern.
- Die Einstellungen der beiden Kontrollkästchen *Schutz* wirken sich nur dann aus, wenn Sie das Tabellenblatt geschützt haben. *Änderungen verhindern* erlaubt dann keine Änderungen am aktuellen Szenario. *Ausblenden* bewirkt, dass das Szenario nicht in der Liste der vorhandenen Szenarien erscheint. Bestätigen Sie mit *OK*.

Bild 4.22 Erstes Szenario erstellen

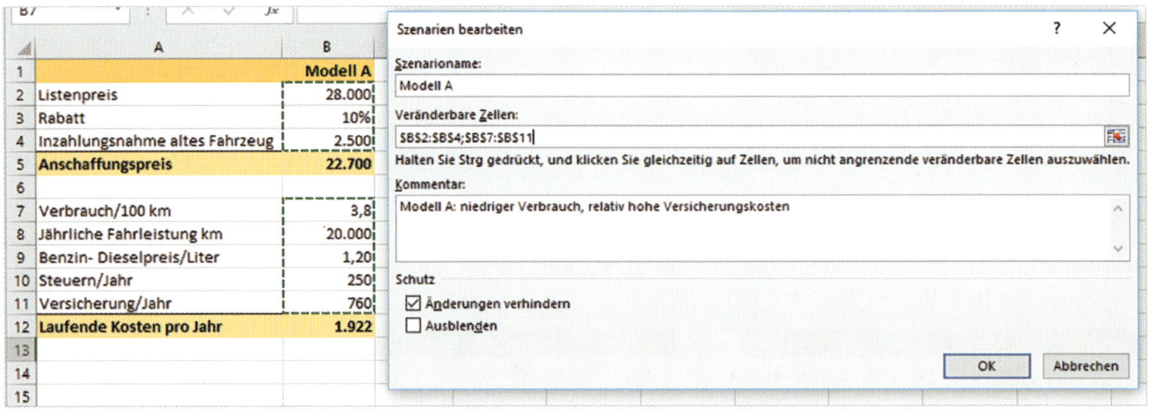

2 Im nächsten Schritt wird eine Eingabemaske zur Eingabe der veränderbaren Werte geöffnet. Enthält die Tabelle bereits Werte, so werden diese hier angezeigt und können als erstes Szenario einfach übernommen werden.

Tipp: Sie können hier anstelle von Werten auch Formeln eingeben, beispielsweise = 5000 / 2. Diese werden anschließend in Zahlen umgewandelt.

3 Klicken Sie dann auf *Hinzufügen*, um anschließend ein weiteres Szenario zu erstellen. Die Schaltfläche *OK* dagegen beendet die Eingabe der Werte und bringt Sie zurück zum Szenario-Manager.

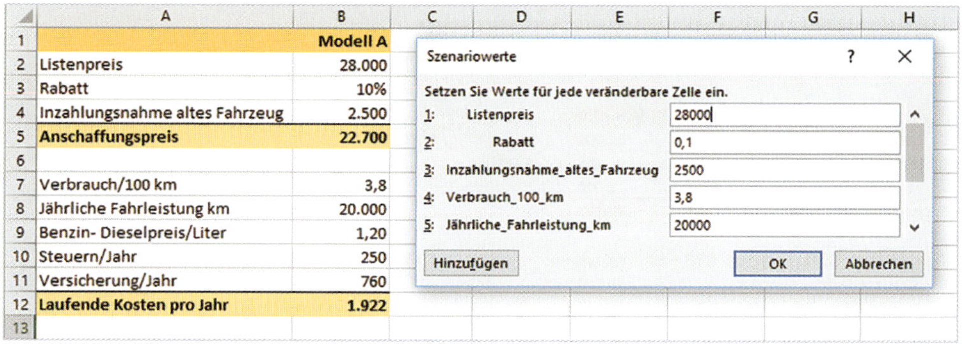

Bild 4.23 Veränderbare Werte des ersten Szenarios eingeben bzw. übernehmen

Nun können Sie das nächste Szenario erstellen: Geben Sie wieder einen Szenarionamen, z. B. Modell B und evtl. einen Kommentar ein, die Adressen der veränderbaren Zellen werden automatisch übernommen und brauchen nicht erneut angegeben werden. Im Fenster *Szenariowerte* geben Sie anschließend die veränderbaren Werte ein. Diesen Schritt wiederholen Sie so oft, bis alle benötigten Szenarien erstellt sind. Mit der Schaltfläche *OK* gelangen Sie abschließend wieder zurück zum *Szenario-Manager*.

Szenarien verwalten

Über die Schaltflächen des Szenario-Managers verwalten Sie die erstellten Szenarien, bearbeiten vorhandene und fügen eventuell weitere hinzu, hier eine Übersicht:

Schaltfläche	Beschreibung
Schließen	Szenario-Manager beenden.
Hinzufügen...	Ein weiteres Szenario erstellen.
Löschen	Entfernt das markierte Szenario.
Bearbeiten...	Die Werte des markierten Szenarios nachträglich ändern.
Zusammenführen...	Falls in der aktuellen Mappe bereits Szenarien existieren, können diese zusammengeführt werden.
Zusammenfassung...	Erstellt in einem gesonderten Tabellenblatt einen zusammenfassenden Bericht.

Szenarien anzeigen

In der Tabelle anzeigen

Über den Szenario-Manager können Sie nun nacheinander die veränderbaren Werte in der Tabelle anzeigen und so die Formelergebnisse vergleichen. Dazu markieren Sie ein Szenario und klicken auf die Schaltfläche *Anzeigen*.

Bild 4.24 Ein Szenario anzeigen

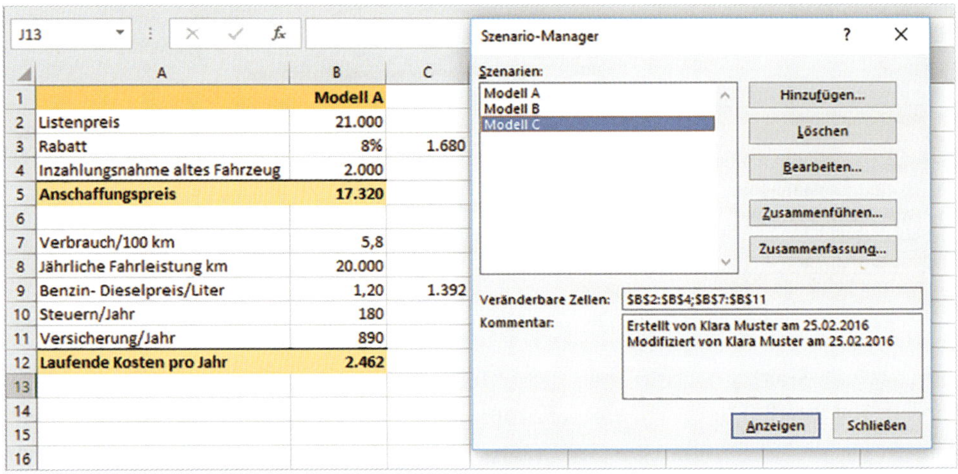

Szenarien in einem Bericht zusammenfassen und vergleichen

Die einzelnen Szenarien lassen sich noch besser in einer Zusammenfassung vergleichen. Dazu klicken Sie im *Szenario-Manager* auf die Schaltfläche *Zusammenfassung...*.

Da der Bericht nicht nur die veränderbaren Zellen, sondern auch die Formelergebnisse enthalten soll, müssen Sie diese noch zusätzlich angeben. Markieren Sie in der Tabelle per Mausklick alle erforderlichen Zellen, mehrere Zellen klicken Sie wieder mit gleichzeitig gedrückter Strg-Taste an. Im Beispiel unten sind dies der Anschaffungspreis und die jährlichen Kosten.

Bild 4.25 Szenariobericht: Ergebniszellen festlegen

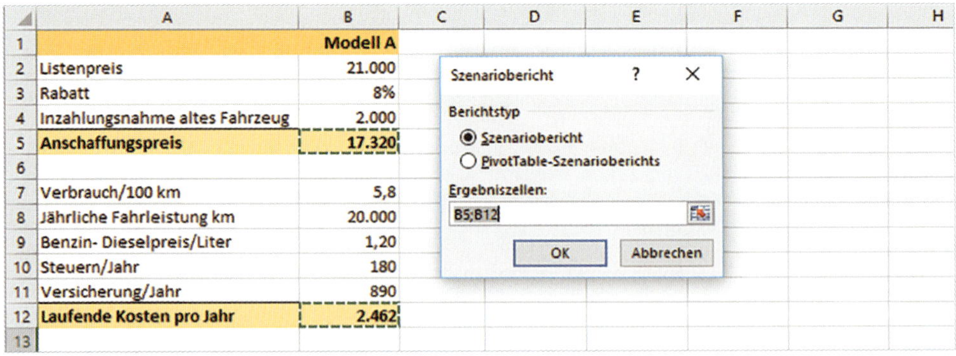

Anschließend erstellt Excel in einem neuen Tabellenblatt mit dem Namen *Szenariobericht* eine zusammenfassende Tabelle mit allen Szenario-Werten. Haben Sie für alle verwendeten Zellen Namen vergeben, so erscheinen im Szenariobericht die Namen, andernfalls sehen Sie im Bericht die Zelladressen anstelle der Beschriftung.

Bild 4.26 Szenariobericht

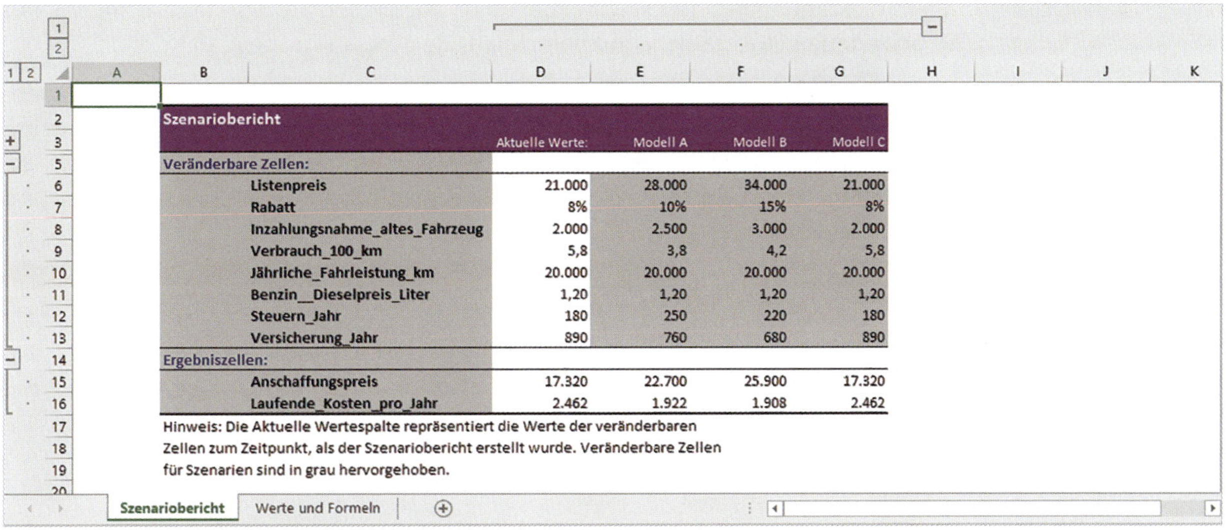

Szenariobericht	Aktuelle Werte:	Modell A	Modell B	Modell C
Veränderbare Zellen:				
Listenpreis	21.000	28.000	34.000	21.000
Rabatt	8%	10%	15%	8%
Inzahlungsnahme_altes_Fahrzeug	2.000	2.500	3.000	2.000
Verbrauch_100_km	5,8	3,8	4,2	5,8
Jährliche_Fahrleistung_km	20.000	20.000	20.000	20.000
Benzin__Dieselpreis_Liter	1,20	1,20	1,20	1,20
Steuern_Jahr	180	250	220	180
Versicherung_Jahr	890	760	680	890
Ergebniszellen:				
Anschaffungspreis	17.320	22.700	25.900	17.320
Laufende_Kosten_pro_Jahr	2.462	1.922	1.908	2.462

Hinweis: Die Aktuelle Wertespalte repräsentiert die Werte der veränderbaren Zellen zum Zeitpunkt, als der Szenariobericht erstellt wurde. Veränderbare Zellen für Szenarien sind in grau hervorgehoben.

Achtung: Bei nachträglichen Änderungen an einzelnen Szenarien wird der Szenariobericht nicht automatisch aktualisiert, sondern muss neu erstellt werden.

4.4 Zielwertsuche

Ein weiteres Instrument der Was-wäre-wenn-Analyse ist die Zielwertsuche. Diese verändert einen der Ausgangswerte, damit ein bestimmtes Formelergebnis erzielt wird. Die Verwendung der Zielwertsuche ist relativ einfach: Sie geben an, welches Ergebnis eine Formel liefern soll und lassen Excel zurückrechnen, um den erforderlichen Ausgangswert zu ermitteln. Nachteil: Die Zielwertsuche erlaubt nur die Änderung eines einzigen Wertes.

Eingangswert ermitteln um ein bestimmtes Formelergebnis zu erzielen.

Beachten Sie die Bedingungen für die Verwendung der Zielwertsuche

- Die veränderbare Zelle darf keine Formel enthalten sondern muss einen Wert aufweisen.
- Die Zielzelle, also diejenige Zelle, in der ein bestimmter Wert erzielt werden soll, muss zwingend eine Formel enthalten. Diese muss entweder direkt oder auf dem Umweg über weitere Formeln einen Bezug auf die veränderbare Zelle enthalten.

Beispiel Break-Even-Point

Sie möchten im unten abgebildeten Beispiel den Break-Even-Point ermitteln: Bei welcher Stückzahl beträgt der Gewinn genau 0? Dazu legen Sie eine Tabelle an, z. B. mit verschiedenen Stückzahlen, und berechnen alle nötigen Formeln, siehe Bild.

Nun könnten Sie theoretisch zwar diejenige Stückzahl, die dem gewünschten Ergebnis am nächsten kommt (500 Stück), solange ändern, bis der Gewinn das gewünschte Formelergebnis 0 anzeigt. Schneller geht es aber mit der Zielwertsuche: Klicken Sie im Register *Daten*, Gruppe *Prognose*, auf die Schaltfläche *Was-wäre-wenn-Analyse* und wählen Sie *Zielwertsuche....*

Bild 4.27 Zielwertsuche starten

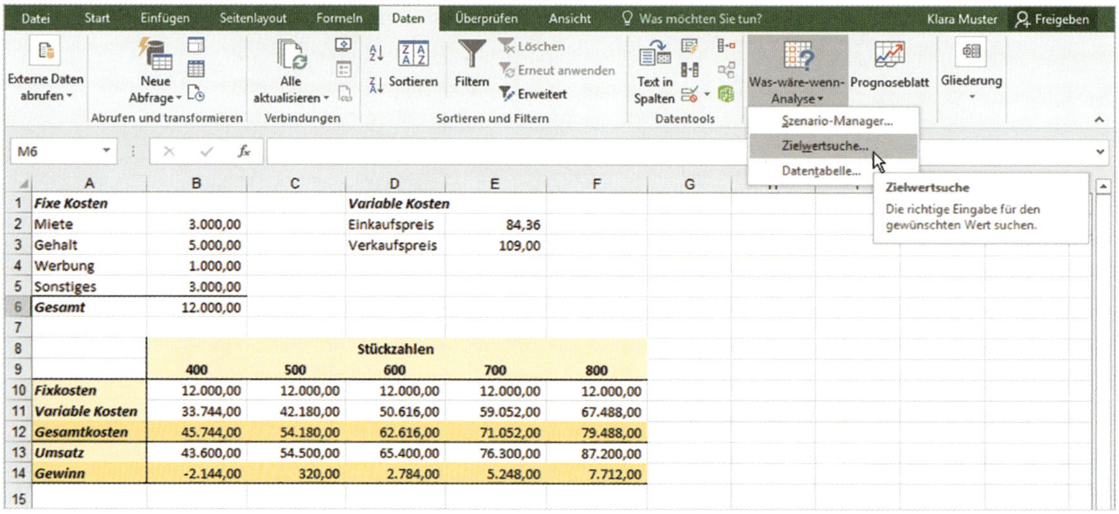

Die Zielzelle muss eine Formel enthalten, geben Sie also im Beispiel unten die Zelle an, in der der Gewinn bei 500 Stück berechnet wird (C14). Als Zielwert tragen Sie das gewünschte Formelergebnis, also 0 ein und als veränderbare Zelle geben Sie die Zelle mit der Stückzahl an (C9). Klicken Sie dann auf *OK*.

Bild 4.28 Zielwertsuche: Zielzelle und Veränderbare Zelle

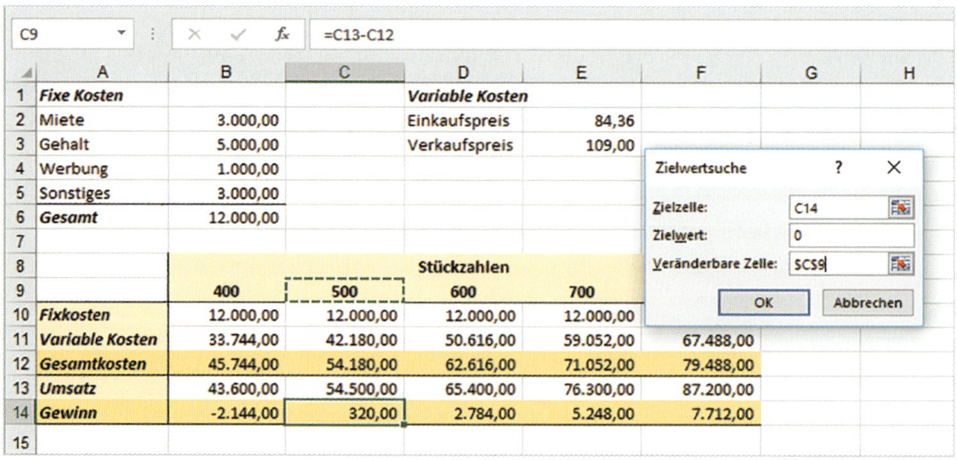

Dieses Beispiel ließe sich auch auf den Verkaufspreis anwenden: Bei welchem Verkaufspreis ist der Gewinn bei 500 St. gleich 0?

Excel testet nun nacheinander verschiedene Werte für die veränderbare Zelle und gibt eine Meldung aus, wenn das gewünschte Formelergebnis erreicht wurde. Klicken Sie auf *OK*, um den Wert in die Tabelle zu übernehmen. Dadurch wird der ursprüngliche Wert ersetzt. Sie können nun das Ergebnis speichern oder die Zielwertsuche wieder rückgängig machen.

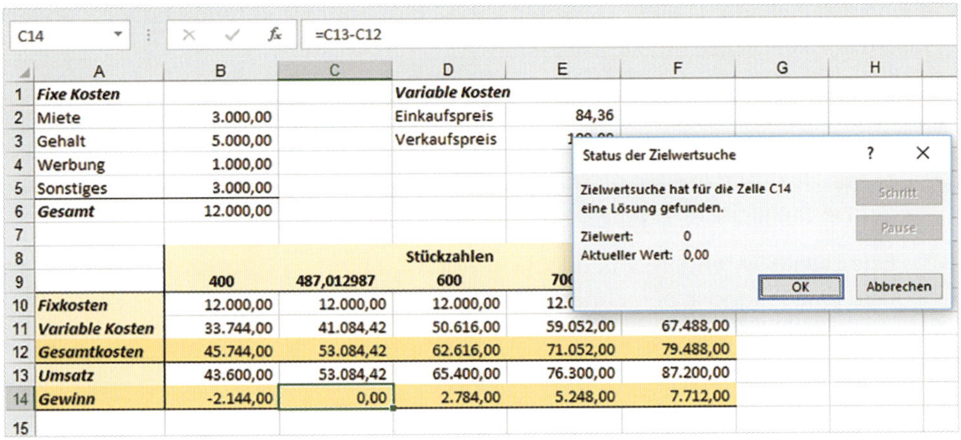
C14 =C13-C12

	A	B	C	D	E	F	G	H
1	*Fixe Kosten*			*Variable Kosten*				
2	Miete	3.000,00		Einkaufspreis	84,36			
3	Gehalt	5.000,00		Verkaufspreis				
4	Werbung	1.000,00						
5	Sonstiges	3.000,00						
6	*Gesamt*	12.000,00						
7								
8				Stückzahlen				
9		400	487,012987	600	70(			
10	*Fixkosten*	12.000,00	12.000,00	12.000,00	12.(			
11	*Variable Kosten*	33.744,00	41.084,42	50.616,00	59.052,00	67.488,00		
12	*Gesamtkosten*	45.744,00	53.084,42	62.616,00	71.052,00	79.488,00		
13	*Umsatz*	43.600,00	53.084,42	65.400,00	76.300,00	87.200,00		
14	*Gewinn*	-2.144,00	0,00	2.784,00	5.248,00	7.712,00		
15								

Bild 4.29 Das Ergebnis der Zielwertsuche

Die Nachteile der Zielwertsuche:

- Es kann immer nur einer der Eingangswerte verändert werden.
- Beim Testen mit mehreren Werten können die verschiedenen Möglichkeiten nicht gespeichert werden.

Lösungen mit dem Solver optimieren

Diese oben genannten Nachteile der Zielwertsuche lassen sich umgehen, wenn Sie das Excel-Add-In Solver zur Optimierung einsetzen. Solver (engl. to solve = etwas auflösen) verwendet wesentlich mehr Optionen: statt einer einzigen veränderbaren Zelle können Sie mehrere Zellen einbeziehen und anstelle eines festen Zielwerts lassen sich auch ein Maximalwert oder Minimalwert vorgeben. Zusätzlich können Sie auch noch Nebenbedingungen in die Berechnung einbeziehen. Mathematisch betrachtet, handelt es sich beim Solver also um ein Gleichungssystem mit mehreren Unbekannten, mit dem Sie beispielsweise die optimale Größe einer Verpackung für ein bestimmtes Volumen ermitteln bei gleichzeitiger Minimierung des Materialverbrauchs und damit der Kosten.

Solver stellt im Gegensatz zur Zielwertsuche ein äußerst komplexes Werkzeug dar, das zudem nur mit exakter Aufgabenstellung und korrekten Ausgangsdaten brauchbare Ergebnisse liefert. Aus diesem Grund haben wir ihm ein eigenes Buch gewidmet und dort die Einsatzmöglichkeiten detailliert beschrieben.

Alois Maier: Ökonomische Entscheidungen optimieren mit Excel
ISBN 978-3-8328-0184-7

BILDNER Verlag 2016

4.5 Das Tool Prognoseblatt

Mit einem weiteren Tool zur Datenanalyse, dem Prognoseblatt lässt sich schnell und mit wenig Aufwand aus einer Datenreihe eine Prognose für künftige Entwicklungen erstellen und als Diagramm darstellen.

Sie benötigen dazu zwei Datenreihen:

- Zeit- oder Datumswerte für die Zeitachse. Dies können Zahlen oder Datumswerte sein, Text ist dagegen nicht erlaubt! Zur korrekten Berechnung werden außerdem einheitliche Intervalle benötigt.
- Eine zweite Datenreihe mit dazugehörigen Zahlen, z. B. Umsatzzahlen. Für diese wird eine Prognose berechnet.

Im Beispiel unten soll eine Prognose auf der Basis monatlicher Umsätze berechnet werden. Da als Zeitachse numerische Werte erforderlich sind, wurde der jeweils 1. des Monats verwendet. Tipp: Dieses Datum lässt sich mit dem benutzerdefinierten Datumsformat "MMMM", so formatieren, dass nur der Monat in Textform angezeigt wird.

1 Markieren Sie die beiden Datenreihen, einschließlich der zu berechnenden Zellen. Meist genügt es auch, wenn eine Zelle innerhalb der beiden Datenreihen markiert ist.

2 Klicken Sie im Register *Daten*, Gruppe *Prognose*, auf *Prognoseblatt*.

Bild 4.30 Prognoseblatt erstellen

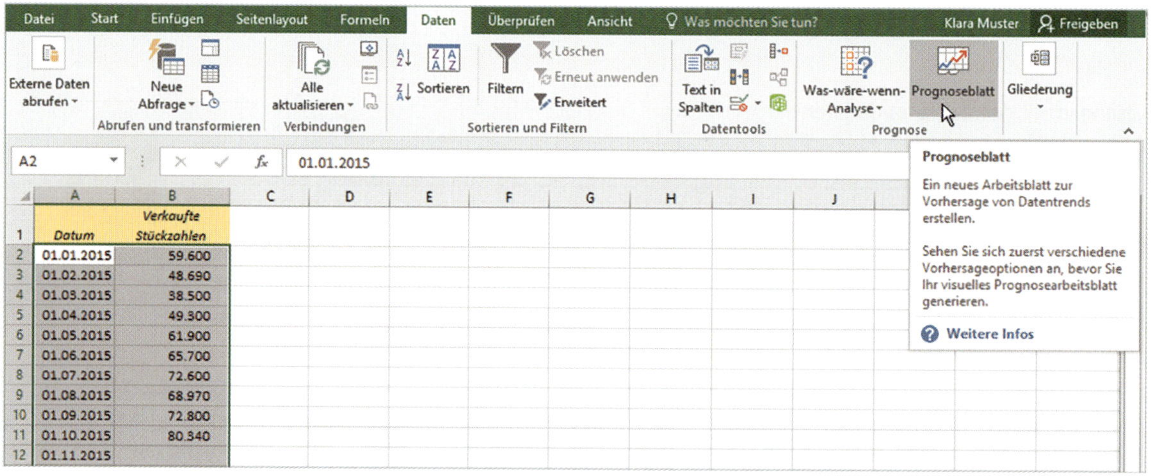

3 Im Fenster *Prognosearbeitsblatt erstellen* erhalten Sie anschließend eine Vorschau auf das Ergebnis.

- In der rechten oberen Ecke wählen Sie als Darstellungsart zwischen Linien- und Säulendiagramm.
- Wählen Sie im Feld *Prognoseende* ein Enddatum aus.

- Falls gewünscht, klicken Sie auf *Optionen* und ändern hier die erweiterten Einstellungen, z. B. Prognosestart oder die Behandlung fehlender Punkte. Zudem können Sie das Konfidenzintervall ein- oder ausblenden.
- Klicken Sie zuletzt auf *Erstellen*.

Bild 4.31 Prognosearbeitsblatt erstellen

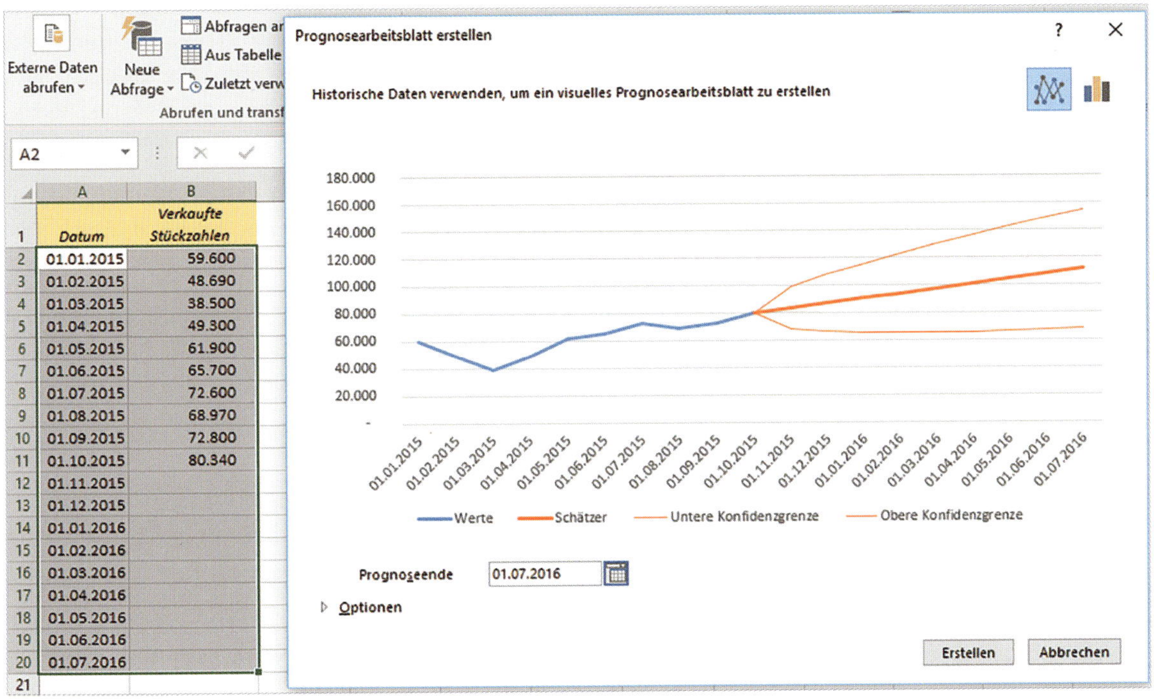

Die Prognose wird in einem neuen Tabellenblatt in die Mappe eingefügt. Die Datumswerte können nachträglich mit einem Datumsformat versehen werden.

Bild 4.32 Das Ergebnis

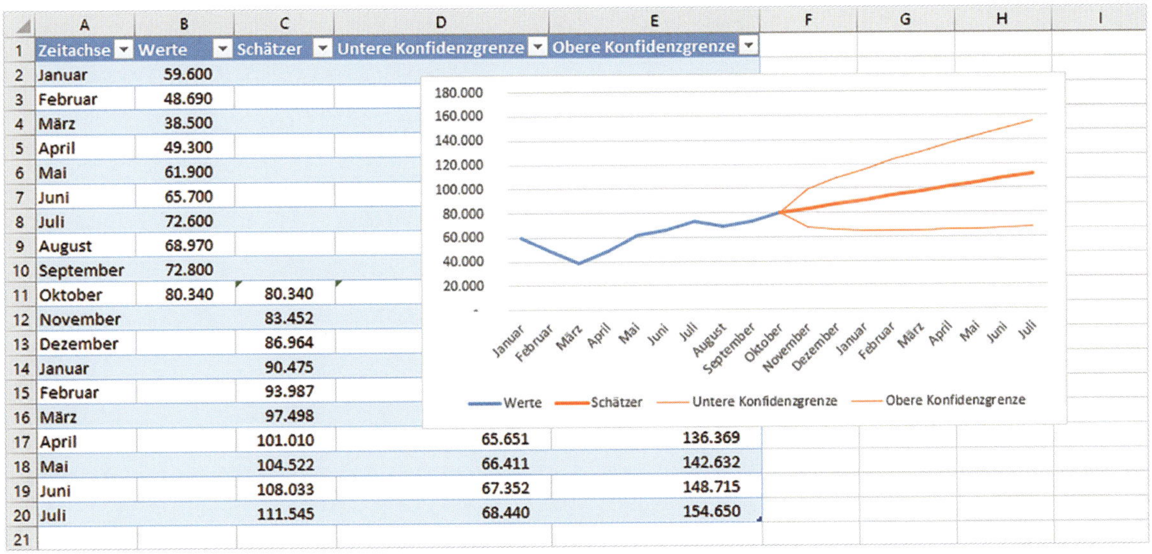

4.6 Zusammenfassung

- Die bedingte Formatierung erlaubt es, Zellen aufgrund ihrer Inhalte mit Formatierungen optisch hervorzuheben. Zur Definition von Regeln können nicht nur die Zellwerte, sondern auch Formeln verwendet werden. Beachten Sie, dass hierbei ausschließlich Formeln ausgewertet werden können, die als Ergebnis die Wahrheitswerte WAHR oder FALSCH liefern.
- Mit Hilfe einer Mehrfachoperation kann eine Formel in einer Datentabelle mit unterschiedlichen Zahlen berechnet werden. Allerdings berücksichtigt die Mehrfachoperation maximal zwei veränderbare Ausgangswerte.
- Szenarien ermöglichen es, auch mehr als zwei Ausgangswerte einer Formel zu verändern und die Ergebnisse zu speichern. In einem Szenariobericht lassen sich die Ergebnisse zusammenfassen und vergleichen. Damit im Bericht anstelle der Zelladressen aussagefähige Beschriftungen erscheinen, sollten Sie für die veränderbaren Zellen und die Ergebniszellen Namen vergeben.
- Mit der Zielwertsuche kann ein Ausgangswert verändert werden, um ein bestimmtes Formelergebnis zu erzielen. Dies funktioniert allerdings nur, wenn die veränderbare Zelle einen Wert enthält und die Zielzelle eine Formel die entweder direkt oder über weitere Formeln einen Bezug auf die veränderbare Zelle enthält.
- Das Tool *Prognoseblatt* berechnet auf der Basis von zwei Datenreihen eine Prognose und fügt diese zusammen mit dem dazugehörigen Diagramm in einem gesonderten Tabellenblatt in die Mappe ein.

5 Pivot-Tabellen und Pivot-Diagramme

In diesem Kapitel lernen Sie...

- Einsatzmöglichkeiten von Pivot-Tabellen
- Pivot-Tabellen (PivotTable) erstellen und bearbeiten
- Der Umgang mit Pivot-Tabellen
- Layout und Formatierung von Pivot-Tabellen
- Werte berechnen
- Pivot-Diagramme (PivotChart)
- Externe Daten mit Power Pivot auswerten

Das sollten Sie bereits wissen

- Formeln und Funktionen
- Einfache Diagramme bearbeiten
- Umgang mit Tabellen

5.1 Grundlagen

Was sind Pivot-Tabellen?

Lassen Sie sich nicht von der etwas sperrigen Bezeichnung abschrecken. Dahinter verbirgt sich ein äußerst nützliches Werkzeug zur Auswertung großer Datenmengen.

Häufig müssen große Datenmengen für verschiedenste Zwecke ausgewertet werden. Typische Aufgaben in Betrieben sind die Bereiche Personal, Controlling, Vertrieb, Auswertungen von Fehlerprotokollen oder statistische Erhebungen. Excel stellt mit den Pivot-Tabellen (PivotTable) und Pivot-Diagrammen (PivotChart) ein komfortables Werkzeug zur Verfügung, das Sie bei diesen Aufgaben unterstützt.

Die Bezeichnung Pivot-Tabelle (PivotTable) beruht auf dem englischen Begriff „pivot" für Dreh- oder Angelpunkt und bedeutet, dass Sie mit Pivot-Tabellen Daten nach verschiedenen Gesichtspunkten anordnen, zusammenfassen und auswerten können. Eine Pivot-Tabelle ist interaktiv, d.h. sie kann vom Benutzer jederzeit verändert werden, beispielsweise um nach bestimmten Kriterien zu filtern oder um Daten auszublenden.

Beachten Sie beim Arbeiten mit Pivot-Tabellen folgende Besonderheiten:

- Dateneingabe und Änderung der Daten sind in Pivot-Tabellen nicht möglich, da diese entweder schreibgeschützt sind oder die Änderungen nicht in die Originaldaten übernommen werden. Die Originaldaten werden beim Arbeiten mit einer Pivot-Tabelle nicht verändert.
- Im Gegensatz zu Funktionen erfolgt nach Änderung der Daten in der zugrundeliegenden Tabelle keine automatische Aktualisierung. Pivot-Tabellen müssen vom Benutzer bei Bedarf manuell aktualisiert werden!
- Vor der Erstellung einer Pivot-Tabelle müssen aus dem auszuwertenden Datenbereich alle Teilergebnisse oder Filter entfernt werden.

Welche Daten eignen sich für Pivot-Tabellen?

Tipp: Bei Verwendung von Daten aus einer externen Quelle sollten Sie sich auch mit Power Pivot am Ende dieses Kapitels näher befassen.

Datenquelle für eine Pivot-Tabelle kann sowohl eine Excel-Liste als auch eine externe Datenbank sein. Ein typisches Beispiel für Pivot-Tabellen sind Listen, die aus einer externen Datenbank, beispielsweise einem Warenwirtschaftsprogramm, in eine Excel-Arbeitsmappe importiert wurden. Damit die Daten problemlos für eine Pivot-Tabelle verwendet werden können, müssen sie eventuell zuvor aufbereitet werden. Die auszuwertenden Daten bzw. die Datentabelle sollten folgenden Vorgaben entsprechen:

- Die Tabelle muss mindestens in einer Spalte mehrfach vorkommende Werte enthalten. Nur diese lassen sich mit Pivot-Tabellen zusammenfassen und auswerten.
- Die Daten müssen als zusammenhängender Bereich vorliegen, d.h. sie dürfen keine leeren Spalten und möglichst auch keine Leerzeilen enthalten. Einzelne Zellen dagegen können leer sein. Sie sollten also auch auf eine Leerzeile zwischen den Spaltenüberschriften und der übrigen Tabelle verzichten.

- Die erste Tabellenzeile muss (eindeutige) Spaltenüberschriften enthalten.
- Sie können frei wählen, nach welchen Spalten bzw. Feldern eine Auswertung erfolgen soll. Beachten Sie aber, dass innerhalb der auszuwertenden Spalten alle Daten vom gleichen Typ sein müssen, beispielsweise Zahlen, Text oder Datumswerte.
- Die Tabelle kann neben Text und Zahlen auch Formeln enthalten. Diese werden bei der Auswertung wie Werte behandelt.

Beispiel 1: Für die unten abgebildete Tabelle kommt eine Auswertung mit Pivot-Tabellengleich gleich aus mehreren Gründen nicht in Frage: Keine mehrfach vorkommenden Werte, fehlende Spaltenüberschriften in Spalte B und E und unterschiedliche Datentypen in Spalte D (Text und Datum).

	A	B	C	D	E	F
1	Artikel-Nr.		Verkaufte Stückzahl	Datum		
2	4711	Badewannenente	12.394	15.04.2015	Unser Renner	
3	4712	Masageschwamm	1.800	12.06.2014	Nächstes Mal eine andere Farbe	
4	4713	Schwimmflossen	123.145	01.02.2014		
5	4781	Schnorchel	14.680	06.03.2015	nicht mehr nachbestellen	
6	4792	Schwimmflügel	72.645	Anfang Januar		
7	5020	Grill	134.600	15.04.2015		
8						

Bild 5.1 Diese Tabelle eignet sich nicht zur Auswertung mit Pivot-Tabellen

Beispiel 2: Die Tabelle unten erfüllt alle Voraussetzungen zur Auswertung, sie wird für die nachfolgenden Beispiele dieses Kapitels als Datentabelle verwendet.

Bild 5.2 Ausgangstabelle für die Beispiele

	A	B	C	D	E	F	G	H	I	J	K
1	Auftragsdatum	Land	Kunde	Modell	Produktgruppe	Einzelpreis	Auftagsmenge	Gesamt	Rabattgruppe	Umsatz	
2	02.01.2014	Italien	ADRIA AG	D	Unterhaltung	75,00	3	225,00	1	225,00	
3	02.01.2014	Österreich	KARG AG	F	Unterhaltung	450,00	1	450,00	2	450,00	
4	03.01.2014	Italien	ADRIA AG	A	Büro	120,00	2	240,00	1	240,00	
5	03.01.2014	Deutschland	ELCOX	G	Büro	377,00	2	754,00	1	754,00	
6	03.01.2014	Schweiz	Hügli	H	Haushalt	191,00	3	573,00	1	573,00	
7	06.01.2014	Österreich	Tief & Brunnen	A	Büro	120,00	5	600,00	3	600,00	
8	06.01.2014	Österreich	KARG AG	B	Computer	85,00	12	1.020,00	3	1.020,00	
9	12.01.2014	Schweiz	Brettschneider	A	Büro	120,00	3	360,00	2	360,00	
10	14.01.2014	Schweiz	Hügli	A	Büro	120,00	3	360,00	2	360,00	
11	15.01.2014	Italien	ADRIA AG	A	Büro	120,00	7	840,00	3	840,00	
12	17.01.2014	Deutschland	ELCOX	F	Unterhaltung	450,00	18	8.100,00	1	8.100,00	
13	19.01.2014	Österreich	KARG AG	F	Unterhaltung	450,00	1	450,00	1	450,00	
14	21.01.2014	Schweiz	Brettschneider	F	Unterhaltung	450,00	5	2.250,00	3	2.250,00	
15	25.01.2014	Österreich	Tief & Brunnen	B	Computer	85,00	5	425,00	3	425,00	
16	30.01.2014	Österreich	Tief & Brunnen	G	Büro	377,00	1	377,00	3	377,00	
17	30.01.2014	Deutschland	WGT GmbH	G	Büro	377,00	6	2.262,00	1	2.262,00	
18	01.02.2014	Italien	ADRIA AG	G	Büro	377,00	24	9.048,00	1	9.048,00	
19	01.02.2014	Deutschland	BRAIN	R	Haushalt	72,00	1	191,00	3	72,00	
20	02.02.2014	Deutschland	WGT GmbH	A	Büro	120,00	4	480,00	3	480,00	
21	02.02.2014	Italien	ADRIA AG	D	Unterhaltung	75,00	1	75,00	1	75,00	
22	03.02.2014	Schweiz	Hügli	G	Büro	377,00	2	754,00	1	754,00	
23	14.02.2014	Schweiz	Brettschneider	C	Büro	146,00	2	292,00	1	292,00	

Aufbau von Pivot-Tabellen

Die oben abgebildete Tabelle enthält Verkaufszahlen und Umsätze der letzten Jahre. Sie möchten nun wissen, wie hoch die Umsatzsumme pro Kunde und Produktgruppe ist. Dies lässt sich am besten in Form einer so genannten Kreuztabelle darstellen.

Dazu werden aus den Werten der einen Spalte die Zeilenbeschriftungen und aus den Werten der anderen Spalte die Spaltenüberschriften gebildet, außerdem müssen Sie angeben, für welche Spalte ein Ergebnis, in unserem Beispiel die Summe berechnet wird. Das Ergebnis sieht aus wie im nachfolgenden Bild.

Bild 5.3 Pivot-Tabelle mit Umsatzsummen je Kunde und Produktgruppe

Summe von Umsatz	Produktgruppe				
Kunde	Büro	Computer	Haushalt	Unterhaltung	Gesamtergebnis
ADRIA AG	10.274		1.528	750	12.552
BRAIN	3.219	625	1.392	1.350	6.586
Brettschneider	8.618	3.800		8.850	21.268
Dancer	720	935	2.292	2.325	6.272
EGW Werke	18.718	6.150	2.101	25.200	52.169
ELCOX	4.698	2.215		14.025	20.938
Heimlich und Brenner	17.795	5.270		5.175	28.240
Hügli	8.877	4.435	573	8.325	22.210
KARG AG	11.832	2.040	764	2.850	17.486
MIRAMAR	11.191	1.369	1.528	1.200	15.288
Tief & Brunnen	11.698	2.550		1.725	15.973
WGT GmbH	12.283	765		3.000	16.048
Gesamtergebnis	**119.923**	**30.154**	**10.178**	**74.775**	**235.030**

Die Gesamtergebnisse für Zeilen und Spalten werden meist automatisch berechnet

5.2 Eine Pivot-Tabelle erstellen

Eine dritte Möglichkeit, die Auswertung externer Daten mit Power Pivot finden Sie am Ende dieses Kapitels

Excel 2016 kennt zwei Möglichkeiten, eine Pivot-Tabelle einzufügen. In der einfachsten Variante erstellen Sie die Pivot-Tabelle per Auswahl aus einer Liste geeigneter Vorschläge, dabei gehen Sie wie folgt vor:

1. Markieren Sie den auszuwertenden Tabellenbereich einschließlich der Spaltenüberschriften. Tipp: Bei einem zusammenhängenden Zellbereich genügt es meist, wenn eine Zelle der Tabelle markiert ist, der Bereich wird von Excel normalerweise automatisch erkannt.
2. Klicken Sie dann im Register *Einfügen*, Gruppe *Tabellen*, auf *Empfohlene PivotTables*.

Bild 5.4 Empfohlene PivotTables auswählen

3. Das gleichnamige Dialogfenster wird geöffnet, gleichzeitig können Sie im Tabellenblatt anhand des Laufrahmens kontrollieren, ob der Zellbereich korrekt erkannt wurde.

4 Excel schlägt auf der Basis der aktuellen Tabelle mehrere geeignete Auswertungstabellen vor. Markieren Sie mit einem Mausklick eine Tabelle der Liste links, um rechts eine Vorschau mit Ihren Daten zu erhalten, mit einem Klick auf *OK* wird die ausgewählte Tabelle in einem neuen Arbeitsblatt erstellt.

Sollte keiner der Vorschläge Ihren Vorstellungen entsprechen, so fügen Sie eine leere PivotTable ein, die weitere Vorgehensweise lesen Sie in Kap. 5.3.

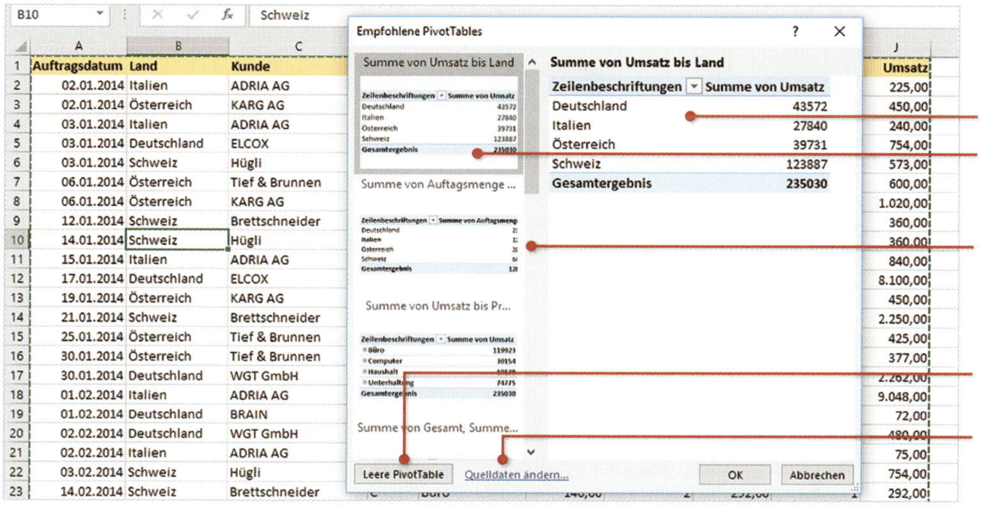

Bild 5.5 Empfohlene PivotTables

Vorschläge für Pivot-Tabellen erhalten Sie auch, wenn Sie einen Zellbereich markieren und im Tabellenblatt auf die Schaltfläche *Schnellanalyse* und das Register *Tabellen* klicken. Zeigen Sie auf eines der *PivotTable* Symbole, um eine Vorschau zu erhalten und klicken Sie zum Übernehmen.

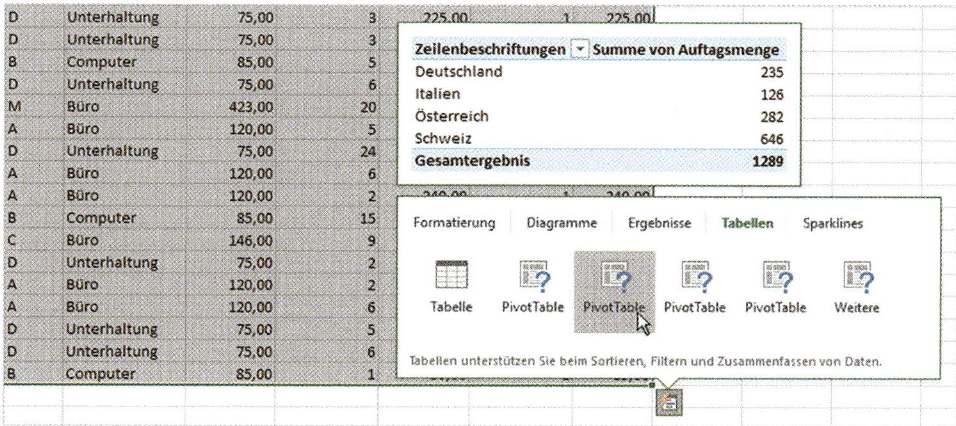

Bild 5.6 Schnellanalyse - Tabellen

Pivot-Tabellen sollten grundsätzlich nicht im selben Blatt wie die Ausgangsdaten, sondern in einem neuen Tabellenblatt erstellt werden, da es bei späteren Aktualisierungen zu Überschneidungen kommen kann.

Zellbereich ändern

Falls die Tabelle nicht korrekt erkannt wurde, klicken Sie auf *Quelldaten ändern*. Wählen Sie die Option *Tabelle oder Bereich auswählen* und geben Sie im Feld unterhalb den Tabellenbereich einschließlich der Spaltenüberschriften an.

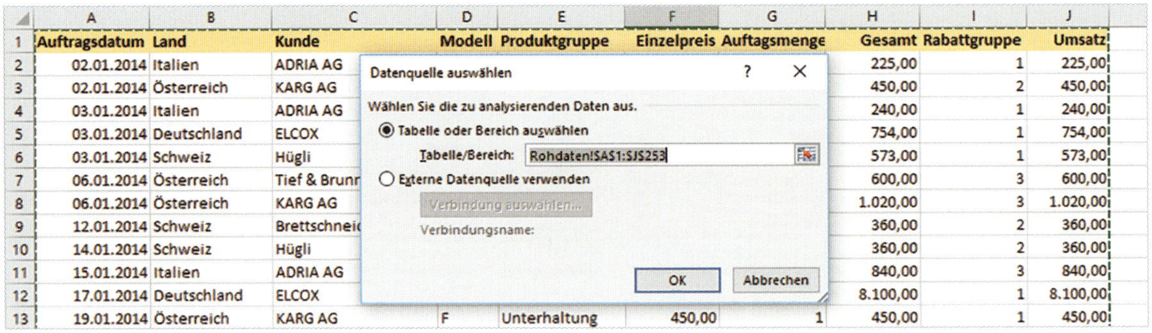

Bild 5.7 Zellbereich festlegen

Der Aufgabenbereich PivotTable-Felder

Die Pivot-Tabelle wird zusammen mit einem neuen Tabellenblatt in die Arbeitsmappe eingefügt. Gleichzeitig erscheint am rechten Rand des Excel-Fensters der Aufgabenbereich *PivotTable-Felder* mit der Feldliste bzw. allen Spaltenüberschriften der Datenquelle. Von der Pivot-Tabelle verwendete Felder sind in der Feldliste fett hervorgehoben und mit einem Häkchen gekennzeichnet.

Unterhalb der Feldliste finden Sie die Bereiche der PivotTabelle mit den Feldern.

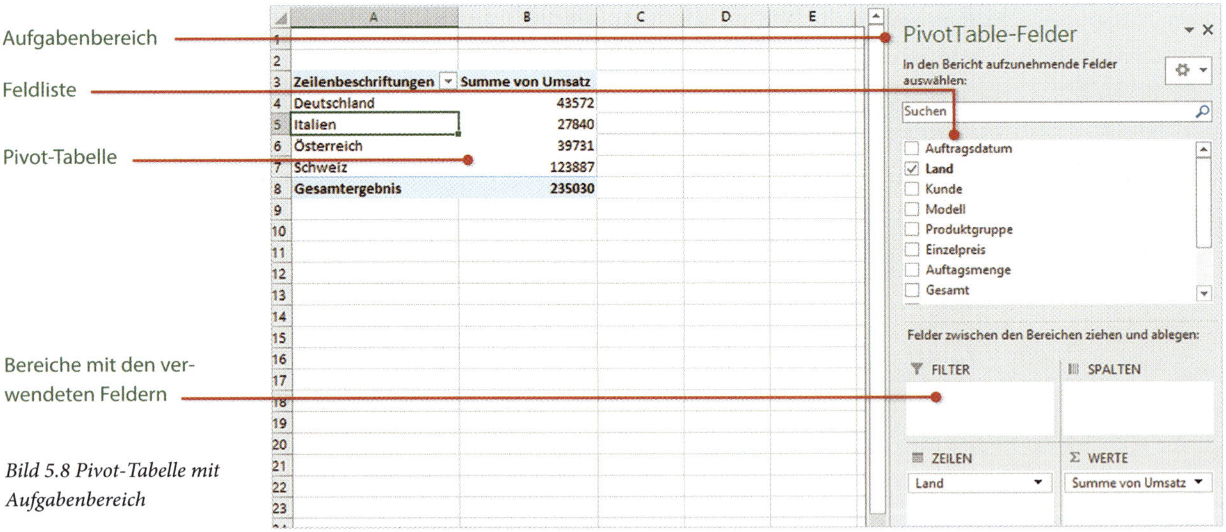

Bild 5.8 Pivot-Tabelle mit Aufgabenbereich

Zusammen mit der Pivot-Tabelle sind im Menüband die beiden *PivotTable-Tools* Register *Analysieren* und *Entwurf* zur weiteren Bearbeitung verfügbar

Achtung: Der Aufgabenbereich mit der Feldliste ist nur sichtbar, wenn eine Zelle innerhalb der PivotTabelle markiert ist und verschwindet automatisch, sobald Sie auf eine beliebige Zelle außerhalb des Tabellenbereichs klicken. Sollte er trotzdem nicht sichtbar sein, so klicken Sie mit der rechten Maustaste in die Pivot-Tabelle und auf *Feldliste anzeigen*. Im Menüband finden Sie die Schaltfläche *Feldliste* im Register *PivotTable-Tools - Analysieren* in der Gruppe *Anzeigen*.

Tabelle löschen oder verschieben

Beachten Sie beim Löschen oder Verschieben einer Pivot-Tabelle, dass diese einen zusammenhängenden Bereich bildet, aus dem einzelne Zellen weder gelöscht noch verschoben werden können.

- Daher klicken Sie zum Löschen am besten im *PivotTable-Tools* Register *Analysieren*, Gruppe *Aktionen*, auf *Löschen.*
- Enthält das Arbeitsblatt keine weiteren Daten, so können Sie auch einfach das gesamte Blatt löschen.
- Wenn Sie dagegen im Register *Start* auf *Löschen* und *Alle löschen* klicken, dann muss Pivot-Tabelle unbedingt vollständig markiert sein, andernfalls erhalten Sie eine Meldung, dass die Tabelle nicht geändert werden kann.

Tipp: Markieren Sie sicherheitshalber einen etwas größeren Bereich.

Tabelle verschieben

Um die Pivot-Tabelle nachträglich an eine andere Stelle oder in ein anderes Tabellenblatt zu verschieben, klicken Sie in die Tabelle und im Register *Analysieren* auf die Gruppe *Aktionen*. Klicken Sie auf *PivotTable verschieben* und geben Sie anschließend an, wo Sie die Tabelle einfügen möchten.

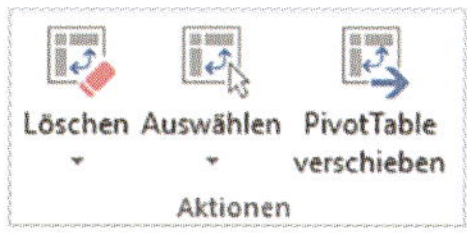

5.3 Felder anordnen, umstellen und gruppieren

Die Bereiche einer Pivot-Tabelle

Eine Pivot-Tabelle setzt sich aus den Bereichen *FILTER*, *SPALTEN*, *ZEILEN* und *WERTE* zusammen (siehe Bild links), wobei mit Ausnahme des Wertebereichs nicht alle Bereiche zwingend verwendet werden müssen. Zur besseren Unterscheidung wurden im nächsten Bild die Bereiche farbig hervorgehoben.

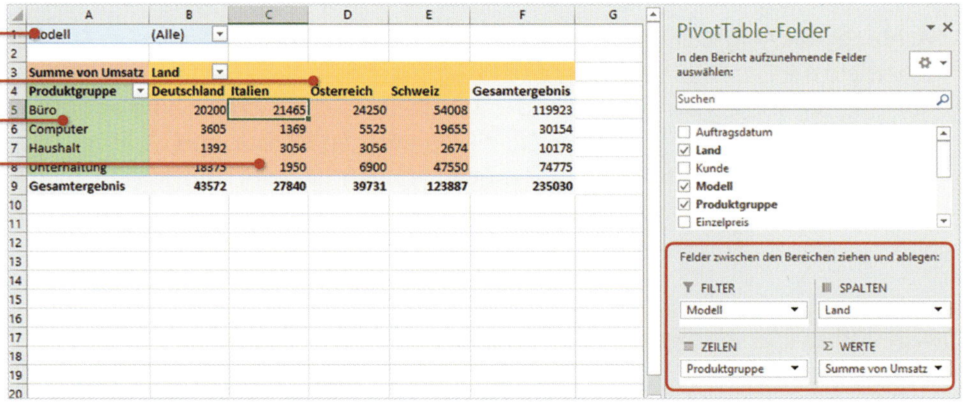

Bild 5.9 Bereiche

Bereich	Beschreibung
FILTER	Berichtsfilter werden zum Filtern der gesamten Tabelle verwendet.
SPALTEN	Hier werden aus den Inhalten eines Feldes die Spaltenbeschriftungen gebildet.
ZEILEN	Hier werden aus den Inhalten eines Feldes die Zeilenbeschriftungen gebildet.
∑ WERTE	Dieser Bereich enthält Felder, die Sie auswerten/ zusammenfassen möchten. Standardmäßig wird hier die Summe berechnet, für Textinhalte ermittelt Excel die Anzahl.

Felder anordnen

Sie können die Felder einer Pivot-Tabelle jederzeit neu anordnen, entfernen und neue Felder hinzufügen. Die Anordnung erfolgt ausschließlich im Aufgabenbereich *PivotTable-Felder* und über die Bereiche unterhalb der Feldliste.

Am einfachsten benutzen Sie dazu die Maus: Um z. B. Zeilen und Spaltenbeschriftungen zu vertauschen, ziehen Sie das Feld aus dem Zeilen- in den Spaltenbereich und umgekehrt. Oder klicken Sie im Bereich auf das Feld und auf *Wechseln zu....* Das Aussehen der Tabelle passt sich sofort an.

Bild 5.10 Felder anordnen

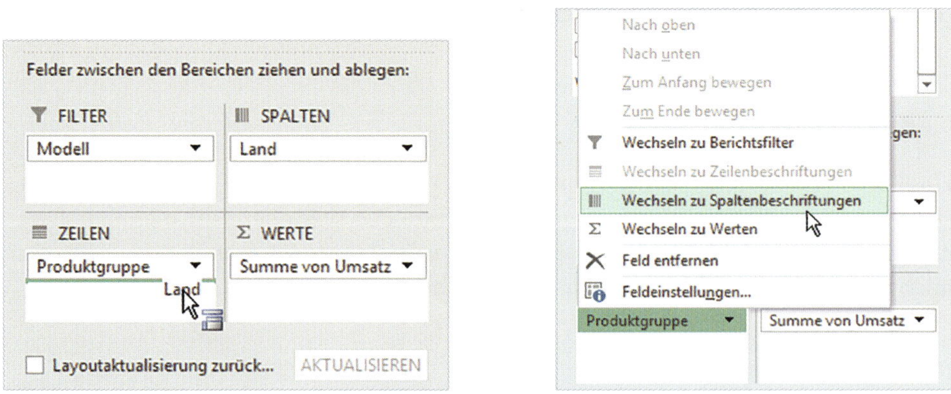

Feld aus der Pivot-Tabelle entfernen

Zum Entfernen eines Feldes genügt es, wenn Sie in der Feldliste das Kontrollkästchen deaktivieren. Oder ziehen Sie mit der Maus das Feld aus dem Bereich heraus in Richtung Tabellenblatt, das Symbol am Mauszeiger ist eindeutig, siehe Bild unten.

Neue Felder hinzufügen

Zum Hinzufügen ziehen Sie das Feld aus der Feldliste einfach nach unten in den entsprechenden Bereich.

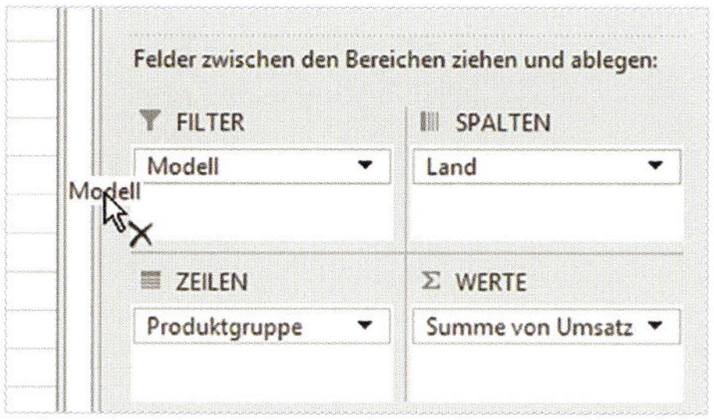

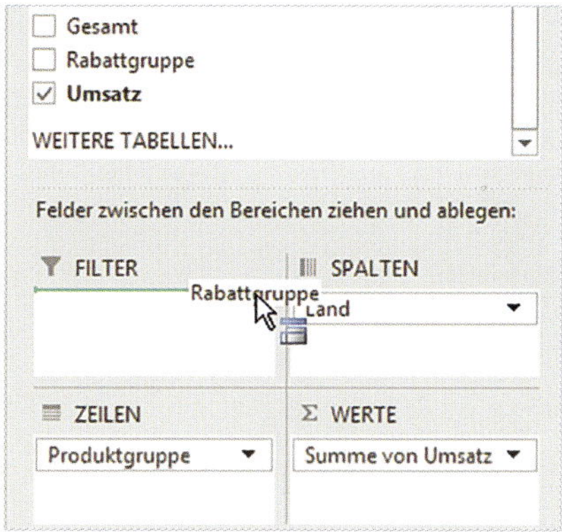

Bild 5.11 Feld löschen

Bild 5.12 Feld aus der Feldliste hinzufügen

Mit einer leeren Pivot-Tabelle beginnen

Wenn Sie statt der bisher beschrieben Vorgehensweise mit einer leeren Pivot-Tabelle beginnen möchten, dann markieren Sie ebenfalls eine beliebige Zelle des auszuwertenden Tabellenbereichs und klicken im Register *Einfügen*, Gruppe *Tabellen* auf *PivotTable*. Anschließend kontrollieren Sie den Zellbereich oder legen diesen neu fest.

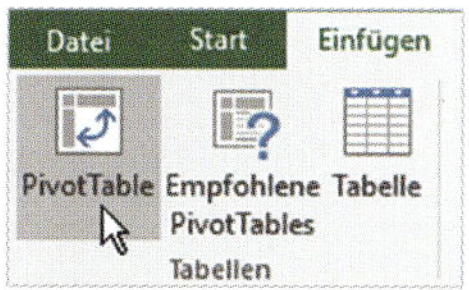

Bild 5.13 PivotTable erstellen

- Die Standardeinstellung *Neues Arbeitsblatt* als Ort, wo der PivotTable-Bericht platziert wird, sollte beibehalten werden.

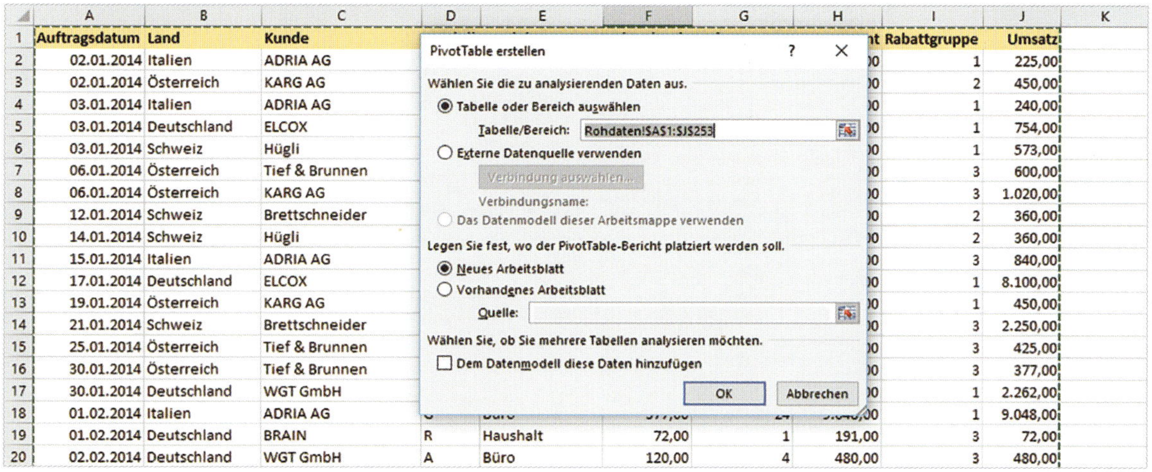

Excel fügt ein neues Tabellenblatt mit einer leeren Pivot-Tabelle ein, der Sie nun die Felder hinzufügen, indem Sie diese in die Bereiche ziehen, wie zuvor beschrieben.

Bild 5.14 Die leere Pivot-Tabelle

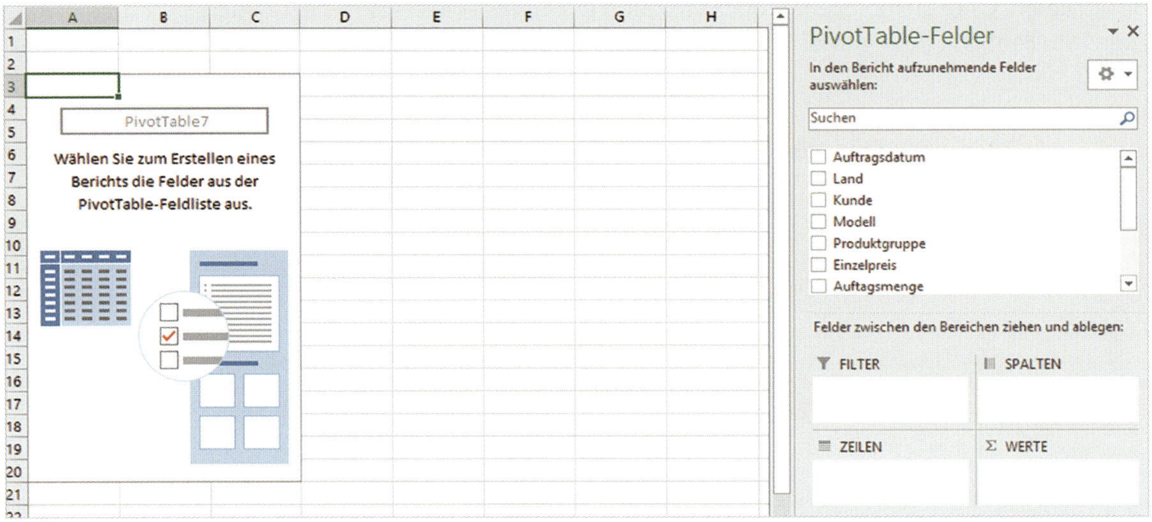

Mehrere Zeilen- und Spaltenfelder verwenden

Die Bereiche *SPALTEN* und *ZEILEN* können auch mehrere Felder enthalten. Dann werden die Felder der Pivot-Tabelle verschachtelt bzw. in Gruppen angeordnet. Die Reihenfolge in der Tabelle (von links nach rechts) richtet sich nach der Anordnung im Bereich (von oben nach unten). So können Sie z. B. die beiden Felder Land und Kunde als Zeilenfelder verwenden, indem Sie einfach beide Felder in den Bereich *ZEILEN* ziehen.

Tipp: Sie können auch innerhalb eines Bereichs die Reihenfolge der Felder durch Ziehen vertauschen.

Bild 5.15 Mehrere Zeilenfelder

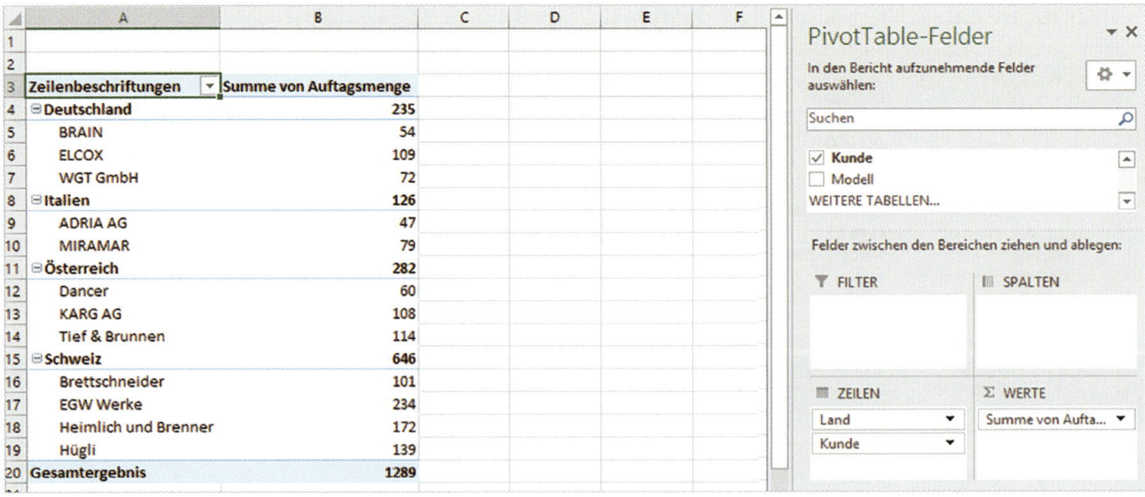

Details anzeigen und ausblenden

In gruppierten Pivot-Tabellen können Sie die Anzeige der Details einer Gruppe steuern: Klicken Sie zum Ausblenden in der Tabelle auf die Schaltfläche ⊟ der betreffenden Gruppe bzw. zum Anzeigen auf ⊞. Zum Ein- und Ausblenden der Details in der gesamten Spalte klicken Sie in der Tabelle an eine beliebige Stelle dieser Spalte und im Register *Analysieren*, *Gruppieren*, auf *Feld erweitern* bzw. *Feld reduzieren*.

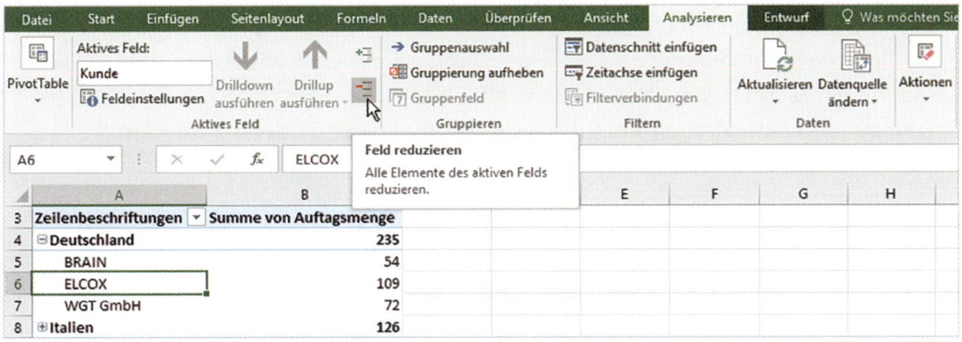

	A	B
3	Zeilenbeschriftungen	Summe von Auftagsmenge
4	⊟Deutschland	235
5	BRAIN	54
6	ELCOX	109
7	WGT GmbH	72
8	⊞Italien	126

Bild 5.16 Feld erweitern/ reduzieren

Ergebnisse für mehrere Felder berechnen

Wenn Sie in einer Pivot-Tabelle Ergebnisse für zwei oder mehr Felder berechnen möchten, z. B. Umsatz und Auftragsmenge, dann ziehen Sie diese Felder einfach in den Bereich *WERTE*. Die Ergebnisse werden automatisch in Spalten nebeneinander angeordnet und mit Spaltenüberschriften versehen.

Sie erkennen auch am Bereich SPALTEN, dass die Spalten aus Werten gebildet werden.

Sie natürlich trotzdem noch zusätzliche Spalten aus Feldern hinzufügen und die Anordnung bzw. Reihenfolge beliebig ändern. Allerdings kann dadurch die Pivot-Tabelle sehr komplex und damit unübersichtlich werden. Je nach Aufgabenstellung erhalten Sie möglicherweise einen besseren Überblick, wenn Sie für jeden zu berechnenden Wert eine gesonderte Tabelle erstellen. Eine andere Lösung wäre, das Feld statt als Spalte als Filter zu verwenden, Näheres hierzu unter Punkt 5.7.

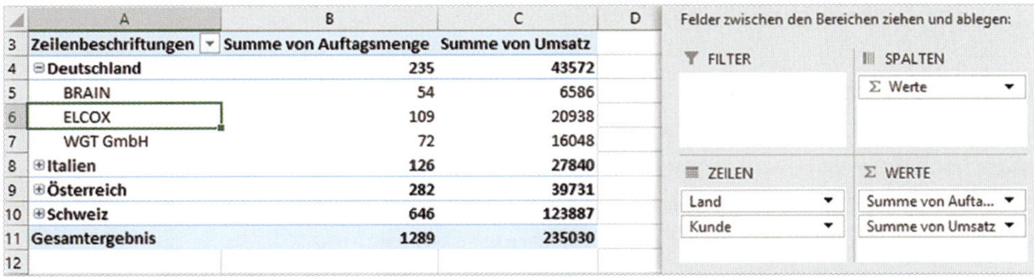

	A	B	C
3	Zeilenbeschriftungen	Summe von Auftagsmenge	Summe von Umsatz
4	⊟Deutschland	235	43572
5	BRAIN	54	6586
6	ELCOX	109	20938
7	WGT GmbH	72	16048
8	⊞Italien	126	27840
9	⊞Österreich	282	39731
10	⊞Schweiz	646	123887
11	Gesamtergebnis	1289	235030
12			

Bild 5.17 Mehrere Ergebnisse berechnen

Bild 5.18 Verschachtelte Spalten

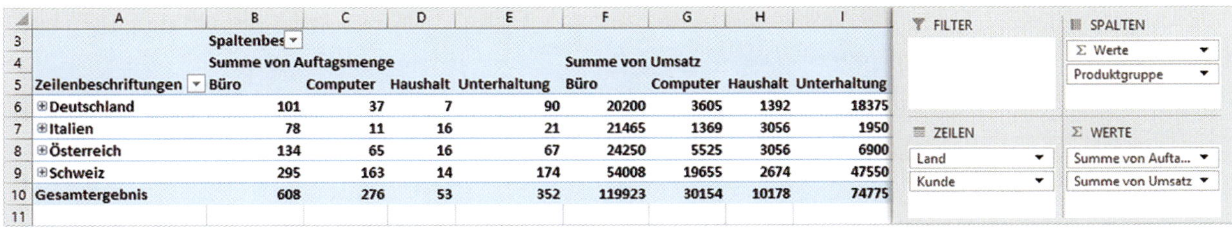

	A	B	C	D	E	F	G	H	I
3		Spaltenbes							
4		Summe von Auftagsmenge				Summe von Umsatz			
5	Zeilenbeschriftungen	Büro	Computer	Haushalt	Unterhaltung	Büro	Computer	Haushalt	Unterhaltung
6	⊞Deutschland	101	37	7	90	20200	3605	1392	18375
7	⊞Italien	78	11	16	21	21465	1369	3056	1950
8	⊞Österreich	134	65	16	67	24250	5525	3056	6900
9	⊞Schweiz	295	163	14	174	54008	19655	2674	47550
10	Gesamtergebnis	608	276	53	352	119923	30154	10178	74775
11									

5.4 Pivot-Tabelle aktualisieren

Tabelle aktualisieren

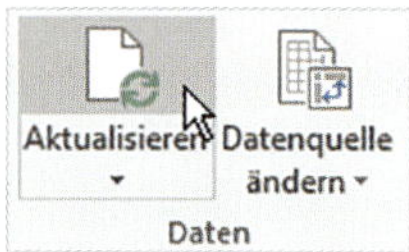

Aktualisieren: Alt+F5

Bei Änderung der Daten in der Quelltabelle müssen Sie eine Pivot-Tabelle aktualisieren, dies passiert nicht automatisch! Klicken Sie dazu in die Pivot-Tabelle und im Register *Analysieren* (Gruppe *Daten*) auf *Aktualisieren.* Als Alternative klicken Sie mit der rechten Maustaste an eine beliebige Stelle innerhalb der Pivot-Tabelle und auf den *Aktualisieren*-Befehl aus dem Kontextmenü oder verwenden die Tastenkombination Alt+F5.

Tipp: Enthält die Arbeitsmappe mehrere Pivot-Tabellen, die auf derselben Datenquelle basieren, dann klicken Sie auf den Dropdown-Pfeil dieser Schaltfläche und auf *Alle aktualisieren*.

Nachträglich hinzugefügte Zeilen und Spalten der Ausgangstabelle einbeziehen

Achtung: Bei der Aktualisierung werden ausschließlich Änderungen innerhalb des ursprünglich festgelegten Datenbereichs berücksichtigt. Neu hinzugefügte Zeilen am Ende der Tabelle oder nachträglich rechts angefügte Spalten werden ignoriert.

- Wurden allerdings neue Zeilen innerhalb des festgelegten Zellbereichs eingefügt, so werden diese beim Aktualisieren mit einbezogen. Dies gilt auch für neue Spalten: Innerhalb des ursprünglichen Zellbereichs eingefügt, sind neu hinzugekommene Spalten nach dem Aktualisieren in der Feldliste verfügbar.

Siehe Kapitel 3.1 und Kapitel 2.4.

- Eine andere Alternative besteht darin, dass Sie vor Erstellung der Pivot-Tabelle den Zellbereich als dynamische Tabelle (Liste) definieren oder für die Quelldaten einen Bereichsnamen festlegen und anstelle fester Zellbezüge die Funktion BEREICH.VERSCHIEBEN benutzen.

Datenquelle neu festlegen

Sie können die Datenquelle auch manuell neu festlegen: Aktivieren Sie mit einem Mausklick die Pivot-Tabelle und klicken Sie im Register *Analysieren*, Gruppe *Daten*, auf die Schaltfläche *Datenquelle ändern* und hier auf *Datenquelle ändern...*. Anschließend können Sie den Zellbereich für die Datenquelle neu festlegen.

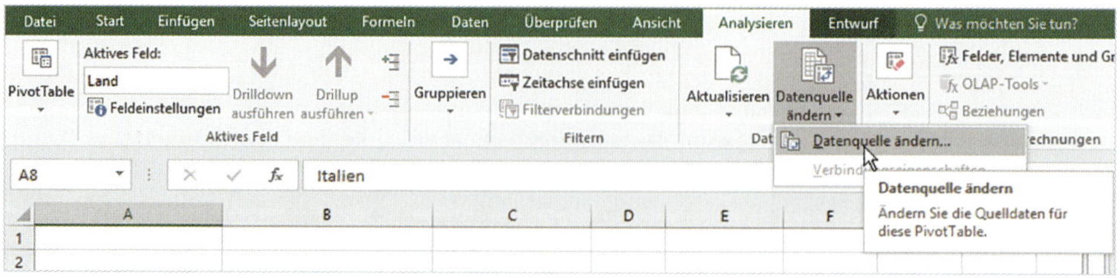

Bild 5.19 Datenquelle ändern

5.5 Layout und Formatierung

Tabellenformate

Am einfachsten formatieren Sie eine Pivot-Tabelle mit einer der Vorlagen im Register *PivotTable-Tools - Entwurf*. Um den gesamten Katalog anzuzeigen, klicken Sie auf die Schaltfläche *Weitere*.

Mit den Kontrollkästchen der Gruppe *Optionen für PivotTable-Formate* steuern Sie die Übernahme von Sonderformaten, z. B. für Zeilen- und Spaltenüberschriften. Im Übrigen können Sie zur Formatierung alle bekannten Zahlen- und Zellformate des Registers *Start* einsetzen.

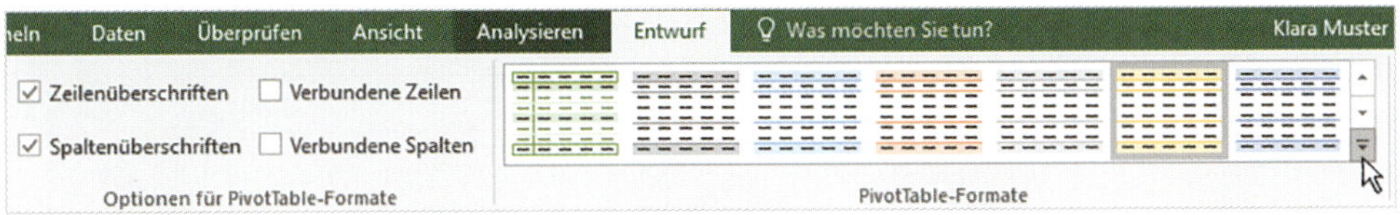

Bild 5.20 Vorlagen verwenden

Tabellenlayout bearbeiten

Beschriftungen ändern

Sicher haben Sie schon bemerkt, dass Excel in der Pivot-Tabelle in den Zeilen und Spalten die Feldinhalte korrekt übernimmt, nicht aber den Feldnamen selbst als Überschrift. Stattdessen erhalten Sie in der Pivot-Tabelle sogenannte Feldschaltflächen, erkennbar am Dropdown-Pfeil zum Filtern (siehe nächster Abschnitt) und diese sind standardmäßig nur mit dem nichtssagenden Text *Zeilenbeschriftungen* bzw. *Spaltenbeschriftungen* versehen. Diese Beschriftung lässt sich schnell durch Markieren und Tastatureingabe ändern. Dies gilt auch für die Wertebeschriftung, z. B. *Summe von Umsatz*, wie im Bild unten.

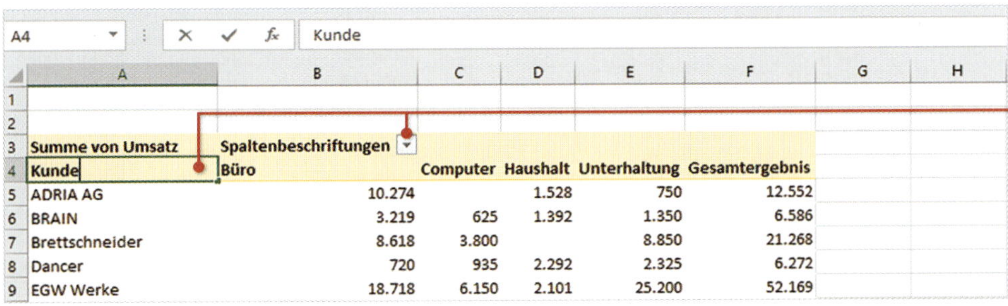

	A	B	C	D	E	F	G	H
1								
2								
3	Summe von Umsatz	Spaltenbeschriftungen						
4	Kunde	Büro	Computer	Haushalt	Unterhaltung	Gesamtergebnis		
5	ADRIA AG	10.274		1.528	750	12.552		
6	BRAIN	3.219	625	1.392	1.350	6.586		
7	Brettschneider	8.618	3.800		8.850	21.268		
8	Dancer	720	935	2.292	2.325	6.272		
9	EGW Werke	18.718	6.150	2.101	25.200	52.169		

Bild 5.21 Feldschaltflächen /Beschriftung ändern

Eine Änderung der Beschriftung hat keinerlei Auswirkungen auf die Inhalte der Ausgangstabelle.

Berichtslayout ändern

Auch über das Berichtslayout lässt sich die Beschriftung der Feldschaltflächen sowie bei verschachtelten Zeilenfeldern die Anordnung in Spalten ändern. Standardmäßig verwendet Excel das Kurzformat, für weitere Berichtslayouts klicken Sie im Register *Entwurf*, Gruppe *Layout*, auf *Berichtslayout*:

Bild 5.22 Berichtslayout wählen

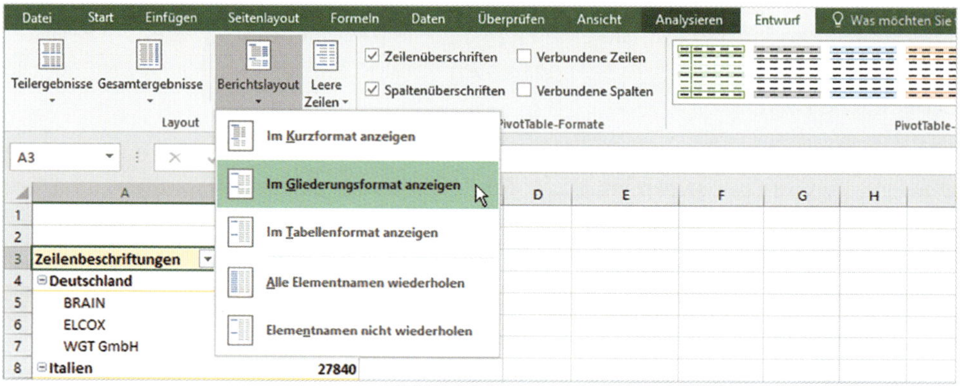

- Das Kurzformat verwendet nur allgemeine Bezeichnungen für die Feldschaltflächen, siehe oben, verschachtelte Zeilenfelder werden in einer einzigen Beschriftungsspalte zusammengefasst.
- Gliederungs- und Tabellenformat verwenden dagegen die Feldnamen zur Beschriftung und teilen verschachtelte Zeilenfelder in Spalten auf.
- Im Tabellenformat sind zusätzlich noch die Gitternetzlinien des Tabellenblattes sichtbar.

Bild 5.23 Beispiel: Tabelle im Kurz- und im Gliederungsformat

	A	B	C
1			
2			
3	Zeilenbeschriftungen	Summe von Umsatz	
4	⊟Deutschland	43572	
5	BRAIN	6586	
6	ELCOX	20938	
7	WGT GmbH	16048	
8	⊟Italien	27840	
9	ADRIA AG	12552	
10	MIRAMAR	15288	
11	⊟Österreich	39731	
12	Dancer	6272	
13	KARG AG	17486	
14	Tief & Brunnen	15973	
15	⊟Schweiz	123887	

	A	B	C	D
1				
2				
3	Land	Kunde	Summe von Umsatz	
4	⊟Deutschland		43572	
5		BRAIN	6586	
6		ELCOX	20938	
7		WGT GmbH	16048	
8	⊟Italien		27840	
9		ADRIA AG	12552	
10		MIRAMAR	15288	
11	⊟Österreich		39731	
12		Dancer	6272	
13		KARG AG	17486	
14		Tief & Brunnen	15973	
15	⊟Schweiz		123887	

Über die Schaltfläche *Berichtslayout* erhalten Sie auch die Möglichkeit, bei verschachtelten Zeilen- oder Spaltenfeldern jeder Zeile die Bezeichnung des übergeordneten Elements voranzustellen (Einstellung *Alle Elementnamen wiederholen*), die Auswahl *Elementnamen nicht wiederholen* blendet diese wieder aus.

Die Anzeige von Gesamt- und Zwischenergebnissen steuern

- Standardmäßig zeigt Excel in einer Pivot-Tabelle in der letzten Zeile und Spalte jeweils die Gesamtergebnisse an. Um diese aus- oder einzublenden klicken Sie im Register *Entwurf*, Gruppe *Layout*, auf *Gesamtergebnisse* und wählen die gewünschte Anzeige.
- In der selben Gruppe finden Sie auch die Schaltfläche *Teilergebnisse*, mit der Sie in Tabellen mit verschachtelten Zeilenfeldern die Anzeige und Position von Teilergebnissen für jede Gruppe steuern.
- Falls Sie für optisch ansprechende Ausdrucke nach jeder Gruppe Leerzeilen einfügen möchten, klicken Sie dazu in der Gruppe *Layout* auf *Leere Zeilen*. Mit dieser Schaltfläche entfernen Sie auch die Leerzeilen ggfs. wieder.

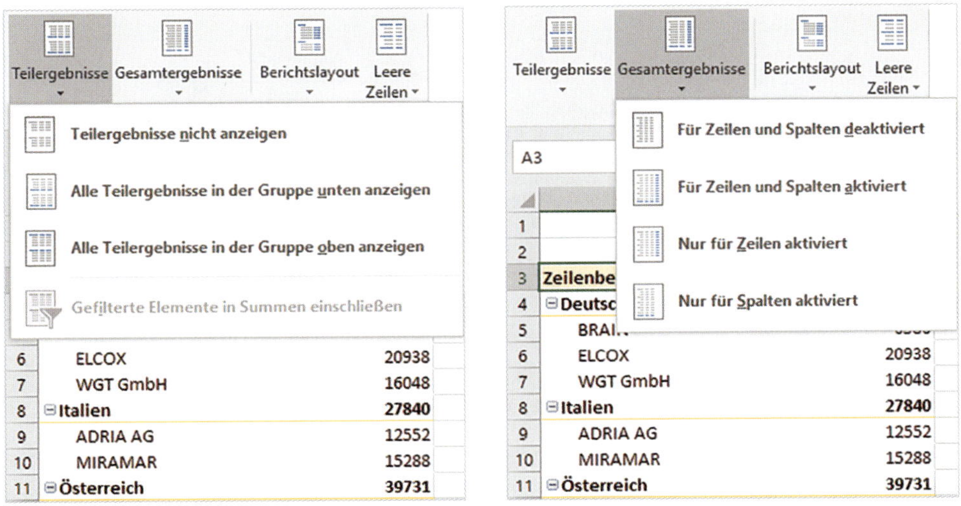

Bild 5.24 Die Anzeige von Teil- und Gesamtergebnissen steuern

Anpassung der Spaltenbreite

Excel passt beim Erstellen und nach jeder Aktualisierung einer Pivot-Tabelle die Spaltenbreite automatisch an den jeweiligen Inhalt an. Diese Breite lässt sich zwar jederzeit durch Ziehen mit der Maus ändern, wird jedoch beim Aktualisieren der Tabelle nicht beibehalten.

Wünschen Sie beispielsweise exakt gleiche Spaltenbreiten für die gesamte Tabelle, dann ist das ständige Ändern der Spaltenbreite zeitraubend. Es gibt jedoch eine Möglichkeit, das automatische Anpassen zu verhindern:

Den Befehl Optionen finden Sie auch im Register Analysieren, Gruppe PivotTable.

1. Dazu klicken Sie mit der rechten Maustaste in die Tabelle und auf *PivotTable-Optionen....*
2. Klicken Sie im Dialogfenster *Optionen* auf das Register *Layout & Format* und deaktivieren Sie das Kontrollkästchen *Spaltenbreite bei Aktualisierung automatisch anpassen*.

Bild 5.25 Anpassung der Spaltenbreite verhindern

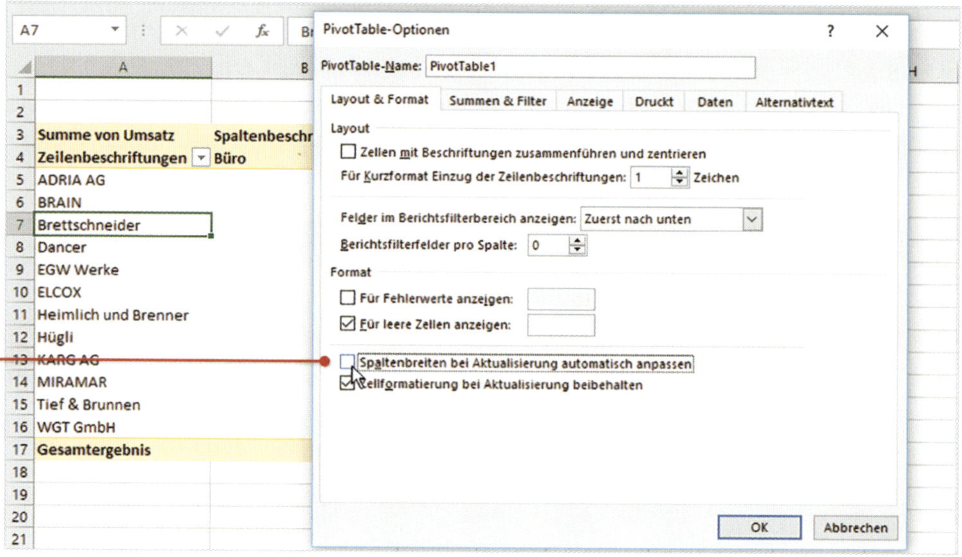

Kontrollkästchen deaktivieren

Tipp: Zusätzlich finden Sie in den *PivotTable-Optionen* unter *Format* die Möglichkeit, beliebigen Text anstelle von Fehlerwerten oder leeren Zellen anzeigen zu lassen.

Tabellenelemente markieren und hervorheben

Wenn Sie zusammengehörige Bereiche einer Pivot-Tabelle durch Formatierungen hervorheben möchten, dann benutzen Sie zum Markieren am besten die kleinen Pfeile die beim Zeigen auf eines der Elemente erscheinen.

Beispiel: Sie möchten die Zeilen mit den Teilergebnissen farbig hervorheben. Zeigen Sie mit der Maus am linken Rand der Tabelle auf eine Ergebniszeile, so wird ein waagrechter schwarzer Pfeil sichtbar und es genügt ein Klick, um alle Zeilen mit Teilergebnissen zu markieren. Nun können Sie den markierten Bereichen eine Füllfarbe zuweisen. Die Tabellenbereiche behalten ihre Formatierung auch nach Aktualisierungen und geänderten Sortierungen bei.

Bild 5.26 Teilergebnisse markieren

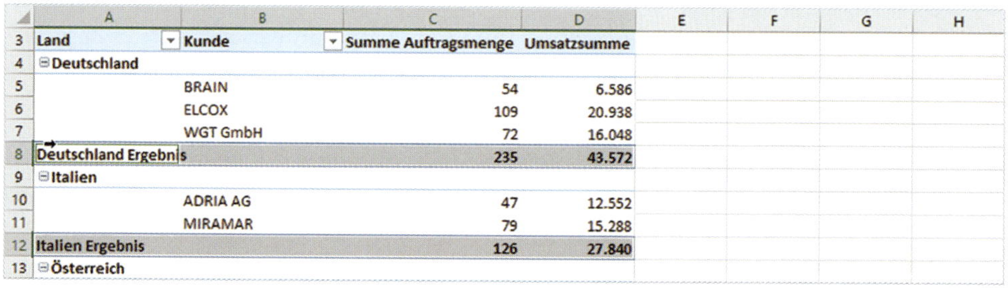

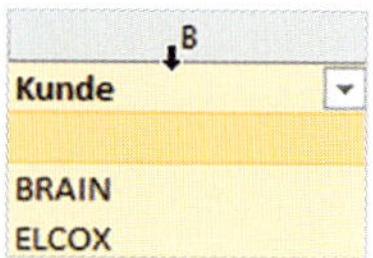

Auf dieselbe Weise können Sie auch Zeilenbeschriftungsbereiche markieren: Zeigen Sie auf die Überschrift der betreffenden Spalte, ein nach unten weisender Pfeil erscheint und mit einem Klick markieren Sie alle nicht leeren Zellen dieser Spalte.

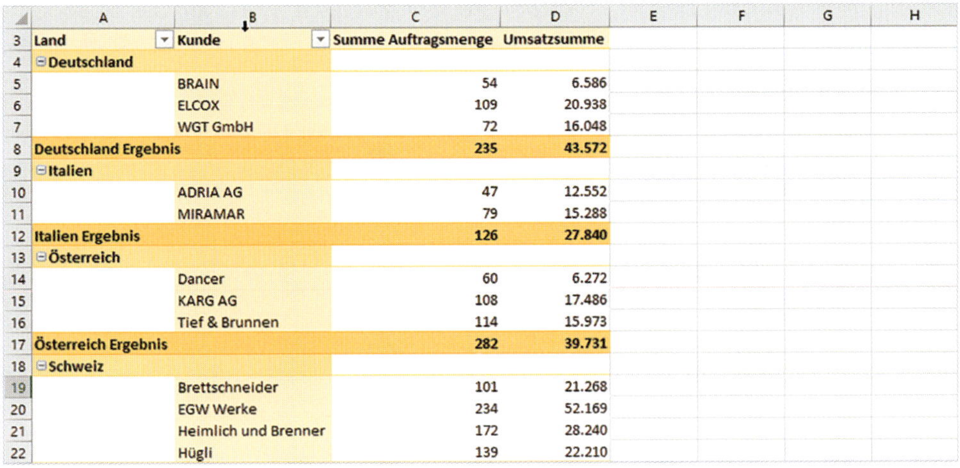

Bild 5.27 Tabellenelemente markieren und formatieren

5.6 Werteberechnung und -anzeige steuern

Funktion auswählen

Standardmäßig verwendet Excel in Pivot-Tabellen die Summe zur Zusammenfassung von Zahlen und bei Feldern vom Typ Text die Funktion Anzahl. Allerdings ist dies nicht in jedem Fall erwünscht oder sinnvoll. Manchmal werden auch der höchste oder niedrigste Wert oder der Mittelwert benötigt.

Änderungen nehmen Sie am einfachsten direkt in der Pivot-Tabelle vor: Klicken Sie mit der rechten Maustaste auf eine beliebige Zelle der zu ändernden Spalte und zeigen Sie im Kontextmenü auf *Werte zusammenfassen nach*. Klicken Sie anschließend auf die gewünschte Funktion.

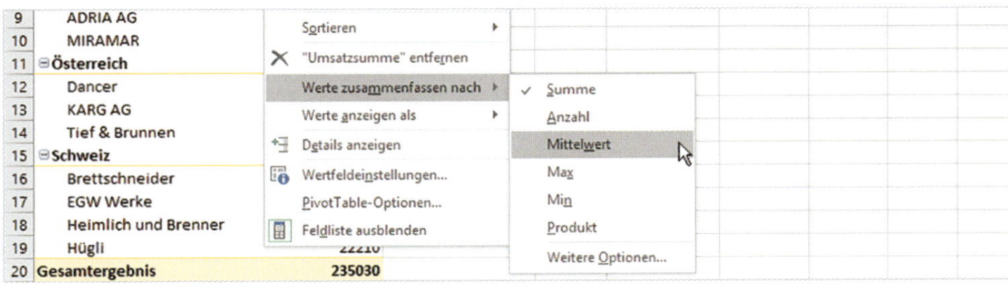

Bild 5.28 Zusammenfassung wählen

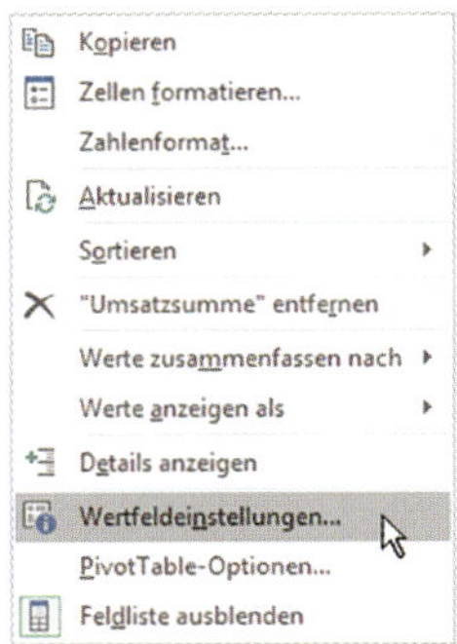

Das Dialogfenster Wertfeldeinstellungen

Weitergehende Möglichkeiten finden Sie im Fenster *Wertfeldeinstellungen*. Dieses Fenster öffnen Sie entweder über den gleichnamigen Befehl im Kontextmenü oder indem Sie im Aufgabenbereich *PivotTable-Felder* im Bereich *WERTE* auf das zu ändernde Feld und auf *Wertfeldeinstellungen* klicken. Oder klicken Sie im Register *Analysieren*, Gruppe *Aktives Feld*, auf *Feldeinstellungen*.

Wählen Sie im Register *Werte zusammenfassen nach* eine Funktion und geben Sie darüber im Feld *Benutzerdefinierter Name* die gewünschte Spaltenüberschrift ein.

Bild 5.29 Wertfeldeinstellungen

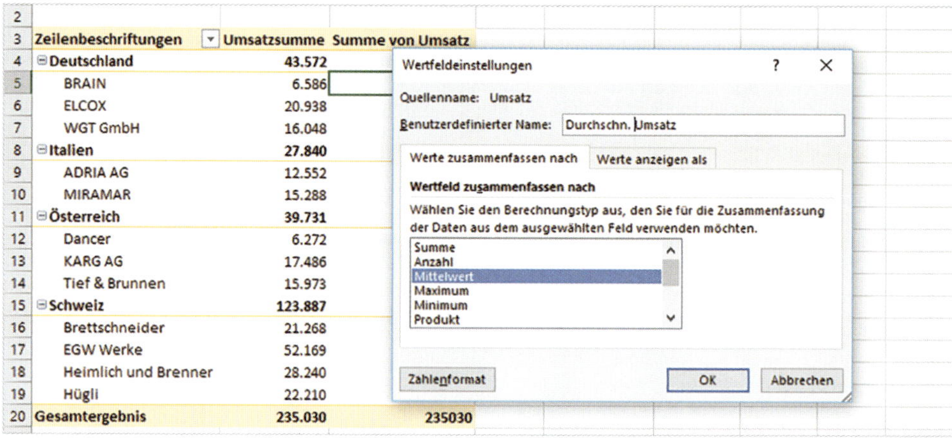

Zahlenformate

Im Dialogfenster *Wertfeldeinstellungen* finden Sie auch noch die Schaltfläche *Zahlenformat*. Hier können Sie den Ergebnissen auch gleich ein Zahlenformat zuweisen. Der Vorteil: Dieses Zahlenformat bezieht sich nicht auf Zellen, sondern auf die Werte, sodass auch nach Aktualisierung und eventuellen Umstellungen der Pivot-Tabelle das Zahlenformat erhalten bleibt.

Bild 5.30 Zahlenformat

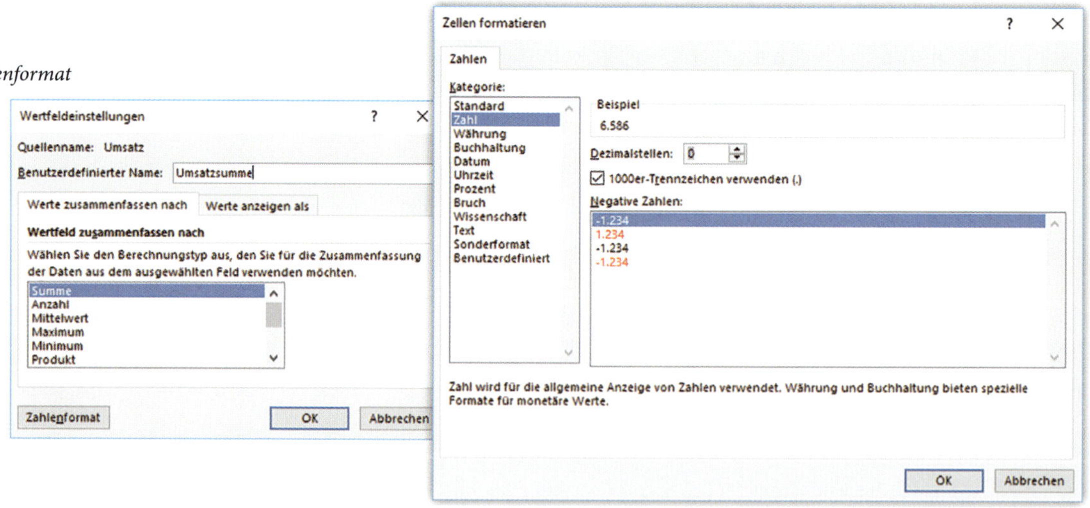

Beispiel Umfrageauswertung

Sie möchten die Umfrageergebnisse eines Hotels zur Gästezufriedenheit auswerten. Die Frage lautete: „Bitte bewerten Sie das Hotel in folgenden Punkten, indem Sie maximal 6 Sterne vergeben. 6 Sterne = Sehr gut, 1 Stern = sehr schlecht". Bewertet wurden u.a. Lage, Ausstattung, Service, Zimmer sowie Restaurant und Essen.

Die Einzelergebnisse der Fragebögen wurden in eine Excel-Tabelle übertragen (Das Bild unten zeigt einen Ausschnitt). Sie möchten nun wissen, wie oft für jedes zu bewertende Kriterium 6 Sterne, 5 Sterne usw. vergeben wurden.

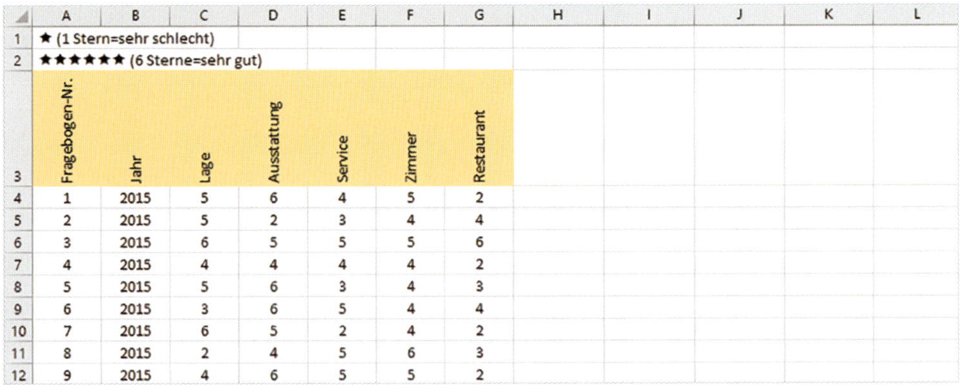

★ (1 Stern=sehr schlecht)
★★★★★★ (6 Sterne=sehr gut)

Fragebogen-Nr.	Jahr	Lage	Ausstattung	Service	Zimmer	Restaurant
1	2015	5	6	4	5	2
2	2015	5	2	3	4	4
3	2015	6	5	5	5	6
4	2015	4	4	4	4	2
5	2015	5	6	3	4	3
6	2015	3	6	5	4	4
7	2015	6	5	2	4	2
8	2015	2	4	5	6	3
9	2015	4	6	5	5	2

Bild 5.31 Ausgangstabelle Umfrageergebnisse

1 Dazu erstellen Sie zunächst eine Pivot-Tabelle und legen die Ergebnistabelle ab A2 als Quelldatenbereich fest.

2 Zuerst soll die Bewertung der Lage ausgewertet werden. Dazu wird das Feld *Lage* zweimal benötigt: Als Zeilenbeschriftung und im Bereich *Werte* zur Ermittlung der Häufigkeit. Ziehen Sie also das Feld in den Bereich *Zeilenbeschriftung* und ein weiteres Mal in den Bereich *WERTE*.

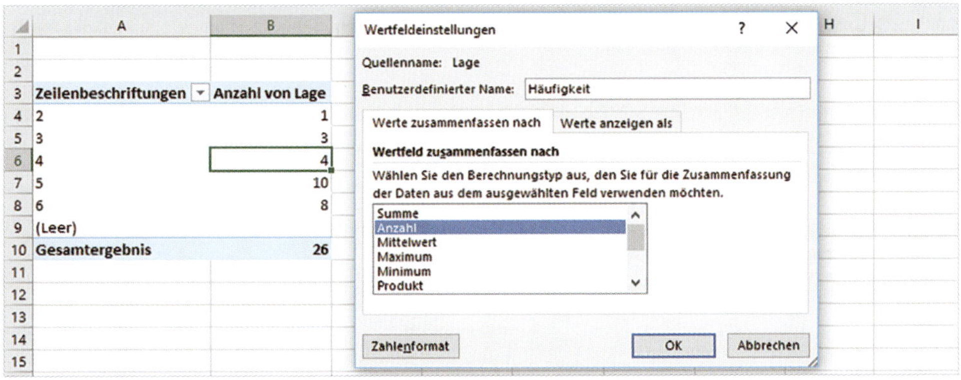

Zeilenbeschriftungen	Anzahl von Lage
2	1
3	3
4	4
5	10
6	8
(Leer)	
Gesamtergebnis	26

Bild 5.32 Wertfeldeinstellungen Anzahl

3 Möglicherweise berechnet Excel unsinnigerweise zunächst die Summe der Bewertungen. In diesem Fall öffnen Sie das Fenster *Wertfeldeinstellungen*, entweder mit Klick auf das Feld *Lage* im Bereich *Werte* oder indem Sie mit der rechten Maustaste in der Pivot-Tabelle auf eine beliebige Ergebniszelle klicken.

4 Klicken Sie auf die Funktion *Anzahl* und geben Sie bei *Benutzerdefinierter Name* als Spaltenüberschrift *Häufigkeit* ein. Dann bestätigen Sie mit *OK*.

5 Zur besseren Aussagefähigkeit können Sie in der Pivot-Tabelle auch noch die Zeilenbeschriftungen ändern, dies hat keinen Einfluss auf die Inhalte der Ausgangstabelle. Das Ergebnis könnte dann aussehen, wie im Bild unten.

Bild 5.33 Zeilenbeschriftungen ändern

	A	B	C	D	E	F	G	H	I
1									
2									
3	**Zeilenbeschriftungen**	**Häufigkeit**							
4	2 Sterne (schlecht	2							
5	3	3							
6	4	4							
7	5	10							
8	6 Sterne (sehr gut)	8							
9	**Gesamtergebnis**	**27**							
10									

Prozentanteile anzeigen

Excel ermöglicht in Pivot-Tabellen auch die Anzeige von Prozentanteilen anstelle der Zahlen, ohne dass Sie dazu eine Formel eingeben müssen. Auch hier gilt: Das Feld muss sich im Bereich *Werte* befinden, damit Sie es bearbeiten können. Wenn Sie beides, Zahlen und Prozentanteile, benötigen, dann nehmen Sie das Feld zweimal in den Wertebereich auf und ändern anschließend einen der Werte. Als Beispiel soll die Umfrageauswertung oben um die Prozentanteile ergänzt werden.

1 Ziehen Sie das Feld *Lage* ein zweites Mal in den Bereich *Werte* und öffnen Sie für dieses Feld das Dialogfenster *Wertfeldeinstellungen*, siehe oben.

2 Wählen Sie im Fenster *Wertfeldeinstellungen* wieder *Anzahl* als Berechnungsart und geben Sie als Spaltenüberschrift *in %* ein. Klicken Sie dann im selben Fenster auf das Register *Werte anzeigen als* und wählen Sie hier mit Klick auf den Dropdown-Pfeil eine Berechnungsbasis aus, in unserem Beispiel *% des Gesamtergebnisses*.

3 Anschließend können Sie über die Schaltfläche *Zahlenformat* noch die Ergebnisse mit der gewünschten Anzahl Dezimalstellen formatieren.

Bild 5.34 Wertfeldeinstellungen - Prozentanteile

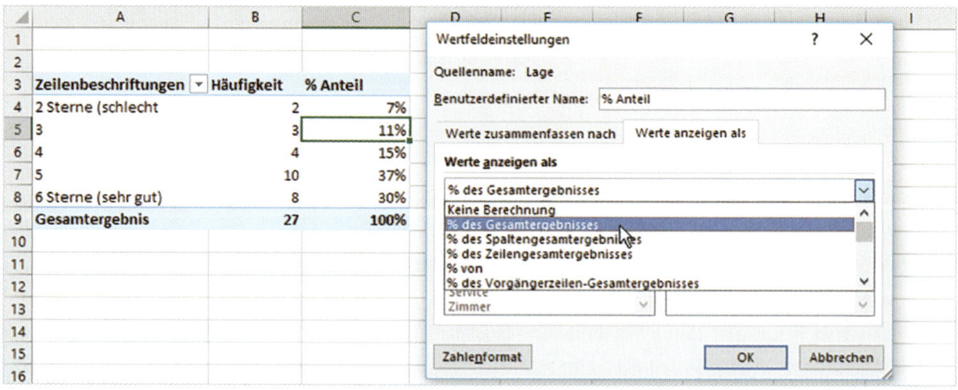

Tipp: Dieselben Möglichkeiten erhalten Sie auch, wenn Sie in der Pivot-Tabelle mit der rechten Maustaste in die betreffende Spalte klicken und auf *Werte anzeigen als* zeigen.

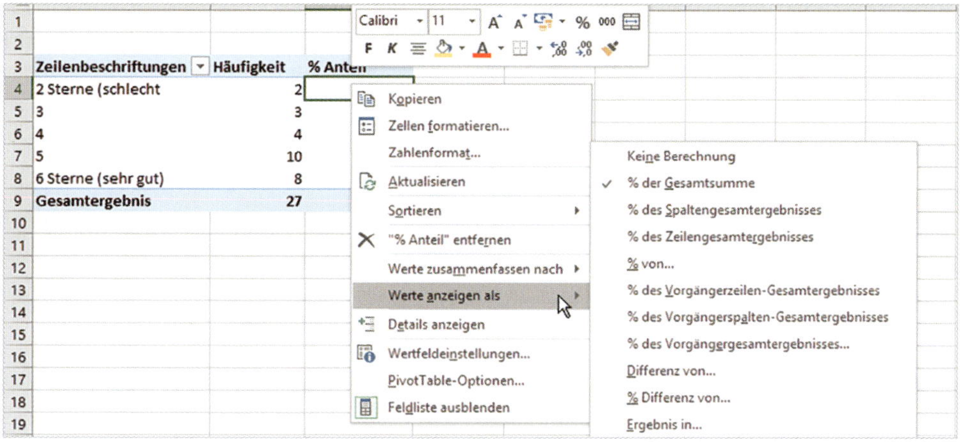

Bild 5.35 Werte als Prozentanteile anzeigen

5.7 Mit Pivot-Tabellen arbeiten

Tabelle filtern

Berichtsfilter

Felder im Bereich *FILTER* befinden sich oberhalb der eigentlichen Pivot-Tabelle und dienen zum Filtern der gesamten Tabelle. Auch hierzu können Sie gleich mehrere Felder verwenden. Verwenden Sie beispielsweise, wie im Bild unten, die Felder *Land* und *Produktgruppe* als Berichtsfilter, so können Sie die Filter beliebig miteinander kombinieren und in der Tabelle die Auftragsmengen genauer betrachten.

Bild 5.36 Berichtsfilter

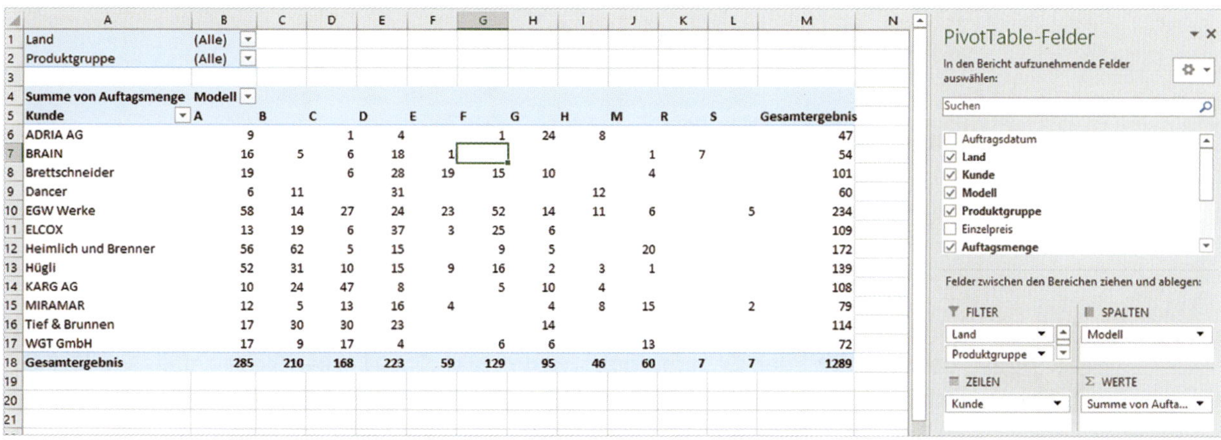

Land	(Alle)											
Produktgruppe	(Alle)											
Summe von Auftagsmenge	**Modell**											
Kunde	**A**	**B**	**C**	**D**	**E**	**F**	**G**	**H**	**M**	**R**	**S**	**Gesamtergebnis**
ADRIA AG	9		1	4		1	24	8				47
BRAIN	16	5	6	18	1				1	7		54
Brettschneider	19		6	28	19	15	10		4			101
Dancer	6	11		31				12				60
EGW Werke	58	14	27	24	23	52	14	11	6		5	234
ELCOX	13	19	6	37	3	25	6					109
Heimlich und Brenner	56	62	5	15		9	5		20			172
Hügli	52	31	10	15	9	16	2	3	1			139
KARG AG	10	24	47	8		5	10	4				108
MIRAMAR	12	5	13	16	4		4	8	15		2	79
Tief & Brunnen	17	30	30	23			14					114
WGT GmbH	17	9	17	4		6	6		13			72
Gesamtergebnis	**285**	**210**	**168**	**223**	**59**	**129**	**95**	**46**	**60**	**7**	**7**	**1289**

Ein Mausklick auf den Dropdown-Pfeil des Berichtsfilters öffnet eine Liste aller Länder oder Produktgruppen. Klicken Sie einfach auf den gewünschten Inhalt. Eine Mehrfachauswahl ist möglich, wenn Sie das Kontrollkästchen *Mehrere Elemente auswählen* aktivieren. Aktive Filter erkennen Sie am Filtersymbol der Schaltfläche. Mit der Auswahl (*Alle*) heben Sie den Filter wieder auf.

Bild 5.37 Mehrfachauswahl

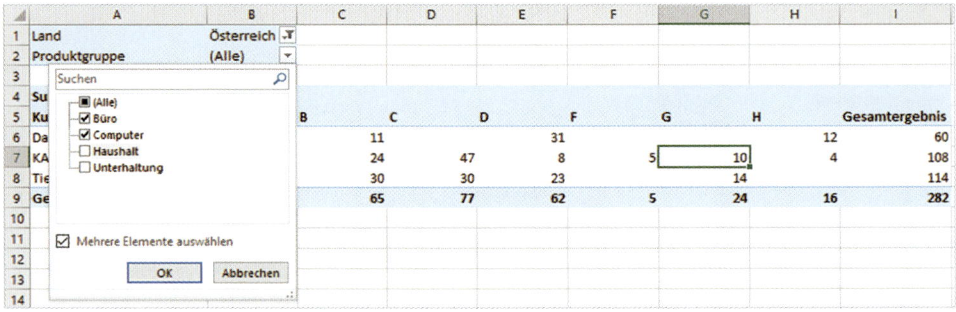

Spalten und Zeilen filtern

Das Löschen einzelner Zeilen und/oder Spalten ist in einer Pivot-Tabelle nicht möglich, stattdessen können nicht benötigte Elemente ausgeblendet werden. Ein Klick auf den Dropdown-Pfeil der jeweiligen Feldschaltfläche öffnet eine Liste aller Elemente, zum Ausblenden deaktivieren Sie einfach das Kontrollkästchen. Die Gesamtergebnisse in der Tabelle werden entsprechend angepasst. Auch hier erkennen Sie aktive Filter am Symbol der Feldschaltfläche.

Zum Entfernen eines Filters klicken Sie erneut auf die Feldschaltfläche und auf *Filter löschen aus....*

Bild 5.38 Feldschaltflächen

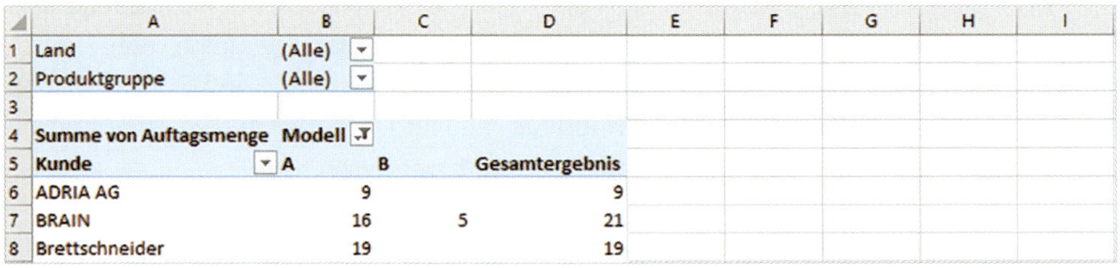

	A	B	C	D
1	Land	(Alle)		
2	Produktgruppe	(Alle)		
3				
4	Summe von Auftagsmenge	Modell		
5	Kunde	A	B	Gesamtergebnis
6	ADRIA AG	9		9
7	BRAIN	16	5	21
8	Brettschneider	19		19

Filterkriterien verwenden

Falls Sie zum Filtern im Bereich der Zeilen/Spalten Filterkriterien verwenden möchten, so klicken Sie auf die Feldschaltfläche, zeigen auf *Beschriftungsfilter* und wählen den gewünschten Filter. Anschließend geben Sie Ihre Vergleichswerte ein, siehe Bild auf der nächsten Seite.

Eine weitere Möglichkeit im Bereich der Zeilen ist das Filtern nach Werten, wobei sich der Filter nach den Gesamtergebnissen richtet. Dazu klicken Sie ebenfalls auf die Feldschaltfläche und zeigen auf *Wertefilter*. Mit der Auswahl *Top 10...* kann z. B. die Anzeige auf eine beliebige Anzahl der obersten oder untersten Elemente eingeschränkt werden.

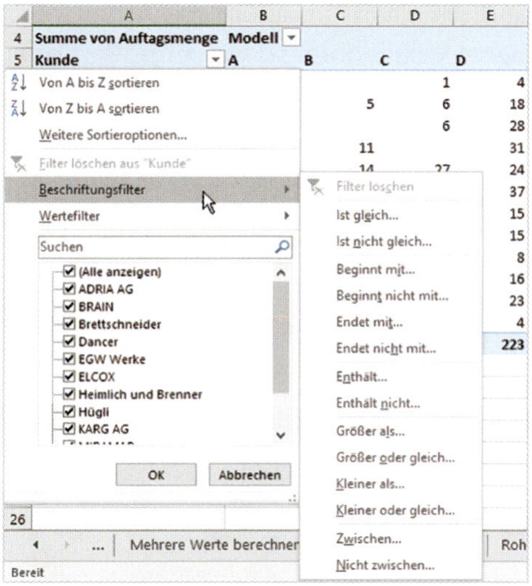

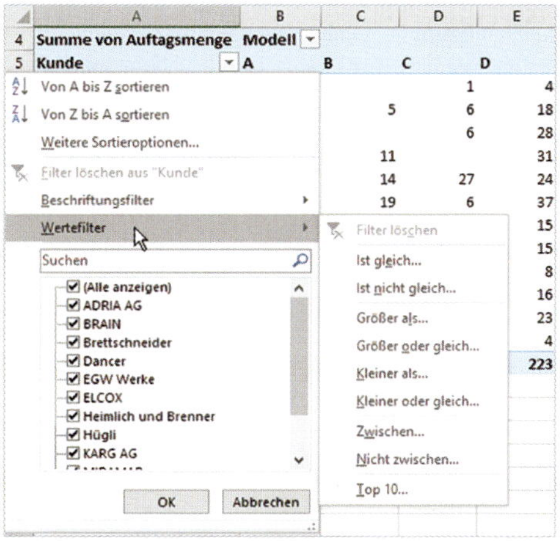

Bild 5.39 Beschriftungsfilter

Bild 5.40 Wertefilter

Feldschaltflächen ausblenden

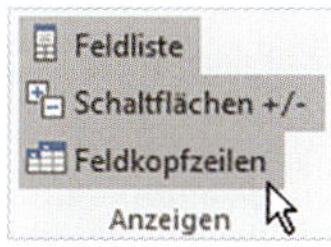

Falls Sie die Feldschaltflächen für Zeilen und Spalten als störend empfinden oder verhindern möchten, dass von anderen Benutzern Filter angewendet oder aufgehoben werden, so können Sie die Feldschaltflächen ausblenden. Klicken Sie dazu auf das Register *Analysieren* und deaktivieren Sie in der Gruppe *Anzeigen* die Schaltfläche *Feldkopfzeilen*. Mit derselben Schaltfläche blenden Sie die Feldschaltflächen später wieder ein.

Mit Datenschnitten filtern

Siehe Kapitel 3.4.

Datenschnitte haben Sie bereits in Zusammenhang mit Excel-Tabellen in Kapitel 3 kennengelernt. Sie können auch als schnelle Filter für Pivot-Tabellen eingesetzt werden, ihre Handhabung unterscheidet sich nicht. Zum Einfügen klicken Sie im Register *Analysieren* auf *Datenschnitt einfügen* und wählen die Felder, die Sie als Filter bzw. Datenschnitt benötigen.

Bild 5.41 Datenschnitt einfügen

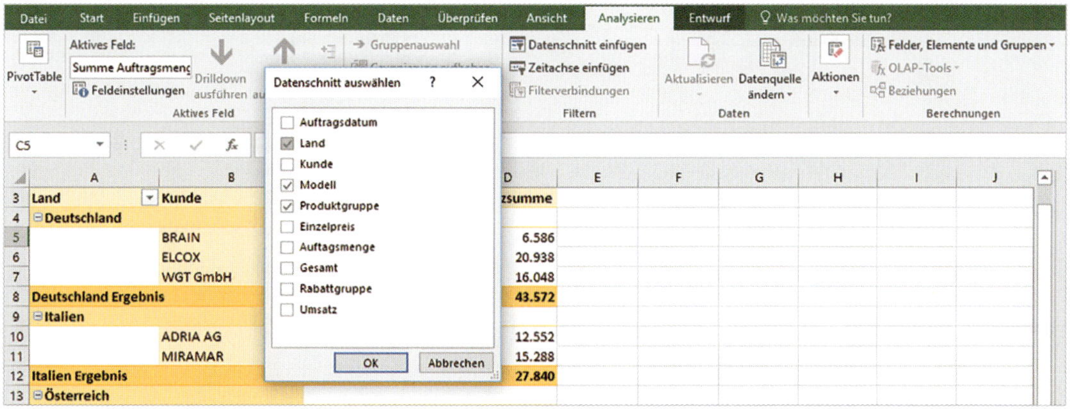

Die Datenschnitte werden überlagert am Rand der Pivot-Tabelle in das Arbeitsblatt eingefügt und können nun mit der Maus beliebig verschoben sowie vergrößert oder verkleinert werden. Zum Filtern klicken Sie mit der Maus auf eine der Schaltflächen eines Datenschnitts.

- Falls Sie mehrere Filterkriterien verwenden möchten, so aktivieren Sie das Symbol *Mehrfachauswahl* des betreffenden Datenschnitts oder klicken die Felder nacheinander mit gedrückter Strg-Taste an.
- Das Symbol *Filter löschen* in der rechten oberen Ecke des jeweiligen Datenschnitts deaktiviert die Filter wieder.
- Zum Formatieren der Datenschnitte steht Ihnen im Menüband das Register *Datenschnitttools - Optionen* zur Verfügung, sobald ein Datenschnitt markiert ist.

Bild 5.42 Datenschnitte verwenden

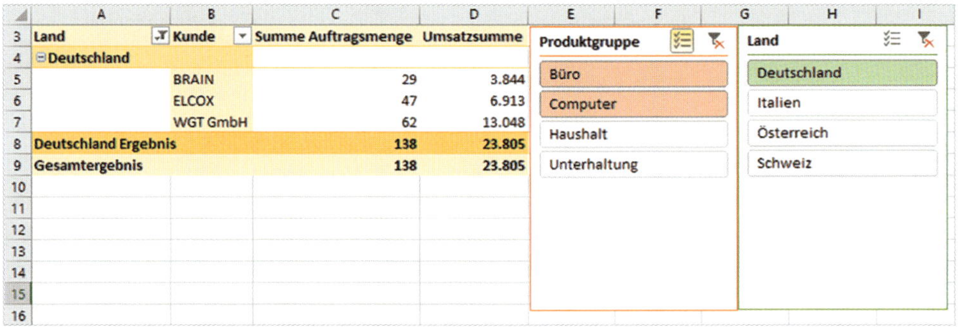

Zeitachse zum Filtern verwenden

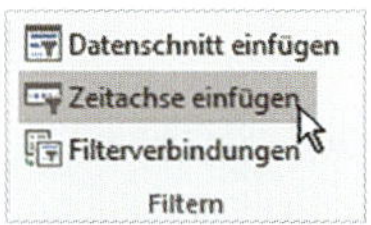

Zeitachsen fassen Datumswerte im Format TT.MM.JJJJ zu Zeiteinheiten zusammen und werden wie Datenschnitte zum Filtern verwendet. Enthält also Ihre Datenquelle ein Feld mit Datumswerten, in unserem Beispiel das Feld Auftragsdatum, so klicken Sie im Register *Analysieren*, Gruppe *Filtern*, auf *Zeitachse einfügen* und wählen ein Feld aus. Achtung: Excel zeigt hier nur geeignete Felder an!

Bild 5.43 Zeitachsen einfügen

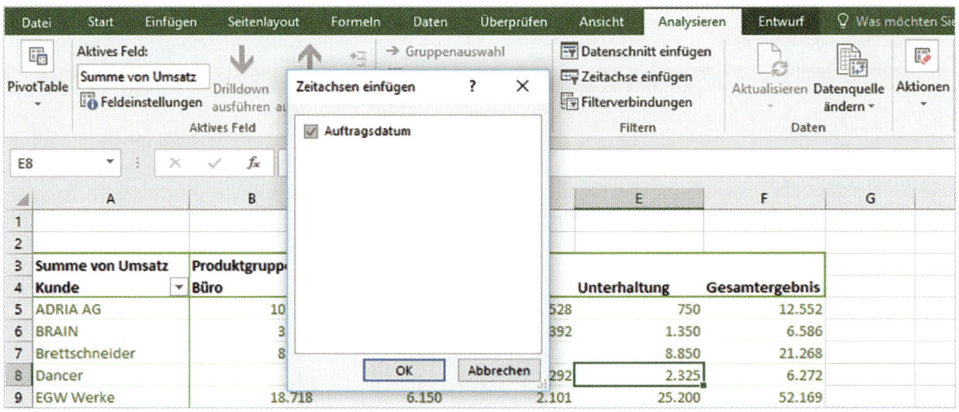

Die Zeitachse wird wie ein Datenschnitt im Tabellenblatt eingefügt und kann mit der Maus beliebig positioniert werden. Sollte der benötigte Zeitraum nicht vollständig angezeigt werden, so verwenden Sie die waagrechte Leiste am unteren Rand oder vergrößern die Zeitachse durch Ziehen mit der Maus. Standardmäßig zeigt die Zeitachse Monate an, weitere Zeiteinheiten erhalten Sie zur Auswahl, wenn Sie in der Zeitachse rechts oben auf den Dropdown-Pfeil klicken. Zum Filtern klicken Sie einfach in der Zeitachse auf den gewünschten Zeitraum.

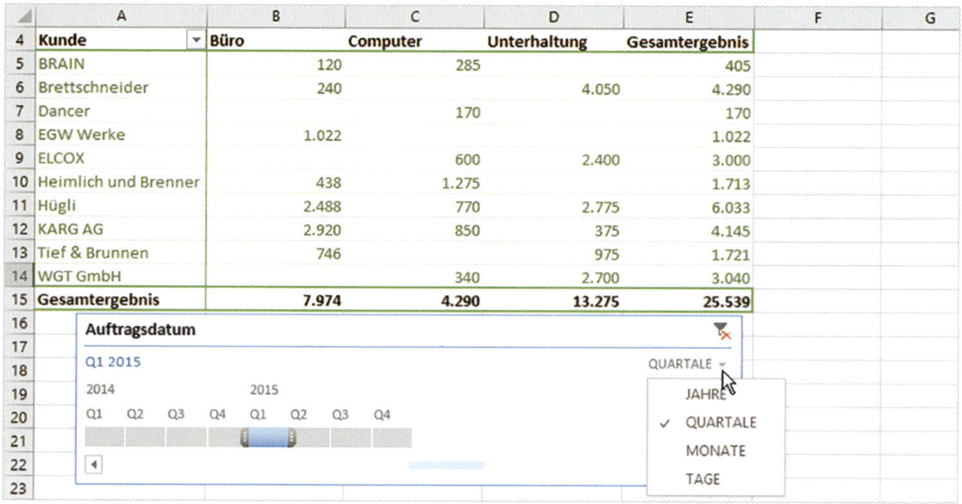

Bild 5.44 Zeitachse: Beispiel Quartale

Tabelle sortieren

Die üblichen Methoden der Sortierung können auch auf Pivot-Tabellen angewendet werden. Standardmäßig sind Pivot-Tabellen nach den Elementen der Zeilenbeschriftung sortiert. Um nach Werten zu sortieren, z. B. absteigend oder aufsteigend nach Umsatzsumme, klicken Sie mit der rechten Mautaste in die entsprechende Spalte der Pivot-Tabelle, zeigen auf *Sortieren* und wählen die gewünschte Sortierreihenfolge. Diese Sortierung wird auch nach dem Aktualisieren beibehalten. Als Alternative benutzen Sie im Register *Daten* die Symbole *Aufsteigend* und *Absteigend sortieren*.

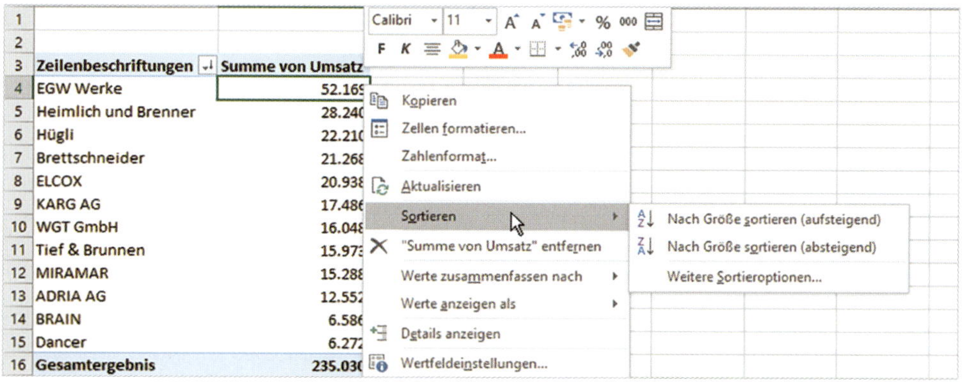

Bild 5.45 Tabelle nach Werten sortieren

Einzeldatensätze anzeigen

Einzelwerte in ein neues Arbeitsblatt kopieren

Mit einem Doppelklick auf einen Wert der Pivot-Tabelle kopiert Excel alle dazugehörigen Einzeldatensätze der Datenquelle in ein gesondertes neues Tabellenblatt und zeigt die Daten auf dem Bildschirm an (Drilldown). Möchten Sie beispielsweise wissen, aus welchen Einzelumsätzen sich der Gesamtumsatz eines bestimmten Kunden im Jahr 2015 zusammensetzt, so doppelklicken Sie einfach auf den Umsatz dieses Kunden. Die Daten sind lediglich eine Kopie der Quelldaten, sie werden bei Änderungen der Daten auch nicht aktualisiert, sodass Sie dieses Blatt anschließend problemlos wieder löschen können.

5.8 Erweiterte Pivot-Tabellenfunktionen

Elemente eines Feldes zu Gruppen zusammenfassen

Umfasst ein Feld sehr viele Elemente, so können Sie jederzeit Elemente des Feldes zu Gruppen zusammenfassen. Dazu müssen Sie im ersten Schritt in der Pivot-Tabelle die Elemente markieren.

Den Befehl *Gruppieren* erhalten Sie auch über die rechte Maustaste.

1 Zeigen Sie in der betreffenden Zeilenbeschriftung an den linken Rand, im Beispiel unten auf den Kunden. Achtung: Nicht in den Zeilenkopf! Der Mauszeiger wird als schwarzer waagrechter Pfeil sichtbar und mit einem Klick wird der erste Kunde einschließlich dazugehörigem Wert markiert. Klicken Sie auf diese Weise mit gedrückter Strg-Taste nacheinander auf alle Kunden der ersten Gruppe.

2 Klicken Sie im Register *Analysieren*, *Gruppieren*, auf *Gruppenauswahl*.

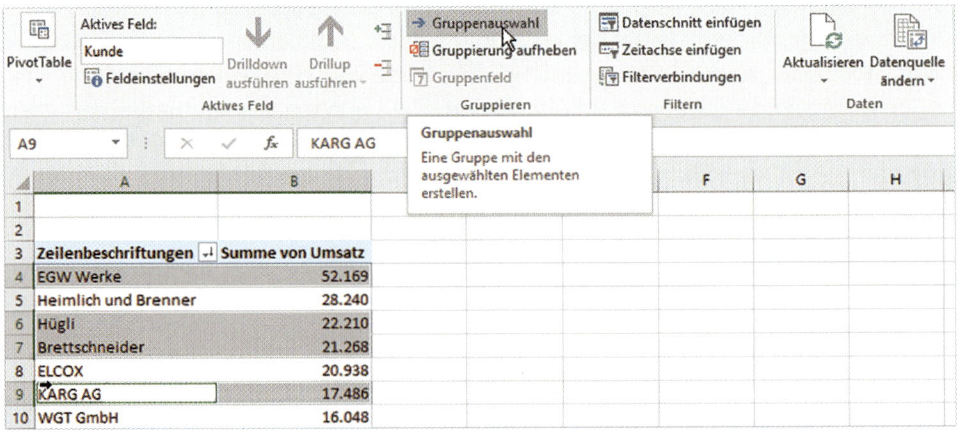

Bild 5.46 Zeilen markieren und gruppieren

3 Excel fügt in der Feldliste und in der Tabelle ein neues Feld unter einem vorläufigen Namen ein. Die neue Gruppe als erstes Element dieses Feldes erhält den Namen *Gruppe1*. Beide Namen können später geändert werden.

4 Markieren Sie nun alle Kunden, die Sie zur zweiten Gruppe zusammenfassen möchten und klicken Sie wieder auf *Gruppenauswahl*. Wiederholen Sie diesen Schritt für jede Gruppe.

5 Zum Umbenennen der neuen Felder und der neuen Gruppe markieren Sie diese in der Tabelle und geben in der Bearbeitungsleiste einen Namen ein. Der Name des neuen Feldes erscheint auch in der Feldliste im Aufgabenbereich und dieses Feld ist ab sofort in allen Pivot-Tabellen verfügbar, die auf derselben Datenquelle beruhen.

Bild 5.47 Gruppe umbenennen

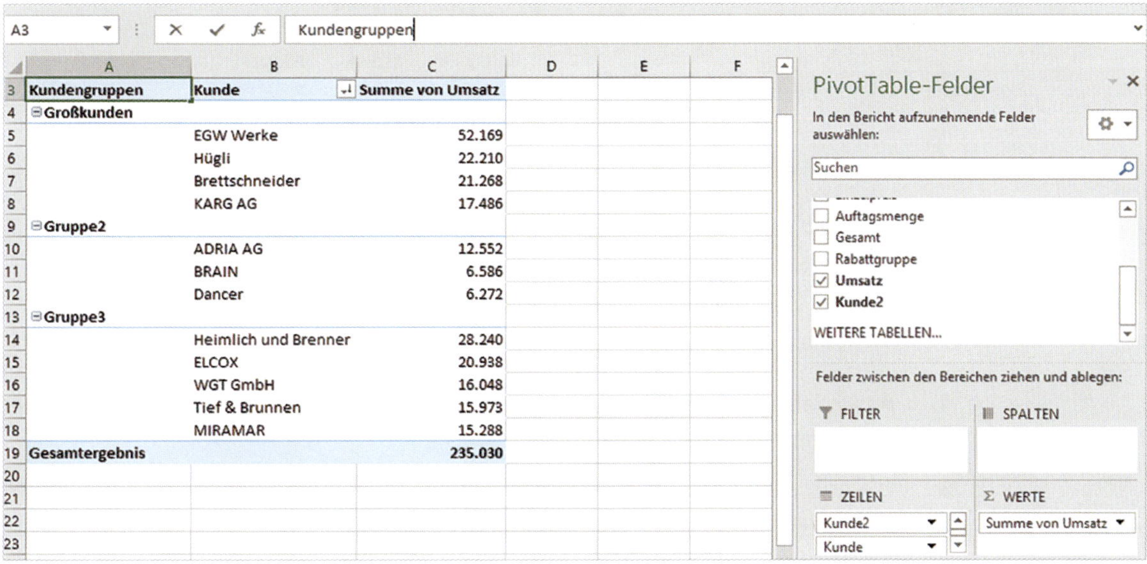

Kundengruppen	Kunde	Summe von Umsatz
Großkunden		
	EGW Werke	52.169
	Hügli	22.210
	Brettschneider	21.268
	KARG AG	17.486
Gruppe2		
	ADRIA AG	12.552
	BRAIN	6.586
	Dancer	6.272
Gruppe3		
	Heimlich und Brenner	28.240
	ELCOX	20.938
	WGT GmbH	16.048
	Tief & Brunnen	15.973
	MIRAMAR	15.288
Gesamtergebnis		235.030

Gruppen aus Datumswerten bilden

Häufig enthält eine Datenquelle auch einzelne Datumswerte, die in der Auswertung eigentlich als Zusammenfassung, z. B. nach Monaten oder Jahren, benötigt werden. Pivot-Tabellen unterstützen aus diesem Grund eine Gruppierung nach Datumsintervallen. Die Datentabelle aus unserem bisherigen Beispiel enthält für jeden Auftrag das Datum, nun sollen die Umsätze der beiden Jahre 2014 und 2015 nach Quartalen gegenübergestellt werden.

Werte gruppieren

Bild 5.48 Datumswerte in der Ausgangstabelle

Auftragsdatum	Land	Kunde	Modell	Produktgruppe	Einzelpreis	Auftagsmenge	Gesamt	Rabattgruppe	Umsatz
02.01.2014	Italien	ADRIA AG	D	Unterhaltung	75,00	3	225,00	1	225,00
02.01.2014	Österreich	KARG AG	F	Unterhaltung	450,00	1	450,00	2	450,00
03.01.2014	Italien	ADRIA AG	A	Büro	120,00	2	240,00	1	240,00
03.01.2014	Deutschland	ELCOX	G	Büro	377,00	2	754,00	1	754,00
03.01.2014	Schweiz	Hügli	H	Haushalt	191,00	3	573,00	1	573,00

1 Fügen Sie eine Pivot-Tabelle ein und ziehen Sie im ersten Schritt das Feld *Auftragsdatum* in den Bereich *ZEILEN*. In den meisten Fällen erzeugt Excel 2016 anschließend daraus automatisch die neuen Felder Jahre und Quartale und das eigentliche Datum wird nach Monaten zusammengefasst.

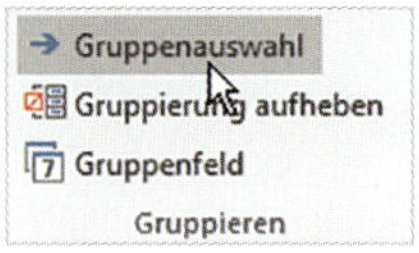

2 Sollte keine automatische Gruppierung erfolgen, so markieren Sie in der Tabelle eine beliebige Zelle mit einem Datumswert und klicken im Register *Analysieren*, *Gruppieren* auf *Gruppenauswahl* oder klicken Sie mit der rechten Maustaste und auf *Gruppieren....*

3 Das Dialogfenster *Gruppieren* wird geöffnet: Klicken Sie der Reihe nach auf alle benötigten Datumsintervalle. Soll der Inhalt des Originalfeldes *Auftragsdatum* erhalten bleiben, dann sollten Sie auch die Tage einbeziehen.

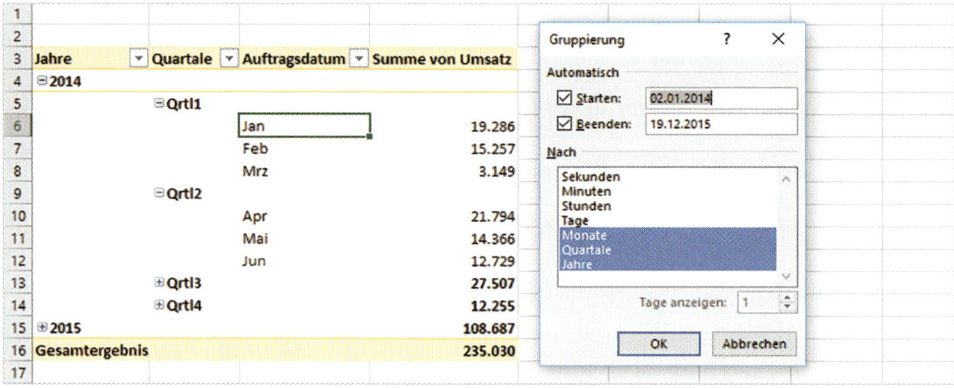

Bild 5.49 Gruppieren nach Datum

4 Anschließend können Sie die neuen Felder beliebig anordnen und nicht benötigte wieder aus der Pivot-Tabelle entfernen.

5 Die gruppierten Datumswerte sind auch in allen anderen Pivot-Tabellen verfügbar, die auf derselben Datenquelle basieren.

Zahlenwerte gruppieren

Nur für numerische Werte möglich!

Eine Gruppierung nach Zahlen bzw. bestimmten Intervallen ist auf diese Weise ebenfalls möglich. Auch dazu müssen Sie zuerst das betreffende Feld in einen Bereich der Pivot-Tabelle ziehen, beachten Sie aber dass eine automatische Gruppierung nur für numerische Werte möglich ist. Klicken Sie dann in der Tabelle auf eine beliebige Zelle dieses Feldes und auf *Gruppenauswahl*. Im Fenster *Gruppierung* legen Sie dann im Feld *Nach* das Intervall fest. Optional können Sie auch noch Start- und Endwert angeben.

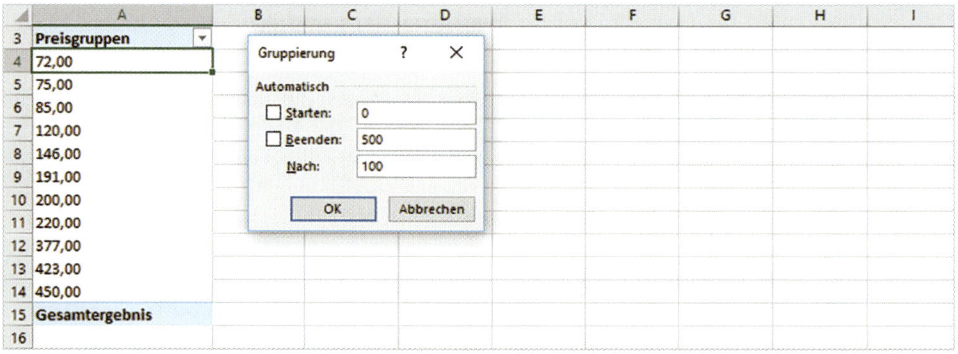

Bild 5.50 Gruppieren nach Zahlen

Felder berechnen

Felder berechnen = Neue Spalten berechnen

Einer der Vorteile von Pivot-Tabellen besteht darin, dass die Werte der ursprünglichen Daten unverändert bleiben. Wenn Sie in der Auswertung Formelergebnisse benötigen, dann können Sie viele Felder auch in der Pivot-Tabelle berechnen. Sie werden zur Feldliste hinzugefügt und stehen anschließend in allen Pivot-Tabellen zur Verfügung, die auf derselben Datenquelle basieren.

Als Beispiel soll für jeden Kunden auf der Basis des bisherigen Umsatzes ein Bonus berechnet werden, dieser beträgt 3% des Umsatzes. So gehen Sie vor:

1. Erstellen Sie eine Pivot-Tabelle, das Hinzufügen von Feldern ist vorerst nicht erforderlich. Klicken Sie im Register *Analysieren,* Gruppe *Berechnungen*, auf die Schaltfläche *Felder, Elemente und Gruppen* und wählen Sie *Berechnetes Feld*....
2. Geben Sie im Feld *Name* einen Namen für das berechnete Feld ein und darunter die Formel zur *Berechnung* der Provision. Das Feld *Umsatz* können Sie aus der Liste der Felder übernehmen, indem Sie es markieren und über die Schaltfläche *Feld einfügen* in die Formel einfügen (siehe Bild unten), Sie können aber auch den Feldnamen einfach über die Tastatur eingeben.
3. Klicken Sie dann auf *Hinzufügen* und schließen Sie das Fenster mit *OK*.

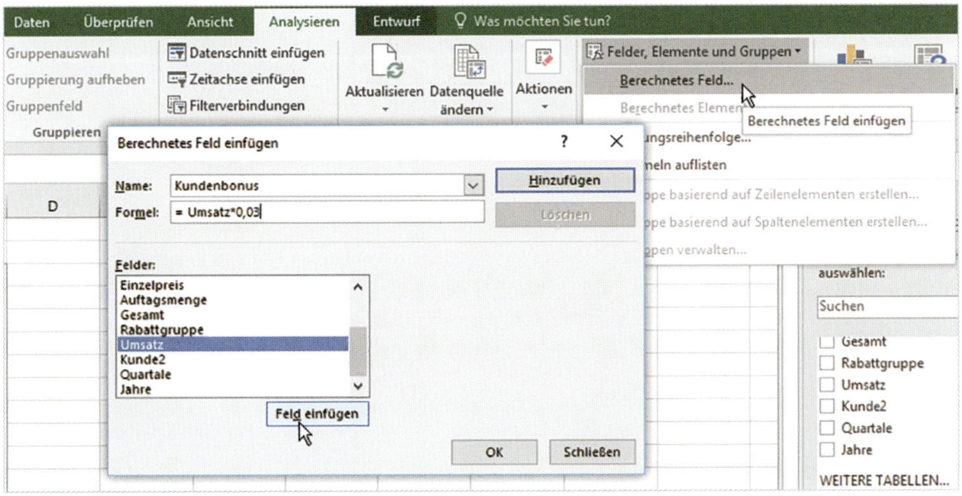

Bild 5.51 Neues Feld berechnen

4. Das Feld *Kundenbonus* wird der Feldliste hinzugefügt und erscheint gleichzeitig im Wertebereich der Tabelle. Fügen Sie nun die übrigen benötigten Felder hinzu, das berechnete Feld wird wie jedes andere Feld behandelt. Das Ergebnis sehen Sie im Bild auf der nächsten Seite.

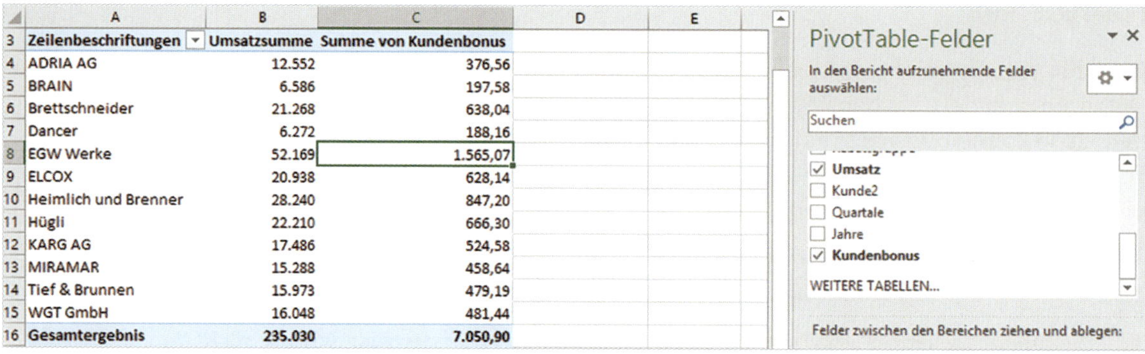

Bild 5.52 Das Ergebnis

Berechnetes Feld löschen

Wenn Sie ein berechnetes Feld nicht mehr benötigen und es aus der Feldliste endgültig löschen möchten, dann klicken Sie im Register *Analsyieren*, Gruppe *Berechnungen*, auf *Felder, Elemente und Gruppen berechnen* und auf *Berechnetes Feld....*

Klicken Sie im Fenster *Berechnetes Feld einfügen* im Feld *Name* auf den Dropdown-Pfeil und wählen Sie das zu löschende Feld aus. Dann klicken Sie auf die Schaltfläche *Löschen*.

Bild 5.53 Berechnetes Feld löschen

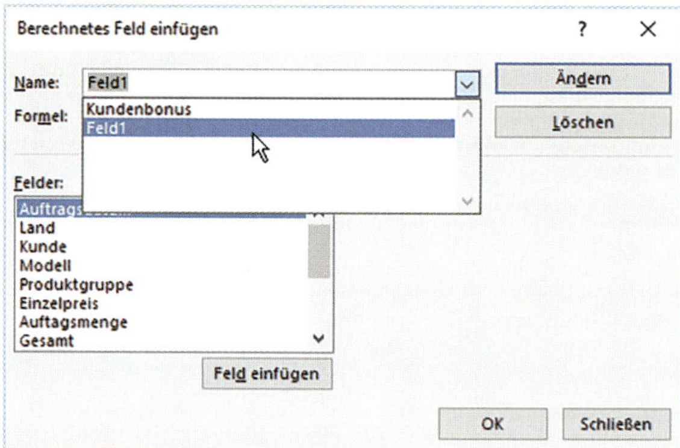

Elemente eines Feldes berechnen

Eine andere Möglichkeit ist die Berechnung weiterer Elemente eines vorhandenen Feldes. Nehmen wir als Beispiel, Sie möchten beim Vergleich der Umsätze aus zwei Jahren in einer weiteren Spalte die Differenz berechnen. Die einzelnen Jahre stellen Elemente des Feldes *Jahre* dar und die Differenz wird einfach als weiteres Element hinzugefügt.

Achtung: Für gruppierte Felder, z. B. bei einer Gruppierung nach Jahren aus dem Auftragsdatum, können keine weiteren Elemente berechnet werden!

Für unser Beispiel haben wir daher zuvor in den Quelldaten in einer neuen Spalte mit der Überschrift Auftragsjahr aus dem Auftragsdatum das Jahr mit der Funktion JAHR ermittelt und verwenden dieses Feld zur Berechnung.

So gehen Sie bei der Berechnung vor:

1. Klicken Sie auf die Zelle mit der Feldschaltfläche des Feldes, für das Sie ein weiteres Element berechnen möchten. Oder klicken Sie in der Tabelle im Bereich Zeilen- oder Spaltenbeschriftungen auf ein Element dieses Feldes.
2. Klicken Sie im Register *Analysieren*, Gruppe *Berechnungen*, auf die Schaltfläche *Felder, Elemente und Gruppen* und wählen Sie *Berechnetes Element...*.
3. Das Fenster *Berechnetes Element in ... einfügen* wird geöffnet. Geben Sie einen Namen für das berechnete Element ein, z. B. *Differenz*, und darunter die Formel. Zur Formeleingabe markieren Sie links in der Liste der Felder das betreffende Feld, in diesem Beispiel Auftragsjahr. Rechts in der Liste *Elemente* sehen Sie die Elemente des Feldes, zum Einfügen in die Formel markieren Sie ein Element und klicken auf *Element einfügen*.
4. Klicken Sie zuletzt auf *Hinzufügen* und schließen Sie das Fenster mit *OK*.

Bild 5.54 Berechnetes Element einfügen

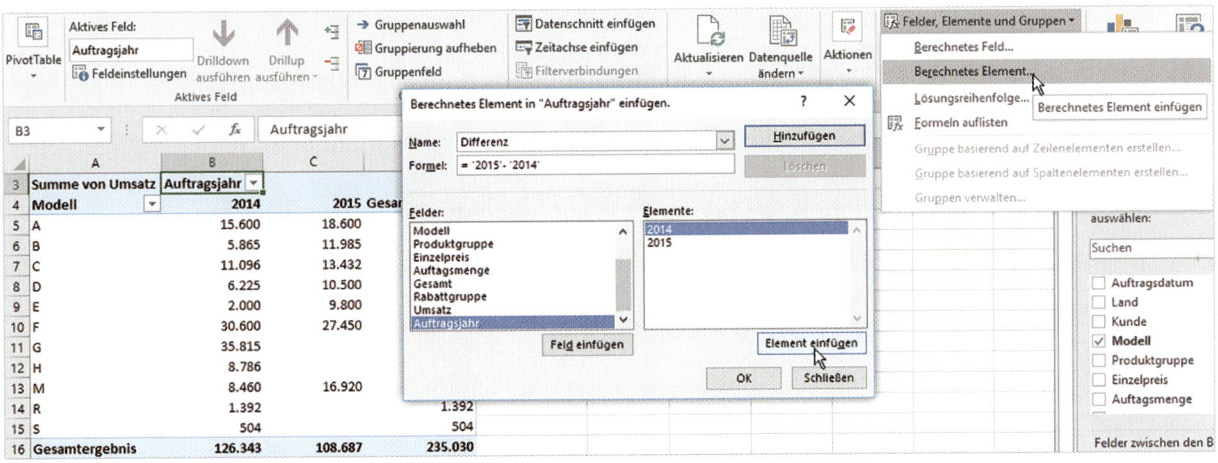

Als Ergebnis wurde in der Tabelle das Feld Auftragsjahr um das Element *Differenz* ergänzt. Um ein korrektes Ergebnis zu erhalten, sollten Sie jetzt allerdings das Gesamtergebnis entfernen, da dieses alle Elemente des Feldes berücksichtigt.

Bild 5.55 Das Ergebnis

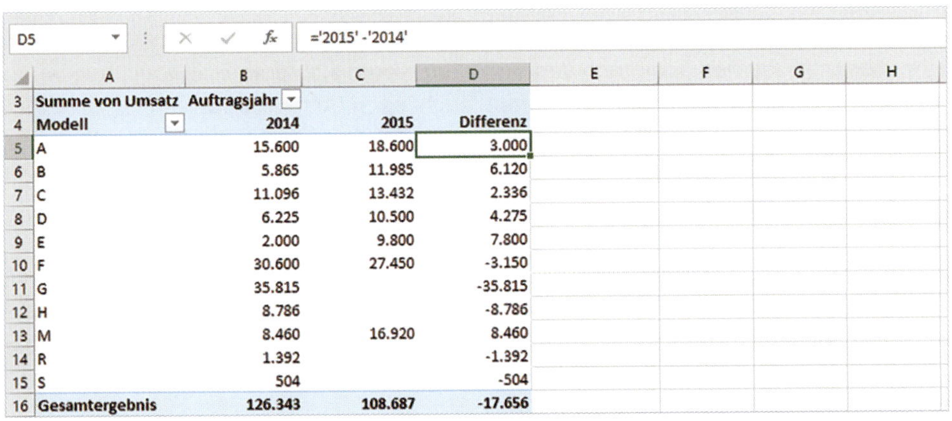

In der Bearbeitungsleiste sehen Sie die zur Berechnung verwendete Formel

Die Funktion Pivotdatenzuordnen

Korrekter Verweis auf Zelle einer Pivot-Tabelle

Benötigen Sie für weitere Auswertungen nur bestimmte Inhalte einer Pivot-Tabelle, die sich entweder in einem anderen Arbeitsblatt oder in einer anderen Arbeitsmappe befindet? Oder möchten Sie ein Diagramm erstellen, das nur einige Werte einer Pivot-Tabelle einbezieht? Dazu benötigen Sie Verweise auf die entsprechenden Zellen der Pivot-Tabelle. Excel verwendet in diesem Fall anstelle eines Zellbezugs automatisch die Funktion PIVOTDATENZUORDNEN, allerdings nur, wenn Sie auf eine einzelne Zelle verweisen. Dadurch ist sichergestellt, dass sich der Verweis nicht auf die Zelladresse, sondern einen bestimmten Wert der Pivot-Tabelle bezieht und somit auch nach Aktualisierung bzw. Änderung der Pivot-Tabelle noch korrekt ist.

Bild 5.56 Die Funktion

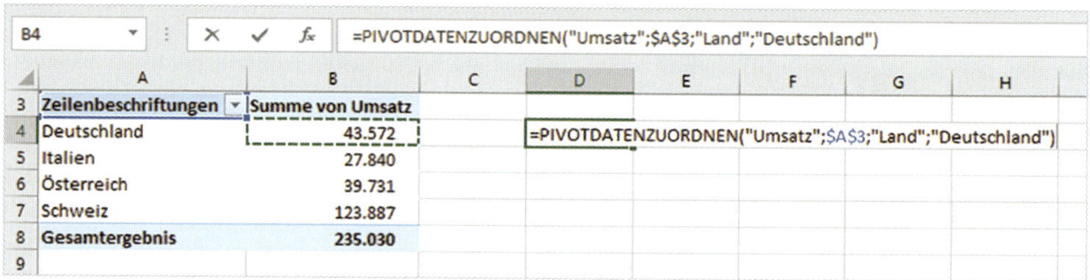

Die Nachteile der Funktion:

- Die Funktion kann nicht in angrenzende Zellen kopiert werden.
- Befindet sich die Pivot-Tabelle in einer anderen Arbeitsmappe, so muss diese Mappe beim späteren Öffnen ebenfalls geöffnet sein, andernfalls erhalten Sie den Fehlerwert #BEZUG.

Optionen für Pivot-Tabellen

Sobald eine Zelle einer Pivot-Tabelle markiert ist, stehen Ihnen entweder über das Kontextmenü der rechten Maustaste und den Befehl *Optionen* oder im Register *Analysieren*, Gruppe *PivotTable, Optionen* einige nützliche Einstellungen zur Verfügung.

- Im Register *Layout & Format* geben Sie an, welcher Text oder Wert anstelle eines Fehlerwertes oder für leere Zellen angezeigt werden soll. Deaktivieren Sie das Kontrollkästchen *Spaltenbreiten bei Aktualisierung automatisch anpassen*, wenn Sie die geänderten Spaltenbreiten auch nach Aktualisierungen beibehalten möchten. *Zellformatierung bei Aktualisierung beibehalten* bewirkt, dass Formate, wie beispielsweise Hintergrundfarbe, für bestimmte Datengruppen auch dann beibehalten werden, wenn die Elemente umgestellt werden.
- Im Feld *Name* können Sie den Namen der Tabelle ändern.

Excel 97-2003 Dateityp

- Im Register *Anzeige* können Sie bei Bedarf auch das klassische PivotTable-Layout älterer Excel-Versionen aktivieren, das das Ziehen von Feldern direkt in die Tabelle erlaubt.

- Das Register *Druckt* bietet Einstellungen zum Drucken der Tabelle an.
- Das Register *Daten* erlaubt das automatische Aktualisieren beim Öffnen der Datei. *Quelldaten mit Datei speichern* bedeutet, externe Daten werden zusammen mit der Pivot-Tabelle gespeichert.

Beim Öffnen automatisch aktualisieren

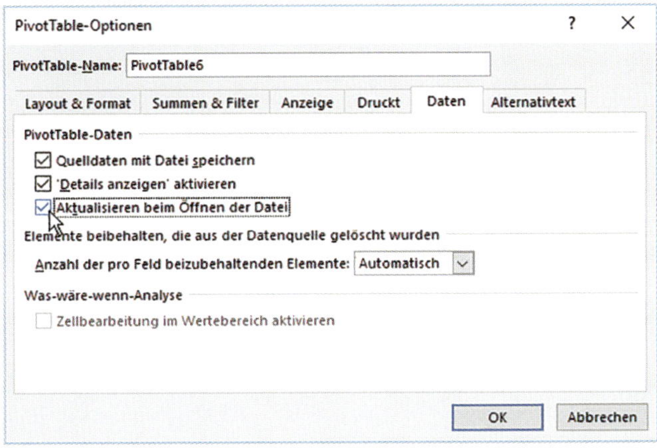

Bild 5.57 PivotTable -Optionen

5.9 Pivot-Diagramme (PivotChart)

Pivot-Diagramm aus Pivot-Tabelle erstellen

Pivot-Diagramme (PivotCharts) dienen zur grafischen Darstellung von Pivot-Tabellen und besitzen auch dieselben Eigenschaften. Folgende Punkte sollten Sie berücksichtigen:

In Bezug auf Layout und Formatierungen dagegen unterscheiden sich Pivot-Charts nicht von normalen Excel-Diagrammen, diese Punkte werden hier nicht näher beschrieben.

- Jedes Pivot-Diagramm basiert auf einer entsprechenden Pivot-Tabelle, und jede Umstellung der Felder in der Tabelle ändert auch die Darstellung im Diagramm und umgekehrt. Auch Filter wirken sich immer auf Tabelle und Diagramm gleichzeitig aus.
- Ein Pivot-Diagramm bezieht immer alle Felder der Pivot-Tabelle mit ein. Es ist daher nicht möglich, nur aus bestimmten Feldern der Tabelle ein Diagramm zu erstellen.

Aus einer Pivot-Tabelle lässt sich schnell ein Pivot-Diagramm erstellen:

1 Klicken Sie an eine beliebige Stelle der Pivot-Tabelle und dann im Register *Analysieren*, Gruppe *Tools*, auf *PivotChart*.

2 Das Dialogfenster *Diagramm einfügen* öffnet sich: Wählen Sie aus der Liste links den gewünschten Diagrammtyp. Rechts sehen Sie eine Vorschau mit Ihren Daten, eine Vergrößerung erhalten Sie, wenn Sie in die Vorschau zeigen. Mit einem Klick auf *OK* wird das ausgewählte Diagramm im selben Tabellenblatt wie die Pivot-Tabelle eingefügt.

Bild 5.58 Pivot-Diagramm einfügen

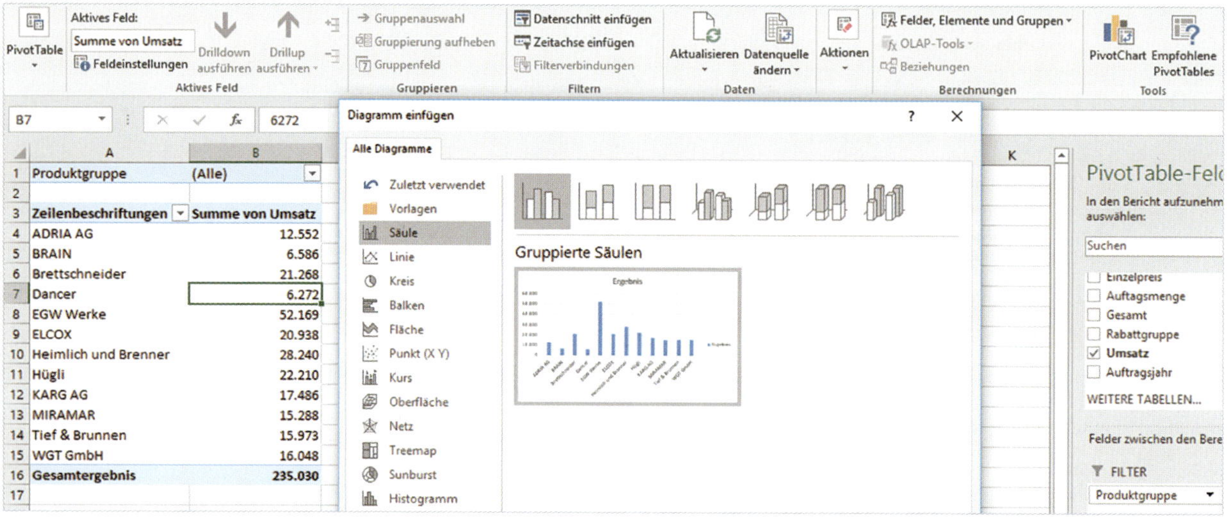

Pivot-Diagramm bearbeiten

Tipp: Um versehentliche Änderungen an der dazugehörigen Tabelle zu vermeiden, können Sie das Diagramm auch einfach über der Tabelle platzieren.

Sie können nun das Diagramm, wie jedes andere Diagramm mit der Maus beliebig platzieren, vergrößern und verkleinern. Gleichzeitig sind im Menüband mit den *PivotChart-Tools* gleich drei zusätzliche Register verfügbar. Das Register *Analysieren* ist identisch mit dem *PivotTable-Tools* Register, die beiden anderen, *Entwurf* und *Format*, dürften aus der Diagrammbearbeitung bekannt sein. Im Register *Analysieren* finden Sie auch die Schaltfläche *Diagramm verschieben*, um das Diagramm in ein anderes Blatt zu verschieben.

Bild 5.59 Pivot-Tabelle und Pivot-Diagramm

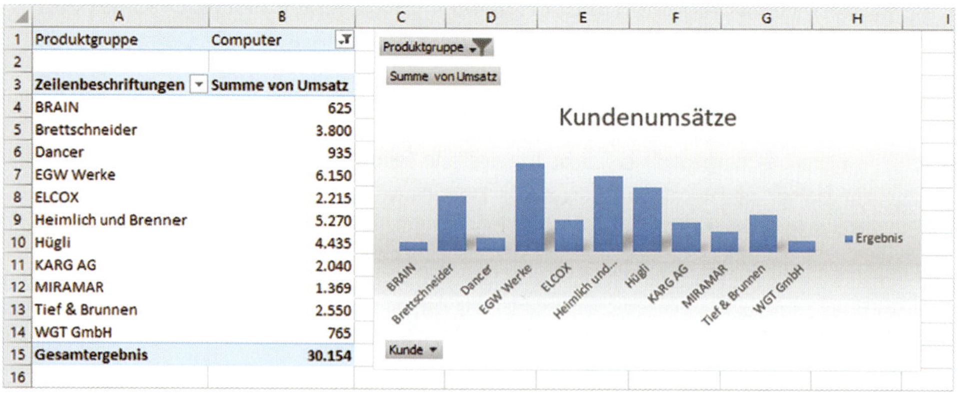

Diagrammfilter

Das Diagramm enthält dieselben Filter- und Feldschaltflächen wie die Pivot-Tabelle und jeder Filter wirkt sich sofort auf beide aus. Auch Datenschnitte und Zeitachsen können zum Filtern verwendet werden, siehe 5.7, Mit Pivot-Tabellen arbeiten.

Feldschaltflächen ausblenden/einblenden

In Diagrammen sind Feldschaltflächen nicht immer erwünscht, vor allem, wenn diese auch ausgedruckt werden. Zum Ausblenden klicken Sie im Diagramm mit der rechten Maustaste auf eine Feldschaltfläche. Wählen Sie dann zwischen der Möglichkeit, nur die ausgewählte Feldschaltfläche auszublenden oder *Alle Feldschaltflächen im Diagramm ausblenden*. Oder klicken Sie dazu im Register *Analysieren*, Gruppe *Einblenden/Ausblenden* auf *Feldschaltflächen* und deaktivieren Sie die entsprechende Schaltfläche. Um alle Schaltflächen wieder einzublenden brauchen Sie hier nur die Einstellung *Alle ausblenden* wieder deaktivieren.

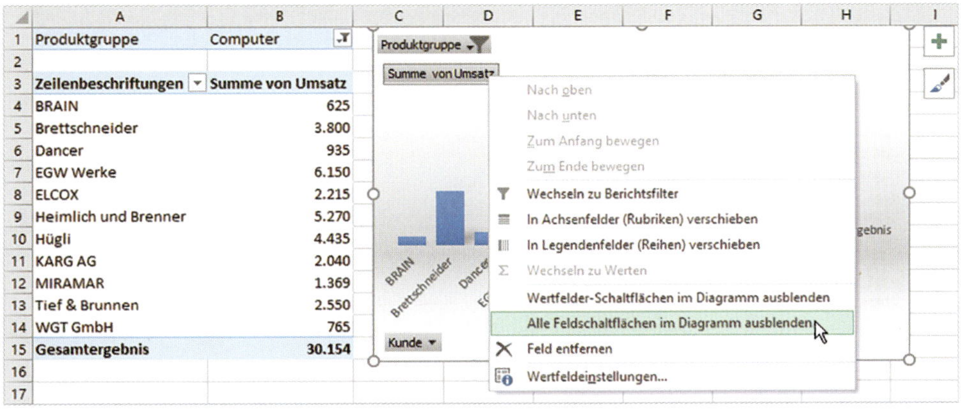

Bild 5.60 Feldschaltflächen ausblenden

Die Bereiche des Diagramms im Aufgabenbereich

Wenn Sie ein Pivot-Diagramm markiert haben, so zeigt der Aufgabenbereich *PivotTable-Felder* eine etwas andere Beschriftung der Bereiche an. Der Bereich *ZEILEN* wird als *ACHSE (KATEGORIEN)* bezeichnet und anstelle von *SPALTEN* erscheint *LEGENDE (REIHE)*. Dieser Bereich enthält beispielsweise die Jahre, wenn Sie für Ihre Kunden die Umsätze aus mehreren Jahren als Säulengruppe darstellen möchten.

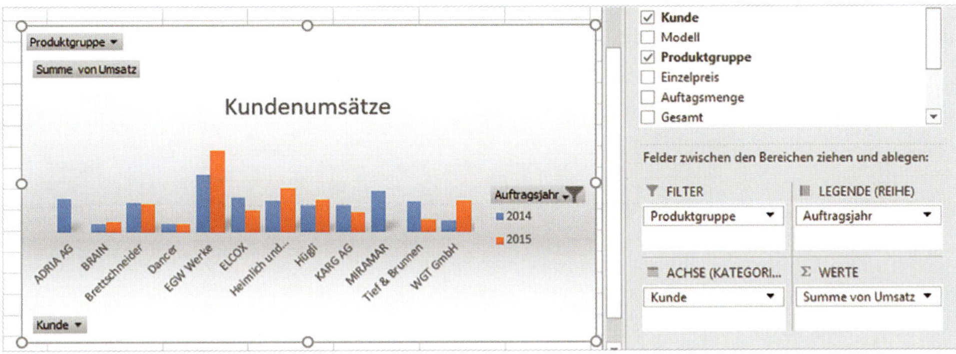

Bild 5.61 Beispiel Legende

Neues Pivot-Diagramm erstellen

Falls gewünscht, können Sie auch ohne Pivot-Tabelle beginnen. Diese wird dann automatisch zusammen mit dem Diagramm erstellt. So gehen Sie vor:

1. Klicken Sie in den Tabellenbereich mit den Quelldaten und klicken Sie im Register *Einfügen*, Gruppe *Diagramme*, auf *Empfohlene Diagramme*.

2. Entsprechen die Quelldaten den Kriterien zur Erstellung von Pivot-Tabellen und -Diagrammen, so erhalten Sie hier verschiedene Vorschläge. Die Pivot-Diagramme sind in der Auswahlliste mit einem kleinen Symbol in der oberen rechten Ecke gekennzeichnet.

Bild 5.62 Neues Pivot-Diagramm einfügen

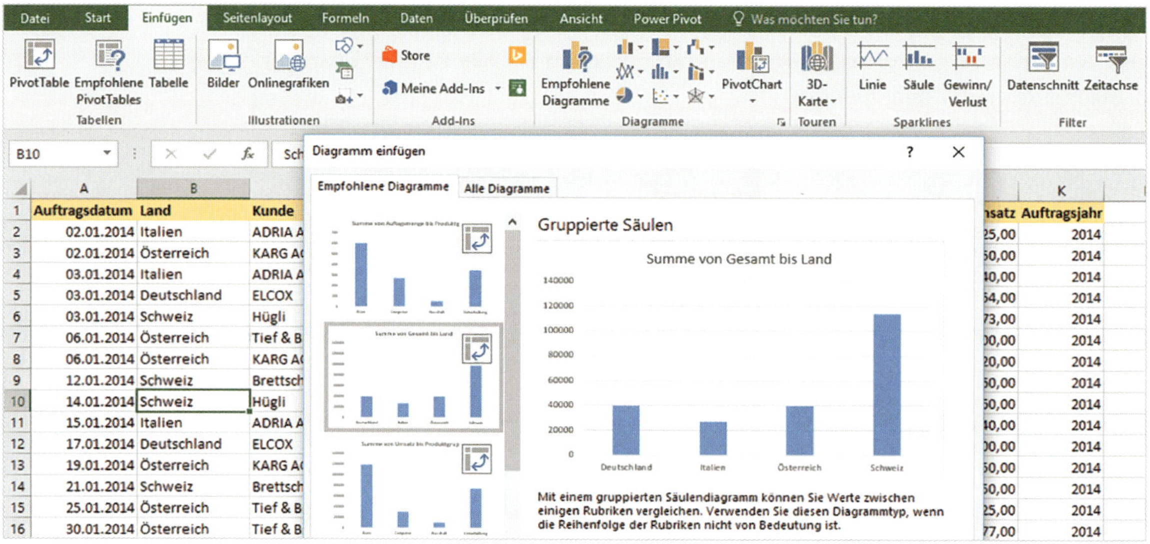

Möchten Sie stattdessen mit einem leerem Diagramm beginnen, so klicken Sie in die Tabelle mit Ihren Ausgangsdaten und klicken im Register *Einfügen*, Gruppe *Diagramme*, auf *PivotChart*. Kontrollieren Sie, ob der Datenbereich richtig erkannt wurde und wählen Sie zum Einfügen die Option *Neues Arbeitsblatt*. Excel erstellt im Arbeitsblatt den Diagrammbereich zusammen mit einem leeren verknüpften Tabellenbereich.

Bild 5.63 PivotChart einfügen

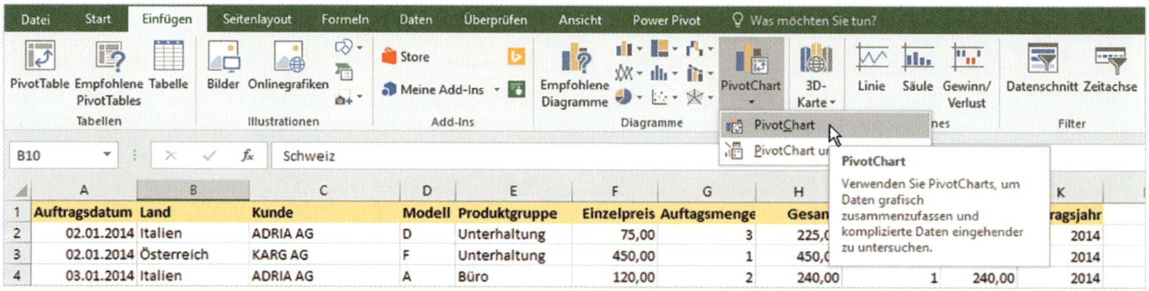

Die übrige Vorgehensweise unterscheidet sich nicht von Pivot-Tabellen. Rechts erscheint der Aufgabenbereich *PivotTable-Felder* und Sie ziehen die Felder in die Bereiche. Tabelle und Diagramm passen sich automatisch an.

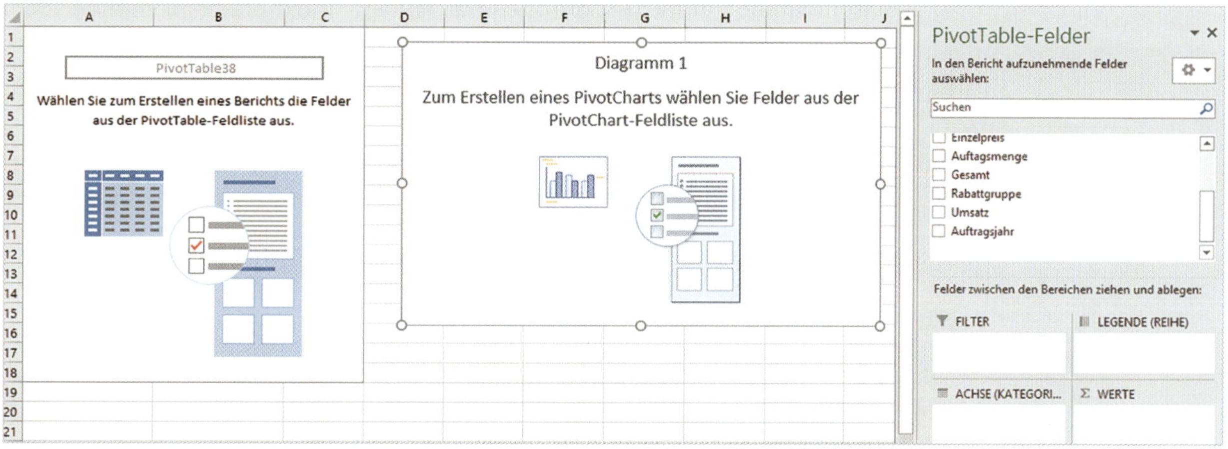

Bild 5.64 Der leere Diagrammbereich mit der verknüpften Tabelle

> Tipp: Wenn die dazugehörige Pivot-Tabelle nicht sichtbar sein soll, dann verschieben Sie einfach das Diagramm so, dass es sich über der Tabelle befindet.
>
> Oder verschieben Sie das Diagramm in ein gesondertes Tabellenblatt (*Analysieren - Diagramm verschieben*) und blenden anschließend das Tabellenblatt mit der Pivot-Tabelle aus (Register *Start*, Gruppe *Zellen*, *Format - Einblenden & Ausblenden*.

5.10 Daten mit Power Pivot importieren und analysieren

Die Ausgangsdaten für Pivot-Tabellen müssen sich nicht in derselben Arbeitsmappe wie die Auswertung befinden und es können auch externe Datenquellen wie z. B. andere Excel-Dateien, Access-Datenbanken, SQL-Server und andere Datenbanktypen herangezogen werden. Der Vorteil: die Daten können nicht versehentlich oder absichtlich geändert werden. Excel unterstützt verschiedene Möglichkeiten, wie Sie auf externe Datenquellen zugreifen können.

Zumal Access seit der Version 2013 keine Pivot-Tabellen mehr unterstützt!

- Sie können beispielsweise im Register *Einfügen* auf *PivotTable* klicken, die Option *Externe Datenquelle verwenden* auswählen und anschließend über die Schaltfläche *Verbindung auswählen...* eine bestehende Datenverbindung auswählen. Dies setzt allerdings voraus, dass auf dem PC Verbindungsdateien vorhanden sind. Verbindungen werden im Register *Daten* über *Externe Daten abrufen* und Auswahl der Datenquelle erstellt und gespeichert. Die genaue Vorgehensweise lesen Sie in Kapitel 7.2.

- Sie können auch mit dem Befehl *Abrufen und transformieren* (Register *Daten*) eine Datenbankabfrage erstellen (Power Query). Diese Methode hat den Vorteil, dass Sie Daten filtern und weitere Spalten berechnen können. Allerdings werden mit dieser Methode auch die Daten aus der Abfrage in die Arbeitsmappe geladen. Die genaue Vorgehensweise wird in Kapitel 7.3 beschrieben.
- Als dritte Möglichkeit benutzen Sie das Add-In Power Pivot, um auf externe Datenquellen zuzugreifen. Die Daten erscheinen nicht in der Auswertung und können hier somit auch nicht versehentlich geändert werden. Zudem erlaubt Power Pivot auch das Erstellen von Verknüpfungen zwischen Tabellen, Abfragen oder Sichten.

Was ist Power Pivot?

Bei Power Pivot handelt es sich um ein Add-In, das bei der ersten Verwendung geladen wird. Power Pivot ist ein nützliches Tool zu Auswertung großer Datenmengen aus externen Datenquellen. Der Vorteil: Bereits beim Import können Daten gefiltert und neue Spalten berechnet werden. Zudem lassen sich Tabellen verknüpfen, so dass Verweisfunktionen wie SVERWEIS unter Umständen überflüssig werden.

In Kapitel 2 haben wir SVERWEIS eingesetzt, um im Blatt Auswertung Name und Abteilung für eine anschließende Auswertung zu erhalten.

Beispiel Personalauswertung

Am besten verwenden wir dazu das Beispiel zur Auswertung von Personaldaten aus Kapitel 2.4. Die Ausgangsdaten befinden sich diesmal in einer Excel-Mappe mit dem Namen PowerPivotDaten.xlsx. Das Blatt Auswertung enthält neben der Personalnummer die Ist-Zeiten des Monats. Die übrigen Angaben, Name, Abteilung und Kostenstelle befinden sich im Blatt Personalliste.

	A	B	C	D	E
1	Personal-Nr	Name	Abteilung	Durchwahl	Kostenstelle
2	10050	Zasterwitz Sabine	EDV	302	100
3	10051	Hacker Johnny	Zentrale	109	200
4	10052	Bechler Thomas	Lager	723	400
5	10053	Kabelschacht Petra	Lager	724	100
6	10054	Schmidtz Theo	Montage	320	300
7	10055	Zimmer Marion	EDV	433	150
8	10056	Hirschwald Ulf	EDV	451	150
9	10057	Meyerson Ulrike	Kundendienst	256	250
10	10058	Kunze Albert	Kundendienst	231	200
11	10059	Steinhäger Melanie	EDV	407	100
12	10060	Schneider Oliver	Kundendienst	209	250
13	10061	Weiss Martin	Zentrale	110	500
14	10064	Müller Susanne	Zentrale	123	500
15	10062	Müller-Lüdenscheid Karl	Zentrale	113	300
16	10063	van Vorderen Eduard	Zentrale	115	300
17	10065	Klein Sven	Lager	712	400
18	10066	Mayer Josef	Lager	703	400
19	10067	Schmitz Paul	Montage	324	300
20	10068	Klein Vera	Zentrale		500

	A	B	C	D	E
1	Personal-Nr	Ist-Zeit	Name	Abteilung	Kostenstelle
2	10050	150			
3	10051	140			
4	10052	150			
5	10053	65			
6	10054	80			
7	10055	120			
8	10056	152			
9	10057	140			
10	10058	165			
11	10059	60			
12	10060	160			
13	10061	154			
14	10064	162			
15	10062	140			
16	10063	70			
17	10065	70			
18	10066	60			

Bild 5.65 Die Ausgangsdaten

Wenn Sie ohnehin eine anschließende Auswertung in Form von Pivot-Tabellen planen, dann nutzen Sie Power Pivot und verknüpfen beim Import beide Tabellen. Im Blatt Auswertung werden deshalb die Spalten Name, Abteilung und Kostenstelle nicht benötigt und die Nachschlagefunktion SVERWEIS erübrigt sich.

Power Pivot öffnen und Daten importieren

Öffnen Sie die Arbeitsmappe, in der Sie die Auswertung erstellen möchten bzw. beginnen Sie mit einer neuen leeren Mappe. Klicken Sie dann im Register *Daten*, Gruppe *Datentools* auf *Zum Power Pivot-Fenster wechseln*.

Bild 5.66 Power Pivot Fenster anzeigen

Power Pivot für Excel wird in einem eigenen Fenster geöffnet. Falls Sie Power Pivot zum ersten Mal starten, erscheint ein Hinweis, dass Power Pivot zunächst aktiviert werden muss. Klicken Sie auf *Aktivieren*, damit Sie Power Pivot verwenden können.

Verbindung erstellen

Im ersten Schritt erstellen Sie eine Verbindung zur externen Datenquelle. Klicken Sie dazu auf *Externe Daten abrufen* und wählen Sie den Typ Ihrer Datenquelle. Da wir in unserem Beispiel auf eine Excel-Arbeitsmappe zugreifen wollen, klicken Sie auf *Aus anderen Quellen* und wählen am Ende der Liste *Excel-Datei*. Klicken Sie dann auf *Weiter*.

Bild 5.67 Externe Daten abrufen

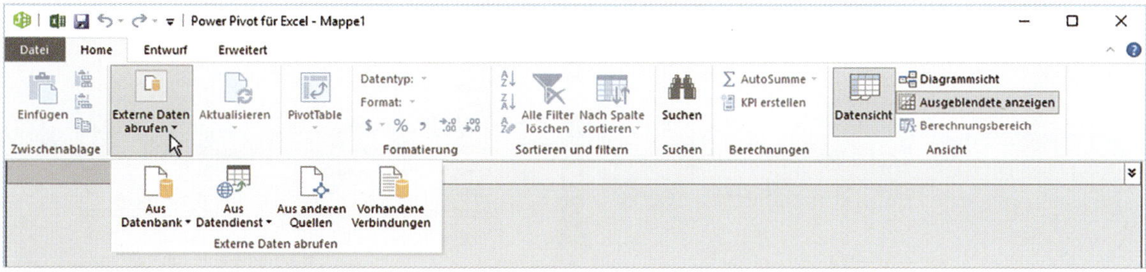

Im nächsten Schritt wählen Sie die Datei aus, klicken Sie dazu auf *Durchsuchen*.

Bild 5.68 Dateipfad angeben

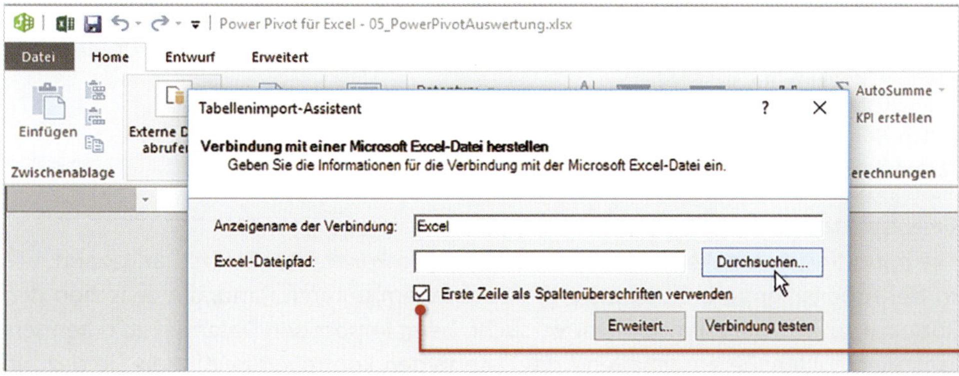

Erste Zeile als Spaltenüberschriften!

Achtung: Bei Excel-Arbeitsmappen und Textdateien müssen Sie außerdem das Kontrollkästchen *Erste Zeile als Spaltenüberschriften verwenden* aktivieren, bei Datenbanken erübrigt sich dies. Klicken Sie dann auf *Weiter*.

Tabellen und Sichten auswählen

Anschließend wählen Sie die benötigten Tabellen und Sichten aus. Für unser Beispiel benötigen wir die Tabellenblätter Personalliste und Auswertung (hier befinden sich die Ist-Stunden), aktivieren Sie die Kontrollkästchen dieser beiden Objekte. Verwenden Sie als Datenquelle eine Datenbank mit verknüpften Tabellen, dann können Sie auch die Schaltfläche V*erknüpfte Tabellen auswählen* benutzen.

Daten filtern

Klicken Sie dann auf *Vorschau und Filter*, um eine Vorschau auf die markierte Tabelle zu erhalten. Wenn Sie die Daten filtern möchten, dann benutzen Sie dazu die Filterschaltflächen. Um Spalten auszuschließen, entfernen Sie das Häkchen in der jeweiligen Spaltenüberschrift. Schließen Sie dann die Vorschau mit Klick auf *OK* und starten Sie den Import mit Klick auf *Fertig stellen*.

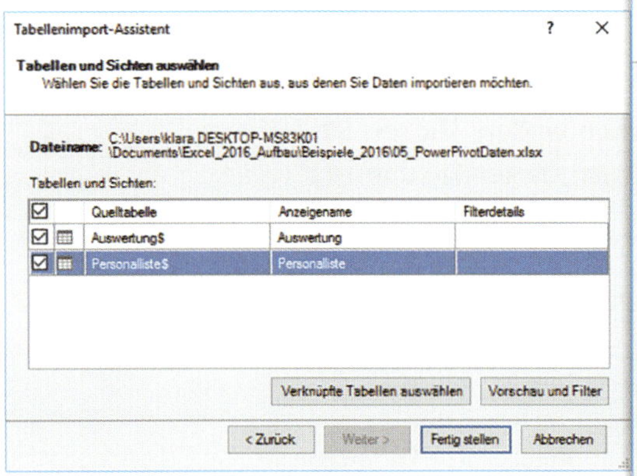

Bild 5.69 Tabellen und Sichten auswählen

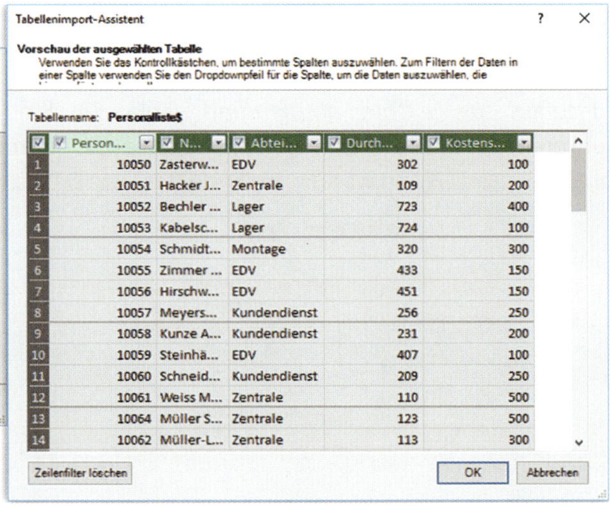

Bild 5.70 Vorschau und Filter

Je nach Datenumfang kann der Import einige Zeit dauern, nach Abschluß des Importvorgangs erhalten Sie eine Meldung und Zusammenfassung über den erfolgreichen Import. Klicken Sie auf *Schließen*.

Daten bearbeiten

Datentypen kontrollieren

Die importierten Tabellen werden anschließend in *Power Pivot für Excel* angezeigt, wie in der Arbeitsmappe benutzen Sie die Register am unteren Rand, um zwischen den Tabellen zu wechseln. Power Pivot versucht, beim Import den Datentyp zu erkennen, trotzdem sollten Sie anschließend die Datentypen kontrollieren: Klicken Sie dazu in eine Spalte und wefen Sie einen Blick im Menüband auf die Gruppe *Formatierung*. So wurden in unserem Beispiel die Felder Personalnummer, Durchwahl und Kostenstelle als fälschlicherweise Dezimalzahl interpretiert. Zum Verringern des Speicherbedarfs klicken Sie auf den Dropdown-Pfeil *Datentyp* und wählen jeweils *Ganze Zahl* aus.

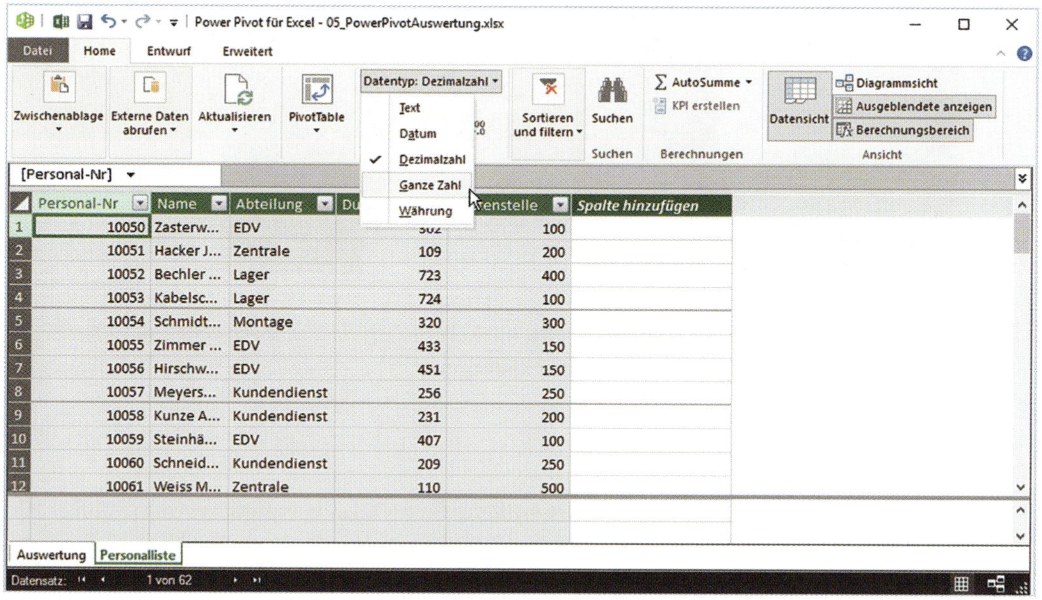

Bild 5.71 Datentyp kontrollieren/ändern

Verknüpfung zwischen Tabellen herstellen

Damit später Felder aus beiden Tabellen verwendet werden können, benötigen wir im nächsten Schritt eine Verknüpfung zwischen den beiden Tabellen.

> Verknüpfungen zwischen zwei Tabellen können nur hergestellt werden, wenn beide über ein gemeinsames Feld verfügen, in unserem Beispiel ist dies die Personalnummer. Beide Felder müssen gleiche Inhalte haben, die Feldnamen müssen dagegen nicht zwingend identisch sein.

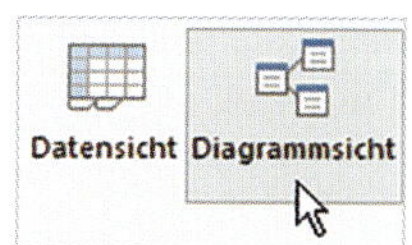

1 Klicken Sie in der Gruppe *Ansicht* auf *Diagrammansicht*, um die beiden Tabellen in Diagrammform nebeneinander anzuzeigen.

2 Klicken Sie in der Tabelle Auswertung auf das Feld Personal-Nr und ziehen Sie es mit gedrückter Maustaste auf das Feld Personal-Nr der Tabelle Personalliste.

3 Zwischen beiden Tabellen erscheint eine Verbindungslinie, an der Tabelle Auswertung endet die Linie mit einem *, an der Tabelle Personalliste mit der Zahl 1. Dies bedeutet, die Tabelle Personalliste enthält jede Personalnummer nur ein einziges Mal, in der Tabelle Auswertung darf diese dagegen auch mehrfach enthalten sein. Sollte es genau umgekehrt sein, dann löschen Sie die Verknüpfung, indem Sie auf die Linie klicken und die Entf-Taste betätigen. Anschließend erstellen Sie die Verknüpfung neu und beachten die Richtung.

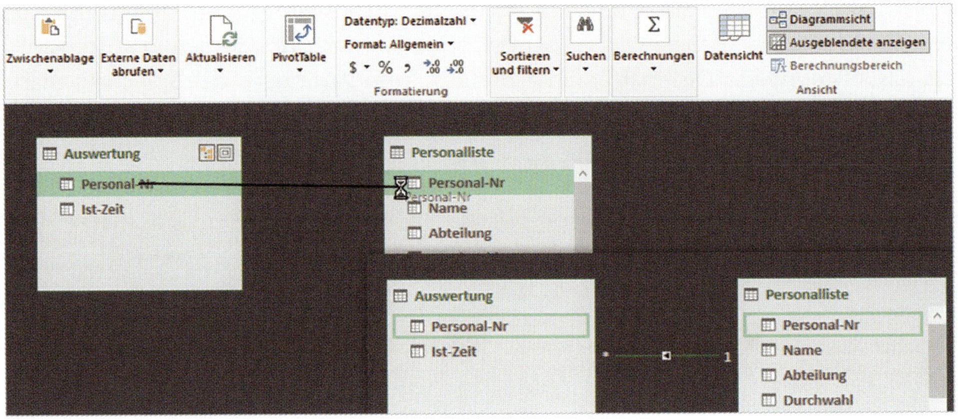

Bild 5.72 Verknüpfung erstellen

4 Die Verküpfung ist damit erstellt, klicken Sie im Register *Ansicht* auf *Datensicht*, um zur vorherigen Ansicht zurückzukehren.

Pivot-Tabelle erstellen

1 Im nächsten Schritt kann die eigentliche Pivot-Tabelle erstellt werden. Klicken Sie dazu in *Power Pivot für Excel* im Menüband auf *PivotTable* und wählen Sie, ob die Tabelle im vorhandenen und einem neuen Arbeitsblatt eingefügt werden soll.

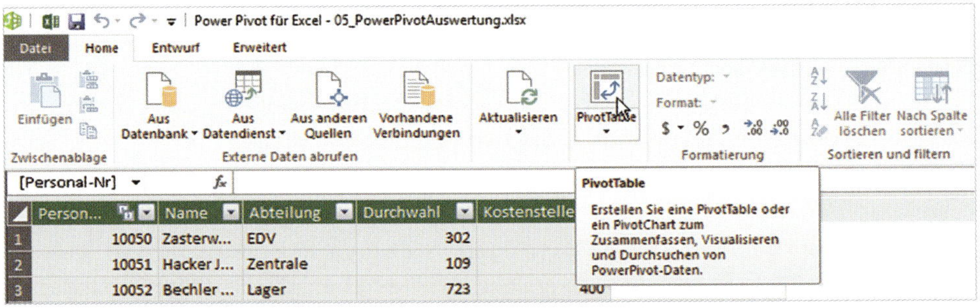

Bild 5.73 PivotTable erstellen

Die weitere Vorgehensweise unterscheidet sich nicht von der Erstellung normaler Pivot-Tabellen, mit einem Unterschied:

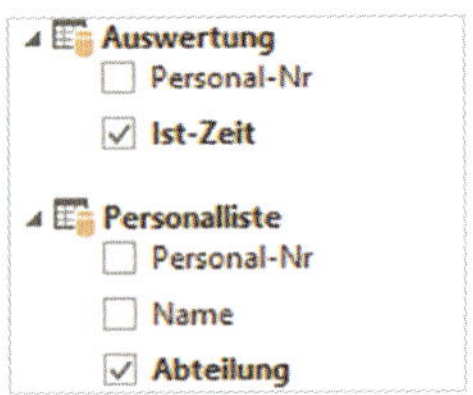

2 Die Feldliste im Aufgabenbereich enthält die beiden ausgewählten Tabellen und da zwischen beiden eine Verknüpfung besteht, können Sie auch Felder aus beiden Tabellen in der Pivot-Tabelle verwenden. Verwenden Sie die kleinen Dreiecke links vom Tabellennamen, um die dazugehörigen Felder einzublenden.

3 Ordnen Sie nun die Felder den gewünschten Bereichen zu, ein Beispiel sehen Sie im Bild unten.

Details anzeigen (Drilldown)

Der Drilldown, also die Anzeige der Details zu einem Wert gestaltet sich hier etwas anders: Sobald Sie in der Pivot-Tabelle auf einen Wert klicken, erscheint das

Symbol *Schnelleinblick* und mit Klick auf dieses Symbol erhalten Sie verschiedene Drilldown-Möglichkeiten. Wählen Sie, aus welcher Tabelle und zu welchem Feld Sie Details benötigen und klicken Sie dann auf *Drilldown zu...*, im Beipiel unten die Ist-Zeiten aus der Tabelle Auswertung.

Bild 5.74 Pivot-Tabelle mit Schnelleinblick

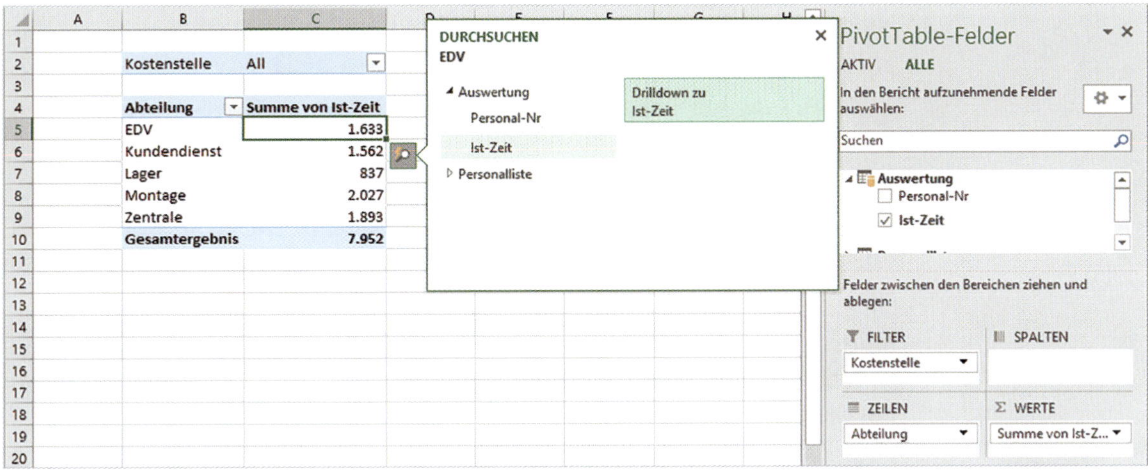

Achtung: Da beim Drilldown in diesem Fall keine Kopien der Datensätze in einem neuen Tabellenblatt eingefügt werden, müssen Sie anschließend die Änderung rückgängig machen, um wieder die ursprüngliche Pivot-Tabelle zu erhalten.

Wie bei allen Pivot-Tabellen, müssen Sie die Tabelle aktualisieren. Wenn Sie die Daten in *Power Pivot für Excel* bearbeiten möchten, dann klicken Sie im Register *Daten* auf *Zum Power Pivot-Fenster wechseln*.

5.11 Zusammenfassung

- Mit Pivot-Tabellen lassen sich große Datenmengen zusammenfassen und auswerten. Allerdings wird eine Pivot-Tabelle, im Gegensatz zu normalen Excel-Funktionen, bei Änderung der Quelldaten nicht automatisch neu berechnet, Sie müssen daher die Tabelle manuell über eine Schaltfläche, die rechte Maustaste oder mit den Tasten Alt+F5 aktualisieren. Nicht alle Tabellen eignen sich für Pivot-Tabellen: Spalten der Tabelle müssen mehrfach vorkommende Werte enthalten, die Tabelle benötigt Spaltenüberschriften und sollte keine Leerzeilen und leeren Spalten aufweisen.
- Das Layout einer Pivot-Tabelle ist äußerst flexibel, d. h. Sie können die Felder duurch Ziehen mit der Maus beliebig anordnen und auch nachträglich wieder ändern. Gleichzeitig sind Pivot-Tabellen auch interaktiv: Detailwerte oder Teil-

summen lassen sich beliebig ein- und ausblenden. Zum Filtern einer Pivot-Tabelle können Sie entweder den Berichtsfilter oder Datenschnitte verwenden.

- Zur Berechnung der Werte stehen neben der *Summe* auch die wichtigsten statistischen Funktionen zur Verfügung. Die Werte können sowohl als Zahl, als auch als Prozentanteile angezeigt werden.
- Die Elemente eines Feldes können manuell zu Gruppen zusammengefasst werden. Datumswerte werden von Excel automatisch gruppiert, Felder mit numerischem Inhalt können über den Befehl *Gruppieren* unter Angabe eines Intervalls zusammengefasst werden.
- Beim Arbeiten mit Pivot-Tabellen werden die Werte der Ausgangstabelle grundsätzlich nicht geändert. Pivot-Tabellen erlauben außerdem die Berechnung von Feldern sowie die Berechnung neuer Elemente eines vorhandenen Feldes.
- Bei der Erstellung eines Pivot-Diagramms wird gleichzeitig auch die dazugehörige Tabelle mit eingefügt. Alle Änderungen am Layout der Tabelle wirken sich auf das Diagramm aus und umgekehrt.
- Speziell für den Zugriff auf externe Daten stellt Excel 2016 das Add-In Power Pivot zur Verfügung. Mit dieser Methode lassen sich beim Import die Daten filtern oder nicht benötigte Spalten ausblenden. Auch die Verwendung von Daten aus mehreren Tabellen oder Sichten ist möglich, Voraussetzung ist eine Verknüpfung.

6 Diagramme für Fortgeschrittene

In diesem Kapitel lernen Sie...

- Neue Diagrammtypen
- Spezialdiagramme
- Diagrammelemente bearbeiten
- Achsenoptionen
- Problembehandlung
- 3D-Geodaten in Karten darstellen

Das sollten Sie bereits wissen

- einfache Diagramme erstellen und formatieren
- Standarddiagrammtypen einsetzen

Diagramme sind mit Excel 2016 im Prinzip schnell erstellt: Zellbereich samt Beschriftungen markieren und im Register *Einfügen* den gewünschten Diagrammtyp auswählen. Zuletzt noch mit den beiden Diagrammtools-Registern *Entwurf* und *Format* einige Formatierungen und Effekte hinzufügen und fertig ist das Diagramm.

Doch leider geht nicht immer alles ohne Probleme ab, manchmal weigert sich Excel eine Zeile oder Spalte als Beschriftung der X-Achse zu verwenden oder die Achseneinteilung entspricht nicht Ihren Vorstellungen. Zudem muss es nicht immer ein Linien, Säulen-, Balken- oder Tortendiagramm sein.

6.1 Spezialdiagramme und neue Diagrammtypen

Punktdiagramm (XY)

X/Y-Diagramm: erfordert zwei numerische Achsen

Mit Hilfe eines Punktdiagramms lassen sich Datenreihen als Einzelpunkte innerhalb eines X/Y-Koordinatensystems darstellen. Daher wird dieser Diagrammtyp auch als X/Y-Diagramm bezeichnet. Auf diese Weise können beispielsweise die Werte aus zwei Messreihen miteinander verglichen werden. Jeder Punkt wird durch ein Wertepaar aus den beiden Reihen gebildet. Im Gegensatz zu Liniendiagrammen besteht ein Punktdiagramm aus zwei numerischen Achsen.

Bild 6.1 Beispiel Punktdiagramm

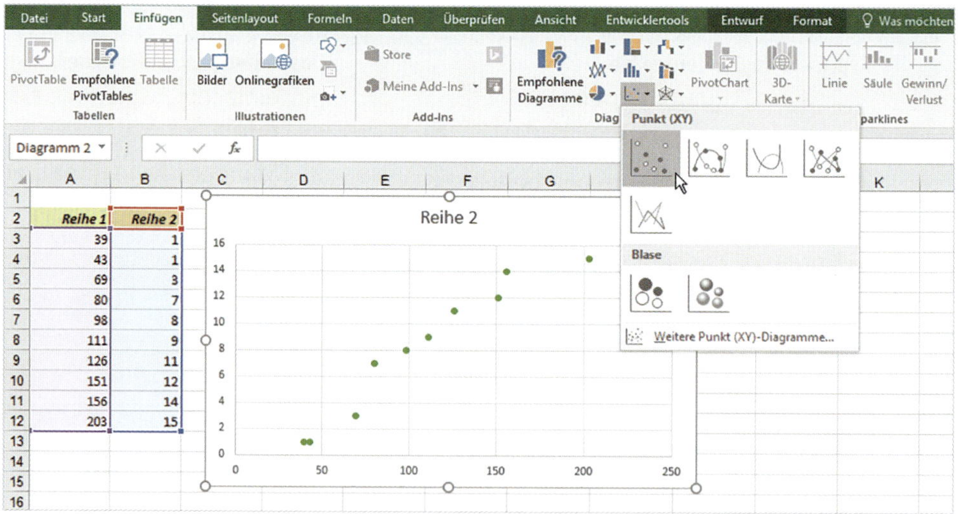

Zu Erstellung eines Punktdiagramms markieren Sie beide Wertereihen (Achtung: beide müssen Zahlen enthalten). Den Diagrammtyp *Punkt* finden Sie sowohl in der *Schnellanalyse*, Register *Diagramme*, als auch im Menüband im Register *Einfügen*, Gruppe *Diagramme*. Hier sind im Gegensatz zur Schnellanalyse über das Symbol *Punkt- oder Blasendiagramm einfügen* mehrere Untertypen verfügbar, darunter auch solche, die

die Datenpunkte mit Linien verbinden. Beachten Sie bei der Auswahl eines Untertyps mit Linien:

- Interpolierte Linien werden in erster Linie für Wertepaare verwendet, die auf einer Formel basieren.
- Gerade Linien können für unterschiedliche Maßeinheiten verwendet werden, die Werte sollten allerdings sortiert sein.

Achsenzuordnung ändern

Die Achsenzuordnung erfolgt automatisch, wobei die erste markierte Reihe (im Bild Reihe 1) auf der X-Achse eingetragen wird. Wenn Sie die Achsenzuordnung ändern möchten, dann klicken Sie in das Diagramm und im Register *Entwurf* auf *Daten auswählen*.

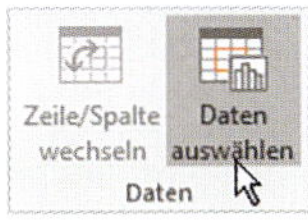

1 Das Fenster *Datenquelle auswählen* wird geöffnet, hier können Sie nun die Datenreihen bearbeiten. Markieren Sie in der Liste *Legendeneinträge (Reihen)* die zu bearbeitende Reihe und klicken Sie auf *Bearbeiten*.

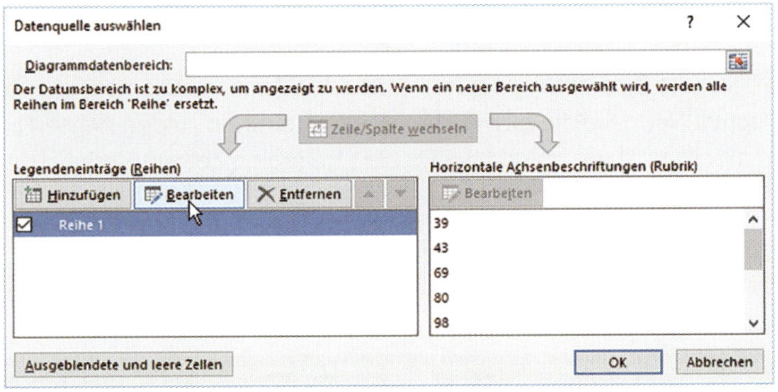

Bild 6.2 Datenquelle auswählen und bearbeiten

2 Im Fenster *Datenreihe bearbeiten* können Sie nun der Reihe nach festlegen, aus welcher Spalte der Tabelle die jeweilige Reihe gebildet werden soll. Klicken Sie in das Feld *Werte der Reihe X*, löschen Sie den Inhalt und markieren Sie dann in der Tabelle mit der Maus den gewünschten Zellbereich, in unserem Beispiel B3:B12. Genauso verfahren Sie mit den *Werten der Reihe Y*.

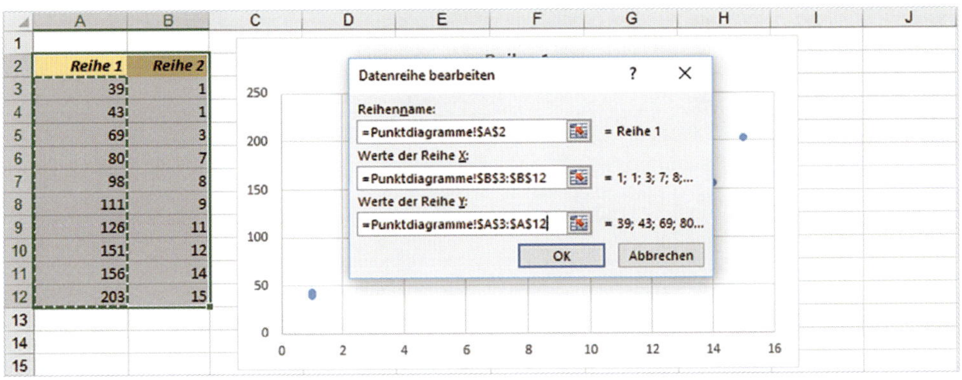

Bild 6.3 Datenreihe bearbeiten

3 Im Feld *Datenreihenname* können Sie zuletzt noch angeben, aus welcher Spaltenüberschrift die Diagrammüberschrift gebildet werden soll. Klicken Sie dann auf *OK*.

Alternativ können Sie auch mit einem leeren Punktdiagramm beginnen, indem Sie beim Einfügen des Diagramms eine beliebige leere Zelle außerhalb der Tabelle markieren. Anschließend klicken Sie auf *Daten auswählen* und verfahren wie oben beschrieben.

Blasendiagramm

Blasendiagramme (ein Beispiel im Bild unten) stellen eine Sonderform des Punktdiagramms dar, mit dem Unterschied, dass hier nicht nur zwei, sondern gleich drei Wertereihen dargestellt werden. Die dritte Reihe bestimmt die Größe der Blase.

Beispiel: Sie möchten in einem Diagramm die verkauften Stückzahlen, Ausgaben für Werbung und zusätzlich noch den Marktanteil darstellen. Die X-Achse soll die Werbungsausgaben und die Y-Achse die verkauften Stückzahlen anzeigen, die Marktanteile sollen durch die Größe der Blasen dargestellt werden.

Der Typ Blase ist über die Schnellanalyse nicht verfügbar!

Auch hier erfolgt die Zuordnung der Reihen zu den Achsen automatisch und zwar von links nach rechts. Wenn Sie die Zuweisung der Wertereihen zu den Achsen lieber selbst vornehmen möchten, dann markieren Sie eine beliebige Zelle außerhalb des Tabellenbereichs und beginnen mit einem leeren Diagramm:

1 Klicken Sie im Register *Einfügen*, Gruppe *Diagramme* auf das Symbol *Punkt oder Blasendiagramm einfügen* und wählen Sie beim Typ *Blase* zwischen 2D- und 3D-Darstellung.

Bild 6.4 Blasendiagramm einfügen

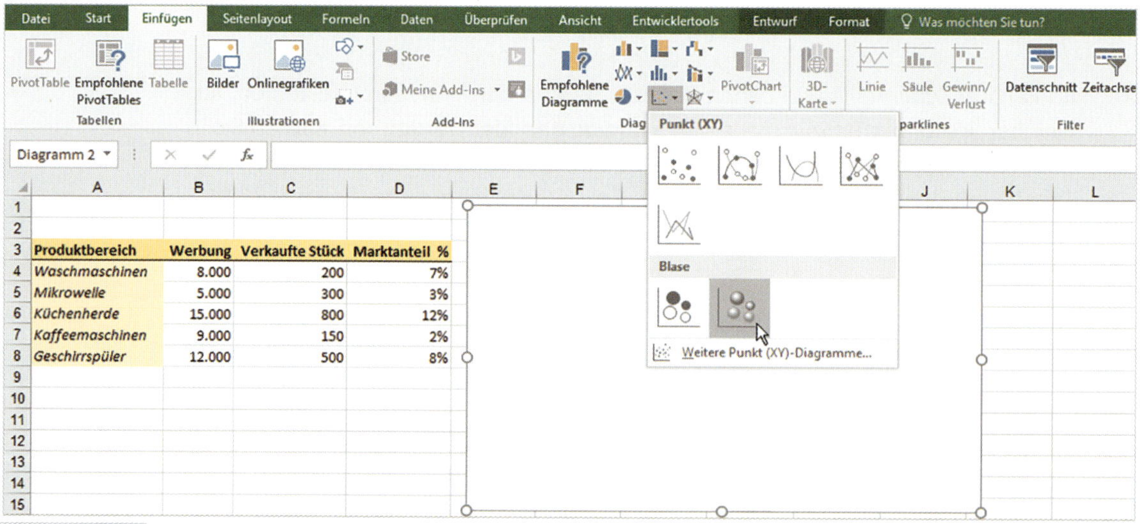

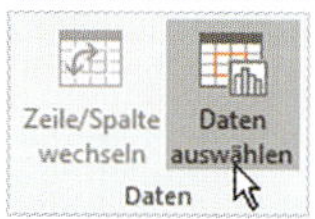

2 Im nächsten Schritt fügen Sie die Datenreihen hinzu. Klicken Sie in die leere Diagrammfläche und anschließend im Register *Entwurf* auf *Daten auswählen.*

3 Das Fenster *Datenquelle auswählen* wird geöffnet. Ignorieren Sie das Feld *Diagrammdatenbereich* und klicken Sie unter *Legendeneinträge (Reihen)* auf die Schaltfläche *Hinzufügen*.

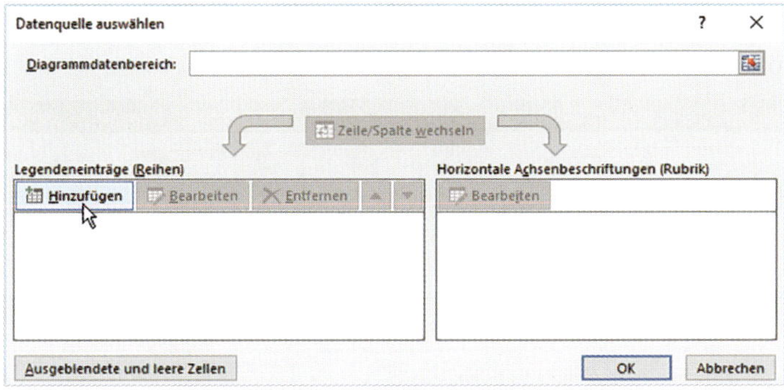

Bild 6.5 Datenquelle auswählen

4 Ordnen Sie nun im Fenster *Datenreihe bearbeiten* (Bild unten) die Werte den Achsen zu. Die Werte aus der Spalte *Werbung* sollen auf der waagrechten X-Achse angezeigt werden: Klicken Sie in das Feld *Werte der Reihe X*, löschen Sie eventuell vorhandenen Inhalt und markieren Sie in der Tabelle den Zellbereich B4:B8. Klicken Sie dann in das Feld *Werte der Reihe Y* und markieren Sie in der Tabelle die verkauften Stückzahlen. Genauso verfahren Sie mit der *Reihenblasengröße*.

5 Der Inhalt des Feldes *Reihenname* wird als Diagrammtitel verwendet. Hier können Sie entweder einen Zellbezug oder eine Beschriftung (in Anführungszeichen) eingeben.

Bild 6.6 Datenreihe bearbeiten

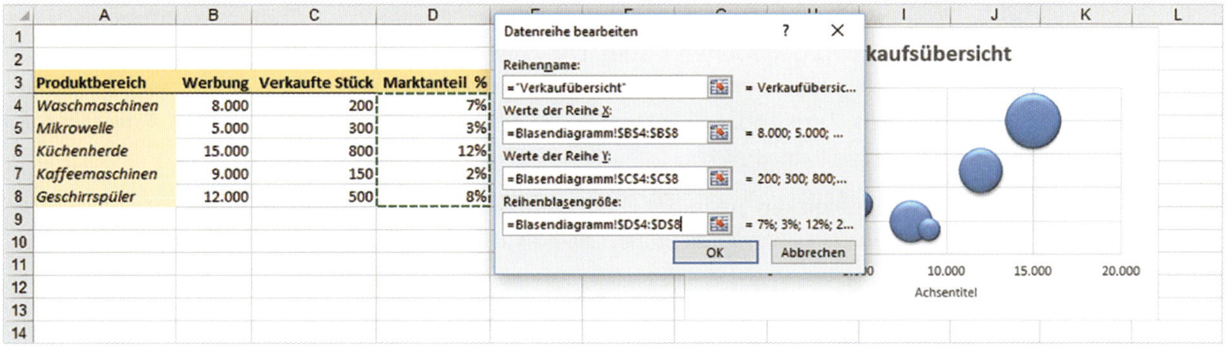

Ein Histogramm erstellen

Ein Histogramm ist ein Diagrammtyp, der die Häufigkeit von Daten visualisiert, z. B. von Altersgruppen und in der Statistik häufig verwendet wird. Die Ausgangsdaten liegen in Tabellenform, wie nachfolgend abgebildet vor. In früheren Excel-Versionen war es erforderlich, zunächst die Häufigkeiten je Klasse zu berechnen (Funktion HÄUFIGKEIT) und aus diesen Ergebnissen ein Säulendiagramm zu erstellen. Mit dem Diagrammtyp Histogramm ist dies nicht nötig, da Sie gleichzeitig auch die Klassen festlegen, nachfolgend als *Container* bezeichnet. So gehen Sie vor:

1 Markieren Sie die Ausgangsdaten, dies darf nur eine einzige Datenreihe sein, und klicken Sie im Register *Einfügen* auf *Statistikdiagramm einfügen*. Wählen Sie hier den Typ *Histogramm*.

Bild 6.7 Histogramm einfügen

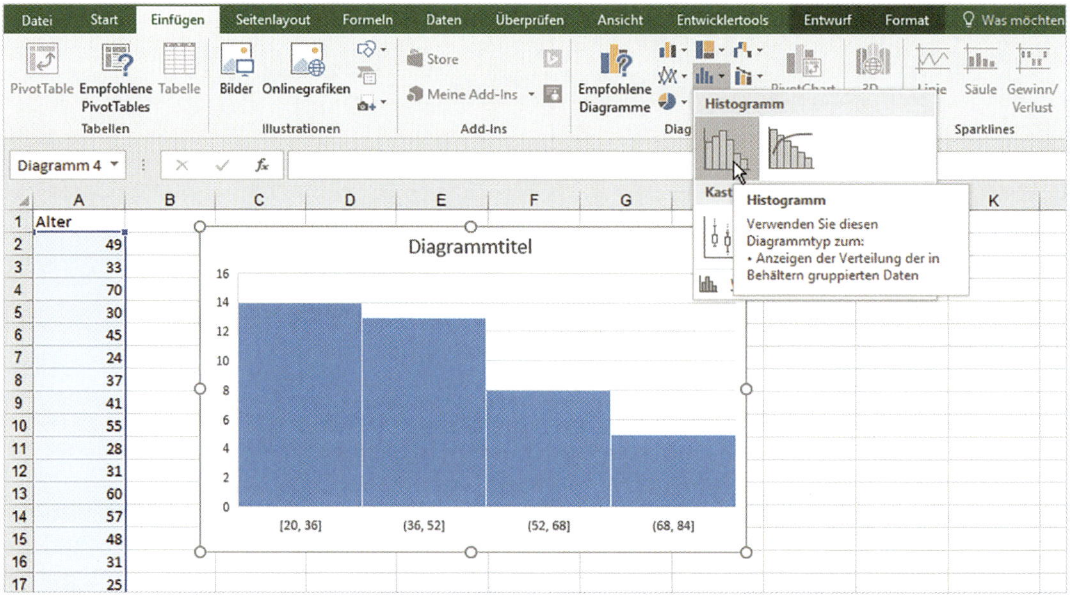

2 Excel wählt Anzahl und Einteilung der Klassen bzw. Container automatisch aus den vorgegebenen Daten. Die Unter- und Obergrenzen sind aus der Beschriftung der X-Achse ersichtlich und ensprechen vermutlich nicht Ihren Vorstellungen. Zum Ändern klicken Sie mit der rechten Maustaste auf die X-Achse und auf *Achse formatieren....*

Oder klicken Sie in das Diagramm und klicken dann im Register *Entwurf* auf *Diagrammelement hinzufügen*, zeigen auf *Achsen* und wählen hier *Weitere Achsenoptionen....*

3 Am rechten Bildschirmrand öffnet sich der Aufgabenbereich *Achse formatieren* in dem Sie die weiteren Einstellungen vornehmen. Klicken Sie auf das Symbol *Achsenoptionen* (siehe Bild unten).

Bild 6.8 Aufgabenbereich Achse formatieren

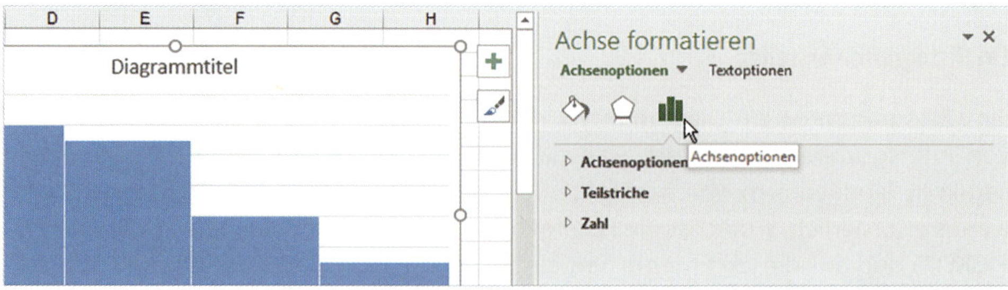

4 Öffnen Sie dann mit Klick auf das Dreieck den Abschnitt *Achsenoptionen* und legen Sie die Einstellungen für die Container fest.

5 Wenn die Container nicht automatisch gebildet werden sollen, dann können Sie entweder die Anzahl oder die Containerbreite vorgeben. Für unser Beispiel benötigen wir eine Einteilung in 10er-Schritten: Wählen Sie die Option *Containerbreite* und geben Sie im Feld daneben die Breite 10 ein.

6 Falls gewünscht, können Sie sogenannte Über- und Unterlaufcontainer festlegen. In unserem Beispiel soll aus einem Alter über 70 ein Überlaufcontainer gebildet werden, aktivieren Sie daher das entsprechende Kontrollkästchen und geben Sie im Feld daneben den Wert 70 ein.

Bild 6.9 Container bearbeiten

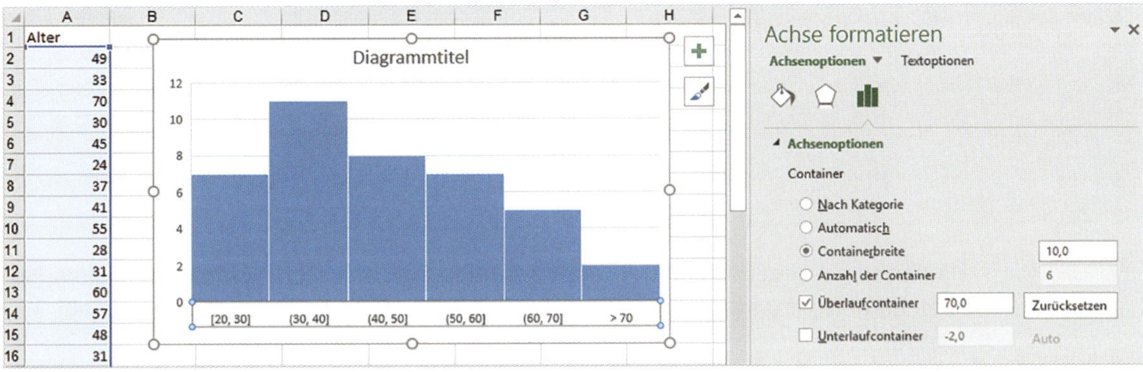

Die Option *Nach Kategorie* wird nur dann verwendet, wenn die Kategorien der X-Achse aus Text anstelle von Zahlen gebildet wird.

Wasserfalldiagramm

Ebenfalls neu in Excel 2016 ist der Typ Wasserfalldiagramm. Es zeigt die laufende Summe an, während die Werte addiert oder subtrahiert werden und wird eingesetzt, um zu verdeutlichen wie ein bestimmter Wert, z. B. der Stand eines Bankkontos durch diverse Zu- und Abgänge beeinflusst wird. Als einfaches Beispiel die Entwicklung der Umsätze gegenüber dem Vormonat, im Bild unten die Ausgangsdaten.

Bild 6.10 Die Ausgangsdaten

B6 =B4-B5

	A	B	C	D	E	F	G
1	**Entwicklung der Umsätze in TSD EUR**						
2							
3		*Januar*	*Februar*	*März*	*April*	*Mai*	*Juni*
4	*Umsatz*	210	189	163	195	210	240
5	*Umsatz Vormonat*	180	210	189	163	195	210
6	*Veränderung*	30	-21	-26	32	15	30
7							

1 Im ersten Schritt markieren Sie die benötigten Werte, in unserem Beispiel die Veränderungswerte in A6:G6, sowie die dazugehörigen Monate als Beschriftung in A3:G3.

Bild 6.11 Wasserfalldiagramm einfügen

2 Klicken Sie dann im Register *Einfügen* auf *Wasserfall- oder Kursdiagramm einfügen* und wählen Sie den Typ *Wasserfall*.

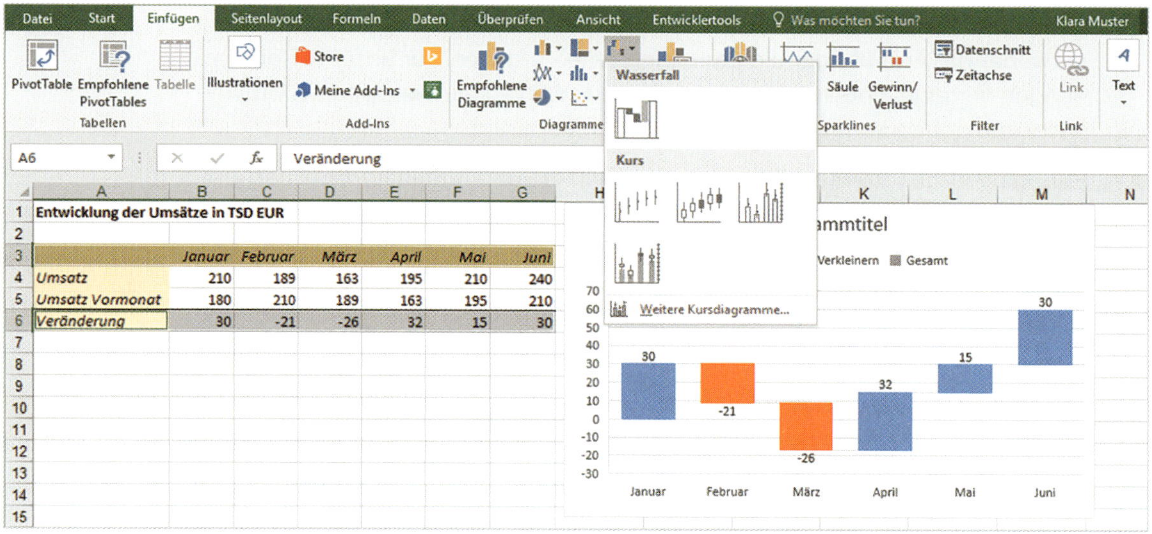

Positive und negative Veränderungen werden automatisch in unterschiedlichen Farben dargestellt und eine entsprechende Legende unterhalb des Diagrammtitels eingefügt.

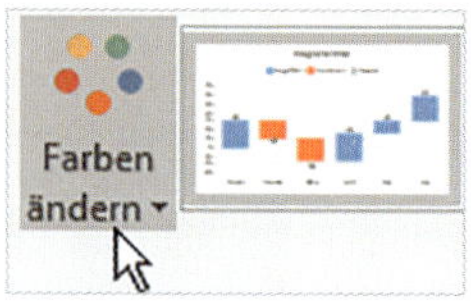

Farben ändern

Falls Sie die verwendeten Farben ändern möchten, so ist dies auf zwei Wegen möglich. Klicken Sie also entweder im Register *Entwurf* auf *Farben ändern* und wählen Sie hier eine Farbzusammenstellung. Oder ändern Sie die Designfarben im Register *Seitenlayout*. Klicken Sie auf *Farben* und auf *Farben anpassen...* und wählen Sie dann, wie im Bild unten, die gewünschten Akzentfarben.

Bild 6.12 Designfarben anpassen

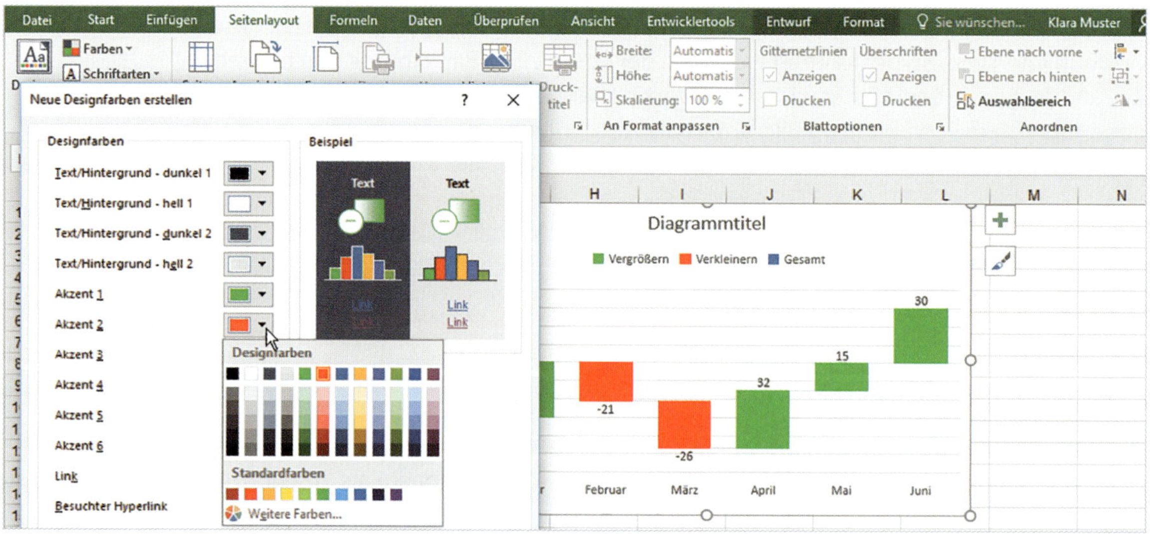

Achtung: Eine Änderung der Farbe über *Datenreihe bearbeiten* (rechte Maustaste) wirkt sich auf alle Elemente der Datenreihe aus und einzelnes Ändern der Datenpunkte bezieht die Legende nicht mit ein, beides sollte also nicht verwendet werden.

Summen einbeziehen

Falls die Datenreihe, wie unten am Beispiel der Kontoübersicht, eine Summe enthält und diese korrekt als Summe (Legende: *Gesamt*) und nicht als Datenpunkt ausgewiesen werden soll, dann gehen Sie wie folgt vor:

1. Markieren Sie die Datenreihe einschließlich der Summe und fügen Sie ein Wasserfalldiagramm ein.
2. Klicken Sie im Diagramm auf die Datenreihe, damit werden alle Datenpunkte markiert. Klicken Sie anschließend gezielt auf den Datenpunkt, der die Summe darstellt, in der Folge wird nur dieser hervorgehoben.
3. Klicken Sie mit der rechten Maustaste auf diesen Datenpunkt und auf *Als Summe festlegen*.

Bild 6.13 Datenpunkt als Summe festlegen

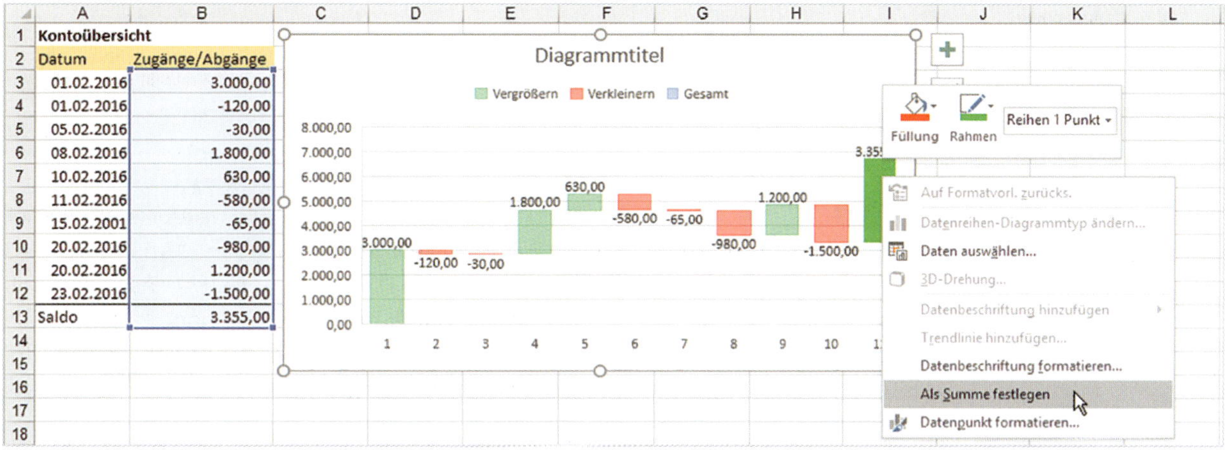

Falls Sie die Kennzeichnung als Summe wieder entfernen möchten, klicken Sie erneut mit der rechten Maustaste auf diesen Datenpunkt. Hier finden Sie nun den Befehl *Summe löschen*.

Bild 6.14 Wasserfalldiagramm mit Summe

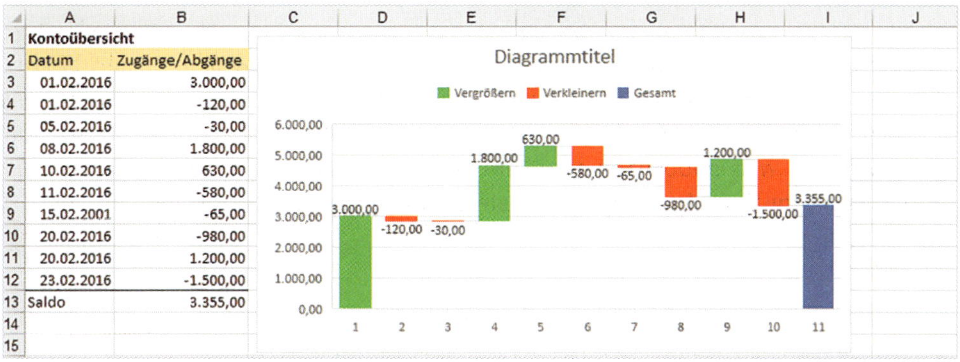

Hierarchische Darstellung und Größenvergleich mit Treemap

Ein weiterer neuer Diagrammtyp, als Treemap-oder Hierarchie-Diagramm bezeichnet gliedert die Daten hierarchisch und eignet sich für den Vergleich von Größenverhältnissen innerhalb der Hierarchie. Im Bild unten ein Vergleich der Umsätze von Damen- und Herrenbekleidung. Die Kategorien werden farbig unterschieden und die einzelnen Werte in Form von Rechtecken nach Nähe angeordnet. So ist schnell erkennbar, welche Arten von Bekleidung jeweils für Herren und Damen am meisten verkauft wurde.

Zum Einfügen markieren Sie die Tabelle, im Bild unten den Bereich A4:C21 und klicken im Register *Einfügen* auf *Hierarchiediagramm einfügen*. Wählen Sie dann den Typ *Treemap*.

Bild 6.15 Beispiel Treemap-Diagramm

Ein weiterer Typ, Sunburst ordnet die Werte kreisförmig an.

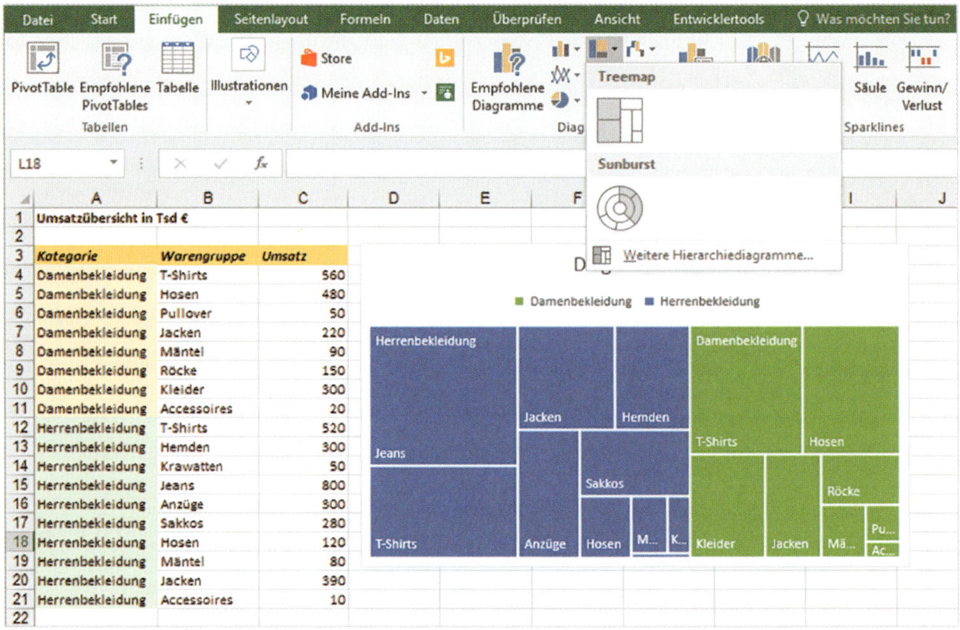

6.2 Diagrammelemente bearbeiten

Elemente hinzufügen/entfernen

Zum Hinzufügen oder Entfernen von Diagrammelementen, z. B. Diagrammtitel, Legende oder Achsentitel benutzen Sie im *Diagrammtools*-Register *Entwurf* die Schaltfläche *Diagrammelement hinzufügen*. Beim Zeigen auf eine Auswahl erhalten Sie für die meisten Elemente gleichzeitig verschiedene Optionen zur Platzierung.

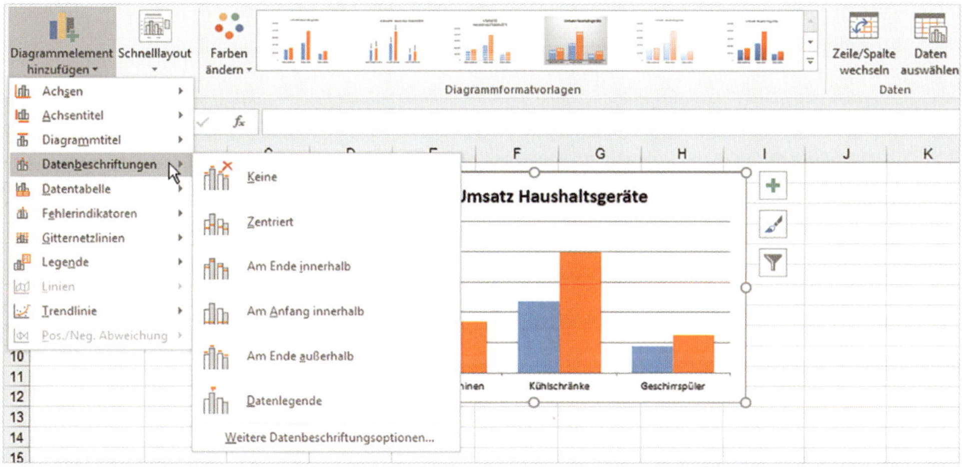

Bild 6.16 Register Entwurf

Als Alternative klicken Sie im Arbeitsblatt in der rechten oberen Ecke des markierten Diagramms auf das Symbol *Diagrammelemente*. Hier erscheinen die Optionen erst, wenn Sie auf den, nach rechts weisenden Pfeil klicken. Die meisten dieser Diagrammelemente dürften bekannt sein und werden daher nicht mehr näher erläutert.

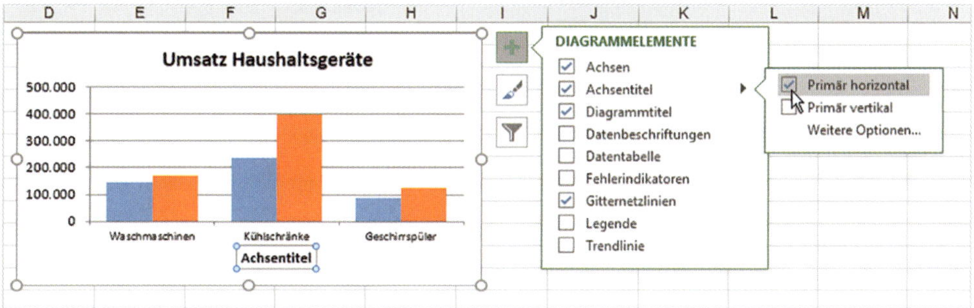

Bild 6.17 Symbol Diagrammelemente

Elemente im Aufgabenbereich bearbeiten

Die genauere Bearbeitung von Diagrammelementen erfolgt in einem gesonderten Aufgabenbereich. Dieser erscheint am rechten Rand des Excel-Fensters, und zeigt umfangreiche Bearbeitungsoptionen zum markierten Element an. Praktischerweise bleibt der Aufgabenbereich dauerhaft geöffnet, so dass Sie im Diagramm nur ein anderes Element markieren brauchen, um anschließend dieses zu bearbeiten.

Zum Anzeigen des Aufgabenbereichs klicken Sie im Diagramm mit der rechten Maustaste auf ein Element, z. B. Diagrammtitel oder eine Datenreihe und auf den Befehl *Datenreihe (Element) formatieren...* oder doppelklicken Sie auf ein Diagrammelement.

Navigation im Aufgabenbereich

- Unterhalb des Aufgabenbereichstitels finden Sie einen Dropdown-Pfeil, über den Sie schnell ein Diagrammelement zur Bearbeitung auswählen können; abhängig vom markierten Element können daneben auch noch *Textoptionen* angezeigt werden.

- Unterhalb befindet sich eine Symbolleiste, über deren Symbole Sie eine Kategorie wählen. Meist finden Sie hier die Symbole *Füllung und Linie*, *Effekte*, *Größe und Eigenschaften* sowie weitere, elementspezifische Optionen. Die Abbildungen unten zeigen als Beispiel *Füllung und Linie* und *Datenreihenoptionen*. Zur Auswahl klicken Sie auf das Symbol

- Im eigentlichen Aufgabenbereich darunter blenden Sie die Inhalte der Abschnitte mit einem Mausklick auf das kleine Dreieck ein, bzw. schließen diese wieder.

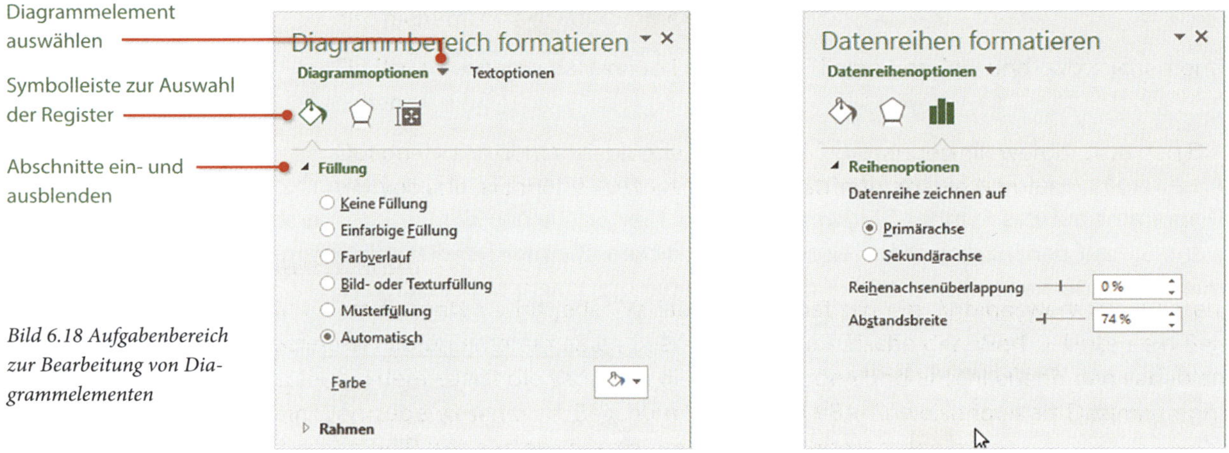

Bild 6.18 Aufgabenbereich zur Bearbeitung von Diagrammelementen

Elemente zur Diagrammanalyse

Trendlinien hinzufügen

Siehe auch Lektion 2.3, Trendberechnung

Säulen-, Balken-, Punkt und Liniendiagramme können mit Trendlinien versehen werden. Markieren Sie dazu die Datenreihe, für die die Trendlinie berechnet werden soll. Klicken Sie dann auf *Diagrammelement hinzufügen*, zeigen auf *Trendlinie* und wählen Sie den gewünschten Regressionstyp, im Bild unten *Linear*.

Bild 6.19 Trendlinie hinzufügen

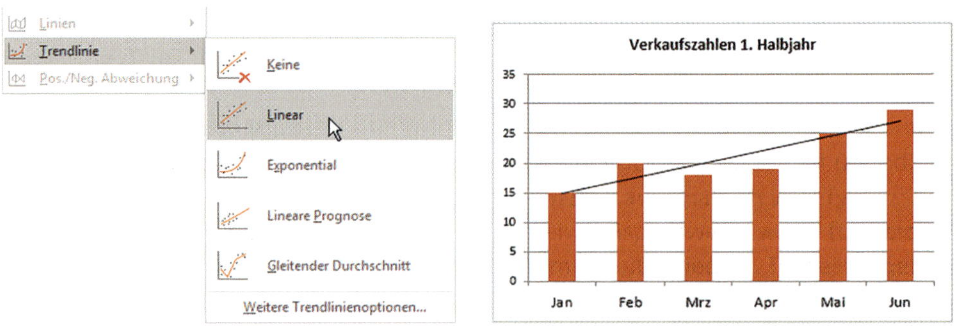

Wenn Sie die Regression genauer definieren möchten, dann klicken Sie auf *Weitere Trendlinienoptionen....* Oder klicken Sie mit der rechten Maustaste auf eine bereits vorhandene Trendlinie und auf *Trendlinie formatieren....*

Im Aufgabenbereich *Trendlinie formatieren* können Sie nun die Trendlinie weiter bearbeiten: Klicken Sie auf das Symbol *Trendlinienoptionen* und legen Sie die Parameter fest. Mit dem Kontrollkästchen *Formel im Diagramm anzeigen* fügen Sie bei Bedarf die, zur Berechnung verwendete Formel in das Diagramm ein.

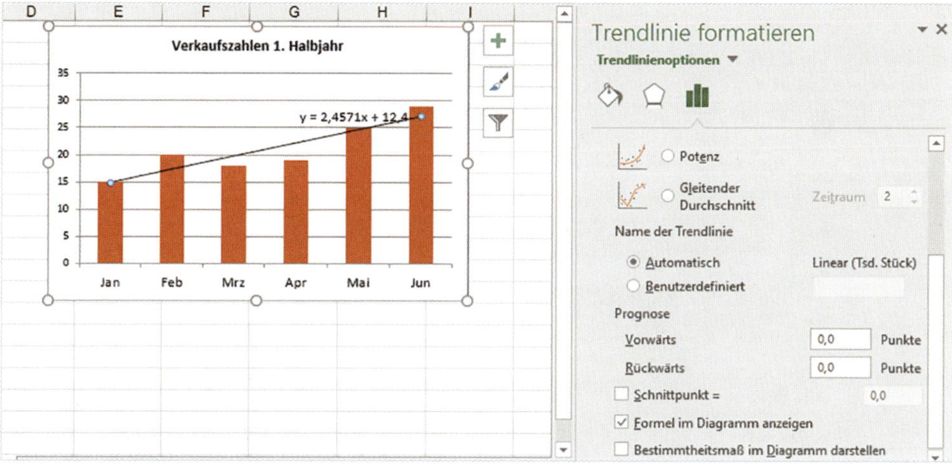

Bild 6.20 Trendlinienoptionen

Fehlerindikatoren

Um die Datenpunkte eines Diagramms mit Fehlerindikatoren zu versehen, markieren Sie die Datenreihe und zeigen unter *Entwurf - Diagrammelemente hinzufügen* auf *Fehlerindikatoren*. Wählen Sie die gewünschte Anzeige aus, auch hier sind im Aufgabenbereich weitere Optionen über den Befehl *Weitere Fehlerindikatorenoptionen...* verfügbar.

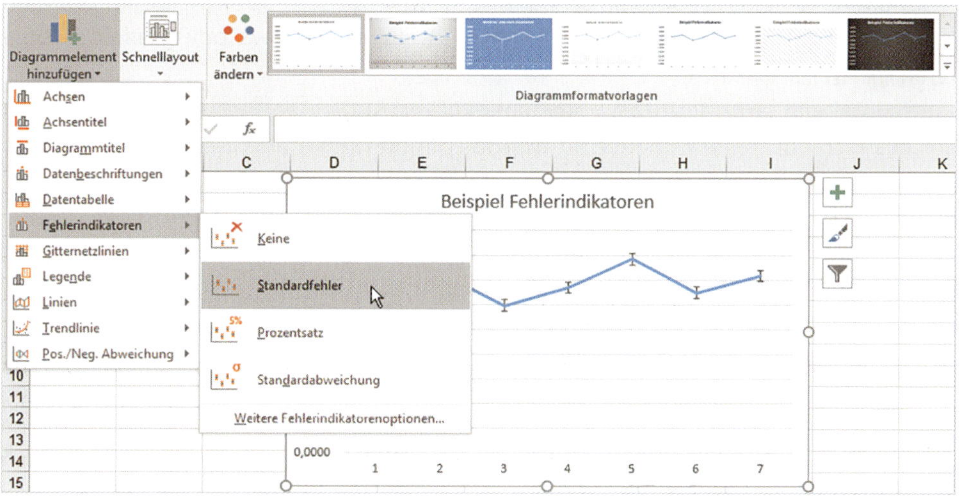

Bild 6.21 Fehlerindikatoren

Achtung: Für die weitere Bearbeitung der Fehlerindikatoren oder nachträgliche Änderungen dürfen Sie nicht die Datenreihe auswählen bzw. markieren, sondern die Fehlerindikatoren!

Am einfachsten wählen Sie diese mit einem Klick im Aufgabenbereich aus und klicken dann auf das Symbol *Fehlerindikatoroptionen*. Anschließend können Sie Richtung, Art der Endlinie und den Fehlerbetrag bearbeiten. Um den Fehlerbetrag manuell vorzugeben, aktivieren Sie die Option *Benutzerdefiniert* und geben im Feld daneben den Wert ein.

Bild 6.22 Fehlerindikatoren formatieren

Fehlerindikatoroptionen

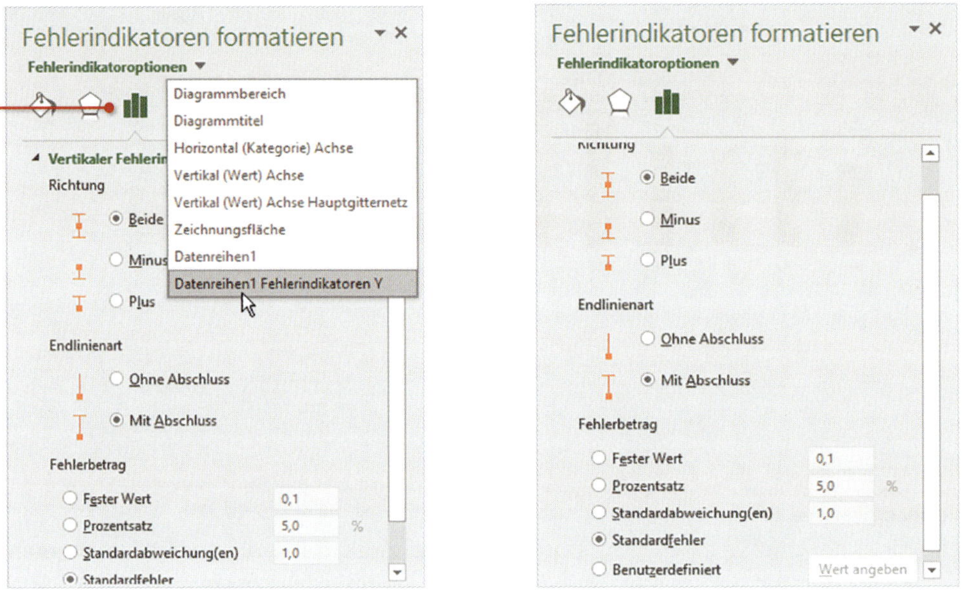

Tipps und Tricks

Diagrammelement markieren

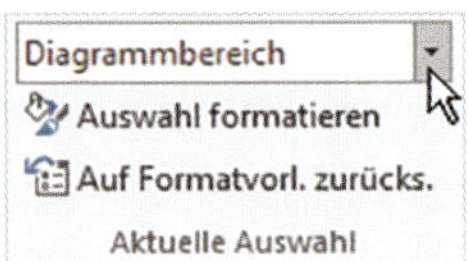

Zum Markieren eines Diagrammelements klicken Sie am einfachsten im Diagramm auf das Element. Als Alternative verwenden Sie im Menüband, Register *Format*, das Auswahlfeld der Gruppe *Aktuelle Auswahl* oder klicken im Aufgabenbereich auf das kleine, nach unten weisende Dreieck der jeweiligen Elementoptionen. In der Gruppe *Aktuelle Auswahl* finden Sie auch den Befehl *Auswahl formatieren* (Bild), mit dem Sie den Aufgabenbereich für das ausgewählte Element öffnen.

Abstände von Säulen und Balken bearbeiten

Um in Säulen- und Balkendiagrammen die Abstände zwischen den Säulen bzw. Balken zu ändern, markieren Sie die Datenreihe und klicken im Aufgabenbereich *Datenreihen formatieren* auf das Symbol *Reihenoptionen*. Vergrößern oder verkleinern Sie dann den Wert im Feld *Abstandsbreite*.

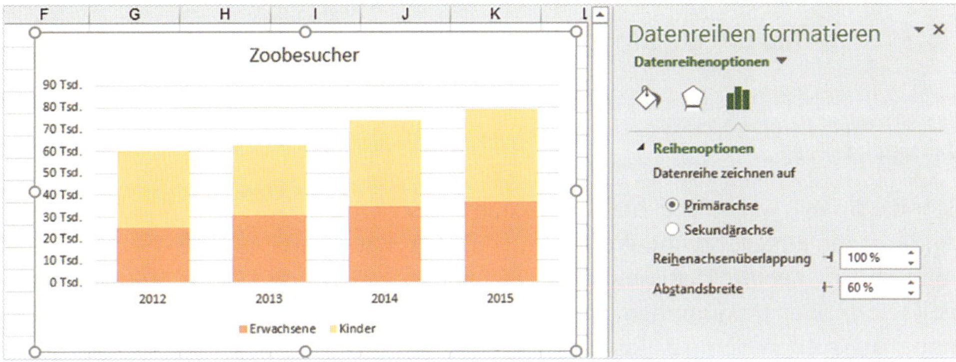

Bild 6.23 Säulenabstände

Prozentanteile in Kreisdiagrammen anzeigen

Um in einem Kreisdiagramm die Prozentanteile als Datenbeschriftung anzuzeigen, ist es nicht erforderlich, die Anteile zuvor in der Tabelle zu berechnen.

Nur in Kreisdiagrammen möglich!

1 Klicken Sie auf *Diagrammelement hinzufügen*, zeigen Sie auf *Datenbeschriftungen* und wählen Sie *Datenlegende*. Diese beinhaltet neben der Beschriftung auch die Prozentanteile. Falls die Gestaltung als Sprechblase nicht erwünscht ist, so markieren Sie mit einem Klick alle Beschriftungelemente und formatieren diese ohne Rahmen, z. B. indem Sie im Register *Format* auf *Formkontur* klicken und *Keine Kontur* auswählen.

2 Weitere Möglichkeiten erhalten Sie wieder im Aufgabenbereich: Markieren Sie dazu, falls bereits vorhanden, die Datenbeschriftungen oder klicken Sie beim Einfügen auf *Weitere Datenbeschriftungsoptionen...*.

3 Klicken Sie auf das Symbol *Beschriftungsoptionen* und aktivieren Sie im Abschnitt *Beschriftung enthält* über Kontrollkästchen die gewünschte Anzeige. Falls Sie mehrere Werte ausgewählt haben, können Sie im Feld *Trennzeichen* mit der Auswahl *Neue Zeile* die Werte untereinander anzeigen. Unterhalb legen Sie unter *Beschriftungsposition* auch gleich die Platzierung im Diagramm fest.

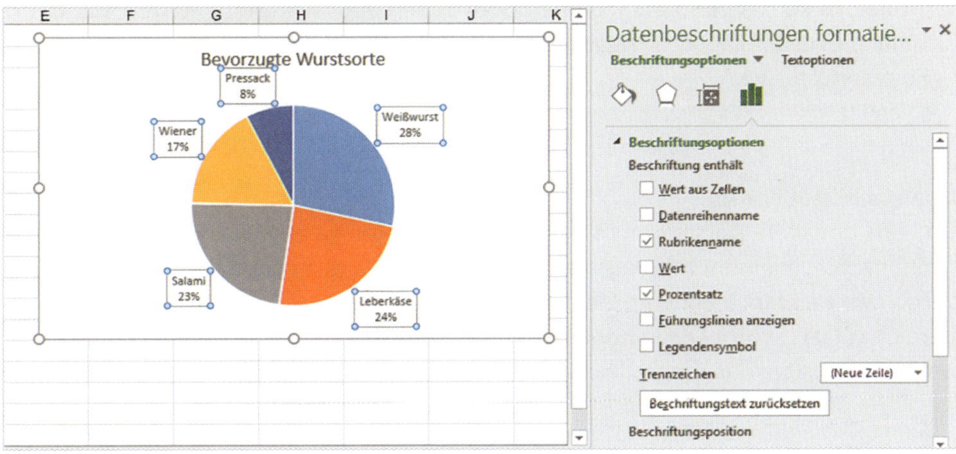

Bild 6.24 Datenbeschriftung mit %-Anteilen

6.3 Rund um die Diagrammachsen

Achseneinteilung

Standardmäßig wählt Excel bei der Diagrammerstellung und auch bei nachträglichen Änderungen Einteilung und Wertebereich der Größenachse (Vertikale Y-Achse) automatisch. Um mehrere Diagramme miteinander zu vergleichen, kann es trotzdem sinnvoll sein, in allen Diagrammen eine einheitliche Achsenskalierung zu verwenden. Dies nehmen Sie ebenfalls im Aufgabenbereich vor:

Markieren Sie die Größenachse und klicken Sie im Aufgabenbereich *Achse formatieren* auf das Symbol *Achsenoptionen*. Im Abschnitt *Achsenoptionen* finden Sie unter *Grenzen* Felder, in die Sie Werte für Minimum, Maximum und sowie die Hauptintervalle eingeben können. Hilfsintervalle müssen nur dann angegeben oder geändert werden, wenn sie im Diagramm erscheinen sollen.

Bild 6.25 Minimum, Maximum und Hauptintervalle vorgeben

Bild 6.26 Zurücksetzen

Die Einstellung *Auto* bedeutet, die Einteilung erfolgt automatisch

> Beachten Sie, dass bei Angabe eines festen Minimums und/oder Maximums bei späteren Änderungen der Daten keine automatische Anpassung der Achsen erfolgt. Es können also auch Säulen oder Linien abgeschnitten werden. Mit der Schaltfläche *Zurücksetzen* setzen Sie geänderte Werte wieder auf automatische Einteilung zurück.

Logarithmische Skalierung

Logarithmische Skalierung der Y-Achse

Um eine genauere Darstellung bei niedrigeren Werten zu erzielen, können Sie für die Größenachse, in einem XY-Diagramm auch für beide Achsen eine logarithmische Skalierung verwenden. Markieren Sie dazu die Größenachse und klicken Sie im Aufgabenbereich auf das Symbol *Achsenoptionen*. Öffnen Sie hier den Abschnitt *Achsenoptionen* und aktivieren Sie das Kontrollkästchen *Logarithmische Skalierung*.

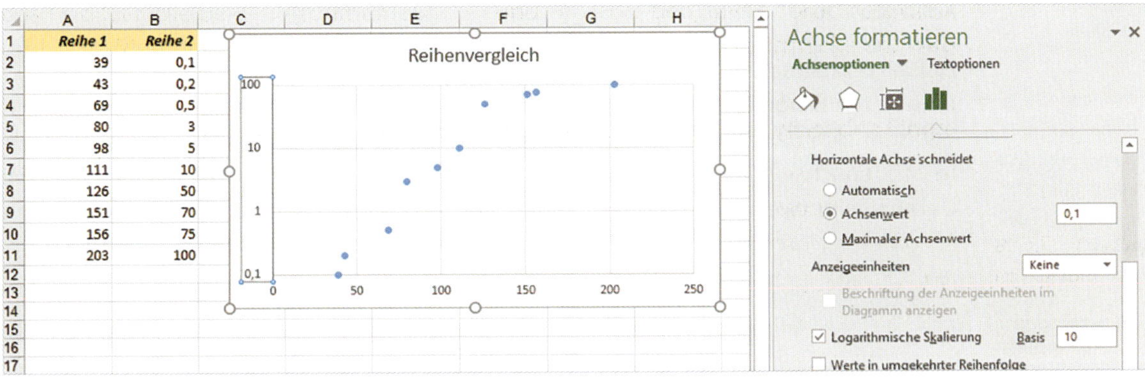

Bild 6.27 Logarithmische Skalierung

Einheiten und Zahlenformat

Basiert ein Diagramm auf sehr großen Zahlen, dann können Sie zur besseren Lesbarkeit die Zahlen der Achsenbeschriftung in Tausendern oder Millionen anzeigen lassen. Markieren Sie die Größenachse und klicken Sie im Aufgabenbereich *Achse formatieren* auf das Symbol *Achsenoptionen*. Hier finden Sie im Abschnitt *Achsenoptionen* die *Anzeigeeinheiten*: Klicken Sie auf den Dropdown-Pfeil und wählen Sie die gewünschte Einheit aus.

Das Zahlenformat übernimmt die Größenachse aus der Tabelle. Wenn Sie im Diagramm ein abweichendes Format verwenden möchten, dann klicken Sie unter *Achsenoptionen* auf den Abschnitt *Zahl*. Deaktivieren Sie zuerst das Kontrollkästchen *Mit Quelle verknüpft* und wählen Sie dann über den Dropdown-Pfeil ein Zahlenformat bzw. legen die Anzahl der Dezimalstellen fest. Die Verwendung benutzerdefinierter Zahlenformate ist ebenfalls möglich: Klicken Sie dazu in das Feld *Formatcode* und geben Sie hier Ihr Zahlenformat ein, anschließend klicken Sie auf *Hinzufügen*.

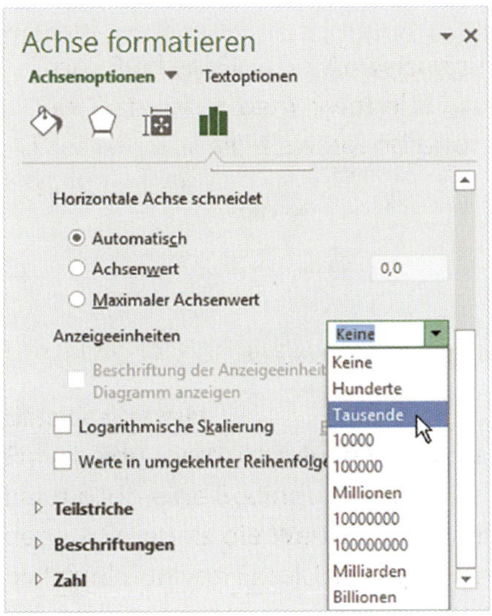

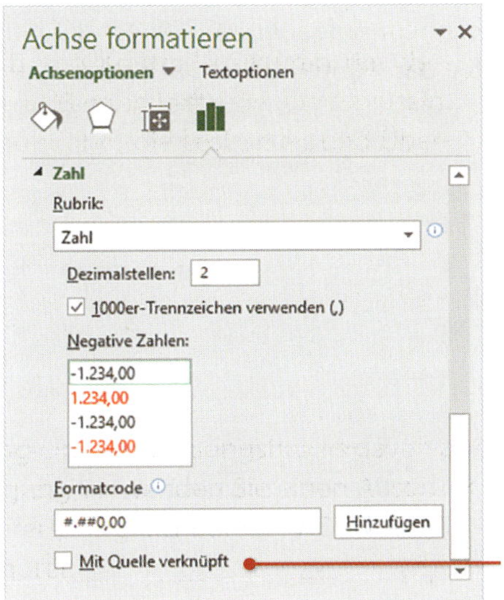

Bild 6.28 Anzeigeeinheiten

Bild 6.29 Zahlenformat

Achsenposition

Position der X-Achse

Enthält ein Diagramm negative Werte, so schneidet die X-Achse trotzdem bei 0 und befindet sich damit innerhalb der Diagrammfläche. Dies können Sie für die markierte Größenachse (Y) ebenfalls im Aufgabenbereich, Abschnitt *Achsenoptionen* ändern: Geben Sie entweder einen festen Achsenwert ein, wie im Bild unten, oder wählen Sie *Maximaler Achsenwert*, dann wird X-Achse oberhalb des Diagramms angezeigt.

Bild 6.30 Schnittpunkt der X-Achse ändern

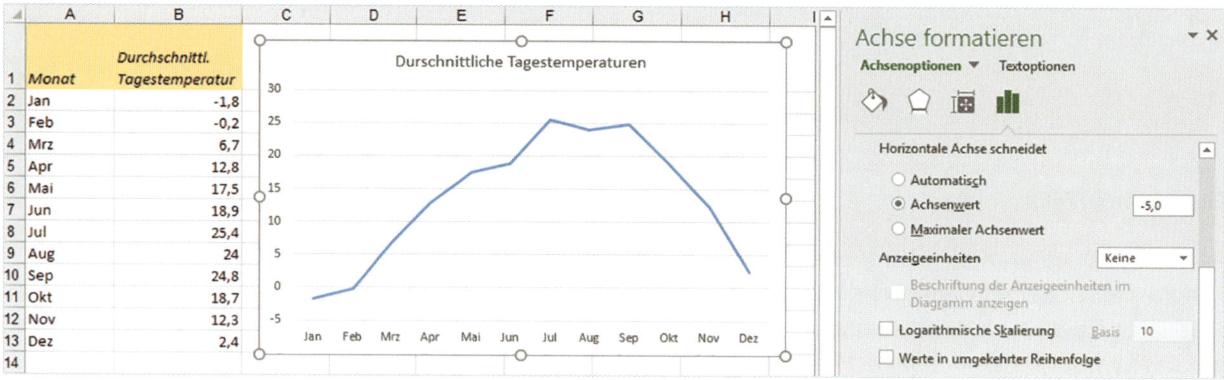

Linien bis zur Größenachse verlängern

Im Bild oben sehen Sie außerdem ein weiteres häufiges Problem von Liniendiagrammen: Die Linien enden bereits vor der Größenachse. Die Ursache liegt darin, dass die Y-Achse die X-Achse standardmäßig zwischen den Teilstrichen schneidet und sich somit auch die Datenpunkte zwischen den Teilstrichen befinden. Zur Verdeutlichung wurden im Bild unten die Teilstriche eingeblendet und ein Untertyp mit Datenpunkten gewählt.

Damit die Linien bis zur Y-Achse verlängert werden, markieren Sie die X-Achse und klicken im Aufgabenbereich *Achse formatieren* auf das Symbol *Achsenoptionen*. Wählen Sie dann unter *Achsenposition* anstatt *Zwischen Teilstrichen* die Option *Auf Teilstrichen*.

Bild 6.31 Schnittpunkt der X-Achse ändern

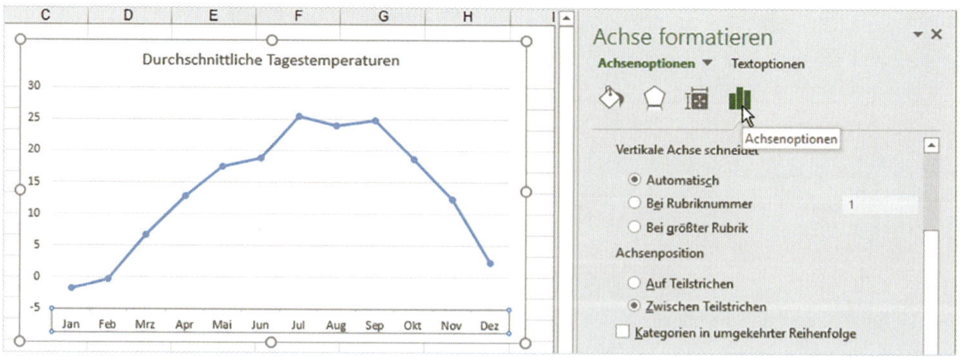

Sekundärachse und Diagrammtypen kombinieren

Unterschiedliche Wertebereiche vergleichen

Problematisch wird es, wenn Sie in einem Diagramm zwei oder mehr Datenreihen mit völlig unterschiedlichen Größenordnungen darstellen möchten. Beispielsweise wenn eine Datenreihe auf Zahlen basiert und eine zweite Datenreihe auf Prozentwerten, wie im Bild unten. Die Datenreihe *Umsatzanteil* ist zwar im unten abgebildeten Diagramm enthalten, enthält allerdings im Vergleich zu den Stückzahlen sehr niedrige Werte und ist somit kaum sichtbar. Abhilfe schafft in solchen Fällen eine zweite, so genannte Sekundärachse für die Prozentwerte.

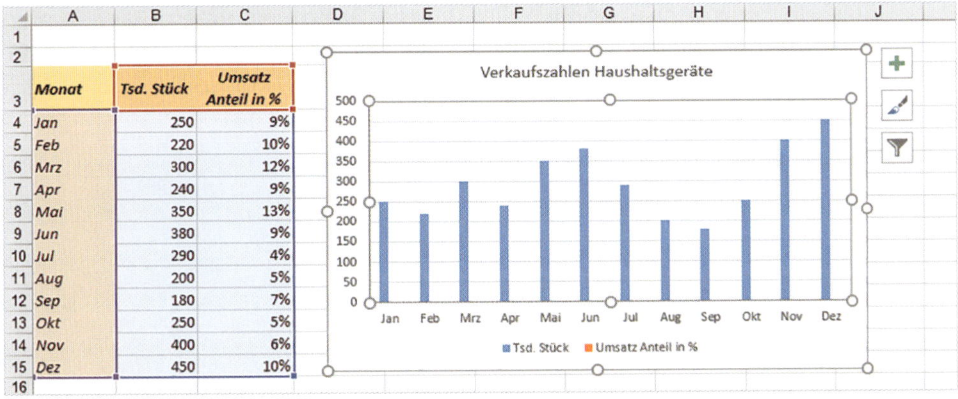

Bild 6.32 Beispiel unterschiedliche Wertebereiche

> Allerdings sollten Sie gleichzeitig für die Datenreihen unterschiedliche Diagrammtypen verwenden, z. B. Säulen und Linien, da sich die Säulen sonst überlagern (Verbunddiagramm). Beachten Sie außerdem, dass Sekundärachsen und kombinierte Diagrammtypen nur mit 2D-Diagrammen möglich sind!

Diagramm einfügen

1 Wählen Sie zum Einfügen des Diagramms keinen bestimmten Typ, sondern klicken Sie im Register *Einfügen* auf *Empfohlene Diagramme*. Wählen Sie dann, wie im Bild unten, den Diagrammtyp, der Säulen und Linien miteinander kombiniert.

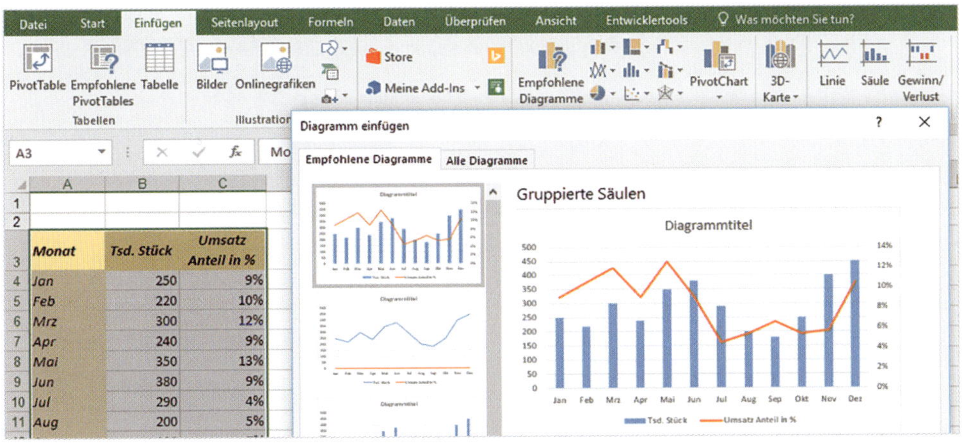

Bild 6.33 Kombiniertes Linien und Säulendiagramm

Sollte dieser Diagrammtyp nicht vorgeschlagen werden, so klicken Sie im Fenster *Diagramm einfügen* auf das Register *Alle Diagramme* und hier auf den Typ *Verbund* (siehe Bild unten).

2 Zur weiteren Bearbeitung klicken Sie im Register *Entwurf* auf *Diagrammtyp ändern*. Klicken Sie dann im Dialogfenster *Diagrammtyp ändern* auf das Register *Alle Diagramme* und hier auf *Verbund*. Rechts erhalten Sie verschiedene Vorschläge, z. B. eine Kombination von Säulen und Linien. Darunter sehen Sie den markierten Typ in der Vorschau mit Ihren Daten.

3 Unterhalb der Vorschau können Sie für jede Datenreihe einen Diagrammtyp auswählen. Damit die Prozentwerte der zweiten Datenreihe, Umsatzanteil in %, ebenfalls sichtbar sind, aktivieren Sie für diese Reihe das Kontrollkästchen *Sekundärachse*.

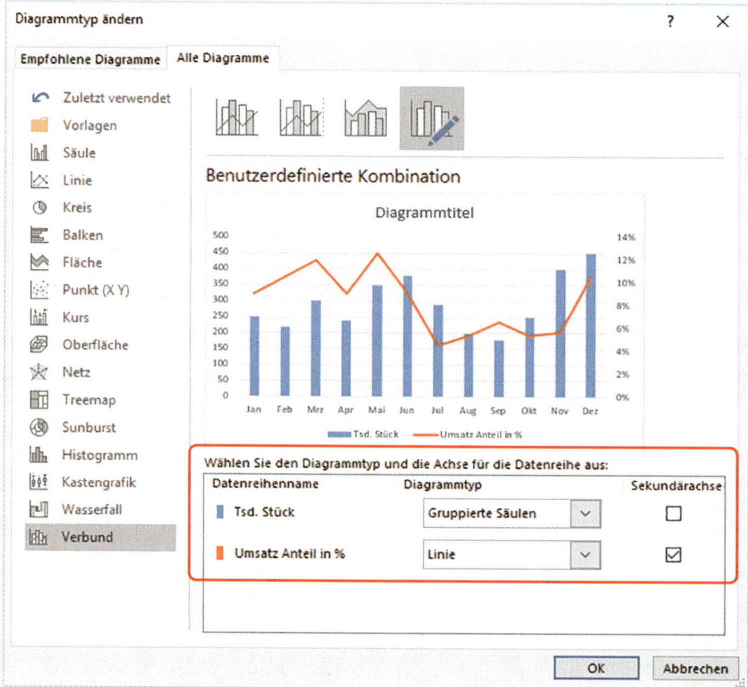

Bild 6.34 Verbunddiagramm bearbeiten

6.4 Problembehandlung in Diagrammen

Fehlende Werte

Ein häufiges Problem bei der Darstellung von Messreihen in Liniendiagrammen sind fehlende Werte. Beispiel: Sie möchten zwei Reihen, z. B. die Temperaturen von zwei Städten, in einem Liniendiagramm miteinander vergleichen, allerdings liegen für einige Tage keine Werte vor. Im Diagramm unterbricht Excel an diesen Punkten einfach die Linie. Zur Vermeidung der Lücken in die leeren Zellen der Tabelle 0 eintragen, würde das Ergebnis verfälschen, da an diesen Tagen ja nicht 0 Grad gemessen wurden. Wenn Sie in einem solchen Fall die vorhandenen Datenpunkte einfach mit einer Linie verbinden möchten, dann gehen Sie wie folgt vor:

1 Klicken Sie in das Diagramm und öffnen Sie im Register *Entwurf* über die Schaltfläche *Daten auswählen* das Fenster *Datenquelle auswählen.*

2 Klicken Sie hier auf die Schaltfläche *Ausgeblendete und leere Zellen*.

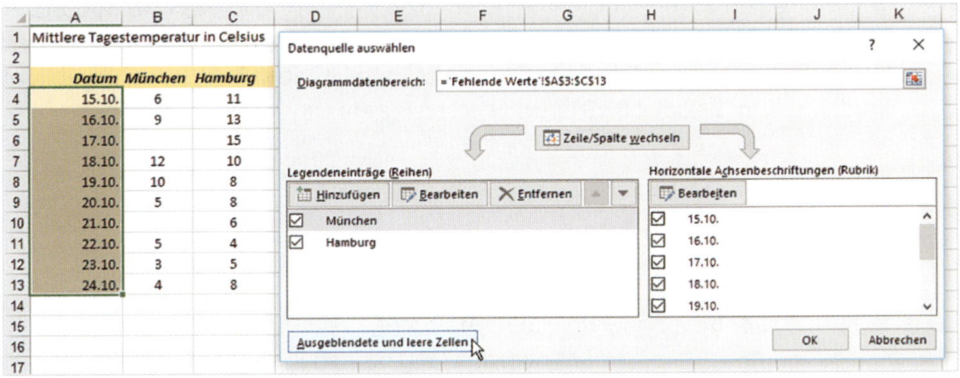

Bild 6.35 *Datenquelle auswählen bzw. bearbeiten*

3 Wählen Sie unter *Leere Zellen anzeigen als* die gewünschte Option, in unserem Beispiel *Datenpunkte mit einer Linie verbinden*.

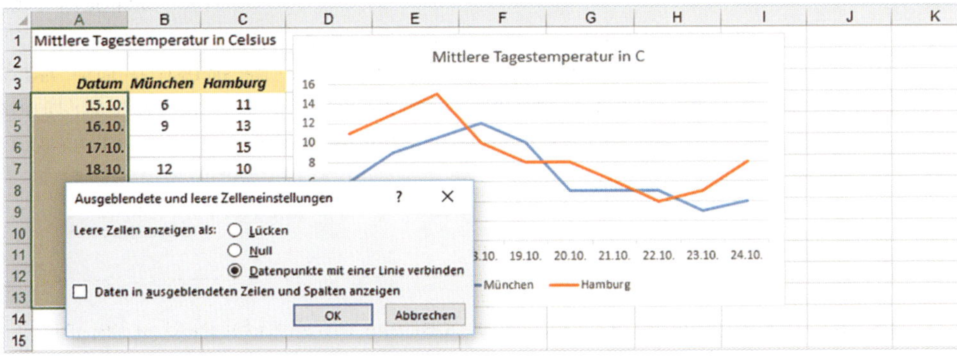

Bild 6.36 *Ausgeblendete und leere Zelleneinstellungen*

Zahlen als Achsenbeschriftung

Problem: Excel erstellt aus allen Zahlen Datenreihen

Wenn beim Einfügen eines Diagramms ein Zellbereich markiert ist, so bildet Excel automatisch aus allen Zahlen Datenreihen, allerdings ist dies nicht immer auch erwünscht oder sinnvoll.

Als Beispiel die Tabelle im Bild unten, sie enthält die Verkaufszahlen von Kalenderwochen. Wenn Sie aus diesem Zellbereich ein Diagramm erstellen, so bildet Excel aus beiden Spalten, also auch aus der Kalenderwoche je eine Datenreihe. Dieses Problem lässt sich am einfachsten lösen, indem Sie mit einem leeren Diagramm beginnen und anschließend Datenreihe und Achsenbeschriftung getrennt festlegen.

1 Klicken Sie in eine beliebige Zelle außerhalb der Tabellenbereichs und klicken Sie im Register *Einfügen*, *Diagramme* auf den gewünschten Diagrammtyp, z. B. Säulen. Ein leeres Diagramm wird im Arbeitsblatt eingefügt.

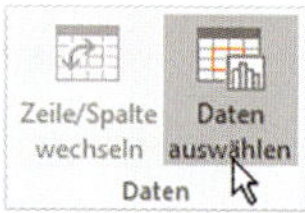

2 Klicken Sie in das leere Diagramm und im Register *Entwurf* auf *Daten auswählen*.

3 Um die Werte für die Reihe auszuwählen, klicken Sie im Fenster *Datenquelle auswählen* unter *Legendeneinträge (Reihen)* auf *Hinzufügen*. Geben Sie im Feld *Reihenname* einen Namen für die Reihe ein bzw. klicken Sie in das Feld und in der Tabelle auf die Spaltenüberschrift in B2. Klicken Sie dann in das Feld *Reihenwerte*: Markieren Sie dann im Tabellenblatt den Zellbereich, aus dem die Reihe gebildet werden soll, im Beispiel B3:B12 und klicken Sie auf OK.

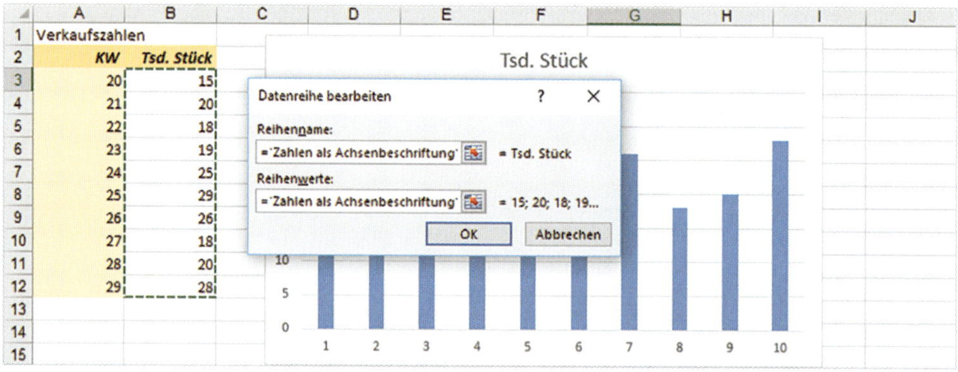

Bild 6.37 Datenreihe festlegen

4 Im nächsten Schritt geben Sie an, aus welchen Zellen die Achsenbeschriftung gebildet werden soll, diese wurde zunächst mit einer fortlaufenden Nummerierung versehen. Dazu klicken Sie im Fenster *Datenquelle auswählen* unter *Horizontale Achsenbeschriftungen (Rubrik)* auf *Bearbeiten* und markieren im Tabellenblatt den Zellbereich, der als Achsenbeschriftung verwendet werden soll, die Kalenderwochen.

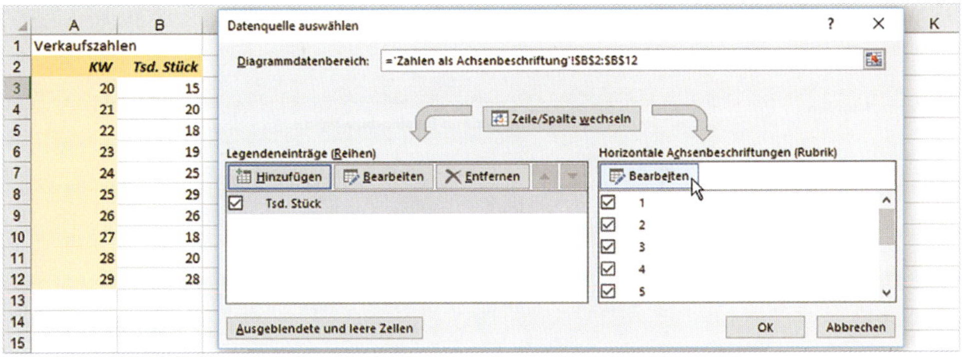

Bild 6.38 Achsenbeschriftung bearbeiten

Diagrammbereich automatisch anpassen

Datenreihe mit der Maus erweitern

Ein weiteres häufiges Problem: Sie möchten ein Diagramm für eine Datenreihe erstellen und beim späteren Hinzufügen neuer Werte sollen diese im Diagramm ebenfalls berücksichtigt werden. Dann passen Sie am einfachsten die Datenquelle durch Markieren mit der Maus an:

1. Klicken Sie in den Diagrammbereich; in der Tabelle wird der verwendete Zellbereich mit farbigen Rahmen gekennzeichnet.
2. Zeigen Sie mit der Maus auf die untere rechte Ecke des Rahmens. Der Mauszeiger erscheint als Doppelpfeil und Sie können nun den Zellbereich mit gedrückter Maustaste beliebig erweitern.

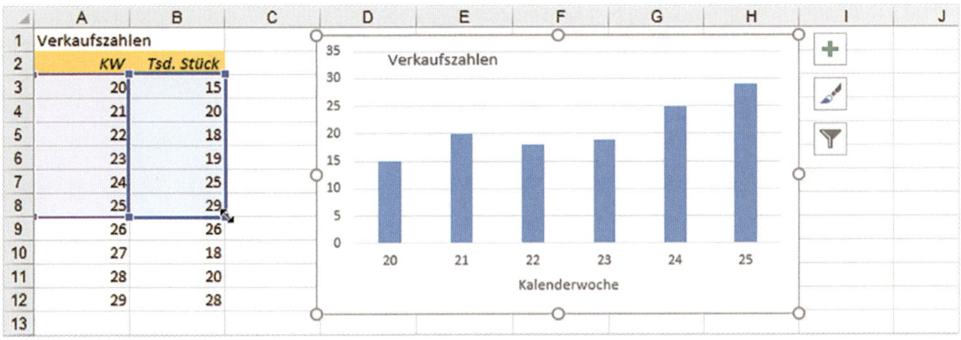

Bild 6.39 Diagrammbereich mit der Maus anpassen

Diagrammbereich automatisch anpassen

Wenn der Diagrammbereich automatisch angepasst werden soll, dann formatieren Sie den Zellbereich als Tabelle. Beim Hinzufügen neuer Zeilen am Ende der Tabelle wird in diesem Fall der Tabellenbereich automatisch erweitert und gleichzeitig auch das Diagramm entsprechend angepasst.

Siehe Kapitel 3.1

Wo dies nicht möglich ist, können Sie auch die Funktion BEREICH.VERSCHIEBEN in Verbindung mit Bereichsnamen einsetzen. Beispiel: Ein Säulendiagramm soll immer nur die Verkaufszahlen der letzten 5 Kalenderwochen anzeigen. Die Liste wird wöchentlich aktualisiert.

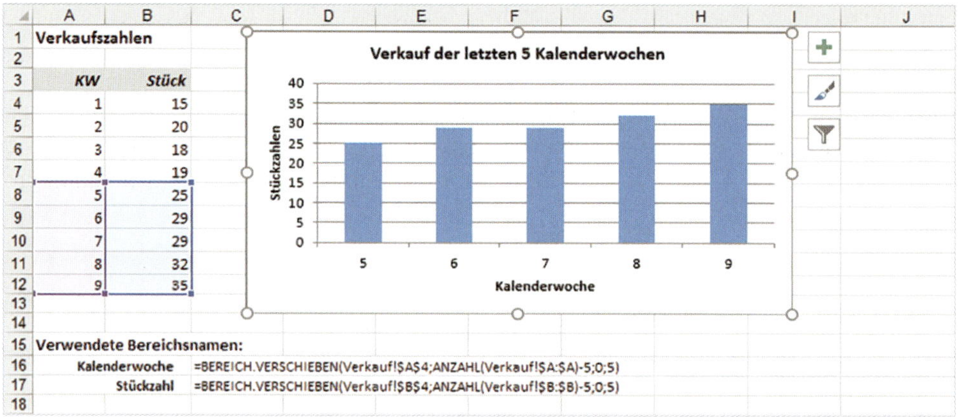

Bild 6.40 Diagrammbereich mit BEREICH.VERSCHIEBEN anpassen

Siehe Kapitel 1.3 Namen erstellen und Kapitel 2.4

1 Dazu müssen Sie Namen für die benötigten Zellbereiche vergeben: Da nicht nur die Stückzahlen, sondern auch die Beschriftung der X-Achse, die Kalenderwochen, aktualisiert werden sollen, brauchen Sie für jeden der beiden Zellbereiche einen Namen. Tragen Sie im Namensmanager unter *Bezieht sich auf* die jeweilige Funktion ein.

2 Erstellen Sie dann ein leeres Säulendiagramm und öffnen Sie das Dialogfenster *Datenquelle auswählen*. Geben Sie im Fenster *Datenreihe bearbeiten* einen Namen für die Datenreihe ein und unter *Reihenwerte* tragen Sie den Namen des Arbeitsblattes zusammen mit dem Bereichsnamen in der folgenden Schreibweise ein:
=Tabellenblatt!Bereichsname

3 Diese Vorgehensweise gilt auch für die Beschriftung der horizontalen Achse. Hier geben Sie den Bereichsnamen für die Kalenderwochen in derselben Schreibweise ein wie oben.

6.5 3D-Geodaten visualisieren

Ortsgebundene Daten lassen sich in Excel 2016 auch mit Landkarten verknüpfen und so mit Ortsbezug darstellen. Dazu verwenden Sie das integrierte Tool Power Map, das sowohl geografische Koordinaten als auch Städte- und Ländernamen erkennt. Sie benötigen also als Ausgangsbasis eine Tabelle mit geografischen Ortsangaben. Dies können Koordinaten, Städte, Postleitzahlen, Länder oder Regionen sein. Ansonsten gelten für die Tabelle ähnliche Regeln wie für Pivot-Tabellen: Es muss eine Überschriftzeile vorhanden sein und diese darf nur eine einzige Zeile umfassen, alle Werte innerhalb einer auszuwertenden Spalte müssen vom selben Datentyp ein.

Karte erstellen

Als Beispiel sollen die Umsätze von Filialen in verschiedenen Städten in eine Karte eingefügt werden. Die unten abgebildete Tabelle liefert die Ausgangsdaten.

1 Im ersten Schritt markieren Sie die gesamte Tabelle einschließlich der Überschriften; wenn es sich um eine dynamische Tabelle handelt, genügt es, wenn nur eine Zelle innerhalb der Tabelle markiert ist.

2 Klicken Sie dann im Register *Einfügen* auf *3D-Karte* und auf *3D-Karten öffnen*.

Bild 6.41 3D-Karten öffnen

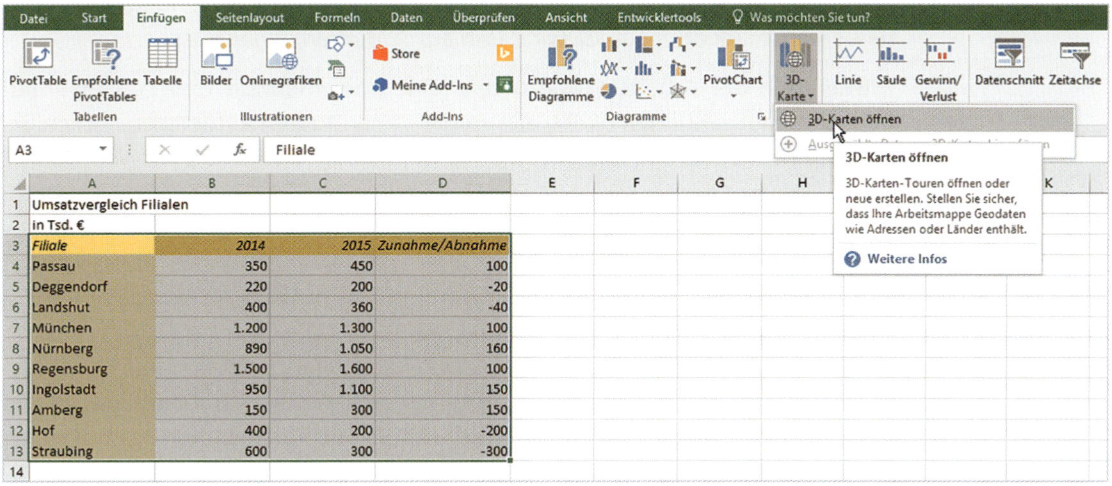

3 *Microsoft 3D-Karten* wird in einem eigenen Fenster mit drei Bereichen zur weiteren Bearbeitung geöffnet.

Bild 6.42 Microsoft 3D-Karten

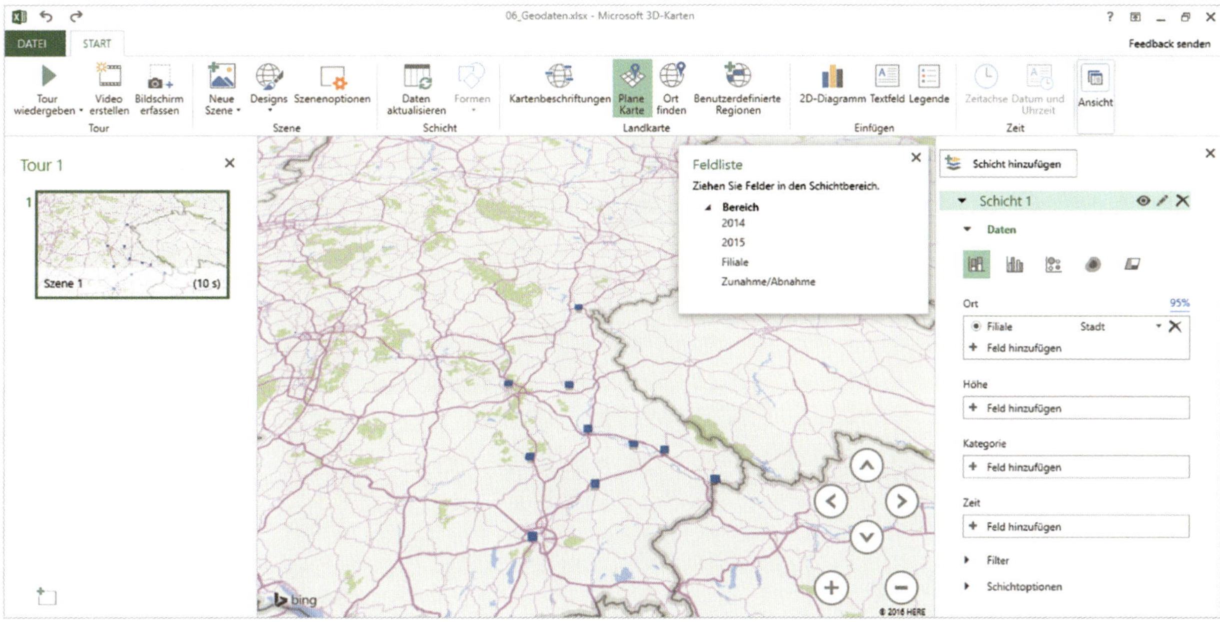

Touren und Szenen

Der linke Bereich enthält eine Liste der vorhandenen Szenen einer Tour. In Touren können Sie verschiedene Aspekte oder geografische Einheiten zusammenfassen, beispielsweise die Bevölkerungsentwicklung unterschiedlicher Regionen. Ein Tour kann eine oder mehrere Szenen enthalten, diese eignen sich zur Darstellung und Wiedergabe zeitlicher Abläufe. Die Tour wird zusammen mit der Arbeitsmappe gespeichert, diese kann beliebig viele Touren enthalten.

- Wenn in der Arbeitsmappe noch keine Tour vorhanden ist, so wird diese zusammen mit einer Szene automatisch erstellt, sobald Sie im Tabellenblatt einen Datenbereich markieren auf *3D-Karte* und auf *3D-Karten öffnen* klicken.
- Existieren in der Arbeitsmappe bereits eine oder mehrere Touren, so werden beim Klick auf *3D-Karten öffnen* alle vorhandenen Touren aufgelistet. Klicken Sie entweder auf eine Tour, um diese zu bearbeiten oder klicken Sie auf *Neue Tour*.

Karte und Kartenausschnitt

In der Mitte befindet sich die eigentliche Landkarte. Wenn die geografischen Angaben der Tabelle richtig erkannt wurden, dann sind hier die Orte, in unserem Beispiel die Städte mit kleinen Kästchen dargestellt. Die Karte selbst wird entsprechend der vorgegebenen Daten automatisch geladen. Den Kartenausschnitt können Sie mit gedrückter Maustaste verschieben, zum Vergrößern oder Verkleinern benutzen Sie die Schaltflächen + und - und mit den Pfeilen können Sie die Karte drehen bzw. den Neigungswinkel verändern.

Weitere Möglichkeiten zur Steuerung des Aussehens der Karte erhalten Sie im Menüband: Wenn Sie die Schaltfläche *Plane Karte aktivieren*, dann wechselt die Ansicht von der Globusdarstellung zur flachen Kartendarstellung. Mit *Kartenbeschriftungen* werden Städte- und Ländernamen eingeblendet.

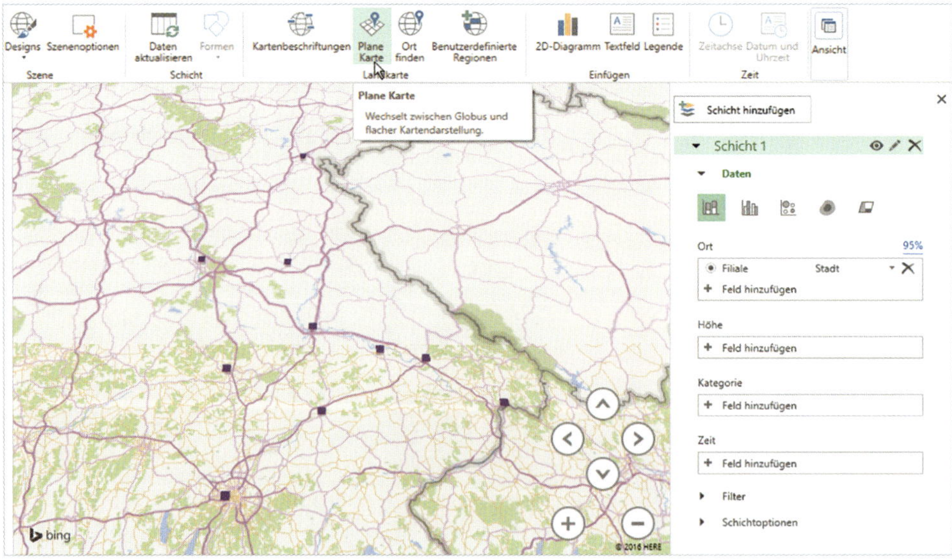

Bild 6.43 Kartenbereich, Darstellung

Schichtbereich

Der rechte Bereich ist der sogenannte Schichtbereich. Hier geben Sie an, welche Daten der Tabelle dargestellt werden sollen. Die Zuordnung erfolgt entweder, indem Sie ein Feld aus der Feldliste auf die entsprechende Rubrik ziehen oder direkt über die Rubrik auswählen.

1 Kontrollieren Sie zuerst die Rubrik *Ort*: in unserem Beispiel wurde der geografische Typ *Stadt* korrekt erkannt und das Feld Filiale richtig zugeordnet. Sollte dies nicht der Fall sein, so klicken Sie auf den Dropdown-Pfeil *Typ* und wählen den zutreffenden Typ aus.

2 Standardmäßig werden die Daten als Säulendiagramme dargestellt. Ziehen Sie die Umsätze des Jahres 2015 aus der Feldliste in die Rubrik *Höhe* oder klicken Sie in dieser Rubrik auf *Feld hinzufügen* und wählen das Feld 2015 aus.

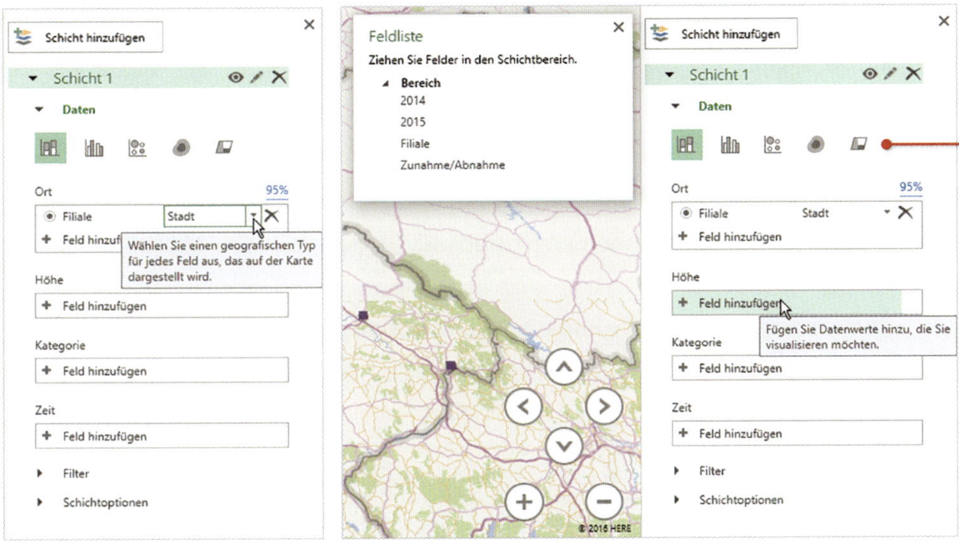

Bild 6.44 Geografischen Typ kontrollieren/auswählen

Bild 6.45 Feld hinzufügen

3 Wenn Sie die Umsätze beider Jahre darstellen möchten, dann ziehen Sie auch noch das Feld 2014 in die Rubrik *Höhe*. Über Symbole können Sie zwischen gestapelten und gruppierten Säulen wechseln. Außerdem sind noch die Diagrammtypen *Blasendiagramm*, *Wärmebild* und *Region* verfügbar.

4 Zuletzt kann es noch erforderlich sein, den Blickwinkel auf die Karte etwas zu verändern und die erste Karte ist fertig.

5 Falls Sie möchten, können Sie noch eine Legende hinzufügen: klicken Sie dazu im Menüband auf *Legende*. Mit der Schaltfläche *Textfeld* lässt sich auch noch ein Textfeld für Erläuterungen oder Quellenangaben hinzufügen.

Zum Entfernen einer nicht benötigten Legende klicken Sie in die Legende und betätigen die Entf-Taste.

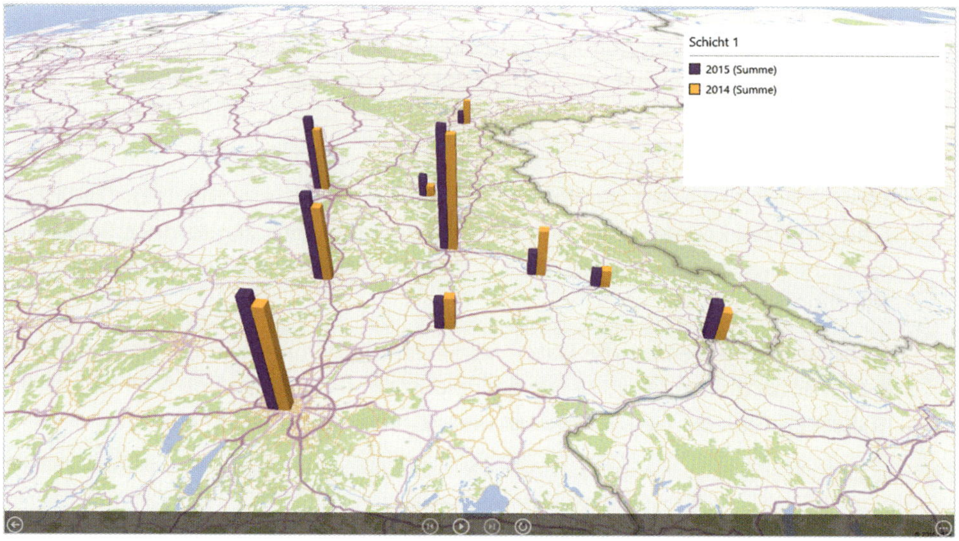

Bild 6.46 Das Ergebnis im Vollbildmodus (Tour wiedergeben)

Karte verwenden

Für die fertige Karte stehen Ihnen im Menüband, Gruppe *Tour*, drei Möglichkeiten zur Verfügung:

- *Tour wiedergeben* zeigt die Karte im Vollbildmodus an (Bild oben), mit der Esc-Taste kehren Sie wieder zurück zur ursprünglichen Ansicht.
- Mit *Video erstellen* exportieren Sie die Karte in ein separates Videio, das sich anschließend z. B. in eine Webseite oder PowerPoint-Präsentation einfügen lässt.
- *Bildschirm erfassen* kopiert die Karte als Grafik in die Zwischenablage. Anschließend lässt sich die Karte in das Tabellenblatt oder ein beliebiges anderes Dokument einfügen.

Weitere Möglichkeiten der Kartengestaltung

Farben und Design

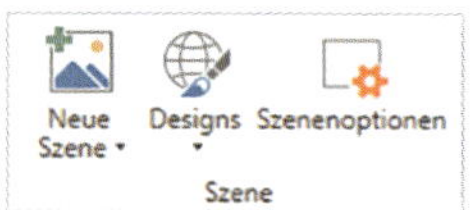

- In der Gruppe *Szene* können Sie über die Schaltfläche *Designs* zwischen verschiedenen Designvorlagen wählen.
- Wenn Sie dagegen nur die Farben der Diagrammbalken ändern möchten, dann klicken Sie am unteren Rand des Schichtbereichs auf *Schichtoptionen* und wählen für jede Datenreihe die gewünschte Farbe.

Szene hinzufügen

Um der Tour weitere Szenen hinzuzufügen, klicken Sie in der Gruppe *Szene* auf *Neue Szene*. Tipp: Mit Klick auf den Dropdown-Pfeil erhalten Sie die Möglichkeit, die aktive

Szene zu kopieren, die Sie anschließend abändern können. Oder klicken Sie links unten im Tourbereich auf das Symbol *Neue Szene*.

Auf unser Beispiel angewandt, könnten Sie beispielsweise in Szene1 die Umsätze des Jahres 2014 und in Szene2 die Umsätze aus 2015 nacheinander darstellen. Als dritte Szene wären dann die Zu- Abnahme denkbar, vielleicht als Wärmebild? Probieren Sie einfach die verschiedenen Möglichkeiten aus. Denkbar wäre auch, eine erste Szene ohne Diagrammdarstellung, aber mit Kartenbeschriftungen voranzustellen.

Um eine Szene auszuwählen, klicken Sie im Tourbereich einfach auf die gewünschte Szene. Zum Löschen einer nicht mehr benötigten Szene klicken Sie in die Szene und benutzen das Symbol *Löschen* in der rechten unteren Ecke.

Szenen animieren

1 Klicken Sie im Tourbereich auf die erste Szene, die Sie animieren möchten und klicken Sie auf das Symbol *Szenenoptionen ändern* (Bild unten). Es öffnet sich das Fenster *Szenenoptionen* mit weiteren Einstellungen.

Für einen besseren Überblick sollten der Szene einen Namen geben, in weiteren Feldern legen Sie die Szene- und Übergangsdauer fest. Den Übergangseffekt selbst wählen Sie im Feld *Effekt* aus.

2 Klicken Sie dann nacheinander in die weiteren Szenen und ändern Sie ebenfalls die Szeneoptionen nach Wunsch, das Fenster *Szeneoptionen* brauchen Sie dazwischen nicht schließen.

3 Klicken Sie dann auf den Dropdown-Pfeil *Tour wiedergeben*, wählen Sie *Tour von Anfang an abspielen* und testen Sie ihre Einstellungen.

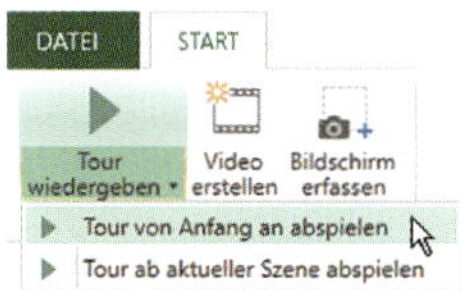

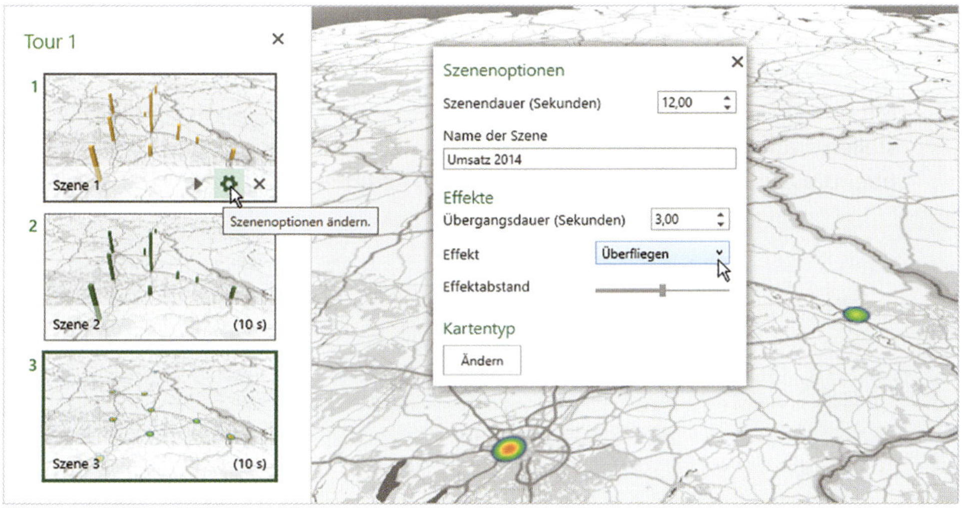

Bild 6.47 Szeneoptionen

6.6 Zusammenfassung

- Neben den Standard-Diagrammtypen, wie Säulen-, Balken-, Kreis- und Liniendiagramm kennt Excel noch weitere Diagrammtypen. Punktdiagramme werden auch als X/Y-Diagramme bezeichnet und eignen sich dazu, die Werte zweier Messreihen miteinander zu vergleichen. Blasendiagramme beziehen eine dritte Wertereihe mit ein, durch die die Größe der Blase festgelegt wird.
- Die neuen Diagrammtypen Histogramm, Wasserfalldiagramm und Treemap eignen sich im Gegensatz zu den gängigen Diagrammtypen nur für spezielle Aufgabenstellungen.
- Für einzelne Datenreihen können Sie bei den meisten Diagrammtypen auch noch eine Trendlinie oder Fehlerindikatoren hinzufügen.
- Die genauere Bearbeitung von Diagrammelementen erfolgt im Aufgabenbereich. Hier finden Sie nicht nur umfangreiche Möglichkeiten der Formatierung, sondern steuern auch das Aussehen und Verhalten der Größenachse. Standardmäßig wählt Excel die Skalierung der Größenachse nach dem Wertebereich der Datenreihe. Sie können jedoch die Werte auch manuell vorgeben oder eine logarithmische Skalierung wählen.
- Um Datenreihen in völlig unterschiedlichen Größenordnungen in einem Diagramm miteinander zu vergleichen, verwenden Sie ein Verbunddiagramm, das verschiedene Diagrammtypen miteinander kombiniert. Sie können auf diese Weise jeder Datenreihe einen Diagrammtyp zuweisen und bei Bedarf auch eine zweite Achse (Sekundärachse). Dies ist allerdings nur mit 2D-Diagrammen möglich.
- Mit Power Map lassen sich in Excel 2016 geografische Daten in Landkarten darstellen und anschließend entweder als Video exportieren oder auf dem Weg über die Zwischenablage in ein beliebiges Dokument einfügen.

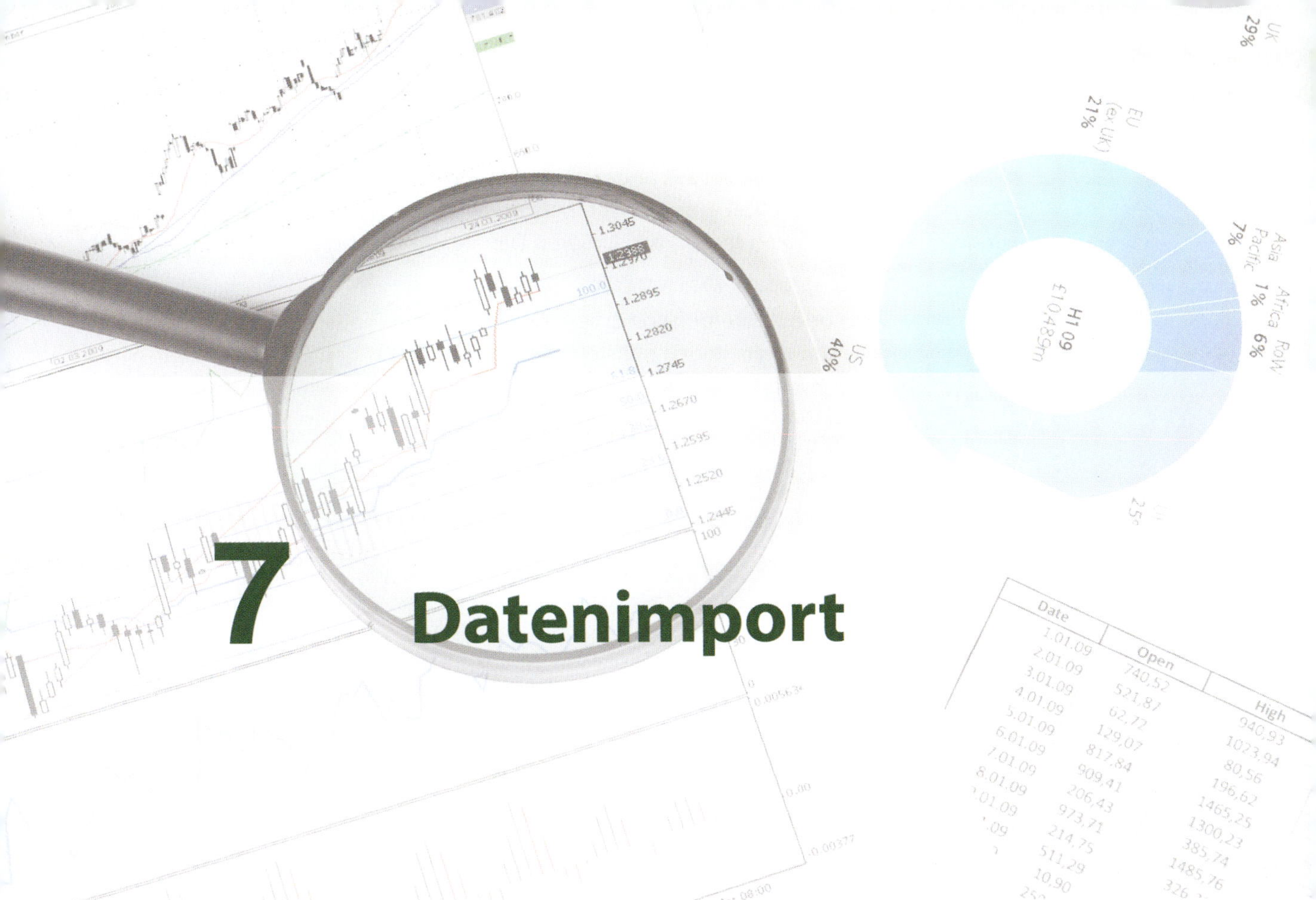

7 Datenimport

In diesem Kapitel lernen Sie...

- Daten aus Textdateien importieren
- Verknüpfungen mit externen Datenquellen nutzen
- Power Query einsetzen
- Daten aus externen Quellen im Abfrage-Editor bearbeiten
- Webfragen

Das sollten Sie bereits wissen

- Mit Excel-Tabellen (Datenbanken) arbeiten

In vielen Fällen werden Daten aus anderen Anwendungen in eine Excel-Arbeitsmappe importiert und mit Excel ausgewertet, beispielsweise in Form von Pivot-Tabellen. Für den Datenzugriff oder Import aus anderen Dateiformaten stehen Ihnen folgende Möglichkeiten offen:

- Einige Dateiformate werden von Excel beim Öffnen automatisch erkannt und mit Hilfe eines Konverters in den meisten Fällen auch korrekt geöffnet. Dazu zählen beispielsweise Arbeitsmappen, die mit älteren Excel-Versionen erstellt wurden, aber auch Textdateien.
- Der Zugriff auf externe Datenquellen über Verknüpfungen bietet den Vorteil, dass die Daten schnell aktualisiert werden können.

Daneben steht natürlich auch die Zwischenablage zum Datenaustausch zur Verfügung, diese Möglichkeit dürfte aber allgemein bekannt sein und wird hier nicht weiter beschrieben.

7.1 Textdateien öffnen und konvertieren

Dateiformate

Trennzeichen statt Spalten

Können Daten zwischen verschiedenen Anwendungen nicht direkt ausgetauscht werden, so helfen Zwischenformate. Meist ist dies ein Textformat, bei dem die Werte der einzelnen Spalten durch bestimmte Zeichen getrennt werden. Hier gehen zwar Formatierungen verloren, aber die Daten selbst werden beibehalten. Die häufigsten Formate sind Textdateien mit den Dateinamenserweiterungen .txt oder .csv (Comma separeted values). In beiden wird meist als Trennzeichen zwischen den Feldern ein Semikolon (;) verwendet und Text befindet sich zwischen Anführungszeichen " ". Beide Dateitypen können mit Excel geöffnet werden und die Werte werden dabei in Spalten übernommen.

Bild 7.1 Beispiel Textdatei

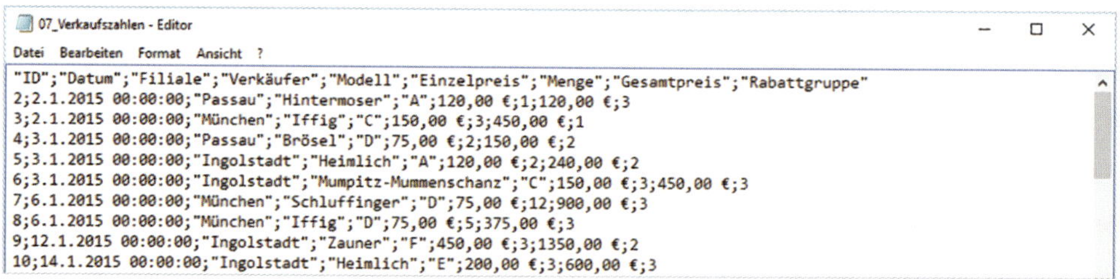


```
"ID";"Datum";"Filiale";"Verkäufer";"Modell";"Einzelpreis";"Menge";"Gesamtpreis";"Rabattgruppe"
2;2.1.2015 00:00:00;"Passau";"Hintermoser";"A";120,00 €;1;120,00 €;3
3;2.1.2015 00:00:00;"München";"Iffig";"C";150,00 €;3;450,00 €;1
4;3.1.2015 00:00:00;"Passau";"Brösel";"D";75,00 €;2;150,00 €;2
5;3.1.2015 00:00:00;"Ingolstadt";"Heimlich";"A";120,00 €;2;240,00 €;2
6;3.1.2015 00:00:00;"Ingolstadt";"Mumpitz-Mummenschanz";"C";150,00 €;3;450,00 €;3
7;6.1.2015 00:00:00;"München";"Schluffinger";"D";75,00 €;12;900,00 €;3
8;6.1.2015 00:00:00;"München";"Iffig";"D";75,00 €;5;375,00 €;3
9;12.1.2015 00:00:00;"Ingolstadt";"Zauner";"F";450,00 €;3;1350,00 €;2
10;14.1.2015 00:00:00;"Ingolstadt";"Heimlich";"E";200,00 €;3;600,00 €;3
```

- **csv-Dateien**
  Dateien mit der Dateinamenserweiterung .csv lassen sich ganz einfach im Datei-Explorer von Windows mit Doppelklick auf das Dateisymbol öffnen. Sie wer-

den, bis auf wenige Ausnahmen korrekt mit Excel geöffnet und die Daten normalerweise automatisch in Spalten angeordnet.

- **txt-Dateien**
  Eine reine Textdatei mit der Dateinamenserweiterung .txt müssen Sie dagegen immer aus Excel heraus über den *Öffnen*-Dialog öffnen. In diesem Fall startet ein *Textkonvertierungs-Assistent*, der Sie durch die einzelnen Schritte führt.

Hinweis: In Ausnahmefällen kann es vorkommen, dass eine Datei mit der Dateinamenerweiterung .csv mit Doppelklick im Windows-Explorer zwar mit Excel geöffnet wird, die Daten aber nicht korrekt in Spalten importiert werden, sondern nach wie vor mit Semikolon getrennt sind. Dann müssen Sie zuerst Excel starten und anschließend die Textdatei öffnen.

Textdatei (.txt) öffnen

So gehen Sie beim Öffnen bzw. Konvertieren einer Textdatei (.txt oder .csv) vor:

1. Klicken Sie in Excel im Register *Datei* auf *Öffnen* und wählen Sie den Speicherort aus. Klicken Sie außerdem auf den Dropdown-Pfeil *Dateityp* und wählen Sie entweder *Textdateien* oder *Alle Dateien* (siehe Bild unten), da diese sonst nicht angezeigt werden. Markieren Sie die gewünschte Datei und klicken Sie auf *Öffnen*.

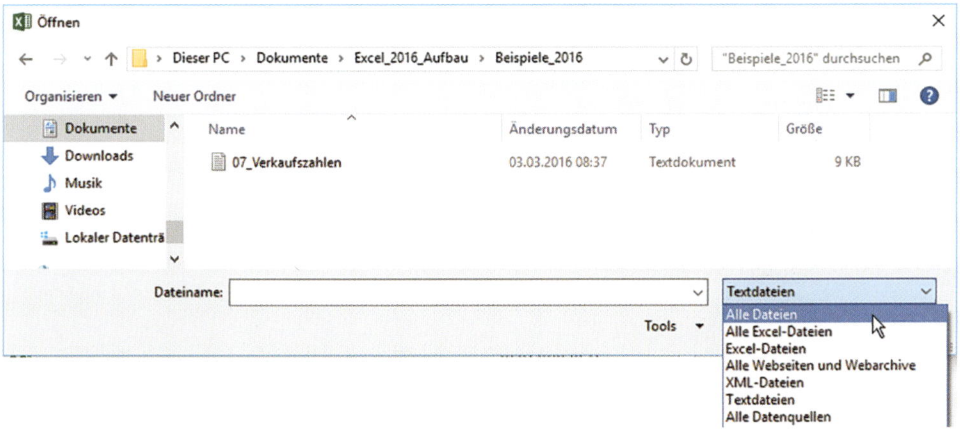

Bild 7.2 Dateityp auswählen!

2. Excel startet anschließend automatisch den *Textkonvertierungs-Assistent*, der Sie in Schritten durch den Import führt. Im ersten Schritt müssen Sie den Datentyp angeben: *Getrennt* ist der häufigste Typ und bedeutet, die einzelnen Daten sind durch ein Trennzeichen getrennt.

   Geben Sie außerdem unterhalb an, ab welcher Zeile der Import beginnen soll (standardmäßig ab Zeile 1). Enthält die Textdatei eine Überschriftzeile, so müssen Sie das Kontrollkästchen *Daten haben Überschriften* aktivieren. Kontrollieren Sie die Daten unterhalb anhand der Vorschau, dann klicken Sie auf *Weiter*.

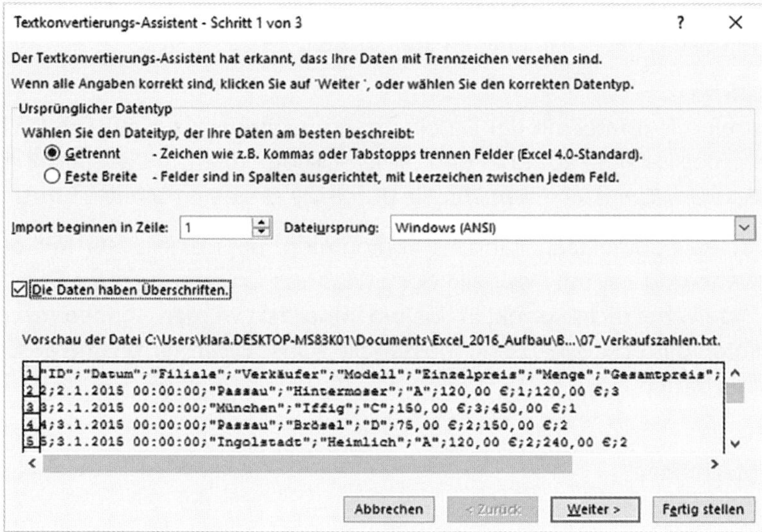

Bild 7.3 Textkonvertierung: Schritt 1

3 Im zweiten Schritt des Assistenten wird das verwendete Trennzeichen festgelegt, meist Semikolon oder Tabstopp. Falls ein anderes Zeichen verwendet wird, so aktivieren Sie das Kontrollkästchen *Andere* und tragen das Zeichen im Feld daneben ein. Texte sind meist zur besseren Unterscheidung in Anführungszeichen gesetzt, kontrollieren Sie dies im Feld *Textqualifizierer* oder geben Sie hier das verwendete Zeichen ein. Klicken Sie dann auf *Weiter*.

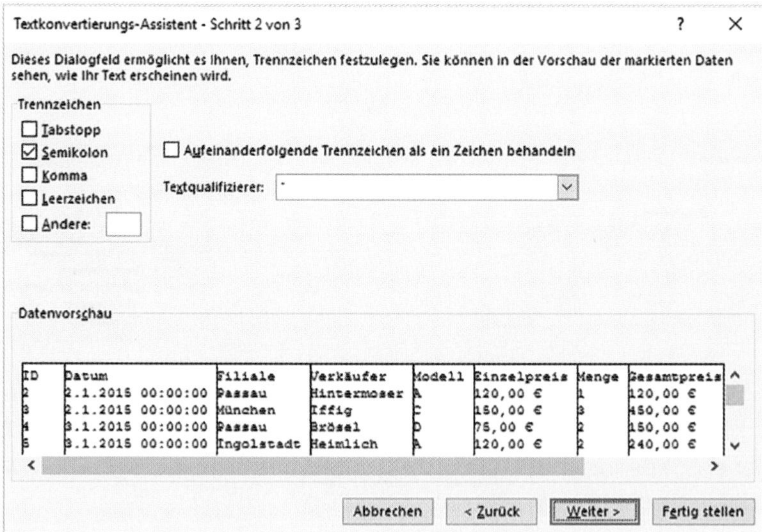

Bild 7.4 Trennzeichen festlegen

4 Im letzten Schritt können Sie für jede einzelne Spalte das Datenformat festlegen. Klicken Sie dazu einfach in der Vorschau in die betreffende Spalte und wählen Sie oben das Datenformat. Die Option *Standard* behält Zahlen und Datumswerte bei und wandelt alle anderen Werte in Text um. Nicht benötigte Spalten brauchen nicht importiert werden; klicken Sie in der Vorschau auf die Spalte und wählen Sie die Option *Spalte nicht importieren (überspringen)*.

Wichtig: Manche Anwendungen verwenden für Zahlen den Punkt als Dezimalzeichen und ein Komma als Tausendertrennzeichen. Dies führt bei anschließenden Auswertungen zu Problemen, da diese Zahlen als Text behandelt werden. Klicken Sie in solchen Fällen auf die Schaltfläche *Weitere...*, um die verwendeten Zeichen auszuwählen.

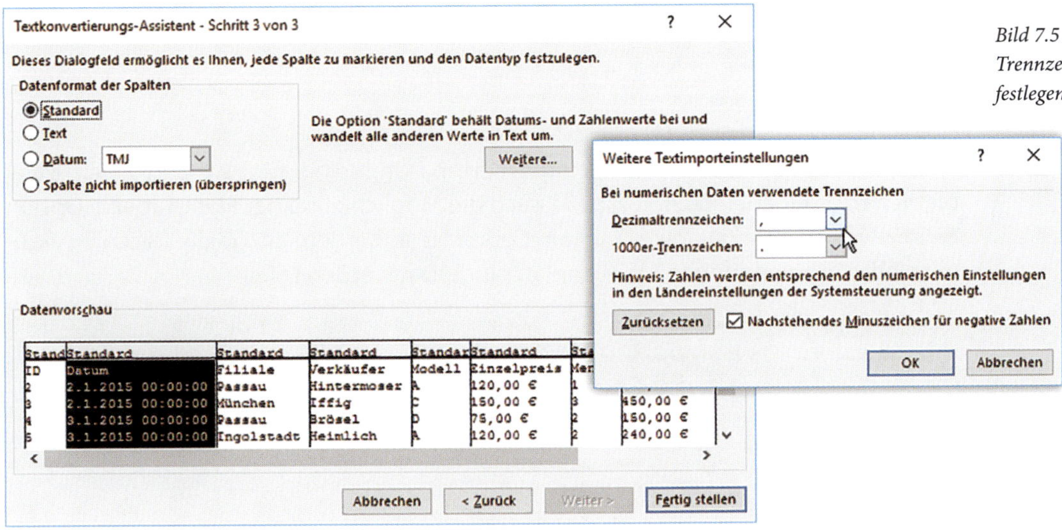

Bild 7.5 Datentyp und Trennzeichen für Zahlen festlegen

5 Klicken Sie abschließend auf *Fertig stellen*. Wenn Sie alle Spalten im Standardformat übernehmen möchten, dann können Sie den oben beschrieben letzten Schritt auch übergehen und sofort auf *Fertig stellen* klicken.

7.2 Einfache Verbindung zu externen Daten

Werden stets aktuelle Daten aus einer externen Datenquelle benötigt, dann erstellen Sie anstatt eines Imports besser eine Verbindung zur externen Datenquelle bzw. importieren die Daten über eine Abfrage. Diese Vorgehensweise hat den Vorteil, dass Sie stets über aktuelle Daten verfügen bzw. die Daten jederzeit aktualisiert werden können. Excel unterstützt Abfragen aus allen gängigen Dateiformaten, z. B. Microsoft Access-Datenbanken, Textdateien, SQL-Server und XML, außerdem Webabfragen. Es gibt in Excel 2016 zwei Möglichkeiten der Datenabfrage, beide finden Sie im Register *Daten*.

Externe Daten abrufen

Externe Daten abrufen ist die ältere und weniger flexible Möglichkeit, um Daten aus einer externen Datenquelle die aktuelle Arbeitsmappe einzufügen. Dazu klicken Sie im Register *Daten* auf *Externe Daten abrufen* und wählen den Typ der Datenquelle, im Beispiel unten Microsoft Access und anschließend die Datei.

Bild 7.6 Externe Daten abrufen

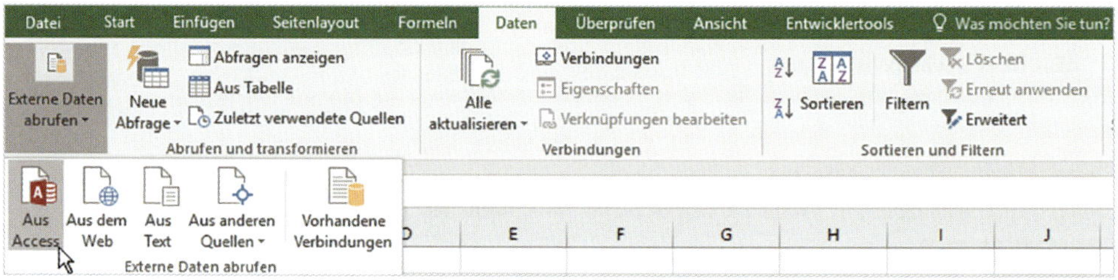

Wählen Sie anschließend, wie die importierten Daten eingefügt werden sollen. Excel bietet neben einer einfachen Tabelle auch die Möglichkeit einer Pivot-Tabelle (Option *PivotTable-Bericht*) oder *PivotChart* an. Geben Sie außerdem an, ob die Daten im aktuellen oder in einem neuen Tabellenblatt eingefügt werden sollen.

Bild 7.7 Darstellung auswählen

Pivot-Tabellen, siehe Kapitel 5

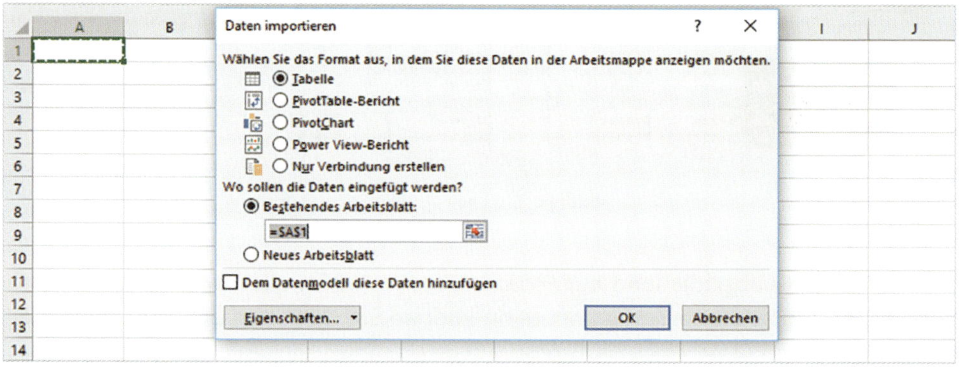

Die Daten werden ab der angegebenen Position eingefügt und als dynamische Tabelle (siehe Kapitel 3, Datenbanken) formatiert. Sie können diese Tabelle anschließend beliebig filtern, sortieren und auswerten.

Daten aus einer Verbindung aktualisieren

Zum Aktualisieren der Daten verwenden Sie entweder die Tasten Alt+F5 oder im Register *Daten*, Gruppe *Verbindungen*, das Symbol *Alle Aktualisieren*.

Tipp: Falls die Daten beim Öffnen der Mappe automatisch aktualisiert werden sollen, so klicken Sie auf den Dropdown-Pfeil *Alle Aktualisieren* und klicken auf *Verbindungeigenschaften....* Im gleichnamigen Fenster aktivieren Sie dann das Kontrollkästchen *Aktualisieren beim Öffnen der Datei*.

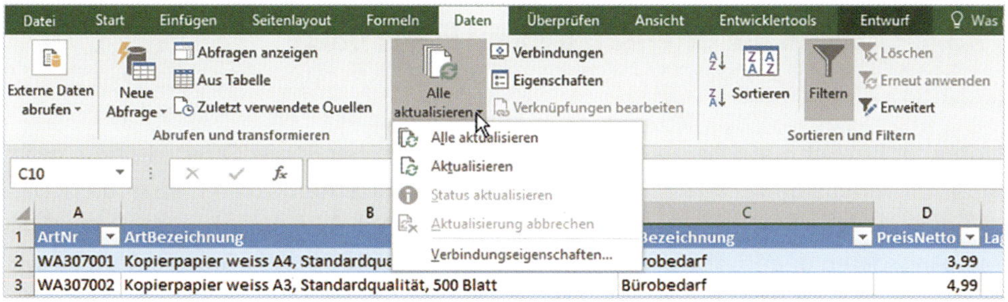

Bild 7.8 Daten aktualisieren

Verbindung aufheben

Falls Sie später die Verbindung aufheben möchten, so klicken Sie in die Tabelle und im Register *Tabellentools - Entwurf*, Gruppe *Externe Tabellendaten*, auf *Verknüpfung aufheben*. Die Tabelle wird ab sofort nicht mehr aktualisiert!

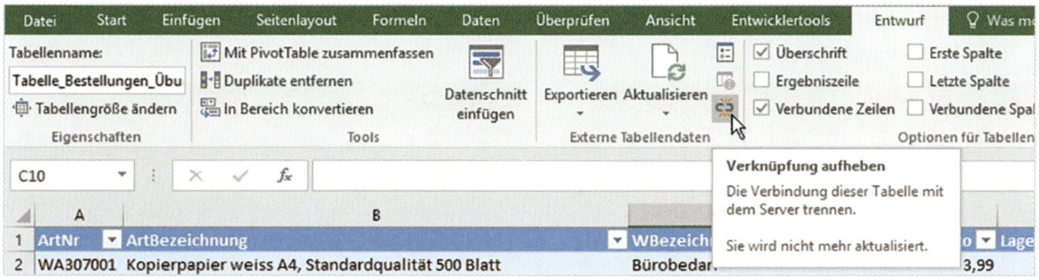

Bild 7.9 Verbindung aufheben

Sicherheitseinstellungen

Beachten Sie, dass beim erstmaligen Öffnen von Arbeitsmappen, die Daten aus externen Quellen verwenden, die Datenverbindungen aus Sicherheitsgründen automatisch deaktiviert werden, unterhalb des Menübands erscheint eine entsprechende Sicherheitswarnung.

Wenn Sie der Datenquelle vertrauen, dann müssen Sie auf die Schaltfläche *Inhalt aktivieren* klicken, um die Datenverbindung zu aktivieren. Erst dann können die Daten aktualisiert werden. Die Datenquelle wird von nun an als vertrauenswürdig eingestuft und Sie brauchen beim nächsten Öffnen die Inhalte nicht mehr aktivieren.

Bild 7.10 Sicherheitswarnung

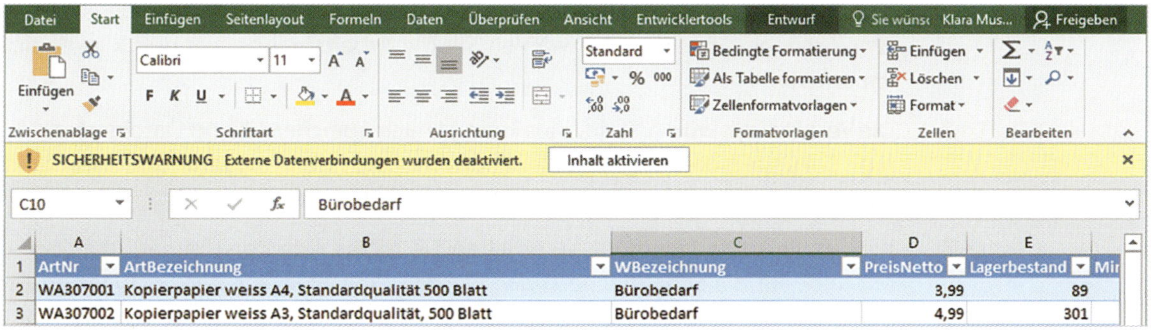

7.3 Zugriff auf externe Daten mit Power Query

Unter der Bezeichnung *Abrufen und transformieren* (früher Power Query) finden Sie im Register *Daten* eine weitere Möglichkeit, Daten aus externen Quellen abzurufen. Diese umfasst außerdem umfangreiche Bearbeitungsmöglichkeiten, ohne dass dabei die Ausgangsdaten geändert werden. Klicken Sie im Register *Daten*, Gruppe *Abrufen und transformieren* auf *Neue Abfrage*.

- Mit der Auswahl *Aus Datei* erstellen Sie Abfragen aus anderen Excel-Arbeitsmappen, csv- und Textdateien.
- *Aus Datenbank* listet alle gängigen Datenbankformate auf, darunter Microsoft Access-Datenbank, SQL-Server, MySQL und Oracle-Datenbank.
- Wenn Sie auf Daten aus dem Web zugreifen möchten, dann wählen Sie *Aus anderen Quellen*.

Bild 7.11 Neue Abfrage

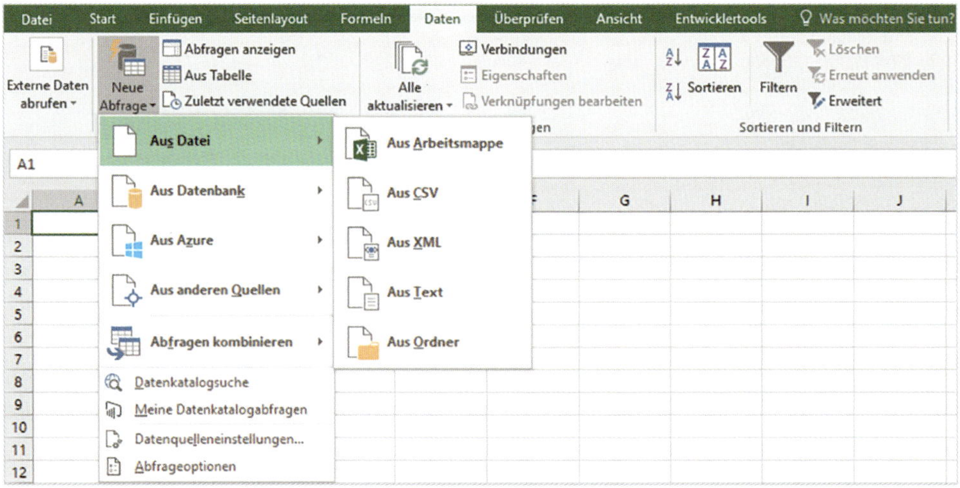

Beispiel: Daten aus einer Excel-Mappe abrufen

1 Klicken Sie auf *Neue Abfrage*, zeigen Sie auf *Aus Datei* und klicken Sie auf *Aus Arbeitsmappe*. Anschließend wählen Sie die Arbeitsmappe aus und klicken auf *Importieren*.

2 Die Verbindung wird erstellt, dies kann je nach Speicherort und Dateiumfang einige Sekunden dauern. Anschließend öffnet sich der Navigator und listet links alle vorhandenen Elemente, im Fall Excel die Arbeitsblätter auf.

3 Klicken Sie auf ein Element, so erhalten Sie rechts eine Vorschau auf die Daten. Mit Klick auf die Schaltfläche *Laden* werden die Daten aus dem markierten Tabellenblatt abgerufen und im aktuellen Blatt ab der markierten Zelle eingefügt.

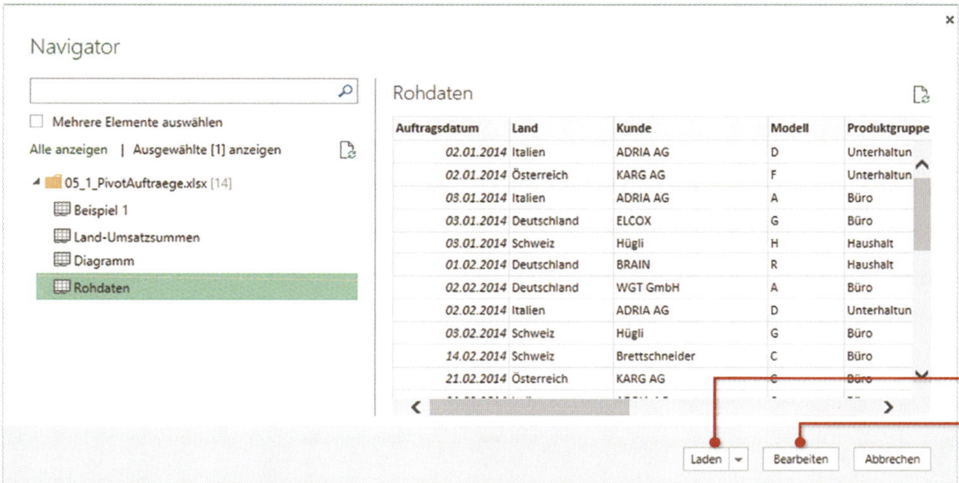

Bild 7.12 Daten auswählen

Daten im Abfrage-Editor bearbeiten

Wenn Sie die Daten vor dem Import bearbeiten möchten, z. B. bestimmte Spalten ausschließen oder den Datentyp ändern möchten, dann klicken Sie auf die Schaltfläche *Bearbeiten* und öffnen damit den Abfrage-Editor.

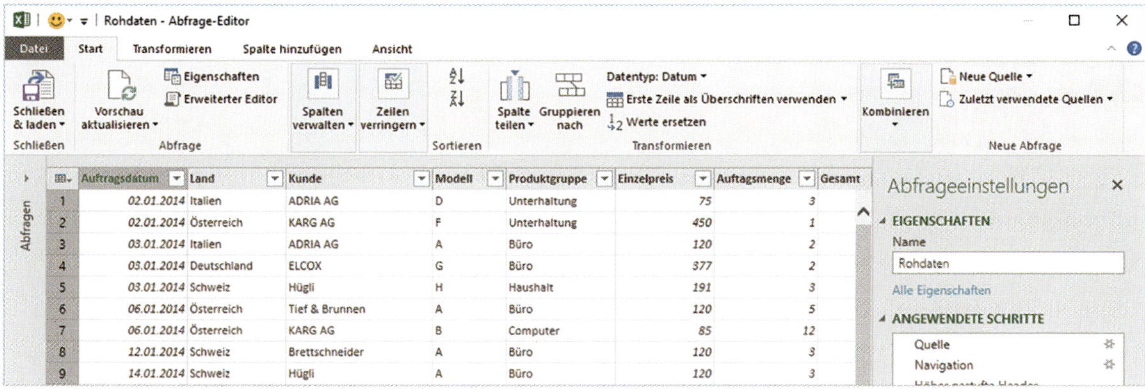

Bild 7.13 Die Daten im Abfrage-Editor

Hier eine Zusammenstellung der wichtigsten Funktionen, die Ausgangsdaten werden dadurch in keinem Fall geändert!

Nur bestimmte Spalten verwenden

Klicken Sie im Register *Start*, Gruppe *Spalten verwalten* auf *Spalten auswählen* und deaktivieren Sie die Kontrollkästchen derjenigen Spalten, die nicht benötigt werden.

Daten filtern

Klicken Sie auf den Dropdown-Pfeil in der Überschrift der entsprechenden Spalte und aktivieren bzw. deaktivieren Sie die Kontrollkästchen.

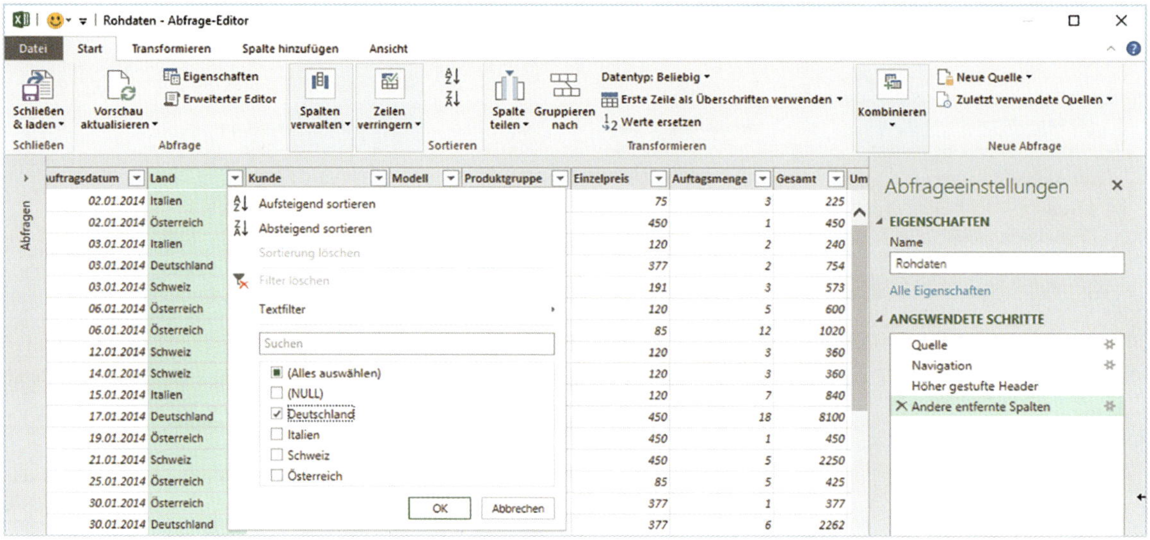

Bild 7.14 Daten filtern

Datenformat kontrollieren und ändern

Power Query versucht beim Laden in den Abfrage-Editor den Datentyp automatisch zu erkennen, eine Kontrolle ist trotzdem zu empfehlen. Klicken Sie in die Überschrift der betreffenden Spalte und wählen Sie im Register *Start*, Gruppe *Transformieren* den gewünschten Datentyp, z. B. *Dezimalzahl* aus.

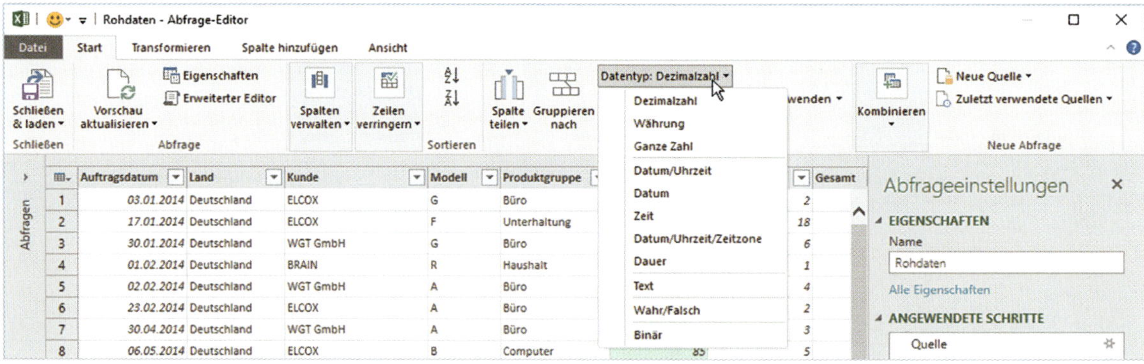

Bild 7.15 Datentyp auswählen/ändern

Inhalte suchen ersetzen

Leistet gute Dienste, wenn Tabellen aus dem Web als Tausenderzeichen Leerzeichen benutzen, anstelle des Punkts.

Eine weitere, manchmal benötigte Funktion ist das automatische Suchen und Ersetzen. Klicken Sie in die Überschrift der betreffenden Spalte und im Register *Start*, *Transformieren* auf *Werte ersetzen*.

Spalten aufteilen

Siehe auch Kapitel 3.6, Text in Spalten aufteilen.

Die Möglichkeit, zusammengesetzten Text in mehrere Spalten aufzuteilen, ist ebenfalls verfügbar. Wählen Sie mit einem Klick die Spalte aus und klicken Sie im Register *Start* auf *Spalte teilen*. In den meisten Fällen benötigen Sie eine Aufteilung *Nach Trenn-*

zeichen, anschließend wählen Sie das verwendete Trennzeichen, z. B. Leerzeichen oder Komma aus. Ebenfalls nützlich: Bei mehrfachem Vorkommen des Trennzeichenes können Sie zusätzlich angeben, ob Sie von links oder rechts beginnen möchten und unter *Erweiterte Optionen* die Anzahl der Spalten festlegen.

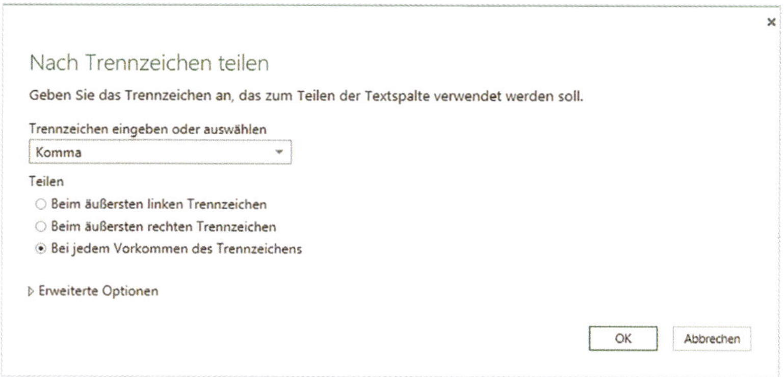

Bild 7.16 Text in Spalten aufteilen

Weitere Spalte berechnen

Auch die Berechnung einer zusätzlichen Spalte mit Hilfe einer Formel ist möglich: Klicken Sie auf das Register *Spalte hinzufügen* und auf *Benutzerdefinierte Spalte hinzufügen*. Geben Sie anschließend im Fenster *Benutzerdefinierte Spalte hinzufügen* einen Spaltennamen und die Formel ein, im Bild unten zur Berechnung des Umsatzbonus (3% vom Umsatz).

Beachten Sie bei der Eingabe von Formeln:

- Fügen Sie die benötigten Felder aus der Liste *Verfügbare Spalten ein*, entweder per Doppelklick oder mit der Schaltfläche *<<Einfügen*, da Feldnamen in eckige Klammern eingeschlossen sein müssen. Mit dieser Methode passiert dies automatisch, ansonsten müssen die Klammern ebenfalls eingegeben werden.
- Bei der Eingabe von Zahlen, in unserem Beispiel 3%, muss als Dezimaltrennzeichen der Punkt verwendet werden, geben Sie also 0.03 ein.

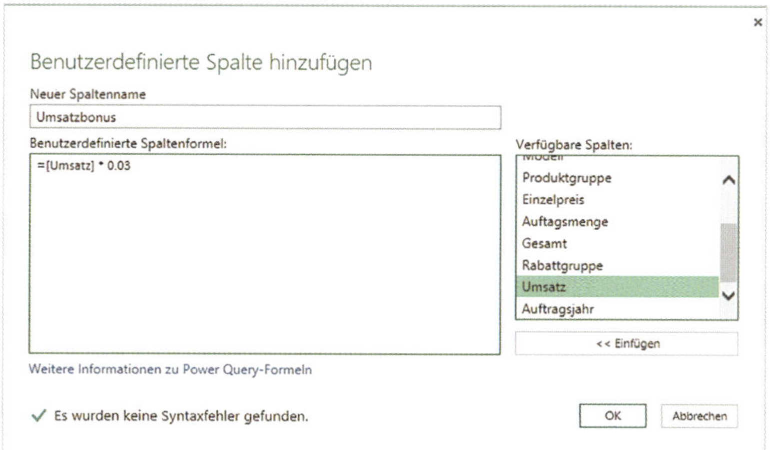

Bild 7.17 Spalte berechnen

Falls Sie einfach nur den Inhalt einer Spalte mit einer Zahl multiplizeren möchten oder eine Zahl addieren/subtrahieren, dann markieren Sie diese Spalte und klicken im Register *Transformieren*, Gruppe *Zahlenspalte* auf *Standard*. Wählen Sie die benötigte Operation und geben Sie anschließend die Zahl ein. Nützlich kann in manchen Fällen auch das Runden von Zahlen sein, dazu benutzen Sie in derselben Gruppe die Schaltfläche *Runden*.

Datumswerte bearbeiten

Häufig benötigen Sie zur Auswertung nur bestimmte Informationen aus einem Datum, z. B. Jahr und/oder Monat. Diese werden als neue Spalten hinzugefügt, wenn Sie die betreffende Spalte, im Bild unten Auftragsdatum, markieren und im Register *Transformieren* auf *Datum* klicken. Wählen Sie dann den benötigten Wert.

Bild 7.18 Datumswerte wählen

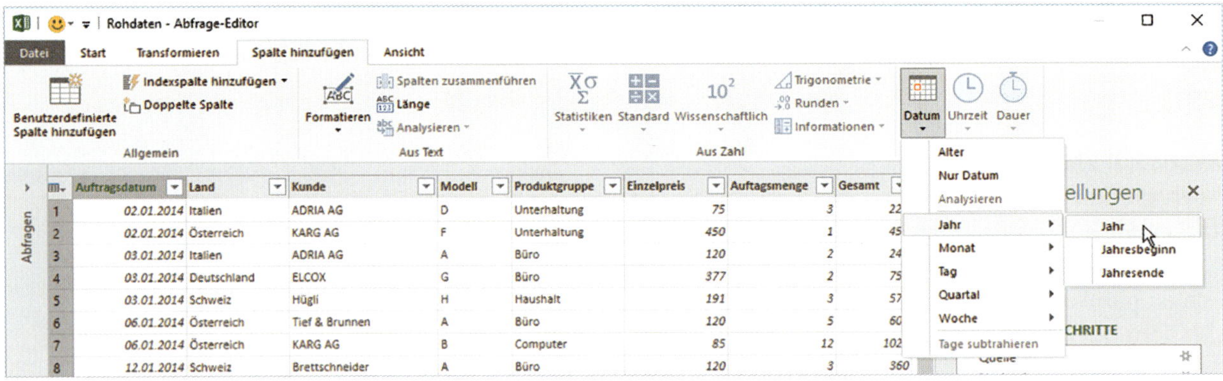

Bearbeitungschritt rückgängig machen bzw. benutzerdefinierte Spalte entfernen

Alle Bearbeitungsschritte werden im Aufgabenbereich *Abfrageeinstellungen* in der Liste *Angewendete Schritte* aufgeführt. Wenn Sie einen der Schritte wieder entfernen möchten, z. B. ein Format wieder auf die ursprüngliche Einstellung zurücksetzen, dann klicken Sie in der Liste mit der rechten Maustaste auf diesen Schritt und auf *Löschen*.

Bild 7.19 Angewendeten Schritt löschen

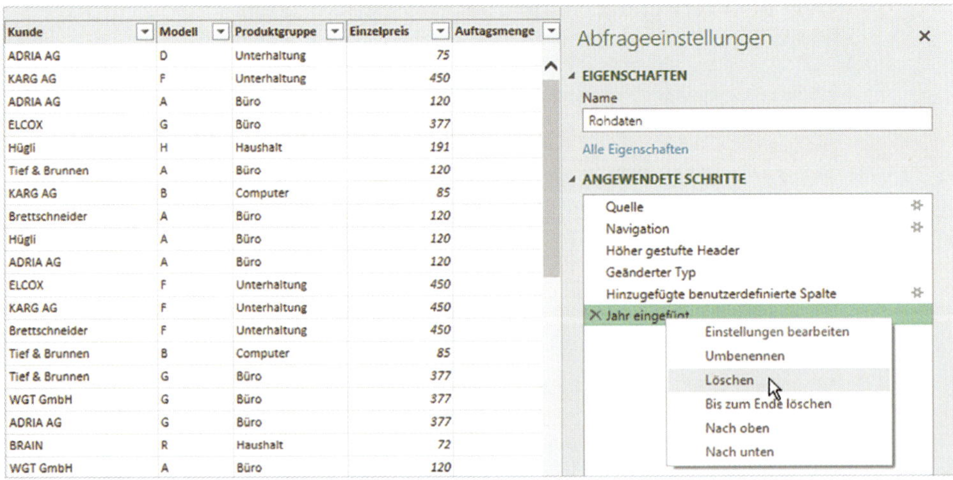

Wenn der Bereich *Abfrageeinstellungen* nicht sichtbar sein sollte, dann klicken Sie auf das Register *Ansicht* und hier auf *Abfrageeinstellungen*.

Bearbeitete Daten aus dem Abfrage-Editor laden

Um zum Abschluss die Daten aus dem Abfrage-Editor in die Arbeitsmappe zu laden, klicken Sie im Register *Start* auf den Dropdown-Pfeil *Schließen & laden*.

- Mit *Schließen & laden* werden die bearbeiteten Daten im aktuellen Tabellenblatt ab der markierten Zelle eingefügt.
- Klicken Sie dagegen auf *Schließen & laden in...*, so öffnet sich anschließend das Fenster *Laden in* und Sie können wählen, ob die Daten im vorhandenen oder einem neuen Arbeitsblatt eingefügt werden. Standardmäßig werden die Daten eingefügt (Option *Tabelle*), möchten Sie dagegen nur eine Verbindung erstellen, ohne dass Daten eingefügt werden, dann wählen Sie *Nur Verbindung erstellen*.

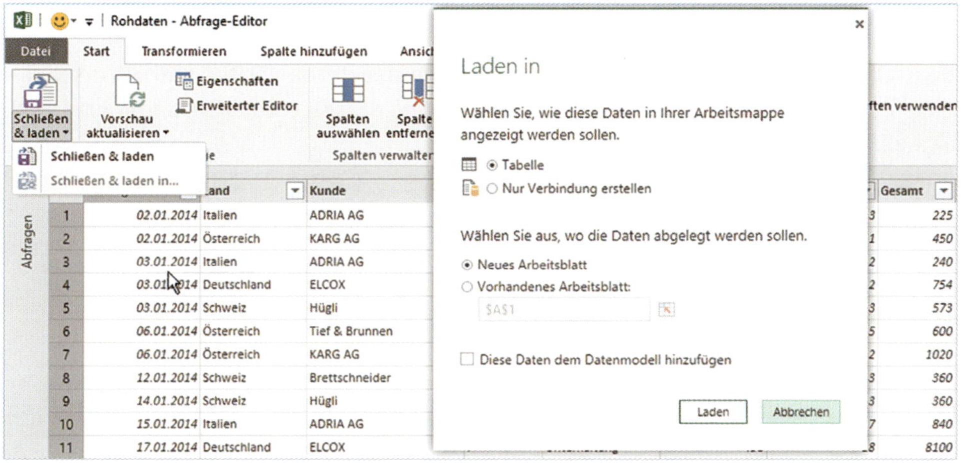

Bild 7.20 Daten in Arbeitsmappe laden

Mit den Abfragedaten arbeiten

Die Daten der Abfrage werden beim Einfügen automatisch als dynamische Tabelle formatiert (siehe Kapitel 3.1). Zum Verwalten der Abfrage steht Ihnen außerdem im Menüband das Register *Abfragetools - Abfrage* zur Verfügung.

- Zum Aktualisieren der Daten klicken Sie auf die Schaltfläche *Aktualisieren*.
- Mit *Bearbeiten* wird die Abfrage im Abfrage-Editor erneut geöffnet und kann hier bearbeitet werden.
- Die Schaltfläche *Löschen* entfernt die Abfrage aus der Arbeitsmappe. Die Daten selbst werden dadurch nicht gelöscht, können aber nicht mehr aktualisiert werden.

Sollte das Register *Abfragetools* nicht angezeigt werden, so führen die Abfrage aus, indem Sie im Register *Daten* auf *Aktualisieren* klicken. Anschließend müsste das Register *Abfragetools* wieder verfügbar sein.

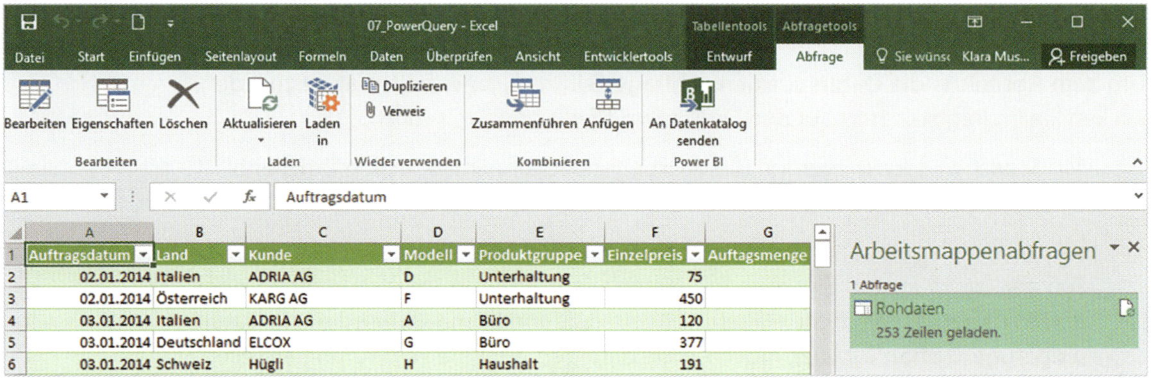

Bild 7.21 Die geladenen Abfragedaten

Sicherheitseinstellungen

Beim Öffnen einer Arbeitmappe, die eine Abfrage zu externen Daten enthält, erscheint eine Sicherheitswarnung und Sie müssen auf *Inhalt aktivieren* klicken, damit die Daten aktualisiert werden können.

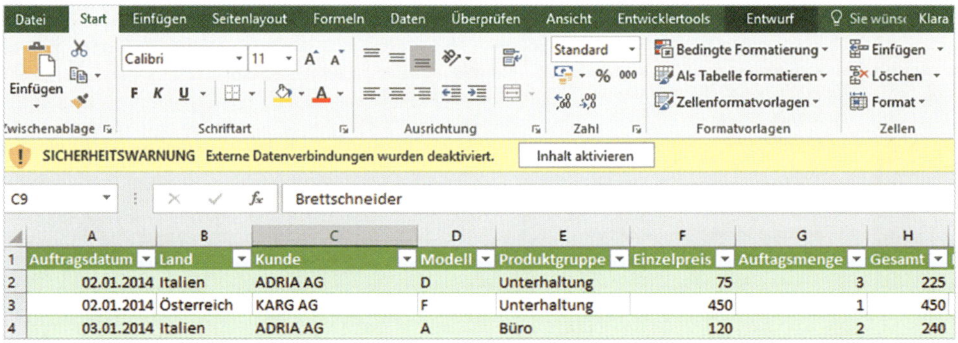

Bild 7.22 Datenverbindungen beim Öffnen aktivieren

Webabfragen mit Power Query

Power Query unterstützt auch Webabfragen, über die Sie auf externe Daten einer Webseite im Intranet oder Internet zugreifen können. Diese können in Form einer einzelnen oder mehrerer Tabellen oder als Text gespeichert sein. Erforderlich ist nur die URL der Webseite, so gehen Sie vor:

1. Klicken Sie im Register *Daten*, *Abrufen und Transformieren* auf *Neue Abfrage*. Wählen Sie *Aus anderen Quellen* und klicken Sie auf *Aus dem Web*.
2. Anschließend öffnet sich ein Fenster und fordert Sie auf, die Webseiten-URL einzugeben.

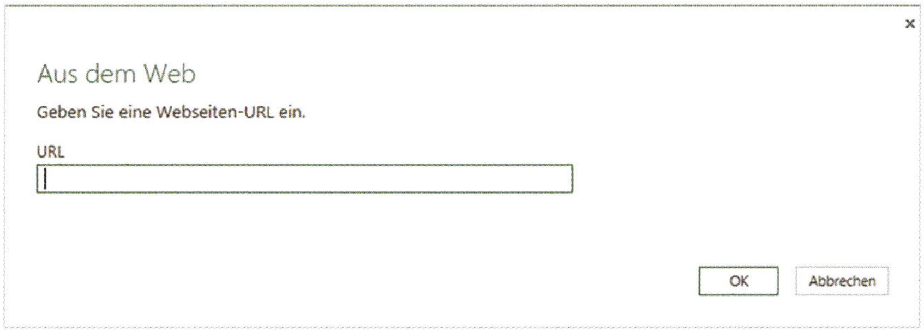

Bild 7.23 Webabfrage: URL eingeben

Tipp: Wenn Sie die genaue URL nicht kennen, dann öffnen Sie zuerst Ihren Browser und benutzen einen Suchdienst, z. B. bing zur Suche nach der gewünschten Information. Beispielsweise, wenn Sie auf der Seite des statistischen Bundesamtes die Entwicklung der Verbraucherpreise (Stichwort Verbraucherpreisindex) in den letzten Jahren benötigen. Haben Sie die Webseite mit den gewünschten Daten vor sich, so Klicken Sie in die Adresszeile des Browsers, kopieren Sie die Adresse mit Strg+C in die Zwischenablage und fügen diese im oben abgebildeten Fenster ein.

Anschließend gehen Sie vor, wie oben beschrieben. Die Tabelle oder die Tabellen der Seite werden in den Navigator geladen, wählen Sie die gewünschte Tabelle aus und klicken Sie auf *Bearbeiten*. Im Abfrage-Editor können Sie nun nicht benötigte Spalten entfernen, die Datenformate kontrollieren und ändern und bei Bedarf neue Spalten berechnen.

Im Bild unten wurde anschließend aus den Daten der Abfrage ein Liniendiagramm erstellt, das die Entwicklung des Verbraucherpreisindex über mehrere Jahre zeigt.

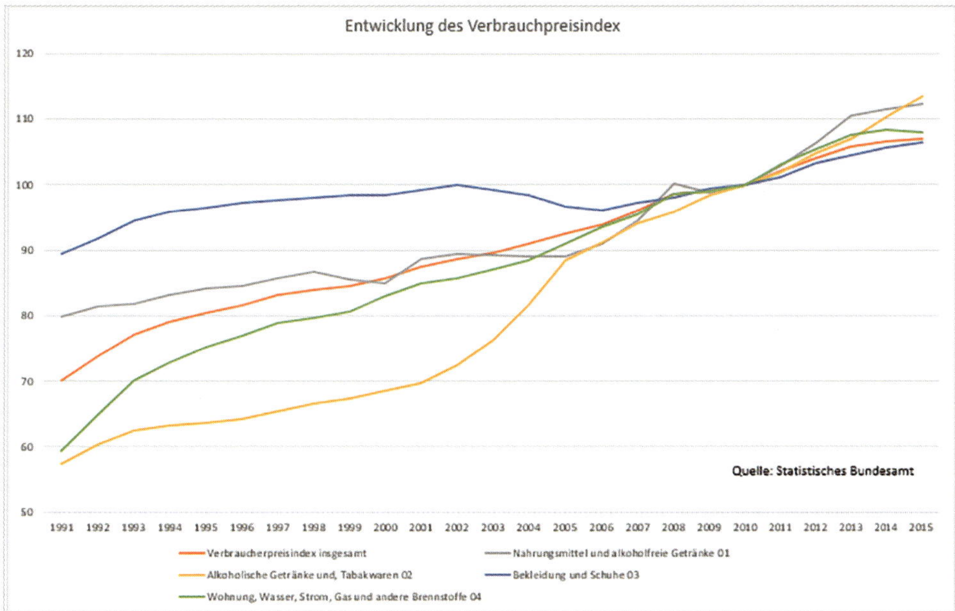

Bild 7.24 Beispiel Verbraucherpreisindex

7.4 Zusammenfassung

- Häufig wird Excel auch zur Auswertung von Datenbeständen eingesetzt, die mit anderen Anwendungen erstellt wurden. Grundsätzlich stehen zum Datenaustausch zwei Möglichkeiten zur Verfügung: Sie öffnen die Datei über den *Öffnen*-Dialog oder Sie importieren die Daten aus einer externen Datenquelle über eine Verbindung.
- Textdateien mit der Dateinamenserweiterung .txt oder .csv sind ein wichtiges Zwischenformat zum Datenaustausch, sie enthalten allerdings keine Formatierungen. Anstelle von Spalten trennen Textdateien die Daten mit einem Trennzeichen, meist Tabstopps oder Semikolon. Textdateien können normalerweise mit Excel problemlos geöffnet werden, die Daten werden konvertiert und in Spalten aufgeteilt.
- Im Gegensatz zum reinen Import oder Datenaustausch über die Zwischenablage können über eine Verbindung eingefügte Daten jederzeit manuell oder automatisch aktualisiert werden. Beachten Sie beim ersten Öffnen einer Arbeitsmappe, die auf externe Daten zugreift, die Sicherheitseinstellungen. Sie müssen dann die Inhalte aktivieren, damit die Daten aktualisiert werden können. Excel 2016 unterstützt zwei unterschiedliche Methoden des Zugriffs auf externe Datenquellen.
- Wenn Sie die ältere Verbindungsmethode benutzen möchten, dann klicken Sie im Register *Daten* auf *Externe Daten abrufen* und wählen die gewünschte Datenquelle aus.
- Das frühere Power Query finden Sie in Excel 2016 unter der Bezeichnung *Abrufen und transformieren* ebenfalls im Register *Daten*. Auch hier wählen Sie anschließend Datentyp und Datei aus, mit dem Unterschied, dass Sie die ausgewählten Ausgangsdaten anschließend im Abfrage-Editor bearbeiten können. Sie können unter anderem Spalten ausschließen, Daten filtern, das Format der Spalten kontrollieren und ändern, neue Spalten berechnen und Spalten aufteilen oder zusammenführen.

8 Makros

In diesem Kapitel lernen Sie...

- Einfache Makros aufzeichnen und ausführen
- Arbeitsmappen mit Makros speichern und öffnen
- Zellbezüge in Makros
- Makros starten
- Sicherheitseinstellungen

Das sollten Sie bereits wissen

- Umgang mit Excel-Arbeitsmappen und Tabellenblättern
- Zellbezüge und Formeln

8.1 Grundlagen

Was sind Makros eigentlich?

Routinetätigkeiten aufzeichnen

Obwohl Microsoft Excel ein sehr leistungsfähiges Programm mit umfangreichen Funktionen ist, werden häufig für spezielle Probleme Lösungen benötigt, die sich mit den Standardfunktionen von Excel nur mit einigem Aufwand oder überhaupt nicht realisieren lassen. Zu diesem Zweck entstand bereits in frühen Versionen von Excel eine Möglichkeit, Befehlsabläufe aufzuzeichnen und später mit einem einzigen Befehl abzuspielen. Zu den wichtigsten Einsatzmöglichkeiten von Makros gehört die Ausführung von Routinetätigkeiten, beispielsweise Aufbereitung und Auswertung von Tabellen mit gleichbleibendem Aufbau, aber wechselnden Daten.

VBA = Visual Basic for Applications

Siehe Kapitel 9.

Die Bezeichnung Makro stammt eigentlich aus der Programmierung und bezeichnet eine kurze Folge von Befehlen, formuliert in einer Programmiersprache. Diese Befehlsfolge wird unter einem Namen gespeichert und jedes Mal ausgeführt, wenn Sie das Programm aufrufen. In Excel lassen sich Makros mit Hilfe eines Makrorecorders auch ganz ohne Programmierkenntnisse aufzeichnen. Während der Aufzeichnung werden alle Ihre Aktionen und Eingaben als Anweisungen der Programmiersprache VBA geschrieben und gespeichert. Ein Makro kann jederzeit nachträglich bearbeitet und beispielsweise um weitere Anweisungen ergänzt werden. Dazu sind allerdings VBA-Grundkenntnisse erforderlich, auf die in der nächsten Lektion näher eingegangen wird.

Vorbereitungen

Das Register Entwicklertools anzeigen

Die Schaltflächen zum Aufzeichnen und Ausführen von Makros finden Sie im Register *Ansicht*, Guppe *Makros*.

Bild 8.1 Register Ansicht - Makros

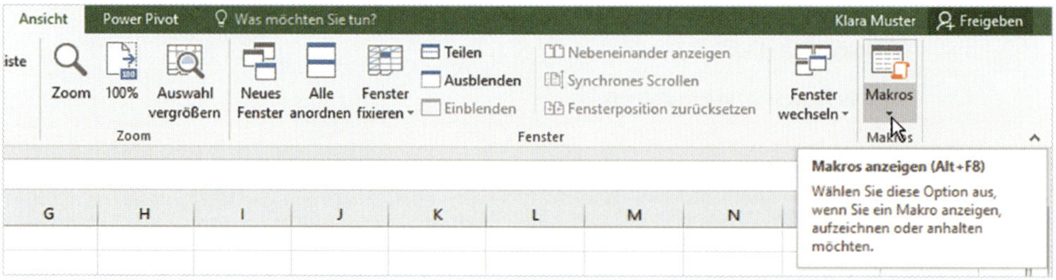

Dieselben Befehle sind zusammen mit weiteren wichtigen Schaltflächen auch im Register *Entwicklertools* verfügbar, das allerdings standardmäßig nicht sichtbar ist. Dieses Register erlaubt übersichtlicheres Arbeiten mit Makros und wird zur VBA-Programmierung benötigt, es sollte daher eingeblendet werden. Dazu klicken Sie mit der rechten Maustaste an eine beliebige Stelle im Menüband und auf *Menüband anpassen*.

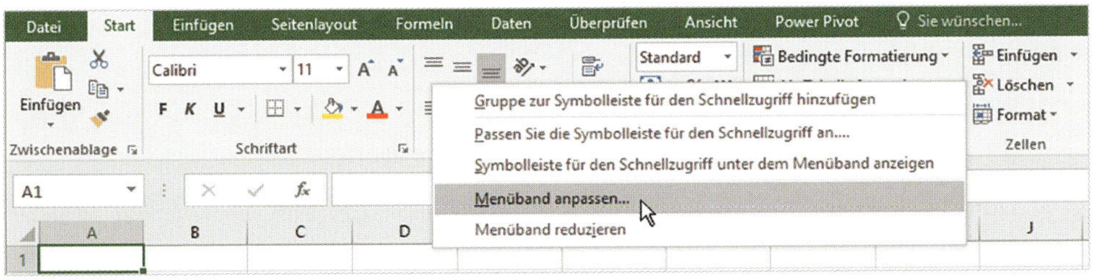

Bild 8.2 Menüband anpassen

Das Dialogfenster *Excel-Optionen* mit der Auswahl *Menüband anpassen* öffnet sich. Der etwas umständlichere Weg führt über das Register *Datei*, den Befehl *Optionen* und die Auswahl *Menüband anpassen*.

Aktivieren Sie hier in der rechten Spalte, *Hauptregisterkarten* das Kontrollkästchen der Registerkarte *Entwicklertools* und übernehmen Sie die Einstellung mit *OK*.

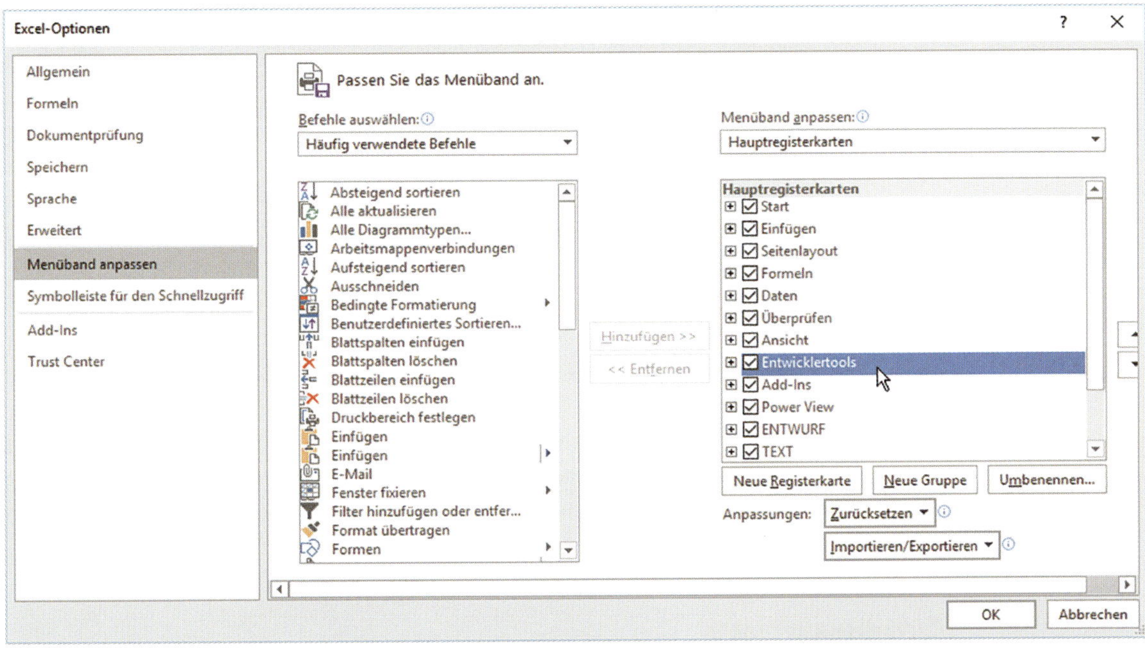

Bild 8.3 Entwicklertools einblenden

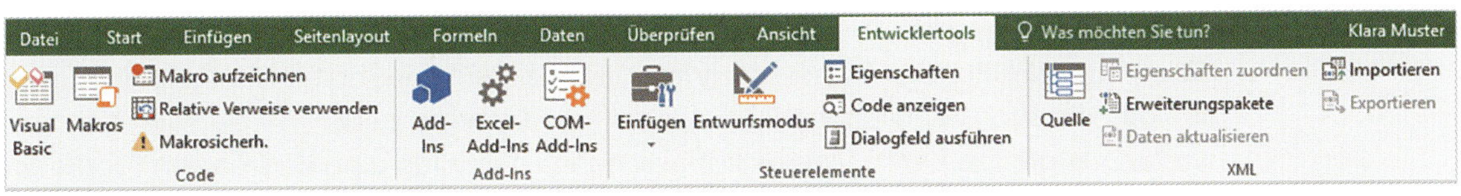

Bild 8.4 Register Entwicklertools

Arbeitsmappen mit Makros speichern

Im Gegensatz zu früheren Versionen verwendet Excel ab der Version 2007 einen eigenen Dateityp zum Speichern von Arbeitsmappen, die Makros enthalten. Achten Sie daher beim Speichern darauf, den korrekten Dateityp, *Excel Arbeitsmappe mit Makros*

Achten Sie auf den korrekten Dateityp

(.xlsm), auszuwählen, andernfalls erhalten Sie beim Speichern eine Warnung, dass Ihre Makros nicht gespeichert werden.

Dies gilt nicht, wenn die Arbeitsmappe im älteren Dateiformat Excel-97-2003-Arbeitsmappe (.xls) gespeichert wird.

- Klicken Sie entweder im Speichern-Fenster im Feld *Dateityp* auf den Dropdown-Pfeil und wählen Sie *Excel-Arbeitsmappe mit Makros*.
- Oder klicken Sie im Register *Datei* auf *Exportieren* und hier auf *Dateityp ändern*. Klicken Sie dann auf *Arbeitsmappe mit Makros*.

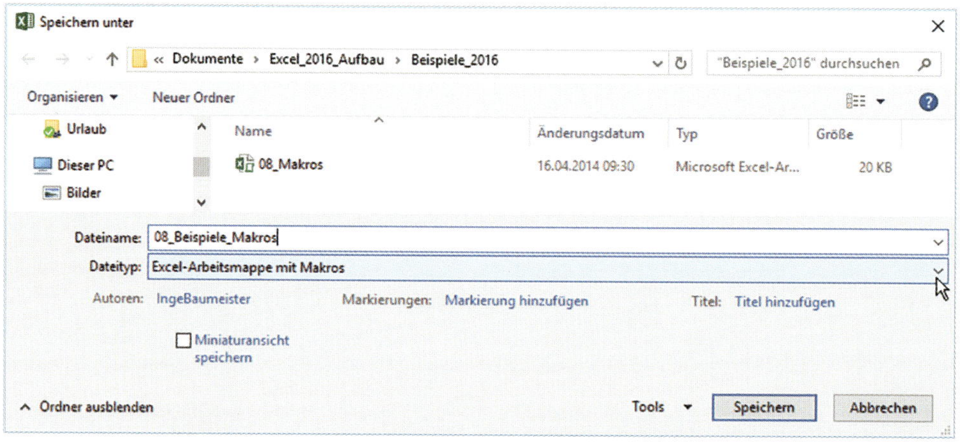

Bild 8.5 Speichern - Dateityp auswählen

Standardmäßig werden Makros zusammen mit derjenigen Arbeitsmappe gespeichert, in der sie erstellt wurden und stehen somit nur zur Verfügung, wenn die Mappe geöffnet ist. Soll ein Makro in allen Excel-Arbeitsmappen verfügbar sein, so kann es in der *Persönlichen Makroarbeitsmappe* gespeichert werden. Diese Makroarbeitsmappe wird unter dem Namen *Personal.xlsb* im Ordner AppData\Local\Microsoft\Excel\XLStart zusammen mit den übrigen Benutzereinstellungen gespeichert, der genaue Speicherort ist abhängig vom Betriebssystem. Beachten Sie außerdem: Wenn Sie als Speicherort die persönliche Makroarbeitsmappe gewählt haben, dann müssen Sie beim Beenden von Excel auch alle Änderungen an dieser Mappe speichern.

Sicherheitseinstellungen

Ein Office-Dokument kann Schadsoftware in Form von Makros enthalten

Die Programmiersprache VBA ist in alle Microsoft Office-Anwendungen, also auch Word, PowerPoint oder Access integriert und stellt eine äußerst leistungsfähige Sprache dar, die auch auf wichtige Funktionen Ihres Systems, beispielsweise die Dateiverwaltung zugreifen kann. Makros können daher durchaus eine Bedrohung für die Sicherheit Ihres Computers darstellen, schädliche Makros sind unter der Bezeichnung Makroviren bekannt. Im Gegensatz zu anderer Schadsoftware werden Makroviren zusammen mit Office-Dokumenten gespeichert und verbreitet. Beim Öffnen eines infizierten Dokuments wird auch das Makrovirus aktiviert. Makroviren werden von gängigen Antivirenprogrammen nicht immer erkannt, daher verfügt Excel über eigene Sicherheitseinstellungen zum Umgang mit Makros.

Zur Kontrolle und ggfs. zum Ändern der Sicherheitseinstellungen klicken Sie im Register *Entwicklertools*, Gruppe *Code*, auf die Schaltfläche *Makrosicherh.* und öffnen damit das *Trust Center* mit den Makroeinstellungen.

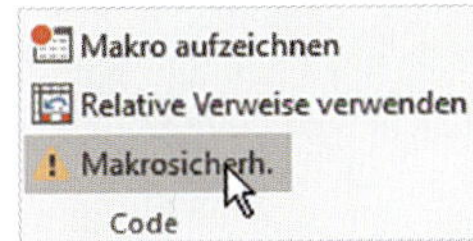

Als Alternative öffnen Sie das *Trust Center* über das Register *Datei* und die Excel *Optionen*. Klicken Sie hier auf *Trust Center* und auf die Schaltfläche *Einstellungen für das Trust Center*.

> Damit Ihre aufgezeichneten Makros später ausgeführt werden können, dürfen sie nicht komplett und ohne Hinweis deaktiviert sein, wählen Sie daher unter *Makroeinstellungen* die Option *Alle Makros mit Benachrichtigung deaktivieren*. Dies ist auch die empfohlene Standardeinstellung.

Bild 8.6 Trust Center - Makroeinstellungen

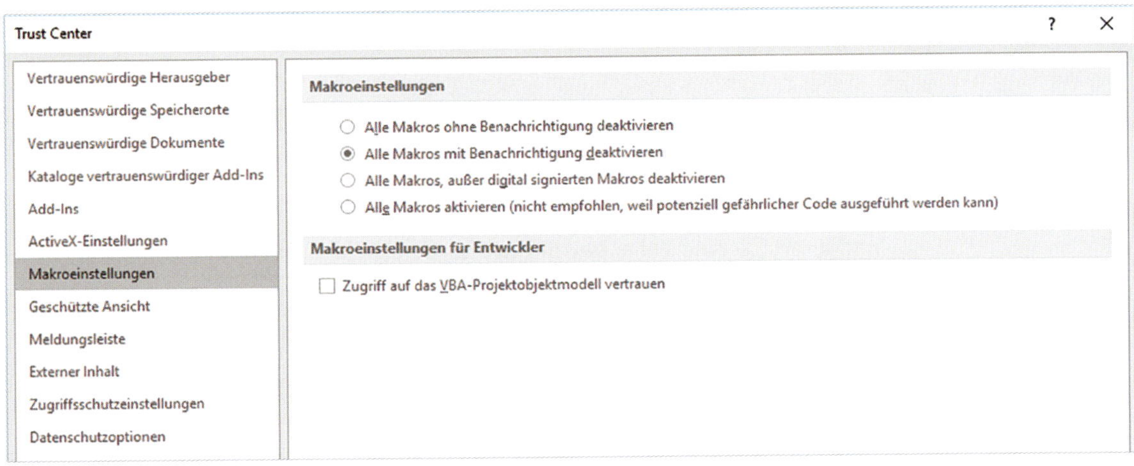

Mit dieser Einstellung erhalten Sie beim Öffnen einer Arbeitsmappe, die Makros enthält, eine Sicherheitswarnung und können entscheiden, ob Sie die Makros aktivieren möchten. Klicken Sie dazu auf die Schaltfläche *Inhalt aktivieren*. Wenn Sie beim Öffnen die Inhalte bzw. Makros einer Arbeitsmappe aktiviert haben, dann wird diese Mappe künftig von Excel 2016 als vertrauenswürdiges Dokument eingestuft und die Inhalte werden beim nächsten Öffnen automatisch aktiviert.

Bild 8.7 Makros beim Öffnen aktivieren

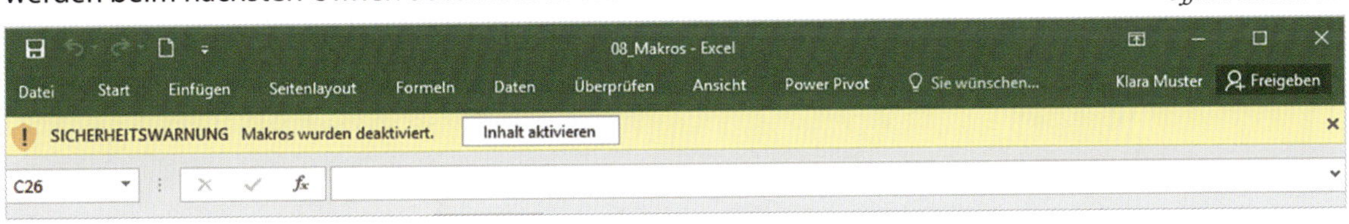

8.2 Einfache Makros

Makro aufzeichnen

Siehe Kapitel 9

Um ohne Programmierkenntnisse ein Makro zu erzeugen, verwenden Sie den Makro-Recorder. Er zeichnet alle Anweisungen und Eingaben in Form von VBA-Befehlen auf, die Sie später bei Bedarf im VBA-Editor ansehen und auch bearbeiten können. Dazu sind allerdings VBA-Kenntnisse erforderlich, Näheres hierzu erfahren Sie in der nächsten Lektion.

> Bevor Sie ein Makro erstellen, sollten Sie genau überlegen, welche Arbeitsschritte in welcher Reihenfolge erforderlich sind. Testen Sie die Schritte eventuell vorher.

Beispiel: Ein einfaches Makro aufzeichnen

Als Beispiel wollen wir ein Makro aufzeichen, das den Text „Hallo" in eine zuvor markierte Zelle schreibt. So gehen Sie vor:

1 Markieren Sie eine Zelle, beispielsweise A1 und klicken Sie im Register *Entwicklertools*, Gruppe *Code*, auf *Makro aufzeichnen*.

2 Das Dialogfenster *Makro aufzeichnen* wird geöffnet: Geben Sie einen Namen an, unter dem das Makro gespeichert und später aufgerufen werden soll.

Beachten Sie die Regeln für Makronamen: Ein Makroname darf maximal 255 Zeichen lang sein, keine Leerzeichen und mit Ausnahme des Unterstrichs (_) keine Sonderzeichen enthalten, also auch keinen Bindestrich.

Bild 8.8 Makroaufzeichnung starten

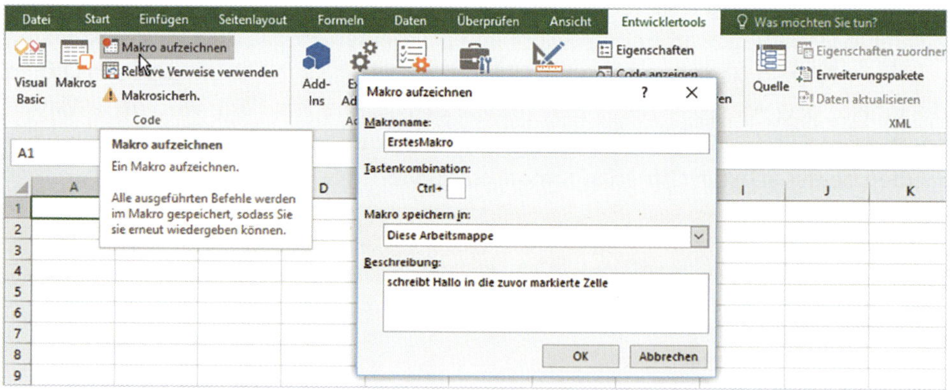

Siehe Kapitel 8.4

3 Tastenkombination und Speicherort festlegen: Falls Sie später das Makro über eine Tastenkombination starten möchten, so geben Sie die gewünschte Taste in Verbindung mit der Strg-Taste an. Sie können dem Makro aber auch nachträglich

eine Tastenkombination zuweisen. Unter *Makro speichern in* legen Sie den Speicherort des Makros fest, normalerweise die aktuelle Arbeitsmappe.

Wo soll das Makro gespeichert werden?

4 Mit der Schaltfläche *OK* starten Sie anschließend die Makroaufzeichnung.

5 Ab jetzt werden alle Ihre Befehle und Eingaben aufgezeichnet. Da in unserem Beispiel die Zelle A1 bereits vor der Makroaufzeichnung markiert wurde, tippen Sie das Wort „Hallo" in diese Zelle und drücken anschließend die Eingabe-Taste. Nun ist die Zelle A2 unterhalb markiert.

6 Zum Schluß müssen Sie die Makroaufzeichnung beenden: Klicken Sie dazu im Register *Entwicklertools*, Gruppe *Code*, auf *Aufzeichnung beenden*. Als Alternative können Sie auch die Schaltfläche in der Statuszeile verwenden.

Bild 8.9 Aufzeichnung beenden

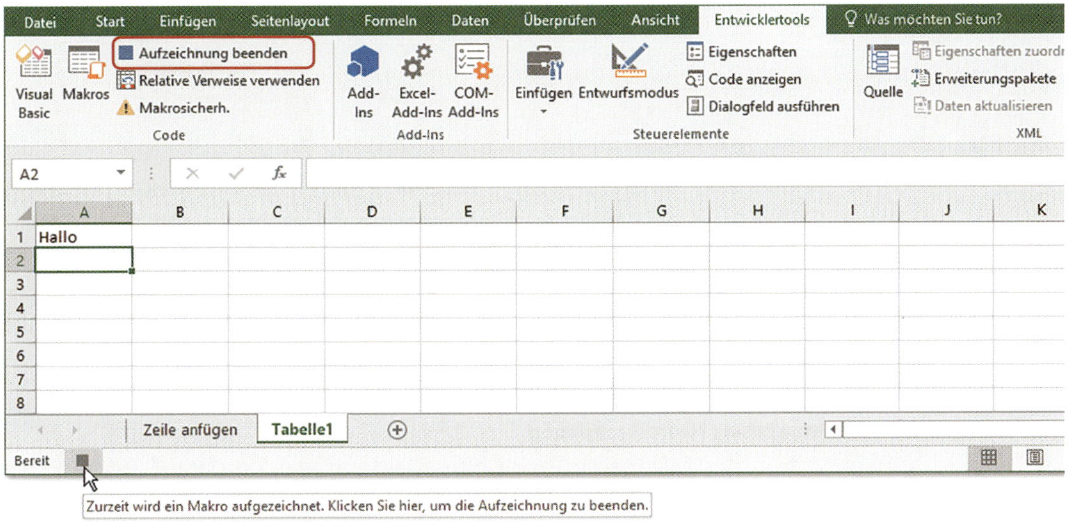

Makro ausführen

Um das soeben aufgezeichnete Makro zu testen, markieren Sie eine beliebige Zelle Ihres Tabellenblattes.

- Haben Sie dem Makro eine Tastenkombination zugewiesen, so verwenden Sie zum Starten des Makros diese Tastenkombination.
- Andernfalls klicken Sie im Register *Entwicklertools,* Gruppe *Code*, auf die Schaltfläche *Makros anzeigen.* Markieren Sie das Makro, das Sie ausführen möchten und klicken Sie auf die Schaltfläche *Ausführen*. Als Alternative öffnen Sie das Fenster *Makro* mit den Tasten Alt+F8.
- Das zuvor aufgezeichnete Makro schreibt nun das Wort „Hallo" in die markierte Zelle und markiert anschließend die Zelle A2.

Bild 8.10 Ausführung starten

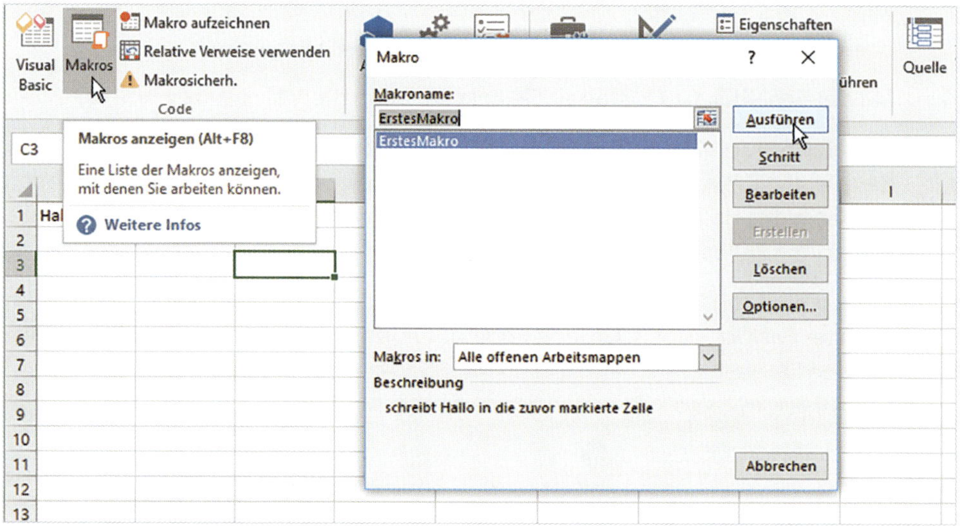

Das Makro verwendet absolute Zellbezüge!

Markieren Sie nun eine andere, beliebige Zelle und führen Sie das Makro nochmals aus. Haben Sie bemerkt, dass beim Ausführen des oben beschriebenen Makros zwar der Text in die aktuell markierte Zelle geschrieben, anschließend aber immer dieselbe Zelle, nämlich A2 markiert wird? Die Ursache liegt darin, dass bei der Makroaufzeichnung standardmäßig absolute Zellbezüge verwendet werden. Im nächsten Abschnitt wird beschrieben, wie Sie ein Makro mit relativen Zellbezügen aufzeichnen.

Mögliche Probleme bei der Makro-Ausführung

- Beim Starten des Makros erscheint eine Meldung, die Sie darauf aufmerksam macht, dass Makros aufgrund der Sicherheitseinstellungen deaktiviert wurden, gleichzeitig ist der Entwurfsmodus aktiviert. In diesem Fall müssen Sie die Mappe schließen und erneut öffnen und dann die Inhalte aktivieren (siehe Sicherheitseinstellungen).
- Als weitere mögliche Fehlerquelle haben Sie vielleicht vergessen, die Aufzeichnung zu beenden, bevor Sie das Makro ausführen. In diesem Fall erscheint meist eine Fehlermeldung. Klicken Sie in der Fehlermeldung auf die Schaltfläche *Beenden* und zeichnen Sie das Makro neu auf.

Makro löschen oder ersetzen

Bestehendes Makro ersetzen

Zum Löschen eines fehlerhaften oder nicht mehr benötigten Makros, öffnen Sie über die Schaltfläche *Makros* das Dialogfenster *Makro*. Markieren Sie das Makro, das Sie löschen möchten und klicken Sie auf die Schaltfläche *Löschen*. Sie können aber auch ein fehlerhaftes Makro einfach neu aufzeichnen; wenn Sie einen bestehenden Makronamen angeben, so erscheint eine Meldung, ob Sie das Makro ersetzen möchten. Bestätigen Sie mit *OK*.

8.3 Zellbezüge in Makros

Wie Sie bei Ihrem ersten Makro gesehen haben, unterscheidet Excel nicht nur in Formeln, sondern auch bei der Makroaufzeichnung zwischen relativen und absoluten (festen) Zellbezügen. Im ersten Beispiel haben Sie ein Makro mit absoluten Zellbezügen aufgezeichnet. Absolute Zellbezüge sind immer dann erforderlich, wenn eine Eingabe immer an derselben Position erfolgen soll. Soll dagegen die Eingabe beispielsweise am Ende einer Liste erfolgen, unabhängig davon, wie viele Zeilen die Liste umfasst, dann benötigen Sie bei der Aufzeichnung relative Zellbezüge.

Über die Schaltfläche *Relative Verweise verwenden* im Register *Entwicklertools* können Sie vor und während der Aufzeichnung zwischen absoluten und relativen Zellbezügen wechseln: Bei deaktivierter Schaltfläche werden alle Aktionen wie Markieren und Eingeben mit absoluten Zellbezügen aufgezeichnet. Ist hingegen die Schaltfläche aktiviert, erfolgt die Aufzeichnung mit relativen Zellbezügen.

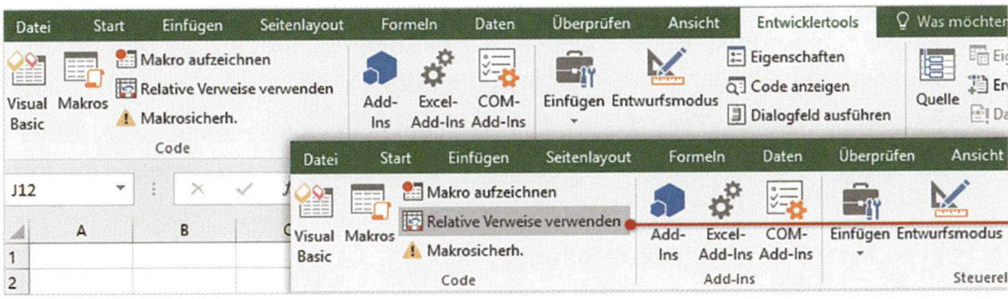

Bild 8.11 Absolute und relative Zellbezüge

Aufzeichnung erfolgt mit relativen Bezügen

Beispiel: Makro mit unterschiedlichen Verweisen aufzeichnen

Als zweites Beispiel soll ein Makro erstellt werden, das für jeden neuen Rechnungsposten in der Tabelle Neuer Rechnungsposten den Gesamtpreis in E3 berechnet, anschließend die Werte der Zellen A3 bis E3 ausschneidet und am Ende der unteren Liste Rechnungsposten anfügt.

	A	B	C	D	E	F	G	H	I
1	**Neuer Rechnungsposten**								
2	**Artikel-Nr.**	**Bezeichnung**	**Kilopreis**	**Menge**	**Gesamtpreis**				
3	1009	Bananen	5,00	2,00					
4									
5	**Rechnungsposten**								
6	**Artikel-Nr.**	**Bezeichnung**	**Kilopreis**	**Menge**	**Gesamtpreis**				
7	1008	Kartoffeln	3,50	10,00	35,00				
8	1006	Orangen	2,80	6,00	16,80				
9	1123	Äpfel	3,20	20,00	64,00				
10									
11									
12									

Bild 8.12 Beispiel Zellbezüge

Im ersten Schritt legen Sie die beiden Tabellen an, wie oben abgebildet. Nehmen Sie auch gleich alle gewünschten Formatierungen, insbesondere Zahlenformatierungen vor.

So zeichnen Sie das Makro auf, vorerst mit absoluten Zellbezügen:

1 Markieren Sie im Tabellenblatt eine beliebige Zelle, nicht aber E3, da sonst das Markieren dieser Zelle nicht mit aufgezeichnet wird. Starten Sie dann die Makroaufzeichnung und speichern Sie das Makro unter dem Namen ListeAnfügen.

2 Für den ersten Schritt, die Berechnung der Formel, benötigen Sie absolute Zellbezüge. Markieren Sie die Zelle E3 und geben Sie die Formel =D3*C3 ein.

3 Markieren Sie anschließend den Bereich A3 bis E3 und schneiden Sie mit den Tasten Strg+X den Zellbereich aus.

4 Im nächsten Schritt müssen Sie zunächst das Ende der Liste ermitteln. Markieren Sie dazu die Zelle A6 in der ersten Zeile der Liste. Diese Zelladresse bildet den festen Bezugspunkt der Liste, daher benötigen Sie hier ebenfalls einen absoluten Zellbezug.

Ab hier benötigen Sie Relative Aufzeichnung

5 Ab jetzt benötigen Sie relative Bezüge, aktivieren Sie also die Schaltfläche *Relative Verweise verwenden*. Um in Spalte A in die letzte Zeile der Tabelle zu gelangen, verwenden Sie die Tastenkombination Strg+Pfeiltaste nach unten. Dann markieren Sie mit der Pfeiltaste die Zelle in der darunterliegenden Zeile und drücken zum Einfügen aus der Zwischenablage die Tasten Strg+V.

6 Im letzten Schritt der Makroaufzeichnung deaktivieren Sie die relative Aufzeichnung wieder und markieren diejenige Zelle, in der Sie mit der Bearbeitung fortfahren möchten, beispielsweise die Zelle A3.

7 Beenden Sie die Makroaufzeichnung!

	A	B	C	D	E	F	G	H	I
1	**Neuer Rechnungsposten**								
2	**Artikel-Nr.**	**Bezeichnung**	**Kilopreis**	**Menge**	**Gesamtpreis**				
3									
4									
5	**Rechnungsposten**								
6	**Artikel-Nr.**	**Bezeichnung**	**Kilopreis**	**Menge**	**Gesamtpreis**				
7	1008	Kartoffeln	3,50	10,00	35,00				
8	1006	Orangen	2,80	6,00	16,80				
9	1123	Äpfel	3,20	20,00	64,00				
10	1009	Bananen	5,00	2,00	10,00				
11									
12									

Testen Sie dann das Makro, indem Sie die Ausführung starten. Falls nicht alles auf Anhieb klappt, zeichnen Sie das Makro unter demselben Namen erneut auf.

Tipp: Bei längeren Makros kann es für Ungeübte nützlich sein, vor der Aufzeichnung die einzelnen Schritte testweise durchzugehen und eventuell auf einem Blatt Papier zu notieren.

8.4 Makroausführung starten

Wie Sie ein Makro über das Dialogfenster *Makro* starten, haben Sie bereits kennengelernt. Es gibt aber noch eine Reihe weiterer Möglichkeiten mit denen Sie ein Makro schneller starten und den Start für ungeübte Excel-Nutzern vereinfachen.

Tastenkombination zuweisen

Eine Tastenkombination zum Starten können Sie einem Makro bereits vor der Aufzeichnung zuweisen, dies ist aber auch noch nachträglich möglich.

Öffnen Sie dazu das Dialogfenster *Makro*, markieren Sie das Makro, dem Sie eine Tastenkombination zuweisen wollen und klicken Sie auf die Schaltfläche *Optionen*. Geben Sie die gewünschte Tastenkombination an, ggfs. können Sie hier auch die Beschreibung ändern, und bestätigen Sie mit der Schaltfläche *OK*.

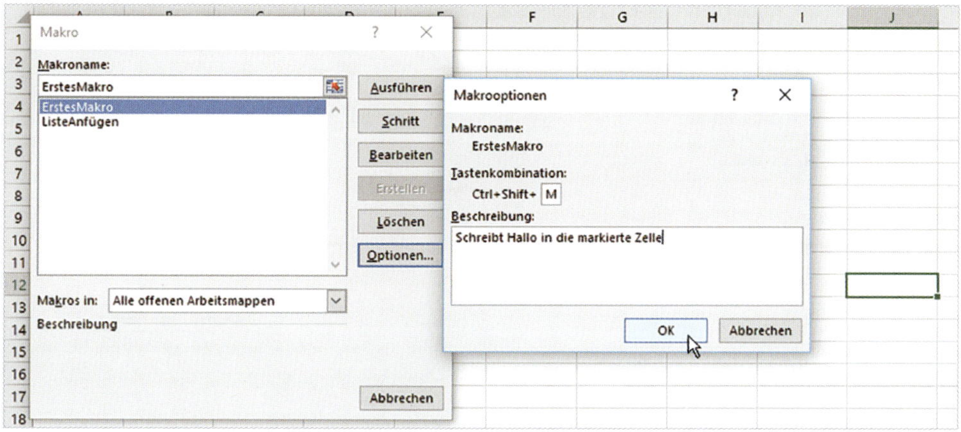

Bild 8.13 Tastenkombination zuweisen

Der Makroaufruf über eine Tastenkombination bringt einige Nachteile mit sich:

- Benutzer, die das Makro verwenden möchten, müssen sich die entsprechenden Tasten merken, dies dürfte für ungeübte Benutzer problematisch sein.
- Achten Sie bei der Festlegung der Tasten darauf, dass die Tastenkombination nicht bereits anderweitig belegt ist. Wichtige Tastenkombinationen wie beispielsweise Strg+C (Kopieren) werden sonst überschrieben.

Vorsicht bei bestehenden Tastenkombinationen

Makro über die Symbolleiste für den Schnellstart starten

Als zweite Möglichkeit können Sie das Makro der *Symbolleiste für den Schnellstart* hinzufügen und später per Mausklick starten. Klicken Sie dazu am Ende der Schnellstartleiste auf das Symbol *Symbolleiste für den Schnellstart anpassen* und hier auf *Weitere Befehle...*.

1 Das Fenster *Excel-Optionen* mit Anpassungsmöglichkeiten für den Schnellzugriff öffnet sich. Klicken Sie unter *Befehle auswählen* auf den Dropdown-Pfeil und auf *Makros* ❶.

2 Unterhalb erscheint eine Liste Ihrer aufgezeichneten Makros und in der rechten Liste sehen Sie die vorhandenen Symbole der Schnellzugriffsleiste: Mit einem Doppelklick fügen Sie das markierte Makro ❷ der Liste hinzu oder benutzen Sie die Schaltfläche *Hinzufügen*. Mit der Schaltfläche *Entfernen* können nicht mehr benötigte Makros wieder aus der Schnellzugriffsleiste entfernt werden.

3 Legen Sie außerdem fest, ob das Makro bzw. das dazugehörige Symbol in allen Dokumenten sichtbar sein soll (Standardeinstellung *Für alle Dokumente*) oder nur in der aktuellen Arbeitsmappe. Da unser Makro zusammen mit der Arbeitsmappe gespeichert wird, ist es auch sinnvoll, dass es nur hier angezeigt wird. Klicken Sie also auf den Dropdown-Pfeil *Symbolleiste für den Schnellzugriff anpassen* ❸ und wählen Sie die Arbeitsmappe aus.

Bild 8.14 Schnellstartleiste anpassen

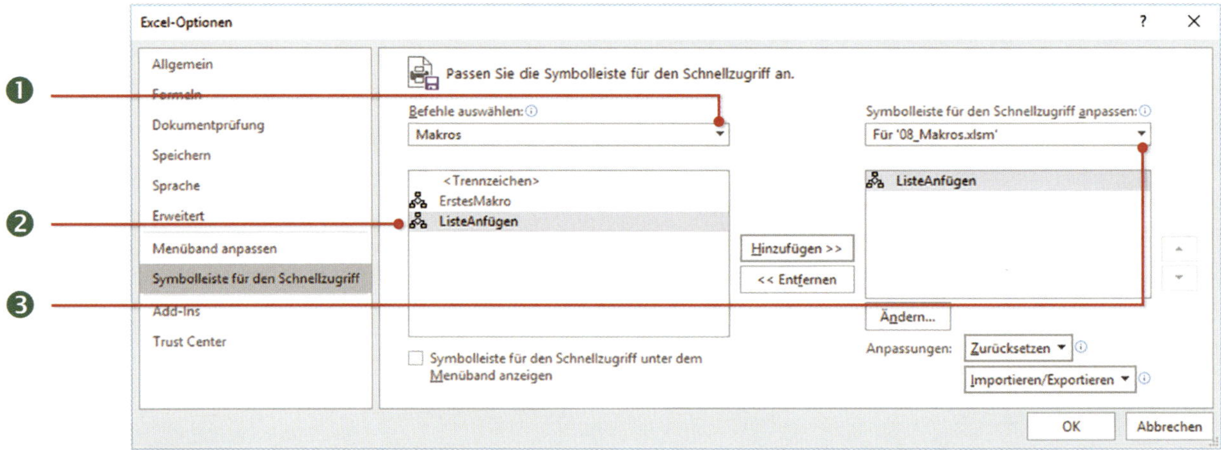

Tipp: Makros erscheinen in der Symbolleiste für den Schnellzugriff mit ihrem Standardsymbol. Wenn Sie ein anderes Symbol zuweisen möchten, dann markieren Sie das Makro hinzugefügte Makro und klicken auf die Schaltfläche *Ändern*.

Makros im Menüband einfügen

Eine andere Möglichkeit zum Starten eines Makros stellt das Menüband dar. Allerdings eignet sich dies nur für Makros, die in allen Excel-Arbeitsmappen verfügbar sind, da Sie beim Aufruf eine Fehlermeldung erhalten, sollte das Makro nicht verfügbar sein. Klicken Sie dazu mit der rechten Maustaste an eine beliebige Stelle des Menübandes und auf *Menüband anpassen...*, um die *Excel-Optionen* mit Einstellungen für das Menüband zu öffnen.

Beachten Sie, dass Sie zuvor entweder ein neues Register erstellen oder einem der Standardregister eine neue Gruppe hinzufügen müssen, da die Standardgruppen nicht geändert werden können.

Registerkarte erstellen

1 Klicken Sie auf *Neue Registerkarte*. Die neue Registerkarte erscheint in der Liste der Hauptregisterkarten und ist mit dem Zusatz *(Benutzerdefiniert)* versehen. Markieren Sie die neue Registerkarte und klicken Sie auf *Umbenennen*.

Bild 8.15 Neue Registerkarte

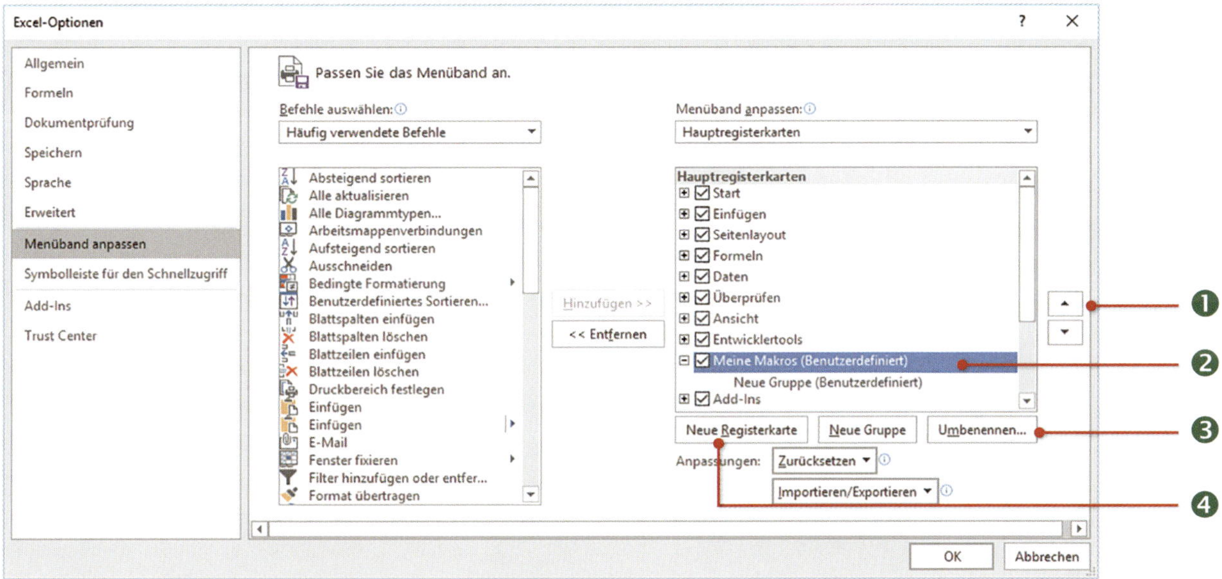

1. Reihenfolge ändern
2. Die neue benutzerdefinierte Registerkarte (markiert)
3. Markierte Registerkarte/Gruppe umbenennen
4. Neue Registerkarte hinzufügen

2 Geben Sie an, mit welchem Namen das Register im Menüband angezeigt werden soll (der Zusatz *Benutzerdefiniert* ist nur hier sichtbar) und klicken Sie auf *OK*. Um die Position der neuen Registerkarte im Menüband zu ändern, benutzen Sie die Pfeilschaltflächen nach oben bzw. nach unten.

3 Da Registerkarten alle Schaltflächen in Gruppen zusammenfassen, wurde zusammen mit der neuen Registerkarte automatisch eine Gruppe erstellt. Markieren Sie diese Gruppe, klicken Sie auf *Umbenennen* und geben Sie einen Namen für die Gruppe ein. Hier können Sie bei Bedarf auch ein Gruppensymbol wählen, das anstelle der einzelnen Symbole angezeigt wird, falls die Fensterbreite zur Anzeige nicht ausreicht.

4 Benötigen Sie noch weitere Gruppen, so markieren Sie die betreffende Registerkarte und klicken auf die Schaltfläche *Neue Gruppe*. Auf diese Weise können Sie auch einer der Standardregisterkarten eine neue Gruppe hinzufügen.

5 Nun können Sie Ihre Makros der Gruppe hinzufügen. Dazu klicken Sie links oben auf den Dropdown-Pfeil *Befehle auswählen* und wählen *Makros*. Ziehen Sie dann mit der Maus Ihre Makros nacheinander in die gewünschte Gruppe oder markieren Sie die Gruppe und das Makro und klicken auf die Schaltfläche *Hinzufügen*.

Bild 8.16 Makro hinzufügen

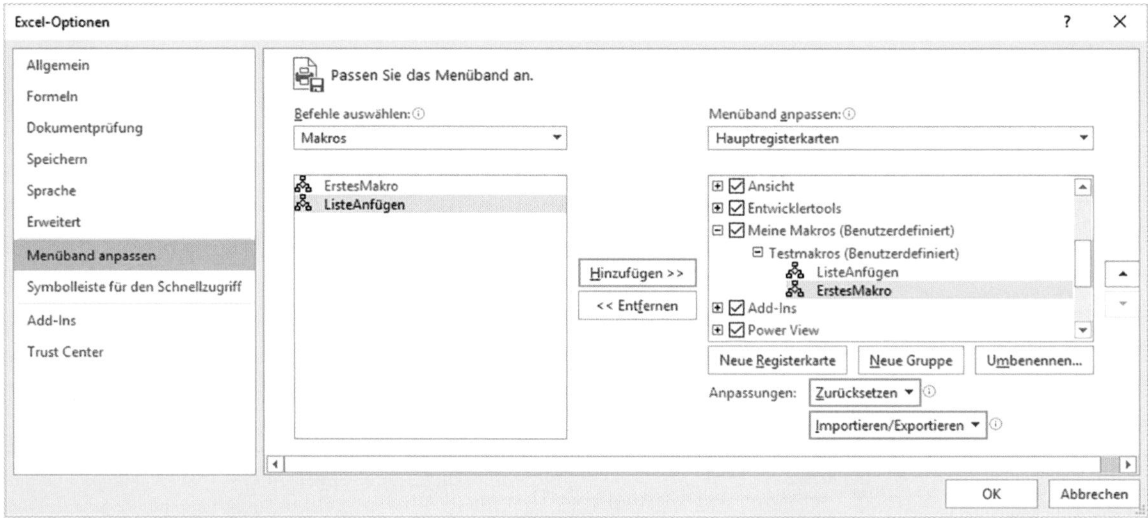

Makro über eine Befehlsschaltfläche im Tabellenblatt starten

Zeichnungsform oder Grafik als Befehlsschaltfläche verwenden

Befehlsschaltflächen in das Tabellenblatt einfügen

Sie können die Makroausführung auch per Mausklick auf ein beliebiges Formenobjekt, beispielsweise ein Rechteck, starten, das Sie direkt in das Tabellenblatt einfügen. Dies ist vor allem dann zu empfehlen, wenn Makros zusammen mit der Arbeitsmappe gespeichert werden und somit ausschließlich in dieser verfügbar sind.

1 Klicken Sie dazu im Register *Einfügen*, Gruppe *Illustrationen* auf die Schaltfläche *Formen* und fügen Sie mit einem Mausklick die gewünschte Form an beliebiger Stelle im Tabellenblatt ein. Zum Formatieren können Sie alle Befehle des Registers *Format* verwenden, zudem sollten Sie die Form noch mit einer passenden Beschriftung versehen.

2 Im nächsten Schritt weisen Sie dem Zeichnungsobjekt das Makro zu: Klicken Sie mit der rechten Maustaste in das Objekt und wählen Sie *Makro zuweisen...*. Markieren Sie das gewünschte Makro und klicken Sie auf *OK*.

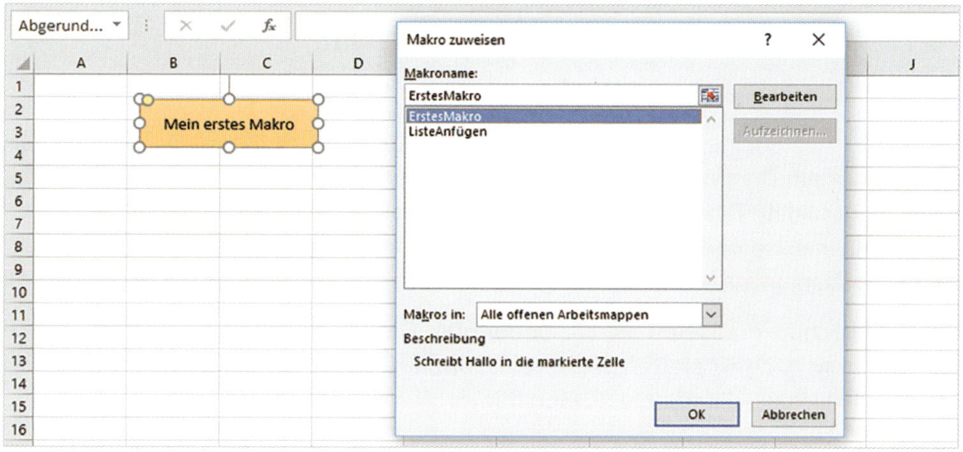

Bild 8.17 Makro zuweisen

Beachten Sie, dass ab jetzt das Makro ausgeführt wird, wenn Sie auf die Form klicken. Dies erkennen Sie auch am Mauszeiger: Er erscheint als Hand, wenn Sie auf die Form zeigen. Wenn Sie die Schaltfläche nachträglich formatieren oder beschriften möchten, dann müssen Sie sie zum Markieren mit der rechten Maustaste anklicken. Dies gilt auch, wenn Sie die Schaltfläche verschieben möchten.

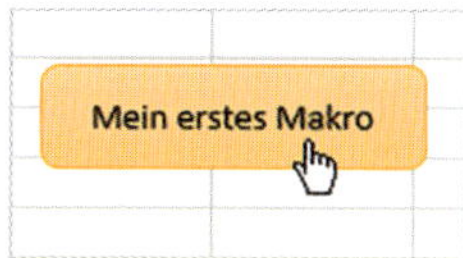

Formularsteuerelement einfügen

Als Alternative fügen Sie im Tabellenblatt das Formularsteuerelement *Schaltfläche* ein. Klicken Sie dazu im Register *Entwicklertools*, Gruppe *Steuerelemente*, auf die Schaltfläche *Einfügen* und unter *Formularsteuerelemente* auf das Symbol *Schaltfläche*.

Näheres dazu in Kapitel 10.

Klicken Sie dann an der gewünschten Stelle in das Tabellenblatt oder zeichnen Sie ein Rechteck. Anschließend öffnet sich automatisch das Dialogfenster *Makro zuweisen* und Sie können nun ein Makro auswählen. Nachträgliche Änderungen nehmen Sie wieder über die rechte Maustaste vor, mit dem Befehl *Makro zuweisen* können Sie nachträglich auch ein anderes Makro auswählen.

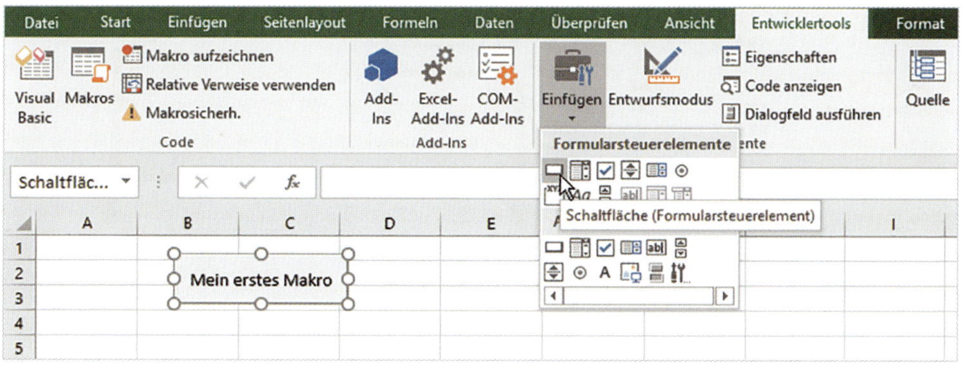

Bild 8.18 Formularsteuerelement Schaltfläche

Eine andere Füllfarbe ist im Gegensatz zu Formen nicht möglich!

8.5 Beispiel: Diagramm mit Makros steuern

Zuletzt noch ein kleines Beispiel, wie Sie Diagramme, genauer gesagt die Anzeige von Daten in einem Diagramm mit Makros steuern können. Als Ausgangsbasis dient die unten abgebildete Tabelle. Die Einnahmen und Ausgaben sollen in einem Diagramm dargestellt werden und zwar so, dass ein Mausklick genügt, um zwischen Einnahmen und Ausgaben umzuschalten.

Im ersten Schritt markieren Sie die benötigten Daten und fügen ein einfaches Säulendiagramm mit gruppierten Säulen ein. Formatieren Sie dann die Säulenreihen mit unterschiedlichen Füllfarben, z. B. Einnahmen grün und Ausgaben rot.

Bild 8.19 Tabelle und Diagramm

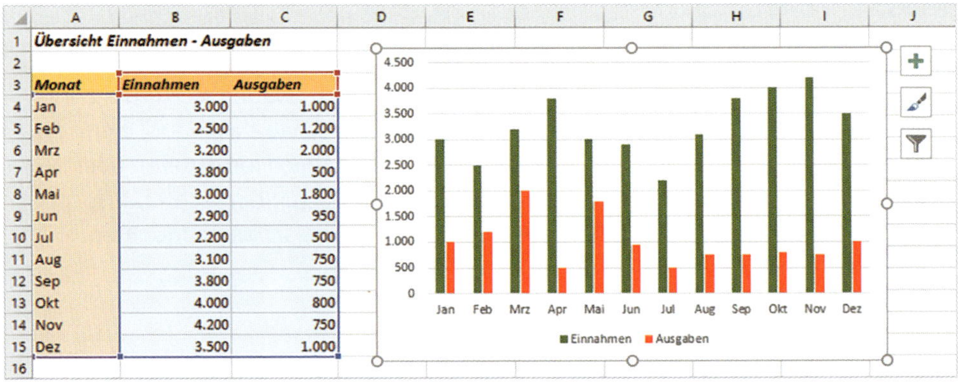

1 Im nächsten Schritt zeichnen Sie das erste Makro auf: markieren Sie eine beliebige Zelle im Tabellenblatt (das Diagramm sollte nicht markiert sein) und klicken Sie im Register *Entwicklertools* auf *Makro aufzeichnen*.

2 Das Makro erhält den Namen Einnahmen, eine Tastenkombination ist nicht erforderlich, da wir später das Makro über eine Schaltfläche starten möchten.

Bild 8.20 Makro Einnahmen aufzeichnen

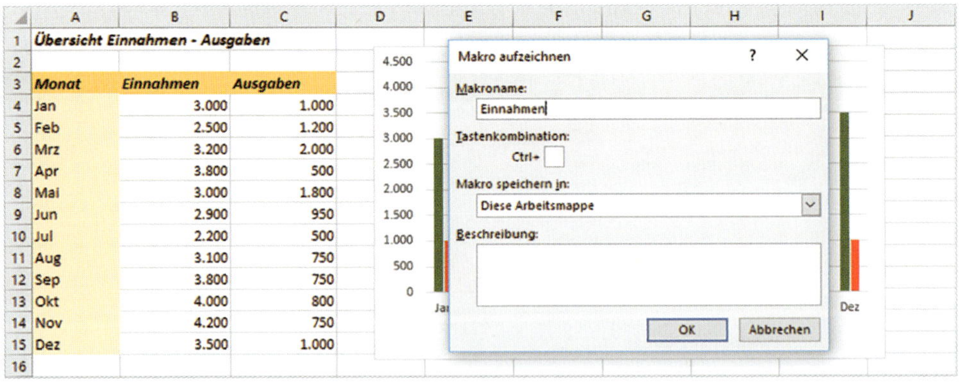

3 Klicken Sie nun in das Diagramm, in der Tabelle werden jetzt die verwendeten Datenreihen bzw. Spalten markiert. Verkleinern Sie anschließend durch Ziehen

mit der Maus den Datenbereich so, dass nur noch die Spalte Einnahmen verwendet wird.

4 Klicken Sie abschließend an eine beliebige Stelle des Tabellenblatts und beenden Sie die Makroaufzeichnung.

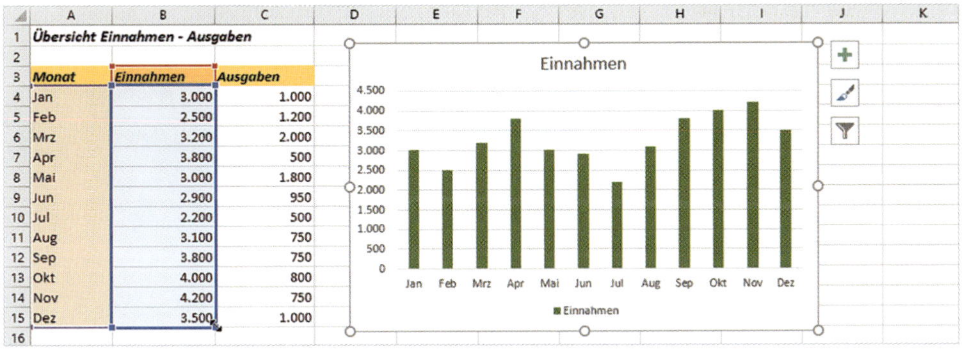

	A	B	C
1	Übersicht Einnahmen - Ausgaben		
2			
3	Monat	Einnahmen	Ausgaben
4	Jan	3.000	1.000
5	Feb	2.500	1.200
6	Mrz	3.200	2.000
7	Apr	3.800	500
8	Mai	3.000	1.800
9	Jun	2.900	950
10	Jul	2.200	500
11	Aug	3.100	750
12	Sep	3.800	750
13	Okt	4.000	800
14	Nov	4.200	750
15	Dez	3.500	1.000
16			

Bild 8.21 Datenbereich verkleinern

5 Starten Sie nun die Aufzeichnung des nächsten Makros. Dieses erhält den Namen Ausgaben.

6 Klicken Sie anschließend in das Diagramm und verschieben Sie mit der Maus den Datenbereich von der Spalte Einnahmen auf die Spalte Ausgaben. Dann klicken Sie wieder in das Tabellenblatt und beenden die Makroaufzeichnung.

7 Nun müssen noch Schaltflächen ins Tabellenblatt eingefügt werden, über die die Makros schnell gestartet werden können. Am einfachsten fügen Sie dazu Rechteckformen (*Einfügen - Formen*) ein und formatieren und beschriften diese nach Ihren Wünschen.

Bild 8.22 Formen einfügen und formatieren bzw. beschriften

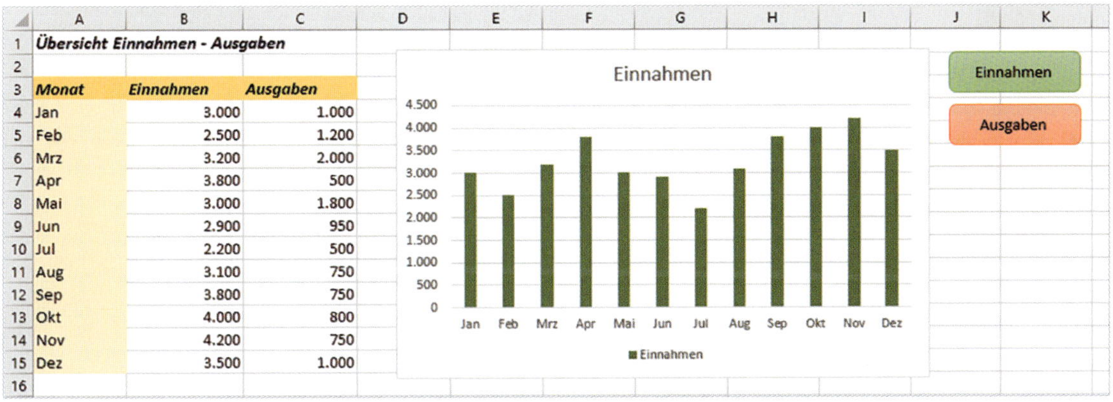

	A	B	C
1	Übersicht Einnahmen - Ausgaben		
2			
3	Monat	Einnahmen	Ausgaben
4	Jan	3.000	1.000
5	Feb	2.500	1.200
6	Mrz	3.200	2.000
7	Apr	3.800	500
8	Mai	3.000	1.800
9	Jun	2.900	950
10	Jul	2.200	500
11	Aug	3.100	750
12	Sep	3.800	750
13	Okt	4.000	800
14	Nov	4.200	750
15	Dez	3.500	1.000
16			

8 Zuletzt weisen Sie jeder Form das entsprechende Makro zu: Klicken Sie mit der rechten Maustaste auf das erste Rechteck, klicken Sie auf *Makro zuweisen...* und wählen Sie das erste Makro, Einnahmen aus. Anschließend weisen Sie der zweiten Form auf dieselbe Weise das Makro Ausgaben zu.

Testen Sie nun die Makros nacheinander. Sollte nicht alles auf Anhieb klappen, so zeichenen Sie das jeweilige Makro unter dem bisherigen Namen einfach neu auf und bestätigen den Hinweis, ob das bestehende Makro ersetzt werden soll mit *Ja*.

Falls die Datenreihen nicht mit den korrekten Farben angezeigt werden sollten, so nehmen Sie die Formatierung während der Makroaufzeichnung vor.

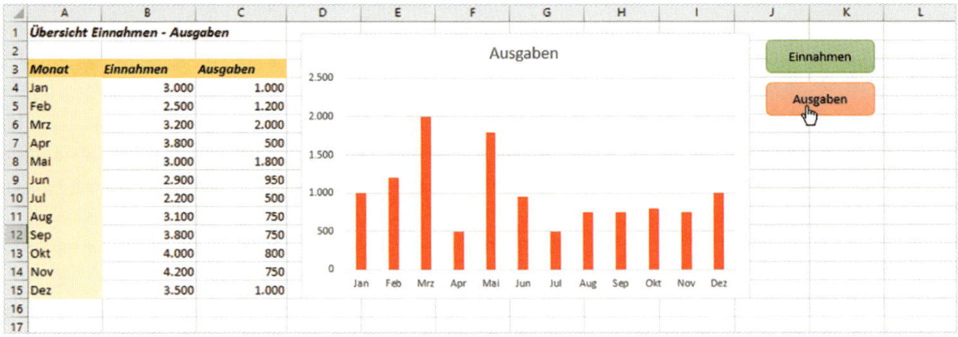

Übersicht Einnahmen - Ausgaben

Monat	Einnahmen	Ausgaben
Jan	3.000	1.000
Feb	2.500	1.200
Mrz	3.200	2.000
Apr	3.800	500
Mai	3.000	1.800
Jun	2.900	950
Jul	2.200	500
Aug	3.100	750
Sep	3.800	750
Okt	4.000	800
Nov	4.200	750
Dez	3.500	1.000

Bild 8.23 Das fertige Diagramm mit den beiden Schaltflächen

Siehe Kapitel 9.7, „Diagramme steuern" auf Seite 303.

Mit diesem Makro stoßen Sie an Grenzen des Machbaren. Wesentlich besser lässt sich das Poblem mit VBA lösen, insbesondere, wenn in einem weiteren Makro beide datenreihen angezeigt werden sollen. Im nächsten Kapitel greifen wir daher dieses Beispiel nochmals auf.

8.6 Zusammenfassung

- Makros lassen sich für häufig benötigte Befehlsabläufe einsetzen und können den Funktionsumfang von Excel erheblich erweitern. Die einzelnen Bearbeitungsschritte werden von einem Makrorecorder aufgezeichnet und in der Programmiersprache VBA gespeichert. Sie werden nacheinander ausgeführt, sobald das Makro gestartet wird.
- Vor der Aufzeichnung sollten Sie die erforderlichen Arbeitsschritte planen und relative und absolute Zellbezüge berücksichtigen. Jedes Makro wird unter einem eindeutigen Namen entweder zusammen mit der aktuellen Arbeitsmappe oder in der persönlichen Makroarbeitsmappe gespeichert. Im zweiten Fall steht das Makro in jeder Arbeitsmappe zur Verfügung.
- Die Ausführung eines Makros kann über eine Tastenkombination gestartet werden. Eine andere Möglichkeit ist die Ausführung über ein Symbol in der *Symbolleiste für den Schnellzugriff* oder im Menüband. Als Alternative fügen Sie entweder eine Zeichnungsform oder das Formularsteuerelement *Schaltfläche* in das Tabellenblatt ein und weisen ihm ein Makro zu.

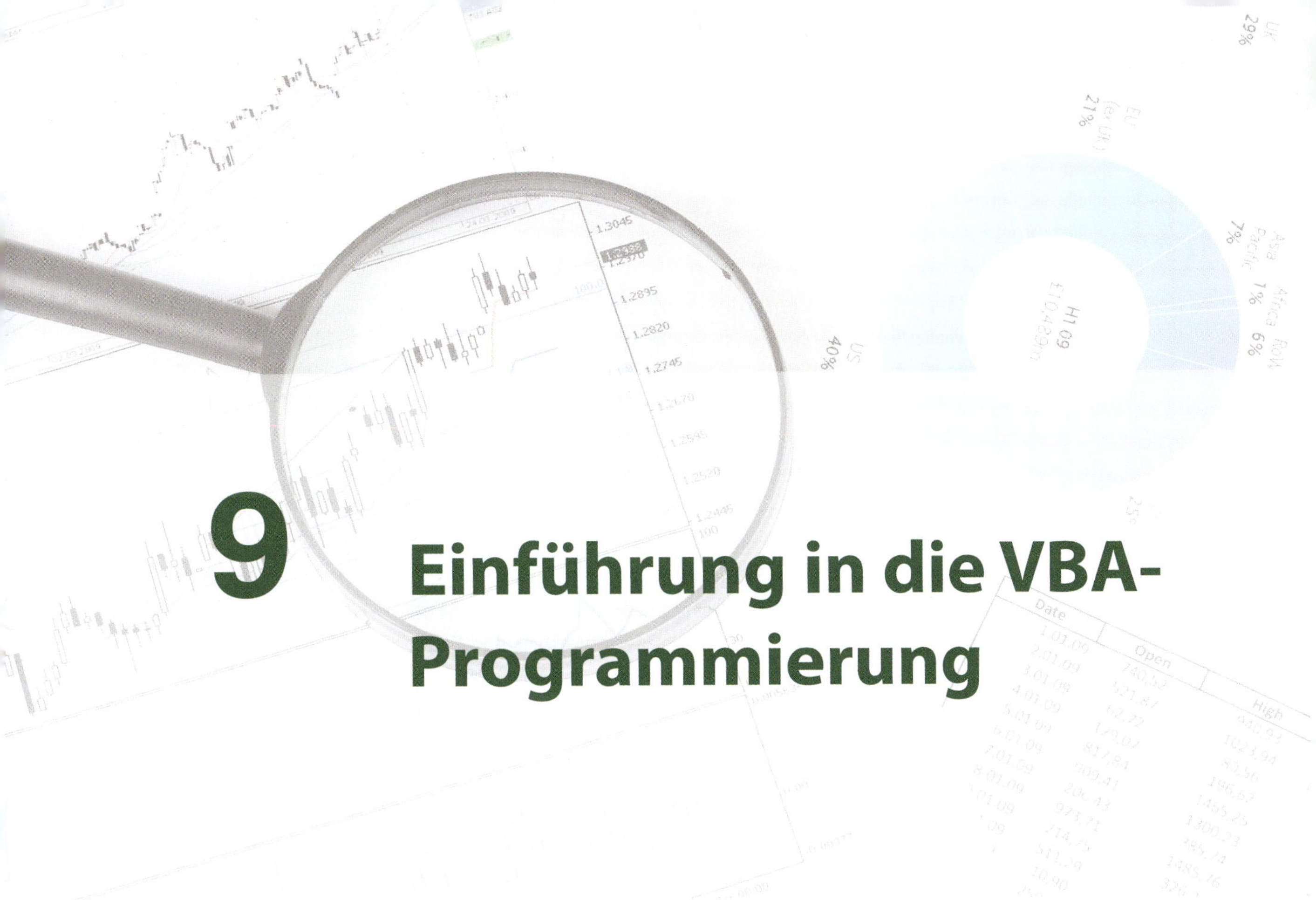

9 Einführung in die VBA-Programmierung

In diesem Kapitel lernen Sie...

- Prozedureingabe im VBA-Editor
- Grundlegende Sprachelemente
- Umgang mit Excel-Objekten
- Zelladdressierung in VBA
- Diagrammsteuerung
- Arrays verwenden
- Fehlerbehandlung
- Beispiel: Import aus Textdatei

Das sollten Sie bereits wissen

- Formeln und Funktionen
- Zellbezüge
- Makros aufzeichnen und ausführen
- Sicherheitseinstellungen Makros

9.1 Vorbemerkungen

Das Erlernen einer Programmiersprache erfordert einiges an Übung. Zudem stellt die Programmiersprache VBA eine sehr komplexe Programmiersprache dar, so dass dieses Kapitel nur einen ersten Einstieg in die VBA-Programmierung vermitteln kann. Mit Kenntnissen der grundlegenden Sprachelemente von VBA und im Umgang mit den wichtigsten Excel-Objekten lassen sich jedoch auch von Programmier-Neulingen kleine Prozeduren schreiben und aufgezeichnete Makros schnell an eigene Bedürfnisse anpassen, genau dies ist das Ziel dieses Kapitels.

Wenn Sie beispielsweise nicht genau wissen, wie in VBA ein bestimmtes Excel-Objekt angeprochen wird oder die gewünschte Aktion ausgeführt wird, dann zeichnen Sie ein einfaches Makro auf, in dem Sie genau diese Aktion ausführen. Diese Zeile kopieren Sie dann einfach über die Zwischenablage in Ihre Prozedur.

Was ist ein Programm?

Computerprogramme, allgemein als Prozeduren bezeichnet, sind eine Folge von Anweisungen, formuliert in einer Programmiersprache. Prozeduren sind unter einem eindeutigen Namen gespeichert und können über ihren Namen beliebig oft ausgeführt werden. Beim Start der Prozedur werden die Befehle der Reihe nach ausgeführt. Wie bei allen Programmiersprachen, so gelten auch für die Programmierung mit VBA feste Regeln für den Aufbau der Befehle, die so genannte Syntax.

Was versteht man unter objektorientierter Programmierung?

Objektorientierte Programmiersprachen, dazu zählt auch VBA, behandeln alle Dinge der realen Welt als Objekte. Jedes Objekt verfügt über bestimmte Eigenschaften, z. B. Farbe, viele Objekte können auch Aktionen ausführen, diese werden als Methoden bezeichnet. Manche Objekte verfügen auch noch über so genannte Ereignisse. Typische Excel-Objekte sind die Anwendung Excel selbst, eine Arbeitsmappe, ein Tabellenblatt, Zellbereiche oder Diagramme. Ereignisse sind dagegen z. B. das Öffnen oder Schließen einer Arbeitsmappe, zu dem Methoden zählen Aktionen wie Kopieren, Einfügen oder Löschen.

> Excel unterscheidet bei den Sicherheitseinstellungen nicht zwischen Makros und VBA-Prozeduren. Achten Sie also auch hier beim Speichern darauf, den Dateityp *Arbeitsmappe mit Makros* auszuwählen und kontrollieren Sie die Sicherheitseinstellungen, siehe Kapitel 8, Makros.

9.2 Der VBA-Editor

Das Editor-Fenster

Das Schreiben und Bearbeiten der Programmanweisungen erfolgt in Excel und allen anderen Microsoft Office-Anwendungen im VBA-Editor. Diesen öffnen Sie entweder über die Registerkarte *Entwicklertools*, Gruppe *Steuerelemente*, *Code anzeigen* oder mit der Tastenkombination Alt+F11.

Alt+F11 öffnet den VBA-Editor

Der VBA-Editor (auch als VBA-Entwicklungsumgebung bezeichnet) ist eine eigenständige Anwendung mit eigenen Befehlen und Fenstern und unterstützt Sie unter anderem mit einer automatischen Syntaxüberprüfung und einer umfangreichen Hilfe. Anstelle des Menübands finden Sie im VBA-Editor Menüs und Symbolleisten vor.

VBA-Editor beenden/schließen

Mit der *Schließen*-Schaltfläche des Fensters oder dem Menübefehl *Datei- Schließen* beenden Sie den VBA-Editor und kehren zur Excel Arbeitsmappe zurück. Um zwischen den beiden Anwendungen zu wechseln, verwenden Sie entweder die Taskleiste oder die Tasten Alt+F11.

Die wichtigsten Bereiche des VBA-Editors

Normalerweise enthält der VBA-Editor die unten abgebildeten Fenster bzw. Bereiche. Sollten *Projekt-Explorer, Eigenschaftsfenster* oder das *Codefenster* rechts nicht sichtbar sein, so klicken Sie auf das Menü *Ansicht* und blenden diese drei Bereiche ein. Alle übrigen Fenster werden vorerst nicht benötigt.

Menü Ansicht: Bereiche ein- und ausblenden

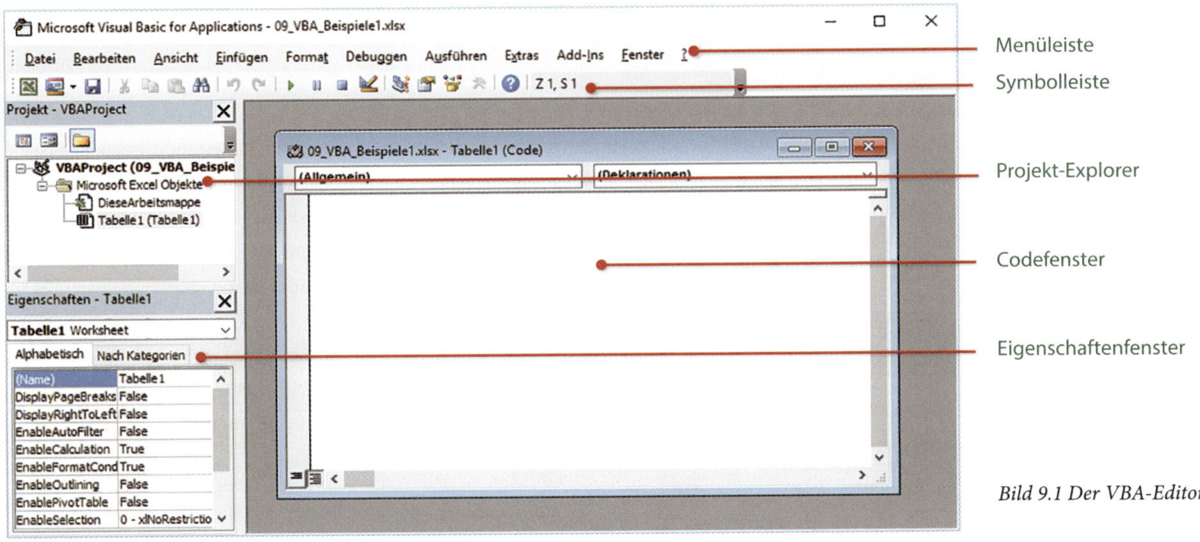

Bild 9.1 Der VBA-Editor

Projekt-Explorer

Alle aktuell geöffneten Dokumente

Der Projekt-Explorer ist vergleichbar mit dem Windows-Explorer und listet alle aktuell geöffneten Office-Dokumente mit den dazugehörigen Objekten auf. So finden Sie hier den Ordner *Microsoft Excel Objekte*, dieser enthält die aktuelle Arbeitsmappe (*Diese Arbeitsmappe)* zusammen mit dem Objekt *Tabelle1*. Falls die Mappe mehrere Arbeitsblätter umfasst, so finden Sie diese hier ebenfalls, die Namen befinden sich in Klammern dahinter. Wenn hier auch noch der Ordner *Module* angezeigt wird, dann enthält die Arbeitsmappe Makros bzw. VBA Prozeduren.

Oberhalb der Objekte befinden sich die folgenden drei Symbole:

Bild 9.2 Projekt-Explorer

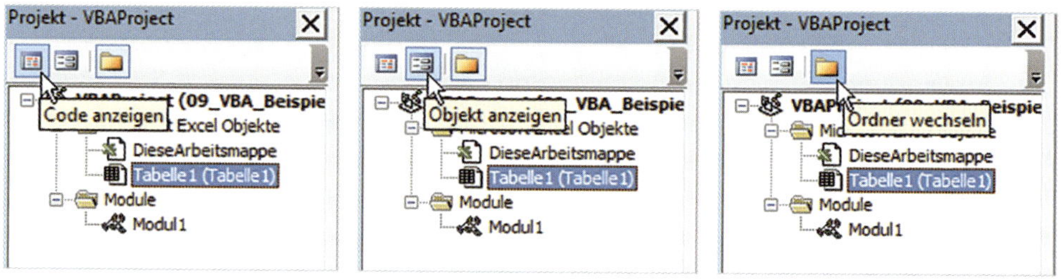

- *Code anzeigen* öffnet im Codebereich rechts ein Fenster, das Programmanweisungen des markierten Objekts, z. B. Tabelle1, enthält. Alternativ funktioniert auch ein Doppelklick auf das jeweilige Objekt.
- *Objekt anzeigen* wechselt zum markierten Objekt, z. B. Tabelle1 und zeigt das Excel-Tabellenblatt an.
- *Ordner wechseln* blendet die übergeordneten Ordner aus und wieder ein.

Darüber hinaus können Sie, vergleichbar dem Datei-Explorer von Windows bei eingeblendeten Ordnern mit Klick auf das Kästchen links vom Ordnernamen die dazugehörigen Objekte aus- und einblenden.

Objekteigenschaften im Eigenschaftenfenster

Unterhalb des Projekt-Explorers befindet sich das Eigenschaftenfenster. Hier können Sie die Eigenschaften eines Objekts kontrollieren und ändern. Um beispielsweise den Namen des Arbeitsblattes„Tabelle1" zu ändern, markieren Sie das Blatt im Projekt-Fenster, klicken im Eigenschaftenfenster in die Zeile *Name*, tippen den neuen Namen ein und betätigen die Eingabe-Taste. Das Projektfenster zeigt nun den neuen Namen an.

Bild 9.3 Tabellenblatt: Eigenschaft Name ändern

Codefenster

Anweisungen eingeben

Das Codefenster ist der zentrale Bereich des VBA-Editors und enthält die eigentlichen Anweisungen. Jedes Modul und Objekt verfügt über ein eigenes Codefenster, das Sie entweder über die Schaltfläche *Code anzeigen* oder mit Doppelklick auf das Modul/Objekt öffnen, bzw. anzeigen.

Module und Prozeduren

Programmanweisungen, in der Folge als Prozeduren bezeichnet, werden in der Regel in Modulen gespeichert, wobei ein Modul auch mehrere Prozeduren enthalten kann. Auch bei der Aufzeichnung von Makros werden automatisch ein oder mehrere Module erzeugt und die Makros in diesen gespeichert.

> **Regeln für Modul- und Prozedurnamen**
> Der Name darf maximal 255 Zeichen lang sein und mit Ausnahme des Unterstrichs keine Leerzeichen oder Sonderzeichen enthalten. Das erste Zeichen muss ein Buchstabe sein, ansonsten sind auch Ziffern erlaubt.

Beachten Sie ferner bei der Eingabe von Prozeduren:

- Eine Prozedur kann im dazugehörigen Codefenster eines Objekts, z. B. Tabellenblatt eingegeben werden, dann ist die Prozedur nur in diesem Objekt verfügbar bzw. kann nur aus diesem Objekt heraus aufgerufen werden.
- Wird dagegen eine Prozedur in einem Modul gespeichert, so steht sie im gesamten Projekt zur Verfügung, kann also von jedem Objekt aus aufgerufen werden.

Ein neues Modul einfügen

Bevor Sie Programmanweisungen eingeben können, müssen Sie also zunächst ein neues Modul erzeugen:

1 Dazu klicken Sie auf das Menü *Einfügen* und auf *Modul*. Das Modul wird mit dem Namen *Modul1* in den Ordner *Module* eingefügt.

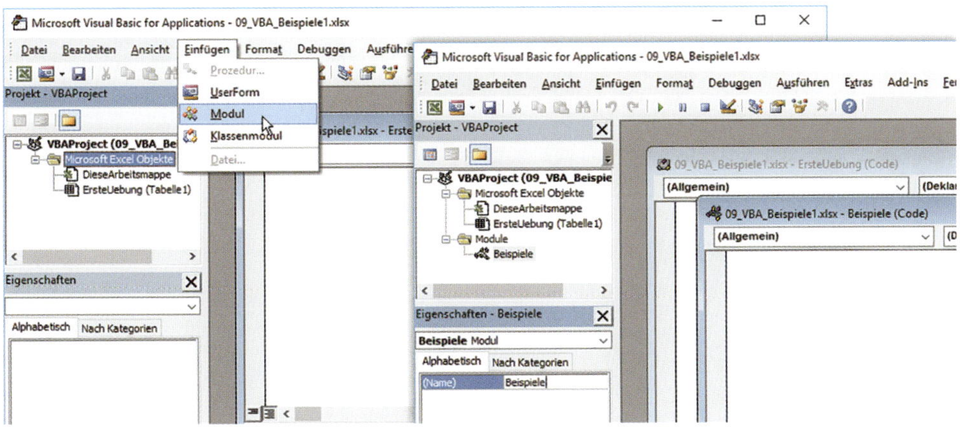

Bild 9.4 Modul einfügen und umbenennen

2 Zur besseren Übersicht, vor allem in Mappen mit mehreren Modulen, sollten Sie es umbenennen und einen aussagefähigeren Namen vergeben. Dazu klicken Sie im Projektfenster auf das Modul und geben im Eigenschaftenfenster unter *Name* einen Namen ein.

3 Ein Doppelklick auf das Modul öffnet rechts im Codebereich das dazugehörige Code-Fenster, es ist zunächst noch leer.

Prozeduren

Prozeduren sind kleine, eigenständige Programmeinheiten, sie benötigen einen eindeutigen Namen, unter dem Sie später aufgerufen werden. Eine Prozedur beginnt immer mit der Anweisung `Sub`, gefolgt vom eigentlichen Namen und endet mit `End Sub`. Die Argumentklammern sind in jedem Fall erforderlich. Beginn und Ende einer Prozedur mit dem Namen Beispiel sehen dann so aus:

```
Sub Beispiel()
    Anweisung1
    Anweisung2
    ...
End Sub
```

Geltungsbereich festlegen

Links von der Anweisung `Sub` kann mit den Schlüsselwörtern `Public` oder `Private` der Geltungsbereich der Prozedur festgelegt werden:

- `Public` bedeutet, auf diese Prozedur können auch Prozeduren in anderen Modulen des Projekts zugreifen.
- `Private` bedeutet, dass auf diese Prozedur ausschließlich Prozeduren innerhalb desselben Moduls zugreifen können.

Prozedur einfügen

Öffnen Sie zuerst das Codefenster des Moduls, entweder indem Sie im Projekt-Explorer auf das Modul doppelklicken oder es hier mit einem einfachen Klick markieren und auf die Schaltfläche *Code anzeigen* klicken. Der Titel des VBA-Editors zeigt neben dem Dateinamen der Mappe auch den Namen des aktuellen Moduls an.

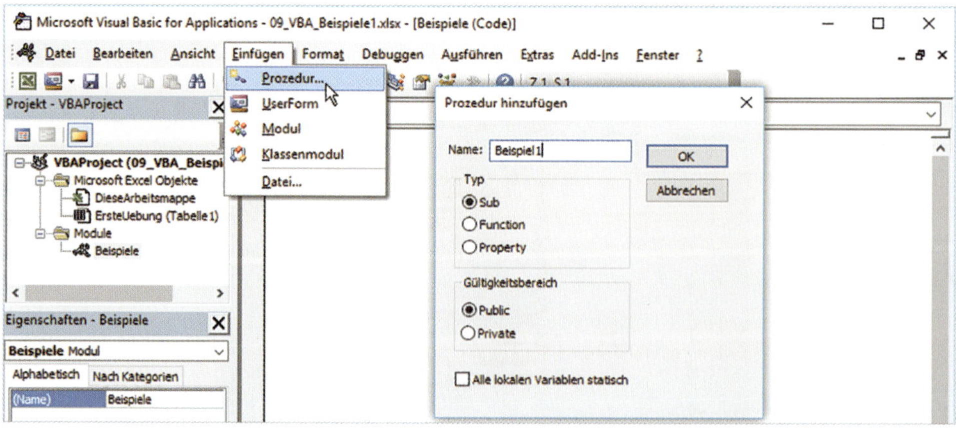

Klicken Sie dann in das Codefenster und auf das Menü *Einfügen - Prozedur...*, geben Sie einen Namen ein und wählen Sie den Gültigkeitsbereich.

Nach einem Klick auf *OK* wird die erste Prozedur im Codefenster erzeugt. Als Alternative können Sie auch in den Codebereich klicken und hier die erste Anweisung `Sub` gefolgt von einem Leerzeichen und anschließendem Prozedurnamen einfach über die Tastatur eintippen. `End Sub` und die Klammern werden nach dem Drücken der Eingabe-Taste automatisch hinzugefügt. Zwischen diese beiden Zeilen fügen Sie nun Ihre Programmanweisungen ein.

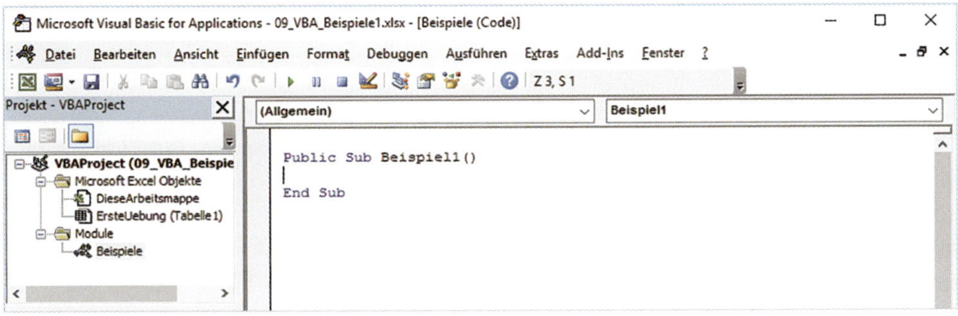

Bild 9.5 Die erste, noch leere Prozedur

Befehlssyntax

Allgemeines zur Texteingabe

Bei der Eingabe und Bearbeitung der Programmanweisungen können Sie alle, in Windows üblichen Befehle zur Textbearbeitung und Markierung verwenden. So lassen sich markierte Textteile mit der Maus verschieben, in die Zwischenablage ausschneiden (Strg+X) oder kopieren (Strg+C) und an beliebiger Stelle wieder einfügen (Strg+V). Der VBA-Editor unterstützt keine Formatierungen, sondern verwendet standardmäßig die Schriftart Courier New. Eine andere Schriftart lässt sich zwar über das Menü *Extras - Optionen* einstellen, darauf soll hier jedoch nicht näher eingegangen werden.

Verwenden Sie die üblichen Befehle der Textverarbeitung

Zur Erleichterung der Eingabe sollten Sie als weitere Symbolleiste die Leiste *Bearbeiten* einblenden: Klicken Sie dazu auf das Menü *Ansicht*, zeigen Sie auf *Symbolleisten* und klicken Sie auf *Bearbeiten*. Diese lässt sich nun an ihrem linken Ende bzw. im Titel mit der Maus beliebig verschieben und am besten rechts von der Standardsymbolleiste (*Voreinstellung*) platzieren.

Bild 9.6 Symbolleiste Bearbeiten

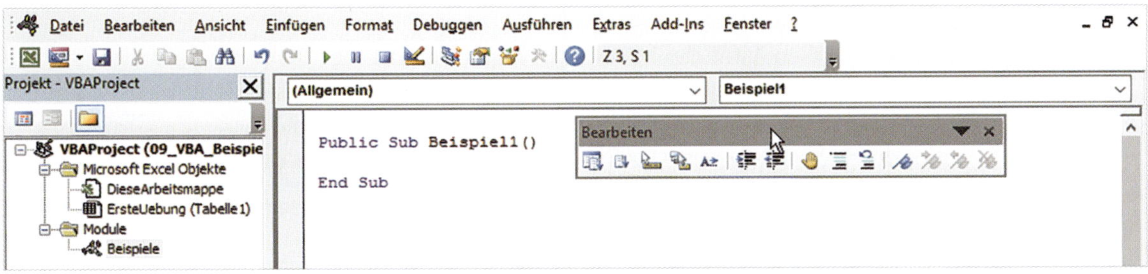

Anweisungszeilen

Manueller Zeilenumbruch mit _

Je Anweisung wird eine Programmzeile geschrieben. Möchten Sie eine Programmzeile zwecks besserer Lesbarkeit mit einem manuellen Zeilenumbruch unterbrechen, so geben Sie am Ende der Zeile ein Leerzeichen, gefolgt von einem Unterstrich (_) ein. Sie dürfen auf diese Weise maximal 10 Zeilen Code trennen, die Trennung darf nicht innerhalb von Textteilen erfolgen. Ein automatischer Zeilenumbruch erfolgt dagegen erst nach 1024 Zeichen.

Tipp: Programmanweisungen werden übersichtlicher, wenn Sie Fortsetzungszeilen mit der Tab-Taste oder dem Symbol *Einzug vergrößern* in der *Bearbeiten*-Symbolleiste einrücken!

Allgemeine Schreibweise und Eingabehilfen

Eigenschaften oder Methoden übernehmen

Objekte und deren Methoden oder Eigenschaften werden mit einem Punkt (.) voneinander getrennt. Sobald Sie ein Objekt, gefolgt von einem Punkt eingetippt haben, erscheint eine Liste mit allen, für das Objekt verfügbaren, Eigenschaften und Methoden, im Bild unten das Objekt `Worksheet` (Tabellenblatt). Durch Markieren und anschließenden Doppelklick, oder Betätigen der Tabulatortaste oder Eingabetaste wird die markierte Auswahl in den Programmcode übernommen. Auch bei der Eingabe weiterer Argumente, die eine Anweisung näher spezifizieren, unterstützt Sie der VBA-Editor.

Bild 9.7 Eingabe von Methoden und Eigenschaften eines Objekts

VBA unterscheidet bei der Eingabe der Argumente, ob es sich um eine Methode oder eine Funktion handelt.

- Funktionen liefern immer einen Wert zurück, befinden sich also rechts vom Gleichheitszeichen. Alle Funktionen erfordern die Argumente in Klammern!
- Bei Methoden geben Sie die Argumente nach einem Leerzeichen und ohne Klammern ein.

In beiden Fällen listet der VBA-Editor nach Eingabe der Klammer bzw. des Leerzeichens die Namen und Reihenfolge aller Argumente auf, das jeweils aktuelle Argument ist fett hervorgehoben. Im Beispiel unten spezifizieren Sie die Methode `Add` (Hinzufügen) durch die Argumente Einfügeposition, Anzahl und Typ genauer.

Bild 9.8 Beispiel: Eingabe von Argumenten

> Beachten Sie, dass in VBA alle Argumente mit Komma (,) anstatt Semikolon wie im Excel-Tabellenblatt getrennt werden!

Nicht immer sind alle Argumente zwingend erforderlich, dann müssen Sie allerdings trotzdem die Kommata eingeben. Als verkürzte Schreibweise können Sie anstelle überflüssiger Kommata auch den Namen des Arguments, gefolgt von Doppelpunkt und Gleichheitszeichen eingeben, zum Beispiel Name:="Muster".

Ein Beispiel zur Unterscheidung von Funktionen und Methoden

Die Anweisung `MsgBox` gibt eine beliebige Meldung auf dem Bildschirm aus. Mit der unten abgebildeten Anweisungszeile erscheint ein kleines Meldungsfenster und zeigt einen Text, in unserem Beispiel *Hallo* an. Weitere Argumente legen fest, ob das Fenster einen bestimmten Titel erhält und welche Schaltflächen es enthalten soll, nicht erforderliche bzw. benötigte Argumente können einfach weggelassen werden. In diesem Fall geben Sie `MsgBox` als Methode ein, das Ergebnis sehen Sie rechts.

Bild 9.9 Meldung anzeigen

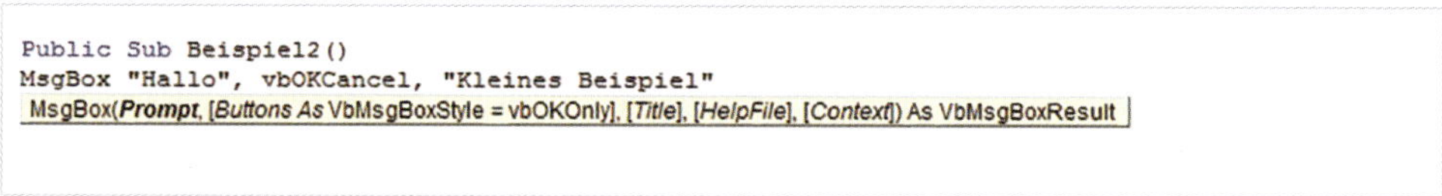

Als Funktion eingeben

Das Argument `Buttons` legt fest, welche Schaltflächen angezeigt werden sollen, im Beispiel oben *OK* und *Abbrechen* (`vbOKCancel`). Wenn Sie nun wissen möchten, welche Taste (*OK* oder *Abbrechen*) anschließend vom Benutzer gedrückt wurde und diese Information später auswerten möchten, dann muss `MsgBox` als Funktion eingegeben werden und liefert ein Ergebnis. Die Anweisung sieht dann so aus:

```
Taste = MsgBox("Hallo", vbOKCancel, "Kleines Beispiel")
```

Beachten Sie: Zeichenfolgen oder Text müssen auch in VBA-Anweisungen in Anführungszeichen " " eingegeben werden.

Syntaxüberprüfung

Kennzeichnung fehlerhafter Anweisungen

Sobald Sie eine Anweisungszeile beendet haben, erfolgt eine automatische Syntaxüberprüfung und fehlerhafte Anweisungen werden mit roter Schrift gekennzeichnet. Dies ist allerdings auch der Fall, wenn eine Anweisung noch unvollständig ist und Sie versehentlich die Eingabe-Taste oder Pfeiltaste nach oben bzw. unten betätigt haben. Die Kennzeichnung verschwindet wieder, sobald die Anweisung korrekt fertig gestellt oder korrigiert wurde.

Kommentare

Sie können innerhalb einer Prozedur jederzeit Kommentare einfügen und zwar sowohl in einer gesonderten Zeile, als auch am Ende einer Anweisungszeile. Kommentare müssen immer mit einem Hochkomma ' beginnen und erscheinen automatisch in grüner Schrift.

Tipp: Kommentare mit Erklärungen erleichtern bei späterer Bearbeitung die Übersicht und sollten deshalb grundsätzlich zu Beginn einer Prozedur und an wichtigen Punkten eingefügt werden.

Bild 9.10 Beispiel für Kommentare

```
Public Sub Beispiel2()
'Ein erstes Beispiel zur Programmierung mit VBA
'erstellt von Inge Baumeister 2016
'************************************************
MsgBox "Hallo", vbOKCancel, "Kleines Beispiel"
End Sub
```

Prozeduren ausführen

Siehe Kapitel 8, Makros

Im Arbeitsblatt unterscheidet sich das Starten der Ausführung von Prozeduren nicht von der Makroausführung und wird daher hier nicht mehr näher beschrieben. Möchten Sie dagegen zum Testen eine Prozedur aus dem VBA-Editor heraus ausführen, so klicken Sie an eine beliebige Stelle der Prozedur und verwenden die Schaltflächen in der Standardsymbolleiste des VBA-Editors.

Bild 9.11 Prozedur ausführen

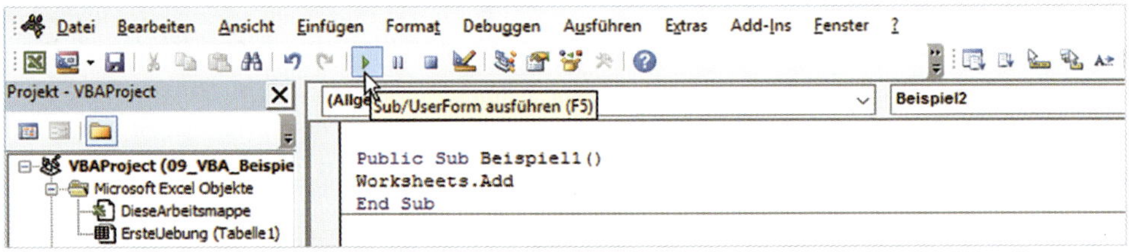

Der VBA-Editor erlaubt zum Testen einer Prozedur auch noch die schrittweise Ausführung, Näheres dazu am Ende dieses Kapitels.

Symbol	Beschreibung
▶	Startet die Ausführung der aktuellen Prozedur (in der sich der Cursor gerade befindet)
❚❚	Ausführung unterbrechen
■	Ausführung abbrechen/beenden

Die VBA-Hilfe

Nützliche Dienste leistet die VBA-Hilfe. Sie rufen die allgemeine Hilfe mit einem Klick auf das Symbol ? der Symbolleiste oder über das Menü *?* und *Microsoft Visual Basic for Applications-Hilfe* auf. Klicken Sie dann am besten auf die *Excel-VBA-Referenz* und auf *Gewusst wie...*. Hier finden Sie grundlegende Themen sowie Lösungen zu häufigen Aufgabenstellungen bei der Programmierung mit Excel. Eine vollständige Übersicht über alle Excel-Objekte und deren Elemente erhalten Sie mit der *Referenz*.

Benötigen Sie während der Eingabe Hilfe zu einer Anweisung oder deren Argumenten, so verwenden Sie besser die Direkthilfe: Klicken Sie in den Ausdruck und drücken Sie die Taste F1.

9.3 Grundlegende Sprachelemente von VBA

Variablen

Als Variablen werden in der Programmierung Platzhalter oder Behälter für Daten bezeichnet, denen erst während der Ausführung ein Wert zugewiesen wird, sie dienen in der Regel zur Aufnahme von Zwischenergebnissen.

Variablen speichern Zwischenergebnisse

Datentypen

Jede Variable gehört zu einem bestimmten Datentyp, der gleichzeitig auch die zulässigen Operationen festlegt. VBA unterscheidet die folgenden Datentypen:

Typ	Bereich	Beispiel
Byte	Ganze Zahlen von 0 bis 255	36
Integer	Ganze Zahlen von -32.769 bis 32.768	12.345
Long	Ganze Zahlen von -2.147.483.648 bis 2.147.483.648	123.458
Single	Dezimalzahlen mit 8 Stellen Genauigkeit	0,2234
Double	Dezimalzahlen mit 16 Stellen Genauigkeit	0,1457003598112
Currency	Festkommazahl mit 15 Stellen vor und 8 Stellen hinter dem Komma	12,90
Date	Datum und Uhrzeit	15.03.2016
String	beliebige Zeichenfolge, alphanumerisch	"Feldweg 7a"
Variant	beliebige Zeichenfolge, Zext oder Zahlen	"Frieda" oder 999
Boolean	Wahr oder Falsch, True / False	True
Object	alle Objektreferenzen	Worksheet

Variablennamen

Für eine bessere Übersicht, sollten alle Variablen zu Beginn der Prozedur deklariert werden.

Jede verwendete Variable sollte vor der Verwendung mit einem eindeutigen Namen und einem Datentyp deklariert werden. Die Deklaration geschieht für jede Variable mit der Anweisung `Dim`, gefolgt vom Variablennamen und dem Datentyp und sollte sich am besten gleich am Beginn der Prozedur befinden. Folgende Regeln sind bei Variablennamen zu beachten:

- Ein Variablenname muss mit einem Buchstaben beginnen und darf max. 255 Zeichen lang sein.
- Ein Variablenname muss innerhalb des Gültigkeitsbereichs eindeutig sein, darf also nicht mehrfach vorkommen.
- Ein Variablenname darf keine Leerzeichen, keine Sonder- und Satzzeichen enthalten.
- Optional kann dem Variablennamen ein Präfix vorangestellt werden, das den Datentyp kennzeichnet, z. B. strName für die String-Variable Name.

Werte zuweisen

Punkt als Dezimalzeichen!

Mit dem Datentyp wird jeder Variablen automatisch ein Anfangswert zugewiesen, String-Variablen erhalten einen Leerstring "", numerische den Wert 0. Unten ein Beispiel, bei dem zuerst die Variablen deklariert werden und anschließend den Variablen ein Wert zugewiesen wird. Beachten Sie, dass in VBA-Anweisungen als Dezimaltrennzeichen ein Punkt anstelle des Kommas eingegeben werden muss!

```
Dim Alter as integer
Dim Betrag as Double
Dim Vorname as String
Alter = 21
Vorname = "Otto"
Betrag = 125.33
```

Wenn einer Objektvariablen ein Objekt zugewiesen werden soll, dann geschieht dies mit dem zusätzlichen Schlüsselwort `Set`. Das folgende Beispiel deklariert die Objektvariable *NeuesBlatt* und weist ihr mit der zweiten Anweisung ein neues Arbeitsblatt zu:

```
Dim NeuesBlatt as Object
Set NeuesBlatt = Worksheets.Add
```

Variablendeklaration erzwingen

Die Deklaration von Variablen ist nicht zwingend erforderlich, sollte aber unbedingt vorgenommen werden. Nicht deklarierte Variablen sind automatisch vom Typ *Variant*. Dies kann während der Laufzeit zu Fehlern führen, beispielsweise wenn für Berechnungen die Eingabe einer Zahl erforderlich ist, vom Benutzer jedoch Text eingegeben wird. Mit der Anweisung `Option Explicit` zu Beginn eines Moduls im so genannten Deklarationsbereich, erzwingen Sie eine Deklaration aller verwendeten Variablen. Dadurch werden auch Tippfehler bei der Eingabe von Variablennamen in einer Prozedur schnell erkannt, da Sie bei Verwendung einer nicht deklarierten Variablen eine Fehlermeldung erhalten.

Über das Menü *Extras – Optionen,* Register *Editor* können Sie festlegen, dass diese Anweisung automatisch zu Beginn jedes neuen Moduls eingefügt wird.

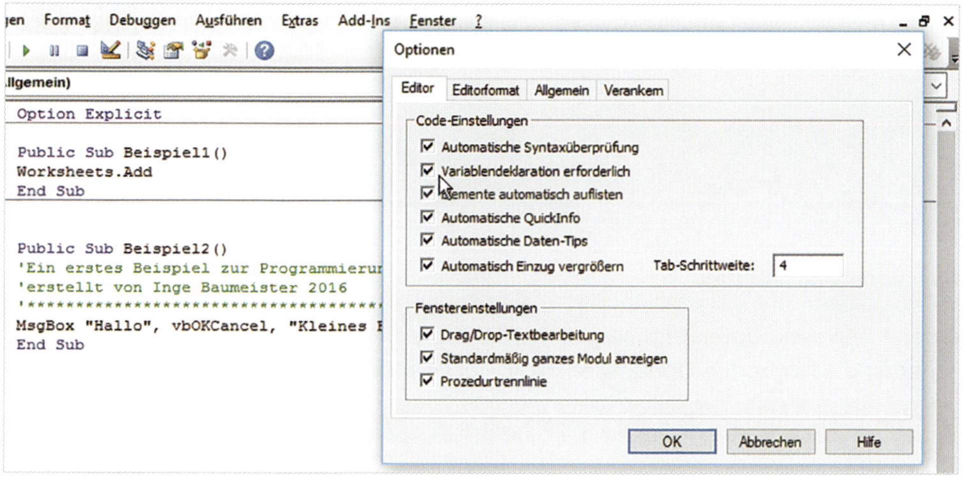

Bild 9.12 Variablendeklaration erzwingen

Geltungsbereich von Variablen

Auf Prozedurebene mit dem Schlüsselwort `Dim` deklarierte Variablen besitzen nur innerhalb der Prozedur Gültigkeit und werden deshalb auch als lokale Variablen bezeichnet.

Um den Geltungsbereich zu erweitern, können Variablen auch auf Modulebene deklariert werden. Die Deklaration muss dann zu Beginn des Moduls im Deklarationsbereich erfolgen. Mit dem Schlüsselwort `Private` besitzt eine Variable Gültigkeit innerhalb des Moduls, mit dem Schlüsselwort `Public` ist sie global, d.h. in allen Modulen eines Projekts gültig, zwei Beispiele:

```
Private Benutzer as String
Public Benutzer as String
```

Konstanten

Konstanten speichern feste Werte

Konstanten sind feste Werte, die während der Ausführung nicht geändert werden. Die Deklaration und Wertzuweisung von Konstanten erfolgt, wie bei Variablen am Beginn einer Prozedur und beginnt dort mit dem Schlüsselwort `Const`. Soll eine Konstante auf Modulebene deklariert werden, so geschieht dies am Beginn des Moduls im Deklarationsbereich.

Auch für Konstanten wird der Geltungsbereich über Schlüsselwörter festgelegt, `Public` für globale Konstanten und `Private`, wenn die Konstanten nur innerhalb des Moduls verfügbar sind. Für Namen von Konstanten gelten die gleichen Regeln wie für Variablennamen, als Typ sind alle zulässigen VBA-Datentypen möglich. Beispiele:

```
Const Nummer as Integer = 100
Public Const Benutzer as String = "Karl-Theodor"
```

VBA verfügt außerdem über einige integrierte Konstanten, die Sie auch ohne Deklaration verwenden können, an der Vorsilbe erkennen Sie die Herkunft, einige Beispiele:

Vorsilbe	Zugehörigkeit	Beispiel	
vb	VBA	vbRed	Farbe Rot
xl	Excel	xlNone	keine Farbe
Mso	MS Office	msoSortOrder	Sortierreihenfolge

Operatoren und Ausdrücke

Operatoren verknüpfen und vergleichen Variablen, Werte oder Ausdrücke. VBA unterscheidet die folgenden Operatoren, bzw. vier Grundtypen:

Typ	Beschreibung	Zeichen
Arithmetische Operatoren	Addition	+
	Subtraktion	-
	Division	/
	Multiplikation	*
	Ganzzahlige Division	\
	Potenz	^
	Modulo	Mod
Vergleichsoperatoren	Gleich	=
	kleiner als	<
	kleiner oder gleich	<=
	Größer als	>
	Größer oder gleich	>=
	Ungleich	<>
Vergleichsoperatoren für Text	entspricht	LIKE
Vergleichsoperatoren für Objekte	entspricht	IS
Logische Operatoren	Und	AND
	Oder	OR
	Nicht	NOT
Text verketten	Zeichenfolgen anfügen	&, +

Tipp: Verkettungsoperatoren werden häufig eingesetzt, um mehrere Zeichenfolgen miteinander zu verketten. Das folgende Beispiel gibt eine persönliche Begrüßung in einem Meldungsfenster aus, indem die Zeichenfolgen aus der Variablen *Name* und der Text *„Guten Morgen"* mit Leerzeichen dazwischen aneinandergefügt werden.

```
Sub Begruessung()
Dim strName as String
strName = "Theodor"
MsgBox "Guten Morgen " & strName
End Sub
```

9.4 Einfache Dialoge

Eingabe und Ausgabe

Während des Programmablaufs ist es häufig erforderlich, Meldungen an den Benutzer auszugeben oder Eingaben des Benutzers einzulesen. Dazu können entweder benutzerdefinierte Dialoge erstellt oder die Dialogfunktionen von VBA eingesetzt werden. Für einfache Dialoge benutzen Sie in VBA die Funktionen `MsgBox` und `InputBox`.

Eine Meldung ausgeben

Gibt eine Meldung aus und unterbricht den Programmablauf

`MsgBox` haben Sie bereits in einigen Beispielen kennengelernt. Diese Funktion gibt eine Meldung in einem Fenster aus und unterbricht den Programmablauf solange, bis auf eine Schaltfläche geklickt wird. Die Syntax:

```
MsgBox(prompt[,buttons] [,title] [,helpfile],[context])
```

In der einfachsten Form benötigen Sie nur das Argument `Prompt` für die eigentliche Meldung, z. B. `MsgBox "Falsche Eingabe"`.

Alle weiteren Argumente sind optional und steuern das Aussehen des Meldungsfensters:

Argument	Beschreibung
`Prompt`	Der eigentlichen Meldungstext muss in " " eingegeben werden, maximale Länge 1024 Zeichen.
`Buttons`	Damit legen Sie fest, welche Schaltflächen das Dialogfenster enthalten soll, z. B. `vbOKCancel` zeigt die Schaltflächen *OK* und *Abbrechen* an.
`Title`	Legt den Titel des Meldungsfensters fest.
`Helpfile/Context`	Definiert die kontextbezogene Hilfedatei und das Hilfethema für das Dialogfenster.

Schaltflächen verwenden

Wird das Argument `Buttons` nicht angegeben, so zeigt das Meldungsfenster nur die Schaltfläche *OK* an. Mit dem Argument `Buttons` können Sie hingegen zwischen verschiedenen Schaltflächen wählen. Eine Liste der verfügbaren Möglichkeiten erscheint, sobald Sie nach dem Argument `Prompt` das Komma eingegeben haben.

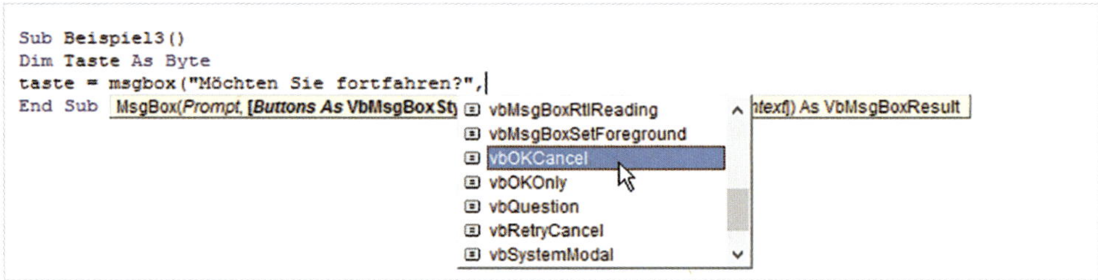

Bild 9.13 Auswahl Schaltflächen

Die Rückgabewerte der Tasten erfahren Sie in der VBA-Hilfe mit F1.

Jede Schaltfläche gibt beim Anklicken einen bestimmten Wert als Zahl vom Typ Integer zurück. Die Bedeutung der Schaltflächen und die dazugehörigen Werte finden Sie in der VBA-Hilfe. Klicken Sie dazu in das Wort `MsgBox` und drücken Sie die Taste F1.

Um auszuwerten, welche Taste angeklickt wurde, müssen Sie den Rückgabewert der Funktion `MsgBox` einer Variablen zuweisen. Die folgende Anweisung erzeugt ein Meldungsfenster mit den Schaltflächen *OK* und *Abbrechen* und weist den Rückgabewert der Variablen *Taste* zu.

```
Dim Taste As Byte
Taste = MsgBox("Möchten Sie fortfahren?", vbOKCancel)
```

Näheres zu If-Anweisungen lesen Sie im nächsten Punkt.

Die weitere Vorgehensweise ist abhängig von der gedrückten Taste, wobei *OK* den Wert 1 und *Abbrechen* den Wert 2 zurückgibt. Sie kann beispielsweise in Form einer `If` Anweisung realisiert werden.

```
If Taste = 1 Then
    Anweisung1
    Anweisung2
    Anweisung...
Else
    Exit Sub     'Bei Abbrechen wird die Prozedur verlassen
End If
```

Benutzereingaben mit InputBox

Für einfache Benutzereingaben stellt VBA mit der Funktion `InputBox` ein Dialogfenster mit einem Eingabefeld zur Verfügung. Die Syntax ist ähnlich der Funktion `MsgBox` und lautet:

```
InputBox(prompt[,title] [,default] [,xpos] [,ypos])
```

Die Argumente `Prompt` und `Title` werden wie in der Funktion `MsgBox` verwendet. Mit `Default` können Sie im Eingabefeld einen Standardwert vorgeben, ansonsten ist das Feld leer. Die beiden Argumente `xpos` und `ypos` geben, falls erforderlich, die X und Y-Position des Fensters im Verhältnis zur linken oberen Bildschirmecke an. Wird nichts angegeben, erscheint das Fenster zentriert.

Die folgende Anweisung gibt das abgebildete Dialogfenster aus und weist den Eingabewert der Variablen strVorname zu.

```
strVorname = InputBox("Bitte geben Sie Ihren Vornamen ein")
```

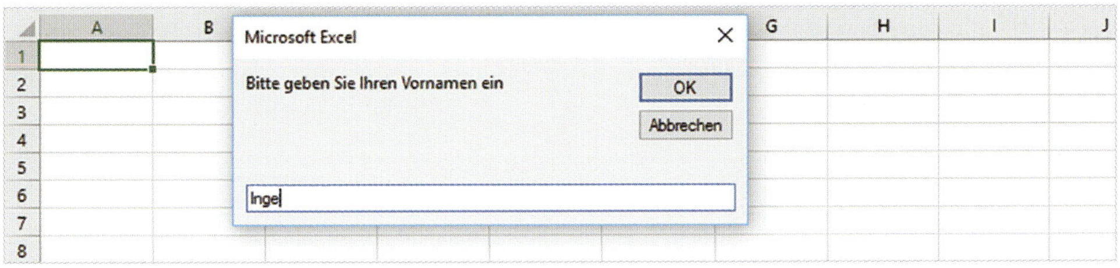

Bild 9.14 Das Eingabefenster InputBox

Achtung: Die Funktion `InputBox` liefert einen Wert zurück, nämlich die Eingabe des Benutzers, die Argumente müssen daher immer in Klammern gesetzt werden.

9.5 Kontrollstrukturen

Programmablauf steuern

In der einfachsten Form enthält eine Prozedur Anweisungen, die der Reihe nach ausgeführt werden. Oft ist es jedoch erforderlich, Anweisungen entweder mehrmals zu wiederholen oder die Ausführung von einer Bedingung abhängig zu machen. Zur Steuerung des Programmablaufs verwendet man in der Programmierung Kontrollstrukturen.

> Tipp: Rücken Sie alle Anweisungen innerhalb von Kontrollstrukturen mit der Tab-Taste oder dem Symbol *Einzug vergrößern* (Symbolleiste *Bearbeitung*) ein. Dies ist zwar nicht zwingend erforderlich, erhöht aber die Lesbarkeit und Übersichtlichkeit.

Entscheidungsstrukturen oder Verzweigungen

Einseitige Auswahl

Vergleichbar der Funktion WENN

Entscheidungsstrukturen machen die Ausführung eines Anweisungsblocks davon abhängig, ob eine Bedingung erfüllt ist. Als Bedingung verwenden Sie einen Ausdruck, der als Ergebnis die Werte `True` oder `False` liefert, vergleichbar der WENN-Arbeitsblattfunktion von Excel. Die allgemeine Syntax lautet:

```
If Bedingung = True Then
    Anweisung1
    Anweisung2
    Anweisung...
End If
```

Ist die Bedingung nicht erfüllt, so werden alle Anweisungen zwischen `If` und `End If` ignoriert und die Programmausführung mit den Anweisungen nach `End If` fortgesetzt. Als Beispiel berechnet die folgende Prozedur einen Rabatt von 5% nur dann, wenn der Rechnungsbetrag 100 Euro oder mehr beträgt und gibt diesen in einem Meldungsfenster aus.

```
Sub RabattBerechnen()
Dim dblRabatt As Double
Dim dblBetrag As Double
dblRabatt = 0.05
dblBetrag = 120
If dblBetrag >= 100 Then
    dblBetrag = dblBetrag - (dblBetrag * dblRabatt)
End If
MsgBox "Der endgültige Betrag beträgt " & dblBetrag
End Sub
```

Zweiseitige Auswahl

Die zweiseitige Auswahl lässt zwei Alternativen zu: Der erste Anweisungsblock wird ausgeführt, wenn die Bedingung das Ergebnis `True` liefert, der zweite Block (`Else`) wird ausgeführt, wenn das Ergebnis `False` lautet. Der Aufbau sieht dann so aus:

```
If Bedingung = True Then
    Anweisung1
    Anweisung2
    Anweisung ...
Else
    Anweisung3
    Anweisung...
End If
```

Mehrstufige Auswahl

Vergleichbar einer verschachtelten WENN Funktion, allerdings übersichtlicher!

Sollen mehrere Bedingungen nacheinander geprüft werden, so verwenden Sie eine mehrstufige Auswahl mit folgendem Aufbau:

```
If Bedingung1 Then
    Anweisungsblock1
ElseIf Bedingung2 Then
    Anweisungsblock2
ElseIf Bedingung3 Then
    Anweisungsblock3
```

```
Else
    AnweisungsblockN
End If
```

Sobald eine Bedingung erfüllt ist, wird der darauffolgende Anweisungsblock ausgeführt und anschließend die Auswahl verlassen. Die letzte Stufe `Else` wird nur ausgeführt, wenn keine der zuvor definierten Bedingungen zutreffend war. Das folgende Beispiel liefert anhand der Schulnote den dazugehörigen Notentext und gibt ihn in einem Meldungsfenster aus.

```
Sub Noten()
Dim intNote As Integer
Dim strNotenText As String
intNote = InputBox("Bitte die Note als Zahl eingeben")
If intNote = 1 Then
    strNotenText = "Sehr gut"
ElseIf intNote = 2 Then
    strNotenText = "Gut"
ElseIf intNote = 3 Then
    strNotenText = "Befriedigend"
ElseIf intNote = 4 Then
    strNotenText = "Ausreichend"
ElseIf intNote = 5 Then
    strNotenText = "Mangelhaft"
Else
    strNotenText = "Nicht Ausreichend"
End If
MsgBox "Sie haben die Note " & strNotenText
End Sub
```

Fallauswahl

Soll eine Variable auf viele Werte überprüft werden, eignet sich auch die Fallauswahl. Sie beginnt mit der Anweisung `Select Case` und endet mit `End Select`. Die Syntax lautet:

```
Select Case Variable
    Case Wert1
        Anweisungsblock1
    Case Wert2
        Anweisungsblock2
    Case Wert3
        Anweisungsblock3
    Case Wert...
        Anweisungsblock...
    Case Else
        AnweisungsblockN
End Select
```

Der Teil `Case Else` ist optional und wird nur dann ausgeführt, wenn zuvor keine der angegebenen Bedingungen zutreffend war. Hier ein Beispiel:

```
Sub ZahlenBeispiel()
Dim intZahl As Integer
Dim strText As String
intZahl = InputBox("Eine Zahl zwischen 10 und 50 eingeben!")
Select Case intZahl
    Case Is > 50
        strText = "Die Zahl ist zu groß!"
    Case Is < 10
        strText = "Die Zahl ist zu klein!"
    Case Else
        strText = "Gratulation - Richtige Eingabe!"
End Select
MsgBox strText
End Sub
```

Verschachtelte Bedingungen

Achten Sie auf Übersichtlichkeit

Auswahlstrukturen und Bedingungen können natürlich auch beliebig ineinander verschachtelt werden. Achten Sie in diesem Fall darauf, dass jede der Kontrollstrukturen auch wieder beendet werden muss. Hier einige Tipps:

- Einrücken der dazugehörigen Anweisungsblöcke hilft bei der Fehlersuche und verschafft Ihnen auch später einen besseren Überblick.
- Schreiben Sie nach der Anweisung `If` sofort die `End If` Anweisung und fügen Sie erst dann dazwischen die übrigen Anweisungszeilen ein, damit vergessen Sie nicht, die Kontrollstruktur wieder zu schließen.

Wiederholungsschleifen

Bei zahlreichen Problemstellungen müssen Anweisungen mehrmals ausgeführt werden. Zu diesem Zweck kennt jede Programmiersprache Strukturen, die einen bestimmten Anweisungsteil mehrmals durchlaufen, sie werden als Wiederholungsschleifen bezeichnet. Eine Schleife besteht immer aus einer Schleifensteuerung, die festlegt, wie oft die Schleife durchlaufen wird und dem eigentlichen Anweisungsteil, dem Schleifenkörper.

VBA unterscheidet grundsätzlich zwischen zählergesteuerten Schleifen und Bedingungsschleifen.

> Achten Sie unbedingt darauf, dass eine Schleife mit einer entsprechenden Anweisung oder Bedingung auch wieder verlassen werden kann. Eine Schleife wird sonst schnell zur Endlosschleife und die Prozedur kann dann nur noch über die Tastenkombination Strg+Alt+Entf oder Strg+Pause abgebrochen werden.

For ... Next Schleife (Zählergesteuert)

Zählervariable erforderlich

Bei der zählergesteuerten `For...Next` Schleife legt der Wert einer Variablen, der Zählervariablen, die Anzahl der Wiederholungen fest. Sie benötigt eine Zählervariable vom Typ Zahl, die bei jedem Schleifendurchlauf automatisch um die angegebene Schrittweite erhöht wird. Diese Variable muss selbstverändlich, wie alle Variablen, zuvor deklariert werden (Byte, Integer oder Long). Falls nötig, kann die Schleife mit der Anweisung `Exit For` vorzeitig verlassen werden. Die Syntax lautet:

```
For Zählervariable = Startwert To Endwert Step Schrittweite
      Anweisung1
      Anweisung2
      Anweisung...
Next
```

Das folgende Beispiel berechnet für alle geraden Zahlen von 2 bis 20 das Quadrat und gibt jeweils das Ergebnis als Meldung aus. Der Wert der Zählervariablen wird automatisch um die angegebene Schrittweite 2 erhöht.

```
Sub QuadratzahlenBerechnen()
Dim N As Integer
Dim intZahl As Integer
For N = 2 To 20 Step 2
   intZahl = N ^ 2
   MsgBox "Das Quadrat von " & N & " beträgt " & intZahl
Next
End Sub
```

> Beachten Sie: Bei der `For ... Next` Schleife wird der Wert der Zählervariablen mit jedem Schleifendurchlauf automatisch um die angegebene Schrittweite erhöht. Wird nichts angegeben, so gilt Schrittweite 1.

For Each Schleife

Für Objektauflistungen, also mehrere gleichartige Objekte wie z. B. die Tabellenblätter einer Arbeitsmappe, stellt VBA eine besondere Form einer Zählerschleife zur Verfügung, die `For Each ... Next` Schleife. Mit der Anweisung `Exit For` kann die Schleife verlassen werden. Die Syntax lautet:

```
For Each Element in Gruppe
      Anweisungen
Next
```

Das folgende Beispiel benennt alle Tabellenblätter der aktiven Arbeitsmappe um in Beispiel-1, Beispiel-2, usw.. Im Gegensatz zur `For...Next` Schleife erhält hier die Variable *Nr*, die die Blattnummer festlegt, vor Beginn der Schleife den Wert 1 und muss innerhalb der Schleife mit einer Anweisung bei jedem Durchlauf um 1 erhöht werden.

```
Sub BlattBenennen()
Dim Nr As Integer
Dim Blatt As Worksheet
Nr = 1
For Each Blatt In Worksheets
    Blatt.Name = "Beispiel-" & Nr
    Nr = Nr + 1
Next
End Sub
```

Soll die Schleife nach einer bestimmten Anzahl Wiederholungen verlassen werden, benötigen Sie eine zusätzliche Bedingung. Damit beispielsweise nur die ersten drei Blätter umbenannt werden, muss die Prozedur so lauten:

```
Sub BlattBenennen()
Dim Nr As Integer
Dim Blatt As Worksheet
Nr = 1
For Each Blatt In Worksheets
    Blatt.Name = "Beispiel-" & Nr
    Nr = Nr + 1
    If Nr = 4 then
        Exit For     'Schleife verlassen
    End if
Next
End Sub
```

Bedingungsschleifen

Die Zählervariable muss per Anweisung erhöht werden

Bedingungsschleifen führen einen Anweisungsblock aus, abhängig davon ob eine Bedingung erfüllt ist. Die Schleife wird so oft durchlaufen, solange die Bedingung den Wert `True` zurückgibt.

> Achtung: Im Gegensatz zu Zählerschleifen müssen Sie bei Bedingungsschleifen den Wert einer Zählervariablen per Anweisung erhöhen.

While-Schleife

Viele Schleifenstrukturen basieren auf einer `While...Wend` Schleife. Bei dieser Methode wird die Bedingung am Beginn der Schleife geprüft und der Schleifenkörper nur dann ausgeführt, wenn die Bedingung das Ergebnis `True` liefert.

Beim Ergebnis `False` wird dagegen die Prozedur mit den Anweisungen nach `Wend` fortgesetzt. Die allgemeine Syntax lautet:

```
While Bedingung
    Anweisung1
    Anweisung2
    Anweisung...
Wend
```

Do...Loop Anweisung

Diese Anweisung existiert in verschiedenen Varianten und wird in der Praxis meist anstatt `While... Wend` eingesetzt. mit der Anweisung `Exit Do` kann die Schleife vorzeitig verlassen werden. Die Bedingung wird zu Beginn der Schleife vor jedem Durchlauf überprüft und der Anweisungsblock ausgeführt, solange die Bedingung erfüllt ist. Die allgemeine Syntax lautet dann:

```
Do While Bedingung
    Anweisung1
    Anweisung2
    Anweisung...
Loop
```

Beispiel

Vielleicht kennen Sie das folgende Rechenbeispiel in dieser oder einer ähnlichen Form: Eine Schnecke klettert eine Mauer hoch. Tagsüber klettert sie um 50 cm nach oben, in jeder Nacht rutscht sie 10 cm nach unten, die Mauer ist 4 m hoch. Nach wievielen Tagen ist sie oben?

```
Sub Schnecke()
Dim intTage As Integer
Dim dblMorgen As Double
Dim dblAbend As Double
intTage = 0
dblMorgen = 0
Do While dblAbend < 4
    intTage = intTage + 1
    dblAbend = dblMorgen + 0.5
    dblMorgen = dblAbend - 0.1
Loop
MsgBox "Die Schnecke benötigt " & intTage & " Tage."
End Sub
```

Als zweite Alternative kann die Bedingung für die Schleife anstelle von `While` auch mit `Until` formuliert werden. Dann werden die Anweisungen solange ausgeführt, bis die Bedingung erfüllt ist, die Syntax lautet dann:

```
Do Until Bedingung
    Anweisungen
Loop
```

Auf die Schneckenfrage angewendet, müsste die Schleife dann lauten:

```
Do Until dblAbend >= 4
    intTage = intTage + 1
    dblAbend = dblMorgen + 0.5
    dblMorgen = dblAbend - 0.1
Loop
```

Schleife wird mindestens ein Mal durchlaufen

Eine weitere Möglichkeit besteht darin, die Bedingung erst am Ende der Schleife zu prüfen. Dies bedeutet allerdings, dass die Schleife in jedem Fall mindestens einmal durchlaufen wird, dann würde die Bedingung lauten:

```
Do
    intTage = intTage + 1
    dblAbend = dblMorgen + 0.5
    dblMorgen = dblAbend - 0.1
Loop Until dblAbend >= 4
```

Die Formulierung `While` ist ebenfalls am Schleifenende zulässig und würde lauten:

```
Loop While dblAbend < 4
```

Die With-Anweisung

Weist einem Objekt nacheinander mehrere Eigenschaften zu

Diese Anweisung ist eigentlich keine Schleife, da sie nur einmal durchlaufen wird. Sie ist aber trotzdem sehr nützlich, da sie es erlaubt, gleich mehrere Eigenschaften eines Objekts nacheinander festzulegen, dabei muss der Objektname dabei nur ein einziges Mal angegeben werden. Die Syntax:

```
With Objekt
    Anweisungen
End With
```

Beispiel: Sie möchten einer markierten Zelle, in diesem Beispiel B5 gleich mehrere Formatierungen zuweisen.

```
Sub ZellbereichFormatieren()
ActiveSheet.Range("B5").Select
With ActiveCell
    .Font.Bold = True
    .Font.Size = 14
    .Borders.ColorIndex = 5
End With
End Sub
```

9.6 Die Excel-Objekte

Microsoft Excel kennt mehr als 200 verschiedene Objekte, das gesamte Excel-Objektmodell mit allen Objekten finden Sie in der VBA-Hilfe. Hier betrachten wir als Beispiele nur einige der wichtigsten und am häufigsten verwendeten Objekte genauer.

Siehe Kapitel 9.1 VBA-Hilfe

Objekt	Beschreibung
Application	Die Anwendung Excel selbst bzw. das Excel-Fenster
Workbook	Excel Arbeitsmappe
Worksheet	Tabellenblatt
Range	Zellbereich, bzw. eine einzelne Zelle

Die Objekte stehen in hierarchischer Abhängigkeit zueinander: die oberste Ebene bildet das Application-Objekt, also die Anwendung Excel. Das Bild unten zeigt die Hierarchie der oben genannten Objekte. Diese stellt allerdings nur einen kleinen Ausschnitt dar, die gesamte Objekthierarchie ist wesentlich umfangreicher.

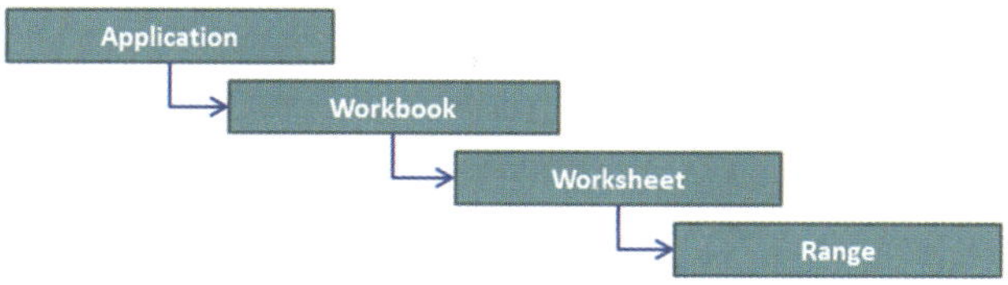

Bild 9.15 Hierarchie der Excel Objekte

Eine besondere Form von Objekten bilden die Auflistungen (collections). Sie fassen mehrere gleichartige Objekte zusammen, so umfasst beispielsweise die Auflistung `Worksheets` alle Tabellenblätter einer Arbeitsmappe. Dann geben Sie in Klammern dahinter den Namen eines bestimmten Objekts ein.

Die Objekthierarchie regelt auch den Zugriff auf Objekte. Um auf ein bestimmtes Objekt zuzugreifen, beispielsweise um im Tabellenblatt Tabelle1 in die Zelle A3 den Text „Hallo" einzufügen, ist die folgende Anweisung erforderlich:

Objektzugriff über die Hierarchie

```
Worksheets("Tabelle1").Range("A3") = "Hallo"
```

Hinweis: Anstelle der Auflistung `Worksheets` kann auch die Auflistung `Sheets` verwendet werden, dann lautet die Anweisung:

```
Sheets("Tabelle1").Range("A3") = "Hallo"
```

Ohne Angabe des Arbeitsblattes würde sich eine Anweisung immer auf das aktuelle Blatt beziehen.

Objekteigenschaften

Objektbeschreibung

Eigenschaften sind Attribute, die Aussehen und Zustand eines Objekts bestimmen. Die verfügbaren Eigenschaften sind abhängig vom jeweiligen Objekt, sie lassen sich in Prozeduren abfragen, einige Eigenschaften können auch per Programmanweisung geändert werden. Einige häufig verwendete Eigenschaften sind:

Eigenschaft	Beschreibung
`Caption`	Beschriftung eines Objekts.
`Name`	Die Bezeichnung, unter der ein Objekt angesprochen wird.
`Value`	Wert oder Inhalt eines Objekts, Zellinhalt.

Beispiel: Die beiden folgenden Anweisungen weisen im Blatt Tabelle1 der Zelle A3 den Wert 999 zu. Da die Eigenschaft `Value` gleichzeitig die Standardeigenschaft des Range-Objekts darstellt, kann diese auch weggelassen werden.

```
Worksheets("Tabelle1").Range("A3").Value = 999
Sheets("Tabelle1").Range("A3") = 999
```

Methoden und Ereignisse

Aktionen, die an einem Objekt ausgeführt werden

Neben den Eigenschaften verfügen Objekte auch über Methoden. Darunter versteht VBA Aktionen, die an oder mit einem Objekt ausgeführt werden können. So verfügt beispielsweise ein Arbeitsblatt über die Methoden Einfügen, Verschieben oder Löschen.

Eine kleine Übersicht über häufig benötigte Methoden

Methode und Beispiel	Beschreibung/Beispiel
`Worksheets("Tabelle1").Select`	Wählt das Objekt Tabelle1 aus
`Worksheets("Tabelle1").Activate`	Aktiviert das Objekt Tabelle1
`Worksheets.Add`	Fügt ein neues Tabellenblatt in die aktuelle Mappe ein
`Worksheets.Move`	Verschiebt das aktuelle Tabellenblatt
`Worksheets("Tabelle1").Delete`	Löscht das Objekt Tabelle1
`Range("A1:D5").ClearContents`	Löscht den Inhalt des Zellbereichs A1:D5, die Formate bleiben erhalten
`Range("A1:D10").Clear`	Löscht Inhalte und Formatierungen
`Workbook("Beispiel.xlsx").Close`	Schließt die Arbeitsmappe Beispiel.xlsx

Ereignisse von Objekten spielen vor allem dann eine Rolle, wenn Prozeduren bei bestimmten Aktionen ausgeführt werden sollen, z. B. beim Öffnen einer Arbeitsmappe, auf diese Möglichkeit wird hier nicht weiter eingegangen.

Ein Beispiel für das Ereignis Öffnen finden Sie in Kapitel 10 in Zusammenhang mit ActiveX-Steuerelementen

Der Objektkatalog

Eine Übersicht über die verfügbaren Objekte, deren Eigenschaften und Methoden erhalten Sie im Objektkatalog. Sie öffnen den Objektkatalog im VBA-Editor entweder mit der Taste F2, per Mausklick auf das Symbol *Objektkatalog* (Bild unten) oder über den Menübefehl *Ansicht - Objektkatalog*. Mit der *Schließen*-Schaltfläche des Objektkatalogs kehren Sie zurück in die VBA-Entwicklungsumgebung.

Objektkatalog anzeigen: F2

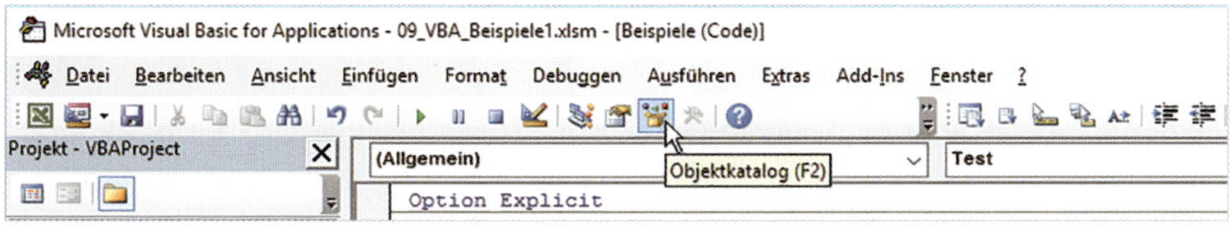

Bild 9.16 Objektkatalog anzeigen

Zur Suche nach einem bestimmten Objekt wählen Sie die gewünschte Bibliothek, in unserem Fall *Excel* und geben im Feld darunter einen Begriff ein, z. B. „worksheet" (auch unvollständige Angaben sind möglich). Klicken Sie dann auf das Symbol *Suchen*.

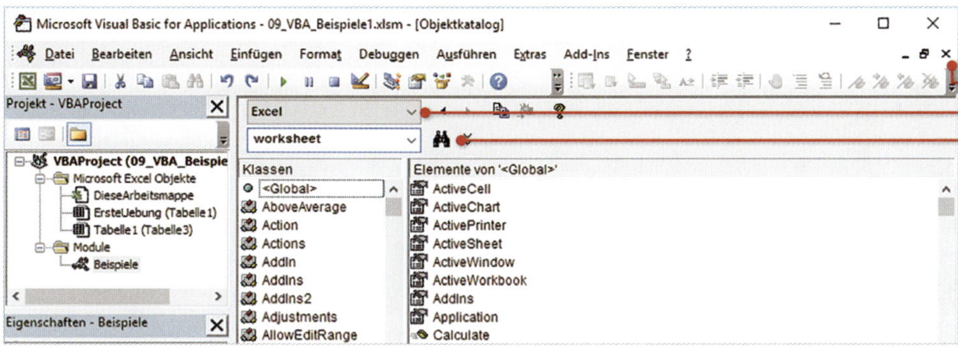

Bild 9.17 Objektkatalog

Das Suchergebnis erscheint unterhalb in einem weiteren Teilfenster, hier sehen Sie auch die Zugehörigkeit zur jeweiligen Bibliothek. Ein weiteres Fenster zeigt unterhalb das gesuchte Objekt zusammen mit allen dazugehörigen Eigenschaften, Methoden und Ereignissen an. Wenn Sie in der Liste *Klassen* auf ein Element, z. B. *Worksheets* klicken, so erhalten Sie rechts daneben eine Übersicht über alle dazugehörigen Elemente, also Methoden, Eigenschaften und Ereignisse.

Tipp: Markieren Sie ein Element, so sehen Sie unterhalb die erforderlichen Argumente und die Position des Elements in der Objekthierarchie.

Zum Ausblenden der Suchergebnisse benutzen Sie die Schaltfläche rechts neben der *Suchen*-Schaltfläche.

Bild 9.18 Beispiel Worksheets: Suchergebnisse

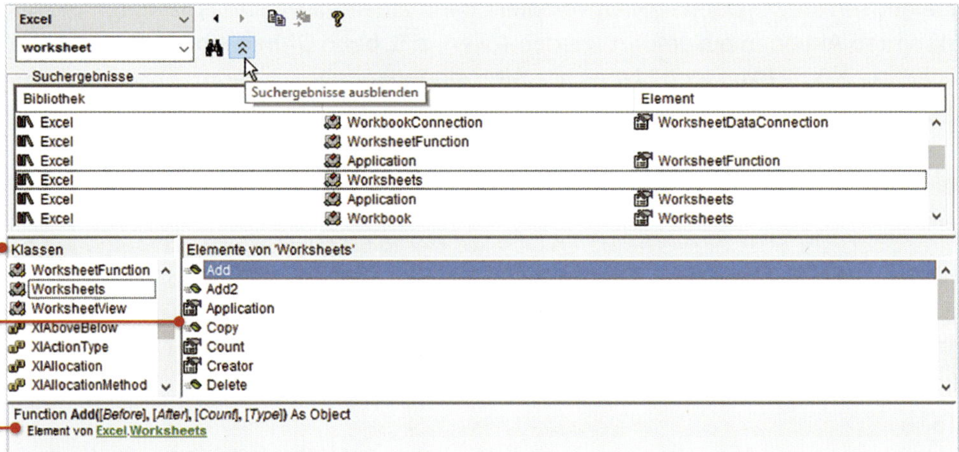

An den Symbolen können Sie erkennen, ob es sich um eine Eigenschaft, eine Methode oder ein Ereignis handelt.

Symbol	Typ	Beispiel	
	Objekt	`Worksheet`	(Arbeitsblatt)
	Eigenschaft	`Name`	(Name)
	Methode/Funktion	`Delete`	(Löschen)
	Ereignis	`Activate`	(Aktivieren)

9.7 Zugriff auf Excel-Objekte

Nachdem Sie nun die wichtigsten grundlegenden Sprachelemente von VBA und einige wichtige Excel-Objekte sowie deren Eigenschaften und Methoden kennengelernt haben, kommen wir zu einem der wesentlichen Punkte, nämlich wie Sie die Excel-Objekte in VBA-Prozeduren behandeln.

Zugriff auf Tabellenblätter

Die Auflistungen `Worksheets` und `Sheets` enthalten alle Excel-Arbeitsblätter der aktuellen Arbeitsmappe. Der Zugriff auf ein bestimmtes Blatt erfolgt entweder über den Namen oder die Position (Indexwert). Eine Auswahl über den Index ist allerdings nicht empfehlenswert, da dieser abhängig ist von der relativen Position innerhalb der Arbeitsmappe und somit auch veränderbar. Hier einige Beispiele zum Auswählen eines Arbeitsblattes:

Zugriff über...	Anweisung/en
Name	`Worksheets("Tabelle1").Select` `Sheets("Tabelle1").Activate`
Indexwert	`Worksheets(1).Select` `Sheets(5).Select`

Für den Zugriff auf das aktuelle Arbeitsblatt verwenden Sie `ActiveSheet`, beispielsweise, um dem Blatt einen Namen zuzuweisen.

```
ActiveSheet.Name = "Januar"
```

Allerdings ist es beim Umbennen eines Blattes nicht zwingend erforderlich, dieses zuvor auszuwählen, mit der folgenden Anweisung benennen Sie das Blatt Tabelle2 um, auch wenn es sich nicht um das aktuelle Blatt handelt.

```
WorkSheets("Tabelle2").Name = "Februar"
```

Einige Methoden und Eigenschaften in Zusammenhang mit Arbeitsblättern

Sie möchten...	Anweisung
Ein neues Arbeitsblatt einfügen	`Worksheets.Add`
Ein Arbeitsblatt auswählen	`Worksheets("Tabelle1").Select` `Worksheets("Tabelle1").Activate`
Ein Arbeitsblatt löschen	`Worksheets("Tabelle1").Delete` `ActiveSheet.Delete`
Die Anzahl aller Arbeitsblätter der Mappe ermitteln	`Worksheets.Count`
Einem Arbeitsblatt einen Namen zuweisen	`Worksheets("Tabelle1").Name = "Test"` `ActiveSheet.Name = "Test"`

Tabellenblatt über Objektvariable umbenennen

Etwas komplizierter wird es, wenn Sie ein neues Arbeitsblatt einfügen und diesem anschließend einen Namen zuweisen möchten. Da der Name des Blattes nicht im voraus bekannt ist (neue Arbeitsblätter erhalten die Namen Tabelle1, Tabelle2, Tabelle...), erledigen Sie dies mit einer Objektvariablen, die Anweisungen lauten wie folgt:

```
Dim NeuesBlatt as Object
Set Neues Blatt = Worksheets.Add
NeuesBlatt.Name = "Soeben eingefügt"
```

Zugriff auf Arbeitsmappen

Wechseln zwischen geöffneten Arbeitsmappen

In der Regel beziehen sich Anweisungen auf die aktuelle Arbeitsmappe, dann kann das übergeordnete Arbeitsmappen-Objekt auch weggelassen werden. Sind mehrere Arbeitsmappen geöffnet, verwenden Sie die Auflistung `Workbooks`, um zwischen den Arbeitsmappen zu wechseln. Diese Auflistung erlaubt ebenfalls die Auswahl über den Namen oder den Indexwert, beachten Sie aber, dass der Indexwert die Reihenfolge wiedergibt, in der die Arbeitsmappen geöffnet wurden. Verwenden Sie also besser eine Anweisung in dieser Form:

```
Workbooks("Mappe1.xlsx").Activate
Workbooks("Mappe1.xlsx").Worksheets("Tabelle2").Activate
```

Arbeitsmappe öffnen

Zum Öffnen einer Excel-Arbeitsmappe verwenden Sie eine Anweisung in der folgenden Form. Achten Sie beim Zugriff auf nicht geöffnete Arbeitsmappen darauf, dass Dateinamenserweiterung und vollständiger Suchpfad immer mit angegeben werden müssen!

```
Workbooks.Open "D:\Daten\Uebung.xlsx"
```

Eine neue Arbeitsmappe erstellen Sie mit der Anweisung:

```
Workbooks.Add
```

Zellen und Zellbereiche adressieren

Das Range Objekt

Range verwendet immer absolute Zelladressen

Das Objekt `Range` wird verwendet, um in Excel eine Zelle oder einen Zellbereich mit absoluter Zelladresse anzusprechen. Die Methoden `Activate` und `Select` entsprechen dem Aktivieren, bzw. Markieren und lassen sich sowohl auf Arbeitsblätter, als auch auf Zellen und Zellbereiche anwenden. Die folgende Anweisung markiert im aktuellen Arbeitsblatt die Zelle A5.

```
Range("A5").Select
```

Befindet sich die gewünschte Zelle in einem anderen Arbeitsblatt, so muss zuerst dieses Arbeitsblatt mit `Select` oder `Activate` ausgewählt werden, sonst erhalten Sie einen Laufzeitfehler, da sich der Index außerhalb des gültigen Bereichs, nämlich in einem anderen Tabellenblatt, befindet.

```
Worksheets("Tabelle3").Select
Range("D10").Select
```

Einige Beispiele zum Auswählen und Bearbeiten von Zellen und Zellbereichen

Sie möchten...	Anweisung
Eine Zelle im aktuellen Arbeitsblatt markieren/ auswählen	`Range("A5").Select` `Range("A5").Activate`
Einen Zellbereich im aktuellen Arbeitsblatt markieren (z. B. B2 bis B10)	`Range("B2", "B10").Select` `Range("B2:B10").Select`
Den Inhalt der aktiven Zelle löschen	`ActiveCell.Clear`
Den Inhalt des markierten Zellbereichs löschen	`Selection.Clear`

Die Cells Eigenschaft

`Cells` ist eine Eigenschaft des `Range` Objektes. Mit dieser Eigenschaft werden die Zeilen- und Spaltenwerte in der Schreibweise `Cells`(Zeile, Spalte) als Zahlen angegeben. Ein wichtiger Vorteil bei der Verwendung der `Cells` Eigenschaft liegt darin, dass die Adressierung über die Zeilen- und Spaltennummer erfolgt und sich somit auch berechnen lässt. Die allgemeine Schreibweise lautet:

Achten Sie auf die Schreibweise!

Zeile, Spalte

```
Cells(Zeile, Spalte)
```

Beispiel, die Zelle B7 markieren:

```
Cells(7, 2).Select
```

Beispiel, Zellbereich markieren: Dazu müssen Sie diese Eigenschaft in Verbindung mit dem `Range` Objekt verwenden, beispielsweise wenn der Bereich A1 bis C5 markiert werden soll:

```
Range(Cells(1, 1), Cells(5, 3)).Select
```

Zellbereiche mit der Offset Methode ansteuern

Die `Offset` Methode verschiebt die Markierung um die angegebene Zeilen- und Spaltenzahl, sie entspricht der Funktion BEREICH.VERSCHIEBEN. Die Syntax:

Markierung verschieben

```
ActiveCell.Offset(Zeilen, Spalten)
```

Beispiel: Die folgenden Anweisungen markieren im aktuellen Tabellenblatt zuerst die Zelle B10 und verschieben anschließend die Markierung in derselben Spalte um 5 Zeilen nach unten. Dadurch wird die Zelle B15 markiert.

```
Range("B10").Select
ActiveCell.Offset(5, 0).Select
```

Wenn Sie negative Angaben verwenden, dann wird die Markierung nach links bzw. oben verschoben. Die folgende Anweisung verschiebt die Markierung um 1 Zeile nach oben und 3 Spalten nach links.

```
ActiveCell.Offset(-1, -3).Select
```

Werte in Zellen eintragen

Die Eingabe von Werten in eine Zelle erfolgt über die `Value` Eigenschaft. Da diese Eigenschaft die Standardeigenschaft von Zellen ist, kann sie auch weggelassen werden. Hier einige Beispiele:

```
ActiveCell.Value = 125
ActiveCell.Value = "Musterbeispiel"
ActiveCell = 999
```

Sie können einer Zelle des aktuellen Arbeitsblattes aber auch ohne vorheriges Markieren eine Eigenschaft oder einen Wert zuweisen. Die folgende Anweisung weist der Zelle B5 die Zahl 100 zu.

```
Range("B5") = 100
```

Befindet sich die Zelle in einem anderen Arbeitsblatt, so können Sie einer Zelle ebenfalls ohne vorheriges Markieren einen Wert zuweisen.

```
Worksheets("Tabelle1").Range("E1") = 99
```

Ausschneiden, Kopieren und Einfügen

Die Zwischenablage verwenden

Zum Ausschneiden, Kopieren und Einfügen über die Zwischenablage verwendet VBA die Methoden `Cut`, `Copy` und `Paste`.

Sie möchten...	Beispiel
Ausschneiden	`Range("A5").Cut`
Kopieren	`Range("A5").Copy`
Einfügen	`Range("B10").PasteSpecial` oder `ActiveSheet.Paste Destination:=Range("B25")`

Soll der ausgeschnittene oder kopierte Inhalt in einer einzigen Anweisung wieder eingefügt werden, so wird die Angabe `Destination` benutzt. Sie können aber auch die verkürzte Schreibweise verwenden. Zum Einfügen von Zellbereichen wird die obere linke Ecke als Zielangabe verwendet. Eventuell vorhandene Inhalte der Zielzellen werden, wie auch bei manuellen Kopiervorgängen überschrieben. Einige Beispiele:

```
Range("A1").Copy Destination:=Range("B25")
Range("A1").Copy Range("B25")
Range("A1:B8").Copy Range("D1")
```

Beachten Sie, dass in VBA der Inhalt der Zwischenablage nach dem Einfügen leer ist, zum mehrmaligen Einfügen müssen Sie daher Wiederholungsschleifen verwenden.

Berechnungen mit Formeln und Funktionen

Formeln beginnen auch in VBA mit einem Gleichheitszeichen, beachten Sie aber, dass Formeln als Ausdruck, d. h. in Anführungszeichen eingegeben werden müssen. Bei Zellbezügen in Formeln unterscheidet VBA ebenfalls zwischen relativen und absoluten Zellbezügen und verwendet dafür unterschiedliche Zelleneigenschaften.

Absolute Zellbezüge

Formula = absolute Zellbezüge

Die Eingabe von Formeln mit absoluten Zellbezügen erfolgt mit der Eigenschaft `Formula`. Die Formel muss als Ausdruck in Anführungszeichen gesetzt werden, hier einige Beispiele für Formeln mit absoluten Zellbezügen:

```
Range("B5").Formula = "= B3 + B4"
Cells(1, 3).Formula = "= A1 * B1"
Worksheets("Tabelle2").Range("A5").Formula = "= A3 / A4"
```

Relative Zellbezüge

FormulaR1C1 = relative Zellbezüge

Wenn Sie für eine Formel relative Zellbezüge benötigen, beispielsweise um eine Formel mit Hilfe einer Wiederholungsschleife in mehrere Zeilen einzufügen, so geben Sie die Formel über die Eigenschaft `FormulaR1C1` ein. Diese benötigt einen relativen Verweis auf Zeile (R = Row) und Spalte (C = Column). Achten Sie auch hier wieder bei der Schreibweise auf die Reihenfolge Zeile, Spalte. Der folgende Ausdruck verweist auf die Zelle, die sich in derselben Zeile links von der aktuellen Zelle befindet:

```
ActiveCell.FormulaR1C1 = "=RC[-1]"
```

Achten Sie auf die Schreibweise: Die jeweilige Differenz muss in eckigen Klammern angegeben werden. Befindet sich die Zelle in derselben Zeile oder Spalte wie die Formel, so ist hierfür keine weitere Angabe erforderlich. Einige Formelbeispiele:

```
ActiveCell.FormulaR1C1 = "=R[-5]C[-1]+R[-4]C-1]"
ActiveCell.FormulaR1C1 = "=Sum(R[-10]C:R[-1]C)"
```

Im folgenden Beispiel sollen in Spalte C die Werte aus den Spalten A und B miteinander multipliziert werden. Da die Formel über mehrere Zeilen berechnet werden muss, ist eine Wiederholungsschleife erforderlich. Zum Abschluss soll außerdem in C8 die Summe der Ergebnisse berechnet werden.

Bild 9.19 Beispiel Formel

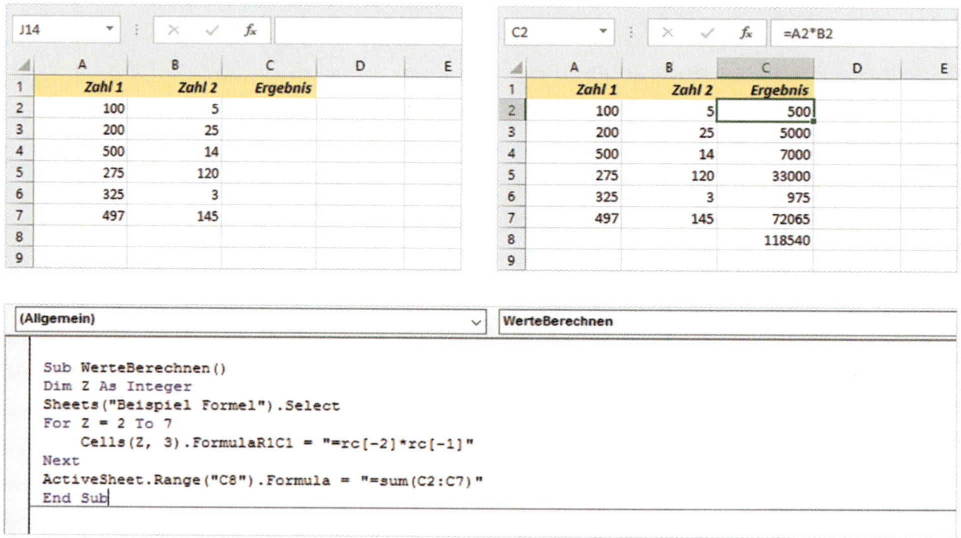

Beispiel: Formel für einen Zellbereich berechnen

```
Sub WerteBerechnen()
Dim Z As Integer
Sheets("Beispiel Formel").Select            'Blatt auswählen
For Z = 2 To 7
    Cells(Z, 3).FormulaR1C1 = "=RC[-2]*RC[-1]"
Next
ActiveSheet.Range("C8").Formula = "Sum(C2:C7)"
End Sub
```

Berechnungsfunktionen

Funktionen müssen in VBA mit ihrer englischen Bezeichnung eingegeben werden, hier eine kleine Übersicht über die wichtigsten Funktionen.

Excel-Arbeitsblattfunktion	VBA-Funktion	Beschreibung
Summe	`Sum`	Summe berechnen
Mittelwert	`Average`	Durchschnitt (Mittelwert)
Anzahl	`Count`	Anzahl der Werte
Min	`Min`	Niedrigster Wert
Max	`Max`	Höchster Wert
Rnd	`Rnd`	Zufallszahl (Random)
Heute	`Date`	Aktuelles Datum

Das folgende Beispiel berechnet in A7 die Summe der Zellen A1 bis A6.

```
ActiveSheet.Range("A7").Formula = "= Sum(A1:A6)"
```

Position ermitteln

Um die aktuelle Position, beispielsweise die markierte Zelle oder das aktive Arbeitsblatt zu ermitteln, können die folgenden Anweisungen verwendet werden:

Beschreibung	Anweisung
Die Adresse der aktuell markierten/ aktiven Zelle des aktuellen Arbeitsblattes	`ActiveCell.Adress`
Die Zeilennummer der aktiven Zelle	`ActiveCell.Row`
Die Spaltennummer der aktiven Zelle	`ActiveCell.Column`
Name der aktuellen Tabelle	`ActiveSheet.Name` `ActiveCell.Parent.Name`
Name der Arbeitsmappe	`ActiveSheet.Parent.Name`

Hinweis: Die Eigenschaft `Parent` steht für das jeweils übergeordnete Objekt. Bei einem Zellbereich ist dies das Arbeitsblatt, in einem Arbeitsblatt die Arbeitsmappe.

Zellbereiche ermitteln

Zusammenhängenden Bereich ermitteln

Auch in der VBA-Programmierung ist Excel in der Lage, zusammenhängende Tabellenbereiche zu erkennen. Häufig geht es ja darum, einen Zellbereich auszuwerten, dessen genauer Umfang nicht bekannt ist. Hierzu verwenden Sie die Eigenschaft `CurrentRegion`, die ein `Range` Objekt zurückgibt.

Beispiel: Sie möchten innerhalb der Tabelle im Bild unten alle Zellen mit Schriftgröße 8 und roter Schrift formatieren. Die Tabelle beginnt in A1, dies ist unser fester Bezugspunkt, die Anzahl der Zeilen und Spalten ist dagegen beliebig.

	A	B	C	D	E	F	G	H
1	*Nachname*	*Vorname*	*Geburtsdatum*					
2	Müller	Sabine	01.06.1978					
3	Brösel	Karl-Heinz	14.02.1989					
4	Meyerson	Thomas	06.12.2091					
5	Kabelschacht	Alfred	29.03.1981					
6	Fröhlich	Frieda	16.04.1975					
7								
8								
9								
10								
11								
12								

Bild 9.20 Beispiel

Zuerst müssen Sie das Arbeitsblatt und die Zelle A1 als festen Bezugspunkt auswählen. Die nächste Anweisung markiert ab der markierten Zelle den gesamten dazugehörigen Zellbereich. Anschließend legen Sie für den markierten Bereich (`Selection`) nacheinander Schriftgröße und Schriftfarbe fest.

```
Sub ZellbereichFormatieren()
Worksheets("Namensliste).Select
ActiveSheet.Range("A1").Select
ActiveCell.CurrentRegion.Select
With Selection
    .Font.Size = 8
    .Font.Color = vbRed
End with
End Sub
```

Anzahl der Zeilen und Spalten ermitteln

Ausgangssituation: Sie möchten innerhalb einer Liste für jede Zeile die Werte aus Spalte A mit den Werten aus Spalte B multiplizieren, im Gegensatz zum Beispiel auf Seite 298 ist jedoch die genaue Anzahl der Zeilen und somit die erforderliche Anzahl der Schleifenwiederholungen nicht bekannt.

Bild 9.21 Anzahl Wiederholungen ermitteln

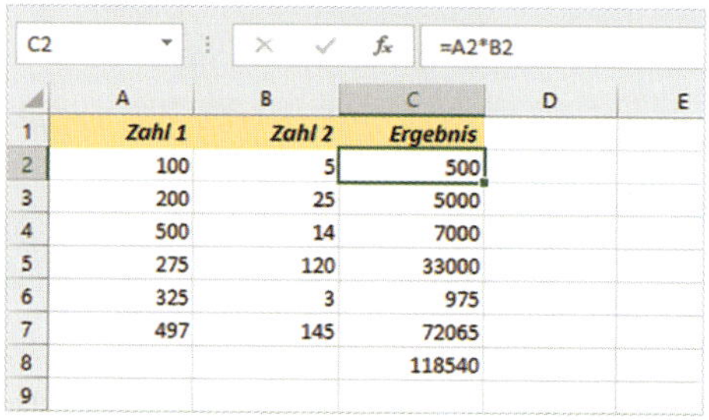

	A	B	C	D	E
1	Zahl 1	Zahl 2	Ergebnis		
2	100	5	500		
3	200	25	5000		
4	500	14	7000		
5	275	120	33000		
6	325	3	975		
7	497	145	72065		
8			118540		
9					

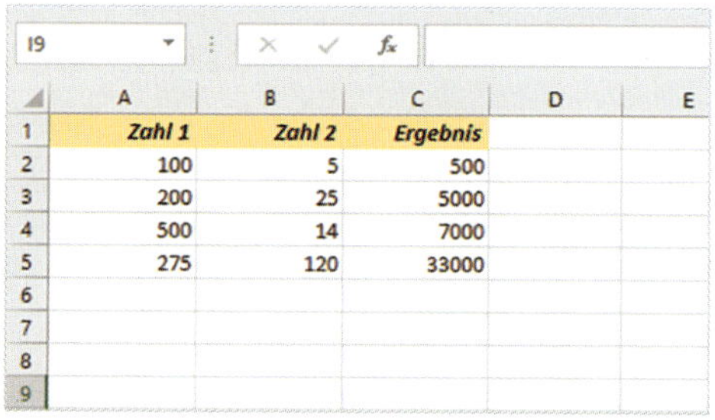

	A	B	C	D	E
1	Zahl 1	Zahl 2	Ergebnis		
2	100	5	500		
3	200	25	5000		
4	500	14	7000		
5	275	120	33000		
6					
7					
8					
9					

Die Eigenschaft `Count` liefert für einen Zellbereich sowohl die Anzahl der Zeilen (`Rows.Count`) als auch der Spalten (`Columns.Count`). Für unser Beispiel müssen wir ermitteln, wieviele Zeilen der Zellbereich umfasst. Die dazugehörige Prozedur sieht dann wie folgt aus, sie funktioniert auch dann, wenn die Tabelle im Bild oben mehr oder weniger Zeilen umfasst. A1 bildet wieder den festen Bezugspunkt.

```
Sub WerteBerechnen2()
Dim Z As Integer
Sheets("Beispiel Formel").Select
Range("A1").Select
For Z = 2 To ActiveCell.CurrentRegion.Rows.Count
    Cells(Z, 3).FormulaR1C1 = "=RC[-2]*RC[-1]"
Next
End Sub
```

Wenn Sie jetzt auch noch die Summe über die Spalte C berechnen möchten, dann verwenden Sie zur Berechnung besser die Excel-Arbeitsblattfunktion Summe, diese lautet `WorksheetFunction.Sum`. Die gesamte Prozedur sieht dann so aus:

```
Sub WerteBerechnen3()
Dim Z As Integer
Sheets("Beispiel Formel").Select
Range("A1").Select
For Z = 2 To ActiveCell.CurrentRegion.Rows.Count
    Cells(Z, 3).FormulaR1C1 = "=RC[-2]*RC[-1]"
Next
ActiveSheet.Cells(Z,3) = WorksheetFunction.Sum(ActiveSheet.
                         Range(Cells(2, 3), Cells(Z-1, 3)))
End Sub
```

Beispiel: Jede zweite Zeile mit einer Füllfarbe formatieren

An dieser Stelle ein Beispiel, das in zahlreichen Varianten existiert. In dieser Prozedur geht es darum, jede zweite Zeile des zuvor markierten Zellbereichs mit einer Füllfarbe zu formatieren, in diesem Beispiel hellgelb. Die Größe des Bereichs richtet sich also nach der Markierung und muss in der Prozedur ermittelt werden.

	A	B	C	D	E	F	G	H	I	J
1	Jahr	Kunden-Nr	Firma	Land	Modell-Nr	VK-Preis Netto	Auftragsmenge	Umsatz		
2	2014	45	Hügli & Brettschneider	Schweiz	300	500,00	9	4.500,00		
3	2014	233	ELCOG	Deutschland	450	510,00	25	12.750,00		
4	2014	971	BRAIN	Österreich	100	290,00	22	6.380,00		
5	2014	45	Hügli & Brettschneider	Schweiz	200	63,50	12	762,00		
6	2014	1019	WGT GmbH	Deutschland	100	290,00	14	4.060,00		
7	2014	45	Hügli & Brettschneider	Schweiz	300	500,00	3	1.500,00		
8	2014	233	ELCOG	Deutschland	304	620,00	7	4.340,00		
9	2015	971	BRAIN	Österreich	304	620,00	6	3.720,00		
10	2015	233	ELCOG	Deutschland	304	620,00	33	20.460,00		
11	2015	971	BRAIN	Österreich	209	1.019,00	9	9.171,00		
12	2015	1019	WGT GmbH	Deutschland	100	290,00	12	3.480,00		
13	2015	233	ELCOG	Deutschland	200	63,50	2	127,00		
14	2015	971	BRAIN	Österreich	200	63,50	89	5.651,50		
15	2015	45	Hügli & Brettschneider	Schweiz	450	510,00	2	1.020,00		
16	2015	233	ELCOG	Deutschland	100	290,00	1	290,00		
17	2015	45	Hügli & Brettschneider	Schweiz	304	620,00	56	34.720,00		
18	2015	1019	WGT GmbH	Deutschland	200	63,50	100	6.350,00		
19										

Bild 9.22 Jede zweite Zeile formatieren

- Mit den Eigenschaften `Selection.Row` und `Selection.Column` ermitteln Sie die linke obere Ecke des markierten Zellbereichs. Die bereits erwähnten Eigenschaften `ActiveCell.Row` und `ActiveCell.column` sind dazu nicht geeignet, da diese ermitteln, ab welcher Position mit der Markierung begonnen wurde und dies könnte in unserem Beispiel auch die untere rechte Ecke sein.
- Über `Selection.Columns.Count` wird anschließend die Anzahl der markierten Spalten (8) ermittelt. Wenn Sie nun die erste Spalte und die Anzahl der Spalten addieren, um die letzte markierte Spalte zu berechnen, dann erhalten Sie nicht das korrekte Ergebnis, da die erste Spalte doppelt einbezogen wird. Daher müssen den Wert korrigieren, indem Sie 1 subtrahieren. Dasselbe gilt auch für die Zeilen. Der zu formatierende Zellbereich ist somit Z2, S1 bis Z18, S8.

- Da mit der Anzahl der Zeilen auch die Anzahl der Wiederholungen feststeht, kann im nächsten Schritt eine Zählerschleife verwendet werden (`For ... Next`).
- Um die nächste Zeile zu adressieren, wird innerhalb der Wiederholungsschleife einfach die Zählervariable zur Zeile addiert.
- Nun muss nur noch mit einer einfachen Bedingung (`If ... Then ... Else`) überprüft werden, ob die Zählervariable eine gerade Zahl, also durch 2 teilbar ist. `Mod 2` (Modulo) liefert den Rest der Division durch 2, ist dieser 0, so handelt es sich um eine gerade Zahl.
- Zuletzt braucht nur noch die gewünschte Farbe angegeben werden. Mit der Eigenschaft `Interior.color` können Sie etweder eine VBA-Konstante, z. B. `vbRed` oder mit der Funktion `RGB` einen Farbwert zuweisen. Benötigen Sie keine Farbe, dann verwenden Sie am besten `xlNone` = keine Füllung.

  Die Schreibweise der `RGB`-Funktion:

```
RGB(Red, Green, Blue)
```

Die komplette Prozedur:

```
Public Sub ZeilenFuellen()
'Jede zweite Zeile des markierten Zellbereichs
'mit einer Füllfarbe formatieren
'********************************************************
Dim Zeile As Integer
Dim Spalte As Integer
Dim AnzSpalten As Integer
Dim AnzZeilen As Integer
Dim Zaehler As Integer           'Zählervariable
Zeile = Selection.Row            'Beginn der Markierung Zeile
Spalte = Selection.Column        'Beginn der Markierung Spalte
AnzSpalten = Selection.Columns.Count - 1
AnzZeilen = Selection.Rows.Count - 1
For Zaehler = 0 To AnzZeilen
    With Range(Cells(Zeile + Zaehler, Spalte), _
    Cells(Zeile + AnzZeilen, Spalte + AnzSpalten))
        If Zaehler Mod 2 = 0 Then     'Gerade oder ungerade Zahl
            .Interior.Color = RGB(255,242,204)
        Else
            .Interior.ColorIndex = xlNone
        End If
    End With
Next
End Sub
```

Wie finden Sie den gewünschten RGB-Farbwert? Dies ist ganz einfach: Formatieren Sie im Tabellenblatt eine beliebige Zelle mit der gewünschten Farbe, markieren Sie diese und klicken Sie auf den Dropdown-Pfeil der Schaltfläche *Füllfarbe*. Wählen Sie *Weite-*

re Farben... und klicken Sie im Dialogfenster *Farben* auf das Register *Benutzerdefiniert*. Hier können Sie den RGB-Farbwert ablesen.

Jahr	Kunden-Nr	Firma	Land	Modell-Nr	VK-Preis Netto	Auftragsmenge	Umsatz
2014	45	Hügli & Brettschneider	Schweiz	300	500,00	9	4.500,00
2014	233	ELCOG	Deutschland	450	510,00	25	12.750,00
2014	971	BRAIN	Österreich	100	290,00	22	6.380,00
2014	45	Hügli & Brettschneider	Schweiz	200	63,50	12	762,00
2014	1019	WGT GmbH	Deutschland	100	290,00	14	4.060,00
2014	45	Hügli & Brettschneider	Schweiz	300	500,00	3	1.500,00
2014	233	ELCOG	Deutschland	304	620,00	7	4.340,00
2015	971	BRAIN	Österreich	304	620,00	6	3.720,00
2015	233	ELCOG	Deutschland	304	620,00	33	20.460,00
2015	971	BRAIN	Österreich	209	1.019,00	9	9.171,00
2015	1019	WGT GmbH	Deutschland	100	290,00	12	3.480,00
2015	233	ELCOG	Deutschland	200	63,50	2	127,00
2015	971	BRAIN	Österreich	200	63,50	89	5.651,50
2015	45	Hügli & Brettschneider	Schweiz	450	510,00	2	1.020,00
2015	233	ELCOG	Deutschland	100	290,00	1	290,00
2015	45	Hügli & Brettschneider	Schweiz	304	620,00	56	34.720,00
2015	1019	WGT GmbH	Deutschland	200	63,50	100	6.350,00

Bild 9.23 Das Ergebnis

9.8 Diagramme steuern

Datenreihen anzeigen, Teil 2

In Kapitel 8 haben wir ein Makro aufgezeichnet, das im Diagramm per Mausklick die Anzeige zwischen Einnahmen und Ausgaben umschaltet (Bild unten).

Bild 9.24 Das Makro aus Kapitel 8.5

Übersicht Einnahmen - Ausgaben

Monat	Einnahmen	Ausgaben
Jan	3.000	1.000
Feb	2.500	1.200
Mrz	3.200	2.000
Apr	3.800	500
Mai	3.000	1.800
Jun	2.900	950
Jul	2.200	500
Aug	3.100	750
Sep	3.800	750
Okt	4.000	800
Nov	4.200	750
Dez	3.500	1.000

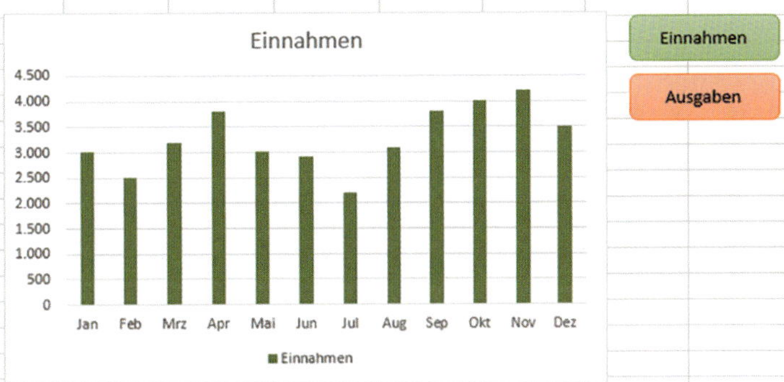

Vielleicht haben Sie auch versucht, mit Hilfe eines weiteren Makros beide Datenreihen gleichzeitig anzuzeigen und dabei bemerkt, dass dies nicht so einfach ist. Mit kleinen Änderungen in der VBA-Prozdur lassen sich etwaige Fehler schnell beseitigen.

Lassen Sie sich also den Code zu den beiden Makros anzeigen, entweder indem Sie im Register *Entwicklertools* auf *Makros* klicken, das erste Makro Einnahmen markieren und auf *Bearbeiten* klicken. Oder Öffnen Sie den VBA-Editor mit Alt+F11 und öffnen dann das Modul.

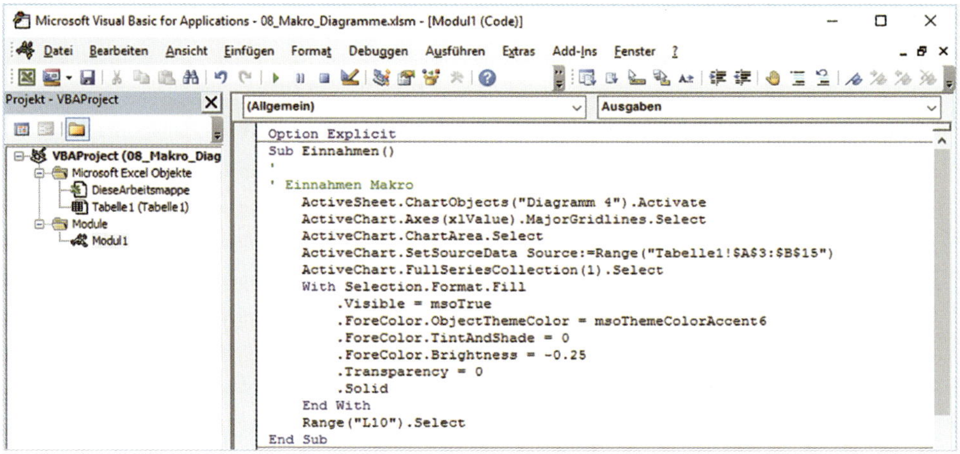

Bild 9.25 So oder ähnlich sieht der VBA-Code des aufgezeichneten Makros aus

Leider zeichnet fast jedes Makro einige überflüssige Befehle auf, so auch hier. Der Code lässt sich auf die folgenden Befehle verkürzen:

```
Sub Einnahmen()
WorkSheets("Beispiel Diagramm").Activste
ActiveSheet.ChartObjects(1). Activate      'Diagramm
With ActiveChart.SeriesCollection(1)       'Datenreihe
     .Name = Range("B3")
     .Values = Range("B4:B15")
     .Interior.Color = RGB(84,130,53)
End With
End sub
```

Diagrammobjekte

Das Diagramm wird über die Auflistung `ChartObjects` mit seinem Indexwert 1 angesprochen, dies stellt hier kein Problem dar, da es sich um das einzige Diagramm in der Mappe handelt. Als Alternative könnten Sie auch den Namen des Diagramms verwenden; dieser ist im Namenfeld der Bearbeitungsleiste ersichtlich, wenn Sie in das Diagramm klicken. Dann würde die entsprechende Anweisung beispielsweise lauten:

```
ActiveSheet.ChartObjects("Diagramm 2"). Activate.
```

Für die Datenreihen steht die Auflistung `SeriesCollection`, auch hier wird die erste Datenreihe über ihren Index 1 angesprochen, eine zweite, eventuell vorhandene Datenreihe erhält dann den Index 2.

Für das zweite Makro Ausgaben brauchen Sie eigentlich nur die obigen Befehlszeilen kopieren, den Namen der Prozedur ändern, als Name C5 und als dazugehörige Datenreihe C4:C15 angeben. Außerdem müssen Sie noch eine andere Farbe wählen, z. B. rot.

```
Sub Ausgaben()
WorkSheets("Beispiel Diagramm").Activate
ActiveSheet.ChartObjects(1). Activate
With ActiveChart.SeriesCollection(1)
```

```
        .Name = Range("C3")
        .Values = Range("C4:C15")
        .Interior.Color = RGB(255,0,0)
    End With
    End sub
```

Da es sich bei beiden Diagrammdarstellungen nur um jeweils eine einzige Datenreihe handelt, genügt die Angabe der dazugehörigen Werte mit der Eigenschaft `Values`. Falls Sie für das gesamte Diagramm eine Zuweisung der Datenquelle benötigen, so geschieht dies mit folgender Anweisung

```
ActiveChart.SetSourceData Source:=Range("A3:C15")
```

Beide Datenreihen gleichzeitig im Diagramm anzeigen

Wenn als dritte Möglichkeit das Diagramm auch noch beide Datenreihen gleichzeitig anzeigen soll, dann benötigen Sie zusätzlich eine Wertezuweisung für das gesamte Diagramm, siehe oben. Die gesamte Prozedur lautet dann:

```
Sub Beide()
' Beide Datenreihen anzeigen
WorkSheets("Beispiel Diagramm").Activate
ActiveSheet.ChartObjects(1). Activate
ActiveChart.SetSourceData Source:=Range("A3:C15")
With ActiveChart.SeriesCollection(1)
    .Name = Range("B3")
    .Values = Range("B4:B15")
    .Interior.Color = RGB(84,130,53)
End With
With ActiveChart.SeriesCollection(2)
    .Name = Range("C3")
    .Values = Range("C4:C15")
    .Interior.Color = RGB(255,0,0)
End With
End Sub
```

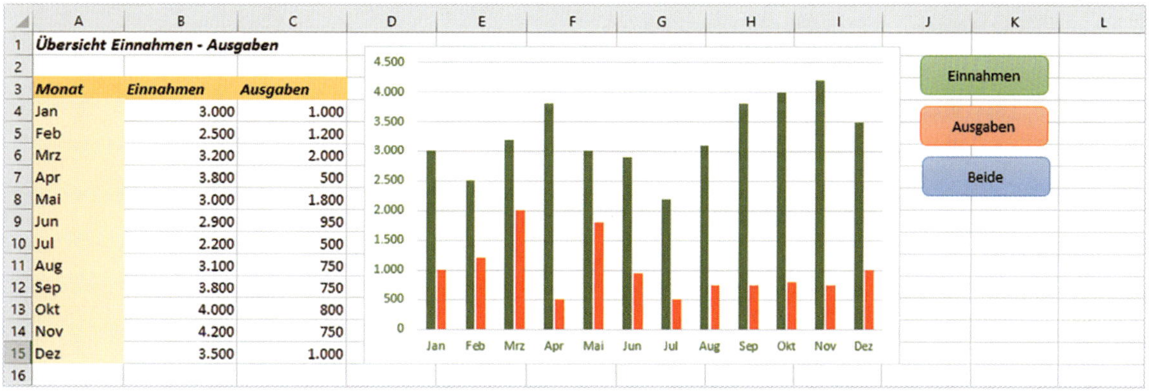

Bild 9.26 Beide Datenreihen anzeigen

Damit würden allerdings auch die beiden Prozeduren Einnahmen und Ausgaben jeweils 2 Datenreihen anzeigen, da das Diagramm zwischenzeitlich ja nicht neu erstellt wird. Deshalb müssen Sie die Prozeduren `Einnahmen` und `Ausgaben` ebenfalls um eine Anweisung ergänzen, die die Datenquelle des gesamten Diagramms festlegt. Für die Prozedur `Einahmen` geschieht dies mit:

```
ActiveChart.SetSourceData Source:=Range("A3:B15")
```

Für die Prozedur `Ausgaben` benötigen Sie folgende Anweisung

```
ActiveChart.SetSourceData Source:=Range("A3:A15, C3:C15")
```

9.9 Mit Arrays arbeiten

Deklaration und Wertezuweisung

Arrays, auch als Datenfelder bezeichnet, können gleich mehrere Variable aufnehmen. Die einzelnen Felder eines Arrays werden dann über ihren Index adressiert. Deklarationsanweisung und Gültigkeitsbereich von Arrays entspricht normalen Variablen mit einem Unterschied: Die Anzahl der Felder muss mit einem Indexwert für Ober- und Untergrenze angegeben werden. Ist keine Untergrenze definiert, so erhält das erste Feld den Indexwert 0. Alle Felder müssen auch vom gleichen Typ sein, ausgenommen der Typ Variant.

Eindimensionale Arrays

Als Beispiel soll ein Datenfeld deklariert werden, das später 5 Namen aufnehmen soll. Folgende Anweisungen sind möglich, wobei mit der ersten Anweisung das erste Feld den Indexwert 0 erhält und mit der zweiten Anweisung den Index 1.

```
Dim arrFeld(Anzahl Elemente) As Long
```

Als Beispiel ein Array mit 5 Elementen:

```
Dim arrName(4) As string
Dim arrName(1 To 5) As string
```

Und so weisen Sie den Feldern anschließend Werte zu:

```
arrName(1) = "Otto"
arrName(2) = "Frieda"
arrName(3) = "Theodor"
arrName(4) = "Hans"
arrName(5) = "Sophie"
```

Mehrdimensionale Arrays

Neben eindimensionalen Datenfeldern können auch mehrdimensionale Datenfelder definiert werden. Bei zweidimensionalen Arrays entspricht der erste Indexwert der Zeile und der zweite der Spalte, sie werden daher häufig für Excel bzw. den Datenaustausch mit Excel-Tabellen eingesetzt. Deklaration und Wertezuweisung erfolgt in dieser Form:

Theoretisch sind max. 60 Dimensionen möglich, wir wollen uns hier auf die wichtigste Form, nämlich zweidimensionale Arrays beschränken.

```
Dim arrFeld(n To m, n To m) As Variant
```

Beispiel:

```
Dim arrTeilnehmer(1 To 10, 1 To 10) As Variant
arrTeilnehmer(1,1) = "Otto"
arrTeilnehmer(1,2) = 100
arrTeilnehmer(2,1) = "Frieda"
arrTeilnehmer(2,2) = 250
```

Felder, denen kein expliziter Wert zugewiesen wurde, bleiben leer (Nullwerte). Achtung: Mehrdimensionale Arrays, insbesondere vom Typ Variant, benötigen sehr viel Speicherplatz.

Dynamische Arrays

Häufig wird die Größe eines Datenfeldes erst in der Prozedur zur Laufzeit ermittelt. In solchen Fällen verwenden Sie sogenannte dynamische Arrays, indem Sie in der Deklarationsanweisung die Größe vorerst leer lassen. Die Definition könnte dann z. B. lauten:

```
Dim arrWerte() As Long
```

Wenn dann endgültige die Anzahl der Elemente feststeht, sollte das Datenfeld mit der Anweisung `ReDim` neu deklariert werden, um den Speicherbedarf zu reduzieren.

```
ReDim arrWerte(19) As Long
ReDim assWerte(1 To 20) As Long
```

Achtung: Die *ReDim*-Anweisung setzt alle Elemente des Datenfeldes zurück und eventuell bereits eingelesene Daten gehen verloren.

Wenn bereits eingelesene Werte erhalten bleiben sollen, dann müssen Sie zusätzlich das Schlüsselwort `Preserve` angeben, die allgemeine Schreibweise:

```
ReDim Preserve arrFeld (Untergrenze To Obergrenze) As Long
```

Als Beispiel eine kleine Prozedur, die alle Werte aus der ersten Spalte einer Excel-Tabelle in ein Array einliest.

```
Sub DatenEinlesen()
Dim arrInhalt()As Variant
Dim Zeilen As Long
Dim Z As Long
```

```
Worksheets("Datenfelder").Activate
ActiveSheet.Range("A1").Activate
Zeilen = ActiveCell.CurrentRegion.Rows.Count
ReDim arrInhalt(1 to Zeilen) as long
For Z = 1 To Zeilen
    arrInhalt(Z) = Cells(Z,1)
    Debug.Print arrInhalt(Z)
Next
End Sub
```

Siehe 9.10 auf Seite 310

Tipp: Mit der Anweisung `Debug.Print` können Sie den Feldinhalt im Direktfenster ausgeben und so mitverfolgen.

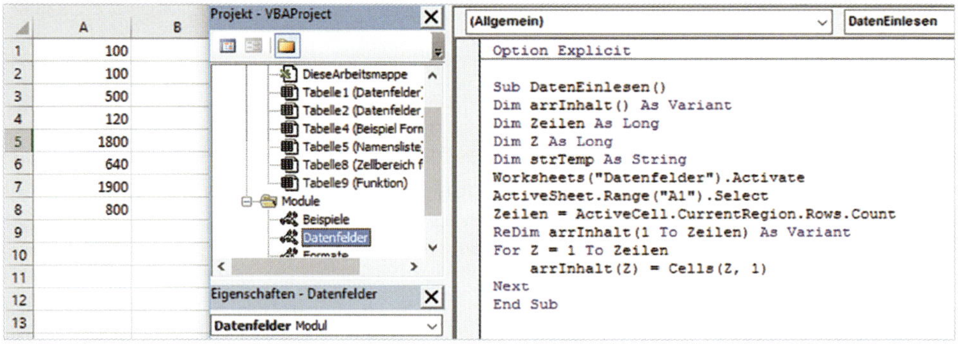

Bild 9.27 Werte aus einer Spalte einlesen

Beispiel: Import aus einer Textdatei automatisieren

Ein häufig benötiger Fall ist das automatisierte Einlesen aus einer Textdatei, ohne den Importassistenten zu verwenden. Dies ist in verschiedenen Varianten möglich und funktioniert am besten in Verbindung mit Datenfeldern. Das hier verwendete Beispiel liest den Inhalt der Textdatei zeilenweise ein und teilt die Zeile mit Hilfe der Funktion `Split` und anhand des verwendeten Trennzeichens in Felder auf. Die Funktionen `Left`, `Len` und `Mid` entsprechen den Textfunktionen LINKS, LÄNGE und TEIL.

Siehe Kapitel 2.

Die Funktion `EOF` (End Of File) liefert den Wert True, wenn das Ende der Datei erreicht ist und wird benötigt, um in diesem Fall das Einlesen zu beenden.

Bild 9.28 Die Textdatei

Beachten Sie, dass der vollständige Suchpfad der Textdatei einschließlich Dateinamenerweiterung angegeben werden muss. Beim Testen dieser Prozedur müssen natürlich Suchpfad und Dateiname entsprechend geändert werden!

```
Sub Textimport()
'Daten aus einer Textdatei importieren
'mit ; als Trennzeichen und " " als Textbegrenzungszeichen
'**********************************************
Dim Pfad As String
Dim Datei As String
Dim strTrennz As String
Dim strTextz As String
Dim strTemp As String
Dim Zeile As String
Dim arrTemp() As String
Dim L As Long
Dim Z As Long
Dim S As Long

Z = 1
S = 1
Pfad = "E:\Daten\EXCEL_BEISPIELE\"
Datei = "Beispieldaten_Textimport.txt"
strTrennz = ";"
strTextz = ""

Worksheets("Tabelle1").Select
Open Pfad & Datei For Input As #1
Do While Not EOF(1)
    Line Input #1, Zeile              'Zeilenweise einlesen
    arrTemp = Split(Zeile, strTrennz)
    For L = 0 To UBound(arrTemp)
        If Left(arrTemp(L), 1) = strTextz Then
            arrTemp(L) = Mid(arrTemp(L), 2, Len(arrTemp(L)) - 2)
        End If
        Cells(Z, S) = arrTemp(L)
        S = S + 1
    Next
    Z = Z + 1                         'Nächste Zeile
    S = 1
Loop
Close #1
End Sub
```

Beachten Sie, dass VBA als Dezimalzeichen den Punkt und als Tausenderzeichen das Komma verwendet. Infolgedessen werden in diesem Beispiel die Preise nur dann als Zahl interpretiert, wenn in der Textdatei eine entsprechende Schreibweise verwendet wurde. Da dies in der Praxis meist nicht der Fall ist, können Sie mit Hilfe der automatischen Fehlererkennung von Excel nachträglich die als Text gespeicherten Zahlen in Zahlen umwandeln.

Siehe Kapitel 1.6

9.10 Prozeduren testen

Einzelschritte ausführen

Zur Fehlersuche oder zum Testen können Sie eine Prozedur schrittweise ausführen. Dazu klicken Sie im VBA-Editor in die jeweilige Prozedur, klicken auf das Menü *Debuggen* und auf *Einzelschritt*. Die erste Anweisungszeile bzw. der Beginn der Prozedur wird gelb markiert und ist links mit einem gelben Pfeil versehen.

Bild 9.29 Schrittweise ausführen

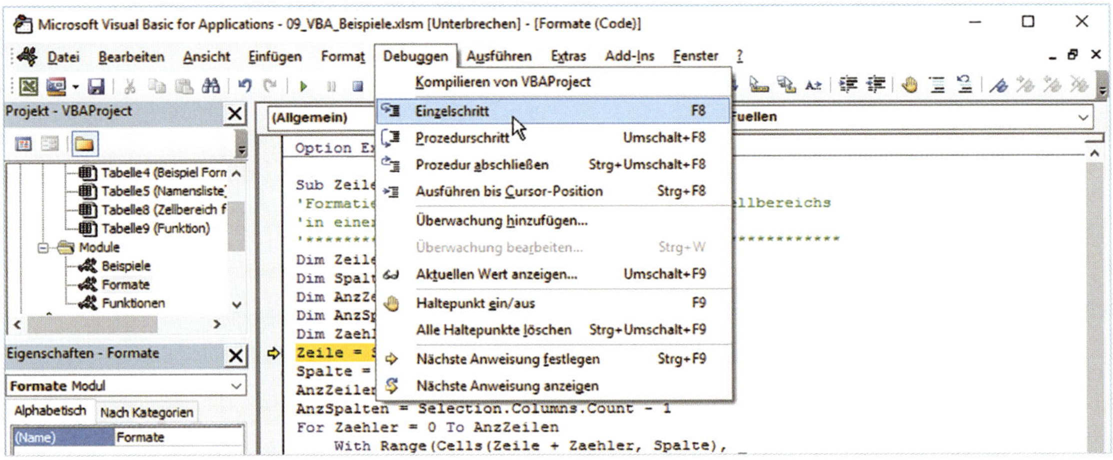

Einzelschritte = F8

Mit dem nächsten Befehl *Einzelschritt* wird diese Anweisung ausgeführt und die nächste markiert. Tipp: Schneller geht es, wenn Sie jeden Einzelschritt mit der Funktionstaste F8 ausführen.

Mit der Schaltfläche *Zurücksetzen* können Sie die schrittweise Ausführung jederzeit abbrechen. Um einzelne Anweisungen zu überspringen, bzw. zu wiederholen, ziehen Sie mit der Maus den Pfeil in der Spalte links neben der Anweisungszeile einfach an die gewünschte Stelle

Variablen überwachen

Während der schrittweisen Ausführung einer Prozedur lassen sich auch die Inhalte von Variablen überwachen: Im einfachsten Fall zeigen Sie einfach mit der Maus auf die entsprechende Variable, um den Inhalt kurz einzublenden.

Bild 9.30 Variablenwert anzeigen

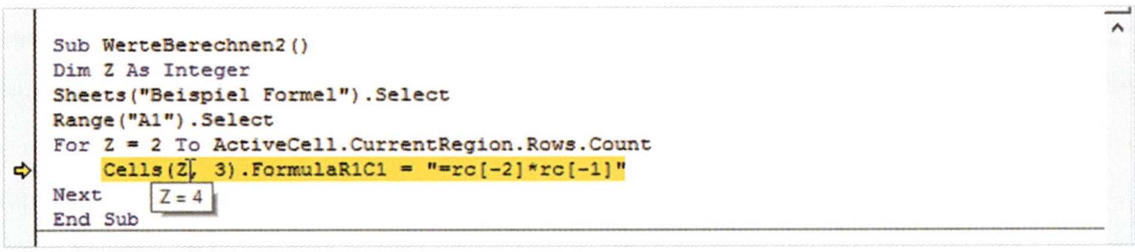

Überwachungs- und Direktfenster

Wenn Sie den Inhalt einer Variablen ständig beobachten möchten, dann verwenden Sie das Überwachungsfenster und das Direktfenster. Beide werden über das Menü *Ansicht* ein- und ausgeblendet. Zur Anzeige im Überwachungsfenster müssen Sie für jede Variable die Überwachung explizit festlegen. Klicken Sie dazu mit der rechten Maustaste auf die Variable und wählen Sie den Befehl *Überwachung hinzufügen*. Bestätigen Sie anschließend mit *OK*. Über die rechte Maustaste können Sie für eine Variable ggfs. die Überwachung auch wieder entfernen.

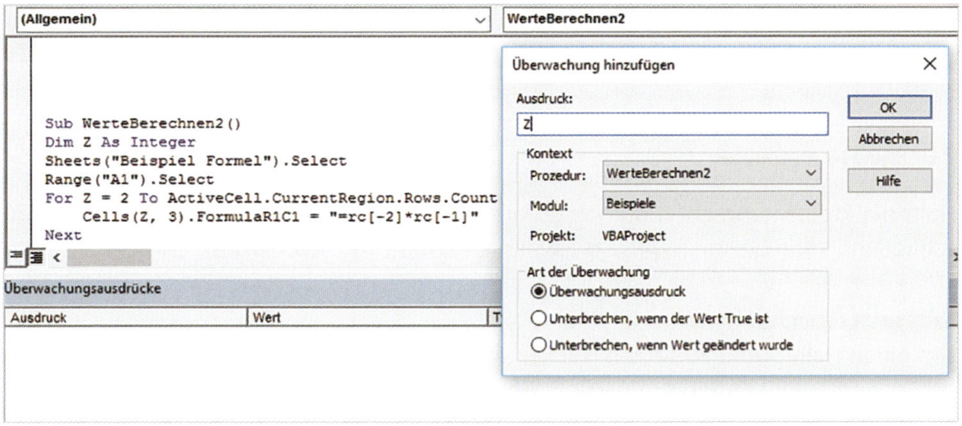

Bild 9.31 Überwachung hinzufügen

Unten ein Beispiel für eine überwachte Variable im Überwachungsfenster. Beachten Sie, dass nach Beenden der Prozedur die Inhalte von Variablen leer sind und nicht mehr angezeigt werden.

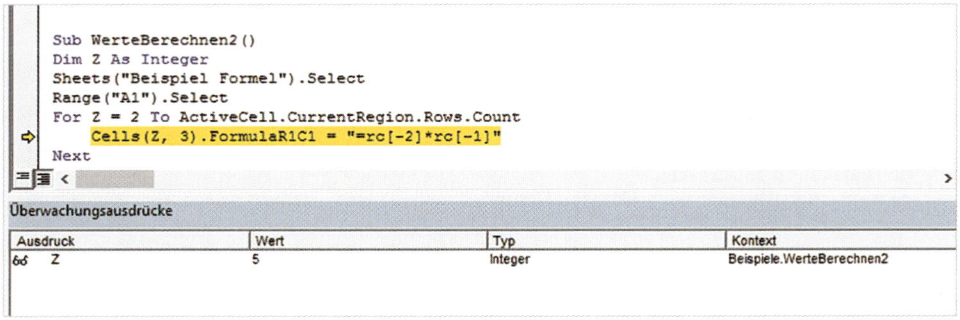

Bild 9.32 Die überwachte Variable während der Ausführung

Mit der folgenden Anweisung können Sie den Inhalt einer Variablen im Direktfenster ausgeben lassen:

```
Debug.Print Variablenname
```

Im Gegensatz zum Überwachungsfenster wird das Direktfenster nach Beenden der Prozedur nicht geleert; wenn diese Anweisung nicht mehr benötigt wird, sollte sie daher aus der Prozedur entfernt oder auskommentiert werden.

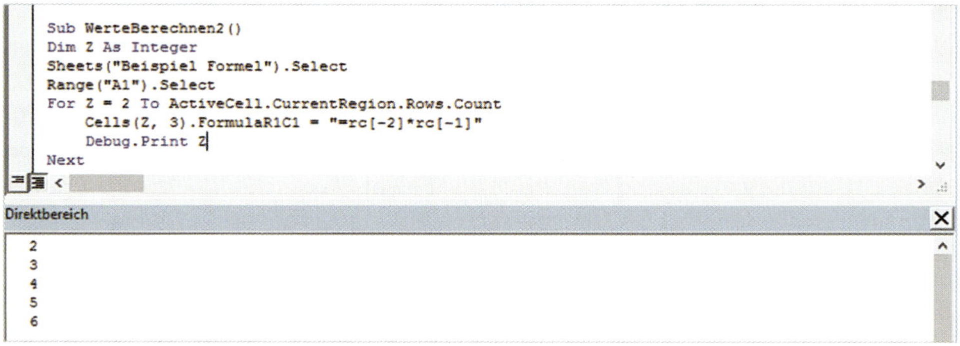

Bild 9.33 Ausgabe im Direktfenster

Haltepunkte verwenden

Prozedur unterbrechen

Haltepunkte unterbrechen die Prozedurausführung an einer bestimmten Stelle. Anschließend kann beispielsweise die weitere Ausführung schrittweise erfolgen.

Haltepunkt setzen/entfernen

Um einen Haltepunkt zu setzen, klicken Sie mit der Maus in die graue Spalte links neben der entsprechenden Anweisung. An dieser Stelle wird die Anweisungszeile braun hervorgehoben und links mit einem braunen Punkt gekennzeichnet. Zum Entfernen nicht mehr benötigter Haltepunkte klicken Sie einfach erneut auf den Haltepunkt.

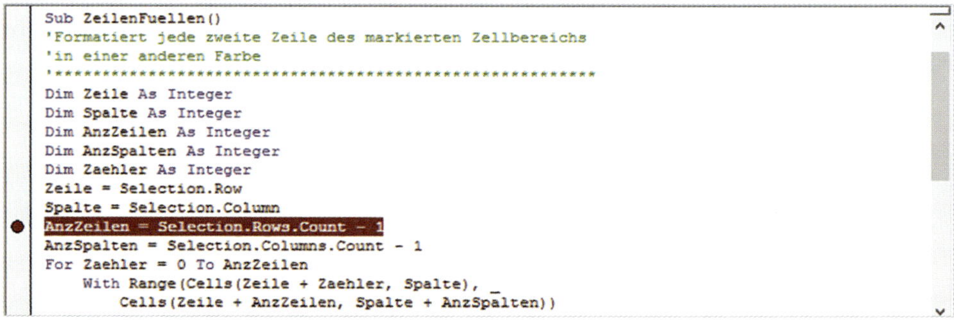

Bild 9.34 Haltepunkte

Fehlerbehandlung

Häufige Fehlerursachen während der Programmausführung sind falsche oder fehlende Benutzereingaben. Haben Sie beispielsweise eine Variable vom Typ Integer deklariert und weisen über `InputBox` dieser Variablen einen Wert zu, so erhalten Sie einen Laufzeitfehler, wenn statt einer Zahl versehentlich Text eingegeben wird. Bei Laufzeitfehlern wird die Programmausführung unterbrochen und es erscheint das unten abgebildete Fenster mit dieser oder einer ähnlichen Fehlermeldung.

Sie können nun mit *Beenden* die Ausführung abbrechen oder mit der Schaltfläche *Debuggen* den VBA-Editor öffnen. Da mit *Debuggen* die Ausführung nur angehalten wird, ist die fehlerhafte Anweisungszeile gelb markiert. Sie können an dieser Stelle die Anweisung korrigieren und danach die Ausführung fortsetzen.

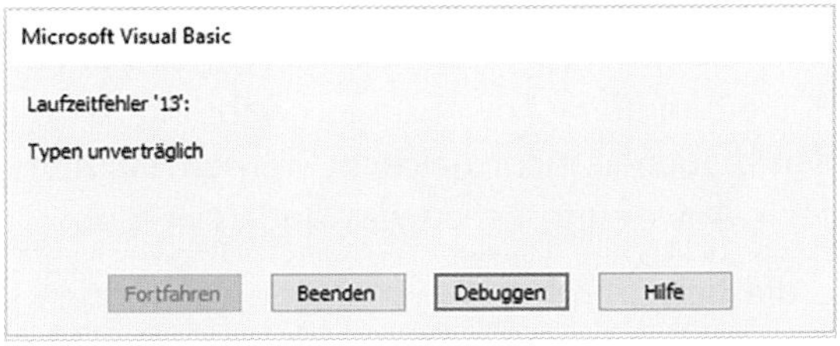

Bild 9.35 Laufzeitfehler aufgrund falscher Datentypen

Für unerfahrene Benutzer sind solche Fehlermeldungen erfahrungsgemäß eher verwirrend und sollten daher unterdrückt werden. Dazu können Sie eine so genannte Sprungmarke definieren, die im Fall eines Laufzeitfehlers mit der folgenden Anweisung angesteuert wird. Diese Anweisung sollte sich am Beginn der Prozedur befinden.

```
On Error GoTo Sprungmarke
```

Damit wird bei einem Laufzeitfehler die Prozedur mit den Anweisungen ab der Sprungmarke fortgesetzt, Sprungmarken sollten sich daher immer am Ende der Prozedur befinden. Aus diesem Grund sollten Sie auch nicht vergessen, die Prozedur bei normalem Ablauf mit der Anweisung *exit sub* oberhalb der Sprungmarke zu beenden.

Beispiel: Fehlerhafte Eingabe

Das folgende Beispiel multipliziert zwei Zahlen. Bei einer fehlerhaften Eingabe wird die Prozedur am der Sprungmarke mit dem Namen `Fehler` fortgesetzt.

```
Sub Fehlertest()
On Error GoTo Fehler
Dim Zahl1 as Integer
Dim Zahl2 as Integer
Dim Ergebnis as Integer
Zahl1 = InputBox("Geben Sie die erste Zahl ein")
Zahl2 = InputBox("Geben Sie die zweite Zahl ein")
Ergebnis = Zahl1 * Zahl2
MsgBox "Das Ergebnis lautet " & Ergebnis
Exit Sub                                        'Prozedur verlassen

'ab hier beginnen Anweisungen, die im Fall eines Fehlers
'ausgeführt werden
Fehler: MsgBox "Sie haben keine gültige Zahl eingegeben!"
End Sub
```

Soll dagegen bei einem Laufzeitfehler dieser igoriert und die Programmausführung einfach fortgesetzt werden, so fügen Sie zu Beginn der Prozedur folgende Anweisung ein, eine Sprungmarke wird nicht benötigt

Progammausführung fortsetzen

```
On Error Resume Next
```

Anweisungszeilen auskommentieren

Eine andere Möglichkeit der Fehlersuche bzw. Fehlerbehandlung besteht darin, einzelne Anweisungszeilen oder ganze Blöcke vorübergehend in Kommentarzeilen umzuwandeln, dadurch werden diese Anweisungen während der Ausführung ignoriert. Der Vorteil: Die Zeilen brauchen nicht gelöscht werden, sondern können später bei Bedarf schnell wieder in Anweisungszeilen verwandelt werden.

Dazu markieren Sie die betreffenden Anweisungen verwenden in der Symbolleiste *Bearbeiten* das Symbol *Block auskommentieren*. Mit dem Symbol *Auskommentierung des Blocks aufheben* dagegen, entfernen Sie schnell wieder die Hochkommata vor den Anweisungen.

Bild 9.36 Markierte Zeilen auskommentieren

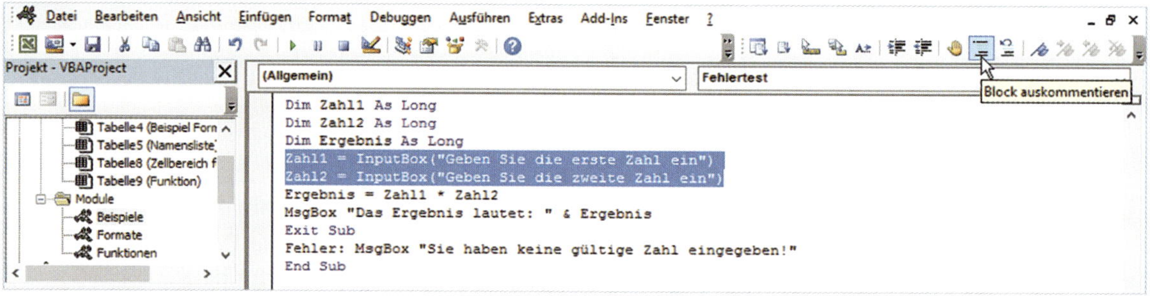

9.11 Benutzerdefinierte Funktionen

Benutzerdefinierte Funktionen erstellen

Häufig benötigte Berechnungen, für die Excel keine integrierte Funktion zur Verfügung stellt, können mit VBA erstellt und als benutzerdefinierte Funktion gespeichert werden. So lassen sich beispielsweise mehrfach verschachtelte WENN-Funktionen unter Umständen in VBA mit verschachtelten Kontrollstrukturen oder Mehrfachauswahl, z. B. `Select Case` oder `IF ... Then ... Else` besser und übersichtlicher erstellen und nachträglich korrigieren.

Benutzerdefinierte Funktionen können aus VBA-Prozeduren heraus aufgerufen werden und als Excel Arbeitsblatt-Funktionen verwendet werden.

Benutzerdefinierte Funktionen sollten am besten in einem gesonderten Modul gespeichert werden. Zum Erstellen der Funktion klicken Sie im VBA-Editor auf das Menü *Einfügen* und auf *Prozedur...*. Geben Sie einen Namen für die Prozedur ein und wählen Sie den Typ `Function`, als Gültigkeitsbereich legen Sie `Public` fest.

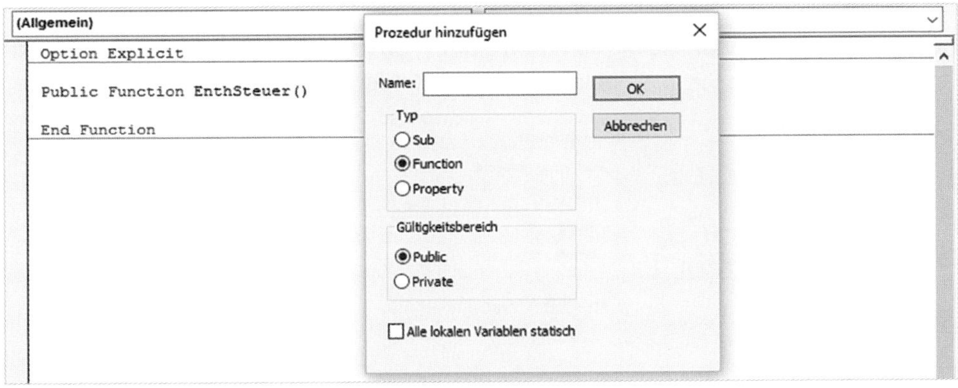

Bild 9.37 Function einfügen

Sie können natürlich auch den Beginn der neuen Funktion einfach über die Tastatur eintippen. Funktionen beginnen immer mit dem Schlüsselwort `Function`, gefolgt vom Funktionsnamen, die zur Berechnung benötigten Argumente müssen dahinter in Klammern zusammen mit ihrem Datentyp angegeben werden. Außerdem sollten Sie auch festlegen, welchen Datentyp die Funktion als Ergebnis liefert. Mit dem Schlüsselwort `Public` vor dem Funktionsnamen stellen Sie sicher, dass die Funktion im gesamten Projekt verfügbar ist. Der allgemeine Aufbau einer benutzerdefinierten Funktion sieht dann so aus:

```
Public Function Funktionsname (Argument1 As Datentyp, Argument2 As
Datentyp, ...) As Datentyp
    Anweisungsteil
End Function
```

Beispiel: Eine benutzerdefinierte Funktion zur Prozentrechnung

Die folgende benutzerdefinierte Funktion EnthSteuer( ) rechnet auf Hundert und kann später verwendet werden, um aus einem Betrag die enthaltene Umsatzsteuer herauszurechnen. Zur Berechnung sind die beiden Argumente Bruttobetrag und Steuersatz erforderlich.

```
Public Function EnthSteuer(Brutto As Double, Steuer As Double) _
    As Double
'Den enthaltenen Umsatzsteuerbetrag aus dem Bruttobetrag
'herausrechnen
'*******************************************************
    EnthSteuer = Brutto / (1 + Steuer) * Steuer
End Function
```

Zum Testen von Funktionen eignet sich das *Ausführen*-Symbol nicht. Als Abhilfe verwenden Sie den Menübefehl *Debuggen - Kompilieren*. Damit wird die Funktion zwar nicht ausgeführt, aber auf Fehler überprüft.

Benutzerdefinierte Funktionen verwenden

Im Tabellenblatt können Sie die Funktion einfach über die Tastatur eingeben. Im Funktionsassistent finden Sie Ihre Funktionen in der Kategorie *Benutzerdefiniert*.

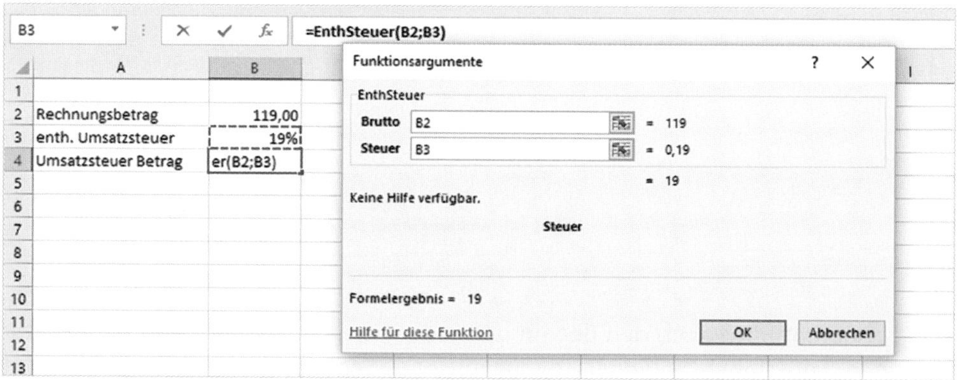

Bild 9.38 Benutzerdefinierte Funktion im Tabellenblatt verwenden

Als Add-In speichern

Genau wie VBA-Prozeduren werden auch benutzerdefinierte Funktionen normalerweise zusammen mit der Arbeitsmappe gespeichert. Soll eine benutzerdefinierte Funktion in allen Arbeitsmappen verfügbar sein, dann müssen Sie die Mappe als Add-In (*.xlam) speichern. Am besten erstellen Sie dazu Ihre Funktionen in einer gesonderten Arbeitsmappe, diese sollte ausschließlich Ihre benutzerdefinierten Funktionen enthalten. Beim Speichern der Mappe gehen Sie wie folgt vor:

Als Add-In (.xlam) speichern

1 Öffnen Sie über das Register *Datei* das *Speichern*-Dialogfenster. Wählen Sie als Dateityp *Excel-Add-In* (*.xlam) und geben Sie einen Dateinamen ein. Standardmäßig wird das Add-In im Ordner *AddIns* gespeichert, der genaue Suchpfad hängt vom verwendeten Betriebssystem ab, unter Windows 10 ist dies beispielsweise folgender Ordner:

C:\Users\Benutzer\AppData\Roaming\Microsoft\AddIns

Falls Sie das Add-In in einem anderen Ordner, z. B. auf einem Netzlaufwerk speichern möchten, ist dies kein Problem.

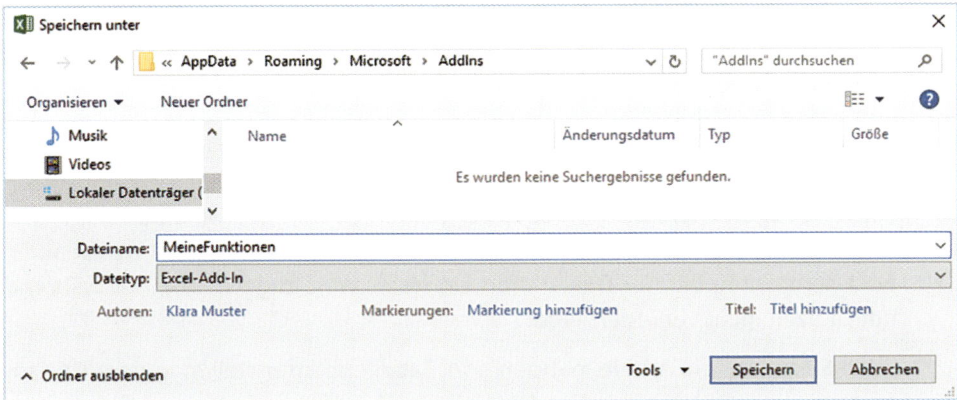

Bild 9.39 Add-In speichern

Add-In laden, siehe Kapitel 2.10

2 Anschließend können Sie Ihr Add-In laden. Klicken Sie im Register *Datei* auf *Optionen* und wählen Sie die Kategorie *Add-Ins*.

3 Sollte das Add-In hier nicht aufgeführt sein, dann wurde es an einem anderen Ordner gespeichert. Klicken Sie in diesem Fall auf die Schaltfläche *Durchsuchen*.

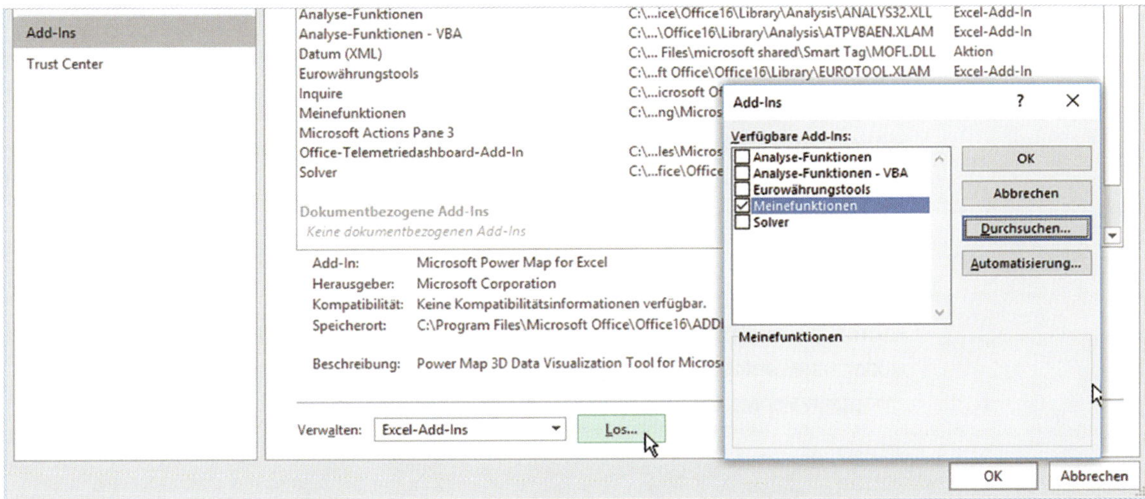

Bild 9.40 Add-In laden

9.12 Zusammenfassung

- Eingabe und Bearbeitung von VBA-Prozeduren erfolgen im VBA-Editor. Sie öffnen den VBA-Editor über das Register *Entwicklertools, Code anzeigen* oder schneller mit den Tasten Alt + F11. Der VBA-Editor ist eine eigenständige Anwendung, die Sie mit einer umfangreichen Hilfe, Eingabehilfen und einer automatischen Syntaxüberprüfung bei der Befehlseingabe unterstützt. Die Hilfe können Sie kontextbezogen mit der Taste F1 aufrufen.
- Einzelne Programme werden als Prozeduren bezeichnet und in Modulen gespeichert. Jede Prozedur beginnt mit dem Schlüsselwort `Sub` und endet mit `End Sub`. Mit `Public` oder `Private` legen Sie den Gültigkeitsbereich fest. Variablen dienen zur Zwischenspeicherung von Daten, ihnen wird erst während der Laufzeit ein Wert zugewiesen. Um Fehler zu vermeiden, sollten alle Variablen mit Name und Typ zu Beginn der Prozedur deklariert werden. Im Gegensatz zu Variablen wird Konstanten bei der Deklaration ein fester Wert zugewiesen, der während der Laufzeit nicht verändert wird.
- Excel-Elemente wie Arbeitsmappen oder Tabellenblätter stellen in der VBA-Programmierung Objekte dar. Die Objekthierarchie legt fest, wie ein Objekt, beispielsweise eine Zelle oder ein Arbeitsblatt adressiert wird.
- Kontrollstrukturen sind wichtige Elemente der Programmierung. Entscheidungsstrukturen oder Verzweigungen machen die Ausführung von Anweisungen von Bedingungen abhängig und sind vergleichbar mit der Arbeitsblatt-Funktion WENN. Wiederholungsschleifen wiederholen Anweisungen mehrfach, die Anzahl der Wiederholungen wird entweder über eine Zählervariable oder eine Bedingung festgelegt.
- Zum Testen und zur Fehlersuche können Prozeduren auch schrittweise ausgeführt bzw. Haltepunkte zur Unterbrechung gesetzt werden. Die Inhalte von Variablen lassen sich zur Laufzeit im Überwachungsfenster oder durch Zeigen mit der Maus kontrollieren.
- Mit VBA können auch benutzerdefinierte Funktionen erstellt werden. Sie beginnen mit dem Schlüsselwort *Function* und stehen anschließend sowohl in Prozeduren als auch in Tabellenblättern zur Verfügung. Wurden sie als Excel-AddIns (.xlam) gespeichert, so können sie als Add-In geladen und somit in allen Arbeitsmappen verwendet werden.

10 Steuerelemente in Tabellenblättern

In diesem Kapitel lernen Sie...

- Wozu Sie Steuerelemente einsetzen können
- Formularsteuerelemente
- eine Einführung in die Verwendung von ActiveX-Steuerelementen
- Steuerelemente in Verbindung mit Makros einsetzen

Das sollten Sie bereits wissen

- Verweisfunktionen
- Makros aufzeichnen und ausführen
- Grundlagen der VBA-Programmierung

10.1 Wozu Steuerelemente?

MIt Hilfe von Steuerelementen lassen sich in Excel Formulare, d. h. vorgefertigte Arbeitsblätter zur automatisierten Eingabe und Bearbeitung optisch und funktional aufwerten. Steuerelemente sind Objekte, die Daten anzeigen, die Dateneingabe und -bearbeitung vereinfachen oder eine Auswahl zur Verfügung stellen. Steuerelemente können auch Makros ausführen oder auf bestimmte Ereignisse reagieren. Excel verfügt über zwei Kategorien von Steuerelementen:

- Formularsteuerelemente sind die ursprünglichen Steuerelemente und waren bereits in älteren Versionen von Excel verfügbar. Mit ihnen können Sie z. B. auf Zellinhalte verweisen oder Makros ausführen. VBA-Kenntnisse sind zu ihrer Verwendung nicht zwingend erforderlich.
- ActiveX-Steuerelemente sind gegenüber Formularsteuerlementen wesentlich flexibler, erfordern aber aufgrund ihrer umfangreichen Eigenschaften VBA-Kenntnisse, sowie einen höheren Aufwand bei ihrer Gestaltung. Zudem können nicht alle ActiveX-Steuerelemente in ein Excel-Arbeitsblatt eingefügt werden.

10.2 Grundlagen Formularsteuerelemente

Wo finden Sie die Formularsteuerelemente?

Die Formularsteuerelemente finden Sie im Register *Entwicklertools* zusammen mit den ActiveX-Steuerelementen über die Schaltfläche *Einfügen*. Wie Sie das Register Entwicklertools anzeigen, wurde in Kapitel 8.1 bereits ausführlich erklärt.

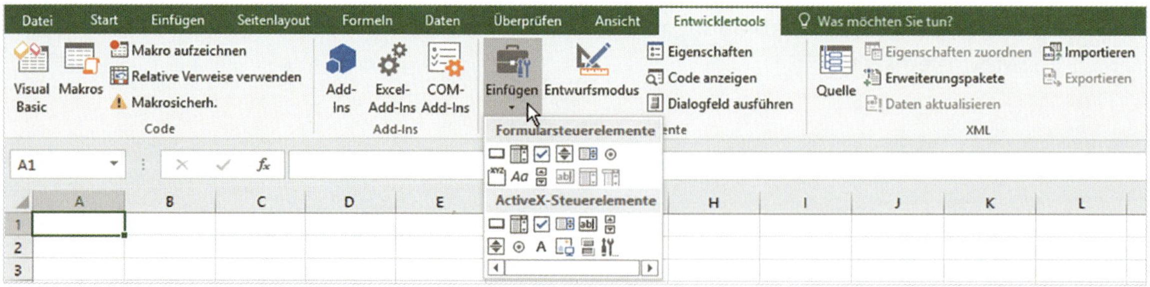

Bild 10.1 Formularsteuerelemente

Die nachfolgende Tabelle liefert Ihnen einen Überblick über die wichtigsten Formularssteuerelemente, ihre Verwendung dürfte Ihnen bereits aus den Windows-Dialogfenstern bekannt sein.

Steuerelement	Beschreibung	Beispiel
Schaltfläche	Führt eine Aktion, bzw. ein Makro aus, wenn darauf geklickt wird	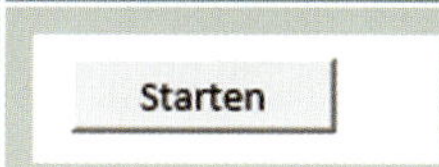
Kombinationsfeld	Öffnet beim Klick auf den Dropdown-Pfeil eine Liste mit mehreren Auswahlmöglichkeiten.	
Listenfeld	Funktioniert wie ein Kombinationsfeld, mit dem Unterschied, dass ein Listenfeld immer geöffnet ist und daher mehr Platz benötigt. Der ausgewählte Wert ist markiert.	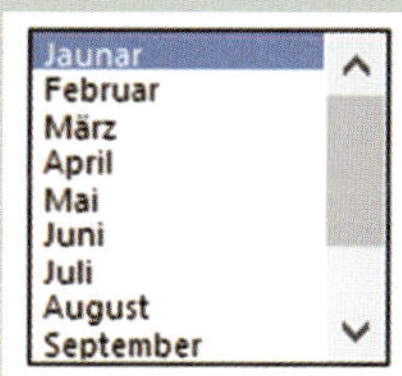
Drehfeld	Erhöht oder verringert einen Wert per Mausklick auf die kleinen Pfeile nach oben bzw. unten. Der Wert kann auch direkt eingegeben werden.	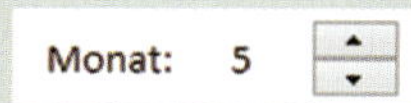
Bildlaufleiste	Führt einen Bildlauf durch einen festgelegten Wertebereich durch.	
Kontrollkästchen	Liefert nur zwei Werte: WAHR (aktiviert) oder FALSCH (deaktiviert).	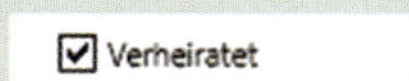
Gruppenfeld	Erlaubt unter mehreren Möglichkeiten nur die Auswahl einer einzigen Option	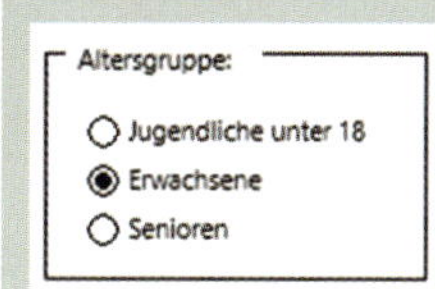

Formularsteuerelement einfügen

Klicken Sie im Register *Entwicklertools* auf *Einfügen* und auf das gewünschte Formularsteuerelement. Zum Einfügen im Tabellenblatt gibt es verschiedene Möglichkeiten:

Achtung: Aus dem Menüband in das Tabellenblatt ziehen, funktioniert nicht!

- Ziehen Sie im Tabellenblatt mit gedrückter Maustaste das Element auf die gewünschte Größe.
- Wenn Sie während des Ziehens gleichzeitig die Alt-Taste gedrückt halten, so passt sich das Steuerelement der Größe der Zelle bzw. des Zellbereichs an. Um dies beizubehalten, müssen Sie auch bei nachträglichen Größenänderungen mit der Maus die Alt-Taste verwenden (siehe Bild).
- Wenn Sie zum Einfügen nicht ziehen, sondern nur an die gewünschte Stelle klicken, so erhalten Sie das Steuerelement in der Standardform. Um diese Form beizubehalten, müssen Sie dann bei nachträglichen Größenänderungen mit der Maus die Umschalt-Taste gedrückt halten.

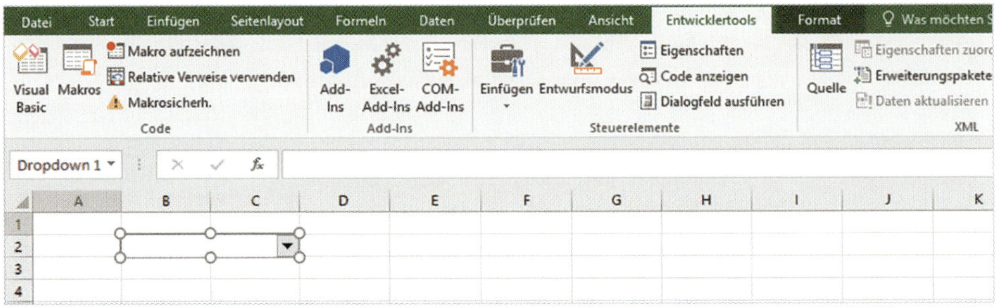

Bild 10.2 Beispiel: Das Kombinationsfeld wurde exakt in den Zellbereich B2:C2 eingefügt

Formularsteuerelement bearbeiten

Markieren

Die Bearbeitung ist für alle Steuerelemente gleich: Um es zu bearbeiten, müssen Sie es markieren und dies ist gar nicht so einfach: Wenn Sie einfach mit der Maus darauf klicken, wird eine Aktion ausgeführt. Verwenden Sie daher zum Markieren eine der folgenden Möglichkeiten:

- Klicken Sie mit der rechten Maustaste, dann erscheint auch gleichzeitig das Kontextmenü.
- Oder klicken Sie es mit gleichzeitig gedrückter Strg-Taste an.

Ein zuvor markiertes Steuerelement können Sie mit der Entf-Taste jederzeit wieder aus dem Arbeitsblatt entfernen.

Beschriftung ändern

Bei Befehlsschaltflächen, Kontrollkästchen und Optionsfeldern (Gruppen) können Sie die Beschriftung ändern: Klicken Sie mit der rechten Maustaste auf das Steuerelement und auf *Text bearbeiten*.

Steuerelement formatieren

Die weitere Bearbeitung eines Steuerelements erfolgt über den Befehl *Steuerelement formatieren...*, dieser erscheint, wenn Sie mit der rechten Maustaste auf das Element klicken. Mit Ausnahme der Befehlsschaltfläche legen Sie alle Steuerungsparameter über diesen Befehl fest.

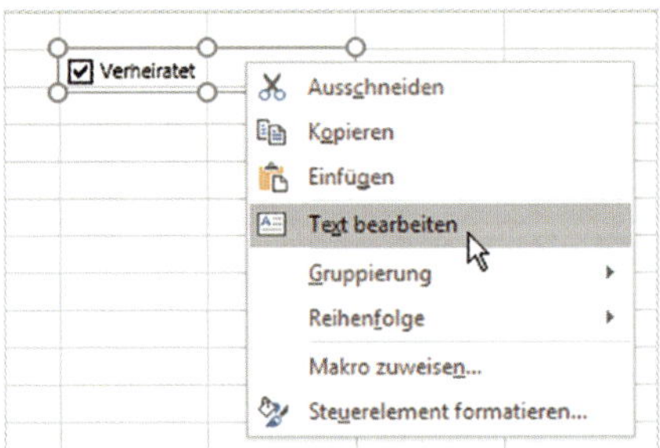

Bild 10.3 Text bearbeiten

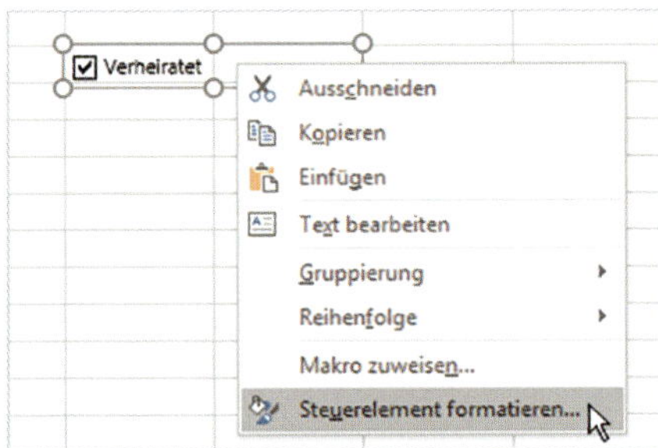

Bild 10.4 Steuerelement formatieren

10.3 Beispiele für Formularsteuerelemente

Befehlsschaltfläche

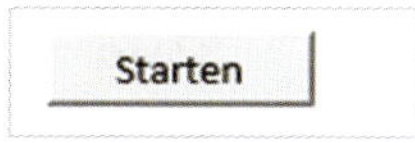

- Unmittelbar nach dem Einfügen einer Befehlsschaltfläche öffnet sich automatisch das Fenster *Makro zuweisen*. Markieren Sie das gewünschte Makro und klicken Sie zum Übernehmen auf *OK*.
- Falls das Makro noch nicht vorhanden ist, können Sie mit einem Klick auf die Schaltfläche *Aufzeichnen...* die Aufzeichnung starten. In diesem Fall sollten Sie dem Makro einen aussagekräftigeren Namen geben, da das Makro sonst den Namen *Schaltfläche_Klicken* erhält, siehe Bild unten.

Bei Bedarf können Sie über die rechte Maustaste und den Befehl *Makro zuweisen* dieses Fenster jederzeit wieder öffnen und ein anderes Makro zuweisen. Über die Schaltfläche *Code anzeigen* (Register *Entwicklertools*) wird der VBA-Editor mit dem dazugehörigen Programmcode geöffnet.

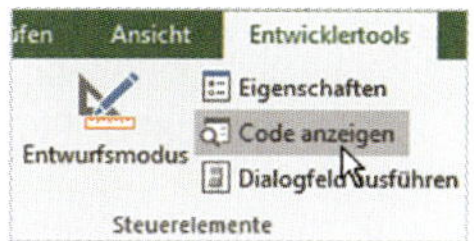

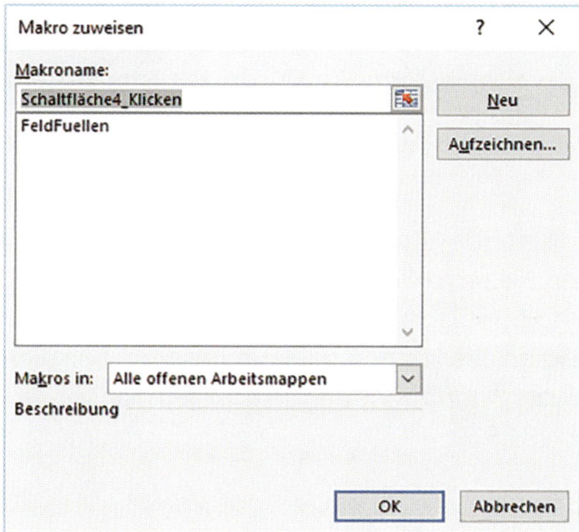

Bild 10.5 Makro zuweisen

Kombinationsfeld und Listenfeld

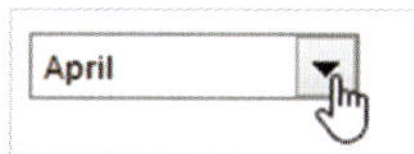

Kombinations- und Listenfelder zeigen eine Auswahlliste an und geben den markierten Wert in eine zuvor festgelegte Zelle aus. Allerdings liefern beide Felder nur den Zeilenindex, d. h. der wievielte Wert der Liste wurde ausgewählt, Sie benötigen daher in den meisten Fällen zusätzlich die Funktion INDEX.

Beispiel: Sie möchten über ein Kombinationsfeld einen Artikel auswählen und der Preis dieses Artikels soll anschließend im Arbeitsblatt angezeigt werden.

1 Im ersten Schritt fügen Sie in das Tabellenblatt ein Kombinationsfeld zusammen mit den erforderlichen Beschriftungen ein (Bild unten).

2 Dann benötigen Sie noch eine Liste mit Werten, die im Kombinationsfeld angezeigt werden sollen, in unserem Beispiel die Preisliste. Diese kann sich entweder im selben oder einem anderen Arbeitsblatt befinden. In diesem Beispiel befindet sich die Liste im Blatt Preisliste.

Bild 10.6 Kombinationsfeld und Datenherkunft

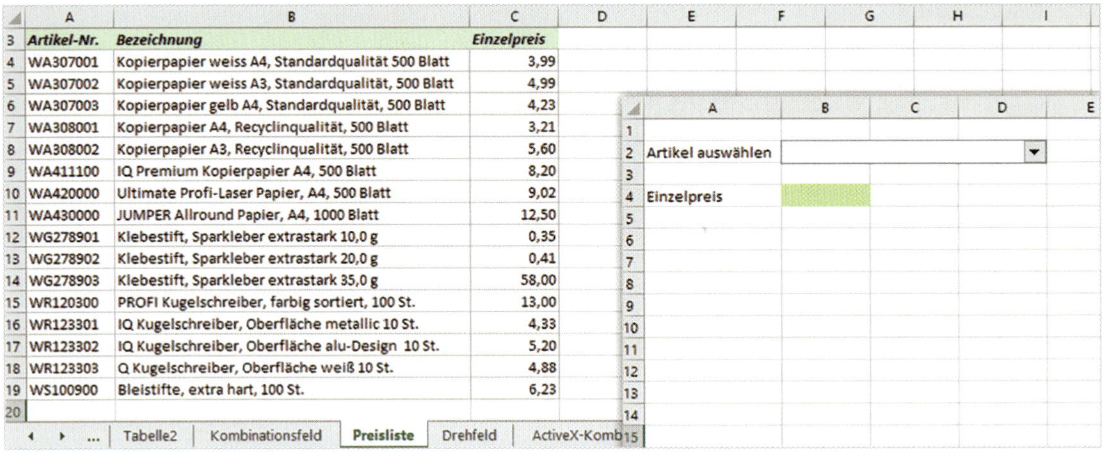

3 Im nächsten Schritt klicken Sie mit der rechten Maustaste auf das Kombinationsfeld und auf *Steuerelement formatieren....* Im Register *Steuerung* legen Sie nun die Steuerungsparameter fest

Hinweis: Befindet sich der Eingabebereich in einem anderen Tabellenblatt, so ist in älteren Excel-Versionen hierfür ein Bereichsname erforderlich!

Eingabebereich

Woher stammen die Werte des Kombinationsfeldes? Klicken Sie in das Feld *Eingabebereich* und markieren Sie anschließend im Tabellenblatt den gewünschten Bereich. Beachten Sie, dass das Formularsteuerelement Kombinationsfeld immer nur eine einzige Spalte anzeigen kann, Sie können daher in unserem Beispiel entweder die Spalte *Artikelnummer* oder *Bezeichnung* angeben. In unserem Fall verwenden wir die Bezeichnung, also den Bereich B4:B19.

Zellverknüpfung

Im Feld *Zellverknüpfung* geben Sie an, welche Zelle den ausgewählten Wert anzeigen soll, in unserem Beispiel C4. Unter *Dropdownzeilen* können Sie ggfs. noch angeben, wieviele Zeilen das geöffnete Kombinationsfeld gleichzeitig anzeigen soll.

Bild 10.7 Steuerungsparameter festlegen

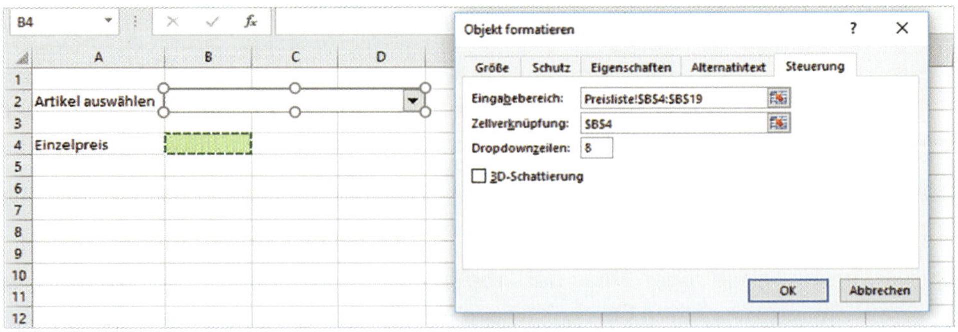

Vor dem Testen müssen Sie die Markierung mit einem Klick an eine beliebige Stelle des Arbeitsblattes aufheben. Klicken Sie dann auf den Dropdown-Pfeil des Kombinationsfeldes und auf eine Bezeichung, sofort erscheint in der verknüpften Zelle der Zeilenindex des ausgewählten Wertes.

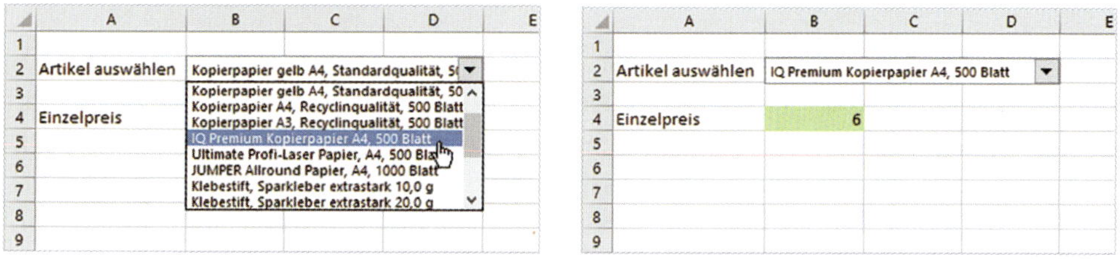

Bild 10.8 Das fertige Kombinationsfeld

Jetzt benötigen Sie noch in der Zelle rechts daneben (C4) die Funktion INDEX, um hier den Einzelpreis zu ermitteln, diese muss lauten:

Siehe Kapitel 2.4.

```
=INDEX(Preisliste!B4:C19;B4;2)
```

Der Zeilenindex in B4 dient eigentlich nur als Zwischenergebnis und kann durch Formatieren mit entsprechender Schriftfarbe unsichtbar gemacht werden.

> Bei einem Listenfeld unterscheidet sich die Vorgehensweise nicht, so dass Sie dieses Beispiel auch mit einem Listenfeld testen können.

Kontrollkästchen

Fügen Sie das Formularsteuerelement Kontrollkästchen in ein Arbeitsblatt ein und ändern Sie die Beschriftung. Öffnen Sie dann das Fenster *Steuerelement formatieren* und legen Sie die folgenden Steuerungsparameter fest:

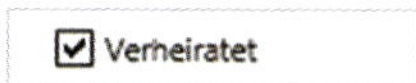

- **Zellverknüpfung:** In welche Zelle soll der Wert WAHR oder FALSCH ausgegeben werden? Im Bild unten in Zelle A2.
- **Wert:** Hier legen Sie die Standardeinstellung des Kontrollkästchens fest.

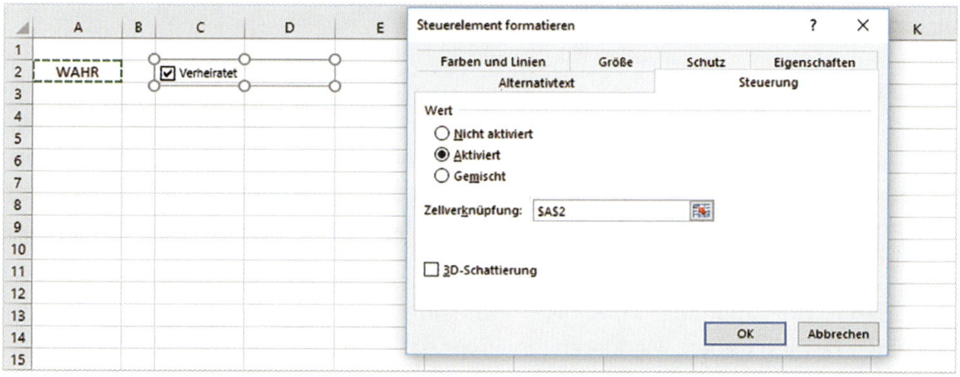

Bild 10.9 Steuerungsparameter Kontrollkästchen

Kapitel 2.1

Die Werte WAHR/FALSCH können anschließend in weiteren Formeln ausgewertet werden, z. B. in Verbindung mit der Funktion WENN.

Drehfeld und Bildlaufleiste

Die Steuerelemente Drehfeld und Bildlaufleiste eignen sich zur Eingabe bzw. Auswahl von Zahlen. Als Beispiel fügen Sie ein Drehfeld in das Arbeitsblatt ein und öffnen das Fenster *Steuerelement formatieren*. Als Steuerungsparameter werden benötigt: Minimal- und Maximalwert, sowie die Schrittweite um die mit jedem Mausklick hochgezählt wird. Unter *Aktueller Wert* geben Sie den Ausgangswert des Steuerelements an. Im Feld *Zellverknüpfung* geben Sie wieder an, welche Zelle den ausgewählten Wert erhalten soll.

Bild 10.10 Steuerungsparameter Drehfeld

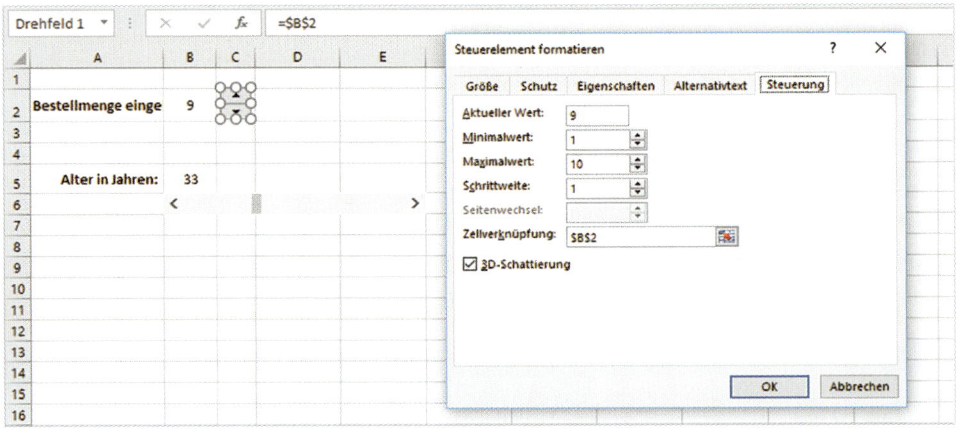

Ähnlich verhält sich auch eine Bildlaufleiste, diese kann waagrecht oder senkrecht eingefügt werden. Sie benötigt dieselben Steuerungsparameter und unterscheidet sich vom Drehfeld nur dadurch, dass hier die Auswahl eines Wertes durch Verschieben mit gedrückter Maustaste erfolgt. Oder klicken Sie auf die kleinen Pfeile rechts und links bzw. oben und unten. In beiden Fällen kann in die verknüpfte Zelle auch einfach eine Zahl eingetippt werden.

Weitere Steuerelementeigenschaften

Namen zuweisen

Wenn Sie sich später z. B. in einem Makro auf ein Steuerelement beziehen möchten, dann sollten Sie ihm einen Namen zuweisen, da Namen wie Drehfeld5 auf Dauer wenig aussagekräftig sind. Dazu markieren Sie das Steuerelement, klicken dann in das Namenfeld der Bearbeitungsleiste und geben hier den Namen ein. Schließen Sie durch Drücken der Eingabe-Taste ab.

Über den Namensmanager im Register *Formeln* können Sie ebenfalls Steuerelementen einen Namen geben. Markieren Sie zuvor das Steuerelement, klicken Sie auf *Namensmanager* und anschließend auf die Schaltfläche *Neu.....*

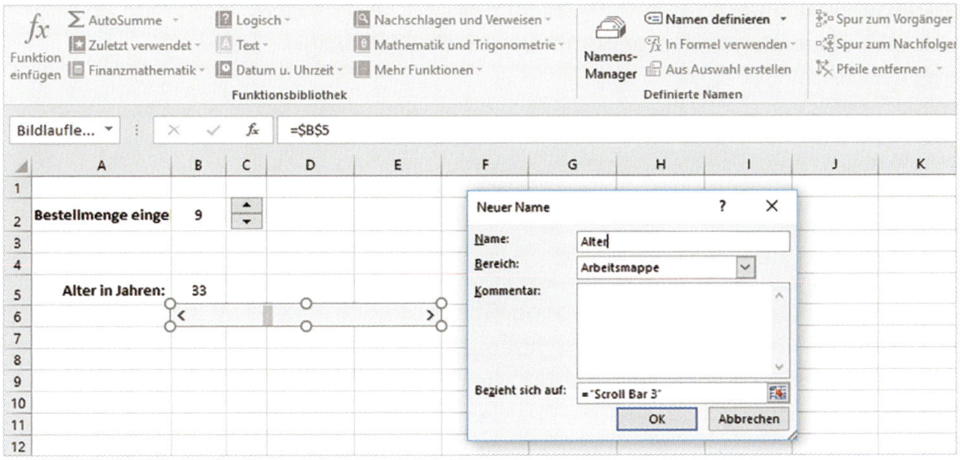

Bild 10.11 Namen für Steuerelemente

Blattschutz

Falls Sie später das Arbeitsblatt schützen und nur noch eine Eingabe über die Formularfelder zulassen möchten, dürfen Sie nicht vergessen, für die verknüpften Felder und die Steuerelemente die Sperrung aufzuheben. Öffnen Sie dazu das Fenster *Steuerelement formatieren* und klicken Sie hier auf das Register *Schutz*. Deaktivieren Sie dann das Kontrollkästchen *Gesperrt*.

Steuerelemente nicht drucken

Standardmäßig werden beim Drucken auch die Steuerelemente gedruckt. Um dies zu verhindern, klicken Sie im Fenster *Steuerelement formatieren* auf das Register *Eigenschaften* und deaktivieren das Kontrollkästchen *Objekt drucken*.

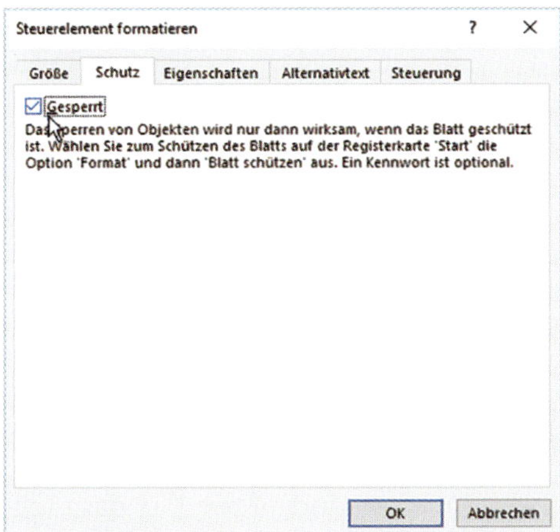

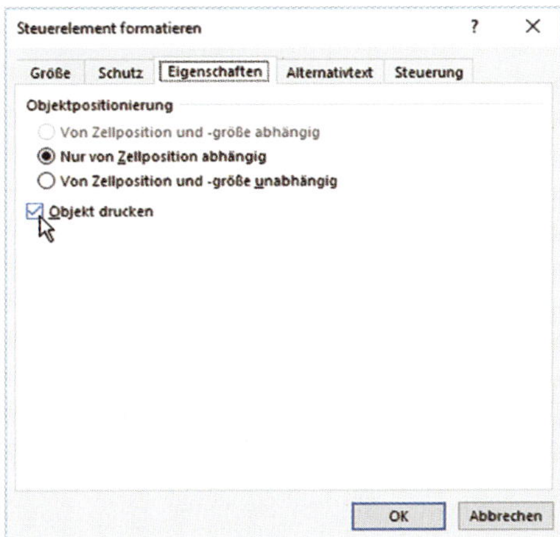

Bild 10.12 Sperrung aufheben

Bild 10.13 Element nicht drucken

Makros zuweisen

Nicht nur Befehlsschaltflächen, sondern auch allen anderen Formularsteuerelementen kann über den Befehl der rechten Maustaste ein Makro zugewiesen werden. Wichtig zu wissen: Dann startet das Makro nicht beim Klicken, sondern wenn eine Änderung über das Steuerelement vorgenommen, z. B. ein Wert ausgewählt wurde.

10.4 ActiveX-Steuerelemente

Siehe Seite 320.

ActiveX-Steuerelemente besitzen gegenüber Formularsteuerelementen den Vorteil, dass Sie über erheblich mehr Eigenschaften und damit mehr Flexibilität verfügen. Das Platzieren dieser Steuerelemente unterscheidet sich nicht von Formularsteuerelementen, sehr wohl dagegen die weitere Bearbeitung.

Entwurfsmodus

ActiveX-Steuerelemente können ausschließlich im Entwurfsmodus markiert und bearbeitet werden, Anklicken mit der rechten Maustaste ist also nicht erforderlich. Die Ausführung von Makros ist dagegen nur möglich, wenn der Entwurfsmodus nicht aktiv ist. Den Entwurfsmodus aktivieren und deaktivieren Sie über die gleichnamige Schaltfläche im Register *Entwicklertools*.

Wenn Sie also ein Active-X-Steuerelement bearbeiten möchten, brauchen Sie nur den Entwurfsmodus aktivieren und anschließend wieder deaktivieren.

Bild 10.14 Entwurfsmodus

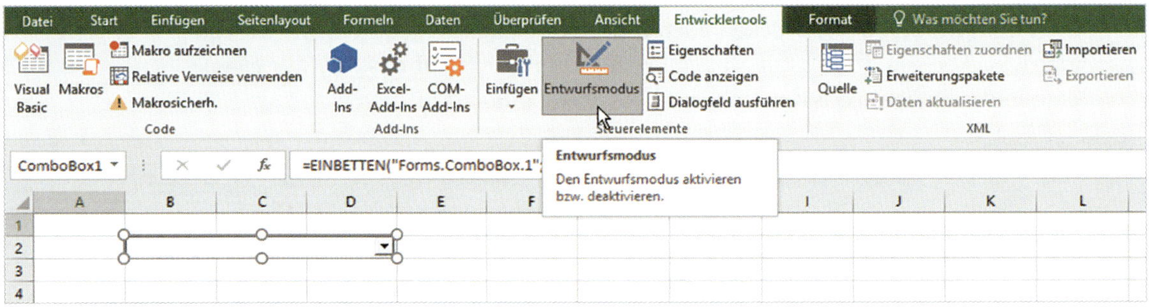

Die Eigenschaften eines ActiveX-Kombinationsfeldes

Am Beispiel eines Kombinationsfeldes soll die Funktionsweise von ActiveX-Steuerelementen vorgestellt werden. So gehen Sie vor:

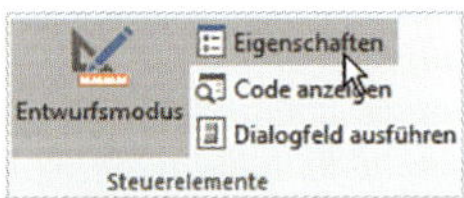

1. Klicken Sie im Register *Entwicklertools* auf *Einfügen* und fügen Sie das ActiveX-Steuerelement *Kombinationsfeld* in das Arbeitsblatt ein. Damit ist der Entwurfsmodus automatisch aktiv und Sie können das Steuerelement bearbeiten.
2. Im ersten Schritt blenden Sie zur weiteren Bearbeitung das Eigenschaftenfenster ein. Klicken Sie dazu im Menüband in der Gruppe *Steuerelemente* (*Entwicklertools*) auf *Eigenschaften*. Hier können Sie nun den Namen ändern: Klicken Sie

in die Zeile *Name* und geben Sie anstelle von *ComboBox1* einen Namen ein. Für Namen von Steuerelementen gelten dieselben Regeln, wie für Prozedurnamen.

Siehe Kapitel 9.2

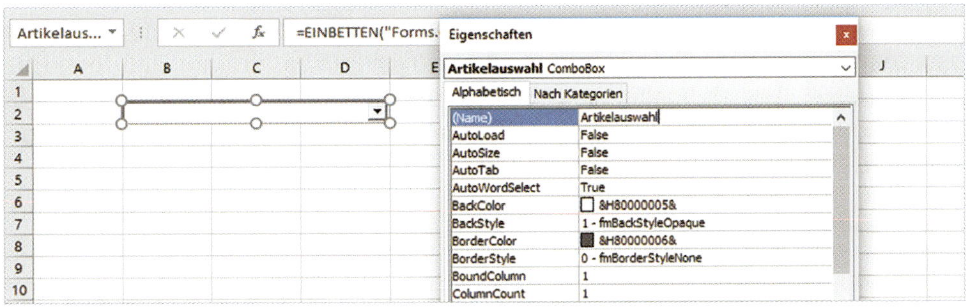

Bild 10.15 Eigenschaftenfenster: Name

3 Die Eigenschaft *ListFillRange* legt fest, woher das Kombinationsfeld die Werte beziehen soll. Leider können Sie hier die Zellbezüge nicht durch Markieren mit der Maus einfügen, sondern müssen den Zellbereich per Tastatur eintippen. Dafür kann ein ActiveX-Kombinationsfeld auch mehrere Spalten anzeigen, im Beispiel unten den Bereich G2:I6. In diesem Fall müssen Sie mit der Eigenschaft *ColumnCount* außerdem die Anzahl der Spalten (3) angeben.

4 Mit der Eigenschaft *LinkedCell* legen Sie die verknüpfte Zelle fest, im unten abgebildete Beispiel ist dies B4.

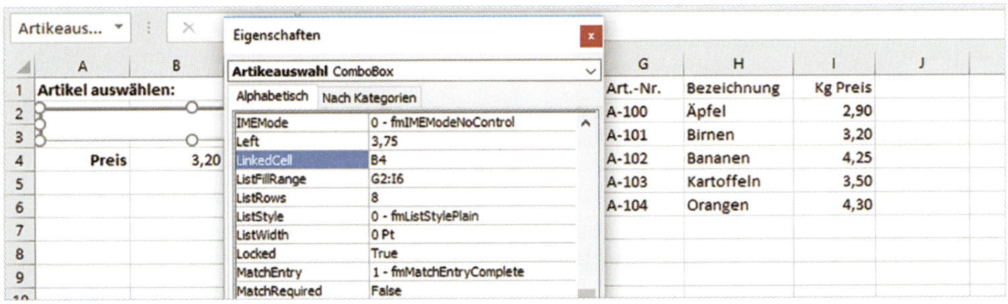

Bild 10.16 Wertebereich und verknüpfte Zelle

5 Enthält das Kombinationsfeld mehrere Spalten, so ist mit *BoundColumn* eine Angabe erforderlich, welche Spalte den benötigten Wert enthält. In unserem Beispiel ist dies der Preis in Spalte 3. Der Einsatz der Funktion INDEX erübrigt sich damit. Sollen die Spaltenüberschriften mit angezeigt werden, so brauchen Sie nur die Eigenschaft *ColumnHeads* auf *True* setzen.

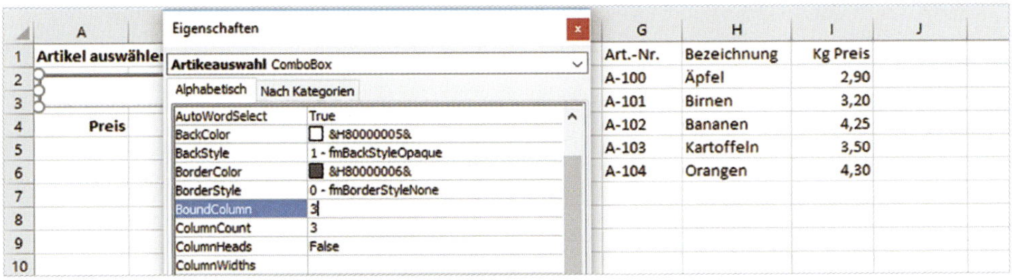

Bild 10.17 Bound Column und ColumnCount

Als Ergebnis liefert das Kombinationsfeld in B4 den Preis des ausgewählten Artikels. Achtung: Entwurfsmodus vorher deaktivieren!

Tipp: Mit der Eigenschaft *ColumnWidths* können Sie im Kombinationsfeld jeder Spalte eine bestimmte Breite zuweisen und mit Breite 0 ein Feld ausblenden. So können Sie für das Beipiel oben als Spaltenbreite die Werte 1,5cm;3cm;0cm angeben, das Ergebnis sehen Sie im Bild unten. Achtung: Ohne die Maßangabe cm werden die Werte als Punkt (Pt) interpretiert!

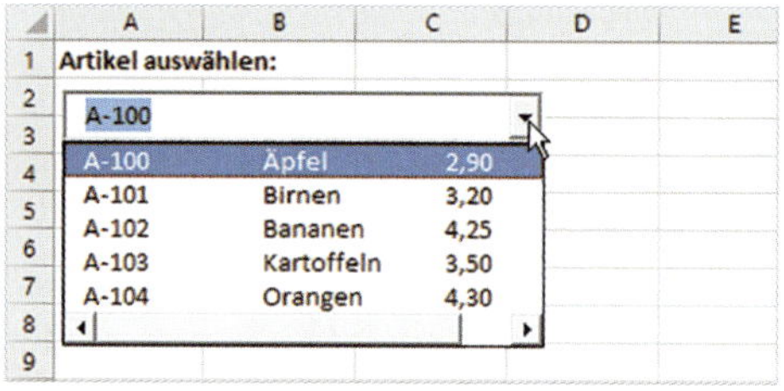

Bild 10.18 Kombinationsfeld mit 3 Spalten

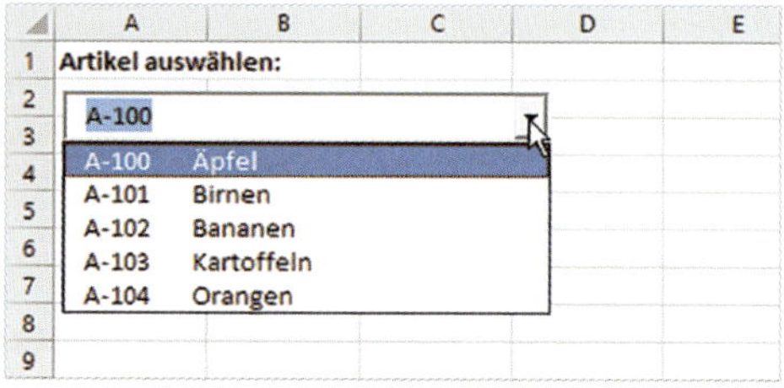

Bild 10.19 Kombinationsfeld mit 2 Spalten

Ein ActiveX-Kombinationsfeld in Verbindung mit VBA

Als zweites Beispiel soll in der Arbeitsmappe ein Arbeitsblatt als Startseite gestaltet werden und hier soll, wie im Bild rechts, ein Kombinationsfeld die Navigation zu Tabellenblättern erleichtern. Da Anzahl und Namen der Tabellenblätter vorher nicht bekannt sind und sich möglicherweise ändern, müssen diese über eine VBA-Prozedur eingelesen werden.

Zunächst fügen Sie im Arbeitsblatt ein ActiveX-Kombinationsfeld ein und benennen es im Eigenschaftenfenster um, es erhält den Namen „Blattauswahl“. Das Arbeitsblatt selbst erhält den Namen „Start“.

Arbeitsblätter in das Kombinationsfeld einlesen

Im ersten Schritt schreiben Sie eine kleine VBA-Prozedur, die die Namen der Arbeitsblätter in der Mappe in das Kombinationsfeld einliest.

1. Öffnen Sie mit Alt+F11 den VBA-Editor. Achtung, verwenden Sie dazu nicht die Schaltfläche *Code anzeigen*, da sonst die falsche Prozedur erzeugt wird.
2. Fügen Sie ein neues Modul ein und geben Sie hier folgenden Code ein:

```
Sub FeldFuellen()
'Namen der Tabellenblätter in das Kombinationsfeld einlesen
Dim BlattName As String
Dim intBlaetter As Long
Dim N As Long
intBlaetter = ActiveWorkbook.Worksheets.Count
Worksheets("Start").Activate
ActiveSheet.Blattauswahl.Clear    'Ev. vorhandene Inhalte löschen
For N = 1 To intBlaetter
    ActiveSheet.Blattauswahl.AddItem Worksheets(N).Name
Next
End Sub
```

Anschließend starten Sie zum Testen die Prozedur aus dem VBA-Editor heraus und überprüfen das Ergebnis im Excel-Arbeitsblatt.

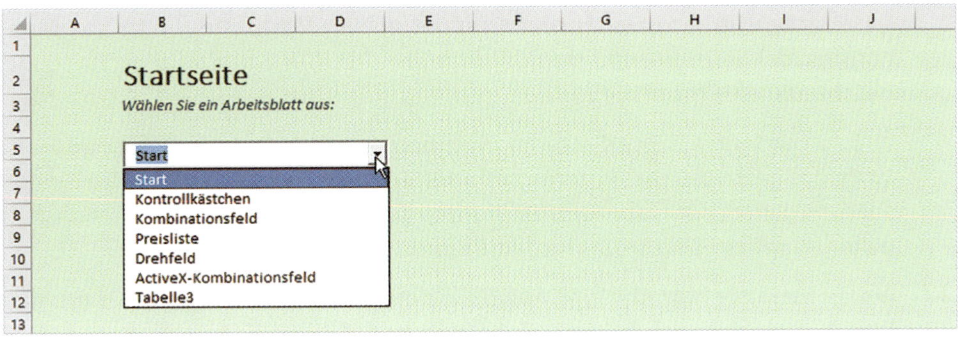

Bild 10.20 Startseite mit Kombinationsfeld

Prozedur beim Ereignis Öffnen starten

Im nächsten Schritt müssen Sie festlegen, wann das Einlesen erfolgen soll, bzw. wie die Prozedur gestartet wird. Dies geschieht am besten beim Öffnen der Mappe, zu diesem Zweck verfügt das Workbook-Objekt über das Ereignis `Open`.

1 Wechseln Sie in den VBA-Editor und öffnen Sie über den Projekt-Explorer das Codefenster zum Objekt *DieseArbeitsmappe*.

2 Wählen Sie oberhalb des Codebereichs das Objekt `Workbook` aus (Bild unten). Damit wird automatisch die Prozedur `Workbook_Open` erzeugt, da `Open` das Standardereignis des Workbook-Objekts darstellt. Als Alternative können Sie natürlich auch den Namen der Prozedur über die Tastatur eingeben:

Bild 10.21 Prozedur einfügen

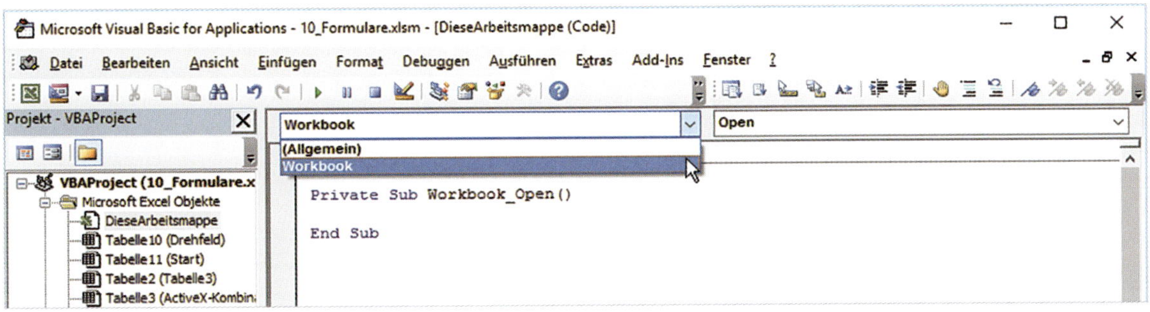

3 Um in einer Prozedur die Ausführung eines Makros oder einer anderen Prozedur zu starten, geben Sie als Anweisung einfach den Namen, in diesem Fall `FeldFuellen` ein. Die Prozedur lautet dann:

Dazu muss sich die aufgerufene Prozedur in einem Modul befinden!

```
Private Sub Workbook_Open( )
    FeldFuellen
End Sub
```

Tabellenblatt auswählen

Nach dem nächsten Öffnen der Arbeitsmappe zeigt das Kombinationsfeld zwar die Namen der Tabellenblätter an, Sie benötigen aber noch eine weitere Prozedur, damit nach der Auswahl im Kombinationsfeld zum entsprechenden Arbeitsblatt gewechselt wird.

Diese Schaltfläche existiert zwar auch im Menüband, zeigt aber nicht immer den dazugehörigen Code an

1 Dazu klicken Sie im Entwurfsmodus mit der rechten Maustaste auf das Kombinationsfeld der Startseite und auf *Code anzeigen*. Der VBA-Editor wird geöffnet und gleichzeitig die Prozedur `Private Sub Blattauswahl_Change( )` eingefügt.

   `Change` bedeutet, diese Prozedur wird beim Ändern-Ereignis des Kombinationsfeldes gestartet. Die Prozedur befindet sich außerdem nicht in einem Modul, sondern gehört zum Tabellenblatt Start, in dem sich auch das Kombinationsfeld befindet, wie ein Blick in das Projekt-Fenster zeigt.

2 Geben Sie in die Prozedur eine Anweisung ein, mit der das ausgewählte Arbeitsblatt ausgewählt oder aktiviert wird. Die Prozedur lautet:

```
Private Sub Blattauswahl_Change( )
Dim Blattname as String
Blattname = Blattauswahl.Value
Sheets(Blattname).Select
End Sub
```

Die Anweisung `Blattname = Blattauswahl.Value` übergibt den aktuellen Wert des Kombinationsfeldes an die Variable `Blattname`.

Dieses Beispiel ließe sich nun noch erweitern um Makros oder Prozeduren, mit denen Sie immer wieder zurück zur Startseite gelangen. Sie könnten auch alle Arbeitsblätter, mit Ausnahme des jeweils aktuellen Blattes ausblenden. Dies passiert mit der Worksheets-Eigenschaft `Visible`, der Sie den Wert `False` oder `True` zuweisen.

10.5 Zusammenfassung

- Mit Hilfe von Steuerelementen lassen sich Excel-Formulare optisch ansprechend gestalten und die Dateneingabe für ungeübte Benutzer erleichtern.
- Excel unterscheidet zwischen Formular- und ActiveX-Steuerelementen. Formularsteuerelemente lassen sich auch ohne VBA-Kenntnisse einfügen und bearbeiten, hingegen bieten ActiveX-Steuerelemente wesentlich mehr Möglichkeiten, erfordern aber auch mehr Aufwand.
- Die wichtigsten Formularsteuerelemente sind Befehlsschaltfläche, Kontrollkästchen, Kombinations- und Listenfeld, sowie Drehfeld und Bildlaufleiste.

Sie werden über das Register *Entwicklertools* eingefügt; über das Kontextmenü und den Befehl *Steuerelement formatieren...* legen Sie die Steuerungsparameter fest. Mit dem Befehl *Makro zuweisen* können Sie einem Formularsteuerelement entweder ein bestehendes Makro zuweisen oder ein Makro neu aufzeichnen.

- Unter den ActiveX-Steuerelementen befinden sich ebenfalls Befehlsschaltflächen, Kombinations- und Listenfelder, sowie Drehfeld und Bildlaufleiste. Sie werden wie Formularsteuerelemente im Tabellenblatt platziert, die weitere Bearbeitung erfolgt im Entwurfsmodus. Sie verfügen über zahlreiche Eigenschaften, die Sie im Fenster *Eigenschaften* bearbeiten können. Einige Eigenschaften können auch mit VBA-Prozeduren festgelegt oder geändert werden. Beachten Sie, dass nicht alle ActiveX-Steuerelemente in ein Arbeitsblatt eingefügt werden können.

Tastenkombinationen

Dokumente verwalten

Neues Dokument	STRG+N
Dokument öffnen	STRG+O
Dokument speichern	STRG+S
Dokument schließen	STRG+W oder STRG+F4
Dokument drucken (Dialogfenster Drucken)	STRG+P
Seitenansicht, bzw.Druckvorschau (2003)	STRG+F2
Anwendung beenden / Fenster schließen	ALT+F4
Fenster maximieren, bzw. Wiederherstellen der vorherigen Größe	STRG+F10
Wechseln zwischen deutschem und US-Tastaturlayout	ALT+UMSCHALT

Allgemein

Kopieren des markierten Textes oder Objekts	STRG+C
Ausschneiden des markierten Textes oder Objekts	STRG+X
Einfügen aus Zwischenablage (Text oder Objekt)	STRG+V
Markiertes Objekt duplizieren (wird anschließend sofort eingefügt, ohne Zwischenablage)	STRG+D
Rückgängigmachen der letzten Aktion	STRG+Z
Wiederholen der letzten Aktion	STRG+Y oder F4
Markierte Auswahl fett formatieren	STRG+UMSCHALT+F
Markierte Auswahl kursiv formatieren	STRG+UMSCHALT+K
Markierte Auswahl unterstreichen	STRG+UMSCHALT+U
Menü des aktuellen Kombinationsfeldes öffnen (statt Dropdown-Pfeil)	ALT+NACH-UNTEN
Auswahl aus Menü	NACH-UNTEN / NACH-OBEN
Auswahl übernehmen	EINGABE

Arbeiten im Tabellenblatt

Eingabe in Zelle abschließen (Zelle darunter wird markiert)	EINGABE
Eingabe in Zelle abschließen (Nächste Zelle rechts wird markiert)	TAB (Tabulator-Taste)
Eingabe in Zelle abbrechen	ESC
Neue Zeile in Zelle beginnen	ALT+EINGABE
Eingabe in den gesamten markierten Zellbereich übernehmen	STRG+UMSCHALT+EINGABE
Nächste Zelle rechts / links markieren	NACH-RECHTS / NACH-LINKS
Nächste Zelle oben / unten markieren	NACH-OBEN / NACH-UNTEN
Markierung nach rechts / links erweitern	UMSCHALT+NACH-RECHTS / UMSCHALT+NACH-LINKS
Markierung nach oben / unten erweitern	UMSCHALT+NACH-OBEN / UMSCHALT+NACH-UNTEN
Erste Zelle in Zeile markieren	POS1
Erste Zelle im Arbeitsblatt (A1) markieren	STRG+POS1
Gesamtes Arbeitsblatt markieren Wenn eine Zelle innerhalb einer Tabelle markiert ist, dann zweimal STRG+A drücken	STRG+A
Aktuelle Spalte markieren	STRG+LEERTASTE
Aktuelle Zeile markieren	UMSCHALT+LEERTASTE
Auswahl nächstes / vorheriges Arbeitsblatt	STRG+BILD-OBEN STRG+BILD-UNTEN
Zellen einfügen (Dialogfenster) anzeigen	STRG+Pluszeichen(+)
Zellen löschen (Dialogfenster) anzeigen	STRG+Minuszeichen(-)
Neues Arbeitsblatt einfügen	UMSCHALT+F11

Eingabe

Aktuelles Datum einfügen	STRG+. (Punkt)
Aktuelle Uhrzeit einfügen	STRG+UMSCHALT+: (Doppelp.)
Markierte Zelle bearbeiten (Bearbeiten-Modus) Einfügemarke erscheint in der Zelle	F2
Bearbeiten-Modus: Cursor an den Anfang	POS1
Bearbeiten-Modus: Cursor an das Ende	ENDE

Kopiert den Inhalt aus der darüberliegenden Zelle in die aktuelle Zelle	STRG+UMSCHALT+, (Komma)
Unten ausfüllen (Format und Inhalt der ersten Zelle des markierten Bereichs in die darunterliegenden Zellen kopieren)	STRG+U
Rechts ausfüllen (Format und Inhalt der ersten Zelle des markierten Bereichs in die angrenzenden Zellen rechts kopieren)	STRG+R
Suchen Dialogfenster öffnen	STRG+F
Ersetzen Dialogfenster öffnen	STRG+H

Formeln und Formeleingabe

Dialogfenster Funktion einfügen öffnen	UMSCHALT+F3
Zwischen relativen, festen (absoluten) und gemischten Zellbezügen wechseln (Cursor befindet sich in der Formel unmittelbar in oder nach einem Zellbezug)	F4
Öffnet das Fenster Funktionsargumente (Cursor befindet sich in der Formel unmittelbar hinter dem Funktionsnamen)	STRG+A
Nach Eingabe des Funktionsnamens Klammern und Funktionsargumente einfügen (Cursor befindet sich in der Formel unmittelbar hinter dem Funktionsnamen)	STRG+UMSCHALT+A
Eingabe einer Matrixfunktion oder -Formel abschließen	STRG+UMSCHALT+EINGABE
Neuberechnung einer Formel/Funktion	F9

Zusammenhängende Tabellenbereiche
(Markierung befindet sich innerhalb des Tabellenbereichs!)

Tabelle (Liste) erstellen	STRG+L
Erste / letzte Zelle in Zeile	STRG+NACH-LINKS / RECHTS
Erste / letzte Zelle in Spalte	STRG+NACH-OBEN / UNTEN
Erste / letzte Zelle in Tabelle	STRG+POS1 / STRG+ENDE
Zeile markieren (ab Markierung bis zur ersten / letzten nicht leeren Zelle)	STRG+UMSCHALT+LINKS / STRG+UMSCHALT+RECHTS
Spalte markieren (ab Markierung bis zur ersten / letzten nicht leeren Zelle)	STRG+UMSCHALT+OBEN / STRG+UMSCHALT+UNTEN
Gesamte Tabelle markieren	STRG+UMSCHALT+* (nicht im Ziffernblock)
Ende-Modus aktivieren / deaktivieren	ENDE
Ende-Modus: Erste / letzte nicht leere Zelle in Spalte auswählen	NACH-OBEN / NACH-UNTEN
Ende-Modus: Erste / letzte nicht leere Zelle in Zeile auswählen	NACH-LINKS / NACH-RECHTS

Ende-Modus: Spalte ab Markierung bis zur ersten / letzten nicht leeren Zelle markieren	UMSCHALT+NACH-OBEN / UNTEN
Ende-Modus: Zeile ab Markierung bis zur ersten / letzten nicht leeren Zelle markieren	UMSCHALT+NACH-LINKS / UMSCHALT+NACH-RECHTS

Formatieren

Dialogfenster Zellen formatieren öffnen	STRG+1 (nicht im Ziffernblock)
Mit zwei Dezimalstellen formatieren (einschl. Tausenderzeichen)	STRG+UMSCHALT+!
Währungsformat zuweisen	STRG+UMSCHALT+$
Prozentformat (ohne Dezimalstellen)	STRG+UMSCHALT+%
Exponentialschreibweise	STRG+UMSCHALT+“
Standardzahlenformat	STRG+UMSCHALT+&
Zahl als Datum formatieren (TT. MMM JJ)	STRG+#
Zahl mit Datum und Uhrzeit formatieren	STRG+°

Sonstiges

Pivot-Tabelle/Verknüpfung aktualisieren	ALT + F5
VBA-Editor öffnen	ALT + F11
Schrittweise Ausführung (VBA)	F8
Makros anzeigen (Fenster)	ALT + F8

Glossar

.csv	Comma separated values, diese Dateinamenserweiterung wird für Textdateien verwendet, in denen die Werte anstelle von Spalten mit Semikolon (;) getrennt sind.
.odc	Office Data Connection. Mit dieser Dateinamenserweiterung speichert Excel Verbindungsdaten zu einer externen Datenbank, beispielsweise einer Access-Datenbank oder einer Textdatei.
.xlsb	Diese Datennamenerweiterung erhält die persönliche Makroarbeitsmappe. Diese wird im Ordner XLSTART gespeichert und enthält Makros, die in allen Excel-Mappen verfügbar sein sollen.
.xlsm	Enthalten Excel-Arbeitsmappen Makros oder VBA Prozeduren, so müssen sie als gesonderter Dateityp mit der Erweiterung .xlsm gespeichert werden.
.xlam	Siehe Add-Ins
Add-In	Als Add-In bezeichnet Excel Programmerweiterungen, die nachträglich geladen werden können. Dazu zählen der Solver, Analyse-Funktionen, aber auch benutzerdefinierte Funktionen. Add-Ins werden mit der Dateinamenserweiterung .xlam gespeichert.
Browser	Als Browser (engl. to browse = durchsuchen) bezeichnet man Apps, mit denen Sie im Internet surfen. Neben dem, in Windows 10 integrierten Browser Microsoft Edge, gehören unter anderem Mozilla Firefox, Chrome und Safari dazu.
Copy & Paste	Englisch für Kopieren & Einfügen. Ein Element wird dabei in die Zwischenablage kopiert (beispielsweise mit der Tastenkombination Strg+C) und andernorts eingefügt (beispielsweise mit der Tastenkombination Strg+V).
Dateinamenerweiterung	Jeder Dateiname erhält beim Speichern automatisch einen Zusatz, die Dateinamenerweiterung (extension), bestehend aus einem Punkt, gefolgt von drei oder vier Buchstaben. Sie kennzeichnet den Dateityp, d.h. legt fest, welche Anwendung zum Öffnen der Datei verwendet wird. Standardmäßig ist die Dateinamenerweiterung nicht sichtbar, kann aber im Menüband des Datei-Explorers eingeblendet werden.
Datensatz	In einer Datenbank bezeichnet man eine Zeile der Tabelle auch als Datensatz. Speichert die Tabelle beispielsweise Adressen, so entspricht jede Adresse einer Zeile der Tabelle und bildet einen Datensatz.

Debugger	Ein Debugger ist ein Werkzeug zum Auffinden und Beheben von Fehlern in einem Computerprogramm. Auch der VBA-Editor verfügt über einen Debugger.
Drilldown	Als Drilldown bezeichnet man ganz allgemein die Navigation in hierarchischen Systemen. Eine Excel Pivot-Tabelle kopiert beim Drilldown per Doppelklick auf einen Wert alle entsprechenden Einzeldatensätze in ein gesondertes Tabellenblatt.
Dropdown-Pfeil / Kombinationsfeld	Viele Eingabefelder erfordern keine Eingabe, sondern bieten Werte zur Auswahl an. In diesen Feldern befindet sich rechts ein kleines, nach unten weisendes Dreieck bzw. ein Pfeil und ein Klick darauf öffnet die Liste. Alternativ können Sie die Liste auch mit der Tastenkombination Alt+Pfeil nach unten öffnen, die Auswahl erfolgt dann mit den Pfeiltasten und durch Drücken der Eingabe-Taste wird die markierte Auswahl übernommen. Eine weitere Möglichkeit: tippen Sie die ersten Zeichen ein, so wird Ihre Eingabe automatisch ergänzt.
Duplikate	Als Duplikate bezeichnet man mehrfach vorkommende (doppelte) Werte in Datenbanken.
Editieren	Das nachträgliche Bearbeiten von Inhalten bezeichnet man auch als Editieren.
Fehlerindikatoren	Fehlerindikatoren oder Fehlerbalken visualisieren in Diagrammen die, auf systematischen oder statistischen Fehlern beruhenden, Abweichungen von Messwerten gegenüber dem tatsächlichen Wert.
Kompilieren	Beim Kompilieren wird ein Computerprogramm aus einer Programmiersprache in Maschinensprache übersetzt, also in Befehle, die von der CPU ausgeführt werden können. Dies geschieht in VBA während der Ausführung mit Hilfe eines so genannten Compilers.
Konsolidieren	Als Konsolidieren bezeichnet Excel das Zusammenfassen und Auswerten von Daten aus mehreren Arbeitsblättern oder Arbeitsmappen.
Konstanten	Konstanten stellen in der Programmierung feste Werte dar, die während der Ausführung nicht verändert werden. Sie werden mit Namen und Datentyp, sowie dem entsprechenden Wert deklariert.
Makro	Als Makro bezeichnet man eine kurze Folge von Befehlen, formuliert in einer Programmiersprache. In der einfachsten Form zeichnen Sie Befehlsabläufe auf und diese werden später mit einem einzigen Befehl abgespielt. Programmierkenntnisse sind zur Aufzeichnung nicht erforderlich. Zu den wichtigsten Einsatzmöglichkeiten von Makros gehört die Ausführung von Routinetätigkeiten.

Matrix	Als Matrix bezeichnet man eine Tabelle oder einen rechteckigen Zellbereich, der sich über mehrere Zeilen und Spalten erstreckt.
Microsoft Access	Access ist eine Anwendung zur Erstellung und Verwaltung von Datenbanken und gehört neben Excel und Word zu den Microsoft-Office Anwendungen.
Objekte	In der VBA-Programmierung stellen alle Excel-Elemente, z.B. Arbeitsblätter oder Arbeitsmappen, Objekte dar. Objekte werden über Eigenschaften näher beschrieben, die meisten Objekte verfügen auch noch über genau festgelegte Methoden und Ereignisse.
PivotTable / PivotChart	Die Bezeichnung Pivot-Tabelle (PivotTable) beruht auf dem englischen Begriff „pivot" für Dreh- oder Angelpunkt und bedeutet, dass Sie mit Pivot-Tabellen Daten nach verschiedenen Gesichtspunkten anordnen, zusammenfassen und auswerten können. Eine Pivot-Tabelle ist interaktiv, d.h. sie kann vom Benutzer jederzeit verändert werden, beispielsweise um nach bestimmten Kriterien zu filtern oder um Daten auszublenden. Vorteil: Die Ausgangsdaten werden nicht verändert. Dies gilt auch die Diagrammdarstellung mit PivotChart.
PDF	PDF ist die Abkürzung für Portable Document Format, ein Dateiformat für Dokumente in dem alle Bilder und Formatierungen beibehalten werden. Die Inhalte können unabhängig vom Betriebssystem auf jedem Computer gelesen werden, dazu wird nur ein kostenlos erhältliches Leseprogramm, z. B. Adobe Reader benötigt, auch im Browser Microsoft Edge können PDF-Dateien angezeigt werden. Nachträgliche Änderungen am Inhalt sind dagegen nur mit spezieller Software möglich.
Regression	Als Regression bezeichnet man ein statistisches Analyseverfahren, mit dem sich Abhängigkeiten zwischen zwei oder mehreren Variablen ermitteln lassen.
Seriendruck	Mit Microsoft Word können Briefe oder Adressetiketten an einen größeren Personenkreis individuell adressiert werden, die Adressen befinden sich häufig in einer Excel- oder Access-Datenbank.
SQL	engl. Structured query language, eine weit verbreitete und äußerst leistungsfähige Standardsprache zur Abfrage von Datenbanken.
Syntax	Als Syntax bezeichnet man die „Rechtschreib- und Grammatikregeln" einer Programmiersprache.
Variablen	Als Variablen bezeichnet man in der Programmierung Platzhalter oder Behälter für Werte, denen erst während der Programmausführung ein fester Wert zugewiesen wird. Variablen sollten mit Namen und Datentyp deklariert werden.

VBA	Abkürzung für Visual Basic for Application. VBA ist die integrierte Programmiersprache aller Microsoft Office-Anwendungen und stellt eine äußerst leistungsfähige Sprache dar, nahe verwandt mit Visual Basic. Sie verfügt über alle Elemente und Möglichkeiten einer objektorientierten Programmiersprache. Die Eingabe der Programmanweisungen erfolgt in einem gesonderten Anwendungsfenster, dem VBA-Editor.
XML	Extensible Markup Language, eine Auszeichnungssprache zur Darstellung hierarchisch strukturierter Daten in Textdateien. XML eignet sich in erster Linie zum Datenaustausch.
Zwischenablage	Ausgeschnittene oder kopierte Elemente werden in der Zwischenablage abgelegt und können von dort beliebig oft solange wieder eingefügt werden, bis das nächste Element ausgeschnitten oder kopiert wird. Die Zwischenablage wird auch von Anwendungen genutzt, mit ihrer Hilfe lassen sich z. B. Daten aus einer Anwendung in eine andere einfügen.

Index

Symbole

A

B

C

D

G

P

R

S

W

X

Z